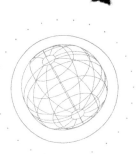

# 教育信息化专家视点汇编

主　　编：唐连章

副 主 编：李　昶　云永先

　　　　　许　力　周　贵

执行主编：欧阳慧玲

广东高等教育出版社
Guangdong Higher Education Press

·广州·

**图书在版编目（CIP）数据**

教育信息化专家视点汇编／唐连章主编. —广州：广东高等教育出版社，2023.12

ISBN 978 - 7 - 5361 - 7424 - 5

Ⅰ. ①教… Ⅱ. ①唐… Ⅲ. ①教育工作 - 信息化 - 文集 Ⅳ. ①G43 - 53

中国版本图书馆 CIP 数据核字（2022）第 254174 号

JIAOYU XINXIHUA ZHUANJIA SHIDIAN HUIBIAN

| 出版发行 | 广东高等教育出版社 |
| --- | --- |
| | 地址：广州市天河区林和西横路 |
| | 邮政编码：510500　电话：（020）87553335 |
| | http://www.gdgjs.com.cn |
| 印　　刷 | 广东虎彩云印刷有限公司 |
| 开　　本 | 787 毫米×1092 毫米　1/16 |
| 印　　张 | 30.5 |
| 字　　数 | 781 千 |
| 版　　次 | 2023 年 12 月第 1 版 |
| 印　　次 | 2023 年 12 月第 1 次印刷 |
| 定　　价 | 68.00 元 |

# 前　言

进入新时代，教育面临的主要矛盾已经转化为人民日益增长的优质教育需求和不平衡、不充分的发展之间的矛盾。新时代也赋予了教育信息化新的使命，教育信息化建设对于推动教育理念更新、模式变革、体系重构，加快教育发展和管理手段的现代化都有积极作用，尤其是对于深化基础教育改革，提高高等教育质量和效益，培养创新人才更具深远的意义。

近年来，广东的教育信息化持续发展，进入到信息技术与教育教学深度融合应用阶段。根据《广东省教育信息化发展"十三五"规划》要求，"十三五"期间，以"构建网络化、数字化、个性化、终身化的教育体系，建设'人人皆学、处处能学、时时可学'的学习型社会，培养大批创新人才"为发展方向，充分发挥信息技术对教育的革命性影响作用，通过技术创新和体制机制创新解决教育问题，实现人才培养模式和管理模式变革，持续提升教育质量和教育治理水平，形成与教育现代化发展目标相适应的教育信息化体系，深入推进教育现代化。

《教育信息化专家视点汇编》邀请教育信息化领域知名专家学者，研究教育信息化理论、探讨教育信息技术的应用。主题涵盖信息技术与教育融合、教育资源共建共享、智慧教育、创客教育与 STEM 教育、教师专业发展、职业教育信息化、新技术支持的教育教学、互联网＋教育治理、培养学生核心素养等方面。

《教育信息化专家视点汇编》一书的出版，是"十三五"期间教育信息化发展的阶段性成果，展示了教育信息化专家在理论研究和实践领域的探索。本书所汇编的文章具有一定的理论高度，同时也有对实践案例的深入分析，研究方法科学，论据充分，具有国际视野，将教育信息化发展实践与理论进行有机融合，提炼升华，可以为广东教育信息化发展提供支撑和引领。

# 目 录

# 01
## 信息技术与教学融合

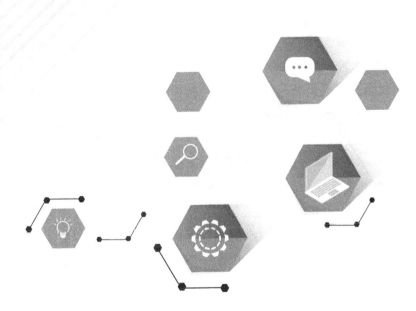

# 让信息技术对教育发展真正产生革命性影响

## ——实现信息技术与教育的"深度融合"

北京师范大学现代教育技术研究所　何克抗

**摘　要：** 本研究对决定教育信息化成败的两个重要问题——"信息技术未能对教育发展产生革命性影响的根本原因"和"如何使信息技术对教育发展真正产生出革命性影响"进行了深入分析。在学习借鉴西方先进经验的同时，也吸取西方错误的教训，并结合我们自身多年来从事教育信息化理论与实践探索的经验，最终形成有中国特色的、能让信息技术对教育发展真正产生出"革命性影响"的科学认识和有效应对举措——就是"要在根本变革传统课堂教学结构的基础上，实现教育在质量提升方面的跨越式发展"。

**关键词：** 教育信息化　信息技术对教育发展有革命性影响　美国的国家教育技术计划（NETP）　教育系统结构性变革　课堂教学结构

## 一、引言

2010 年我国颁布了《国家中长期教育改革和发展规划纲要（2010—2020 年)》，该规划纲要明确提出："信息技术对教育发展具有革命性影响，必须予以高度重视。"[1] 由于是在国家级的政策性文件中提出这一命题，无疑具有异乎寻常的重要性。

但是能够正确认识信息技术对教育发展有"革命性影响"是一回事，而要能够使信息技术对教育发展真正产生出"革命性影响"又是另一回事。实际上，迄今为止世界上还没有一个国家能够使信息技术对教育发展真正产生出"革命性影响"。

以美国为例，早在 1966 年费城学校委员会就曾对计算机在费城公立学校教育中的作用做过评估。当时的结论是"计算机将提高学校教学质量，并引起学校教育的变革"。但是 40 多年过去了，人们看到的是，新技术并没有产生预期的效果。不仅早年的案例说明了这个问题，21 世纪以来的新鲜事例更是让人记忆犹新。

2009 年 5 月美国教育部发表了其下属评估机构对全美各地 2.1 万名中学生所做的抽样测试结果。令人沮丧的是，该测试结果显示，"当前中学生的阅读能力与计算能力和

---

① 国家中长期教育改革和发展规划纲要（2010—2020 年）[M]. 北京：人民出版社，2010.

30 年前相比没有明显的差异"(而 30 年前的 1979 年，微型电脑才刚刚问世，信息技术的发展尚处于起步阶段)。

这里应当指出的是，自 20 世纪 90 年代以来，美国已在中小学建立了良好的信息技术环境，例如 1999 年就已经是美国中小学基本实现网络化的"网络年"，到 2001 年美国中小学（包括所有小学）已有 99% 联网，2003 年美国中小学生与电脑配比率已达到 5∶1，这为实现信息技术与学科教学的整合创造了良好条件。但是，正如上述测试结果所表明的——他们的基础教育质量和实现教育信息化之前相比，并未有明显的差异，即未能使信息技术真正对教育发展产生出"革命性影响"。不仅美国如此，其他国家也一样，到目前为止，国际上确实还没有一个国家能够真正运用信息技术来实现教育质量的显著提升，即未能使信息技术对教育发展真正产生出"革命性影响"。根本原因在哪里呢？我们不妨从国际上教育信息化理论与实践的最新发展去探寻，在此基础上，才有可能找到解决这个问题的应对举措，也就是探寻使信息技术对教育发展真正产生出"革命性影响"的途径与方法。

## 二、信息技术未能对教育发展产生革命性影响的根本原因

众所周知，人类社会自 20 世纪 90 年代进入信息时代以来，随着以多媒体计算机与网络通信为标志的信息技术日益广泛地应用于人们工作、学习与生活的方方面面，并在经济、军事、医疗等领域显著地提高了生产力，从而在这些领域产生了重大的革命性影响。但令人遗憾的是，在信息技术应用于其他领域或部门（尤其是在工商企业部门）并取得重大成效的同时，在教育领域的应用却成效不明显，大多数仍是只停留在手段、方法的应用方面。对于教育生产力的提升，即大批创新人才的培养，信息技术似乎成了可有可无、锦上添花的东西，而非必不可少的因素，更谈不上对教育发展产生革命性影响。原因是什么呢？

著名的乔布斯之问，提出的也是这样的问题[①]——"为什么计算机改变了几乎所有领域，却唯独对学校教育的影响小得令人吃惊！"

自 20 世纪 90 年代以来，国际上曾有许多专家学者对此进行过研究与探讨，都无功而返。只有 2010 年 11 月发布的《美国 2010 国家教育技术计划》（2010 National Education Technology Plan，以下简称 NETP）[②]，通过认真回顾和总结近 30 年来企业部门应用技术的经验与教训，并与教育领域应用技术的现状做对比，才发现问题的症结所在，从

---

① 桑新民，李曙华，谢阳斌．"乔布斯之问"的文化战略解读：在线课程新潮流的深层思考［J］．开发教育研究，2013，19（3）：30-41．

② National education technology plan 2010［EB/OL］．（2010-11-25）［2013-11-25］．http://www.ed.gov/technology/netp-2010.

而归纳出一个全新的命题，这一命题的具体表述是"教育部门可以从企业部门学习的经验是，如果想要看到教育生产力的显著提高，就需要进行由技术支持的重大结构性变革（fundamental structural changes），而不是渐进式的修修补补（evolutionary tinkering）"（下面把这一命题简称"教育系统的结构性变革"命题）。

由于这一命题与信息技术能否对教育发展产生革命性影响密切相关——事实上，能否运用信息技术实现教育系统的重大结构性变革，正是信息技术能否对教育发展产生"革命性影响"的根本原因所在，而 NETP 所说的"教育生产力的显著提高"，正是信息技术能够对教育发展真正产生出"革命性影响"的最终体现，所以这一命题应当引起我们的高度关注。

那么，到底"什么是教育系统的重大结构性变革"以及应"如何才能实现这种结构性变革"，我们先来看看美国对这一命题是如何认识与应对的。

## 三、美国如何认识与应对"教育系统的结构性变革"

### （一）NETP 对"教育系统结构性变革"的认识及应对举措

在 NETP 第 7 部分的"目标"中就有指出，所谓教育系统的重大结构性变革就是要"重新设计各级教育系统的工作流程和体系结构"，以便在此基础上运用技术来提高学习成果，使时间、金钱和人力得到更有效的利用。这表明——"重新设计各级教育系统的工作流程和体系结构"（从 NETP 后面的应对举措看，实际上主要是指重新设计各级教育行政管理系统的工作流程和体系结构），就是 NETP 对"什么是教育系统的重大结构性变革"这一命题做出的回答。

NETP 为实现教育系统的上述重大结构性变革（即"重新设计各级教育系统的工作流程和体系结构"）而提出的应对举措，则是力图通过倡导、实施一种全新的"用技术支持的学习模型"来达到显著提高学习效果（也就是使信息技术能够对教育发展真正产生革命性影响）的目标。而要想让这一目标能够真正落到实处，NETP 认为必须对"用技术支持的学习模型"的五个组成要素（这五个组成要素是"学习、评估、教学、基础设施、生产力"）逐个进行认真的分析，并设法加以落实。

### （二）NETP 在"教育系统结构性变革"问题上的经验与教训

现在我们来看看美国 NETP 的认识与应对举措，到底有哪些值得我们学习、借鉴的先进经验，又有哪些值得我们批判、吸取的错误教训。为此，我们拟从以下两个方面进行分析与思考。

1. NETP 为解决"信息技术在教育领域的应用成效不显"问题所做出的贡献与存在的遗憾

"教育系统结构性变革"命题的意义之所以重大，是因为，如上所述人类社会自 20 世纪 90 年代初逐渐进入信息时代以来，在信息技术应用于其他领域或部门（尤其是在工商企业部门）取得显著成效的同时，在教育领域的应用却成效不明显——大多数仍是只停留在手段、方法的应用上，对于教育生产力的显著提升（也就是对教育发展真正产生出革命性影响），信息技术似乎成了可有可无的东西。原因在哪里呢？

迄今为止，以美国为代表的西方学者，对于信息技术在教育领域的应用（或信息技术与学科教学的整合），往往都是只从改变"教与学环境"或改变"教与学方式"的角度（最多也只是从同时改变"教与学环境"和"教与学方式"的角度）去强调信息技术在教育领域的应用（或者去定义整合的内涵），因而都未能抓住问题的本质。

只有 NETP 通过回顾和总结近 30 年来企业部门应用技术的经验与教训，并与教育部门的技术应用做对比，才最终认识到，信息技术在教育领域的应用之所以成效不明显，其问题是出在：教育领域没有实施由信息技术支持的重大结构性变革，从而第一次归纳出上述关于教育系统的"结构性变革"命题。

由于"信息技术在教育领域的应用成效不明显"（也就是信息技术未能对教育发展真正产生革命性影响）这个问题，近 20 年来一直困扰国际教育界，但是因为抓不住问题的本质与关键，所以始终找不到解决这个问题的正确途径与方法，从而造成世界各国多年来在教育信息化领域的成百上千亿元资金投入，却得不到相应的回报，甚至付诸东流；成千上万的教学资源未能在信息化教学环境下实现有效的整合，甚至成为浪费时间的盲目实践。由此可见，NETP 能发现并提出上述"教育系统结构性变革"命题，从而为解决"信息技术在教育领域的应用成效不明显"这个问题找到了明确的方向，其意义是何等重大，其影响将会何等深远！

但是，明确了解决问题的方向，不等于找到了解决问题的途径与方法。就 NETP 而言，虽然它发现并提出了上述具有重大意义与影响的"结构性变革"命题，因此在这方面是有很大贡献的；不过，客观地说，NETP 在目前似乎还没有能够正确认识"教育系统结构性变革"的真正内涵，更未能找到实现"教育系统结构性变革"的有效途径与方法，又让人感到深为惋惜与遗憾！

2. NETP 未能正确认识"教育系统结构性变革"的内涵也未能找到实现相关变革的途径与方法的文化、思想根源

为什么 NETP 未能正确认识"教育系统结构性变革"的内涵及未能找到实现这种变革的有效途径与方法呢？其根本原因在于西方传统文化思想的影响——过分夸大"学习"的作用，以学习取代"教育"；认为学习是教育的上位概念，其内涵可以涵盖整个教育。

事实上，若将学习与教育的内涵加以比较，不难发现二者的主要差异在于：学习活动与教育活动的内容不完全相同——学习活动的内容是获取知识与技能；而教育活动由于有"教"和"育"两种方式，从"教"的内容来看，是传递知识与技能（这一点和学习活动内容相同），但从"育"的内容而言，则是要有效地促进学生的身心发展（涉及"情感、态度、价值观"的培育，通常也把这个"育"的过程称为"教师塑造学生美好心灵的过程"；教师的"人类灵魂工程师"的美誉正是来源于这里）。显然这种"育"的内容是一般学习活动中不可能具有的，这正是"教育"和"学习"的不同之处，是二者的主要区别所在。

以上分析表明，NETP 过分夸大"学习"作用，甚至以学习取代"教育"是没有根据的（这是西方教育界的通病，是西方传统文化思想使然）；仅通过"技术支持的学习模型"来变革传统学习方式，不可能触及教育系统的重大结构性变革问题——这正是 NETP 未能正确认识"教育系统结构性变革"内涵、也未能找到实现这种"结构性变革"途径与方法（即信息技术未能对教育发展真正产生革命性影响）的根本原因所在。

## 四、通过信息技术与教育的深度融合，使信息技术对教育发展真正产生革命性影响

在总结、借鉴 NETP 的经验与教训的基础上，我们对于应如何实现教育系统的结构性变革（也就是"如何使信息技术对教育发展真正产生出革命性影响"）该做出怎样的分析思考及应对举措呢？下面，我们将从四个方面来阐述这个问题。

（一）信息技术应与教育深度融合

2012 年 3 月，我国教育部印发了《教育信息化十年发展规划（2011—2020 年)》（以下简称《规划》）。《规划》的开头直接引用了《国家中长期教育改革和发展规划纲要（2010—2020 年)》中首次提出的重大命题——"信息技术对教育发展具有革命性影响，必须予以高度重视"，并以此作为统领本《规划》制定与实施的总纲。

在"总纲"之后是关于"教育信息化意义"和"实现教育信息化途径与方法"的阐述。

教育信息化的意义——是要"以教育信息化带动教育现代化，破解制约我国教育发展的难题，促进教育的变革与创新"（过去的提法是"促进教育的改革与发展"），所以是"实现我国教育现代化宏伟目标不可或缺的动力与支撑"。

实现教育信息化的途径与方法——是要充分利用和发挥信息技术优势，实现信息技术与教育、教学的深度融合（事实上，这也正是能够让信息技术对教育发展真正产生出

革命性影响的具体途径与方法）。信息技术应与教育"深度融合"，这是《规划》中首次提出的全新观念（在《规划》全文中，曾先后出现达 10 次以上，可见它具有异乎寻常的重要性）。

国际上为实现教育信息化的目标（即通过教育信息化带动教育现代化，以达到促进各级各类教育变革与创新的目标），传统的途径与方法是实施"信息技术与课程整合"（也称"信息技术与学科教学整合"）。现在我国的《规划》放弃这一传统观念与做法，而提出信息技术应与教育"深度融合"的全新观念，并认为这才是实现上述教育信息化目标的有效途径与方法。其根据何在？这只有从"信息技术与教育深度融合"的内涵、实质去探寻，才有可能弄明白。

为此，我们需要先来考察信息技术与教育"深度融合"观念与做法提出的背景；它与传统的信息技术与课程"整合"观念与做法有哪些不同？在此基础上，我们方可顺理成章地理解和把握信息技术与教育"深度融合"的确切内涵。

如前所述，自 20 世纪 90 年代以来，国际上曾有许多专家学者对"信息技术在教育领域应用成效不明显"的问题进行过研究与探讨，但都无功而返。只有 2010 年 11 月发布的 NETP 才最终揭示出其问题的根源在于：教育系统没有实现由信息技术支持的重大结构性变革——只是将信息技术应用于改进教学手段、方法这类"渐进式的修修补补"上，或者是只关注了如何运用技术去改善"教与学环境"或"教与学方式"；总之，都没有触及教育系统的结构性变革。

这正是《规划》放弃传统的"信息技术与课程整合"（即"信息技术与学科教学整合"）的观念与做法，而倡导信息技术应与教育"深度融合"的全新观念与做法的特定背景——希望找到一种新的、能实现教育信息化目标的有效途径与方法，以解决长期以来信息技术在教育领域的应用一直成效不明显（即信息技术对教育发展未能产生出革命性影响）的问题。

这表明，"深度融合"观念与做法和传统"整合"观念与做法的根本区别就在于："深度融合"要求实现教育系统的结构性变革；而"整合"不要求，也不关注这种变革。

（二）"教育系统结构性变革"的具体内涵

那么，教育系统的结构性变革又是指什么呢？教育系统包含"学校教育""家庭教育""社会教育""终身教育"等多个组成部分，但其最重要、最核心的是"学校教育"——广大青少年的知识技能与思想品德主要靠学校培养。既然学校教育系统是整个教育系统的主体与核心，那么，"教育系统结构性变革"的关键及主要部分，显然应当是"学校教育系统的结构性变革"。

为了认识和理解"学校教育系统结构性变革"的具体内涵，我们先来看看下面的简单逻辑推理：由于课堂教学是学校教育的主阵地（也是除远程教育以外，各级各类教育的主阵地），所以"课堂教学"应当是"学校教育"的核心内容；既然"课堂教学"是"学校教育"的核心内容，那么"课堂教学结构"自然就应当是"学校教育系统的主要结构"；既然"课堂教学结构"是"学校教育系统的主要结构"，那么，实现了"课堂教学结构的变革"自然就等同于实现了学校教育系统最主要的"结构性变革"——这应当是合乎逻辑的结论。

上述简单逻辑推理表明，"学校教育系统结构性变革"的具体内涵就是要实现课堂教学结构的根本变革。

那么，"课堂教学结构的变革"又是指什么呢？在我们中国学者提出的"信息技术与课程深层次整合理论"中，为"信息技术与课程整合"给出的定义为（这一定义早在10年前就已正式给出）：所谓信息技术与课程整合，就是通过将信息技术有效地融合于各学科的教学过程来营造一种信息化教学环境，实现一种既能充分发挥教师主导作用又能突出体现学生主体地位的以"自主、探究、合作"为特征的新型教与学方式，从而把学生的主动性、积极性、创造性较充分地发挥出来，使传统的课堂教学结构发生根本性变革——由教师为中心的教学结构转变为"主导—主体相结合"的教学结构。

这一定义包含三个基本属性：营造信息化教学环境；实现新型教与学方式；变革传统的课堂教学结构。只有紧紧抓住这三个基本属性才有可能正确理解信息技术与课程整合的内涵，才能真正把握信息技术与课程深层次整合的实质。这三个基本属性并不是平行、并列的：营造信息化教学环境是信息技术与课程整合的基本内容（所谓信息化教学环境是指能够支持真实的情境创设、启发思考、信息获取、资源共享、多重交互、自主探究、协作学习等多方面要求的教与学方式的教学环境）；实现以"自主、探究、合作"为特征的新型教与学方式则是一节"整合"课的具体目标；变革传统的课堂教学结构是"信息技术与课程整合"的最终目标（有了新型的教与学方式，再加上正确教育思想观念的指导和相关教学资源的支持，才有可能实现最终目标）——将教师主宰的"以教师为中心"的传统课堂教学结构，转变为既能充分发挥教师主导作用，又能突出体现学生主体地位的"主导—主体相结合"的课堂教学结构（而课堂教学结构的变革正是"学校教育系统结构性变革"，也就是整个"教育系统结构性变革"的最核心内涵）。

由此可见，"深层次整合"（即深度融合）的实质与落脚点就是要变革传统课堂教学结构——将教师主宰的"以教师为中心"的传统课堂教学结构，改变为既能充分发挥教师主导作用，又能突出体现学生主体地位的"主导—主体相结合"教学结构（如上所述，课堂教学结构的变革正是"教育系统结构性变革"的具体内涵）。

国内外的经验告诉我们：教育信息化若不紧紧抓住"改变传统课堂教学结构和建构

新型课堂教学结构"这个中心，是不会有成效的，是要付出代价的——这是一条铁的定律，这也是中国人在教育信息化领域发现的一条重要规律。

不管是个人、社会还是国家，谁要是忽视或违背了这一规律，都要付出代价，而且是非常沉重、高昂的代价。

（三）实施"教育系统结构性变革"的正确思路——实现课堂教学结构的根本变革

既然"课堂教学结构的变革"就是"学校教育系统结构性变革"的具体内涵，而"学校教育系统结构性变革"又是"教育系统结构性变革"的最重要内容。所以，实施"教育系统结构性变革"的正确思路，当然是要根本变革课堂教学结构。

对于中国的国情来说，这种结构性变革的具体内涵，就是要将教师主宰的"以教师为中心"的传统课堂教学结构，改变为既充分发挥教师主导作用，又能突出体现学生主体地位的"主导—主体相结合"教学结构。

对于美国的国情来说，这种结构性变革的具体内涵略有不同，应将片面强调"以学生为中心"而忽视教师主导作用的传统教学结构，改变为既充分发挥教师主导作用，又能突出体现学生主体地位的"主导—主体相结合"教学结构。这才是问题的本质与关键所在。

这正是 NETP 最为关注且强烈希望实施的"教育系统结构性变革"，却又尚未找到该如何去实施这种结构性变革的答案所在。

（四）实施"教育系统结构性变革"的应对举措——通过 IT 与教育"深度融合"实现教育质量提升的跨越式发展

在对"教育系统结构性变革"的具体内涵有了正确的认识与理解，并且厘清实施"教育系统结构性变革"的正确思路以后，就能顺理成章地找到实施"教育系统结构性变革"的应对举措（也就是让信息技术能够对教育发展真正产生出革命性影响的应对举措）。

这个应对举措，就是要在根本变革课堂教学结构的基础上，"实现学科教学质量与学生综合素质的显著提升（即实现教育在质量提升方面的跨越式发展）"。事实上，贯彻实施这个应对举措的过程，正是信息技术与教育实现深度融合的过程；这一融合过程包含三个实施环节（也就是实施"深度融合"的具体途径与方法）。

1. 深刻认识课堂教学结构变革的具体内容

教学结构的变革不是抽象的、空洞的，它具体体现在课堂教学系统四个要素（即"教师""学生""教学内容""教学媒体"等四个要素[①]）的地位和作用的改变上：教

---

① 顾明远. 教育技术学与二十一世纪的教育 [J]. 中国电化教育，1995（8）：38-41.

师要由课堂教学的主宰和知识的灌输者，转变为课堂教学的组织者、指导者；学生建构意义的帮助者、促进者，学生良好情操的培育者。学生要由知识灌输的对象和外部刺激的被动接受者，转变为信息加工的主体、知识意义的主动建构者和情感体验与培育的主体。教学内容要由只是依赖一本教材，转变为以教材为主，并有丰富的信息化教学资源（例如学科专题网站、资源库、案例、光盘等）相配合。教学媒体要由只是辅助教师突破重点难点的形象化教学工具，转变为既是辅助教师"教"的工具，又是促进学生自主"学"的认知工具、协作交流工具与情感体验及内化的工具。

2. 必须实施能有效变革课堂教学结构的"教学模式"

要想将上述课堂教学结构的变革（即课堂教学系统四个要素地位、作用的改变）真正落到实处，只有通过任课教师在课堂教学中设计并实施相关的教学模式才有可能；为此，应在不同学科中采用能实现课堂教学结构变革要求的创新"教学模式"，下面以基础教育的"语、数、英"三科为例。

（1）小学语文学科低年段的"教学模式"。能实现小学语文低年段（1~3年级）课堂教学结构变革要求的较理想"教学模式"，若是从教学过程的时间安排看，可看作是由两个阶段组成的"2-1-1模式"（若是从所包含的教学环节来划分，则可称为"识字、阅读、写话三位一体"教学模式）。

其实施要领如下。①前20分钟主要通过发挥教师主导作用，来达到课文教学目标的基本要求。②后20分钟主要通过促进学生自主学习、自主探究，来巩固、深化、拓展对课文教学目标的要求；这后20分钟的前一半（10分钟左右）主要是"扩展阅读"，后一半（也是10分钟左右）则主要是"写话练习"（对于认知类教学目标，这后20分钟可以巩固、深化对当前所学知识技能的理解与掌握；对于情感类教学目标，这后20分钟则可以促进学生完成对情感、态度、价值观的感悟、体验与内化，特别有利于良好思想品德及综合素质的培养）。

（2）小学与初中阶段英语学科的"教学模式"。能实现小学与初中阶段英语课堂教学结构变革要求的较理想"教学模式"，若是从教学过程的时间安排看，可看作是由三个阶段组成的"1-1-1模式"（若是从所包含教学环节来划分，则可称为"言语交际为中心"教学模式）。

其实施要领如下。①重视"教师引导的师生对话"。在低年段的英语教学模式下，教师引导的师生对话要同时完成"授新课"（不论教新单词还是新句型均要运用这种方式）和为学生两两对话"做示范"这两项任务，而不是只完成"授新课"这一项任务。②重视"邻座学生的两两对话"。邻座两两对话有最大的参与度，能最有效地提高学生的听、说能力，从而把提高学生口语交际能力的要求落到实处；但是对于小学低年段英语水平以为零起点的学生来说，在课堂上"说什么"以及"怎么说"，是个大难题，这就要靠"教师引导的师生对话"来做示范，并且"邻座两两对话"必须与"教师引导的师生对话"密切配合才有可能解决这个难题。③重视"扩展听读"。应从两个方面落实这一环节：一是要提供生动有趣并与课文内容密切配合的扩展听读材料，而且每篇课文都要有 4~5 篇以上扩展听读材料的配合（即扩展听读材料应有数量和质量这两个方面的保证）；二是要通过教学设计确保课上有较充裕的时间（10 分钟以上）让学生能听完这些材料。

（3）小学高年段及初中的数学学科"教学模式"。能实现小学高年段及初中数学课堂教学结构变革要求的较理想"教学模式"，若是从教学过程所包含的教学环节来划分，可看作是由五个环节组成的"教师主导下的探究模式"。

其实施要领如下。①创设情境。教师创设与当前学习主题密切相关的真实情境，以激发学生的学习兴趣，并把全班学生的注意力吸引到当前学习主题上来。②启发思考。教师提出与当前学习主题密切相关，并能引起学生深入思考的问题（这些问题可以用于引入新授的知识，也可以用于拓展、迁移当前所学的新知识）。③自主（或小组）探究。由学生运用认知工具对教师提出的问题进行自主（或小组）探究。对于数学学科所用的认知工具应是基于计算机软件的学习工具（例如几何画板、Z + Z 平台、Excel 制表工具等）；探究内容可以围绕新授知识，也可以用于拓展、迁移原有知识。④协作交流。在小组之间或在全班范围进行协作交流；协作交流内容可以围绕新授知识，也可以用于拓展、迁移原有知识。⑤总结提高。在个人总结和小组总结的基础上，教师加以补充与升华；使学生的认识由感性上升到理性，由浅层认知达到深层认知。

仔细分析上述不同学科的各种教学模式，不难发现，尽管实施的具体环节、操作方式有所不同，但都非常关注并力图实现课堂教学系统四个要素（即教师、学生、教学内容和教学媒体）地位与作用的改变，也就是要努力实现课堂教学结构的根本变革。

3. 在根本变革课堂教学结构的基础上实现学科教学质量与学生综合素质的显著提升（即实现教育在质量提升方面的跨越式发展）

要根本改变传统的课堂教学结构，除了要有一整套有效的教学模式与教学方法以外，还需要开发出相关的学习资源（以便作为"认知工具、情感体验与内化工具"来支持学生的自主学习与自主探究），并在信息化教学创新理论指导下将这套教学模式、方法与学习资源，通过系统的教师培训，使之切实运用于课堂教学过程。只有这几个方面都做到了，才有可能真正变革传统的课堂教学结构，从而实现各学科教学质量与学生综合素质的显著提升（也就是实现教育在质量提升方面的跨越式发展）。

自进入 21 世纪以来，我们在全国范围的 20 多个试验区（其中多半是在中西部偏远、贫困的农村地区）390 多所中小学开展了旨在大幅提高各学科教学质量与学生综合素质的"基础教育跨越式发展创新试验研究"；经过整整 13 年的实践、探索，现已取得显著成效，从而在国内外产生愈来愈大的影响。

事实上，这种能达到基础教育质量大幅提升目标（也就是能够让信息技术对教育发展真正产生出"革命性影响"）的"跨越式发展"创新试验，就是在信息化教学创新理论的指引下，通过根本变革传统课堂教学结构来实现的。

可见，能否实现"信息技术与教育的深度融合"，也就是能否让信息技术对教育发展真正产生出"革命性影响"，唯一的衡量标准就是"传统的课堂教学结构改变了没有（即教学系统四个要素的地位、作用改变了没有），改变的程度有多大"。除此以外，没有任何其他的衡量标准（舍此之外，别无他途）。

# 云计算与大数据时代的教育信息化探索实践

## ——"粤教云"计划及示范工程进展

华南师范大学广东省教育云服务工程技术研究中心　许　骏

广东省教育技术中心　唐连章

**摘　要：** 实施"粤教云"计划，是广东在云计算与大数据时代教育信息化建设的重大行动，这是一件大事，需要教育系统的共同努力和社会各方力量的积极参与。构建开放融合的公共服务平台和建设示范应用试验区是"粤教云"项目的两大核心任务。本文介绍"粤教云"计划及示范工程进展情况，初步总结了项目实施过程中的做法与体会，技术支撑是关键、内容保障是基础、应用能力提升是根本，当务之急是通过体制机制创新形成协同推进教育信息化的良好环境。

**关键词：** 粤教云　云计算　大数据　公共服务平台　示范应用

教育信息化始终是教育改革与发展的创新动力，是深化教育领域综合改革的重要内容。《国家中长期科学和技术发展规划纲要（2006—2020 年）》把发展以信息技术为支撑的现代教育服务业作为重点目标，《国家中长期教育改革和发展规划纲要（2010—2020 年）》明确指出"信息技术对教育发展具有革命性影响"，并将"教育信息化建设"列为十大工程之一。近年来以云计算、大数据、移动互联网和物联网等为代表的新一代信息技术已成为国家战略性新兴产业的重点，也为解决教育信息化发展瓶颈问题带来新机遇，2011 年，我国提出建立国家教育云服务模式，"粤教云"计划是广东省教育信息化的重大行动计划之一。

## 一、政策引领和产业规划：协同创新推进"粤教云"计划实施

"粤教云"计划是《广东省教育信息化发展"十二五"规划》中五大行动计划之一。2013 年 8 月，《广东省教育厅等八部门印发〈关于加快推进教育信息化发展的意见〉的通知》（粤教信息〔2013〕5 号）提出实施"粤教云"计划，建设"粤教云"公共服务平台，开展"粤教云"示范应用试点。2013 年 3 月，广东省教育厅成立了"粤教云"项目领导小组和专家组，强有力的组织保障和全局性顶层设计让"粤教云"计划实施驶入快车道。

"粤教云"计划得到省政府的大力支持。《广东省人民政府办公厅关于印发加快推进我省云计算发展意见的通知》（粤府办〔2012〕84号），将"粤教云"确定为七大重点示范应用项目之一，《广东省人民政府关于印发广东省信息化发展规划纲要（2013—2020年）的通知》（粤府〔2013〕48号）将"粤教云"公共服务平台建设列入信息技术在民生领域重点应用项目。《广东省人民政府办公厅关于印发广东省云计算发展规划（2014—2020年）的通知》（粤府办〔2014〕17号）将建设"粤教云"公共服务平台及推进"粤教云"示范应用列入社会服务领域云计算应用重点项目。政策引领和产业规划对整体推动教育信息化起到重要作用。

"粤教云"项目致力于建设自主、可控、安全、绿色教育云，提供终端、内容、平台和服务一体化的教育信息化解决方案，创新教育信息化建设模式、应用模式和服务模式。"粤教云"项目的建设思路是充分整合现有资源，建设开放融合的公共平台和服务生态系统，国家、省、市（区）平台互联互通、协同服务，形成全省教育信息化资源配置与服务的集约化、效益化、优质化发展格局。这是一件大事，需要教育系统的共同努力和社会各方力量的积极参与。

面对"粤教云"这样一个复杂的系统工程，怎么建、怎么管、怎么用？笔者认为，机制创新是当务之急。一是联合推动机制，坚持政府统筹引领，多部门各负其责，建立并完善多方参与的政策机制，充分调动各方积极性，以好的机制集中大家的智慧和力量，形成协同推进的良好环境；二是企业参与机制，其核心是合作共赢，突破仅仅依靠政府项目推动的传统路径，把市场配置资源的作用充分发挥出来；三是示范引领机制，强化试点引导，推广典型经验。

在广东省教育厅"粤教云"项目领导小组的直接领导下和专家组的具体指导下，由华南师范大学广东省教育云服务工程技术研究中心和广东省教育技术中心共同牵头的"粤教云"项目组，充分发挥高校国家重点学科的人才和科研平台优势，依托重大科技专项，高效整合创新要素，"政产学研用"协同创新，在整体解决方案、关键技术、核心装备、基础应用软件、公共服务平台及核心云服务、数字教材及内容服务等取得重大进展，大大推动了数字教育资源公共服务体系建设，加快了广东省"三通两平台"的建设步伐。"粤教云"计划的实施，在坚持政府统筹引导、鼓励多方参与、形成协同推进教育信息化的良好环境方面探索了一条新路。

应用是教育信息化的根本目的，也是永恒的主题。2013年10月，《广东省教育厅关于开展"粤教云"示范应用试点工作的通知》（粤教信息函〔2013〕31号），明确了试点目标、内容及组织实施办法，这标志着"粤教云"计划进入示范应用阶段。2014年5月，《广东省教育厅关于公布"粤教云"示范应用第一批试验区名单的通知》（粤教信息函〔2014〕16号），确定了珠海市、惠州市、东莞市、肇庆市、清远市、佛山市顺德区、广州市越秀区、广州市天河区、深圳市南山区等9个地区成为第一批"粤教云"示范应用试验区。2014 年 5 月，广东省教育厅在珠海市召开了"粤教云"示范应用推进会，总结"粤教云"计划前期实施工作，部署下一阶段示范应用试点工作。今年教师节陈云贤副省长到华南师范大学看望慰问教师，在听取"粤教云"项目进展情况汇报时，希望学校进一步通过"粤教云"等信息技术手段，加大对粤东、西、北地区的师资培训和帮扶力度，促进区域教育均衡优质发展。

## 二、牵住牛鼻子：建设"粤教云"公共服务平台

"粤教云"公共服务平台是实施"粤教云"计划的重要基础设施，也是开展"粤教云"示范应用的核心支撑平台，是创新教育信息化建设模式、服务模式和应用模式的有效载体。抓好"粤教云"公共服务平台建设，提供技术支撑、内容保障和应用能力提升服务，就等于牵住了"粤教云"计划的"牛鼻子"。

（一）顶层设计与总体规划

关于"粤教云"公共服务平台的顶层设计与总体规划，首先要回答需要一个什么样的"粤教云"公共服务平台，公共服务的含义是什么，需要提供哪些基础性服务和共性服务？在基本公共服务保障和示范引领作用之间协调平衡的基础上，基于基础性、广泛性、迫切性和可行性四个标准界定平台的服务内容，提出"1＋3＋N"的服务体系（如图 1 所示）。

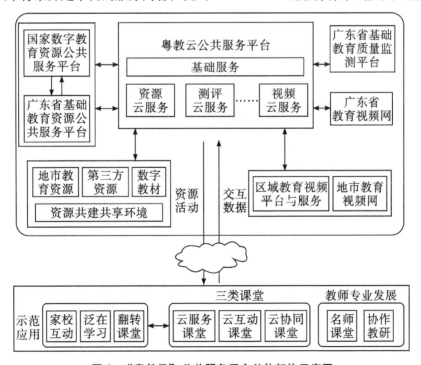

图 1 "粤教云"公共服务平台总体架构示意图

其中"1"指的是"粤教云"公共服务平台的基础服务，实现基础数据管理、统一身份认证与授权、工作流与服务集成、数据汇聚与交换、云安全等基础服务。同时提供数据统计分析、可视化和资源配置等监管与辅助决策支持服务。

"3"指的是教育资源云服务、教育测评云服务和教育视频云服务三个核心服务。它们是实现技术支撑、内容保障和应用能力提升的关键。

"N"代表平台是一个开放的体系，依据标准和技术规范，实现第三方应用与服务的汇聚与集成。

"粤教云"公共服务平台的服务对象包括教师、学生、家长、教育行政主管部门、学校、合作伙伴等，如何提供服务？也就是服务机制和模式的问题，这需要在顶层设计加以回答。

从技术解决方案的角度，"粤教云"公共服务平台具有大用户、大数据和大系统的特征，需要解决支持系统资源配置、用户资源整合、第三方应用汇集的开放体系结构关键问题，支持超大规模用户、多中心、分布式、易扩展的教育云服务模式，提供统一的电子身份管理与认证服务，具备千万级用户的服务支撑能力。

国家、省、市（区）三级公共服务平台如何协同服务？这也是总体规划要考虑的问题。如何解决"粤教云"公共服务平台与广东省教育信息平台、广东省基础教育资源公共服务平台、广东教育视频网、广东省基础教育质量监测平台等省级平台和应用系统之间的互联互通问题，实现业务流程整合优化，提升公共服务能力？形成全局统筹、区域自治、上下对接、横向关联的开放融合公共服务体系（如图2所示）。例如，"粤教云"公共服务平台还要与国家资源云平台对接，实现资源的共享与交换；与地市级平台对接实现资源的共建共享和协同

图2 "粤教云"公共服务平台与
其他平台（应用系统）关系示意图

服务；与省教育信息管理平台对接，共建一个用户基础信息库，由省集中部署、统一管理，实现各个应用平台的统一身份认证、单点登录，资源服务与应用业务相融合。这些问题都需要深入研究并在实践层面给出答案。这对于加强各级教育部门的统筹和公共服务的共享，形成资源配置与服务的集约化发展途径具有重大意义。

（二）核心教育云服务

**1. 教育资源云服务**

"粤教云"公共服务平台与广东省基础教育资源公共服务平台一体化设计，实现平台之间双向相互支撑、业务整合与协同服务，共同为"粤教云"示范应用提供内容保障（如图3所示）。一方面，广东省基础教育资源公共服务平台通过"粤教云"公共服务平台实现优质资源应用落地；另一方面，各市（区）特别是"粤教云"示范应用试验区在应用中形成的优质资源可通过"粤教云"公共服务平台汇聚到省基础教育资源公共服务平台，这是资源建设的源头活水。

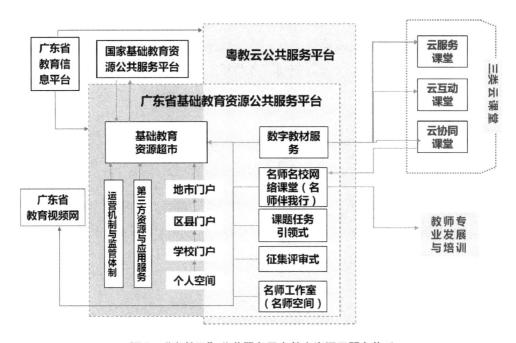

图3 "粤教云"公共服务平台教育资源云服务体系

突破大规模用户统一管理技术、资源服务监管技术、海量教育资源云存储与优化调度技术、个性化资源推送服务、高效智能检索技术、虚拟化技术、负载均衡技术、云安全技术、自然人机交互、大数据与学习分析技术等，提供资源创作、预览、审核、评价、入库、检索、发布、传输和应用等资源全生命周期管理与服务。

教育资源云服务具有以下优势和特色。

（1）提供以数字教材为代表的基础性资源服务，支持教育信息化手段在教与学主战场的规模化与常态化应用。全面推进基础性数字教育资源开发与应用，是教育部2014年教育信息化工作重点。一方面，整合高校学科优势、出版社资源优势和企业研发能力，合力推进数字教材开发；另一方面，在"粤教云"示范应用试验区开展数字教材规模化应用，探索数字教材整合于课堂教学的应用模式和服务机制，以及公益性服务和个性化增值服务相结合的数字教材运营机制。

（2）支撑地市之间数字教育资源的交换与协同服务，提升广东省资源共建能力与共享水平。加强广东省教育资源建设总体规划，完善资源建设规范与技术标准，以机制创新（资源征集与后补助机制、课题引领机制等）充分调动各地市（区）建设资源的主动性和积极性，以"粤教云"公共服务平台为载体，支持动态、开放、群体行为的跨组织协作，实现优质教育资源的跨地市（区）之间存放、汇聚与按需共享。

（3）以技术创新实现资源建设模式与服务机制创新，构建开放融合的服务生态系统（如图4所示）。"粤教云"公共服务平台要为资源建设与服务模式创新提供支撑。支持"企业竞争提供、政府评估准入、学校自主选择"的资源共建共享模式，提供超市式资源云服务，支持电子货币网上结算、政府"后补助"的优质资源采购方式，逐步形成政府购买公益服务与市场提供个性化服务相结合的资源服务模式。建立基于知识共享的社交网络，基于大数据向用户提供个性化资源推送服务。

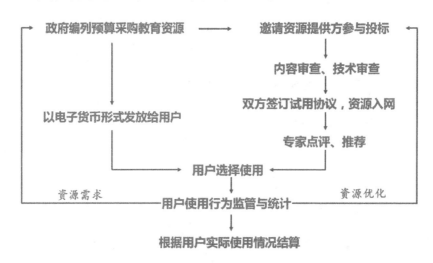

**图4　资源建设与应用激励机制**

## 2. 教育测评云服务

"粤教云"公共服务平台提供教育测评云服务，包括基于教育大数据的学习分析与教育决策支持服务，进一步的发展是实现与"广东省基础教育质量监测平台"数据共享。

评价作为一种服务，能够与不同的教学支撑系统集成，汇聚用户行为数据与表现数据。测评云服务是技术支持下的多元评价活动，较好地体现了评价文化的理念。其特点如下：一是强调评价和教学的整合。评价不是一个孤立的阶段和行为，而是与整个教学过程紧密结合在一起，它为教学的各个环境提供形成性评价与反馈。二是支持评价内容的多维度、评价主体的多元化和评价方式的多样性。三是从重视静态的总结性评价向重视形成性评价反馈调节的动态过程转移，关注学生全面发展，通过评价反馈为学生提供个性化的支持服务。四是侧重对"动手能力"进行测评，评价形式从纸笔测验转向真实任务考核，支持真实情景下的体验式学习与技能训练。

提供语音测评云服务，基于智能语音交互技术的突破，为学生创造在真实语境中学习和应用语言的机会，破解外语教学和汉语国际推广的瓶颈问题。

研发基于容器的新一代云应用引擎 XPaaS，解决容器安全、虚拟组网和高可扩展的容器编排引擎等热点难点问题，支持有状态云服务的部署和迁移。以 XPaaS 为基础开发 IT 教育云服务，提供涵盖容器、操作系统、编程语言三个层次的安全体系，彻底解决在服务器上执行用户代码而引发的云端安全问题，支持实时协作编程和交互代码演示，从"学、练、评"三方面全面创新 IT 人才培养模式。

### 3. 教育视频云服务

"粤教云"公共服务平台提供开放、互通、可伸缩的教育视频云服务——粤教云视通（如图 5 所示）。该服务与广东教育视频网以及地市区域视频服务（资源）平台实现互联互通，形成全局统筹、区域自治、上下对接、横向关联的多级服务体系。支持多终端多模式接入，实现对视频直播设备/环境的集成与整合，面向大规模用户提供流媒体直播、点播和实时交互服务，支持实时互动的直播课堂、在线培训、协作教研等典型应用，促进教师培训模式创新与教育视频资源开放共享。

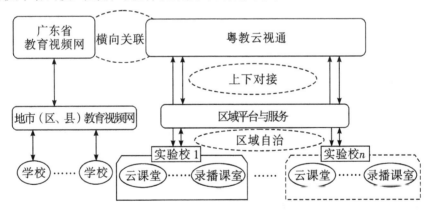

**图5 粤教云视通与其他应用系统的协同服务**

"粤教云"公共服务平台将各地市试验区的优秀视频资源汇聚到广东省教育视频网，支持更广域范围的直播课堂、专递课堂和名师网络课堂应用。

限于篇幅，对"粤教云"公共服务平台的其他云服务及技术解决方案就不做介绍了。

（三）标准和技术规范：引领教育云服务生态系统形成与发展

开放和共享既是"粤教云"公共服务平台的建设原则，也是促进云服务应用落地、实现可持续发展的基础。

"粤教云"公共服务平台的"公共"属性决定了必须走开放、合作、发展之路。从平台的规划设计与实现角度，平台必须采用开放的体系架构，为第三方平台和应用提供丰富的标准接口（如图6所示）。

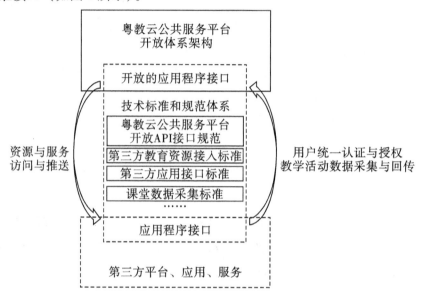

**图6 技术标准与规范体系**

标准和规范研制是"粤教云"项目的重要内容之一，以标准来规范、引领和推动教育云服务生态系统的形成与发展。标准和规范体系包括：《粤教云公共服务平台开放API接口规范》《第三方教育资源接入标准》《第三方应用接入标准》等资源建设和服务接入标准规范；云平台与端应用数据交换与互操作的《云课堂支撑系统数据采集标准》《测评服务数据采集标准》等。

云服务接口规范标准，一方面支持第三方资源与应用接入"粤教云"公共服务平台，同时支撑端上应用（如各类课堂教学支撑系统等）与"粤教云"公共服务平台数据双向（上行与下行）互通，即端上应用系统能够方便利用公共平台上的资源与服务。同时，端上应用系统形成的重要数据可以汇聚到"粤教云"公共服务平台，这些数据包括教师教学行为数据、学生学习经历数据（学习者的学习行为、学习活动、学习进程及与之交互的学习环境等数据，学生对各种资源的操作数据以及这些因素之间的关系数据等），它们或者归档到学生个人空间或成长档案袋中，或者接入基础教育质量监测中心以供进一步分析、挖掘与可视化处理，或者对教育科研人员开放，提供辅助决策支持服务。

## 三、种好试验田：建设"粤教云"示范应用试验区

2013 年 10 月，广东省教育厅印发了《关于开展"粤教云"示范应用试点工作的通知》，按照"统筹规划、分批启动、分类指导、动态评估"的原则，坚持应用导向和机制创新，探索"粤教云"服务于学生学习和教师专业发展的有效途径与方法。试点内容包括各试验区"粤教云"数据中心建设、云智慧课堂、云学习空间、名师课堂、网络协作教研平台建设与应用等。目前试点工作进展良好，示范引领与辐射带动作用明显。

"粤教云"示范应用强调两个方向，一是在教与学主战场应用，二是常态化应用。这需要解决三个问题：一是技术支撑，它关乎理想能否照进现实；二是内容保障，让巧妇不再难为无米之炊；三是应用能力提升，让教师应用信息化手段开展教学不因技术而被动，而因能力提升而主动。

（一）建设"粤教云"智慧课堂，探索"云端"结合的应用模式

### 1. 三类云课堂

在服务教与学方面，推出了云服务、云互动、云协同三类课堂。三类云课堂在内容保障、技术支撑和体验智慧等方面具有特色与优势。

（1）云服务课堂。以云服务促进优质教育资源班班通，推进教学资源应用的普及化和常态化。

（2）云互动课堂。在人手一台学习终端的环境下，融合云服务、数字教材、学科教学工具等构建新型教学环境，探索有效提高教学质量的信息化教学模式与方法（如图 7 所示）。

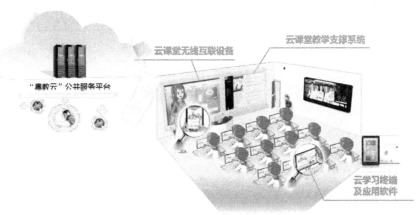

**图7 云互动课堂应用场景**

（3）云协同课堂。以云平台汇聚资源与服务，提供云端多媒体移动课堂教学服务与师生互动服务，将名师名校课程通过云服务延伸到农村和城市薄弱学校，促进教育公平与均衡发展。

2. 以"核·高·基"支撑云端学习环境

下面以云互动课堂应用为例，分析技术支撑的重要性，同时说明示范应用如何带动信息技术产业发展。

（1）智能学习终端及基础软件。智能终端是当今信息技术创新要素最密集的领域之一。智能终端要真正成为认知学习工具，需要考虑以下几方面的问题。

第一，教育应用要求终端设备具有出色的多媒体和多任务处理能力，这需要高性能低功耗片上系统 SoC 的支持。

第二，人机交互有待加强。学习者要完成"听、说、读、写"任务，终端设备必须支持多通道人机交互，特别是语音交互和笔写输入，只有这样才能成为师生日常使用的基本工具。其中，语音交互是最自然的人机交互方式，符号和公式的笔写输入识别是典型应用需求，但与文字识别技术相比，公式和草图的识别还远未达到实用化程度。

第三，缺乏基础软件支撑。一方面，现有 Office 软件不能满足计算机教育应用需求，需要在融合多模态的自然人机交互与协作方面增强，以支持强交互富媒体和网络社群协作，同时需要在语义方面增强以支持海量数字资源聚合、可靠存储及高效检索；另一方面，电子阅读与数字出版在教育信息化中的地位与作用日趋重要，但缺乏支持富媒体和强交互的内容创作工具软件。因此，面向教育行业的办公软件 Edu Office 以及交互内容创作工具，成为支撑教育信息化的重要基础软件。

第四，封闭的服务生态系统。各厂商自行搭建网络服务平台并与终端绑定，造成信息孤岛和资源浪费，无法实现服务的动态部署和敏捷集成；通信与组网能力需要加强，终端设备支持 Wi-Fi（802.11n/ac）及 NFC，并具备 Adhoc 组网能力（如图 8 所示）。

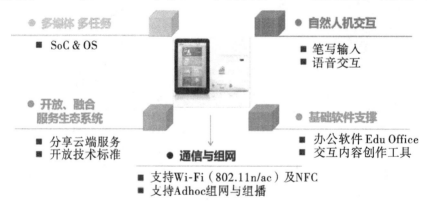

图 8　封闭的服务生态系统图

（2）移动终端无线互联。现有设备在支持互动课堂移动终端无线互联方面存在一些问题，主要有：①并发接入的终端数量有限；②组播传输效率低；③聚集性大数据量资源分发和多屏互动等高带宽应用成为瓶颈；④缺乏设备级的安全接入认证。为此，需要研发满足云互动课堂应用的移动终端无线互联设备。

综上所述，从技术支撑角度看，为满足云互动课堂的应用需求，需要研发智能学习终端和移动终端无线互联设备等核心装备，其中涉及高性能芯片技术。同时，需要研发面向教育行业的办公软件 Edu Office 和交互内容创作工具等基础应用软件，我们将之称为核（核心装备）、高（高性能芯片）、基（基础应用软件），目标是专"芯"研发核心装备，以国产软件支撑教育信息化（如图9所示）。

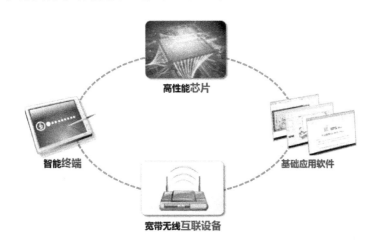

图9 "核·高·基"支撑云互动课堂

在广东省重大科技专项计划项目支持下，项目组面向教育行业的重大应用需求，整合高校与企业在高性能片上系统、新型人机交互、智能终端操作系统、Adhoc 网络等方面的关键技术，研发云服务模式的智能学习终端产品和云互动课堂移动终端无线互联设备，已开始进入试验应用，效果良好。项目组研制了相关技术标准规范，支持企业通过行业定制方式为教育应用提供多样化智能终端产品及服务。与此同时，项目组还开展了教育云服务办公软件 Edu Office 研发，探索国产基础软件支撑教育信息化的途径、方法和服务模式。

（二）搭建"研培用"一体化教师专业发展平台，开展网络协作教研，创新教师培训模式，全面提升应用能力

笔者清醒地认识到，技术只是支撑，教师永远是主角。为教师专业发展提供服务是"粤教云"项目的主要目标之一，"粤教云"公共服务平台提供"菜单式、自主性、开

放式"的培训服务能有效创新培训模式，支持教师立足岗位，边学习、边实践、边应用、边提升。

### 1. 开展网络协作教研

视频互动已成为主要的沟通与协作方式，视频云服务实现了真实课堂环境与虚拟数字视频空间的集成融合，能有效支撑跨区域的网络协作教研，组织专题研讨活动，实现从"集中观摩课教研活动"到"异地网络协作教研互动"转变（如图10所示）。该应用模式将实时流媒体直播和可视化协作交互有机结合，现实课堂与虚拟课堂相融合，以实时性、互动性和真实性强化情景体验，具有下列优势：第一，直播能带来临场体验，保持课堂的真实性、生动性。利用大规模直播，可降低活动成本，大幅度提高活动频率，直至实现常态化。第二，参与教研活动或教学观摩的教师分布在异地利用终端观摩，教室内只有授课教师和听课学生，受外界影响小，有利于开展相对真实的教学活动。点评专家可以在授课过程中同步点评，更具有即时感、针对性和引导性。第三，基于视频协作的研讨，观摩教师能平等地参与讨论。直播结束后，任课教师、总评专家和观摩教师紧接着开展以互动交流为主的网络教研活动，有助于将讨论引向深入。第四，课程的实况视频和教学研讨过程可以转化成可供以后点播的资源。第五，智能化视频分析工具改变了以往纯主观的评课模式，增强教学研讨的科学性。

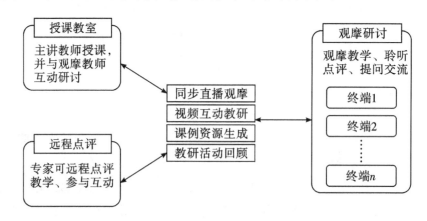

**图10　网络视频协作教研**

### 2. 创新培训模式

依托"粤教云"公共服务平台可以实现大规模、高质量、低成本、大范围的培训。

教师培训课程资源以视频为主，依据相应的教学情境、教学问题来组织，以具有"短、快、精"特色的"微视频"形式呈现，增强教师学习的情境性，实现"碎片式"学习，促进有效并高效的教师学习。资源和广大一线教师的日常教学行为紧密绑定，资源既用来培训教师，也提供给教师在教学实践中用，教师在教学实践中形成的新资源又可丰富和完善云平台的资源。将名师名校课程通过云服务延伸到农村和城市薄弱学校，也是促进教育公平与均衡发展的有效手段。

### 3. 名师名校课程建设

开展"一师一优课，一课一名师"活动，充分发挥学校、教师的主体作用推动信息化手段在课堂教学中的广泛应用，在应用中逐步汇聚形成系统的数字教育资源。

以名师名校、同步课堂、精品专题等分类形式，提供名校名师的课堂教学实录和教学片段等课例视频。按照名师名校对精品视频课例分类呈现，将一些即时性、引领性的名家授课实录或视频片段提供给用户观摩学习。同步课堂根据教材的章节知识点，提供名师讲授的视频，支持师生应用。为教师提供与教材同步的备课、教学参考。学生也可以利用这类资源进行课前预习、课后辅导。这类资源还可被用于支持"翻转课堂"等教学模式创新。精品专题类是以专题形式（如校本课程、微课、探究学习）等组织的视频，可被广泛应用于教师培训等应用领域。

这部分资源来源于以下三方面：盘活既有优质课例资源；继续采取征集、评比等方式收集名师教学视频；通过"粤教云"公共服务平台的视频云服务自动采集汇聚名师课堂教学实录，经过编目标注、审核后发布。最终的发展目标是在省的统一规划下，建成体系化的名师同步课堂。

### （三）统筹引导，鼓励多方参与，协同推进"粤教云"示范应用试点

示范应用试点不是一个"空降"项目，各试验区的试点方案要与所在市（区）教育信息化总体发展规划相统一，与教育信息化重点工程相融合，切实解决所在市（区）教育改革与发展的若干重大问题，如教育公平、均衡发展、多元评价、师生减负等，探索利用信息化手段解决这些问题的新思路和新方法。

试点工作坚持教育行政部门统筹引导，鼓励各方参与，建立完善多方参与的政策机制，充分调动各方积极性，协同推进示范应用。充分调动和尊重试验学校及一线教师的积极性与首创精神，充分发挥学校、教师和学生的主体作用，各试验区相继出台了配套政策和保障措施。

珠海市作为"粤教云"示范应用首批试验区，先行先试取得重要进展，首批 15 所"粤教云"试点学校建设写入了 2014 年市政府工作报告，并落实了建设经费。珠海市教育局成立了以局长为组长的"粤教云"珠海试验区领导小组和以副局长为组长的工作组，先后召开了"粤教云"示范应用座谈会、推进会，组织了教师培训，出台了《珠海试验区"粤教云"示范应用实施方案（征求意见稿）》，明确了试点目标、主要任务、进度安排、配套政策、保障措施、预期成效等。以"整合、扩展、提升"为原则，建设了"粤教云"数据中心珠海分中心，珠海市教育视频应用平台与"粤教云"公共服务平台互联互通，实现了全市大部分录播教室与平台无缝连接，支持流媒体大规模录播、直播功能。部署了数字教材、数字教辅、名师课堂等资源，为课堂教学、泛在学习以及

教师专业发展提供内容保障。结合珠海市智慧城市建设和社会信息化发展规划，组织市内学校建设三类粤教云课堂：云服务课堂、云互动课堂、云协同课堂。开展"粤教云"示范应用试点后，大大提高了现有信息化装备（包括教育局网络中心设备）的使用效率，降低了运维成本，也开始改变信息化的建设模式，即以深化应用驱动硬件设施投入，改变"先建后用"的传统模式，确立"不求所有、但求所用、够用就好"的硬件设施投入原则，既避免建而不用、闲置浪费，又符合信息技术产品更新换代快的特征。

惠州市、东莞市、肇庆市、清远市、佛山市顺德区、广州市越秀区、广州市天河区、深圳市南山区等"粤教云"示范应用试验区，均结合当地实际情况，制定了切实可行的试点实施方案，并积极推进试点工作，取得良好效果。教育信息化没有现成的模式可以照搬照抄，要靠我们一起去探索、实践。"粤教云"示范应用只是一个开头，整台戏要唱好还得靠大家共同努力。我们要善于典型引导，及时发现、总结"粤教云"示范应用试验区的经验与做法并加以推广。

## 四、一服务两促进：社会效益与产业带动作用明显

"粤教云"项目从论证到实施，一直强调项目的社会效益和产业带动作用，明确提出两句话：一是服务教育，二是促进新一代信息技术产业和数字内容出版产业发展。这也是项目的预期目标（如图11所示）。

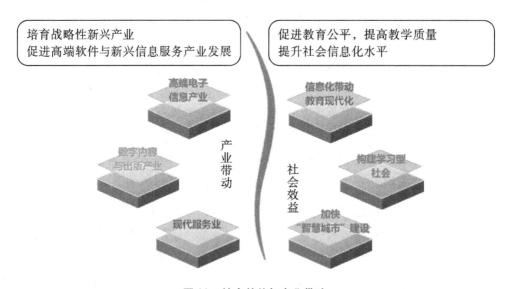

图11　社会效益与产业带动

"粤教云"计划的实施，有效破解了制约云计算产业发展的应用落地难和关键技术创新乏力两大难题，实现云计算服务创新和关键技术产业化，将促进高性能芯片、智能

终端和宽带无线通信设备等高端电子信息产业以及软件产业发展。同时，带动数字内容出版产业和现代服务业发展。

"粤教云"项目的实践，实现了教育信息化建设模式、应用模式和服务模式的创新，提高了基础设施使用效率，将加快"宽带城市"和"智慧城市"进程。教育云服务的规模化应用，推动了信息技术与教育教学的深度融合，将有效提升教学质量，促进教育公平和均衡发展，加快教育现代化。

# WISE 数字探究学习环境支持的科学教育

华南师范大学教育信息技术学院　赵建华　张晓佳

广东技术师范学院　蒋银健

**摘　要：** 数字探究学习是指在数字化学习环境中，教师或研究者通过设计系列科学探究实验活动，引领学习者开展猜想、假设、探究、检验等探究活动，提升他们对科学概念和规律的认识，实现科学素养培养。数字探究学习环境为科学探究活动的开展提供了便捷的方式，学习者可以方便地获取科学知识，并利用数字模拟的科学探究实验，深入理解科学现象和概念，更好地掌握科学规律。本研究以 WISE 数字探究学习环境为例，在介绍如何利用 WISE 数字探究课程开展科学教与学的基础上，探讨了利用数字探究学习环境开展科学教育的方法和特征。

**关键词：** WISE　探究学习　数字学习环境　科学教育

《义务教育初中科学课程标准（2011 年版）》提出"注重培养学生的科学探究能力和对科学探究的理解"。培养学生科学探究能力既是科学课程规定的目标，也是"科学"课程教与学过程中培养学生问题意识和创新能力的基本方法。探究学习需要具备恰当的教学资源和环境，有助于激发学生学习科学的兴趣，培养学生科学探究能力和科学素养，因此成为我国基础教育改革的热点。[①]多媒体和互联网技术为科学探究学习提供了有效的环境支持。本研究以数字探究学习环境 WISE（Web-based Inquiry Science Environment，基于网络的科学探究环境）为例，探讨在 WISE 环境中开展科学探究学习的方法和特点。

---

本文是教育部 – 中国移动科研基金项目"教育信息化理论研究"子课题"教育信息化标准体系研究（编号：MCM20121011 – TE）"的研究成果。

① 况姗芸. WISE 科学探究平台对我国研究性学习平台建设的启示 ［J］. 中国电化教育，2010（1）：78 – 81.

# 一、数字探究学习环境

## （一）数字学习环境

数字学习环境（Digital Learning Environment）是指学习者在由交互媒体、网络等数字化设施构成的虚拟学习环境中进行学习的场所，是支撑数字学习外部条件的总和。[①] 数字学习环境为教学提供了多种便利，如资源选择、空间选取、个性化学习方式和评价等，为学习者开展灵活性学习提供了便利。[②] 数字学习环境是 WISE 支持学生开展科学探究的基础。与传统探究学习环境相比，数字探究学习环境具有更好的适应性和更灵活的便利性。学生在 WISE 环境开展探究学习，更容易获取学习资源，可以将更多精力聚焦于探究学习过程中。

## （二）WISE 数字探究学习环境

WISE 是加利福尼亚大学伯克利分校 Bell 和 Marcia Linn 教授在美国国家教学基金会（National Science Foundation，简称 NSF）的资助下主持的"知识整合环境"（Knowledge Integration Environment）研究计划的主要成果，主要研究如何通过基于网络探究教学环境来促进学习者进行知识自主建构和合作建构[③④]，学习者可在其中了解真实世界、分析各种科学观点、发现科学现象、亲历科学探究过程等。WISE 主要适用于 K4～K12 年级的学生，要求两人一组进行探究。教师用户可以根据学习内容以及学生特点对该项目进行"二次开发"。学生通过 WISE 平台提供的各种活动和支架工具可以像真正的科学家一样工作，相互协作探索现实中的重要问题。WISE 注重理论探究与实践探究的结合，将资源作为支架以支持交互，并通过设计资源支持社会交互。同时，WISE 为社区成员提供了协作工具以方便互相学习。WISE 的实践成果说明了基于 WISE 的科学探究学习活动对于科学教育具有非常明显的优势。它不仅利用互联网的丰富资源，而且采用了适合科学探究的活动方式。[⑤]

---

① 宋亦芳. 社区数字化学习环境建设的策略 [J]. 继续教育研究，2012（8）：92-94.

② 安维民. 数字化学习环境下中小学生自主学习能力培养的策略研究 [J]. 中国电化教育，2013（6）：105-108.

③ 吴伟，赵阳阳，熊耀华. 基于网络的科学探究教学：来自 WISE 的启示 [J]. 外国中小学教育，2011（2）：33-37.

④ 黄都. 促进知识整合的科学探究环境设计：基于对 WISE 网络探究平台的评介 [J]. 全球教育展望，2004（7）：38-43.

⑤ 赵建华，朱广艳. 技术支持的教与学：多伦多大学安大略教育研究所 Jim Slotta 教授访谈 [J]. 中国电化教育，2009（6）：1-6.

WISE 以建构主义理论为指导，将知识的建构建立在学生自主发展的基础上，通过营造友好的学习环境，鼓励学习者自己建构所需。学习者可在与同伴讨论过程中学到新知识，扩大或修正已有的认知结构，在表达个人已有概念知识的同时，进行自我反思与评价，不断地加以重构。WISE 力图用整合的原则和模式来设计课程，促进科学的理解和设计一致的评估来衡量学生能力来整合观点。①

## （三）科学探究

### 1. 科学探究的定义

《美国国家科学教育标准》指出"科学探究是学生们用以获取知识、领悟科学的思想观念、领悟科学家们研究自然界所用的方法而进行的各种活动"②。我国科学课程标准指出，科学探究是一种让学生理解科学知识的重要学习方式，学生将通过科学探究等方式理解科学知识，学习科学技能，体验科学过程与方法，初步理解科学的本质，形成科学的情感态度与价值观，培养创新意识和实践能力。③ 近年来，国内外很多研究者也对科学探究提出不同见解，下面列举几种有代表性的观点（如表 1 所示）。

表 1　科学探究定义

| 研究者 | 时间 | 观　点 |
|---|---|---|
| J. J. Schwab | 1950 年 | 探究学习是指儿童自主地获得知识的过程，掌握研究自然所必需的探究能力，形成科学概念，形成探索未知世界的积极态度④ |
| 张建伟、陈琦 | 2001 年 | 科学探究是以科学图例活动为基础而实现的知识建构⑤ |
| 周仕东 | 2008 年 | 科学探究是指学生在教师的组织引导下，针对有探究价值的问题，主动获取证据、进行解释、检验和交流，从而逐步理解科学的本质和价值，发展自身科学素养的一系列活动⑥ |
| 张建珍 | 2012 年 | 科学探究是指学生在教师的指导下，围绕某一科学问题，根据已有的知识、技能和经验，运用科学方法体验研究过程，尝试解决科学问题的学习活动⑦ |

① 常瑾，武冰星. WISE 科学探究环境对我国科学教育的启示［J］. 山西师大学报（社会科学版），2014（S4）：169－171.
② 美国国家研究理事会. 美国国家科学教育标准［S］. 戴守志，译. 北京：科学技术文献出版社，1999：26，30，71，146－216.
③ 中华人民共和国教育部. 普通高中科学课程标准（实验）［M］. 北京：人民教育出版社，2003：20.
④ 钟启泉. 现代教学论发展［M］. 北京：教育科学出版社，1988.
⑤ 张建伟，陈琦. 科学发现学习的新近研究［J］. 心理学动态，2001，9（4）：289－294.
⑥ 周仕东. 科学哲学视野下的科学探究学习研究［D］. 吉林：东北师范大学，2008.
⑦ 张建珍. 科学探究学习视域中的地理主题活动设计研究［D］. 上海：华东师范大学，2012.

根据表1得出，科学探究以问题为导向，学生通过搜集资料获取证据，在与他人交流中尝试解决科学问题。科学探究的实质是在好奇心的驱使下，使用试误的方法认识周围世界，试图确定正在发生什么、以后会怎样，发现问题并解决问题。[①]

2. 科学探究的基本过程

科学探究的基本过程要说明科学探究要先做什么，后做什么，再做什么。在科学探究过程中，学习者是主动的探究者。伊利诺大学萨奇曼教授提出探究教学可分为四个阶段，包括展示问题阶段、假设和收集资料阶段、得出结论阶段、反思阶段（如图1所示）。

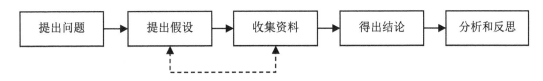

**图1 萨奇曼科学探究过程**

其中，提出假设阶段和收集资料阶段可能会根据假设和资料之间的关系，构成多次往复过程。通过总结相关研究者经验，结合文献分析和实践，科学探究过程应包括八个阶段：即提出问题、猜想与假设、制订计划、进行试验、收集证据、解释与结论、反思与评价、表达与交流等（如图2所示）。

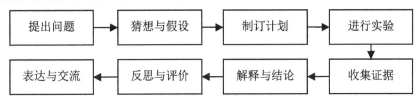

**图2 科学探究基本过程**

在教学过程中，可以依据科学探究的基本过程，设计和实施科学探究活动，帮助学生培养和发展科学探究能力。

（四）数字学习环境下的科学探究

1. 数字学习环境下科学探究含义

数字学习环境下的科学探究是指在数字化学习环境中，教师或研究者设计一系列的科学探究实验活动，引领学习者对所设计的探究实验活动进行猜想、假设、探究、检验等。在数字学习环境中开展探究学习，对教师专业发展提出比较高的要求，教师需要发

---

① 李高峰，刘恩山. 美国《国家科学教育标准》倡导的科学探究 [J]. 教育科学，2009（5）：87 - 91.

展 ICT 应用能力。此外，数字探究学习着重于知识整合，有利于学生科学素养和信息素养的培养。[1]

2. 数字探究学习环境 WISE 相关研究

针对数字学习环境 WISE 科学探究，国内研究者已经开展了相关研究工作（如表 2 所示）。

表 2　数字化学习环境下的科学探究研究情况

| 研究者 | 时间 | 研究内容 |
| --- | --- | --- |
| 韩光艳 | 2007 年 | 从转变观念、关注"儿童的问题"、提供学习资源与工具、时间保障、合理指导和重视学生间的交流与合作等方面提出了提高网络科学探究的有效性 |
| 况姗芸 | 2010 年 | WISE 对我国研究性学习平台建设的启示有：项目设计要体现支架淡出策略，工具开发要重视促进知识建构和评价；项目开发要实现"优秀项目＋二次开发" |
| 高明 | 2013 年 | 提出信息技术环境下科学探究项目的主要方法有任务设计原则、支架式学习策略、项目流程的设计方式、资源与认知工具的设计与使用方法以及教学管理与评价方式，并利用 WISE 的高中生物科学探究项目进行了实践研究 |
| 常瑾、武冰星 | 2014 年 | 介绍了 WISE 的理论基础、系统结构和项目案例，提出了 WISE 为我国中小学科学课程开发探究教学的一些启示 |

对比表 2 中 WISE 相关研究，可以得出主要聚焦于项目设计、支架策略、流程设计、认知工具设计等专题。在 WISE 中开展数字探究学习，这些专题对开展数字科学探究具有重要的支撑作用。因此，了解和掌握这些专题的特点、设计和实施策略，有利于丰富数字化学习环境下科学探究的内涵，并为数字科学探究提供借鉴。

## 二、WISE 数字探究学习过程

### （一）WISE 数字探究学习流程

WISE 数字探究学习的基本流程，主要由一系列探究活动组成，通常每个活动包含若干步骤，逐步引导学生开展科学探究活动（如图 3 所示）。

---

[1]　OECO. Assessing Scientific，reading and Mathematical Literacy：A Framework for PISA 2006［M］. Paris：OECO，2006.

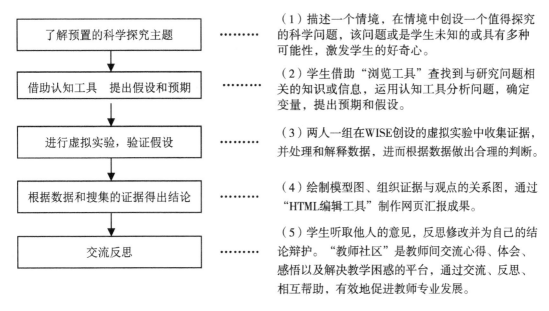

**图3 WISE 数字探究学习流程**

## （二）基于 WISE 数字探究学习的设计

WISE 通过"目标—猜想/假设/预测—探究—检验"的探究过程，培养学生的自主学习、合作学习和探究学习能力。"全球气候变暖"是 WISE 数字探究学习环境的课程之一。在该项目中，学生研究来自太阳的能量影响全球温度及其在全球气候变化中的作用，引导学生开展"全球气候变暖"探究项目，其目的是培养学生关注气候变化和环境保护的意识，引导学生树立正确的环境观。表3 给出了基于 WISE 数字探究学习环境中"全球气候变暖"课程的部分教学内容设计。

**表3 "全球气候变暖"教学内容设计（节选）**

| 活动方式 | 内容 | "来自太阳的能量"探究活动具体内容 |
|---|---|---|
| 引入 | 3.1 太阳是怎样给地球带来温暖的？ | 在这个活动中，你将探究以下问题：太阳的能量是如何到达地球的？当太阳的能量来到地球时会发生什么情况？太阳的能量又是如何使地球变得温暖的 |
| 猜想和假设 | 3.2 你的想法 | 1. 到达地球的太阳能量是什么类型的能量？光（电磁波）/热/光和热？<br>2. 当太阳能量到达地球时会发生什么情况？是不是所有能量都被地球表面反射出去？还是所有能量都被地球表面吸收了？抑或是一部分被地球表面反射了，一部分被吸收了 |
| 探究 | 3.3 能量的传递 | （动画）能量的传递：传导/对流/辐射 |

续上表

| 活动方式 | 内容 | "来自太阳的能量"探究活动具体内容 |
|---|---|---|
| 探究 | 3.4 太阳的能量是如何到达地球的？ | （动画）太阳的能量是如何到达地球的 |
| 预测 | 3.5 从阳光到热能 | 你已经知道了太阳的能量是通过电磁波（光）也就是太阳辐射传递的。那你认为太阳辐射是什么时候转化为热的？做出你最有科学价值的猜想吧 |
| 探究 | 3.6 太阳的能量发生了什么变化？ | （动画）太阳能量到底发生了什么变化 |
| 挑战问题 | 3.7 被吸收的太阳辐射 | 当太阳辐射被吸收了，会发生什么事情？变成了电磁辐射，水温升高？还是变成了热，水温升高或降低？还是变成了化学能，水温升高了 |
| 探究 | 3.8 到达地球的太阳辐射都去哪了？ | （动画）太阳辐射：当太阳能量到达地球时会发生什么情况？科学家们通过建立模型来测试自己的想法 |
| 匹配练习 | 3.9 能量的种类 | 配对：太阳辐射模型展示了三种能量，你能正确地将在模型中使用的颜色和符号与对应的能量类型配对吗 |
| 挑战问题 | 3.10 排序 | 在太阳能量到达地球的过程中，发生了什么事情？把左边的选项按正确的次序进行排列 |
| 挑战问题 | 3.11 太阳的能量是在哪个环节使地球温暖的？ | 太阳的能量是在什么时候让地球变暖的？<br>只有当太阳辐射被地球反射时/当太阳刚辐射到达地球时/只有当太阳辐射被地球吸收时 |
| 检验 | 3.12 你现在是怎么想的？ | 根据前面的探究，请再次回答 3.2 的"假设与检验" |

分析表 3 可以发现，"来自太阳的能量"这部分的探究与图 3 中 WISE 数字探究学习过程相一致，即：

（1）在"引入"部分让学生了解本部分的探究主题，即太阳是怎样给地球带来温暖的？

（2）让学生说出自己的想法，进行猜想和假设。

（3）通过模拟动画等开展虚拟实验，学生在虚拟试验中进行探究从而验证之前的假设，最终完成探究学习活动。

在 WISE 数字探究学习环境所提供的课程探究学习活动中，学生按照预设的步骤开展探究活动，不需要教师给全体学生过多的引导，更不用过多的讲授。教师最主要的任务之一是走下讲台，与学生一起探究，发现小组学生探究过程中的问题并提供帮助。教师在数字探究学习过程中，要控制好时间，并对一些不容易理解的模型等问题做出解释。

### 三、WISE 数字探究学习的特征

WISE 数字探究学习活动主要表现在学生自主探究过程，具有以下几个特征。

（一）创设有意义的情境，激发学生的探究兴趣

WISE 数字探究学习环境所提供的探究项目是基于一定的问题情境，如在《全球气候变暖》项目中提出"过去的时间里地球的气候发生了怎样的变化？未来的地球气候又将如何变化？为了让气候不再朝恶劣的方向发展，我们可以做些什么？"三个问题带领学生进入本项目所创设的情境，以问题驱动激发学生的探究兴趣，从而根据平台搭建的"脚手架"，逐渐开展探究活动。

（二）自主探究与合作学习相结合，必要时教师提供指导

自主探究要求学生能够独立思考问题，对于科学现象和问题有自己独立的见解。协作学习要求学生以小组形式参与到共同探究科学目标的过程中。自主探究与协作学习相辅相成，相得益彰，共同促进学习者探究能力的提高。

WISE 数字探究学习环境为科学探究活动搭建了"脚手架"，让学习者在 WISE 所提供的虚拟实验中进行科学探究活动。学生两人一组，在同一台计算机上同时登录两个账号。同一小组内的两名学生就可以面对面讨论问题，搜寻证据。WISE 数字探究学习环境不允许学生"搭便车"，小组内的每个成员都要独立完成相应的子任务。两位成员一起工作来完成整个探究活动，在探究的过程中共同探究和探讨，实现"1＋1＞2"的效果。在基于 WISE 数字探究学习活动中，学生主要根据预设的探究过程开展活动，不用教师过多的讲授和引导。

（三）探究活动注重结果，但更注重过程

WISE 数字探究学习项目注重探究结果，但更注重探究过程，重在发展学生的思维能力。在开展探究项目活动中，学生应大胆猜想，最后验证之前的猜想。最重要的是，WISE 数字探究学习通过预设一系列的活动来引导学生逐步开展探究工作，让学生模拟类似科学家的探究过程来理解科学现象的建构过程。WISE 数字探究学习环境为教师提供了控制台以及大量的思维可视化工具，让学生的思维实现可视化，及时记录学生探究学习过程中的思维情况，从而帮助教师为学生及时提供具有针对性指导。在传统科学课堂中，教师主要通过观察学生的言语和行为来判断学生的思维情况。WISE 数字探究学习特别关注学生探究活动的过程性评价。

### （四）有利于学生科学素养的培养

科学素养指个人的科学知识和运用科学知识来界定问题，获得新的知识，解释科学的现象，得出与科学有关事物的基于证据的结论；理解科学作为人类知识和探究形式的特征；有科学与技术如何形成我们的物质的、智力的和文化的环境的意识；愿意参与科学有关的事物和做一个有科学主见的反思性公民[15]。WISE 平台提供的科学探究项目提供了学生一个通过网络进行科学探究的环境，学生在这样的环境中与同伴交流、探讨，将更深入地理解科学中复杂的推理。而且，学生通过学习对环境中的证据真伪进行辨别、分类，从而形成自己的科学思维。

## 四、结论

科学教育改革的本质是从重视教学内容、方法，过渡到重视学生的学法，特别是学生创新意识和创新能力的培养，而创新型人才的培养依赖于学生学习方式的转变。让学生经历"做"的过程，实现培养学生科学素养的目的。数字探究学习环境的运用，一方面给科学教育注入了新的活力，另一方面也提出了如何更有效地提高科学教育的质量。在数字化的科学探究实践中，应该关注对学生科学思维的培养，并合理选择适合学生认知结构的科学问题，同时重视现代数字手段的应用，为学生创设现代化的科学实验环境，为他们奠定提升科学探究能力的基础。本研究在对基于 WISE 的数字探究学习进行深入分析和探讨的基础上，得出如下结论。

（1）数字探究学习同传统科学教育相比，具有更好的适应性和便捷性。资源的丰富性、体验的虚拟化、支架的针对性等，对于培养和发展学生的科学素养具有积极的实践价值。

（2）基于 WISE 的数字探究活动具有序列化特点，学习者通过自主或合作方式开展探究活动，利用 WISE 提供的虚拟和讨论工具，能够方便地帮助学生实现科学素养发展。

（3）数字探究学习是科学教育的核心内容。需要根据科学教育的需要，在分析学习者特征的基础上，设计和实施具有针对性的科学探究学习。

# 信息技术与学科教学深度融合的研究

北京电化教育馆　潘克明

**摘　要：**积极推动信息技术与教育融合创新发展，共同探索教育可持续发展之路，迅速将深度融合的理念落到实处，推动信息技术与教育教学融合的创新发展成为中小学一线教师（特别是科任教师）迫切关注的问题。怎样将深度融合的理念落到实处呢？笔者从深度融合的本质特征、信息技术发展趋势以及几种深度融合思想的教学模式等三个方面来进一步探索新型技术与学科教学深度融合。

**关键词：**信息技术　学科教学　深度融合

2012 年 5 月 28 日教育部杜占元副部长在教育信息化试点工作会议的讲话中指出："教育信息化的核心理念是信息技术与教育教学实践的深度融合。简单的硬件设施不是信息化……只有把信息技术与教育教学过程结合起来，利用信息技术改造教育教学过程才是教育信息化。""只有将信息技术与教育教学融合作为教育信息化核心理念，我们才能找到教育信息化的发展方向，找到推进教育信息化真正有效的路子，才能真正实现《国家中长期教育改革和发展规划纲要（2010—2020 年)》提出的"信息技术对于教育改革发展具有革命性影响"。[1]

刘延东副总理在国际教育信息化大会上提出的"四点倡议"中的第二点倡议指出：以人为本，推动信息技术与教育教学的深度融合。推进教育信息化，信息技术是手段，发展教育是目的，关键是融合创新，促进传统教育与信息化教育的优势互补。[2]

## 一、把握深度融合的本质特征，探索信息技术与教学的深度融合

信息技术与学科教学的深度融合是将信息技术既作为意识，又作为内容、工具、方法和手段，融于课程及学科教学之中，以改变教师的教与学生的学，有效促进人的终身

---

① 中华人民共和国教育部. 关于印发杜占元同志. 在教育信息化试点工作座谈会上的讲话［EB/OL］.（2012 – 06 – 26）［2014 – 08 – 09］. http://www.moe.gov.cn/srcsite/A16/s3342/201206/t20120626_139233.html.

② 刘延东. 在国际教育信息化大会上的致辞［N］. 中国教育报，2015 – 06 – 09（1）.

发展的理论与实践。

这里包含了三层含义。第一层含义，树立在所有学科的教学过程中渗透信息技术的意识。第二层含义，"融"是核心。深度融合依据的是系统科学的整体性原理，"融"就是要将教学过程中的基本要素，通过动态整合的方式融成一个整体。在教学过程这个整体中，四个要素之间的关系，不是"你中有我、我中有你"，也不是辅助的关系。第三层含义，通过深度融合改变教师的教与学生的学，保障学习过程的主体性、教学过程的主导性，强化知识与技能的内化过程，有效促进人的终身发展。

## 二、把握信息技术发展趋势推进深度融合

习近平总书记在《致国际教育信息化大会的贺信》中指出："当今世界，科技进步日新月异，互联网、云计算、大数据等现代信息技术深刻改变着人类的思维、生产、生活、学习方式，深刻展示了世界发展的前景。"[①] 通过对这一科学论断的学习，我们能够清楚地看到，信息技术正从以下几个方面改变着人们的学习、生活与思维方式。

（一）屏幕将成为人们学习、交流、工作、生活的基本介质

随着信息技术的迅猛发展，各式各样的终端（如智能手表、学习机等）所具有的移动性、互动、虚拟、真实、准确和高性能价格比等特点，使得这些终端能够迅速进入人类社会的各个领域（也包括从幼儿园、小学、中学、大学的教育教学过程）。当人们还习惯于对纸质媒体的阅读与学习时，利用屏幕借助互联网进行阅读和学习正在悄然兴起，自然而然地成为人们必不可少的信息获取与交流、学习与认知、生活与工作的基本介质和工具。

（二）图像将成为重要的思维元素

有了人类就会有信息的传递和交流，在语言和文字没有产生之前，人类最初是通过肢体与声音来传递信息的。正如《诗经》上所讲，当人们从猎场或农田满载而归的时候，会"手舞之、足蹈之"并发出"哼呦、哼呦"的欢快叫声。逐渐地，人类发明了最早的文字（象形文字）和结绳计数的方法。后来，由于象形文字已无法承载人类社会和自然界丰富多彩、千变万化的事物；绳结也无法记录那浩如烟海的数字和数字之间盘根错节的关系，便出现了符号式的文字（在我国是方块字，在更多的国家是字母文字）和数字。

---

① 习近平. 致国际教育信息化大会的贺信［N］. 中国教育报，2015－05－24（2）.

随着多媒体技术的广泛应用，人们发现：通过大大小小、各式各样的终端显示设备，人们更便于利用直观、形象的多媒体资源，对相关信息进行学习、理解、接受和应用。那种利用印刷载体和抽象的符号对信息进行组织、呈现、传播、加工、处理的方式，将有可能因为便捷的显示终端和形象直观的多媒体资源，而产生颠覆性的变化。中小学教育教学过程中产生和应用颇为广泛的多媒体课件、数字化积件、虚拟现实的学件、微课程，就是这个变化的具体体现。

（三）学生将成为知识信息的重要来源

通常，中小学学生的知识信息主要源于教科书、教师、图书馆、网络和其他大众媒体。当信息技术已经发展到 Web 2.0 时代的时候，学生已经不仅仅是信息资源的使用者，也将成为信息资源的创造者和提供者，成为知识信息的重要来源。

中小学生创造和提供知识信息的方式主要有两种：

第一种，课堂学习过程中产生的即时性资源。在课堂上，数字技术的主体参与性特征，使得学生在学习过程中必然会随时产生许多过程性资源。例如，他们在白板上或平板上学习和练习的痕迹；他们在课堂上创造性学习的习作（如拍摄的照片、创作的乐曲、撰写的短文等）；甚至他们在课堂学习过程中的参与情况，都会作为即时性教学资源存储到后台服务器上，成为教师的教与学生的学的重要资源。

第二种，学生在课余学习过程中的创造性资源。学生在学习和社会实践活动中，会创作出很多数字化的作品，例如，网页《成语》《神秘的电波》《数码探科学网站》《探索飞檐走壁》《雾霾》《生活醛探秘》《基因》《走进谚语》《纸》等；动画《长方形过生日》《乌鸦喝水终结版》《化学爱》《立体课本》《天问》《匹诺曹》等；电子报刊《泥玩》《蓝秀》《青铜寄语》等。这些作品既体现了中小学生利用信息技术进行探究性学习的成果，也蕴含了许多知识与技能，完全可以成为教师的教与学生的学的资源。

上述两种资源，由于其创作主体是学生，所以在具有亲和力（更加易懂、易学、易掌握）的同时，也会引发学生的扪心自问："其他同学能够做到，我为什么做不到"，进而产生激发学生自信心的作用。

（四）低结构成为深度融合的主导框架，数字化工具与平台成为应用重点

低结构理论是一种将复杂的操作程序通过应用平台变得简单化，依据低结构教学的理念，借助多种数字化应用平台，信息技术与学科教学的深度融合，将变得简单易行、随处可见、随处可教、随处可学。

例如，"乐教乐学云平台"能够使教师的课件设计与制作过程简捷、高效；"国家教育资源公共服务平台"从"数字化教学资源推送""教与学过程的信息传输""网络学

习空间"的提供等三个方面，直接为教师的"教"和学生的"学"提供便捷易行的数字技术支持；专业性极强的"英语听说训练系统平台"能够为中小学生一对一、及时、准确纠正英语发音的错误；"易题库"则为师生搭建了一个可以针对不同学生的学习情况设计测试练习的平台。再加上基于交互式电子白板的应用平台、基于互动反馈技术的反馈教学应用平台、基于一对一移动终端的教学平台、远距离实时教学平台、微课程自主学习平台。

事实上，信息技术与学科教学的深度融合，只有在上述课程"以促进学生发展"为中心的核心理念的指导下，才能充分体现学生的学习主体地位和作用、教师的主导地位和作用，并使信息技术的数字化优势得到充分发挥。

（五）互联网思维将成为人们重要的思维方式

互联网思维是由于网络的资源、互动、个性化、分享、大数据分析等带来的新的思维模式。其主要特点如下。

（1）借助多种简便快捷的搜索引擎，人们可以通过互联网获得并借助各式各样的资源来学习、思考、判断和决策。

（2）人们可以利用信息技术对实践中获得的大量数据（学生的学习状况、注意力状况、学习的重难点）进行科学分析，发现规律性问题、寻得解决主要问题的有效方法。

（3）人们可以借助物联网超越时空地及时获得和处理一般状态下难以获得的各种各样的信息。

（4）借助互联网，人们可以随时、随地，通过各种渠道和方式进行交流。

## 三、深度融合思想的几种教学模式探索

中小学将课堂教学作为信息技术教育的主阵地、主战场和主攻方向，这本应不容置疑。但是，从中小学信息技术教育的推进看，大打外围战，忽视信息技术应用主阵地和主战场的现象仍比比皆是。例如，重视数字校园的管理功能，忽视教学功能；重视校园网的建设，忽视教室和课堂的数字化建设；重视信息技术在课外对课堂教学的补充与拓展，重视对网校、精品课程的建设，忽视信息技术在课堂上作用的应用；重视教师将信息技术作为教的工具作用的发挥，忽视信息技术作为学生学习与认知工具的学习、应用与掌握。产生这些现象的主要原因是人们缺乏对信息技术、对深度融合、对中小学教育教学活动主阵地、主战场是课堂的科学、客观、完整和深刻的认识。

在我国中小学校，目前最常见的基于信息技术、体现深度融合思想的教学模式主要有如下几种。

（一）基于交互式多媒体教室的课堂教学模式

互动多媒体教室是基于数字校园网络的、装备有交互式电子白板或多媒体一体机等显示终端的教室。基于互动多媒体教室的技术与教学特征是：通过多媒体技术、网络技术优势与学习主体性特征的有机融合，使信息技术的多媒体与网络优势，通过"交互"二字得到充分发挥。基于交互式多媒体教室的课堂教学模式，可以用下述步骤加以描述（如图1所示）。

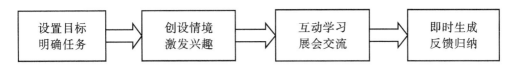

**图1　课堂教学模式**

在交互式多媒体教室开展教学活动，教师必须做到如下几点。

（1）教师在备课时，应设计和选择在上课时师生都能够便捷使用的、互动性强的多媒体教学资源。

（2）创设情境、激发兴趣：利用交互式电子白板或大型显示屏，创设形象、生动、有趣的问题情境，激发学生积极主动参与的积极性。

（3）强化学生与电子白板的互动行为。将互动白板作为他们的学习和认知工具。例如：在《地震》的教学中，运用白板呈现多媒体信息丰富、便捷等特点，在为学生提供学习资源，帮助学生理解震级、震源、震中、等力线等概念的基础上，将白板作为学习工具，发挥白板的技术优势，让学生面对白板上的图形，指出什么是震源和震中以及横波和纵波，以突出重点、突破难点。

（4）利用交互式电子白板或触摸一体机，创设问题情境、提供思维素材，引发学生的思维参与积极性，不断将学生的思维引向深入。四川乐山市市中区苏稽镇新桥小学徐林、唐奇老师设计的课件《动物怎样繁殖后代》，就围绕这个问题，根据学生的认知特点和认知规律，通过大量多媒体资料和明确具体的问题，由浅入深、循序渐进地带着学生思考和探究问题，为学生创造了积极主动进行思维参与的氛围和条件。

（5）整合多种多样的互动教学活动，使学生更能在这些活动中体现主体地位和作用，生动活泼地学习和发展。

（6）通过多种方式，及时、准确地了解学生真实的学习情况，确保每一个学生都能够理解和掌握教学内容、实现教学目标。

（二）基于互动反馈技术的反馈教学模式

教学评价是根据教学目标和教学原则，利用所有可行的评价方法及评价技术对教学过程及预期的要素和效果给予及时、准确、真实的判断，帮助教师以此调整自己的教学活动，帮助学生找到问题和差距，以提高自己的学习成效的教学活动。

互动反馈教学方法，是依据教学评价基本原理和系统科学的整体性和反馈性原理，利用数字技术主体参与性强的技术优势，通过所获得的及时、准确、真实的教学反馈信息，调整教学策略，以使学生的学习深入开展的教学方法。

**1. 互动反馈技术的定义**

互动反馈技术是基于多媒体技术和网络技术，有利于教师、学生和更多参与者交互参与，并能够及时获得真实、准确反馈信息的技术。

**2. 互动反馈教学的环境**

（1）互动多媒体教室（含每人一台计算机的教室）。

（2）人手一个互动反馈选择遥控器和反馈信息接收器（或内置于笔记本电脑或平板电脑里的反馈信息发射系统）。

（3）支持课堂互动反馈教学的应用平台和能够对课堂教学过程中产生并呈现在终端显示设备上的反馈信息加以存储、调用的后台服务系统。

**3. 互动反馈教学的基本模式**

（1）情境导入，学情诊断。在创设多种学习情境、激发学生学习兴趣的基础上，通过反馈获得学生学习初始状况的信息，为后面的教学奠定基础。

（2）调整目标，认知构建。在利用互动反馈技术获得学生学习初始状况的信息后，根据这些反馈信息，调整教学内容和方法。

（3）预设生成，深化认知。在根据这些反馈信息调整教学内容和教学方法后，根据学生的学习情况，针对存在的问题，有的放矢地设计一些新问题，以检测学生的掌握情况。

（4）评价提炼，巩固拓展。在教学即将结束的时候，利用互动反馈技术获得学生学习的反馈信息，掌握学生的学习成效并依此确定下一步的教学内容和教学方法（如图2所示）。

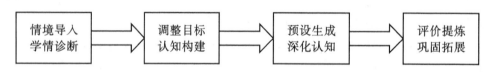

图2　互动反馈教学的基本模式

**4. 互动反馈信息的获得**

（1）学习态度信息的获得与评价的方法。在教师讲授与指导中，通过多种方式提出问题，创设问题情境，激发学生探究、解决问题的兴趣，并通过反馈信息对此加以评价和引导。

在互动反馈教学中，获得学习态度信息的关键是所创设的问题情境要生动有趣，所提出的问题能够激起学生探究的欲望。

（2）知识与技能学习信息获得与评价的方法。根据知识与技能领域教学目标教学中的重点与难点，有的放矢、有深度地提出问题和要求（任务），以使学生能够积极主动的思考、探究和回答相关问题。

（3）能力学习信息获得与评价的方法。教师根据能力维度的目标，设计相关的问题、创设相关的问题情境、提供相关的练习工具，使学生能够带着明确的能力训练目标，积极主动地进行学习，以提高自己的相关能力。在互动反馈评价教学中，学习信息能力获得的关键是：相关问题、任务与能力目标的紧密程度和探究深度。

利用互动反馈技术获得学生学习的反馈信息，能够保证反馈信息的及时性、真实性和准确性。根据这些真实、准确的反馈信息所进行的教学评价，更具客观性和修正导向性。根据这些真实、准确的反馈信息和客观而有根据的评价，可以保证教学的针对性和有效性。

（三）基于个人移动环境的"一对一"课堂教学模式

1．基于个人移动终端的"一对一"教学

是指在每位学生均拥有一台数字化终端设备的一对一数字化学习环境下，应用信息技术开展自主学习、协作学习和探究性学习，以培养学生利用信息技术发现问题、研究问题、分析问题和解决问题能力的新型教学方式。

2．基于个人移动环境的"一对一"课堂教学的技术环境

①每人一台移动学习终端，即台式计算机，笔记本电脑，平板电脑等。②能够支持自主学习、协作学习、探究性学习的互联网环境。③能够支持自主学习、协作学习、探究性学习和反馈教学的应用平台和数字化教学资源。

3．基于个人移动环境的"一对一"课堂教学模式

在"一对一"课堂的教学中，应当把握住以下两点：①清晰地描述明确、具体、可操作、可检测的教学目标。讲清学生可操作与应用的学习方法，指导学生学会学习。②设计有利于学生思考的问题，指导学生进行深度学习。深度学习是指在记忆与理解的基础上，学习者能够将新的知识融入原有的认知结构中，并将已有的知识迁移到新的情境中，做出决策和解决问题的学习（如图3所示）。

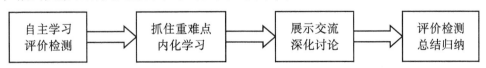

图3 "一对一"课堂教学模式

### 4. 基于个人移动环境的"一对一"课堂教学过程

①明确学习目标，指导学生利用网络搜索并获得多种学习资源。②指导学生利用自己获得的多种资源和计算机进行自主学习、协作学习和探究性学习，在学习遇到难点时，向学生提供微课视频资源。③指导学生利用自己在学习过程中产生的即时生成性资源进行学习。④指导学生通过白板和多种方式展示、交流自己的学习成果，通过学生自评互评、教师点评的方式，对学习方法和成效进行评价。

### 5. 基于个人移动环境的"一对一"课堂教学目标评价体系

"一对一"教学是集体授课与个别化学习环境并存的，是在班级集体授课的教学环境和教学形式下，体现个性化学习的差异性特征，实现因人而异、因材施教、整体与个性化均衡发展的理想教学。因此，教师要将教学设计与实施的重点，从对"群"的（班级）学习环境的设计与实施，转移到对个别化学习环境的设计与实施，为学生的主体参与创设更多的环境、条件和机会。在实施教学评价的时候，要将评价重点放在对学习主题学习参与行为和成效的评价上面（如表1所示）。

**表1 学习评价的权重分布**

| 评价项目 | 评价要素 | 权重/% |
| --- | --- | --- |
| 学习目标确定 | 学生能否在教师指导下，根据自己的实际确定恰如其分的学习目标 | 15 |
| 学习主体参与 | 学生能否自觉、主动地进行自主学习 | 30 |
| 学习过程交互 | 学生能否利用个人终端通过人机、人人等交互方式 进行自主、协作、探究式的学习 | 30 |
| 学习结果成效 | 学生利用个人终端设备进行的学习，是否取得预期成效 | 25 |

## （四）翻转课堂的教学模式

### 1. 翻转课堂的定义

英特尔全球教育总监博兰·宫泽（Brian Gonzalez）认为：翻转课堂是指教育者赋予学生更多的自由，把知识传授的过程放在教室外，让大家选择最适合自己的方式接受新知识；而把知识内化的过程放在教室内，以便同学之间、同学和教师之间有更多的沟通和交流。[①]

笔者基本赞成他的观点，唯有不同的是：知识传授的过程不应只放在课外，在课堂上的起始阶段，通过学生的"预学习"也可以进行。另外，从中国的国情看，相当多的

---

① 叶平. 从翻转课堂到翻转学习的演进：美国中小学翻转课堂如何关照深度学习 [J]. 中国信息技术教育，2015（2）：16 - 19.

地区和家庭，并不具备人人都拥有一台个人学习终端、家中都有互联网的学习条件。所以，将知识的传授过程全部都放在教室（课）外是不现实的。更何况中小学生课业负担已经够重了，他们很少有时间做自己喜欢做的事，没有时间去锻炼，更不用说去发展个性和特长。

2．翻转课堂的教学模式

（1）大翻转课堂教学。根据教师的要求和指导，学生在课外利用多种媒体和各种资源，通过自主、协作和探究等方式进行学习。在课堂上，学生对学习的收获进行交流，对遇到的问题进行探讨，以实现教学目标。

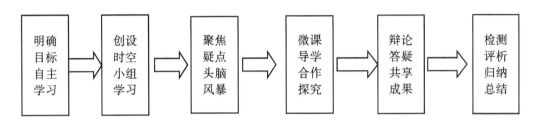

**图4  翻转课堂的教学模式**

例如，在《通过神经系统的调节》的教学中，教师指导学生在课外借助该模拟课件进行自主学习。在课上，针对有关收获、存在的问题与困惑进行交流和讨论；在学生的交流与讨论中，教师有针对性地引导和点拨，以帮助学生更好地学习和掌握神经系统分级调节和人脑的高级功能等相关知识。

（2）小翻转课堂教学。教师在课堂上（而不是要求学生在课外）利用微课或其他学习资源，组织学生通过自主、合作进行预学习。在预学习的基础上，学生对学习的收获进行交流，对遇到的问题进行探讨，以实现教学目标，促进学生发展。

例如，在《三角形的面积》的教学中，教师通过以全新理念设计的教学课件，将基本知识的学习、基本方法的学习、趣味游戏的学习、知识拓展的学习、反馈练习等学习活动融于课件之中，为学生提供了深化学习的平台，引导学生在自主预学习的基础上，进行小组协作学习和探究性学习，已实现知识的内化。

在我国的中小学教学中，笔者主张加强小翻转课堂教学的实践与研究，使课堂真正回归学习主体，使课外真正成为学生自由发展的空间。

3．在翻转课堂教学中，教师的讲授不再以传授知识和技能为主，而是以组织、指导、评价学生知识内化的翻转学习为主

因此教师应做到如下六点：第一，鼓励学生进行独立思考；第二，鼓励学生积极参加讨论，并大胆发表意见；第三，指导学生将所学的内容联系起来全面思考；第四，激励学生不满足现状不断追求更高的目标；第五，训练和提升学生的评价、分析和创新能

力；第六，指导学生逐步学会深化学习的方法和步骤。

教师一定要从上述六个方面，设计和组织有全体学生参与且具有个体化特征的知识剖析、技能练习的学习活动；一定要设计和组织小组内或全班同学之间的讨论、展示、交流、总结活动。

4．对翻转课堂教学的评价

在翻转课堂教学的环境、资源和知识内化活动这三个要素中，最为重要的是知识内化活动要素。翻转课堂预期教学成效能否实现，关键取决于知识内化活动设计与实施的优劣。因此，翻转课堂教学中教学评价的重点是对知识内化活动实施过程与结果的评价。

（1）对翻转课堂教学资源的评价。①对教学资源的多媒体特性评价。②对翻转课堂教学资源的交互性特征的评价：这是由于翻转课堂的核心功能是促进知识的内化，因此，课件一定要具有人机交互性，使学生能够与之互动。③对翻转课堂微课资源的评价：微课资源是针对某个学科知识点或教学环节设计开发的一种情景化、支持多种学习方式的微视频课程资源。

（2）对翻转课堂中再生资源的评价。①课堂上的再生资源：在课堂教学过程中，学生自主、协作、探究学习产生的成果、与媒体互动后记录在后台服务器上的操作"痕迹"。这种再生资源具有实时性、真实性和可随时调用性。②课外产生的再生资源：学生在课外的学习和实践中，形成的能够在课堂教学过程中使用的资源。这类再生资源具有学生的实践与创造性和可随时调用性。例如，学生创作的网页《广彩》就属于此类。

（3）对翻转课堂内化活动的评价。①评价翻转课堂中学生的自主学习。②评价翻转课堂中的小组协作学习。③评价翻转课堂中的探究学习活动。④评价翻转课堂中的展示、交流、总结、巩固学习活动。

# 四、结束语

信息技术与学科教学的深度融合，首先，是一种发挥信息技术优势，促进学生发展的现代教学理念；同时，也是一种发挥信息技术优势，帮助师生利用信息技术改变教与学、全面实现教育教学目标的科学方法。

信息技术与学科教学的深度融合的核心是"融"。"融"就是既要发挥信息技术优势改变教师的教学方法；要使学生学习、掌握和发挥信息技术优势，改变自己的学习方法，学会利用信息技术轻松愉快地学习，高效地实现教学目标，获得更快、更好的发展。

中小学教师一定要在课堂这个主阵地、主战场上，推进信息技术与学科教学的深度融合，一定要在主阵地、主战场上全面展开深度融合的攻坚战！

# 理解翻转课堂从十个问题说起

华南师范大学教育信息技术学院　胡小勇　冯智慧

**摘　要：** 近年来，翻转课堂风靡全球，国内外许多研究者都对翻转课堂开展了各种有益的探索。本研究结合理论思考和实践体会，从翻转课堂的关键特征入手，以回答问题的方式来分析阐述翻转课堂的内涵、结构和作用，从而加深一线教师对翻转课堂的全面理解，促进翻转课堂实践的有效开展。

**关键词：** 翻转课堂　问题　关键特征　深度理解　微课

2007 年，美国科罗拉多州落基山林地公园高中有两位化学教师，他们为了克服学生缺席上课的困扰，采用了一种让学生在家观看微视频，课上研讨深化的教学模式。始料未及的是，这引起了美国教育界极大的关注，并在被称为"翻转课堂（Flipped Classroom）"之后，成为风靡全球教育界的热点话题。在继《2014 地平线报告（基础教育版)》之后，《2015 地平线报告（高等教育版)》又将翻转课堂列为本年度近期将要风行的学习技术之一。翻转课堂，已成潮流大势。

对于翻转课堂，中国教师也从初闻浅识，逐步走向研讨尝试和实践应用。到 2015 年 10 月，中国知网（China National Knowledge Infrastructure，CNKI）收录的关于翻转课堂的文献已经迅速增至两千余篇（如图 1 所示），呈现出了"井喷现象"。然而，翻转火热的背后，也同时存在着褒贬不一的两极化争议。如何把握翻转课堂的关键特征，对全面理解它和进一步深化应用，有着重要的意义。有感于此，我们尝试从十个问题出发，深入探讨翻转课堂的内涵。

---

本文系 2013 年度国家社会科学基金教育学青年课题"智慧学习环境下创造性人才培养模式的研究"（课题编号：CCA130131）；2014 年度教育部战略规划研究项目"信息化教学有效模式和方法研究"（2014XX06）；2015 年华南师范大学研究生创新基金项目"中美翻转课堂学生互动行为对比研究"的研究成果。

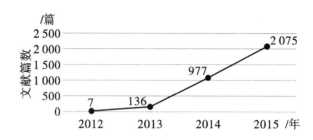

**图1　近年来翻转课堂的研究文献数量**

问题一：翻转课堂的教学结构，是今天才有的吗？

翻转课堂中的"翻转"，指的并不是物理空间的颠倒，而是教学时序的翻转。从"先教后学"到"先学后教"，实现的是从"课上教师讲，课后学生学"到"课前学生学，课上教师根据学情教"的教学时序转变。要指出的是，"先学后教，以学定教"结构，并非今天才有。在翻转概念出现之前，其实许多教师都曾开展过类似的教学实践，即课前会要求学生预习内容，做好标记，明确疑问，同时把问题提前反馈给教师，教师再以此上课。目前在中小学有较大影响的"学案导学"等，背后也有此类"先学后教"模式的身影。一线教师不应盲目以为翻转结构是横空出世，前无古人的。

翻转课堂，是"先学后教，以学定教"结构在信息时代的重生。在传统的"先学后教"模式中，课前自学主要依靠文本材料，而翻转课堂采用了重要的微课（国外称为教学微视频）。同时，互联网的快速发展，让数字终端、云平台、学习分析等新兴技术帮助教师能够更加简单高效地完成"以学定教"的设计。可以说，信息时代的翻转课堂，是用微视频、云平台等技术支撑的新型"先学后教，以学定教"，这种教学结构在信息时代下得到"重生"，或"互联网＋"以后，得到了更多人的关注。

问题二：翻转课堂，有哪些教学环节？

从"先学后教，以学定教"来讲，翻转课堂好像只有"课前"和"课中"，而没有提到"课后"。因此，很多人会忽视，或误以为翻转课堂没有"课后"环节。其实不然，翻转课堂包含三环节：课前、课中、课后（如图2所示）。翻转课堂教学环节三部曲：课前微课自学，课中协作深化，课后巩固拓展。

不过，翻转课堂，是一种重心前移的教学结构。中美教育文化背景不一样。结合国内实际情况，建议国内中小学搞翻转课堂要"优化课前课中设计，弱化课后环节"。与美国中小学没有课后作业不同，如果要求学生课前扎扎实实，课后轰轰烈烈，这给学生带来的时间压力就太大了。通常，通过熬时间来换取成绩提高的教学方法，是有效的，但实属是无奈且低效的手段。既然翻转课堂已经将学习重心前移，提倡要优化课前课中教与学，尽量减轻学生的课后学业负担。

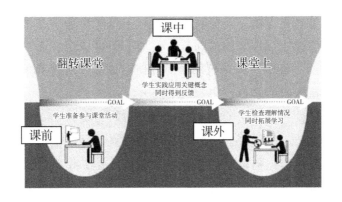

**图2 课中翻、转课外课堂中的课前、课中、课外**

问题三：要怎样科学定位翻转课堂的教学目标？

新一版的布鲁姆认知目标分类法（如图3所示），将认知目标分为了六个层次：识记、理解、应用、分析、评价、创造。很多教师在做翻转课堂时，教学目标的定位错误，决定了课堂翻转的必然失败。也正是因为个别教师对翻转课堂"教学目标"定位的模糊认识，才会出现"学生课前把知识都学完了，上课还要学什么"的疑惑。倘若在翻转课堂的各个环节将教学目标定位本末倒置，课前做高级目标，课中做基础目标，这样的翻转课堂是注定失败和走不远的。正确的翻转

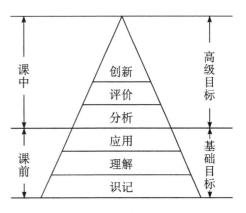

**图3 翻转课堂的教学目标定位**

课堂教学目标定位应该是：课前定位于解决基础目标，课堂定位于提升高级目标，条件允许的话课后再做全面巩固。

也就是说，教师没有必要在翻转课堂的课前环节要求学生掌握所有内容，达成所有教学目标。一来这不太可能，二来也没有太多必要。学生在课前通过自主学习完成的应该是基础性的目标，是侧重于让学生在学习任务单的指导下，观看微视频就掌握的基础性内容。而在课堂上，学生则在教师指导下，通过协作研讨、师生释疑来实现提升认知、解决重难点的高级学习目标。

问题四：在翻转课堂的课中阶段，教师能讲课吗？

这个问题，看起来问得有点奇怪。可不知为何，网络中确实经常流传着"翻转课堂，就是教师不再讲课了"的传言，甚至让不明真相的家长对翻转课堂操心不已。实际上，教师在翻转课堂的课中是可以讲课的。只是，笔者认为在翻转课堂的课中，教师可以讲课，但应该"少讲"和"精讲"。对于已经有微课打底的基础性内容，教师没有必

要在课中阶段再简单重复讲解，浪费时间；而对于课前诊断中发现的重点和难点，对于学生通过小组学习仍无法有效解决的问题，教师不但可以讲，还可以大讲特讲。总体来说，翻转课堂"课中"环节应该尽可能将时间留给学生，让学生自己唱"主角"，让他们在分享中收获、在交流中学习、在实践中提升。

问题五：怎样看待翻转课堂的"学习任务单"？

在翻转课堂的课前，教师可以提供一些导学材料，用于辅助学生高效自学。教师设计帮助学生在学习过程中，明确学习目标和方法，并提供相应的资源及评价，以表单等方式呈现的导学指南，称之为"学习任务单"。这类导学材料具有"引导、辅助、诊断"的作用，在中小学也常被称为学习单、任务单、学案、导学案等相似的称呼。

课前自主学习任务单的提出非常好，对提高课前自学效率，有着很好的帮助作用。比这更进一步的是，在翻转课堂的各个环节（课前、课中、课后）都可以有相应的导学辅学材料。笔者梳理和提出了三类：①课前自主学习任务单。给每个学生单独自主学习使用，实现高效自学的目的。②课中协作学习任务单。在课堂上以小组为单位协作使用，实现资源绑定，促进合作的作用。③课后检测巩固任务单。用于课后查缺补漏，拓展巩固。① 不是每堂翻转课都必用这三类，但这三类助学材料确实都有存在的合理性。教师可以根据实际情况，将学习任务单应用于相应环节，支持学生的自主学习、小组学习和课后巩固。

问题六：翻转教学，能给学生带来什么样的好处？

在现行应试导向的压力下，绝大多数教师事实上都非常关注新课程三维目标中的"知识与技能"维度。显然，由于选拔性考试的制度特点，成绩提升最容易外显量化和被观测的。①我们要明确翻转课堂并不会影响知识提升，即使教知识也可以用不同的方法来教，搞翻转课堂并不会和考试成绩必然对立。②翻转课堂在尝试用新形式"教知识"的同时，更能够培养学生的能力。能力比知识重要。在学生自学微课时，逐步养成自觉学习、主动学习的习惯，提高自学能力。在合作探究的过程中，学生通过与他人讨论，小组合作完成任务，培养团队协作的能力。③更为重要的是，有效的翻转课堂更能够激发学生的学习动机。翻转课堂为学生创造了更多自主学习、自我表现的机会，提高了学生学习的主动性和积极性。其实无论是否课堂翻转，能够实现学生学习从"要我学"到"我要学"的"动机翻转"，才是最重要的。有效的翻转教学，能够将知识与技能、过程与方法、情感态度价值观三维目标立体融合，促进学生的全面发展。

问题七：在翻转课堂中，受益的学生是谁？

每个课堂都存在着三个学生代表：第一个是教师不讲他也会的优等生；第二个是教

---

① 郑晓丹，张华阳，胡小勇. 基于智慧终端的翻转课堂教学策略研究［J］. 教育信息技术，2015（7）：115－119.

师讲了他能会的中等生；还有一个是教师讲了他还不会的学困生。在翻转课堂中，受益的学生群体并不是某些特定的学生，而是所有学生，但他们的受益周期却不太相同。

在常规教学中，教师的授课进度是统一的，但学生的认识水平却是不同步的。优生早就懂了而学困生却还处于茫然状态。教师无法有效促进学生的同步发展，特别是照顾不到那些进度慢的学生。在翻转课堂中，中等生和学困生在短期之内会更容易获益。因为优生自学就基本可以搞定所有问题，而"先学后教，以学定教"所收集来的学情疑问主要来源于中等生和学困生。通过课堂的翻转，把他们的困难问题"摆上台面"来共同解决，给予了他们成长的阳光和雨露。从长期而言，优生也一样会从翻转教学中非常受益。一方面优生提的问题更有层次和深度；另一方面，课堂互动中让优等生给其他学生互教互评，也让他们在"教中学"的过程中将隐性知识外显，深化理解和表达。

问题八：怎么理解信息技术在翻转课堂中的地位？

没有了信息技术的翻转课堂，是不是就无法进行呢？有了信息技术，是不是就能保证翻转课堂一定成功呢？信息技术既不是开展翻转课堂的必要条件，也不是充分条件。从实施的视角来看，它是实现高效翻转课堂的重要优化手段。例如，微视频能让课堂自学更加个性化和易学易懂，云平台可以提高课堂学情的测评效率，学习分析可以挖掘学生的根本需求和隐形问题。这些信息技术的支持，让翻转课堂更加方便和高效。

多年来，许多教师即使没有信息技术支撑，也仍然可以成功地实施"先学后教，以学定教"，取得好的效果；而许多课堂有了信息技术的支撑，也不代表就肯定能够上好翻转课堂。在翻转课堂中出现的种种问题都不是单纯靠技术可以解决的，例如，课前自主学习效率很低怎么办？课中互动环节"学生不动或乱动"怎么办？合作分享时，对学生提问"回答不上"怎么办？如果误以为技术能搞定一切，就会出现徒有"翻转表面"，而没有"翻转灵魂"。没有到位的配套教法和学法变化，而一味追求迷信技术，翻转课堂只会流于形式。

问题九：翻转课堂的核心，是微课吗？

现在微课很火热。有人误以为"翻转课堂的核心，是微课"。翻转课堂的核心并不是微课，微课只是高效实施翻转课堂的优化手段之一。微课重要，但重要和核心不是一回事，就以课前自主学习为例，事先如果导学资源设计得好，在自主学习阶段也可以采用其他各种学习材料而不是微课进行自学辅学。这也就是说，微课是可以被其他学习资料所代替的。

当然，我们仍然鼓励学生在条件允许的前提下在课前自主学习阶段用微课自学。为什么呢？因为从媒体特点上来看，微视频比其他媒体更直观、生动，还能进度自定，反复浏览。而且，因为学习风格和能力水平的不同，学生在掌握同样学习材料时所花的时间是不一样的。从学习者视觉驻留的规律和认知特点上来看，教学微视频短小精悍，能更突出学习目标，学习内容更精练，从而提高学习效率。随着大量移动终端的普及，更为以教学微视频为核心载体的微课，提供了广泛的应用基础①。

问题十：开展成功的翻转课堂，有没有什么秘诀？

其实，想成功的翻转课堂，并没有太多捷径。我们的建议是"明理念、学方法、巧设计、坚持做"。清晰地了解翻转课堂的特征内涵，是进行翻转课堂的第一步。但是只了解翻转结构还远远不够，教师还要了解实操方法，同时结合实际进行优化设计。就像陆游说的"纸上得来终觉浅，绝知此事要躬行"，一堂好课是在不断设计反思改进的过程中出现的，翻转课堂也不例外。教师应该根据课程标准、教学目标和学生学情、技术条件用心去设计和实施翻转课堂。"在做中学，在学中做，在教中研，在研中教"，不断学习、尝试、反思、提升，才能打造属于你的成功"翻转课堂"。

信息时代的翻转课堂从美国而来，而中美教育文化背景的差异，决定了不能简单地移植翻转结构。世上没有一个万能的"教学模式"可以适用于所有课堂。翻转概念固然诱人，有效设计、创新应用才是王道。在开展翻转课堂时，一是要深入思考它的核心价值到底在哪儿？不能用一种赶时髦和随大流的心态去做翻转课堂，结果形似神离；二是要研究实施翻转课堂的条件是什么，并如何去创造这些条件？三是既要了解翻转课堂的"基本式"，也要研究各种有效的"变式"②。

在基于大量实践的基础上，笔者提出了高效翻转课堂的五把金钥匙。第一把是"教学微视频"，开启"内容为王，个性学习"之门。第二把是"学习任务单"，开启"有效引导，主动学习"之门。第三把是"小组合作学习"，开启"集体智慧，高效互动"之门。第四把是"网络云平台"，开启"有效混合学习"之门，分享经验、交换方法、服务课堂。第五把是"学习评价"，开启"调动动机，激励启智"之门。

---

① 冯智慧，郑晓丹. 微课新界定：从技术开发迈向有效设计：访华南师范大学胡小勇教授和佛山教育局胡铁生老师 [J]. 数字教育，2015（4）：56-60.

② 冯智慧. "互联网+"时代的教学创新：访华南师范大学胡小勇教授 [J]. 中小学信息技术教育，2015（10）：11-14.

# 技术与教学融合：信息化推动教育变革的核心

华南师范大学教育信息技术学院　　赵建华

**摘　要：** 实现信息技术和教与学融合，是我国"十三五"期间教育信息化建设的核心任务，也是引领和促进我国传统教育转变的基本途径和选择之一。国际组织（如联合国教科文组织）和西方发达国家（如美国）在教育信息化建设、发展和研究中所取得的经验和成果，可以供我们参考和借鉴，以促进我国教育信息化建设又快又好地发展。本研究在系统分析我国教育信息化建设和发展现状的基础上，对教育变革的内在依据进行了分析。信息通信技术（ICT）四阶段连续体和 ICT 教与学应用构成映射关系，形成了 ICT 演变的四个阶段。为了系统解释信息技术和教学融合的内在要求及发展规律，对知识阶梯概念框架进行分析说明，提出了信息技术与教学融合的基本条件。此外，本研究详细分析了技术与教学融合促进教育变革的内在原因，同时也对我国当前教育变革从更加宏观的角度上进行了说明。

**关键词：** 信息技术　教学融合　教育信息化　教育变革

## 一、简介

《教育信息化十年发展规划（2011—2020 年）》中提出了"信息技术与教学融合"的建设目标，要"探索现代信息技术与教育的全面深度融合，以信息化引领教育理念和教育模式的创新，充分发挥教育信息化在教育改革和发展中的支撑与引领作用"[①]。刘延东副总理在第二次全国教育信息化工作电视电话会议上的讲话中提出，"'十三五'教育信息化工作要强化深度应用、融合创新"，到"十三五"末，要"基本形成具有国际先进水平、信息技术与教育教学融合的中国特色发展路子，向世界教育信息化先进水平

本文系教育部－中国移动科研基金（2012）研发项目任务子课题"教育信息化标准体系研究"（编号：MCM20121011－TE）的研究成果。

① 教育信息化十年发展规划（2011—2020 年）[EB/OL].（2012－03－29）[2016－02－22]. http://www.moe.gov.cn/ewebeditor/uploadfi le/2012/03/29/20120329140800968.doc.

赶超"①。教育部、财政部、国家发展改革委、工业和信息化部、中国人民银行关于印发《构建利用信息化手段扩大优质教育资源覆盖面有效机制的实施方案》的通知中提出，到 2020 年，信息技术与教育融合发展的水平显著提升；教育信息化整体上接近国际先进水平，对教育改革和发展的支撑与引领作用充分显现。② 国家在推动教育信息化建设过程中，将实现信息技术与教育教学融合作为 2020 年的发展目标，为实现教育现代化、变革传统教育、实现教育强国提供坚实基础。因此，"信息技术与教育教学融合"成为当前教育信息化领域迫切需要研究和细化的重要专题。

按照杨宗凯等人的观点，信息技术与当代教育融合可以概括为革新传统教育模式、促进教学方式变革、催生新型教学工具、助力教学内容创新和营造全新学习环境。③ 联合国教科文组织（UNESCO）认为技术发展引领工作及其组织方式的改变，并因此导致所需能力的改变，需要具备批判性思维、通用能力、胜任专业工作的 ICT 能力、决策能力、处理动态境况的能力、团队协作能力和有效沟通能力。④ UNESCO 提出的这些能力与 21 世纪能力（包括学习和创新能力、信息媒介和技术能力、生活与职业能力）是一致的，传统工业时代对学校教育和人的培养目标有本质区别。信息技术与教学融合的目的，是适应学校教育目标的变化。采用传统适用于工业时代学校教育方式，已经无法满足 21 世纪社会发展对人才培养的需要。因此，信息技术与教学融合必将引领和推动传统教与学方式发生根本改变。

关于信息技术与教学融合专题的研究，国内自 2010 年后发表的论文逐渐增多，这与国内实践和研究对信息技术与教学融合专题的重视有关。但多数研究论文仍处于描述性、总结性层面，缺乏实证性、理论性论文，已经发表的论文成果质量普遍不高，难以对教育信息化实践和信息技术与教学融合产生显著的推动作用。国外针对该专题的研究，以 UNESCO 发布的研究报告最为系统化，比较全面地阐释了信息技术与教学融合的内涵，并介绍了相关实践案例。⑤ 本研究将信息技术与教学融合作为研究对象，在构建信息技术与教学融合内涵体系的基础上，探讨信息化对教育变革影响的内在逻辑。

---

① 刘延东. 巩固成果，开拓创新，以教育信息化全面推动教育现代化：刘延东副总理在第二次全国教育信息化工作电视电话会议上的讲话 [EB/OL]. (2016 – 01 – 22) [2016 – 02 – 22]. http://www. moe. gov. cn/jyb_ xwfb/moe_176/201601/t20160122_228616. html.

② 构建利用信息化手段扩大优质教育资源覆盖面有效机制的实施方案 [EB/OL]. (2014 – 11 – 24) [2016 – 02 – 22]. http://www. moe. gov. cn/srcsite/A16/s3342/201411/t20141124_179124. html.

③ 杨宗凯，杨浩，吴砥. 论信息技术与当代教育的深度融合 [J]. 教育研究，2014（3）：88 – 95.

④ ANDERSON J, WEERT T V. Information and communication technology in education：A curriculum for schoolsand programme of teacher development [M]. France：UNESCO, 2002.

⑤ Intel Teach Elements. 21st century skills. [EB/OL]. (2012 – 06 – 25) [2016 – 02 – 22] http://www. intel. com/education/video/pbl/resources/08_21st_ Century_Skills. pdf.

## 二、教育变革视野中的技术与教学融合

人类的教育目的、任务和内容反映了一定的社会现实需要和占支配地位的政治思想、意识形态、社会关系，受到一定社会生产力和科技文化发展状况的制约，同一定社会的生产力发展水平相适应。① 原始社会的教育是在劳动和生活中进行的，教学过程采用"师徒制"，"教与做"紧密结合在一起。建立在奴隶社会基础上的古希腊教育，奠定了西方学校教育的基石，其教学目的是培养奴隶制国家的统治人才和恭顺公民。② 欧洲文艺复兴为代表的资本主义大工业生产和交往方式的萌芽和发展，意味着人们对教育的需求不仅是为了满足手工作坊、家庭生活，师父带徒弟、私塾等方式已经不能满足劳动者对科技文化知识和技能的要求。③ 因此，工业时代所具有的典型特征，如标准化、流水线、合作、控制性、竞争等，促使教育为适应工业时代对专业人才需求而大力发展学校教育，并将学校看成是培养具有特定知识的专门化工厂。工业时代教育的典型特点是以传授和接受知识为主，强调教师的主导作用。人类社会在发展过程中，随着多媒体和互联网进入人们的工作和生活，尤其是进入 21 世纪以来，社交媒体和智能终端迅速普及，人们生活在以"互联网＋"为核心特征的知识经济时代。知识经济时代的典型特征是去中心化、过程定向、创新、基于团队的组织、个性化（定制）、移动互联等，完全颠覆了传统工业时代模式，人们生活在一个全新的时代。④ 反映在教育中，由于移动互联的普及，知识已经不再处于核心地位，取而代之的是对创新能力的需求。围绕培养学习者创新能力的方式和策略，是知识经济时代教育所关注的核心内容。赖格卢特在研究教学设计发展中所提出的"体制转变"（system change）理论，有利于考察和反思知识经济时代的教育变革。

安德森等人在探讨 ICT 对教育变革所起的作用时，提出了一个分析框架，可以帮助我们理解信息技术与教学融合。该分析框架包括两个模型。

### （一）模型一："四阶段连续体"模型

分析发达国家和发展中国家教育系统或学校中应用 ICT 的经历，可以得到四个清晰的阶段，分别定义为"起步阶段（emerging）""应用阶段（applying）""融合阶段（infusing）"

---

① ANDERSON J. ICT transforming education：A regional guide ［M］. Thailand：Bangkok，2010.

② 李秉德，李定仁. 教学论 ［M］. 北京：人民教育出版社，1996.

③ 田本娜. 外国教学思想史 ［M］. 北京：人民教育出版社，1992.

④ REIGELUTH C M. Instructional design theories and models：A new paradigm of instructional theory （Vol. Ⅱ）［M］. New Jersey：Lawrence Erlbaum Associates Inc，1999.

和"变革阶段（transforming）"（如图1所示）。

| 起步阶段 | 应用阶段 | 融合阶段 | 变革阶段 |

图1 ICT应用四阶段连续体模型

1. 起步阶段

该阶段意味着学校处于ICT使用的开始阶段，主要表现为学校开始购买计算机硬件设备和软件。在该阶段，管理者和教师仅开始探讨学校管理中应用ICT的可能性，并且将ICT添加到课程中。处于起步阶段的学校仍然采用传统的、以教师为中心的教学实践。课程教学中ICT应用在基本技能呈现出增加趋势。如果教师逐渐习惯和适应ICT，就将进入下一个阶段。在教学实践中，起步阶段的典型特征是ICT在教学中使用的"有"和"无"。教师在起步阶段的任务是学习和掌握ICT使用技能。

2. 应用阶段

当教师们形成针对ICT促进学习的全新理解后，表明他们已经进入应用阶段。管理者和教师在学校管理和课程中利用ICT完成任务。教师会较大地受制于学习环境。专门ICT工具和软件会应用在不同的课程教学中。应用阶段的最大特点是ICT在教学中使用的"多"和"少"。教师基本掌握了ICT使用技能，在教学中的使用频率会逐渐加大。教师更加关注如何将ICT同学科整合，即如何用技术解决课程和学科问题。教师会逐渐掌握利用ICT支持教与学的方法和策略。

3. 融合阶段

该阶段是在课程中整合与嵌入ICT。在学校中的实验室、教师和管理者办公室中均配置基于计算机的技术设备。教师习惯于探讨使用ICT提高教学效率和专业发展。在课程教学中采用基于真实世界的应用，学科之间的界限逐渐模糊。融合阶段的典型特点是解决ICT在教学中应用的"好"和"坏"的问题。教师重点掌握运用ICT的教学方法。ICT支持的教与学同传统教学相比，其教学流程会发生改变（再造）、教学模式发生转变（以学为中心）。

4. 变革阶段

学校按照创新途径利用ICT反思和重建学校组织。借助ICT，让教师日常不可见的生产率和专业实践成为完整的统一体。课程的核心是以学习者为中心，实现课程领域和真实世界应用的整合。在专业层次上，ICT仍然是一个独立的学科，但可以同所有的职业领域相融合。学校成为社区学习中心。变革阶段的典型特征是ICT在教学应用的"新"和"旧"。"新"代表了"以学为中心"的范式，"旧"则是"以教为中心"的范式。变革阶段也可以看成是融合阶段的常态化，融合阶段是变革阶段的基础。

### (二)模型二:"教与学四阶段"模型

教与学不是分离的和独立的活动,而是一个硬币的两面,相互之间密切关联。对全球学校教与学中使用 ICT 过程进行分析,可以发现师生从开始学习到熟练使用 ICT 工具包括四个清晰的阶段,即在探索如何用、学习怎样用、理解如何用和何时用的基础上,达到专业化使用(如图 2 所示)。

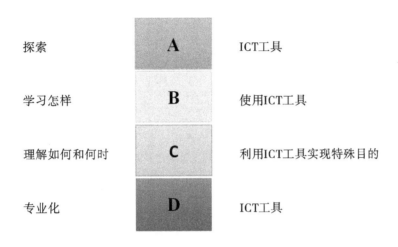

探索      **A**      ICT工具

学习怎样      **B**      使用ICT工具

理解如何和何时      **C**      利用ICT工具实现特殊目的

专业化      **D**      ICT工具

**图 2　利用 ICT 开展教与学的四阶段模型**

A 阶段是探索使用 ICT 工具,即提高使用者利用 ICT 的意识,包括师生对 ICT 的功能和使用方法的认识,因此该阶段所强调的是信息素养和基本技能。

B 阶段是学习如何在教学中使用 ICT,包括对 ICT 工具的使用,也包括开始探索在不同学科中使用 ICT,因此该阶段包括普通使用 ICT,也包括特殊使用 ICT。随着信息技术发展,师生对 ICT 技能要求也会发生变化。

C 阶段是理解怎样和何时使用 ICT 以实现特殊教学目的,如完成项目学习工作等。该阶段需要教师具备运用 ICT 的能力,包括如何发挥 ICT 的作用,如何为特殊任务选择使用 ICT 工具,如何采用 ICT 工具组合方式解决真实问题。

D 阶段是实现 ICT 的专业化应用 ICT,主要表现在教师利用 ICT 工具创建和改变学习环境。这是利用专业化 ICT 工具处理教与学情境的特殊方式,同模型一中的变革阶段相联系。

上述四个阶段将 ICT 应用和教学法结合在一起,可以形成二者的映射模型(如图 3 所示)。[1]

---

① MAJUMDAR S. Regional Guidelines on Teacher Development for Pedagogy-Technology Integration [C]. Bangkok:UNESCO Regional Office for Education in Asia and the Pacific,2005.

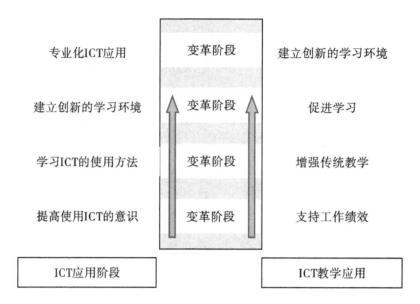

图3　ICT 应用及教学法映射图

信息技术促进教与学变革是模型一第四阶段"变革阶段"的基本特色。教师利用ICT 的演变过程则遵循模型二。从教育变革视野中分析信息技术与教学融合，当前在教与学实践领域的任务仍然十分艰巨。虽然社会已经十分清晰地对教育提出了变革的要求，但是由于我国教育领域受传统思想影响比较大，在现实教育实践中仍然受应试教育主导，以教师为中心的学习方式左右大多数课堂，教育评价的短期功利性较为突出等问题。因此，在实现信息技术与教育教学融合的过程中阻力和难度均比较大。需要尽快统一认识，并采取有效措施转变教师教与学理念，在教与学实践中真正实现信息技术与教学融合。

## 三、技术与教学融合的基本条件

信息技术在教与学中应用过程所包括连续体的四个阶段之间的关系如图4所示，横轴表示教师利用技术的熟练程度，纵轴则表示教师对利用信息技术教学法的熟练程度。这四个阶段按照一定序列发展，相关阶段的特征在模型一中已经进行了详细说明。在不同阶段对技术素养维度和教学法维度是不同的，体现在实践中即教师信息素养的连续提升，同时对 ICT 教学应用方法掌握逐渐熟练。

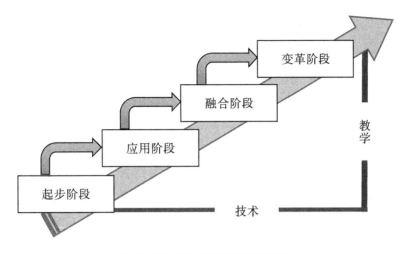

**图4 ICT教学应用演化阶段模型**

世界各国利用教育信息化促进教育发展做了大量的工作，并取得显著成效。Kozma在对不同国家利用政策促进教育发展的案例进行分析的基础上，提出了一个称为知识阶梯（knowledge ladder）的概念框架（如图5所示）。[①]

**图5 知识阶梯概念框架**

## （一）普及教育

普及教育阶段教育政策的目标是提高进入学校接受正式教育的人数，主要针对人们的读写和算术能力。社会发展的目标是提供生活能力、增加对国内事务的参与性、提高人们的健康和福利水平。提高普通基础教育水平是该阶段的重点，如提高女童的入学率等。该阶段的教师应具备基本的学科知识和教学技能。生师比非常高，因此讲授式在该阶段占据主导地位。对大众教育来讲，社会体制具有比较明显的阶层性。教师仅有很少的自主性，课程督导员通过繁忙的课程表完成监督过程。学校教学设施非常少，仅能满足基本需求。在可能的条件下，计算机主要用于管理目的，仅可以提供从本地进入的数字化资料。互联网可能会被用于管理和支持，也可以用于远程获取教学资源，专家可能会通过远程支持教师专业发展。通过互联网获取的资源可以在本地得到分发。该阶段的

① ALNOAIMI T, HINOSTROZA J E, KUZMA R. Transforming Education: The Power of ICT Policies [J]. United nations educational scientific and cultural organization, 2011.

典型特征是：提高学生的参与性，将 ICT 作为一门学科，重视学生信息素养培养，在传统教学中采用 ICT，采用以教师为中心的集中控制式教学。

（二）知识获取

该阶段将教育作为通过提高生产力而促进经济成长的重要途径。因此，政策的目标是通过培养劳动者具有更多知识、技能和利用新技术的能力，以实现经济生产力的提高。社会目标则是为不断进步、培养社会集成和平等提供机会。教育目标则是提高高中入学率、提高教育质量、提升数学和科学技能，也包括技术素养。该阶段采用不同方式将技术叠加到传统教育系统中，但所引发的变革则比较少。在课程中将 ICT 单独作为一门学科提供给学生学习，或者将 ICT 整合进其他课程中。课程体系继续按照传统学科进行分类，测试则包括记忆事实性内容，或是简单地、仅用一步就能解决的问题。教学法实践则包括运用不同的技术、工具和作为供班级一部分、小组和个体活动的补充性电子内容。ICT 为远程学习者和资源提供了机会。教师实践则包括在课堂利用技术组织活动和讲解、任务管理，获得基于传统学科的专业发展。教学法知识包括教师传递供学生接受的信息。从社会结构上看，则需要螺旋式替换和将技术整合于学校中。通常，将计算机放置于不同的实验室中，因为 ICT 是作为课程提供的，技术没有整合进课程中。该阶段的典型特征是：在教学中采用混合式学习，将 ICT 嵌入课程中，运用数字化内容，采用基于学校的决策，利用知识管理系统等。

（三）知识深化

知识深化阶段的政策目标是增加劳动者的能力，以提高经济输出的价值。通过在学校学习课程知识解决现实工作和生活中的复杂问题，而不是表面上在传统教育中包含大量的主题，采用该种方式所设置的课程，重点加强对核心概念、原则和过程的深入理解，掌握观点组织方法和它们在学科领域间的互相联系，以形成复杂的知识体系。在该情境中的协作性教室活动、项目和调研，为学生提供了可拓展的、开放的、面向真实世界问题的方案，成为该阶段的重要组成部分。技术扮演重要角色，同时学生将采用可视化和模拟方式探讨、理解和应用复杂知识。因此，可以将 ICT 整合在课程中，同时也可以整合进日常课堂实践中。网络能够帮助教师和学生将课堂活动和学习外部世界建立联系。拓展性评价通常包含学生在真实世界中遇到的不同部分和平行的复杂任务。由于这种类型的学习更加负责，教师既需要深度理解课程领域的知识，同时也要处理学生拥有的认知和社会加工过程，还包括学生将面对在这种学习类型中所遇到的问题。学校课程和实施中的灵活性能够支持这些在课堂教学中所付出的能力。该阶段的典型特征是：在教学中采用基于项目的学习，面向真实世界的问题解决，无纸化文本和测试，基于学校的自治和责任。

（四）知识创建

政策目标是通过持续参与知识创建、革新和学习过程，开发劳动力和公民意识。知识创建阶段意味着所发生的教育转变是深刻的和可转变的。如果学生处于一个创造的、分享的、使用新知识的经济和社会中，则文化贡献对持续发展而言是最基本的，他们的教育准备必须超越面向已经存在的知识的学习。知识创建不会同知识深化产生冲突，而是为学生深度理解学校课程建立基础。该阶段除了能让学生深入理解在过去所形成的解决复杂问题的核心概念和原则，还让他们参与建立在当前知识和文化作品上的持续和协作的过程，以实现创建和分享新的贡献。贡献的价值有社区用户做出判断。知识创建能力包括使用多种技术工具的能力，搜索、组织和分析信息的能力，在多种形式下有效沟通的能力，同拥有不同能力和背景者进行协作的能力，以及批判性、创新性和创造性思考的能力。但是在知识创建技能中最重要的能力是能够帮助学生形成在今后的生活中继续学习的能力。在知识创建阶段，在教师所设计的学习社区中，学生持续参与到创建他们自己的和相互之间的知识和学习能力。因此，学校将转变为学习组织，所有成员将参与学习过程。师生将使用不同的电子设备、数字资源和社会知识网络，设计为知识创建和批判性思维能力提供支持的、基于 ICT 的学习资源和工具；持续性支持、反思性学习过程；持续支持克服了时间和地点限制的知识社区中的互动。按照知识创建的视角，教师自己掌握了持续性参与教育实验过程的学习者；同拓展至同事和专家网络开展合作，以产生关于学习和教学实践的新知识；以为他们的学生模拟学习过程。知识创建阶段的特征是在教学过程中采用自下而上的知识建构教学论、采用实践社群组织教与学过程和实现持续性革新。

将知识阶梯的四个阶段同不同阶段的表征指标结合起来，可以构成图 6 所示的二维图，其横轴是知识阶梯的四个阶段，纵轴是其表征指标。

图 5 和图 6 所展示的四个阶段具有对应性，即知识阶梯中的四个阶段同 ICT 演化过程的四个阶段具有一一对应关系。普及教育阶段对应起步阶段、知识获取阶段对应应用阶段、知识深化对应融合阶段、知识创建阶段对应变革阶段。如果仅从分析 ICT 与教学融合来看，在教学中需要采用基于项目的学习、基于真实世界的问题解决、无纸化教学内容、无纸化测试、学生学习在自治性基础上形成自我责任。这些指标可以在教学法上看成是 ICT 教学融合的基本条件。因此，图 6 从教学法角度解析了信息技术与教学融合如何得以实现。

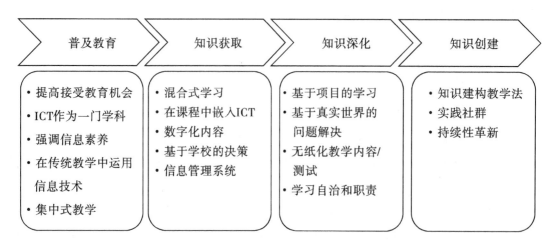

图6 知识阶梯概念框架不同阶段的典型指标

## 四、技术与教学融合为教育变革奠定基础

教育变革至少具备两个必要条件，即当前的教育（称为 A）和变革后的教育（称为 B）。所谓教育变革即从教育 A 转变为教育 B。因此，我们所探讨的教育变革，必须对教育 A 足够了解，并且对教育 B 充满自信和期望。因为，在将教育 A 转变为教育 B 后，可以消除教育 A 中存在的种种弊端，使我们的教育更加具有生机和活力。为什么要运用 ICT 促进和引领教育变革呢？这是因为我国当前的教育已经不能满足社会经济对教育发展的需求，必须做出调整和变革。

（一）当前我国的教育现状（教育 A）

我国教育整体处于知识阶梯中的"知识获取"阶段，这是由该阶段的特征所决定的。详细分析我国教育现状，由于经济发展不均衡所导致的教育不均衡、不公平现象依然存在，尤其是经济欠发达地区。有些区域的教育甚至可以用落后来表述。即使在发达区域，也存在优质教育资源分布不均的现象。因此，当前我国教育现状既存在增加受教育机会、扩大教育规模的实事，也存在扩大优质教育均衡、满足广大人民群众对优质教育资源大量需求的事实。此外，我国教育中由于受传统教育思想和应试教育的影响，在教与学过程中采用教师主导的讲授式、满堂灌的现象也比较普遍。虽然大部分师生的信息素养得到了极大提高，但是仍然面临信息技术应用能力提升的任务。随着中国经济发展和总量提升，普及阶段所面临的问题都将得到圆满解决。

知识获取阶段的特征则表现为以掌握学习内容为主要目的和特征，强调课本的重要性和对教学内容的记忆和理解。教育认知领域目标分类处于低级思维阶段，即知识、理解，部分达到应用目标。知识获取的结果常表现为学生的学业成绩，在教学实践中以考试成绩评定学生的表现。因此，知识获取的目标将导向于对学生学习内容的掌握，在教学实践中表现为讲授式、满堂灌。知识获取阶段仍然是"以教为中心"，隶属于传统教学方式。当前我国应试导向的教育，已经不能适应国家经济建设对创新人才的要求。在《国家中长期教育改革和发展规划纲要（2010—2020年）》中提出，"到2020年，基本实现教育现代化，基本形成学习型社会，进入实现人力资源强国之列"的宏伟目标，"进一步解放思想，更新观念，深化改革，提高教育开放水平，全面形成与社会主义市场经济体制和全面建设小康社会目标相适应的充满活力、富有效率、更加开放、有利于科学发展的教育体制机制，办出具有中国特色、世界水平的现代教育"[①]。"十三五"时期是实现《国家中长期教育改革和发展规划纲要（2010—2020年）》的关键时期，需要尽快统一思想，勇于实践，通过教育改革和发展，全面实现我国教育现代化。

（二）基于知识深化的教育（教育B）

处于知识深化阶段的教育，能够比较全面地消除知识获取阶段的弊病，主要原因表现在知识获取是以发展学生的问题解决能力、探究能力、批判性思维能力为主要目的和特征，强调能力培养和发展。因此，在该阶段可以将培养学生21世纪能力结合起来。知识深化不是忽略学习者对内容的掌握，相反，在该阶段更重视学生掌握学习内容。但是这种掌握不是表面的、以记忆为主的内容学习，而是强调学生对知识的灵活掌握。通过提高学习者的能力，达到加深学习内容的目的。在教学实践中，组织学生参与项目活动，将所学习的知识运用于实践中，解决生活中的真实问题，促进学生实现对知识的内化，达到对知识的真正掌握。因此，知识深化是变革传统教与学理念的基石，也是实现教与学方式变革的桥梁。在知识深化阶段，由于更加关注所学知识的应用，在教与学实践中采用了同实践相结合的学习方式，有利于学生达到教育目标分类的高级思维阶段。

由于知识深化仍采用传统的教学论，强调对知识掌握的深化，并没有完全实现教与学方式的变革，仍隶属于教育变革的过渡阶段。

（三）基于知识创建的教育（教育C）

知识创建对教育的影响是，当前教育中所存在的自上而下的传统教与学结构将会发生本质变化，将被自下而上的教学系统所取代。在该阶段更加重视学生参与学习过程，强调知识的探究和发现，所采用的教与学方法是以培养和发展学生创新能力为目的和特

---

① 国家中长期教育改革和发展规划纲要（2010—2020年）[EB/OL].（2010 – 03 – 01）[2016 – 02 – 22].http://www.china.com.cn/policy/txt/2010 – 03/01/content_19492625_4.htm.

征的。自下而上的知识掌握方式可以让学生类似科学家探究知识过程那样获取知识，并强调学生对参与实践社群的组织和管理，实现学生采用平等沟通和交流方式从事知识学习。因此，基于知识创建的教与学方式是教育变革的典型代表。

根据上述分析，技术与教学融合能够实现教育 A 向教育 B 的转换，但是仍存在较多局限性，仍然是基于知识的学习，而非创造力培养。只有教育 C，才是教与学方式变革的代表。当前我国教育所面临的改革任务十分巨大，因此必须在尽可能短的时间内实现两个转变，即从教育 A 转变为教育 B；再以教育 B 为基点，向教育 C 转变。只有实现教育 C，才算真正完成教育变革，让创新人才培养变为现实。

## 五、结论与建议

根据《教育信息化十年发展规划（2011—2020 年）》，实现信息技术与教与学融合，是我国"十三五"期间教育信息化建设的核心任务，也是引领和促进我国传统教育转变的基本途径和选择之一。国际组织（如 UNESCO）和西方发达国家（如美国）在教育信息化建设、发展和研究中所取得的经验和成果，可以很好地为我们参考和借鉴，以促进我国教育信息化建设又快又好地发展。本研究在系统分析我国教育信息化建设和发展现状的基础上，对教育变革的内在依据进行了分析，通过 ICT 四阶段连续体和 ICT 教与学应用构成映射关系，形成 ICT 演变的四个阶段。为了系统解释信息技术和教学融合的内在要求及发展规律，本研究对知识阶梯概念框架进行了分析，提出了信息技术与教学融合的基本条件，并以此作为基础进一步详细分析了技术与教学融合促进教育变革的内在原因，同时也对我国当前教育变革从更加宏观的角度上进行了说明。

通过本研究，主要得出如下三个研究结论。

第一，信息技术与教学融合是促进教育变革的基本途径和有效选择。在融合阶段，可以有效解决我国当前教育中存在的弊端，能够有效促进学生从接受式学习到参与式学习转变。不仅要求学生掌握知识，更重要的应帮助学生在真实实践中应用所学知识。

第二，信息技术与教学变革阶段是信息技术教学应用的最终目的，同知识经济社会对创新人才需求紧密相关。该阶段最重要的特征是对传统教学论的颠覆，而采用自下而上的教学论。学生学习过程类似科学家探索知识过程，教材、课本等成为教学资源的组成部分。

第三，在促进信息技术与教学融合过程中，促进教师理念转变的专业发展至关重要。缺乏在实践中真正理解信息技术与教学融合，并在实践中付诸行动的教师，既无法实现融合，也无法实现教育变革。那么，我们教育将仍然在传统教育体系中前行。

基于上述研究结论，针对信息技术与教学融合提出以下五点建议。

第一，加强信息技术与教学融合的顶层设计。建议由教育部组织教育信息化专家，在详细分析国内外信息技术教学应用经验和成就的基础上，确定我国教育信息化发展的基本路径和策略。

第二，构建面向信息技术与教学融合的课程体系。当前教育部实施的"信息技术应用能力提升工程"，对全面提高教师信息技术教学应用具有积极作用。但是也存在目标不清、课程体系不完整、培训内容缺乏针对性等问题。在工程实施过程中存在"走过场""疲于应付"等现象。建议由教育部组织专家组，在已有"信息技术应用能力标准课程体系"的基础上，根据信息技术教学应用演变的特点，开发具有针对性、多层次的课程体系。在这方面，UNESCO 所积累的丰富经验可以供我们参考。

第三，加强基于校本的信息技术教学应用能力培训。建议由教育部组织专家提出"信息技术应用能力校本培训课程体系"，组织信息技术应用领域的骨干教师、优秀一线教师录制信息技术应用示范课程，建设校本培训资源供学校教师使用。建议建设开通"国家校本培训网"，为教师参加校本培训提供资源支持和平台支持。

第四，更充分地发挥社会力量参与到教师信息技术应用能力建设和提高行动中。如英特尔等国际大型企业在教师培训中积累了丰富经验，其面向未来的课程体系非常值得我们借鉴和推广。鼓励类似英特尔的国际企业参与教师培训中来。同时，也鼓励资质和信誉好的教师培训机构通过政府购买服务的形式，参与到教师培训中来。培育和发展本土教育培训企业是解决教师培训实际需求的有效途径。但是当前我国的培训机构普遍存在功利心态，无论培训内容和培训方式都需要极大提高。

第五，建议政府和学校加强政策引导和保障，尽快系统解决我国传统教育中存在的弊病，促进我国教育快速、健康发展，全面实现教育现代化。

# 可视化学习行动研究

华南师范大学教育信息技术学院　李克东

**摘　要：** 近年来，我们在广东省广州市、佛山市等地区一批中小学的不同的学科中开展了《可视化学习行动研究》教改试验项目，取得了良好的效果，目前正逐步扩大教改试验范围，将有更多的学校投入到这项教改试验项目中。《可视化学习行动研究》是指综合运用知识可视化学习资源、思维可视化工具和数据可视化方法等可视化技术，开展基于问题驱动的可视化学习 STILE 活动模式的教学试验，通过行动研究方法，促进课堂教学模式的变革，转变学生的学习方式，促进学生个性化学习能力发展的探索性研究项目。本研究将对《可视化学习行动研究》的研究背景、理论基础、教学设计和行动研究方法做简要的介绍。

**关键词：** 可视化学习活动　个性化学习能力　问题驱动学习（PBL）　行动研究

## 一、项目研究背景

美国伯尼·特里林、查尔斯·菲德尔在《21 世纪技能：为我们所生存的时代而学习》中指出，21 世纪的基本技能应包括：①学习与创新技能（包括批判性思考和解决问题能力、沟通与协作能力、创造与革新能力）。②数字素养技能（包括信息素养、媒体素养、信息与通信技术素养）。③职业和生活技能（包括灵活性与适应能力、主动性与自我导向、社交与跨文化交流能力、高效的生产力、责任感、领导力等）[①]。21 世纪学校必须重视对学生学习与创新技能的培养。

Teach Thought 的专栏作家 Terry Heick 于 2012 年 8 月 12 日，在 Teach Thought 上发表了一篇题为《二十一世纪学习的 9 个特征》（9 Characteristics Of 21st Century Learning）

---

① 特里林，菲德尔. 21 世纪技能：为我们所生存的时代而学习 [M]. 洪友，译. 天津：天津社会科学院出版社，2011.

的文章①，描绘了 21 世纪学习的 9 大特征：以学习者为中心（learner-centered）、媒介驱动的学习（media-driven）、个性化学习（personalized）、设计导向的学习（transfer-by-design）、可视化的学习（visibly relevant）、数据丰富的学习（data-rich）、适应性学习（adaptable），独立的学习（interdependent）、多元化的学习（diverse）。其中以学习者为中心和个性化学习、媒体驱动学习和可视化学习为其核心思想。

《国家中长期教育改革和发展规划纲要（2010—2020 年）》也明确指出："关心每个学生，促进每个学生主动地、生动活泼地发展，尊重教育规律和学生身心发展规律，为每个学生提供适合的教育。"因此，坚持以人为本的教育理念，让每个中国孩子各方面获得充分、自由、和谐的发展是我国教育改革和创新的出发点。可见，个性化学习是教育改革发展的未来趋势，利用可视化技术促进学生个性化学习能力发展，是教学改革和创新的有益探索和实践。

面向学生个性化学习能力发展的可视化学习的行动研究，在理论上，可以丰富可视化学习研究的理论，可以丰富信息技术支持的个性化学习研究的理论；在实践上，有助于把可视化技术的运用和个性化学习的理念落实到实际教学中，对当前新技术应用环境下资源和工具的设计运用、教学活动的设计和实施、学习评价的设计具有很好的参考意义。

## 二、相关技术、理论和方法论

《可视化学习行动研究》涉及诸多研究领域的技术、理论和方法论的支撑，包括可视化技术、个性化学习理论、认知活动理论和行动研究方法等。

### （一）可视化技术

"可视化"（visualization）其实质是利用计算机的图形图像处理技术，把各种数据信息转换成合适的图形图像在屏幕上展示出来。这一过程涉及图形学、几何学、辅助设计和人机交互等领域知识。根据可视化处理对象以及目的的不同，随着可视化技术的发展，逐渐形成了一些分类，通常情况下可分为：科学计算可视化、信息可视化、知识可视化、思维可视化和数据可视化等。知识可视化，它是在科学计算可视化、数据可视化和信息可视化基础上发展起来的新兴研究领域，它应用视觉表征手段，促进群体知识的创造和传递。知识可视化作为一个学科领域，其形成的标志通常被认为是马丁·埃普勒和雷莫·伯克哈德于 2004 年对知识可视化做出的第一个定义。

---

① HEICK T. 9 Characteristics Of 21st Century Learning [J]. Teach thought, 2012.

2005 年，我国学者赵国庆指出：知识可视化要借助于人的智慧参与绘制图形图像，要体现人对于所表现的知识的理解、意见等，目的是"促进群体间知识的传播和创新"。2009 年，赵国庆又把埃普勒与伯克哈德的 2004 定义修订为：知识可视化是研究如何应用视觉表征改进两个或两个以上人之间复杂知识创造与传递的学科①。知识可视化的视觉表征就是指以图形符号和文字符号作为信息载体，经过组合编码，形成符合语法结构的图形。知识可视化视觉表征并非孤立的单位符号，而是符号组成的系统和结构。在研究知识可视化视觉表征的符号结构时，只有分析符号相互作用而构成的形式才有意义。知识可视化的视觉表征类型十分丰富多样、不断拓展②，其中，埃普勒与伯克哈德将知识可视化视觉表征概括为 6 种类型：①启发式草图（heuristic sketches），在小组间产生新的见解。②概念图表（conceptual diagrams），结构化信息并展示其关系。③视觉隐喻（visual metaphors），映射抽象数据使其易于理解。④知识动画（knowledge animations），动态的、交互的可视化技术。⑤知识地图（knowledge maps），结构化专家知识并提供导航。⑥科学图表（scientific charts）等，随着各种知识可视化技术的发展，更多的视觉表征形式会被应用到知识可视化中来。知识可视化视觉表征类型和分类方式将会不断地发展。

思维可视化，它是指利用图形化、形象化的形式来表达人们头脑中形成的概念、知识、思想等，把隐性知识显性化、可视化，方便人们思考、表达、理解并能促进交流的一种图形技术。思维可视化为我们提供了新的思考方法，提高了思考、工作效率，在商业、设计、教学领域等行业受到了越来越多行业从业者的青睐。在教学中，思维可视化工具的应用，可以提高教学效率，解决教学难题，已成为当下的一个热门研究领域。

数据可视化，它借助于计算机的快速处理能力，并结合计算机图形图像学方面的技术，通过人机交互的手段对显示数据进行分类、筛选，并以图形、图像或者动画等多种可视化形式友好地展现给人们。人们能以最佳的方式看到想要的数据。数据可视化技术更利于发现数据背后隐藏的规律，为人们进行学习分析、使用数据、发现规律、获取知识提供了强有力的手段。

（二）个性化学习理论

个性化学习是当代国际教育思想改革的重要标志之一。UNESCO 在 1972 年发表的《学会生存》的报告中就把促进人的个性全面和谐发展作为当代教育的基本宗旨。个性化学习是指针对学生个性特点和发展潜能而采取恰当的方法、手段、内容、起点、进

---

① 赵国庆. 知识可视化 2004 定义的分析与修订 [J]. 电化教育研究，2009（3）：15 – 18.
② 赵慧臣. 知识可视化视觉表征的形式分析 [J]. 现代教育技术，2012（2）：21 – 27.

程、评价方式，促使学生各方面获得充分、自由、和谐的发展过程。学生可以根据自己的特点和需要，在更大程度上自由地选择适合自己的学习资源，按照适合于自己的方式和进度进行学习。个性化学习将使每一个学习者的潜能得到最大限度的发挥，获得成功体验和生存效能感。数字化社会的到来，为学生的个性化学习提供了可能，打破了学习内容、进度、起点、目标、要求等的统一性。因此，教师在课堂教学中要尊重学生的个别差异，相信每个学生都有一定的创新潜能，要帮助学生掌握获取新知识的方法并形成独立判断、独立处理问题的能力，养成个性化的学习能力。因此，我们必须注重对学生个性化学习能力的培养，而学习能力的个性化其实质就在于思维能力的个性化。思维能力是个性化学习能力的核心因素，也是每个人个性化的核心因素。因此在教学过程中，学生的每一个学习活动都应该有机会参与和培养独立思维。由于学生个人的知识背景、早期经验、阅读体验和个人禀赋的差异而呈现不同的个性，所以其独立思维便有着强烈的个性化色彩，有的学生思维敏捷而善于求异，有的学生思维沉稳而追求周密。正是因为学生思维方式的不同，所以学生的表达方式会有不同。教师要充分尊重学生思维方式的个性化，鼓励学生用自己的眼睛去观察，用自己的心灵去体验，用自己的语言去表达。也就是要确保学习者学习的自主性，学生才会真正形成具有个性化的学习能力。

## （三）认知活动理论

活动理论产生与苏联心理学研究有着密切关系，活动理论根植于马克思主义哲学立场，孕育于维果茨基的社会文化历史理论，成长于列昂捷夫的心理学实验研究中。芬兰学者恩格斯托姆在总结各学者对活动理论解释的基础上，提出了一个活动理论的分析框架[①]，认为活动系统中包括主体、客体和群体（社区）三个核心要素，以及工具、规则和劳动分工三个次要要素。这些要素又组成了四个子系统，分别是生产子系统、消耗子系统、交换子系统与分配子系统（如图1所示）。

主体是活动系统中的个体要素，是活动的执行者；客体是主体通过活动想要影响、改变或产生的东西；群体（社区）是活动发生时活动主体所处的共同体；工具将活动主体与客体联系起来，是主体作用于客体的手段；规则是活动过程中对活动进行约束的明确规定、规范、法律、政策和惯例，以及隐性的社会道德规范、文化传统、标准和群体成员之间的关系；分工指在达到目标的过程中，共同体中的不同成员所承担的责任。四个子系统中，生产子系统最重要，整个活动系统的目标就是通过生产子系统实现的。其他的子系统服务于生产子系统，是生产子系统在实现整个活动系统目的时的支持部分。

---

① ENGESTRÖM Y. Learning by Expanding：An Activity-Theoretical Approach to Developmental Research [D]．Helsinki：University of Helsinki，1987.

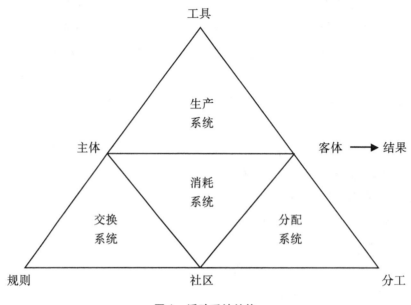

**图1　活动系统结构**

活动理论给了我们几个重要的启示：第一，活动理论认为知识的获得是来自人类的活动。人类在活动中产生意识，意识又反作用于活动，活动又进一步发展意识，不断循环。活动理论体现了人类意识与活动的辩证统一。第二，活动理论强调工具的作用，工具决定着人与环境的交互形式，是社会知识积累和传递的手段，也反映了人类在早期为了有效解决问题而发明或改进工具和利用工具的经历和发展过程中的历史经验。第三，活动理论强调知识的获得过程中个体与群体其他成员互动的重要作用。还强调在互动过程中建立规则和任务分工的作用。

活动理论为可视化学习活动的设计提供依据，将活动理论引入可视化学习情境，为可视化学习情境的构建提供了新的研究视角。根据活动理论，教学活动的组织者、学习共同体以及可视化学习环境和思维可视化工具构成完整的学习生态系统，主体是学习者个体；客体是学习内容；共同体是基于课程目标、学习任务所组成的学习群体（学习小组）；工具是学习活动的中介，指数字化平台、知识可视化学习资源、思维可视化工具、学习资料和中介符号，以供学习群体学习、交流和解决问题；规则是学习群体成员之间协调形成的规则，分工是小组互动学习活动过程中小组成员的任务分工，即学习分工。在可视化学习活动系统中，学习个体既是知识的"消费者"，也是知识"生产者"，也可以作为设计者，利用可视化学习工具分析信息，获取知识，并对其他学习者的学习提供帮助和评价，把初始状态的学习内容转化生成新的学习资源，新的学习资源经过师生共同整理升华为新的学习内容，在整个学习过程中，体现着活动理论的意识与学习活动的辩证统一，并且强调了资源（工具）的重要作用。这就与以"知识本位""教师中心"等轻视学生主体活动、忽视学生主体地位、以传授灌输式为主要特征的传统教学方式有极大的区别。

(四)行动研究方法

行动研究（action research）是"二战"时期美国社会工作者约翰·柯立尔、著名社会心理学家勒温等人在对传统社会科学研究的反思中提出来的。此后，许多学者曾对行动研究下不同的定义，并从不同的角度出发做了阐述，其中卡尔与凯米斯所界定的定义："行动研究是在社会情境中（包括教育情境），自我反省探究的一种形式，参与者包括教师、学生、校长等人，其目的在促发社会的或教育实践的合理性及正义性，帮助研究者对实践工作的了解，使情境（或组织内）之实践工作能够付之实施而有成效。"尽管许多学者对行动研究下的定义不同，而且从不同的角度出发做了阐述，但其中有许多内涵却是相同的。综合各家所言，行动研究的基本内涵是：由与问题有关的所有人员共同参与研究和实践，对问题情境进行全程干预，并在此实践活动中找到有关理论依据及解决问题的研究方法。行动研究的课题来自实际工作者的需要，研究在实际工作中进行，研究由实际工作者和研究人员共同参与完成，研究成果为实际工作者理解、掌握和实施，研究以解决实际问题、改善社会行动为目的。

行动研究与传统的学术研究具有不同的特点：行动研究是为行动而研究，以解决实际问题为主要任务，为实践本身的改善而展开研究，而不是理论上的建构；行动研究是以行动者的实践情境为依据进行研究；行动研究之研究者即是实践工作者，实践工作者就是研究的主体；行动研究之实践工作者不仅是研究参与者，同时也是研究应用者，其目的在于改善实践工作情境，解决实践工作问题；行动研究不是在实验室里进行的实验，它是在实践过程中进行研究，而是研究者与实际行动者共同参与协同合作的研究过程。因此，行动研究的研究者，在实践过程中，必须深入实际，参与实际工作。行动研究重视的是研究的实用性价值，强调研究结果的即时应用，而不是学术理论的验证或建立。行动研究具有情境特定性，它的样本是以特定对象为主，不必具有普遍的代表性。每个行动研究方案，不管方案规模的大小，都有自己的特点。行动研究者所从事的研究是一种促发个人专业发展的研究。行动研究本质上是追求更为合理的教学实践的过程，旨在使教师获得一种内在启蒙和解放的力量，打开新的思考维度和新的探询方向，增强实践能力和自我超越的能力。行动研究过程，量或质的研究方法均可采用，但多数情境中，以质的研究方法为主。综合上述，有学者把行动研究归纳为三项主要特征：为行动而研究（research for action）、在行动中研究（research in action）、由行动者研究（research by actors）。总而言之，行动研究是为了提高教育工作参与者对教育实践的理性认识，加深对实践活动意义和作用的理解，所进行的反思性研究。

行动研究过程包括同一类型的教学试验，需要进行两轮以上的教学实践。第一轮的实践包含"制订计划""教学实施""过程观察""教学反思"四个环节。其中最为重要的是教学反思，通过研究者和实践者对教学实践过程进行观察并获得相关资料，与原教学目标进行比较，找出差别和不足，重新修订教学试验方案，再进行第二轮的试验，以改善不足之处（如图2所示）。

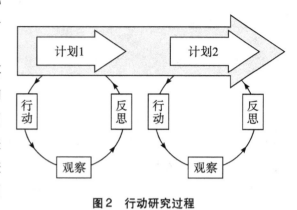

图2　行动研究过程

## 三、基于 PBL 的可视化学习 STILE 活动模型

### （一）问题导向的学习

PBL 英文全称为 Problem Based Learning，即以问题为导向的教学方法，PBL 最早源于 20 世纪 50 年代的医学教育中，目前已成为国际上较流行的一种教学法。

PBL 是以学生为中心的教育方式，它把学习设置到复杂的、有意义的问题情境中，通过让学习者思考问题、分析问题，并通过合作来解决问题，从而学习隐含于问题背后的知识，形成解决问题的技能，并形成自主学习的能力。PBL 模式的学习活动要素包括：作为导向的问题、问题情境的创设，自主学习与团队合作、教师指导、自我评价与小组评价。PBL 强调以问题解决为中心、多种学习途径相整合，而不只是纯粹的探索和发现。PBL 教学法的精髓在于发挥问题对学习过程的指导作用，同时它强调学习者之间的交流合作，强调外部支持与教师引导在探索学习中的作用。

### （二）可视化学习 STILE 活动模型

为了有效地促进学生学习方式的转变，使学生学会利用知识可视化资源和工具进行学习，学会通过发现问题、解决问题的方式进行学习，学会通过交流互动进行学习，学会知识重构和生成，我们提出了基于 PBL 的可视化学习 STILE 活动模型（如图3所示）。这个活动模型既包含了自主学习、合作学习、探究学习的活动，也包含了微课（微视频）的应用并体现了翻转课堂的思想，模型还强调以教师为主导、学生为主体的教学思想。

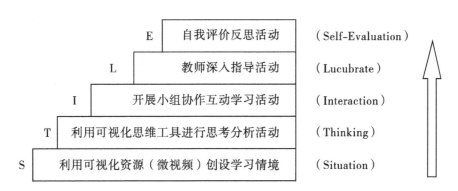

**图 3　可视化学习 STILE 活动模型**

## （三）STILE 模型中的三个基本要素

我们认为，可视化学习不仅仅是思维导图在教学中的应用，更是综合应用知识可视化资源、思维可视化工具和数据可视化方式，即利用知识可视化资源创设学习情境，应用思维可视化工具进行思考分析，以数据可视化方式进行学习评价。在思维可视化工具的应用上，不仅仅要对学生进行事物联系和发散思维能力的培养，还必须重视对学生逻辑思维能力的培养，对学生进行学习反思、知识归纳和问题发现能力的培养。因此，在STILE 活动模型中同时包含了可视化学习三大要素的综合运用。

### 1. 知识可视化资源

知识可视化资源指利用平面或三维活动的图形图像技术来构建、传达和表示复杂知识，以求有效传达事实信息，传输人类知识，并帮助他人正确地记忆、应用、重构和生成知识。

知识可视化资源的呈现方式一般有：①把文字内容用平面图示、图像呈现。②把静态图像用动态化方式呈现（如动态清明上河图）。③把平面图像用三维动画方式呈现（如三维动态人体构造）。④把几何图形用三维动画呈现（如多面体构造的展开）。⑤把自然现象用动态视频方式呈现（如星球状态的呈现）。⑥把操作过程用虚拟仿真交互方式呈现（如虚拟手术台）。⑦把隐蔽知识用可视化技术显现（如人类胚胎发育过程）。

### 2. 思维可视化工具

思维可视化（thinking visualization）工具是指运用一系列图示技术把原本不可视的思考方法和思考路径呈现出来，使其过程清晰可见。由此，使"思维"的方法和过程更便于呈现、理解和内化，有效地提高信息加工及信息传递的效能。

实现思维可视化的工具主要包括图示技术（思维导图、模型图、多种形式的图形化思考工具、流程图、概念图等）及生成图示的软件技术（MindManager、MindMapper、FreeMind、Sharemind、XMIND、Linux、MindV、iMindMap 等）。

思维可视化工具通常包括思维导图、图形化思考工具、表格化思考工具等三大类。第一类，思维导图（MindMap），又称心智图或脑图。它是组织和表征发散思维的一种图形技术，它以某一主题作为中心，以树状结构形成从中央向四周放射的多个有层次的分支，各分支形成一个多节点连接的结构图。借助思维导图可以展示发散思维的思维脉络，展示事物之间的联系关系。利用计算机软件（如 MindManager、Edraw 等）可以构建多种形式的树状结构思维导图（如图 4 所示）。第二类，图形化思考工具。它的基本图形由箭头与框图构成，比较常用的包括有韦恩图、X/Y/W 线图、鱼骨图、金字塔图、蝴蝶图等，它们各自发挥培养学生不同逻辑思维的作用（如图 5 所示）。第三类，表格化思考工具，最常用的如 PMIQ 表格。

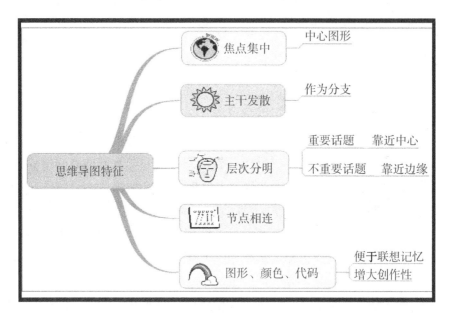

**图4　思维导图**

PMIQ 表格是一个促进学生反思评价和提出问题等能力发展的工具，其中 P（plus 加法）表示学习的收获，M（minus 减法）表示没有学会的知识和方法，I（interesting 兴趣）表示学生还感兴趣的知识，Q（question 问题）表示提出还存在的疑问。应用 PMIQ 表格有助于学生进行自我反思、自我学习评价以及同伴之间的学习评价，同时提高学生提出问题和思考问题的能力（如表 1 所示）。

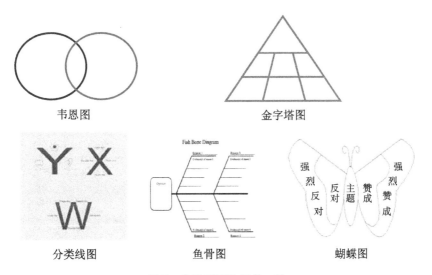

韦恩图　　　　　　　　　　　金字塔图

分类线图　　　　　　鱼骨图　　　　　　蝴蝶图

**图 5　常用图形化思考工具**

**表 1　表格化思考工具 PMIQ 表**

| P<br>（plus 加法）<br>（学习收获） | M<br>（minus 减法）<br>（学习不足） | I<br>（interesting）<br>（还感兴趣的内容） | Q<br>（question）<br>（感到疑惑的问题） |
| --- | --- | --- | --- |
| 知识点 1（　） | 知识点 1（　） | 内容 1（　） | 问题 1（　） |
| 知识点 2（　） | 知识点 2（　） | 内容 2（　） | 问题 2（　） |
| 知识点 3（　） | 知识点 3（　） | 内容 3（　） | 问题 3（　） |
| …… | …… | …… | …… |

### 3. 数据可视化方式

数据可视化（data visualization）是指运用计算机图形学和图像处理技术，将数据转换为图形或图像在屏幕上显示出来，并进行交互处理的理论方法和技术，它能够提供多种同时进行数据分析的图形化方法。

数据可视化可以反映信息数据的关联或趋势，帮助教师直观地观察和分析数据，从而发现隐含在数据中的规律。在可视化学习研究中使用最多的是雷达图（如图 6 所示）和散点图（如图 7 所示），可以利用 EXCEL 或 SPSS 等数据可视化软件进行处理。

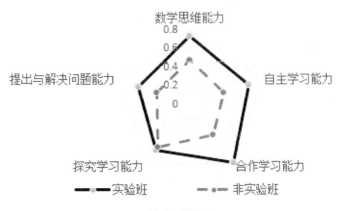

**图 6　雷达图**

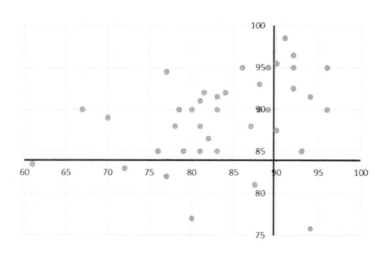

图 7　散点图

（四）STILE 模型中的五项学习活动

在 STILE 模型中包含了五项学习活动：

活动一，展示知识内容情境，提出思考问题。可视化学习 STILE 活动模型实际上是来源于基于 PBL 的思想，是 PBL 在可视化学习活动中的具体体现，因此需要利用知识可视化资源展示学习内容的情境并提出需要解决的问题。

活动二，利用思维工具思考分析问题，表达个体思考过程和观点。可以利用思维可视化工具进行课前知识预习，课中问题思考表达，课后知识总结归纳。

活动三，围绕可视化思维作品进行小组交流互动。制定交流互动规则和分工，明确任务，学习者在小组内进行分享与表达，通过小组合作完成或补充完善思维可视化作品。

活动四，教师利用多种可视化资源指导深化学习。教师对学生提出的问题进行析疑、归纳和总结。教师进一步提供可供学生选择的多样化、多层面的可视化练习，让学生在实际操练过程中获得知识深化。

活动五，利用 PMIQ 表格化可视化思维工具进行学习反思和自我评价，让学生能够找到自己的兴趣点和存在的疑问并提出问题。

这五项活动不是教学过程的先后步骤，它是学习活动的内容和方法，包含有自主学习、合作学习、探究学习活动，也包含了微课（微视频）的应用；可以进行翻转课堂教学，也可以在课后进行复习巩固，还可以根据教学内容设计不同学习活动的顺序安排。

## 四、基于 STILE 模型的教学设计

基于可视化学习 STILE 活动模型的教学设计实质是以学为中心，以 PBL 的学习情境

和学习活动进行的设计。其主要内容包括问题情境的设计、学生思考活动的设计、小组交互活动的设计、教师主导下的深化学习活动的设计和学习反思评价活动的设计等方面。

（一）问题情境的设计（situation）

可视化学习 STILE 活动模型实际上是来源于 PBL 的思想，是 PBL 在可视化学习活动中的具体体现，因此需要利用知识可视化资源进行问题情境的设计，包括：①知识可视化资源的选择。知识可视化资源的作用是创设问题情境，通过利用教育 Apps、自主开发的微视频资源、对已有微课进行基于问题的改造、数字化教材（电子书包）和教学课件等，让文本知识图像化、静止知识动态化、平面知识立体化、操作知识程序化、组合知识分解化、隐蔽知识显视化，形成问题情境。②利用知识可视化资源的设计。知识可视化学习资源要为学生提供发现知识和思考问题的情境，而不是提供结论性知识，要让学生对问题情境进行思考分析，从而使学生学会分析问题，最终发现知识并获得知识。因此，需要根据知识可视化资源内容所创设的情境，设计并提出思考的问题，通常可以提出："两种事物有何异同？""事物具有哪些特征？""事物包含哪些要素？""事物之间有何关系？"等具有一定深度的问题。

（二）学生思考活动的设计（thinking）

要求学生学会选择并利用思维可视化工具表达自己对问题的思考过程和观点：①在课前，可以利用思维可视化工具进行预习，把预习的知识内容用思维可视化工具进行梳理、分析和归纳并提出问题。②在课中，可以利用思维可视化工具对提出的问题进行思考、分析，表达个人的观点，同时通过小组合作学习，对围绕某一个主题的思维作品进行完善充实。③在课后，利用思维可视化工具进行单元知识和学科重难点的复习，例如利用金字塔图（层次结构）或利用思维导图（联系与发散思想）进行知识归纳、总结、演绎与推理等。

下面介绍几个学生利用图形化思考工具进行思维分析的事例：①利用 Y 线图对事物进行分类（如图 8 所示）。②利用 W 线图建立 W 问题墙，让学生在阅读作品时，对作品中所描述的人物（who）、时间（when）、地点（where）、原因（why）和经过（how）等五个方面进行分析。帮助学生阅读中文或英文课文，分析课文，理解课文内容（如图 9 所示）。③利用韦恩图，对事物进行比较，找出事物的联系与区别（如图 10、图 11 所示）。④利用韦恩图表现四边形中不同图形间的包容关系（如图 12 所示）。⑤利用鱼骨图，从多个角度描述事物的特征，或从不同方面表达意见（如图 13 所示）。⑥利用金字塔图分析事物关系的层次结构，或从多项事实出发，进行逐步观点归纳和逻辑推理，或从总体观点出发，向多种现象进行演绎。利用金字塔图，还可以建立阅读（写作）金字塔，为学生对语文（英文）搭建分析课文或进行写作的框架（如图14所示）。⑦利用蝴蝶图表达正反不同观点（如图15所示）。⑧利用思维导图总结数学科单元知识（如图16所示）。

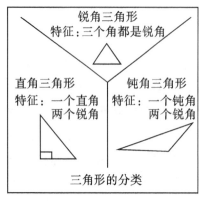

图8　利用Y线图进行三角形分类

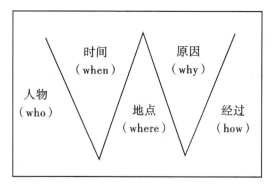

图9　利用W线图建立W问题墙

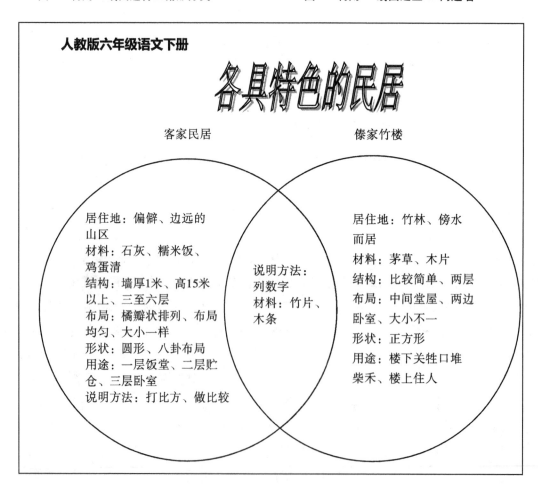

图10　各具特色民居的联系与区别

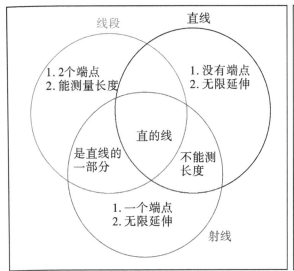

**图 11 线段、直线、射线的联系与区别**

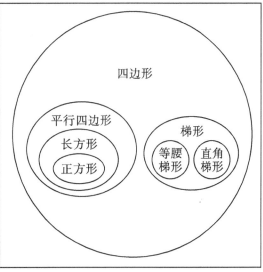

**图 12 四边形中不同图形间的关系**

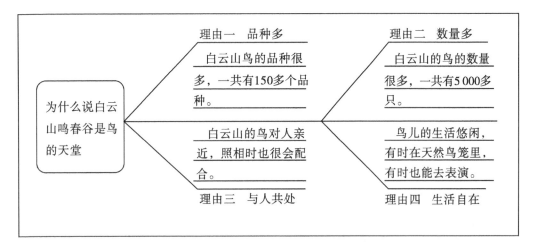

**图 13 利用鱼骨图分析原因、梳理问题**

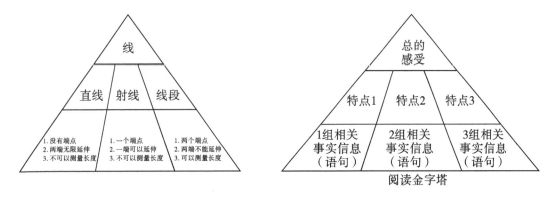

**图 14 利用金字塔图分析事物关系的层次结构**

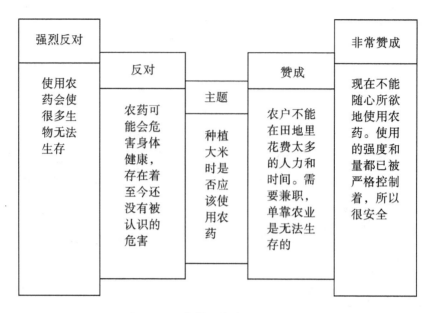

**图 15　利用蝴蝶图表达正反不同观点**

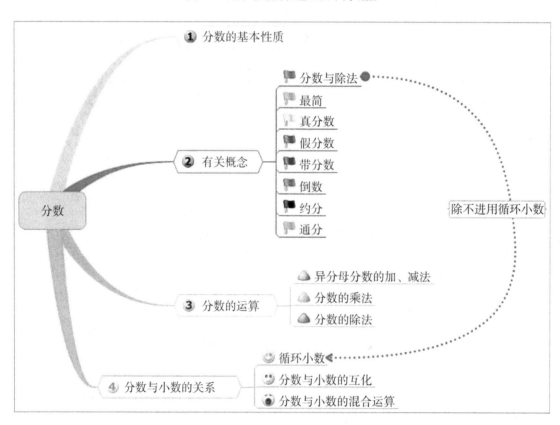

**图 16　利用思维导图进行数学单元知识归纳总结**

## （三）小组交互活动的设计（interaction）

小组交互活动是在学生利用思维可视化工具进行自主思考、自主完成个性化的思维作品之后，通过小组的交流互动，对思维作品做进一步完善和补充，形成集体的成果。在活动前，首先要设计小组交流互动的规则和分工，明确小组划分与小组任务，明确小组每个成员的责任；设计适合课堂的小组交流互动方式，要求每个学生基于个人思维可视化作品在小组内进行分享与表达，通过小组合作完成或补充完善思维可视化作品；可以开展思维可视化作品的相互对比，发现异同；可以围绕思维可视化作品中的观点进行辩论和质疑等。学生在对自己思维可视化作品的意义进行介绍说明过程中获得知识；学生通过对思维可视化作品进行互动讨论，在对作品补充完善过程中获得知识；学生通过把个人的思维可视化作品与小组完成的作品进行比较过程中获得知识；教师将小组合作学习的成果向全班展示，学生通过教师对各组思维可视化作品的归纳总结和点评中获得知识。

小组交流互动有多种形式，可以积极创新探索，在实践中如下两种活动方式比较有效：方式一，小组交叉发表/提问互动法。以 5~6 人为一组，每组派 1~2 人为代表作为"讲解者"，负责介绍本组作品，而本组其他成员则作为"聆听者"到其他组聆听别人介绍，聆听者可向讲解者提出问题，各小组聆听者回到本组后有义务介绍在其他组听到的问题与认识。方式二，小组交叉观摩/比较活动法。在分组完成本组作品后，小组之间进行交叉观摩，观摩之后组内同学根据观摩结果进行协商讨论，利用韦恩图等思维可视化工具通过比较本小组作品与其他组作品之间的异同，从而获得更多知识。

## （四）教师主导下的深化学习活动的设计（lucubrate）

在小组交流活动过程中，以学生思维作品为基点，教师会发现学生的优秀作品，也会发现学生存在的疑惑或不足，教师有必要发挥主导作用，指导学生深化学习。教师要对学生提出的问题进行析疑、归纳和总结。教师进一步提供可供学生选择的多样化、多层面的可视化资源，通过游戏、课堂练习，让学生在实际操练过程中获得知识深化。教师对学生应用知识、实际操练过程中呈现的行为和结果进行评述，深化巩固知识。

## （五）学习反思评价活动的设计（evaluation）

学生从小需要学会学习反思、总结和提问题。表格式可视化思维工具 PMIQ 表是一个非常有效的学习反思工具，通常利用讲课最后的几分钟，或在课后，让学生通过教师设计的与知识点相关的简单题目，测试学生的学习效果和缺失，或提供思考的框架，让学生自主归纳总结本节课的学习收获和不足，更重要的是要学生能够找到自己的兴趣点和存在的疑问，学会对已学的知识提出更深层次的问题。

## 五、可视化学习行动研究的学习评价

可视化学习可以从不同的侧面进行评价，如课堂教学模式变革的评价、学生思维能力发展评价和个性化学习能力发展评价等。这是一个难题，目前没有完整统一的标准和方法，正是需要我们去探索研究，包括评价指标的确定、数据资料的收集和分析方法，都需要我们去创新探索。本项目只是提供评价的思路供研究者参考。

（一）学生思维能力发展评价

各试验学校可以根据学科特点，选择适当的指标和设计合理的测量方法，对学生进行思维能力发展评价研究。其中参考指标包括：观察能力（通过感官迅速认识事物的基本特征）、想象能力（通过感官观察事物后，能在心里创造各种形象）、概括能力（对某种复杂事物去粗取精、化繁为简、找出本质）、比较能力（能对比不同事物，从性质、功能或结构上找到相似点或差异点）、构造能力（能把事物分解成不同的分层结构）、综合能力（使用各种思维可视化工具得出结果）、转化能力（使用新获得的思维技巧，形成新发明的基本构图，然后制出模型）、模型化能力（能将复杂的事物简化成一个模型表示，找到或创立新方法，对事物理清头绪，纳入规范）、推理能力（敏锐的思考分析、迅速地掌握问题的核心，在短时间内做出合理正确的选择）等。我们并不需要对全部指标进行评价测试，而是根据学科特点，选择某项指标，通过选择不同的方法进行前测和后测，然后对测试结果进行分析比较。

（二）学生个性化学习能力发展的评价

各试验学校根据学科特点，选择合适的指标体系和设计测量的方法，进行个性化学习效果的评价。其中，参考指标包括注意力和观察力、信息获取与加工能力、逻辑思维能力、自主学习能力、参与群体互动能力、发现与解决问题的能力、想象力和创造力等多项指标。同样的，我们并不需要对全部指标进行评价测试，而是根据学科特点，选择某项指标，通过选择不同的方法进行前测和后测，然后对测试结果进行分析比较。

上述两类评价测量的方法，可以采用 PMIQ 表格的数据、课堂观察表、学科成绩测验、问卷调查、量表测试等方法进行前测和后测，然后对测试结果进行分析比较。

## 六、项目研究的实施

《可视化学习行动研究》是一项综合运用知识可视化学习资源，思维可视化工具和数据可视化方法等可视化技术，开展 PBL 的可视化学习 STIEL 活动模式的教学试验，通过行动研究方法，促进课堂教学模式的变革，转变学生学习方式，促进学生个性化学习能力发展的探索性研究项目。项目研究的目标是：①通过行动研究，探索利用可视化技术促进学生个性化学习能力发展的有效教学模式。②通过行动研究，转变学生学习方式，有效地促进学生个性化学习能力的发展。③通过行动研究，探索并构建不同学科可视化学习效果的评价指标体系和测量分析方法。

为了实现可视化学习行动研究的预期目标，广东省广州市、佛山市已在一批层次不同的学校开展教学试验研究，它们当中有按智慧学校要求、信息化条件配置较好的学校，也有典型的农村小学和城乡接合部的小学。各实验学校根据本校的学科特点，确定开展可视化学习行动教学试验的学科和研究主题并建立相关课题组，制定研究方案和实施计划，并按规划开展行动研究，主要内容有：①通过工作坊的方式开展教师培训。学习了解可视化学习的意义和方法、微视频制作方法、思维可视化工具的教学应用、数据可视化评价方法、行动研究的方法等。②各实验学校课题组分别利用综合实践活动时间，向参加教学实验的学生介绍思维可视化工具的种类及其使用方法。③各课题组根据教学内容开发以问题为导向的相关知识的可视化资源，包括多媒体课件、APP 的选择和微视频资源的制作等。④进行教学设计和教学试验。各课题组根据教学内容设计基于 STILE 活动模型的教学设计方案，并运用知识可视化资源和思维可视化工具开展教学试验，探索利用可视化技术促进学生个性化学习能力发展的教学模式。⑤各课题组选择不同学科，探索并构建相关的评价指标体系，开展评价资料的收集、整理和分析工作，对利用可视化技术促进学生个性发展与个性化学习能力提升的教学效果进行分析和判断。⑥各实验学校每个课题组每学期都举行 1～2 次公开课展示研讨活动，由广州市教育信息中心、佛山市教育信息中心组织其他实验学校的教师参加观摩听课并与仜课教师进行互动，一起探讨试验课的教学设计、微资源开发、课堂讲授、学生行为观察、学习效果评价分析等问题。⑦开展专题研究。各课题组根据学科特点和教学实践活动状况，确定行动研究主题，开展专题研究。⑧由华南师范大学教育技术研究所协同广州市教育信息中心、佛山市教育信息中心共同组织优秀案例评选和展示活动，组织实验教师参加全国性或国际学术交流活动，组织相关教师到日本、韩国交流访问，促进教师的专业发展。

# 七、结束语

通过一段时间的教学试验表明，将可视化学习 STILE 活动模型应用于语文、数学、英语、科学的不同学科的教学过程，有效促进课堂教学模式的变革，促进学生学习方式的转变，促进学生个性化学习能力的发展，我们将进一步采用科学的方法对这些变化发展进行科学的测定分析，找出规律，以推动可视化学习 STILE 活动模型更广泛地应用。

# 网络协作学习中的协同知识建构引导策略研究

首都师范大学教育技术系　　任剑锋

**摘　要：** 协同知识建构有不同的层次，但在大部分研究和实践中，主要通过提供信息共享及交流空间来予以实现。这种做法在达到信息互通更高效、方便等目标外，未必一定达到高质量的学习协同，特别是未必产生协同共做的高质量智慧产品。应该走出过多关注信息技术手段的误区，超越仅提供社会互动空间的思维，而积极地通过有目的的策略，有效引导协同知识建构向前发展，并且把这种依据有效策略引导的活动，从人类指导者的个人烦琐工作转变成相应支持系统的自动化功能。本研究讨论了协同知识建构的不同层次，较深入地分析了协同知识建构的影响因素，提出了支持协同知识建构向前发展的综合性引导策略框架，并简要介绍了把策略转化为支持系统功能的方法。

**关键词：** 协作学习　　知识建构　　CSCL　　策略

## 一、协同知识建构的层次、典型实现方法与问题

计算机支持的协作学习（CSCL），特别是网络协作学习非常重视用计算机信息传播与处理的优势，使得学习协作之协同效应最大化。这种协同效应主要体现在被称为"知识建构"的过程中。考虑到知识具有社会性，并且社会建构主义认为学习之"意义建构"是一种社会性人际互动活动，可以把所有的知识建构理解为都是社会性的，是在人际互动中产生的。在 CSCL 中，更常用"协同知识建构"来强调通过有效地"共做"来创造有价值的共同智慧产品。

显然，CSCL 所追求的协同效应有不同的层次，知识建构也有相应不同的层次。笔者认为，可以区分出知识建构的如下 4 个层次。

---

本文是全国教育科学规划教育部重点课题"CSCL 协同知识建构的可视化促进策略与支持系统研究"（项目号：DCA120189）的研究成果。

（一）最低层次的协同

浅层的最低层次协同发生在只有信息分享而缺乏主体之间交流的情况下。如通过一些学习资源网站，学习者可以下载一些优秀学生的作品、观点等，通过阅读这些资源，也能发现有限的社会性交互影响，阅读学生就可能会受到写这些材料的学生或其他类型的人的启发。按皮亚杰的观点，此时认知上的不一致导致了认知冲突，造成了心理内部的不平衡，而平衡的心理内驱力就驱动有机体去调整认知图式，从而推动其发展。按维果茨基的观点，对特定学习者而言，教师或同伴总在某些方面能代表更高的发展水平，在其帮助下该学生就可能较方便地达到更高发展水平。在互联教育应用的最早期，人们就建立了许多学习资源网站，这就使得不同学习者可以下载观看其他学习者的作品，对学习者而言起到了最低层次的协同功能。

（二）第二层次的协同发生在主体之间有一定交流沟通的情景下

这一层次的协同比第一层次的要高，但仍可能是浅层次的协同。在 CSCL 的主要类型中，建立相应平台为远程的学习者提供信息分享和交流机会，由于远程的学习者间差异更大，认知上的不一致更多，或者说相互会有更多的借鉴之处，因此人际交互的协同效应会更高。基于此种视角的多数研究和实践，过多的关注为学习者提供更高效、更及时、更方便、更情境化的社会性互通支持系统，并不断通过新的信息技术去改进，比如从纯文字互通到图像，从台式机到手机。这样做很有好处，但过分关注则结果可能是，实现了一个个用于学生间社会性交流的网络空间，可能还加上了学生分组、作品展示、成绩统计等，此外就与通用社会互通工具没有大的差别。另外，当新的信息技术出现后，就用该类技术重新实现一次，因此界面更"友好"，交流更方便，但其对知识建构的支持仍停留在较低的层次。

（三）第三层次的协同发生在"共做"的层次上

这一层次的协同是高层次的协同，相应系统为学习者间的一起学习提供了更好的技术支持，如共享的虚拟画板，可以共同涂抹。并强调了持续的、实时的共同努力。这样就为"协同知识建构"提供了更好的支持。但是这些更好的社会性交流空间，仍未必一定引起高质量的学习协同，特别是未必一定产生协同"共做"的高质量智慧产品。因为对于如何"共做"是更有效的，协同如何往前发展，缺乏应该有的办法。有一些研究提出了一些促进协同往下进行的办法，比如大多有"注册到课程中""分组""得到任务""组内任务分配，个人任务完成""讨论，形成小组任务""展评""获得小组及个人成绩"。但是协同知识建构所关注的持续地"共做"是如何进行的，往往并没有深究。

（四）最高层次的协同发生在有效策略、支架影响下的协同共做情景中

实际上 CSCL 中更高层次的协同，应该表现为有效的、持续向前发展的"共做"，超越仅提供社会性互动空间的思维，需更积极地通过有目的的策略，分析学习协同的进程，才能有效引导协同知识建构向前发展，并且把这种依据有效策略的引导活动，从人类学习指导者的个人烦琐而且不免受个人视野限制的工作，转变成相应支持系统的自动化引导。这一层次的研究与实现相对来说非常少。

Stahl① 的知识建构模型可能启发我们去安排一个有理论支持的协同活动进程，有助于从一定侧面达到协同的高层次，但是否所有有意义的建构一定要严格遵循此模型，有没其他的形式？仍需继续研究。Amy Sollor 等的 EPSILON 系统用结构化的套句来引导学生发言，对"协同"的发展有一定引导作用。在其"共享工作空间"里，学习者建立的不同对象的关联，可以表现其理解并能被小组学伴看到并进行调整。Scardamalia 等的 Knowledge Forum 作为一个非常典型的学习协作支持系统，主要是由文本和图形组成的协作学习环境和公共数据库。学生可以进入由教师创建的任务主题和图形节点，阅读并建立自己的节点，或者评论其他学生的节点。节点间的关系可通过图形化等方式呈现出来，给学生从多角度理解观点、观点间关系及其发展过程。EPSILON 与 Knowledge Forum的实现方法有较好的策略设计，但视野未必全面。高效的"学习协同"过程应如何评判，并且如何协同地进行，将由平台给予不同的学生以不同的参与"共做"的引导。但即使是上述两种知名的系统，也没有做出很好的处理。

## 二、分析"协同知识建构"的质量：一个系统的维度

建立协同发展的引导策略，首先得弄清高质量的协同过程应该是什么样的，应从哪些角度去衡量。Stahl② 认为知识建构应是一个循环过程，在该过程中个体对现象、概念或可用物质工具产生的隐性理解，通过对话得以显性化，才能得到他人理解，并通过社会情景中的对话和协商得到修改，最后形成集合了集体智慧的知识产品。其模型"社会知识建构"部分表达了个体学习者通过言语与其他学习者进行信息交换和文化共享这个社会知识建构的循环过程。如前所述，此模型可能启发我们从协同活动组织的角度去评价协同活动的有效程度。Cho 等③指出 CSCL 中的人际交互网络结构是不均衡的，CSCL

①② STAHL G. Building collaborative knowing: Elements of a social theory of learning [M]. Amsterdam: KluwerAcademic Publishers, 2004.

③ CHO H, STEFANONE M, GAY G. Social Network Analysis of Information Sharing Networks in a CSCL Community [D]. Ithaca: Cornell University, 2002.

会导致参与者的收益不均。这是从人际交互关系的角度来做宏观分析，结果常常以量化及可视化来表示，但并不能有效评价协同过程的质量。较多研究特别关注人际交互行为的数量分析，如分析参与者发言的总数量或个人发帖及回应数量的多少。这种简单统计有较大问题。比如常常发现某个观点引起"顶"或"踩"的两类回应，或者讨论进行得一团和气，没有冲突，但显然这种交互没有真正有效地"协同"，更难说建构了高质量的共同智慧产品。Nagela 等①则从学生进入课程的次数、对讨论的贡献度、对其他帖子的回复率及融入学习社区的程度等多个角度分析协同质量。国内刘黄玲子与黄荣怀②提出的分析 CSCL 交互水平五个方面：交互的积极性、交互关系、交互的认知水平、共享效果和交互的实效，相对考虑到了更多的因素。

笔者在刘黄玲子与黄荣怀等研究的基础上，结合有研究③提出的 15 种微交互言语，提出了评价 CSCL 协同知识建构过程质量的初步指标，并通过对来自多所教育技术学重要学科点的 12 位专家进行了问卷调查和部分访谈。专家在肯定指标框架基本合理的基础上，提出了建设性的改进意见，涉及少部分具体指标项的调整。同时我们也对 55 位教育技术专业的研究生和本科生进行了问卷调查，其意见不乏真知灼见。结合两方面的调查意见，我们建立了一个比较系统的评价协同知识建构的指标框架。该框架由"交互实效""认知发展""交互关系""参与程度"等四个一级指标及言语类型的多样化、言语相关性、发展性、聚焦性、创新性等 18 个二级指标构成的评价框架，可用于分析"协同知识建构"的质量。在远程 CSCL 中，协同学习的过程常常通过交互的言语表现进来，分析这些交互语言的不同层面，可以了解协同质量的重要方面。上述二级指标中的"言语的多样化"旨在分析协同过程中的言语是否包含了多种微交互言语类型。如果言语类型单一，像一些论坛那样只是简单的支持或反对，则没有理由认为存在较深程度的协同效应。多样性的言语类型反映了学习者通过相互影响，能从很多角度考虑问题。对协同过程言语的集中分析及个人言语的分析，都需要关注多样性指标。"言语的相关性"则反映学习者的每一次交流是否能联系到此前的发言。这体现了学习者在协同过程中直接的一种影响关系。"言语的发展性"反映后续的发言是否在协同过程中表现为对解决问题的推进或向前发展，有时学生间的交流很频繁，但却不一定在解决问题，因此设立此指标是有意义的。

可以此框架形成相应学习协同行为的引导规则。这些规则将可以以一定方式嵌入 CSCL 专门系统或其他学习支持平台，从而可以根据学习者协同过程的表现，为具体学

---

① NAGELA L, BLIGNAUT A S, CRONJE J C. Read-only pericipants：a case for student communication in online classes ［J］. Interactive learning environments，2009，17（1）：37 - 51.

② 刘黄玲子，黄荣怀. CSCL 中的交互研究 ［J］. 电化教育研究，2005（5）：9 - 13，17.

③ 任剑锋. 网络协作学习中的微交互言语 ［J］. 现代教育技术，2010（9）：105 - 107.

习者的具体微交互行为给出引导，推进协同学习向前发展。但这个框架主要着眼于协同过程的认知性因素，因此虽能把握最核心的因素，而要完全以此发展出完整的知识建构引导策略，仍然是不全面的。

## 三、引导"协同知识建构"发展的策略：综合的框架

怎样才能得到一个推进协同知识建构发展的框架呢，这必然要全面地分析影响协同知识建构的因素。有研究从教育传播系统的角度，指出网络协作学习系统仍然由教师、学生、传播信息、媒体等要素构成，但师生的角色地位和媒体的地位、作用方式均有很大不同。该研究据此建立了由交互活动的组织策略、微交互行为反馈策略、学习内容选择组织策略和教师的学习引导、帮助和管理策略构成的"非面对面 CSCL 交互行为促进策略体系"[①]。这个策略框架涵盖了上述协同知识建构过程评价中核心维度，但仍然是不够全面的。系统构成本身问题不大，但在以此推导出策略框架时，过于关注认知性因素，而遗漏了情感、社会文化、支持技术环境等外围性因素，这些因素对协同过程确实有间接的甚至是重要的影响力。情境认知理论认为学习本身包括意义和身份两大方面的建构。Lipponen[②] 研究即指出存在三种与知识建构紧密相关的对话类型：社会取向的对话、事实取向的对话和解释取向的对话。社会取向的对话旨在建立学习者之间的人际关系。柴少明、李克东[③]据此对 Stahl 的知识建构模型进行了修订，都强调了影响学习协同的"身份"建构方面要素。又有研究从能完成特定传播功能的最小行为片断的角度，提出了 15 种微交互言语，这能够支持学生更易把握意图、引导其协同思维和过程分析及自动化引导协同行为，但主要聚焦到了认知性因素，应该在情感、社会等因素方面做进一步拓展。

结合以上各个角度，在学习授递系统这个教育系统的核心要素外围，增加动力情感要素、社会文化要素及信息化环境，即可以建立一个用于研究协同知识建构影响因素的更加综合的分析框架，包括以下关键因素：①协同学习活动与行为的组织与引导（包括宏观的活动组织方式及微交互行为方式）。②学习者个体的认知策略与元认知水平。③组织策略及其他社会文化因素（包括小组的分组及互动方式、虚拟共同体机制及其他

① 任剑锋. 远程 CSCL 交互行为促进策略的研究：CSCL 研究的新课题 [J]. 电化教育研究，2007 (10)：71 - 73.

② LIPPONEN L. Towards knowledge building discourse：from facts to explanations in primary students'computer mediated discourse [J]. Learning environments research, 2000, 3 (2)：179 - 199.

③ 柴少明，李克东. CSCL 中基于对话的协作意义建构研究 [J]. 远程教育杂志，2010, 28 (4)：19 - 26.

社会文化因素）。④动机情感因素。⑤信息技术资源与环境支持。

这个框架中的任一因素，都能直接或间接地影响协同知识建构的进程与质量，因此引导协同知识建构发展的策略体系，可据此框架而建立起来。按照这种思路，我们提出建立主要由六大方面构成的协同知识建构引导策略体系：①学习协同活动过程的组织与引导策略（对比较宏观的学习活动过程进行组织与引导）。②微交互行为的引导策略（对学习者在微观层面学习协同中的行为进行引导和支持）。③认知及元认知支持策略（为学习参与协同提供思维支架）。④组织及社会文化策略（为学习小组及更大学习群体的相关文化因素提供支持）。⑤动机、情感支持策略（对情感方面因素特别是动机方面提供支持，以积极促进参与者的"身份"建构）。⑥信息技术资源与环境支持（提供丰富的信息技术资源和良好的支持系统，促进学习共同体与社会系统的更好互动，并把相应策略嵌入到支持系统中成为其功能）。

上面的策略每个方面从各个角度共同作用，以推动学习间的学习协同实现从底层向高层次的有效协同"共做"发展，并最终使得知识建构能在把相应策略嵌入其中的专门系统支持下，高效向前推进，不断深入发展，在创造高质量共同智慧产品的同时，使共同体及个人学习绩效最大化。

## 四、把策略转化为引导协同知识建构的系统功能

建立了合适的知识建构引导策略框架之后，需研究具体规则，最后作为理想状态，把策略转化为 CSCL 支持系统的功能，从而使得学习间的协同建构过程能够有效地引导从而有效地向前深入发展。下面以个人认知及元认知支持策略为例来说明如何以一种简单的思路把相关的策略具体化并嵌入到相关系统中。

个人认知及元认知支持策略涉及很多方面，这里主要介绍三个方面：动态评价支持、思维标记支持和会话引导支持。这三种支持服务相互配合，相辅相成，共同为学习者在学习协同过程中的有效交互服务。

动态评价支持是指能够为协作组成员提供个人的动态绩效展示服务。这部分主要以前述有效的协同知识建构评价标准为依据，为学习者参与的相应行为给出引导。其中，量性评价根据学习者的参与时长、发言间隔、各种类型微交互行为的数量给出引导。质性评价则关注参与者交互行为的贡献度。

思维标志支持是指对学习者微交互行为进行标记，对其提取、整理、展示的服务。这至少可以包含贡献类标记及启示类标记。如当某位学习者的发言对其他成员有所启示，或对整个协作问题的解决有所帮助或有所发展时，可通过某种规则对其进行标记，将发言内容提取到重点内容提取区域。

会话引导支持是指为了提升学习者有效交互和协作任务完成的质量，对学习者在协作学习过程中的会话质量进行实时评估，有效提醒并予以引导的服务。比如，如果成员在登录平台一定时间之内未发表个人观点，系统自动提醒："初登平台，请您展示一下新见解吧。"在交互提示方面，可能通过具体的规则给出诸如"某某成员向您提出质询（或评价），请您做出进一步解释，来捍卫自己的观点吧""某某成员向您提出请求，请您根据个人能力予以帮助或回应"等进行引导。

按照前述有效协同知识建构的评价指标，可以分析整体的协同过程，或者某位参与者个体微交互言语行为是否包含了多种类型。如果言语类型单一，只是简单的支持、反对或自说自话，则没有理由认为存在较深程度的协同效应。此时即能给出适当的措施对其协同行为进行引导。另外，在协同过程的不同阶段，或者对于不同角色的参与者，可以根据其所处阶段或拥有的角色，建立理想的各类言语或行为类型的配比，当学生的某种言语或微交互行为低于标准比例时，系统可能自动提醒。这种简单思路是非常容易通过统计有标记的微交互言语或行为类型来实现的。

## 五、小结

本研究提出协同知识建构有三种层次，理想的状态是达到最高层次，使得知识建构可以有效地向前发展。为此，本研究讨论了高质量协同知识建构的评价指标及影响协同知识建构的要素，然后据此引出了支持协同知识建构向前发展的引导策略框架，并对把策略转化为支持系统功能的方法进行了初步研究。引导策略框架内的具体内容及其在支持系统中的实现还有较多的研究需要做，笔者会做出持续努力。

# 信息技术与课程深度融合的现实困境与路径选择

## ——兼论基于课程重构的项目式学习模式

陕西师范大学教育学院　张文兰　胡娇

**摘　要：** 信息技术与课程的深度融合是我国教育信息化发展的战略要求和必然趋势，其核心内涵是实现课程与教学的结构性变革。本研究从课程的视角对目前信息技术与课程融合的现状和问题进行了审视，在此基础上提出了"国家课程项目式重构"的路径，并阐述了其目标及具体的过程和方法，为中小学实施信息技术与课程的深度融合提供了一种新的思路。

**关键词：** 信息技术与课程融合　内涵　现状　课程重构　项目式学习

## 一、信息技术与课程深度融合的背景

### （一）信息技术与课程深度融合是我国教育信息化发展的战略要求

"信息技术对教育发展具有革命性影响"的命题已得到教育界的共识，以教育信息化推动教育现代化也成为我国教育发展的重要战略。"革命性影响"的核心内涵是融合创新[①]，其重要特征就是实现信息技术与教育的融合发展，这一理念在不少文件中得以体现：2012 年颁布的《教育信息化十年发展规划（2011—2020 年）》首次提出信息技术与教育深度融合的概念，并指出"以信息化引领教育理念和教育模式的创新，充分发挥教育信息化在教育改革和发展中的支撑与引领作用"；2016 年 6 月颁布的《教育信息化"十三五"规划》中进一步提出，要"深化信息技术与教育教学的融合发展……强化教育信息化对教学改革、尤其是课程改革的服务与支撑"；2017 年 1 月颁布的《国家教育事业发展"十三五"规划》也提出"全力推动信息技术与教育教学深度融合，利用信息技术提升教学水平、创新教学模式"的目标。可见，深化信息技术与教育的融合发展是现阶段我国教育信息化发展的核心目标。当然，信息技术与教育的融合涉及多个领

---

① 余胜泉. 推进技术与教育的双向融合：《教育信息化十年发展规划（2011—2020 年）》解读 [J]. 中国电化教育，2012（5）：5 – 14.

域，如课程教学、管理服务、教学研究、教育治理等。在众多领域中，学校教育是最根本、也是最核心的应用领域。学校教育中，课堂教学是主阵地，因此，推进信息技术与课程的深度融合是其核心内容。

（二）信息技术与课程深度融合是教育信息化从量变到质变发展的必然趋势

信息技术与课程融合是在信息技术与课程整合的基础上提出的新命题，是信息技术教育应用发展的新阶段。从信息技术教育应用的发展历程来看，主要经历四个阶段：起步、应用、融合、创新。① 相应地，信息技术与课程的融合过程也经历了几个重要的阶段：计算机辅助教学阶段、信息技术与课程整合阶段、信息技术与课程融合阶段。计算机辅助教学阶段是信息技术教育应用的第一个阶段，主要强调信息技术作为教师教学的辅助工具；信息技术与课程整合阶段则强调利用信息技术构建新型的教与学环境、改变传统的教学理念和方法、提升教与学的效果，其目标是变革传统的教学结构；信息技术与课程融合阶段则是信息技术教育应用的更高阶段，其核心内涵是融合创新，与前两个阶段的最大区别在于"变革传统的课堂教学结构"②，它不再是信息技术的"修修补补"式应用，而是要实现全方位的结构性变革。从这几个阶段来看，融合阶段是量变到质变的关键过程。

## 二、信息技术与课程深度融合的内涵解析

（一）信息技术与课程融合的含义

要准确理解信息技术与课程融合的含义，首先需要对"融合"和"整合"加以区分。在汉语词典中，整合是指通过整顿、协调重新组合，而融合则是指相互结合、融为一体的意思。因此，在教学系统中，信息技术与课程的融合比整合更深入、更复杂，它不是将信息技术作为外在的工具、手段，而是作为课程教学的一个不可分割的要素。在具体含义上，信息技术与课程融合涉及"信息技术"与"课程"两个系统相互融合，基本过程是将信息技术融入到课程的各个要素，重点是利用信息技术实现对课程目标、课程内容、课程组织、课程实施、课程评价等多个方面的改造与创新，其核心内涵是课程及教学的结构性变革，最终实现培养学生21世纪核心素养的目标。

---

① 杨宗凯，杨浩，吴砥. 论信息技术与当代教育的深度融合［J］. 教育科学文摘，2014（4）：97 - 98.

② 何克抗. 如何实现信息技术与教育的"深度融合"［J］. 课程·教材·教法，2014（2）：58 - 62, 67.

（二）信息技术与课程深度融合的特征

从上述含义来看，信息技术与课程深度融合的特征表现在以下几个方面：

（1）信息技术与课程深度融合的目标是多层次的。融合的目标不仅仅体现在教学方式、教学模式的改变上，还涉及教学系统结构的改变，学生发展目标的更新。从教学层面看，融合的目的不是简单地将信息技术与课程教学叠加，也超越了传统信息技术教育应用的朴素应用观，旨在实现"教师主导—学生主体"的教学结构。从学生发展层面看，融合的目的是要培养适应信息化时代的人。改变教学方式、教学结构只是信息技术与课程融合的外在教育形态，信息技术与课程融合的最终目的是指向人的发展，是对"21世纪/未来社会需要怎样的人"的呼应，需要从传统知识型人才培养转向创新型人才培养这一目标上来。

（2）信息技术与课程深度融合的立足点是课程。虽然融合是二者相互关系、相互作用的过程，但也存在一个立足点的问题。课程毫无疑问是融合的立足点，决定了信息技术与课程融合的教育属性和培养人的目标。因此，在课程教学中，根据课程的目标及属性来实施深度融合是必须坚持的实践取向。

（3）信息技术与课程深度融合的要素是多元化的。融合不仅仅是将信息技术融入课堂教学，还涉及技术与更多要素和环节的关联和多向互动。一般来说，信息技术与课程的深度融合需要重点关注六个要素：课程理念、教学模式和方法、课程内容与资源、教师能力、实施环境、课程评价等。[①]

（4）信息技术与课程深度融合的过程是动态的。由于课程本身的复杂性以及信息技术的不断发展，因此其过程不是一蹴而就的，而是一个复杂的、长期的、动态的过程。在这个不断深化的动态过程中，不存在普遍适应、一成不变的模式，也无法用严格的量化标准来衡量。

## 三、信息技术与课程深度融合的现状——基于课程视角的审视

近年来，信息技术与课程融合取得了长足的发展，表现在：①信息化教学环境得到了大幅的改善，特别是"三通两平台"工程的建设取得了显著的成效；②信息化教学资源和技术工具不断丰富，为信息技术与课程的深度融合提供了多种可供选择的方案；③信息技术与课程融合的实践模式层出不穷，如不断涌现的多媒体教学模式、基于电子书包的教学模式、基于网络的教学模式、混合式教学模式等促成了传统教学方式的转

---

① 杨宗凯. 推进信息技术与教育的深度融合 [J]. 中国教育学刊，2016（11）：1.

变；④教师信息技术应用能力不断提升，特别是在国家实施的《全国中小学教师信息技术应用能力提升工程》《中小学教师信息技术应用能力标准（试行）》推动下，教师的理念和能力都有了快速的提高。

然而，在繁荣发展的背后，仍然存在不少问题，面临诸多困难。这些问题和困难的表现形式多种多样，如基础设施建设可持续性不高、资源适应性不强、技术服务不力、融合程度不深①②，同时一线教师对深度融合的探索和实践大多还是偶尔为之，主要是在示范课、评比课中，在日常教学中，融合的层次以及模式的创新还有待深化。当然，这些问题也反映出，信息技术与课程的深度融合是一个系统化工程③，涉及学校的信息化环境（包括硬件环境和软环境）、课程、技术、教师等多个方面。已有研究从系统要素、教师能力、技术设计等方面进行了较多的思考，而基于课程视角的审视还比较少。如前所述，课程是融合的立足点，从课程视角反思信息技术与课程深度融合的问题，有利于我们抓住问题的本质。从这一视角出发，当前的信息技术与课程融合除了上述问题外，还有下面两个问题值得我们注意。

## （一）信息技术与课程深度融合的目标虚化

目标是课堂教学的灵魂和依据，其对深度融合的重要性不言而喻。然而，在信息技术与课程深度融合的实践中，由于对深度融合本质的模糊理解，大多局限于形式上的改变，特别是教学资源的丰富以及教学方式的改变上，而对融合的目标缺少思考和设计，这在现实中有很多表现，如教学模式机械套用④，为用而用的表演式教学以及内容搬家的灌输式教学现象普遍存在等⑤。在这些现象背后，实践者很少思考融合的真正目标，或者是对传统灌输式教育目标的加强和巩固。前面谈到，信息技术与课程深度融合的目标是多层次的，从外在形式来看，融合是要打破传统单极化的教学结构，走向一种"双主"教学结构。从内在本质看，融合是在信息化时代人才需求变化背景下提出的新要求，它是以培养 21 世纪人才为目标的教育实践。

---

① 左明章，卢强，杨浩. 协同推进机制创新：促进信息技术与教育深度融合的可能之路 [J]. 现代教育技术，2017（4）：59 - 66.

② 刘斌，张文兰. 中小学数字化教育资源应用的现实反思与推进策略 [J]. 数字教育，2016（4）：54 - 58.

③ 张文兰. 基础教育教学信息化发展的理念与实践策略：基于《关于"十三五"期间全面深入推进教育信息化工作的指导意见》的解读与思考 [J]. 教育信息技术，2016（3）：3 - 6.

④ 秦伟，李海峰. 信息技术与课程整合存在的问题及对策 [J]. 教育探索，2013（11）：30 - 31.

⑤ 周榕. 电子书包课堂教学应用的现象解读与推进策略研究 [J]. 电化教育研究，2013（11）：103 - 109.

（二）信息技术与课程融合的跨学科思维缺失

受传统分科课程的影响，实践中的信息技术与课程融合绝大部分还是停留在单学科的融合层次，信息技术对跨学科融合的支持及其应用非常少见。信息技术与课程的深度融合并非局限于信息技术与"学科课程"或"学科教学"的融合①，它超越了单学科融合的含义，越来越强调信息技术在学科间联系和跨学科融合中的作用。我们知道，信息技术与课程深度融合要将传统"以教师为中心"的知识传授式教学变革为"教师为主导—学生为主体"的面向真实问题的探究式、合作式教学。而传统分科课程在培养学生解决真实世界问题能力方面的弊端非常明显，跨学科融合已成为当今世界各国教育的主流和趋势。因此，信息技术与课程的深度融合需要跨学科课程的融合，从知识本位走向能力素养本位，从客观知识走向真实问题。

## 四、信息技术与课程深度融合的路径选择——基于国家课程项目式重构的融合理念与策略

如前所述，信息技术与课程深度融合的核心内涵体现在结构性变革上，目前学术界主要将这种结构性变革理解为"将传统'以教师为中心'的教学结构改变为'主导—主体相结合'的教学结构"②。但是，研究者对融合过程中课程结构的改变以及如何实施信息技术与跨学科课程的融合还缺少探讨。笔者结合多年的理论研究和实践探索，从课程的视角，提出信息技术与课程深度融合的一种新的思路和方法——混合式学习环境下基于国家课程项目式重构的融合路径。

现有的国家课程主要以单学科呈现，存在去情境化，与实际生活联系不够紧密，知识点孤立等问题。而国家课程项目式重构的核心理念是在信息技术的支持下，对目前中小学实施的国家课程通过项目式学习的方式进行重构，具体路径是将现有的国家课程改造为以一个个项目为组织结构的课程体系，将原本孤立、分散的知识点整合在一个面向真实生活问题的项目中③，在此基础上实施以项目式学习为主的教与学方法，以培养学生面向 21 世纪的核心素养。

---

① 张文兰. 信息技术与课程整合 [M]. 西安：陕西师范大学出版社，2012：19.

② 何克抗. 如何实现信息技术与教育的"深度融合" [J]. 课程·教材·教法，2014（2）：58 - 62，67.

③ 张文兰，张思琦，林君芬，等. 网络环境下基于课程重构理念的项目式学习设计与实践研究 [J]. 电化教育研究，2016（2）：38 - 45.

（一）国家课程项目式重构的目标——发展学生的核心素养

随着信息化时代"人人皆学、处处能学、时时可学"的学习型社会的发展，当前教育正逐步从"知识本位"走向"核心素养"时代，学生核心素养的培养已成为世界各国关注的焦点。虽然关于核心素养的界定和解释说法不一，但其基本的内涵是指向个人终身发展和社会发展所必备的品格和关键能力，而且表现为跨学科素养。[①] 在此背景下，以跨学科课程融合为基础的项目式课程及其学习模式成为核心素养培养的有力途径，如近年来出现的 STEM 课程、主题统整课程等。基于国家课程项目式重构的深度融合也是面向学生核心素养的发展，具体来说，是在新课程标准的"三维目标"基础上形成面向学科素养和核心素养的多维目标，为学生面向未来的发展奠定基础。

（二）国家课程项目式重构的过程——课程重构设计与项目设计

国家课程项目式重构的核心是对原有的国家课程进行结构性改造，具体包括课程重构设计和项目设计两个环节。

课程重构设计首先需要对现有的国家课程进行解构：先对学科课程的结构和知识点进行分析，厘清学科的关键知识点，然后在与其他学科教师的共同分析中建立多个学科知识点之间的联系，从而形成以某一学科知识为主体、多个学科知识联系的"全科知识树"，实现知识点的专题式转换。在此基础上，对这些知识点的应用情境进行分析，将专题化的知识点与学生的实际生活联系起来；然后，根据学科关键知识点及其应用情境，进行学科知识的项目式组合，形成知识项目库。

项目设计是对上面形成的知识项目的细化设计，包括项目目标的修订、驱动性问题的设计、项目式学习的设计（包括项目情境设计、项目活动设计、项目成果及评价设计等）。

（三）国家课程项目式重构的实施——基于混合学习环境的项目式学习模式

基于混合学习环境的项目式学习模式主要是指结合移动网络环境以及传统媒体，从真实情境的驱动性问题出发，以小组协作完成项目作品为主要形式的学习模式。在实践中，信息技术可以为项目式学习提供多方面的支持，与项目式学习的深度融合主要体现在以下几个核心要素：一是情境的创设，项目式学习的核心是驱动问题，而驱动问题要求来源于真实情境，信息技术可以通过多种媒体的形式，创设真实的问题情境；二是探究活动支架，利用思维导图、微课等相关的工具和资源可以为学生的探究活动提供支

---

① 石鸥. 核心素养的课程与教学价值 [J]. 华东师范大学学报（教育科学版），2016（1）：9-11.

架；三是协作环境的建构，利用相关的网络协作平台以及交流讨论工具促进项目式学习活动中的交流与协作；四是多元评价的支持，利用相关评价工具以及网络学习数据可以为项目式学习中的自评、互评以及师评提供支持和管理。

在具体实施上，基于国家课程重构的项目式学习模式可以分为三个环节：项目设计、项目实施、项目评价（如图1所示）。

**图1　基于国家课程重构的项目式学习模式**

项目设计是指形成项目的过程，其基本流程在上文的"国家课程项目式重构"中已进行了分析，在此不再赘述。项目实施是项目式学习模式的核心环节，是指学生围绕项目问题（任务）展开的自主探究、协作学习、问题解决等活动，包括确定项目、制订计划、活动探究和作品制作等四个步骤。项目评价是对项目学习的过程和作品进行评价与反思的过程，也是促进学生深度理解、批判反思的过程，其形式涉及学生的自我评价、他人评价、小组评价以及教师评价，其过程可以分成果交流和评价反思两个步骤。

## 五、结语

信息技术与课程的深度融合是当前基础教育信息化发展中的一个重要课题。实践中，教师对于如何进行深度融合依然感到困惑，也存在诸多问题。本研究从课程的视角出发，提出了基于国家课程项目式重构的融合理念和策略，为实践领域提供了一种新的思路和方法。当然，后续研究还需要进一步对该模式进行完善和实践检验。

教育资源共建共享

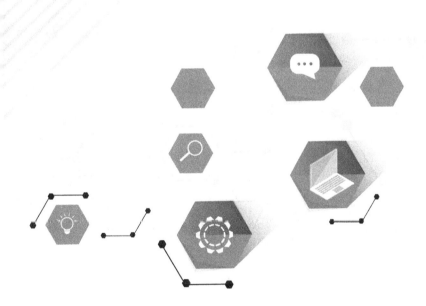

# 论多媒体课件的教学设计思路

广州大学　李康

**摘　要：**在审视教师开发的多媒体课件以及相关的研究文献，我们发现缺少一种既有理论概括，又具操作性的课件教学设计的思路。该思路就是以教学需求为导向，找出课件教学设计的切入点，并依据不同类型的课件布局其结构和功能，然后分析内容细节等，形成其教学设计的基本思路和开发步骤。最后，对多媒体课件教学设计的基本思路加以总结。

**关键词：**多媒体课件　课件类型　设计切入点　设计思路

## 一、引言

常有这样的现象，一些课件表面上功能"齐全"，结构"合理"，界面"美观"。但核心的问题是：不知它们是给谁用的，不知在教学或学习中扮演什么角色，它们似乎是全能的课件。但常识告知我们，世上没有"万能的媒体"，也没有"万能的课件"。究其原因，是该课件的教学设计出了问题，即没有找到该课件教学设计的切入点，没有明确的设计思路。

再分析近年来多媒体课件教学设计诸多研究文献，概括起来有几个方面：一是对开发原则的阐述，如教育性、科学性、艺术性、实用性原则等；二是阐明各种学习理论对课件设计的指导意义，如行为主义、认知理论、人本主义理论、建构主义理论等[1]；三是将教学设计的流程稍加改动套用出课件教学设计的过程[2]；四是从构图、界面、色彩等方面对多媒体课件设计做出一些说明[3]；五是以某个具体课件的开发谈心得体会等等[4]。虽然这些研究探索很有价值，是宝贵的经验和理性思考。但它们要么过于原则性、

---

① 刘志选. 多媒体教学课件教学设计的反思 [J]. 陕西广播电视大学学报，2007，9 (2)：13 - 16.
② 岑美君. CAI 课件中的教学设计 [J]. 电化教育研究，2001 (3)：58 - 61.
③ 林瑾. 多媒体课件的教学设计与要素把握 [J]. 福建电脑，2004 (7)：86.
④ 耿建民. 基于课堂教学的多媒体课件设计研究 [J]. 中国电化教育，2011 (6)：85 - 88.

理论性、程序性，大而化之；要么过于具体，拘泥于细节，显得凌乱，多有局限性，缺少一个普适性的系统总结，给人以"隔靴搔痒"之感①。能否有一种东西介于理论与教学设计思路之间，既具体可行容易把握，又具一定的概括性，能让设计者更多受益？故本研究就多媒体课件教学设计的基本思路进行初步探讨，算是对此领域的再反思，以就教于方家。

## 二、多媒体课件教学设计的切入点

所谓"切入点"是指人们从事课件设计开发活动时的着眼点，即从何处入手。那么，从何处入手呢？目前人们一般依据教科书的内容，即以书本的知识点（或主题）为设计的切入点②，虽然这是一个便捷的途径，但却有较大的盲目性，因为以内容为设计的切入点，从知识内容本身出发，容易忽视或掩盖教学的针对性，故课件容易变成书本的翻版，课件普遍存在的弊病皆源自于此。

因此，课件教学设计的切入点不是内容（主题），也不是课件的表现形式，而是教与学的需求。③ 即开发的课件是给谁用的，是教师自用，是给其他教师，还是给学生？故多媒体课件的设计首先从需求分析入手，是满足教的需求，还是满足学的需求？这种理念已有学者论及，如"在课件的设计中，也应该根据其在教学过程中所起的作用不同，进行不同的分类，有偏重教的课件和偏重学的课件"④。遗憾的是，这种认识没有在课件的教学设计中得到重视，只当成课件分类来看待。其实，这就是多媒体课件教学设计的切入点。另外，也有学者谈到需求分析，但只把它当作教学设计的一个环节，当作一般过程需要完成的步骤，没有放到导向或切入点的高度。

分析了教与学的需求，就确定了设计什么类型的课件。然而，目前课件类型分类较多，容易让人无所适从，也对课件的教学设计造成干扰。如有从课件制作工具角度分（有程序语言制作的、著作工具制作的、网页工具制作的等），有从教学任务角度分（有课堂演示、个别辅导、练习训练、模拟与游戏、问题解决、资料工具等），有从相关理论角度分（有行为主义、认知理论、建构主义等），有从学科角度分（物理课件、化学课件、语文课件、历史课件、外语课件等）。对多媒体课件的分类见仁见智，不必强行统一，也不必树立一个"权威"的标准。关键是从哪个角度研究或看待课件，若从课件的教学设计角度，最好从教学的需要来分析，即分析教学的构成以及课件在其中扮演的

---

① 周中云. 我国近十余年课件设计理论述评 [J]. 重庆广播电视大学学报，2007（6）：8 - 12.
② 傅德荣. 计算机辅助教学软件设计 [M]. 北京：电子工业出版社，1995.
③ 祝智庭，瞿堃. 多媒体CAI课件设计与制作基础 [M]. 北京：电子工业出版社，1998.
④ 李远红. 多媒体课件设计与教学问题的探讨 [J]. 中南民族大学学报，2004（4）：187 - 188.

角色。教学是由教与学两方面构成，课件在其中扮演着连接教与学双方的作用，也扮演着助教和助学的作用。据此，笔者化繁为简，把多媒体课件分为：助教型课件、助学型课件和工具型课件等三大类。可以说，这三类课件是教学中最常见、数量也最多的课件。

所谓助教型课件，就是对教师的教学活动给予支持或帮助的教学软件，是在班级授课的背景下为教师提供帮助的教学软件。这类课件的设计开发侧重点在于辅助教师的教，为教师的课堂讲授提供帮助，增强教师系统传授知识的作用。

所谓助学型课件，就是对学生的学习给予支持或帮助的教学软件，旨在为学生自我学习提供帮助。这类课件开发定位于学习者，重视学习者的学习认知结构、学习需求、学习动机，目的是通过操作、练习等使学习者的学习得到巩固与提高，以人机交互、意义建构、游戏等方法产生学习结果，尽可能促进知识的巩固和迁移。

所谓工具型课件，就是为帮助教师或学生完成某项工作而研制的软件。这类软件的种类众多，如词典类的（如在线字典、翻译），资料类的（如百科全书），学科专门类的（如几何画板）等等，但它们有一个共同特征，就是软件没有直接涉及如何教或如何学的策略及功能。

## 三、多媒体课件设计的基本思路

确定了设计开发何种类型的课件，就可依不同类型的课件展开其教学设计了。按特定类型设计开发课件才是最佳的途径。

### （一）助教型课件的设计思路

#### 1. 分析教的需求

教师课堂教学的需求是什么？这个问题看似简单，反而容易被忽视。其主要表现是：课件的越俎代庖现象，忘记了教师的教授行为存在，没有给教师留有空间。或把教师固定在某程序中，没有灵活发挥的空间。笔者曾接触这样一位教师，他在自己开发的多媒体课件中，把上课的一切内容要素均设计制作进去。课件的演示与他的讲课形成了重复或重叠，没给自己留下教学空间，其效果就可想而知了。故这类课件设计，一定要考虑如何与教师课堂讲授相配合。分析起来，教师在课堂教学中对课件的需求一般是在演示和练习两个方面。至于如何教，内容安排和活动安排等一系列教学策略问题还是应留给教师自己，因为教师是课堂教学的主导者。故助教型课件设计开发的重点不是设计安排教学策略，而是演示材料和相关练习的搜集、加工、整理等。[①]

---

① 李康，梁斌. 课件设计理论与制作技术［M］. 广州：暨南大学出版社，2009.

2．按教的需求安排课件的结构与功能

基于对教师课堂教的需求分析，教师对课件的主要需求是通过演示以助于教学或展示练习项目组织课堂练习。故总结起来，此类课件大致由这几部分组成：教学演示材料、教学范例、备课资料、课堂练习、使用说明等。

（1）教学演示材料。这部分是此类课件的主体，即教师课堂呈现给学生的一切元素，如文字、图片、表格、图形和视频音频等，与教学中知识点相关的多媒体材料。这类材料常被技术人员称为"素材"，这些未加编辑或编排的素材却在课堂教学的演示中担当了辅助教师讲授的重要作用。这种处理就是有意识地将教学的空间让给教师。

（2）教学范例。即提供一个相关的课件范例。这种安排是为了方便教师选用。虽然说，如何演示教学内容，其前后顺序的安排等教学策略要交给教师。但不妨碍给教师提供一个编排好的课件范例，供其参考选用。课堂演示的课件，就其内容的编排策略看，大致分为两种，一种是按教学内容自身的逻辑关系，如事物和现象的发生、发展的时间、空间关系；概念之间的关系等。另一种是按课堂教学活动过程，如提出问题（回顾已经学过的知识）、导入新知识、内容演示与解释、课堂练习、总结等。

（3）备课资料。即提供教学用的参考资料，以及延伸性的辅助材料。这部分是为教师的备课提供方便。

（4）课堂练习。即提供相关的课堂练习的内容，供教师组织教学。需要指出，课堂练习是在教师组织下的学生群体活动，其设计要与之适应，不能变成学生个体的练习活动。

（5）使用说明。即说明该课件的基本目的、技术要求、教学建议等。

3．按教的需要设计外观

基于课堂演示的需要设计开发课件。课件的图形、文字、色彩、声音等外观元素，除了吻合所要教的内容外，凡演示给学生看的内容一定要满足课堂演示的需要，尤其是文字要足够大。因为电脑屏幕的效果与课堂投影演示的效果是大不一样的。常见一些课件文字较小，排列较密，在电脑屏幕上尚可，而投影演示出来效果极差。

（二）助学型课件的设计思路

1．学习需求分析

分析学生在学习时有什么需要，或依照一定标准，查找学生存在的差距。与助教型课件不同，此类课件的需求分析对象是学生，一般不考虑教师的课堂教学行为。遗憾的是，许多助学型课件依然有教师课堂讲授的色彩，即把教师课堂讲授策略安排在助学型课件中，如此一来，在没有教师的讲授行为，也没有师生间互动行为的背景下，却安排了课堂教学表现程式与流程，把课堂教学的形式加在学习者的头上，没给学生留有空间。这就是一种典型的错位设计安排，当然不会有好的学习效果。分析起来，学生对课件需求很多，但概括起来可分为学习内容需求和学习活动需求。前者指学生需要学什么，后者指学生应得到什么帮助、指导或如何学习。[①]

**2. 按学的需求安排课件的结构与功能**

助学型课件的结构和功能是多种多样的，也是复杂的。但透过纷繁复杂的课件表现形式，概括起来，课件的主体结构和功能大致有两种：一是以知识内容为主线，二是以学习活动为主线。若以知识内容构成课件主体结构时，就将有关教学策略穿插在具体内容中；而以学习活动为课件的主体结构时，就将相关学习内容穿插在具体的活动中。把握住这一点，课件的教学设计思路就清楚了。

（1）以知识内容为主线的课件结构设计，可从以下几个方面考虑。第一，分析知识的类型（如陈述性知识、程序性知识、原理性知识、技能方法性知识等），把握知识的性质。尤其注意那些能够加以分割处理的知识，方能采用此类课件结构。第二，依该类知识本身内在的逻辑关系，形成几个组成部分，构成课件的主体框架。第三，进一步分析每个部分知识间关系，形成该部分的内容框架。第四，分析每个部分的重点（知识点），并设计相应的表现策略和助学策略，如知识表达的排序，以多媒体方式表现，围绕知识点给学习提供何种帮助（如提示、建议、案例、练习等）。第五，从整体上分析各个部分之间的关系；把握各个部分知识点之间的逻辑关系。注意概况和总结性内容的设计。第六，附加部分的设计。如延伸学习材料、辅助性材料、总复习或练习等。

（2）以学习活动为主线的课件结构设计，可考虑以下几个方面。第一，分析学习活动的性质。目前常见的学习活动有：解决问题，探索发现，情境体验，参观浏览，游戏活动等。这些学习活动性质不同，学习要求和特点也不同。第二，根据不同性质的活动，安排不同的活动进程。例如，解决问题的学习活动，可以设计这样几个阶段：创设问题情境—提出相关线索—提供相关工具—设置便于学生解决问题的内容—总结—辅助练习等。第三，按学习活动的需求设计课件的外观、风格、排版等。如从外观看，由于无须课题演示，课件的文字不必做得过大，排版格式适合自学阅读，便于学习者参与，色彩风格无须考虑投影效果等。

在设计以活动为主体结构的课件时，可参照美国学者威廉·霍顿的观点[②]。他把数字化学习课程分为：①标准结构（指南），即提出概念—给例子—进行练习—总结。②书状结构，即电脑资源管理式的按章、节、目而展开的结构。③以情境为中心的结构，即围绕问题情境可展开多种活动的结构。④基本学习指南结构，即以测试为前提，若通过则进入

---

① 莫里斯，罗斯，肯普. 设计有效教学［M］. 严玉萍，译. 北京：中国轻工业出版社，2007.
② 霍顿. 数字化学习设计［M］. 吴峰，蒋立佳，译. 北京：教育科学出版社，2009.

新的测试，若不通过则展开相关内容学习。⑤探究式结构，即构筑一个由介绍、任务、总结、测试和索引等板块的平台，供学习者探究性学习。⑥特定主题结构，即有多起点、多路径、随机进入、处理复杂问题等特色的课件结构。

（三）工具型课件的设计思路

工具型课件是用来帮助教师或学生完成某项工作的软件。虽然它被教师或学生用来解决教与学中存在的问题。但它的主要功能与作用是工具性质，不包含具体的某个知识点（某内容），也不包含某种教学策略，故它并不考虑是为了教，还是为了学的问题。由于不涉及教学目标、教学策略或某个知识点内容等因素，工具型课件一般不考虑教学设计的问题。对此类课件的设计一般依据工具软件本身的目的来设计安排其功能和结构。另外，在教学实践中，一些大的、专业化的工具软件大多是有关专业部门开发的，用来解决教学问题，因而不涉及教学设计的思路问题。

## 四、总结

我们分别从助教型课件和助学型课件的角度，讨论了课件教学设计的思路，在此，概括一个多媒体课件的教学设计的基本思路：首先，做初步需求分析，找到设计的切入点，即为谁而设计，以确定课件的类型；其次，依据类型做细致分析，助教型课件重点考虑教师的需求，助学型课件重点考虑学习者的需求；再次，依据教与学的需求，设计课件的基本结构与功能（在结构与功能环节中，可以按教学内容组织课件结构，将相关教学策略融入其中；也可按教学活动组织课件结构，将相关内容穿插其中）；最后，依据教师教的要求，或学习者学的要求，设计编排课件的外观、文字、色彩、风格以及操控功能等（如图1所示）。

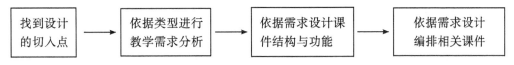

**图1 多媒体课件教学设计的基本思路**

这里讨论的是多媒体课件教学设计的基本思路，它不能代替具体课件的设计步骤。由于教与学的活动是复杂的、多样的，在具体的课件设计中还应具体问题具体分析。但正因为教学的复杂性和多样性，也容易使得课件设计存在随意性、"全能性"和盲目性，总结出一种基本的设计思路还是很有必要的。当然，必须说明，这种思路也适用于其他教育信息资源开发，因为学生学习需求和教师教学需求对其他类型的信息资源均有要求，故其教学设计基本原理是相同的。

# MOOC 发展及其相关技术

深圳大学教育信息技术研究所　傅霖

**摘　要：**MOOC 是近三年在线教育领域出现的新形态，成为当前教育信息技术研究人员持续关注的焦点。本研究介绍了目前国际和国内 MOOC 的发展状况，分析了 MOOC 的主要特征和发展趋势，阐述了与 MOOC 相关的六大关键技术。

**关键词：**MOOC　平台　在线教育

MOOC，即 Massive Open Online Courses（大规模开放在线课程，中文名：慕课），起源于开放教育资源运动和连通主义理论思潮，美国麻省理工学院面向全球学习者开放的 Open Course Ware[①]网站可以说是 MOOC 最早的萌芽，之后，全球许多大学都先后开放了自己的网络公开课，到了 2012 年出现了最知名的三大 MOOC 平台，分别是 Coursera、Udacity 和 edX，称为全球 MOOC 元年，2013 年以来 MOOC 在国内外呈现风起云涌之势，2013 年被称为中国 MOOC 元年。

MOOC 是伴随信息技术的飞速发展、网络带宽的快速提升和各种移动终端的出现，尤其是流媒体技术和富媒体技术的长足发展而必然出现的产物，是教育信息技术和网络教学发展的必然趋势，是教育信息化、现代化的大势所趋。

## 一、MOOC 国际发展状况

2001 年秋季，美国麻省理工学院网上免费公开课程项目（MIT Open Course Ware，简称 OCW 项目）的正式启动，揭开了在线教育快速发展的序幕，成为在线教育发展史上的标志性事件。OCW 项目意在使全世界的学习者都能够免费共享麻省理工学院的优

本文系深圳市科技计划项目"基于深圳云计算公共服务平台的网络教学应用示范工程"（项目编号：JSYY20120614160045873）；广东省教育科学"十二五"规划课题"云计算环境下的数字化教育资源服务模式与应用创新研究"（项目编号：12JXN061）的研究成果。

①　MITOpenCourseWare 官网，http://ocw.mit.edu.

质教学资源，到目前为止，OCW 项目已免费公开 28 类学科的 2 150 门课程，访问者达到了 1.25 亿，其中教育者占 9%，学生占 42%，自学者占 43%，其他占 6%，从而使麻省理工学院在全球的影响力得到了很大提升。之后，全球许多大学都开放了自己的网络公开课，在线教育如雨后春笋般在全球呈现暴发式增长，同时 MOOC 这种新的在线教育形式也应运而生。

到目前为止全球出现了 80 多个 MOOC 平台，组建了众多 MOOC 联盟组织，并逐步发展壮大，许多国家的高校都先后加入其中。如 Coursera 是由斯坦福大学教授创立的营利性网站，目前已经有 116 所世界各地的高校加入了 Coursera 的阵营，其中包括普林斯顿大学、哥伦比亚大学、巴黎中央理工学院、曼彻斯特大学、慕尼黑理工大学、以色列理工学院、香港中文大学、香港科技大学等世界著名高校，中国的复旦大学和上海交通大学也加入了 Coursera。该平台涉及学科广泛，包括社会科学、数学、物理、化学、商业、人文、艺术、教育学、医学、法律、生物学和计算机等 25 个学科类别，目前上线 980 门课程，覆盖 12 种语言，其中英语类课程 802 门，汉语类课程 52 门，该平台 2013 年获得超过 5 000 万美元的风险投资，是目前世界上学科最全、课程最多的 MOOC 平台。[①] Udacity 也是由斯坦福大学教授创办的营利性网站，目前主要上线计算机类的课程，共 7 类 64 门。[②] edX 是由麻省理工学院和哈佛大学联合推出的非营利性网站，加盟学校包括伯克利大学、德克萨斯大学等 32 所大学，为全世界的学习者提供免费课程，我国北京大学、清华大学加入了 edX 阵营，通过线上、线下混合教学的模式，提高传统校园的教与学效率，目前上线 30 个学科的 447 门课程，其中认证课程 292 门。[③]

Coursera、edX、Udacity 三大课程平台的成功上线，证明了在线学习与传统授课相结合的混合式学习方式可以有效地吸引学习者，大幅度改善学习效果。国际上其他知名的 MOOC 平台还有：由英国 12 所大学联合创办的 FutureLearn、澳大利亚 Open2Study、德国 Iversity、美国 NovoED、西班牙 SpanishMooc、法国 FUN、葡萄牙 Veduca、日本 Schoo、西班牙和葡萄牙语平台 Redunx，以及汇聚了 12 门语言的欧盟平台 OpenupEd，提供了欧洲和阿拉伯国家的大学近 170 门课程。

## 二、MOOC 国内发展状况

国内的知名 MOOC 和类 MOOC 平台有网易公开课、新浪公开课、腾讯课堂、百度传

---

① Course 官网，https://www.coursera.org.

② Udacity 官网，https://www.udacity.com.

③ edX 官网，https://www.edx.org.

课、清华学堂在线、果壳网 MOOC 学院、中国大学 MOOC（爱课程网）、好大学在线、超星慕课、知途在线、开课吧、智慧树等，这些平台提供免费或者商业化的服务，也相继进入了快速发展期。

国内高校组建的 MOOC 联盟影响比较大的有上海高校课程中心、中国东西部高校课程共享联盟、全国地方高校 UOOC（优课）联盟。"上海高校课程中心"是 2012 年 5 月由上海市教委发起建设的一个大型在线教学服务平台，其目的是在整合上海各高校优质教学资源的基础上，建立长期而又可持续的跨校课程资源共享机制，为上海各高校学习者提供跨校选课、学分互换、专业辅修等服务。目前已有 39 所高校加入到该中心，并推举各自学校的教师在平台上开设特定专业的课程，目前共上线课程 17 门，另有直播课程 24 门。[①]

东西部高校课程共享联盟于 2013 年 4 月在重庆大学正式成立，该联盟由重庆大学发起，联盟成员包括中国人民大学、北京航空航天大学、北京理工大学、复旦大学、上海交通大学、哈尔滨工业大学、重庆大学、四川大学、兰州大学等 110 所高校。东西部高校课程共享联盟的主要目标是解决各高校校内选课不足的问题，借助跨学校、跨区域、跨国界、跨文化的教学，培养更多专业能力和创造力较强、具有国际视野的高水平人才，目前东西部高校课程共享联盟上线课程达 66 门。[②]

深圳大学于 2013 年 12 月 27 日举办了全国地方高校 MOOC 发展研讨会，会上深圳大学关于组建全国地方高校 MOOC 联盟的倡议得到了 28 所高校代表的积极响应。2014 年 5 月 12 日，国内 56 所地方高校齐聚深圳大学宣告全国地方高校 UOOC（University Open Online Course，中文名：优课，U 代表 University 和 Union 两层含义）[③] 联盟成立，到目前为止已有来自全国 40 多个城市的 76 所高校加盟并签署了协议，其中包括苏州大学、黑龙江大学、新疆大学、海南师范大学、青岛大学、汕头大学、云南大学等一批传统老校和地方名校、强校。2014 年 9 月 18 日全国地方高校 UOOC 联盟首批课程正式上线运行，目前有上线课程 25 门。全国地方高校 UOOC 联盟的宗旨是：整合全国地方性高校优质教学资源，建设大规模开放在线课程，形成独具特色的优质课程共享机制，为联盟高校学生及社会学员提供课程学习的选择和服务，促进高等教育均衡化发展，提升地方高校人才培养水平和社会服务能力。

---

① 上海高校课程中心，http://www.ucc.sh.edu.cn/.
② 中国东西部高校联盟，http://www.wemooc.edu.cn/.
③ 张凡. "UOOC 联盟"组建与运作方案探讨［C］//全国地方高校的 MOOC 发展研讨会. 深圳：深圳大学，2013.

## 三、MOOC 特征及其发展趋势

随着世界开放教育资源运动的发展和国际高等教育竞争日益加剧，中国高校既迎来了难得的发展机遇，同时也面临严峻的挑战。MOOC 的出现将会在高等教育领域的每一个角落激荡起波涛骇浪。宏观层面，MOOC 将加速高等教育的信息化、国际化、大众化、民主化，促进大学优质资源的共享和声誉的提升。微观层面，MOOC 对大学课程管理、教学管理、学分认证、师资队伍建设、社会影响力、文化输出等诸多方面产生影响。如线上与线下结合将成为大学教育的方向；改变传统的教学模式，出现"教与学反转"；促进优质教育资源的共享，为更多人提供学习机会；校园教学的界限模糊，将对传统大学教育形成冲击。①

国际上在网络教育领域的实践和已取得的成功经验证明，MOOC 是对过往在线课程的超越。美国的一个调研机构 Babson 在 Sloan 联盟的资助下，从 2002 年开始连续做了10 年的调查研究，他们针对 2 800 所全美高等教育机构的教学主管进行问卷调查，得出的结论是：网络教学与面授教学的教学效果没有显著差异，还略高于面授教学。同时，美国教育部对 1 000 多项有关网络教育的实证研究的结果也得出了和上面同样的结论。②进一步研究表明，同时使用两种方法（线上＋线下）的混合式教学，比单独采用网络教学或者面授教学都要更有效。

MOOC 迅速席卷全球的原因是 20 多年在线教育实践的有益经验被很好地吸收为 MOOC 的教学模式，它的出现是受到了教学设计理论、建构主义学习理论、混合式学习理论等学习理论的影响和指导，以及翻转课堂、互联网思维等最新理念的启发而孕育出来的。

Massive、Open、Online、Course 是组成 MOOC 的四个关键词，同时也代表了 MOOC 的四个核心理念：大规模、开放、在线、课程，这 4 个理念也构成了 MOOC 的核心特征。此外，MOOC 还具有以下显著特征。

第一，要求有教师引导上课，不是单纯依靠学习者自学。有明确的教学计划安排、开课和结课时间。整个课程的教学一般要涵盖所有的教学环节，如课程学习、作业、讨论、辅导、交流、答疑、测验、考试等。

第二，授课以碎片式课件为主，实行片段化教学，课件形式主要是视频教学录像，或者动态抓屏录像配以教师的讲解，同时辅之以其他图文声像学习资料，每个视频 5～

---

① 李清泉. 大学的机遇：MOOC 对地方高校发展的机遇与挑战［C］//全国地方高校的 MOOC 发展研讨会. 深圳：深圳大学，2013.

② 张家华. 美国网络高等教育十年发展报告：现状、问题与启示［J］. 现代教育技术，2013，23（10）：11－14.

20 分钟。

第三，支持线性的闯关式学习或者非线性的学习方式。视频学习期间可以穿插小测试，以检验学习者的掌握程度。

第四，每门课程持续时间与通常大学教育一样，5~20 周，每教学周分模块、分知识点进行，每周都要交作业，给学习者足够的练习机会。

第五，强调交互，包括教师和学习者之间的交互、学习者与学习者之间的交互。鼓励学习者互助互学，通过互相评价、互助答疑解决学习中存在的评价量大和疑难多的问题。还可以通过论坛投票对问题排序，让教师重点回答大家普遍存在的疑难问题。

第六，学习者学习完后如通过了相应的课程考核，可以进行修学认证和学分认证，发放修学证书和学分证书。

MOOC 有利于实现"因材施教"，通过学习分析技术，在宏观和微观相结合的分析中发现、把握其中隐藏着的规律，使教师能够随时掌握每个学习者的学习状况并能及时进行反馈指导并主动"推送"学习资源，能够持续改进课程的教学内容和各个环节的教学设计，借以实现"因材施教"式的个性化学习。

顺应世界高等教育发展趋势，积极推动大学的信息化和国际化，努力提高人才培养质量，积极探索和深化大学课程与教学模式的创新是非常必要的，目前国家出台了大力促进教育信息化建设和鼓励优质教学资源共享的一系列政策，应将 MOOC 的建设纳入到大学的发展战略之中，不仅如此，还应建立以大学为主体的高校联盟，学分互认，协同创新，形成可持续发展的长效机制。

## 四、与 MOOC 相关的几大关键技术

与 MOOC 相关的几大关键技术包括网络教学平台技术、视频课件制作技术、学习分析技术、移动互联技术、分布式集群技术、云计算技术等。

### （一）网络教学平台技术

网络教学平台（network teaching platform），是指建立在 Internet 基础之上，为在线教学提供全面支持和服务的软件系统。教师可以利用网络教学平台有效地管理课程、编辑教学内容、创建和布置作业、进行答疑和讨论、评价和监控学习者的学习情况与学习进度，使教学更富乐趣，更有效果，不受时间和空间的限制。

MOOC 教学平台功能复杂，性能要求高，必须全面考虑基础支撑平台、资源、系统功能与应用平台功能，做到统一设计、逐步细化、模块化实现，才能保证平台顺利建设与实施。

（二）视频课件制作技术

MOOC 课程的授课形式以视频课件为主，同时辅之以其他富媒体形式课件扩展和延伸教学内容。MOOC 视频课件是根据课程教学大纲的培养目标要求，用电视图像与声音去呈现教学内容，并且用电视录像技术进行记录、存储与重放的一种视听教材，具有明确的教学目的，以大纲为依据，与文字教材相配合，具有特定的教学对象、严格的科学性，要贯彻教学原则和教学方法。MOOC 视频课件一般以 5 ~ 20 分钟的微课、碎片化课件为主，以流媒体形式呈现，最好配上字幕。

视频课件的特点：①以视觉形象为主，以活动图像为主。②视听结合，多维度传递教学内容。③表现方式多样化，适宜多种教学方式。④动态呈现课堂或者事物的发展、演进过程，艺术表现力强，且艺术性为课程的科学性、教育性服务。

视频课件的形式主要有以下几种：①讲授型。如同将课堂教学实况搬上屏幕，屏幕上出现的景物基本上不超过课堂的范围，可以只出现教师的镜头，也可以出现教师和学生的镜头，包括单一屏、画中画、二分屏、三分屏等表现形式。②专题片型。电视画面不出现教师，而是与教学内容有关的景物图像，教师讲解或者配音讲解，传递教学信息的密度相对较高。③动画型。采用 Flash、动态抓屏、二维动画、三维动画等技术实现，配合语音讲解声画同步呈现教学内容，使学习者能加深对知识的理解，有利于解决教学上的重点难点问题，能充分发挥电视手段的长处。④研讨型。通过多人对话、讨论、座谈、访谈、戏剧、游戏等形式表现教学内容。⑤综合型。是以上几种课件形式的综合运用，例如在以教师为主的讲授型教材中，穿插一段以第三人称旁白解说的图像画面。

（三）学习分析技术

学习分析技术是测量、收集、分析和报告有关学习者及其学习环境的数据，用以理解和优化学习及其产生的环境的技术。学习分析技术运用数据统计、数据挖掘的分析方法和分析工具，预测学习结果，诊断学习中发生的问题，从而达到优化学习效果的目的。随着教育信息化的发展和 MOOC 的兴起，基于大数据的学习分析技术已经开始被应用于 MOOC 的教学实践中。

学习分析技术具有以下特征[1]：①多样化的数据来源。用于分析的数据来自 MOOC 的后台数据库，具有海量的数据规模，数据的采集过程应该是自动化的。②采用现代化的分析工具和分析方法对数据进行加工、挖掘和分析，如数据挖掘（data mining）技术，关注如何从现有的大量学习分析的相关数据中发现价值，数据的分析过程是自动化的，

---

[1] 李青，王涛. 学习分析技术研究与应用现状述评 [J]. 中国电化教育，2012（8）：129 – 133.

并可根据需求实时反馈分析结果。③提供可视化的分析结果。学习分析的主要目的是预测学习结果和提高学习绩效，关注如何优化在线学习过程，以可视化和直观化形式显示数据将便于学习者和教师对自身情况做出判断。④面向学习者和教师。学习分析的直接服务对象是教师和学习者，就在线学习过程中发生各种数据提供分析和建议，通过对学习情况的反馈帮助教师提高教学质量、教学水平和职业技能，帮助学习者提高学习质量和课程通过率。

### （四）移动互联技术

利用移动互联技术可以实现 MOOC 课程的移动学习（mobile learning）。移动互联技术的特点及可实现的功能包括：①便携性。设备体积小、重量轻，便于随身携带。②无线性。设备无须连线，可以在任何时候收发消息，永远在线。③移动性。使用者在移动中可以很好地使用。④个性化。可以根据个人的需要进行随时随地的学习。⑤实时性。具有信息更新及时、主动推送的功能，信息传达实时、快捷。

移动学习，是一种跨越地域限制、充分利用可携技术的学习方式，是一种在移动计算设备帮助下的能够在任何时间、任何地点发生的学习。移动学习具有学习动机的自发性、学习内容的片段性、学习时间的碎片化、学习地点的跨越性、学习目标的自我调节性等特征。

移动学习适合开展以下类型的学习模式：①主动推送。通过学习内容和课程通知的主动推送，实现个别化学习，跟踪学习者的学习进度，对学习者的作业和测验情况进行反馈，提出有针对性的学习建议。②讨论式学习。适合支持小组学习和基于问题的学习，通过与他人交流和对话进行学习，通过讨论分享思想，调整讨论的情境和主题来吸引学习者的注意和学习兴趣。③形成性练习。教师布置形成性练习，学习者利用移动终端即时作答，系统再根据结果给以反馈。

### （五）分布式集群技术（CDN 技术）

分布式集群技术是把一个需要非常巨大的计算能力才能解决的问题分成许多小的部分，通过网络分配给许多计算机进行处理，然后把这些计算结果综合起来得到最终的结果。分布式计算比其他算法具有以下几个优点：稀有资源可以共享；通过分布式计算可以在多台计算机上平衡计算负载；可以把程序放在最适合运行它的计算机上，其中共享稀有资源和平衡负载是计算机分布式计算的核心思想之一。由于 MOOC 的视频课件数据量巨大，码流高，占用大量的网络带宽，所以解决这一网络瓶颈尤为重要，CDN 就是 MOOC 平台针对教学视频传输而广泛采用的一种分布式集群技术。

CDN 即内容分发网络（content delivery network），其基本思路是尽可能避开互联网上有可能影响数据传输速度和稳定性的瓶颈和环节，使内容传输得更快、更稳定。通过在网络各处放置节点服务器，在现有的互联网基础上，构建一层智能虚拟网络，将网站的内容分发到多地的节点集群服务器，实现实时地根据网络流量和各节点的连接、负载状况，以及到用户的距离和响应时间等综合信息，将用户的请求重新导向离用户最近的服务节点上，从而使用户可就近取得所需内容，解决互联网拥挤的状况，提高用户访问网站的响应速度，为终端用户提供稳定可靠的服务。

采用优化的分布式集群和 CDN 网络、实时内容分布式策略后，可以保证更多节点都能起到加速作用，减少用户的等待时间，做到节省空间和带宽成本。

（六）云计算技术

云计算（cloud computing）是一种基于互联网的计算方式，通过这种方式，共享的软硬件资源和信息可以按需求提供给计算机和其他设备，主要是基于互联网的相关服务的增加、使用和交付模式，通常涉及通过互联网来提供动态易扩展且经常是虚拟化的资源。

云计算平台由云管理平台和各种资源相关系统和设备，以及连接这些设备的网络组成，各种资源分布在 CDN 网络和存储网络，组成资源池。其中云管理平台由管理门户、管理控制节点以及维护节点组成。资源池对外提供各类资源服务，包括计算资源、存储资源、网络资源，其中计算资源由虚拟机资源、物理机资源组成；存储资源主要由磁盘阵列提供；网络资源包括公网 IP 资源、带宽资源、虚拟防火墙资源、负载均衡资源等，由 NAT 设备、路由器、交换机、防火墙、负载均衡器等设备提供。计算资源、存储资源、网络资源、本地备份资源之间相互协作，对外提供完整的资源使用环境。

云管理平台可根据不同的管理服务要求和安全等级，将其中的 IT 基础设施资源划分为不同的子集合，并在安全、网络、服务等方面进行必要的物理或逻辑隔离，形成资源分区。资源分区的生命周期管理由运营管理系统完成，包括创建、分配、监控、回收，资源分区的部署、监控、回收等具体操作则由资源池管理系统负责。

最佳的 MOOC 平台部署方案是搭建"混合云"，采用云计算、优化的分布式集群技术和 CDN 网络构建公有云，使得不同地域的用户访问网站的域名时，可以连接到不同的服务器 IP 地址，既可保证访问的网站始终在用户的身边，又可避免单点故障造成的用户掉线，再配合各个高校的私有云技术作为缓存加速点，以保障平台在校内和校外都可以保持无缝 $7 \times 24$ 小时的稳定、流畅访问。

## 五、结束语

"未来的大学不只是传授知识的地方，更是产生知识的地方"，已经成为信息时代大学教育者的共识。由于我国高校信息化水平不均衡，呈现区域化的典型特征，所以，以建设 MOOC 课程作为课程建设的突破口，建立以同类高校或者区域高校为主体的 MOOC 联盟，采取横向联合的战略，有助于打破校际藩篱，共建共享优质教育资源，促进大学决策层的共同参与，更易于 MOOC 平台和课程的推广应用。学习者对优质教育资源的渴求将会带动教师对课堂教学的积极创新，形成线上线下、正式学习和非正式学习相结合的新型教育模式。

# MOOC 学习社区构建的生态学思考

华南师范大学教育信息技术学院 况姗芸 沈琴

广东金融学院 周国林

**摘 要：**MOOC 的迅速发展在高等教育领域引起了广泛关注，它为全球学习者创设了平等的学习机会和友好的交互环境，但其高辍学率也引起了学者们的普遍担忧。已有的研究大都只是从某一角度孤立地探讨 MOOC 高辍学率的原因及解决方法，未以系统的观点探讨解决这一困境的思路，本研究从生态学的视角剖析了 MOOC 学习生态系统的组成和功能，深入探究了 MOOC 生态环境失衡现象产生的原因，并据 MOOC 生态系统的组成，从 MOOC 物理环境、社会环境、规范环境的构建等方面提出了促进 MOOC 生态主体实现角色转化、生态主体间进行信息交换、物质循环和能量流动的对策，为系统降低MOOC 辍学率指引了方向。

**关键词：**MOOC MOOC 学习社区 生态系统

## 一、前言

MOOC（大规模在线开放课程）自出现以来就受到教育界的普遍关注，MOOC 平台、课程和注册学习者数量不断增长[1]，与之俱来的 MOOC 高辍学率也备受学者关注。研究焦点主要集中在具体的单一的视角，如樊文强（2012）和李锋（2013）从学习者的视角、姜蔺等人（2013）从课程教学设计的角度、高地（2014）从教师的角度分别探讨了导致 MOOC 高辍学率的原因及解决办法，这些研究视角均比较片面孤立，未见研究系统阐述 MOOC 高辍学率的全局对策。生态学是研究有机体与其所处环境之间相互作用的规律及其机理的一门自然科学，它认为每一个事物都是生态系统的有机组成部分，而且与其他部分相互关联、共生互动、互为一体。[2] 本研究从生态学视角研究 MOOC 学习社区，有利于超越以往单一取向中主要关注某一要素的局限，以更广阔的视野来分析MOOC 学习社区的构建，从而保证 MOOC 学习社区的良性发展，降低 MOOC 辍学率。

---

① 张伟，王海荣. MOOC 课程学习体验及本土化启示 [J]. 现代远距离教育，2014（4）：3 - 9.
② 张进良. 面向信息化的农村教师专业发展的生态学思考 [J]. 电化教育研究，2013（6）：24 - 28.

## 二、相关概念解析

### （一）MOOC 学习社区

MOOC 学习社区是伴随着 MOOC 的出现而产生的教育领域新事物，它具有许多虚拟学习社区所具有的鲜明特色和诸多优点。依据首都师范大学王陆教授对虚拟学习社区的界定①，MOOC 学习社区是实现知识共享的新型学习组织，它包括 MOOC 教学环境及借助 MOOC 教学环境实现知识共享的不同群体。MOOC 学习社区不仅有人机系统的基本属性，也有社会学属性，是当代社会需求和网络技术发展相结合的产物。

### （二）MOOC 学习生态系统

生态学的基本观点是系统、动态平衡与和谐。② 学习生态系统是指由学习共同体及生态环境构成的自成一体的实体。③ MOOC 学习生态系统是在远程学习理论指导下，由 MOOC 教师、MOOC 学习者、支持群体等生态主体及其所处的生态环境共同构成的特殊实体。在这一特殊实体中，生态主体处于时空分离的状态，动态承担着生产者、消费者和分解者等多种角色，并借助 MOOC 生态环境实现物质循环、能量流动和信息交换，从而使 MOOC 学习生态系统和谐有序、动态平衡地持续发展。

## 三、MOOC 学习生态系统的组成要素分析

MOOC 学习社区具有规模大、虚拟性、开放性、流动性强的特点。用生态学的观点审视 MOOC 学习社区发现，在这个 MOOC 学习生态系统中，MOOC 生态主体在 MOOC 生态环境中展开各种交流、协商与合作，实现多边互动，维护 MOOC 学习生态系统的动态平衡。

### （一）MOOC 生态主体

#### 1. MOOC 生态主体的构成

MOOC 生态主体主要包括 MOOC 教师、MOOC 学习者和支持群体等几类群落。其

---

① 王陆. 虚拟学习社区原理与应用 [M]. 北京：高等教育出版社，2004.
② 姚远峰，齐礼良. 生态学视野下的课堂教学设计 [J]. 现代教育技术，2007（12）：9－11.
③ 颜维花，杨成. 基于虚拟学习社区的远程学习生态系统研究 [J]. 现代教育技术，2014（4）：66－72.

中，MOOC 教师包括 MOOC 教学过程中的主讲教师和助教人员，他们承担着 MOOC 课程教学活动的设计、开发、讲授及问题解答等工作。MOOC 学习者是参与 MOOC 课程学习的学习者，他们来自不同地区，因为共同的学习目标或兴趣联系在一起，但各自的年龄、学历、认识水平、社会身份等各不相同。MOOC 支持群体是指 MOOC 学习活动的组织者、管理者、监控者与技术支持者，包括教学管理人员、考务管理人员和成绩管理人员等。

2. MOOC 生态主体的角色定位和转换

在自然界的生态系统中，生态主体的角色主要包括生产者、消费者和分解者三类，生产者是生态系统自我维持的自养生物，负责创造系统所需信息和能量；消费者是生态系统中的异养生物，靠吸收外界环境中现成的有机物获取能量；分解者是自然界中将生物有机残体分解为简单无机物，供生产者重新利用的异养生物。[①] 在 MOOC 学习生态系统中，生产者、消费者和分解者三类角色的界定主要是根据生态主体对信息的处理方式来决定的，生产者是信息的创造者，分解者是信息的分解者，而消费者则是信息的吸收者。与自然生态系统中的生态主体不同，MOOC 学习生态系统中的生态主体身兼数职，动态承担着 MOOC 生态系统中的生产者、消费者和分解者等多重角色，并在多种角色中不断转换。

（1）教师和支持群体的角色定位和角色转换。在 MOOC 学习生态系统中，在课程教学之初，教师主要扮演着生产者的角色，负责课程信息的生产，支持群体负责为学习者掌握网络学习技能提供支持，此时，他们都承担着生产者的角色。随着课程教学活动的展开，教师和教学支持群体开始向学习者提供支持服务，包括将教学内容以更为浅显的方式进行解析，帮助学习者对信息进行同化或顺应，促进学习者的学习活动开展，提升学习效果。在这一过程中，教师和教学支持群体主要承担着分解者的角色。伴随着学习活动和交互活动的不断深入，少量学习者在学习环境中会开始提出新问题、发表独到的见解或提交有创意的作业，引起教师和支持群体的阅读、分析和思考，并引起教师和学习者之间新一轮的交流，将 MOOC 学习推上一个新台阶。在这一过程中，教师和教学支持群体承担着消费者、分解者和生产者的角色，并在这三种角色中发生转化。

（2）学习者的角色定位和角色转换。MOOC 学习生态系统中，学习者的角色亦在消费者、分解者和生产者三种角色间发生动态转换。课程学习之初，学习者主要通过浏览课程资源，实现知识内化，他们既不与教师互动，也不与其他学习者交流，主要扮演消费者角色。伴随着课程学习的不断深入，各类学习活动相继开展，部分学习者开始形成

① 颜维花，杨成. 基于虚拟学习社区的远程学习生态系统研究 [J]. 现代教育技术，2014（4）：66-72.

共同的兴趣爱好，组建学习小组，建立课程学习的归属感，构建学习群落，群落中的人员互帮互助、频繁交互，交互和共同愿景的建立是群落生存和发展的决定因素。此时，这部分学习者群落自觉或不自觉地在消费者和分解者这两类角色间进行转换。伴随着交互分享活动的加深，学习者对于 MOOC 学习生态环境的适应性逐渐增强，主动性和积极性日渐强烈，学习经验更加丰富，有一部分学习者会进一步发展，在分解课程信息资源的基础上，积极主动分享自己的问题、独特见解以及创意作业，引发其他生态主体的高度关注和研讨。此时，这部分学习者群落在承担消费者、分解者角色的同时，又增添了生产者的角色。在整个学习生态系统中，学习者分别扮演生产者、消费者和分解者的角色，并在三种角色间相互转化，伴随着角色的转化，学习者的学习技能、学习水平也不断提升，达到较好的学习效果。

（二）MOOC 生态环境

生态环境是指影响生态主体的各种因素，生态主体与生态环境进行物质、能量和信息的交换以维持自身生存。在 MOOC 学习生态系统中，生态环境主要包括物理环境、规范环境和社会环境。物理环境是 MOOC 生态主体发展的主要环境因子，是 MOOC 学习赖以持续的物理基础，它包括 MOOC 教学活动组织的各种学习资源与支持平台，如 MOOC 教学视频资料、参考资料等学习资源，再如支持 MOOC 学习的学习平台、交互平台、评估反馈平台和服务器运行环境等。规范环境是指 MOOC 生态主体所处的价值环境，它涉及 MOOC 生态主体在长期的社会生活中形成的学习观和价值观，也涉及 MOOC 学习进程中网络学习氛围和各种群落维系的规则制度。良好的价值环境有利于加强 MOOC 学习者的主动性，提升学习效果。社会环境由 MOOC 生态主体所处的社会因素组成，包括主体的政治、经济、人口、性格特点、家庭和职业等要素，这些要素会影响到学习者在现实社会中的社会关系、身份职责等，进而影响学习者之间、师生之间的人际关系。社会环境是一个高度组织性、层次性的复杂整体，社会环境中各因子间相互关联、互相制约，共同构成了一个复杂的系统。

## 四、MOOC 学习生态系统的交互和功能分析

（一）MOOC 学习生态系统的交互分析

交互是 MOOC 学习生态系统中生态主体与生态环境间进行物质、能量和信息交换的根本途径，包括生物之间和生物与环境间的交互。具体表现为四类：①学习者与学习者之间的同伴交互。他们主要是通过社交媒体（Facebook、Blog 等）进行互动，为学生解

答学习中遇到的问题，也为学习者提供更多新的学习内容[①]。②学习者与教师之间的师生互动。他们可以通过 MOOC 运行平台（如课程讨论坛、WiKi、E-mail）进行互动或者通过社交媒体（Facebook、Blog 等）进行互动，或是在现实生活中进行电话、见面会和答疑等活动。如 Coursera 通过 Meetup 组织线下活动，Udacity 通过在线论坛和学习小组的形式组织学生形成良好的互动[②]。③学习者与支持群体间的交互。通过 MOOC 运行平台或社交媒体就课程学习中的技术问题、课程交互问题等进行互动。④学习者与生态环境的交互。主要包括学习者与环境提供的各项功能进行交互，如浏览学习资源、检索学习资源、参与测试、提交作业或参与考试等。学习者在交互中实现知识的同化或顺应。

（二）MOOC 学习生态系统功能分析

MOOC 学习生态系统与自然生态系统一样，具有信息交换、物质循环与能量流动三种功能。

1. 信息交换

自然生态系统中，动物个体之间通过各种方式完成信息交换，实现自然生态系统的最基本功能。自人类社会形成以来，人们发展了多种信息交换方式，包括口耳相传、发明文字、实现印刷等，进入信息时代，人们又利用信息技术实现了数字化信息交换。MOOC 学习生态系统中，学习者实现信息交换的途径更为丰富，既有借助 MOOC 物理环境实现的个体间的信息交换，如借助 MOOC 课程学习平台提供的学习资源、学习笔记等工具实现信息交换，又有借助各种信息技术实现主体群落的信息交换，如借助 QQ 群、博客、WIKI、讨论区等在群落间分享信息，也有借助各种数字化工具相约在真实生活环境中开展面对面地交流互动，实现面对面信息交换分享的群落交换方式。

2. 物质循环

物质循环是指系统内循环往复，充分利用，使系统内每一组分产生的废物成为下一组分的原料，构成了生态系统中营养物质的最佳循环。[③] 要保证 MOOC 学习生态系统的正常运行，必须与外界进行物质交流，实现物质资源的流通，这些物质资源主要包括资金投入、技术支持、基础设施投入以及资源支持。MOOC 学习生态系统中，资金的投入和技术力量的支持是 MOOC 学习社区中学习活动展开的重要保障。足够的资金投入和高水平的技术支持力量能提升 MOOC 基础设施，实现更多优质资源的购置和开发，保障 MOOC 教学过程的良性开展。与此同时，良性的教学过程能为 MOOC 教学创设更多优质

---

①② 刘清堂，叶阳梅，朱珂. 活动理论视角下 MOOC 学习活动设计研究［J］. 现代教育技术，2014（4）：99－105.

③ 曾祥跃. 网络远程教学生态学［M］. 广州：中山大学出版社，2011.

资源，提供更多的技术人员，也能为 MOOC 发展争取到更多资金支持，形成一个良性循环。

### 3. 能量流动

能量是自然生态系统的动力，在生物整个生命过程中都伴随着能量的流动和转化，虚拟学习社区中良性的能量流动是"整个生态系统保持平衡的前提"①。虚拟学习生态系统的能量流动主要指学习者知识能量从吸纳到最终反馈的过程。② MOOC 学习中，学习者在信息交换的过程中学习和吸纳新知识，通过自身的同化或顺应，将新知识内化到个人的知识结构中，形成个体的新知识体系。在随后的学习中，学习者对个体的知识结构不断重组，实现知识创新，并将创新的知识理解加以外化，分享到生态环境中，成为其他学习主体和群落进行学习的新知识，这样就完成了一次能量流动。MOOC 学习过程中，这种"吸收—内化—创新—分享"的能量流动不断地循环发生，促进 MOOC 学习生态系统健康持续发展，如图 1 所示。

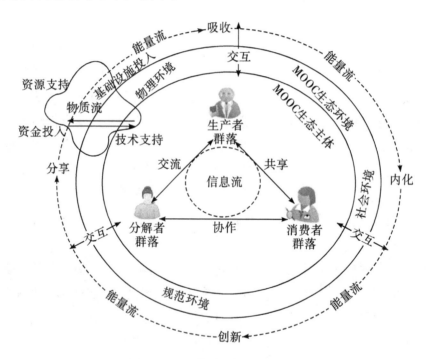

**图 1　MOOC 学习生态系统结构图**

---

①　余金昌. 基于生态视角的虚拟学习社区构建 [J]. 中国电化教育, 2012 (6)：42 – 45.
②　颜维花，杨成. 基于虚拟学习社区的远程学习生态系统研究 [J]. 现代教育技术, 2014 (4)：66 – 72.

## 五、MOOC 学习生态系统失衡的对策

生态系统的结构发生变化时，物质与能量的输入与输出就有可能出现不稳定，系统自身可对一定范围内的变化进行调整和自适应，保持生态系统的平衡。但当变化的幅度过大，超出生态系统的承载力时，生态系统会出现失衡，进而引发生态系统的结构变化，直至系统重新恢复平衡。MOOC 学习生态系统中辍学率高就是 MOOC 学习生态系统失衡的一个表象，随着 MOOC 学习的展开，持续进行 MOOC 学习活动的学习者逐渐减少，到课程结束时，不到 10% 的学习者能坚持完成课程学习并取得证书。分析 MOOC 学习生态系统的结构，不难发现，在课程学习之初，生态主体中消费者群落占绝大多数的比例，分解者和生产者群落比例非常低，系统中能量的流动主要处于吸收和内化阶段，创新和分享的新能量极少出现。如果生态环境中没有提供足以激励和保障学习者进行信息交换和物质循环，进而激发新能量产生的机制，必将出现能量流、物质流和信息流流通不畅，无法满足众多消费者群落需求的局面。此时，系统自身会启动自适应机制。这种自适应主要通过两条途径来完成：一是部分消费者和生产者向分解者转化，二是部分消费者退出这个生态系统（即部分学习者辍学），这两条途径均通过调整生态系统中生态主体的成分来调整生态系统的结构，以满足系统平衡所需的物质、能量和信息流动的需求。当消费者、生产者和分解者之间的结构达到一定的比例时，系统的信息交换、物质循环和能量流动功能趋于正常，系统回归平衡，MOOC 生态学习系统处于稳定状态。此时，学习者辍学的概率会大大减少，辍学率会保持稳定。据对 MOOC 学习生态系统失衡现象及原因的分析，要降低 MOOC 的辍学率，需要对 MOOC 学习生态系统进行干预，调节系统组成结构，保持 MOOC 学习生态系统的稳定状态。具体地说，可以从下述几方面入手。

（一）构建 MOOC 学习规范环境，提升学习者的元认知能力，促使 MOOC 生态主体实现角色转化

MOOC 学习生态系统具有大规模、开放、在线、免费等特点，与之俱来的是学习者特性差异大，对应的元认知能力和参与态度各不相同，折射出个体学习观和价值观的异同。研究表明，在缺乏教师面对面活动督促和控制的在线学习环境中，元认知能力与在线学习的效果表现出更大的相关性。元认知包括学习者对自己心理状态、能力、任务、目标和认知策略等方面的知识，以及学习者对自身各种认知活动的计划、监控和调节。[①]

---

① 谢幼如，尹睿. 网络教学设计与评价 ［M］. 北京：北京师范大学出版社，2010.

在 MOOC 学习中，学习者的元认知能力与其角色定位感存在一定的相关。角色定位感是指学习者对其自身在 MOOC 学习生态系统中所处的系统位置和心理位置的理解，以及对达到学习效果所需的学习策略和学习活动的理解。将自己的角色定位为消费者的学习者在 MOOC 学习过程中态度比较被动，目标设置不稳定，对自己的学习活动和所使用的学习策略缺乏调节能力，将自己的角色定位为分解者和生产者的学习者在 MOOC 学习过程中态度积极主动，目标设置比较稳定，对于自己持续的学习行为和所需的学习策略具有较清晰和准确的认识，能积极调节控制自己的学习活动，提高学习效率。

构建 MOOC 学习规范环境主要包括对 MOOC 学习生态系统中生态主体的学习行为、目标定位引导、交流规范、教学实施、教学管理、评价方式等多方面行为的规范制定，这些规范制定有利于监督、引导教师和支持群体的教学实施与教学管理行为，促使教师和支持群体实施分解者和消费者的行为，亦有利于督促和引导学习者有效监控自己的学习过程和加深对课程资源的理解，并主动承担分解者和生产者的工作，顺利实现角色的转化。生态主体的角色转化有利于促进生态系统尽早实现平衡稳定。

（二）优化 MOOC 学习物理环境，促进 MOOC 学习生态系统的信息交换和物质循环

MOOC 学习物理环境是 MOOC 学习活动开展的物理基础，有效优化 MOOC 学习物理环境，有利于促进学习者参与各种学习活动。认知心理学家费斯克和泰勒（S. T. Fiske & S. E. Taylor）认为：个体经常依赖简单有效的策略评估信息并做出决策。它的发生主要是出于必要性和简单有效性；它不是理性地、客观地评估新的信息，而是非常简单地对新信息进行评估。人的头脑中原有的架构、脚本和其他知识结构，只需要从记忆当中提取出来就可对新信息进行评估，不需要耗费太多的认知能量[①]。根据"认知吝啬"理论，在线学习过程中，学习者倾向于自觉和不自觉地保留精力，减少认知负担。

据此，MOOC 学习的物理环境要尽可能优化，在课程学习内容的教学设计、教学资源的制作、MOOC 基础设施建设（含 MOOC 教学平台的开发）和应用等方面投入更多的资金、更强大的技术支持力量，保障优质 MOOC 学习物理环境的供给，降低 MOOC 生态系统信息交换和物质循环活动的代价。具体地说，包括教学目标和活动的设计、多媒体教学资源的提供、教学基础设施的供给三个方面。学者姜蔺等（2013）指出 xMOOC 面向大规模学习者，缺少分类分层的教学对象分析，无针对性的教学设计，尚未考虑到多对象、多需求和多模式的复杂性。而 cMOOC 课程的教学目标设置不清晰，教学内容的可变性太强。完整有针对性的教学设计，特别是导学设计科学合理，有利于激发学习者

---

① 白洁. 论认知吝啬［J］. 西北师大学报（社会科学版），2013（1）：99 – 104.

学习的主动性。资源呈现方式多样化和资源的丰富化有利于适应不同生态主体的不同认知风格，促使生态环境中信息交换行为的发生。实践表明，简单易用、性能稳定、与社会化软件相互补充的 MOOC 课程平台有利于降低学习者开展学习活动的门槛，便于学习者持续参与学习活动。

（三）利用 MOOC 学习社会环境多样性的优势，促进交互，加速 MOOC 学习生态系统的能量流动

MOOC 学习者人员众多，且来自不同时空，这一特性对于 MOOC 而言是一把"双刃剑"。一方面，学习者之间有较大的差异度，教学设计难度大；另一方面，学习者所处的社会环境差异度大，对同一知识点的理解及感受各不相同。建构主义认知灵活性理论的提出者斯皮罗（R. J. Spiro）在对知识和学习进行分类的基础上，提出学习者通过多种方式同时建构自己的知识，以便在情境发生根本变化时能做出适宜的反应，学习者在学习复杂和非良构领域的知识时，要通过多维表征的方式才能完成对知识意义的建构，才能达到对知识的全面理解。基于此，斯皮罗提出了针对高级学习的随机通达教学，即对同一内容的学习要在不同时间、不同情境，以不同目的、从不同角度多次进行，以达到获得高级知识的目标。[①] MOOC 学习过程中，来自不同背景的学习者利用 MOOC 学习平台提供的交互工具（如论坛、虚拟教室、小组教学、即时通信工具、搜索引擎、翻译工具、印象笔记等）、外部社会化软件平台（如微信、QQ、博客、贴吧、Google 等）就学习内容开展多样的互动，这些互动为 MOOC 学习者提供了不同的学习情境及学习问题，促使学习者加深对知识的理解，实现深度学习、内化知识、创新能量，分享给生态群落。

# 六、结语

MOOC 作为远程教育与开放教育的新发展，为全球各地学习者创设了平等的学习机会和友好的交互环境，有效实现了知识共享。本文从生态学的角度剖析了 MOOC 学习生态系统的组成和功能，深入分析了 MOOC 学习中辍学率高的原因，并从生态学的视角提出了促进 MOOC 生态环境保持平衡的策略，为降低 MOOC 辍学率指引了方向。

---

[①] 武法提. 网络教育应用 [M]. 北京：高等教育出版社，2003.

# 从解释性研究走向实验研究：电子教材研究发展脉络

广州大学网络与现代教育技术中心　杨琳

华南师范大学教育信息技术学院　吴鹏泽

**摘　要：** 随着信息技术的迅猛发展和信息化环境的普及，电子教材作为一种新型数字学习资源，已被逐渐引入教育教学改革中。国内外关于电子教材的研究层出不穷，本研究从研究目标入手，应用内容分析法分别对国内外关于电子教材的相关研究进行深入分析，从而得出国内外电子教材相关研究的发展脉络。

**关键词：** 研究目标　电子教材　解释性研究　实验研究

## 一、研究背景

《国家中长期教育改革和发展规划纲要（2010—2020 年)》《教育信息化十年发展规划（2011—2020 年)》及教育部、财政部等联合发布的《构建利用信息化手段扩大优质教育资源覆盖面有效机制的实施方案》均提出要"加强优质教育资源开发与应用"，以促进教育均衡发展。随着信息技术的迅猛发展和信息化环境的普及，电子教材作为一种新型数字学习资源，已被逐渐引入教育教学改革中。新加坡、法国、英国、美国、日本等超过 50 多个国家开展了基础教育电子教材相关的政策制定及实践项目。如日本政府于 2009 年正式决定将电子教材全面应用于课堂教学，并预计在 2020 年之前在全国中小学全部使用电子教材。[①]

近年来，国内外关于电子教材、电子教科书的研究层出不穷。这些研究无论从研究内容、研究方法还是研究目标而言，涉及面较广。本研究旨在从研究目标入手，对国内外关于电子教材的相关研究进行内容分析，从而得出国内外电子教材相关研究的发展脉络。

---

本文系广州市教育科学"十二五"规划面上一般课题"面向信息化学习方式的电子教材开发与应用策略研究"（项目批准号：2013A041）的阶段性成果。

① 孙立会，李芒. 日本电子教科书研究的现状及启示［J］. 课程·教材·教法，2013，33（8）：111 –117.

## 二、国内电子教材研究的发展脉络

10 多年前，国内外就已经在开展电子教材的相关研究，但当时的研究大多数是在一定范围内的探索性研究。随着各种新技术的发展，电子教材不再只是电子版的教材，而是一种新型数字化学习资源，成为课程教材改革的发展方向，而教材改革是推动教与学方式改革的主要因素。因此，在教与学中引入电子教材成为教学信息化发展的趋势。在新加坡、法国、英国、美国、日本等国的基础教育信息化领域中，电子教材的开发与实践应用成为研究的热点。

Thomas C. Reeves 的教育技术研究分类框架中将教育技术的研究目标分为理论研究、实验研究、解释性研究、后现代研究、开发研究及评价研究。本研究根据 Thomas C. Reeves 的教育技术研究目标分类，对近年来我国关于电子教材的相关研究进行内容分析，以归结近年来电子教材相关研究的发展脉络。国内电子教材相关文献来源，是以"电子教材""电子教科书"为关键词在中国学术期刊网进行检索，检索时间范围为 2011—2015 年的所有文献，剔除无关文献之后共获取 54 篇文献。应用内容分析法，将检索到的文献按照年份及研究目标进行归类。为保证研究的信度，本研究中有 3 位研究者按照相同的标准，对本研究的 54 篇文献独立进行评判分析，得出我国电子教材相关研究年份／研究目标分布情况（如表 1 所示）。

表 1　我国电子教材相关研究年份/研究目标分布表

| 年份 | 理论研究/篇 | 实验研究/篇 | 解释性研究/篇 | 后现代研究/篇 | 开发研究/篇 | 评价研究/篇 | 总数/篇 |
|---|---|---|---|---|---|---|---|
| 2011 | 0 | 0 | 7 | 0 | 1 | 0 | 8 |
| 2012 | 5 | 0 | 3 | 0 | 7 | 0 | 15 |
| 2013 | 0 | 0 | 4 | 0 | 4 | 0 | 8 |
| 2014 | 4 | 0 | 0 | 0 | 6 | 1 | 11 |
| 2015 | 1 | 3 | 2 | 0 | 5 | 1 | 12 |

（一）电子教材研究与实施项目的解释性研究（2012 年前）

2011 年，我国电子教材相关文献总共有 8 篇，其中有 7 篇是解释性研究。由此可见，2012 年前，我国电子教材相关研究以解释性研究为主。教育技术领域的解释性研究是通过描述和解释与人类传播、学习、绩效和技术应用相关的现象，描绘教育是怎样工作的。电子教材的解释性研究主要围绕什么是电子教材、电子教材的发展历程、国外电子教材相关实践项目等方面进行描述，这类研究可以分为两类。

### 1. 国外电子教材研究及实践的现状分析

英国高校电子教科书发展战略与前景的研究报告评估了英国开发继续教育和高等教育电子教科书的商业和市场环境，陈述了电子教科书市场的演进过程，讨论了这个产业和市场当前和将来面临的关键问题，并提出了全国性的集合发展战略。[①] 刘翠航对美国电子教科书的实施计划、审核和使用等进行评析，在经费投入、电子通信设备使用及推行条件等方面进行分析[②]；孙立会等从发展原点及引入教育现场等方面对日本电子教科书研究的现状进行分析[③]。

### 2. 电子教材的综合概述

龚朝花等对电子教材的缘起进行阐述的基础上，通过美国、英国、法国、日本等国关于电子教材的发展及实践项目进行分析及阐释，从而形成了在我国开展电子教材研究及实践的策略，如相关政策支持、开展可行性研究及试点研究等。[④]

电子教材相关的解释性研究主要集中在电子教材研究的初期阶段。在美国高德纳公司提出的技术炒作周期图形中，处于技术萌芽期。采用文献分析法及内容分析法。此类研究旨在为大家形成关于电子教材的基础性认知，从现有电子教材的研究及实践中发现问题，寻找电子教材研究的发展方向。

## （二）电子教材的设计与开发理论研究（2012—2014 年）

### 1. 电子教材的设计与开发研究

2012—2014 年，我国电子教材相关文献总共有 34 篇，其中开发研究共 17 篇。由此可见，2012—2014 年，我国电子教材以设计与开发研究为主。教育技术领域的开发研究是为运用理论与技术提高人类沟通、学习和绩效而发明和改进途径的研究。这些研究主要是基于某种教学理念、学习理论等，提出电子教材的设计与开发模式。例如：①着眼于信息化学习方式，黄荣怀等从内容分析、学习者分析、知识图绘制、学习路径设计、媒体开发、高用户体验设计、内容封装、资源发布、评价等方面提出了面向信息化学习方式的电子教材开发模型[⑤]；②基于首要教学原理，庄科君等提出了波纹环状教学设计

---

① 教育发展有限公司，斯特灵大学出版研究中心，斯特灵大学信息服务处，等. 英国继续教育和高等教育电子教科书的发展战略与前景（一）［J］. 出版科学，2007，15（4）：71-78.

② 刘翠航. 美中小学电子教科书的使用现状及分析：加利福尼亚州电子教科书政策引发的争议［J］. 课程·教材·教法，2011（4）：104-106.

③ 孙立会，李芒. 日本电子教科书研究的现状及启示［J］. 课程·教材·教法，2013，33（8）：111-117.

④ 龚朝花，陈桄. 电子教材：产生、发展及其研究的关键问题［J］. 中国电化教育，2012（9）：89-94.

⑤ 黄荣怀，张晓英，陈桄，等. 面向信息化学习方式的电子教材设计与开发［J］. 开放教育研究，2012，18（3）：27-33.

开发模式及电子教材开发流程，电子教材的设计应在有效呈现教学内容的同时融入恰当的教学策略[①]；杨万里提出基于探究、合作、创新教育理念的电子教材研发，把教材元素化、为教材的使用提供全方位的交互功能、学习工具的开发、关于泛学习资源的基础架构、用户创作资源机制的架构[②]；陈桄等分析了电子教材的结构化呈现、媒体可操控性、笔记功能、作业功能等五个功能，并提出了电子教材开发的五项关键技术问题，为电子教材的设计与开发提供理论借鉴[③]。

本阶段处于期望膨胀的高峰期，来自高等院校、出版社等机构的研究及实践人员，从不同角度，在各种教与学理论的指导下，发表了大量的研究成果，这部分研究多采用定性研究，是为电子教材的设计与开发提供一定的理论参考及实践指导。

2. 电子教材的理性思考

2012—2014 年，电子教材虽然以设计与开发研究为主，但也出现了部分以理性思考为目标的理论研究。教育技术领域的理论研究侧重于运用逻辑分析和解释现象。本阶段电子教材的理论研究更多是在经历期望膨胀之后回归理性分析，辩证地审视在教学中引入电子教材的必要性及可行性。如李芒通过分析电子教材的呈现方式与大脑的思考力之间的逻辑关系以及电子教材的引入方式等，提出电子教材要与纸质教材同时并存，且要注重研究电子教科书的引入方式和教学方法。[④] 龚朝花等从纸质教材的不足、相关用户群体对电子教材在中小学应用的态度、电子教材的功能特征、优势和面临的挑战等五个方面调研，用数据来确定电子教材在中小学应用的可行性。[⑤] 2013 年，我国电子教材的研究数量出现了小幅回落。

因此，在电子教材经历期望膨胀的高峰期之后，出现了并不十分明显的谷底期。之所以将其称为谷底期，主要是基于以下两点：①2013 年我国电子教材研究数量的小幅回落；②部分研究者开始针对电子教材本身以及如何在课堂教学中引入电子教材等问题展开理性思考及研究。

---

① 庄科君，贺宝勋. 基于首要教学原理的电子教材的设计研究 [J]. 现代教育技术，2012，22（4）：21 - 24.

② 杨万里. 基于探究、合作、创新教育理念的电子教材研发 [J]. 课程·教材·教法，2012（12）：41 - 46.

③ 陈桄，龚朝花，黄荣怀. 电子教材：概念、功能及关键技术问题 [J]. 开放教育研究，2012（4）：28 - 32.

④ 李芒，孙立会. 关于电子教科书基本问题的探讨 [J]. 教育研究，2014（5）：100 - 106.

⑤ 龚朝花，陈桄，黄荣怀. 电子教材在中小学应用的可行性调查研究 [J]. 电化教育研究，2012（1）：94 - 99.

## （三）电子教材的实践与应用研究（2014 年后）

2014 年后，电子教材相关研究量开始重新回升，且主要关注电子教材的开发研究、实验研究，并出现一些评价研究。2015 年的 12 篇文献中，有 5 篇开发研究，3 篇实验研究，1 篇评价研究。教育技术领域的实验研究通过检验与传播理论、学习理论、绩效理论和技术相关的假设，研究侧重于判断教育是怎样工作的。电子教材的实践与应用研究的研究思路主要是提出电子教材的设计与开发模型与方法，将其应用于开发实践中，并在教学实践中验证电子教材的应用效果。

王晓晨等提出关注用户体验的电子教材设计与开发原则，并据此从价值性、可靠性、可用性、适应性等方面进行《Photoshop 图像处理》电子教材的设计与开发实践[①]；牟智佳等提出电子教材写作工具的交互元件设计与功能实现[②]；郭炯等提出面向 1∶1 数字化学习的电子教材设计与开发研究，并以小学四年级《科学》电子教材设计与开发实践为例进行了阐释[③]；龚朝花等对在常态课中独立使用电子教材、在常态课中混合使用电子教材与纸质教材和使用纸质教材进行常态课教学这三种情境的应用效果进行对比研究[④]。

本阶段的电子教材研究在理性思考的基础上，更加注重电子教材的开发实践及教学应用，应用电子教材提升教学效果成为本阶段的主要研究目标，这标志着我国的电子教材研究正在逐步走向成熟。

根据表 1 及上述内容分析的结果，笔者将近年来我国电子教材相关研究的发展脉络归结为四个阶段（如图 1 所示）。

---

① 王晓晨，郭鸿、杨孝堂，等. 面向数字一代的电子教材用户体验设计研究：以《Photoshop 图像处理》电子教材的用户体验设计为例 [J]. 电化教育研究，2014（4）：77 – 82.

② 牟智佳，武法提. 电子教材写作工具的交互元件设计与功能实现 [J]. 中国电化教育，2015（8）：92 – 98.

③ 郭炯，王晶晶. 面向 1∶1 数字化学习的电子教材设计与开发研究 [J]. 中国电化教育，2015（3）：90 – 96.

④ 龚朝花，陈桄，黄荣怀. 融入中小学日常课堂教学的电子教材之价值再探 [J]. 中国电化教育，2014（2）：60 – 66.

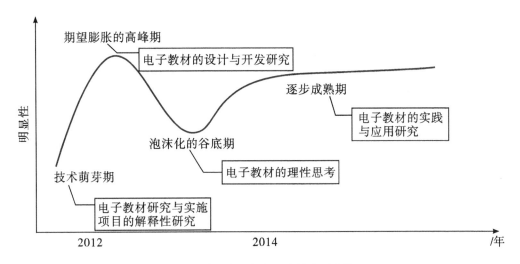

**图1　我国电子教材研究的发展脉络**

我国电子教材的研究经历了技术萌芽期、高峰期、谷底期及逐渐成熟期四个阶段。其中，技术萌芽期以电子教材研究与实践项目的解释性研究为主；高峰期的研究主要集中在电子教材的设计与开发研究；经历了高峰期的期望膨胀之后，我国电子教材研究进入理性思考的谷底期；从而进入逐渐成熟期，开始关注以提高学习效果为目的的电子教材的实践与应用。

## 三、国外电子教材相关研究发展脉络

国外电子教材相关文献来源，是以"e-textbook""digital textbook"为关键词在各大外文学术文献数据库以及搜索引擎中进行检索。文献来源主要有：ERIC（CSA）数据库，ISI Web of Science 数据库以及 Google scholar 学术搜索引擎。根据对相关文献的统计与分析，以 2010 年、2012 年为主要时间节点进行如下分析。

（一）电子教材的解释性研究及理论研究（2010 年前）

1. 电子教材功能特征的解释性研究
2010 年前，国外关于电子教材的解释性研究主要是关于电子教材的功能特征研究。基本观点是交互性需求及情境性需求。P. Brusilovsky 发现在开放语料库情境下的自适应导航对于电子教材的必要性，基于学习者经验的个性化导航更有助于学习者的学习。[①]

---

① BRUSILOVSKY P, CHAVAN G, FARZAN R. Social Adaptive Navigation Support for Open Corpus Electronic Textbooks [C] //Adaptive Hypermedia and Adaptive Web – Based Systems. Berlin, Heidelberg：Springer, 2004：24 – 33.

### 2. 电子教材评价的理论研究

本阶段的理论研究主要围绕如何开展电子教材的评价进行理论阐述。R. Wilson 提出了一个评估电子教材的方法，包括测量学习者检索和重现信息的能力的一些技术性问题，以及测量用户满意度的问卷，总体来说，是为了测量电子教材的可用性、可记忆性和用户满意度。通过评估电子教材的外观和设计对学习的影响，以指导下一步的改进提高。① R. Wilson & M. Landoni 认为在电子教材的评估中，外观、内容和载体媒介是必须要考虑的三个方面。该评估模型中设置了媒体的选择、参与者、任务和技术等方面。该研究中最突出的就是任务维度（从简单的检索到复杂的高阶认知技巧任务）和技术维度（基本的问卷到访谈）两组分类组合，不同任务和评估技术组合对学习投入要求不同。②

### （二）电子教材的理论、开发及实验研究（2010—2012 年）

### 1. 电子教材功能设计的理论研究

J. I. Choi 等发现目前大多数的电子书主要集中于文本的数字化，对交互性的研究还不够重视。③ C. Lim 发现合理的交互界面不仅能够激发学习者的兴趣，而且促进了学习进程。④

### 2. 电子教材的开发研究

（1）电子教材的格式标准研究。M. Kim 等提出了一种基于 XML 的格式标准，该格式通过结合纸质教材的优点和电子媒体的附加功能（如搜索、导航、视听、动画、3D 图像和其他一些先进功能），促进用户和开发者之间的互操作，最大限度地提高学习效率。国际数字出版论坛（IDPF）致力于统一电子教材的发行标准：EPUB 成为首选。EPUB 3.0 是一个自由的开放标准，文字内容可以根据阅读设备的特性，以最适于阅读的方式显示。EPUB 档案内部使用了 XHTML 来展现文字、并以 zip 压缩格式来包裹档案内容。EPUB 格式中包含了数位版权管理（DRM）相关功能可供选用。⑤

---

① MORAVEJI N, TRAVIS A, BIDINOST M, et al. Designing an integrated review sheet for an electronic textbook［C］//CHI'03 Extended Abstracts, 2003：892 – 893.

② WILSON R, LANDONI M. Evaluating Electronic Textbooks：A Methodology［J］. European conference on research & advanced technology for digital libraries, 2001：1 – 12.

③ CHOI J I, HEO H, LIM K Y, et al. The Development of an Interactive Digital Textbook in Middle School English［J］. Future generation information technology, 2011, 7105：397 – 405.

④ LIM C, SONG H D, LEE Y. Improving the usability of the user interface for a digital textbook platform for elementary-school students［J］. Educational technology research and development, 2012, 60（1）：159 – 173.

⑤ CHESSER W D. Chapter 5：The E – textbook Revolution［J］. Library technology reports, 2011, 47 （8）：28 – 40.

（2）电子教材的内容设计研究。除了大部分研究重视的用户体验和可用性之外，K. A. Jin 等认为，电子教材应更加关注学习材料的基本要素。① R. Agrawal 等提出了通过数据挖掘技术提高电子教材的质量，把教材的不同部分与互联网上的相关资源链接。② J. Defazio 集成交互性多媒体和可重用知识对象于电子书中。③

3. 电子教材的实验研究

M. Kim 等在研究中发现电子教材能够为学习者提供多样的学习机会，同时促进学习成就的提升。④ M. Weisberg 研究表明电子教材的使用提高了测验的质量，通过减少学习所需时间和所需精力提高了学习的效率。⑤ J. Sun 等研究发现使用电子教材时对学习效果有提高，这种效果在集中学习中更加显著。⑥

（三）电子教材的实验与评价研究（2012 年后）

J. Choppin 等对典型的数学电子教材与普通的电子化教材进行对比。⑦ J. W. Johnson 以大学生为研究对象，对比纸质教材与电子教材的应用效果。⑧ L. Fischer 等对中学后学生开展等组对比实验，对比使用开放电子教材及未使用开放电子教材学生的教学效果。⑨

综上，国外电子教材研究的发展脉络与国内有所不同，其没有像国内相关研究呈现出明显的阶段性，但为了更好地进行对比，本研究也对其进行了基于时间轴的阶段性分析（如图 2 所示）。

---

① JIN K A, LIM D K, KANG J J. Development of Digital Textbook UI Guideline：Focused on Percepted User Interest Experience［J］. Communications in computer and information science, 2012, 351：170 – 175.

② AGRAWAL R, GOLLAPUDI S, KANNAN A et al. Electronic Textbooks and Data Mining［J］. Lecture notes in computer science, 2012, 7418：20 – 21.

③ DEFAZIO J. Challenges of Electronic Textbook Authoring：Writing in the Discipline［J］. Springer berlin heidelberg, 2012, 352：8 – 14.

④ KIM M, YOO K H, PARK C, et al. An XML – Based Digital Textbook and Its Educational Effectiveness ［J］. Computer science and information technology, 2010, 6059：509 – 523.

⑤ WEISBERG M. Student Attitudes and Behaviors Towards Digital Textbooks［J］. Publishing research quarterly, 2011, 27（2）：188 – 196.

⑥ SUN J, FLORES J, Tanguma J. E – Textbooks and Students' Learning Experiences「J」. Decision sciences journal of innovative education, 2012, 10（1）：63 – 77.

⑦ CHOPPIN J, CARSON C, BORYS Z, et al. A Typology for Analyzing Digital Curricula in Mathematics Education［J］. International journal of education in mathematics, science and technology, 2014, 2（1）：11 – 25.

⑧ JOHNSON J W. A Comparison Study of the Use of Paper versus Digital Textbooks by Undergraduate Students［D］. Terre Haute：Indiana State University, 2013.

⑨ FISCHER L, HILTON J III, ROBINSON T J, et al. A Multi – Institutional Study of the Impact of Open Textbook Adoption on the Learning Outcomes of Post – Secondary Students［J］. Journal of computing in higher education, 2015（27）：159 – 172.

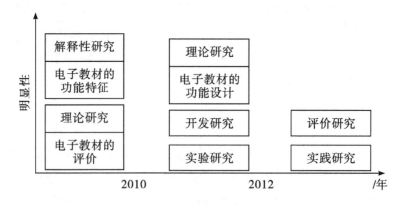

**图2　国外电子教材研究的发展脉络**

由图2可以看出，国外电子教材的研究具有较强的持续性。如关于电子教材功能特征的研究，2010年前主要是解释性研究，而在2010—2012年期间，关于电子教材的功能研究主要体现在对电子教材功能设计的理论研究；在电子教材评价方面的研究，2010年前主要是关于电子教材应该如何评价的理论研究，而在2012年后则主要是评价的实践研究。

# 四、结语

通过分别对我国及国外关于电子教材相关研究的内容分析，可以发现：①根据Thomas C. Reeves关于教育技术研究目标的划分，我国关于电子教材的研究呈现出明显的阶段性，体现出从解释性研究向实验研究的转变，其发展脉络图与技术炒作周期基本吻合；②我国关于电子教材的相关研究主要集中于电子教材相关概念、实践项目的解释性研究及设计与开发研究，但关于电子教材的应用实践研究仍然很少，且缺乏电子教材的评价研究；③国外电子教材相关研究的阶段性并不是非常明显，但也体现出从解释性研究向实验研究的迁移趋势。且关于电子教材某一方面的研究体现出较强的持续性；④国外关于电子教材的研究关注内容设计的相对较少，而且不够系统；对电子教材的应用研究发现，电子教材对学习结果的影响不太显著，这与电子教材在教学中的应用模式有较大关系。

# 具身认知视角下网络学习空间的再审视

广州大学网络与现代教育技术中心　杨玉宝

广东省教育技术中心　唐连章

**摘　要：**具身认知主张认知、身体、环境三者不可分割，融为一体。本研究针对当前网络学习空间研究中存在的对其内涵认识不统一、多以离身型网络空间为主的现状，从具身认知的视角来审视网络学习空间，要求重构网络学习空间的结构框架、建构具身型网络学习空间、创建促进"认知—身体—空间"一体化的学习空间互动交流氛围，以促进网络学习空间与教育教学的深度融合。

**关键词：**具身认知　网络学习空间　具身型学习环境

## 一、引言

认知科学的发展，特别是近年来兴起的具身认知研究思潮，为有关学习、知识及学习环境的研究提供了新的理论给养。在国家全力推进"三通两平台"建设与深化应用的背景下，为更好地促进网络学习空间与教育教学的深度融合，通过具身认知的视角重新审视网络学习空间的建设与应用等课题，既是审视当今认知理论发展对网络学习空间与教育教学融合创新的理论自觉，又是深入推进我国网络学习空间深化应用的实践诉求。

## 二、具身认知的主要观点

具身认知（embodied cognition）的研究兴起于 20 世纪 80 年代，是认知科学在学科的演进过程中兴起的一股新的研究思潮。由于具身认知以一种全新的视角来看待学生的

本文系全国教育信息技术研究规划 2016 年度课题"智慧教育视野下高校网络学习空间的创新应用模式研究"和广州大学 2016 年教育教学研究项目"基于完全学分制的教务管理系统需求分析与建设策略研究"的阶段性成果。

学习、教师的教学以及学校的组织，因此被认为会对教育领域产生深远的影响①，受到多个领域研究者的持续关注。

（一）什么是具身认知

具身认知的研究有近 40 年的历史，但直到今天关于什么是具身认知，学术界还没有一个统一的说法。

M. Wilson② 通过对相关文献的梳理和整合，概括出具身认知的基本观点包括：①认知是基于情境的，它发生在现实世界的真实场景中。②认知发生在身心与环境的实时交互之中。③环境可以储存我们的认知信息，供需要时使用。④环境是认知系统的组成部分，认知系统可扩展到包括身体在内的整个环境。⑤认知的根本目的是指导行为。⑥离线认知（与具身认知相对）也是基于身体的，认知即使脱离具体的环境仍受一定的身体机制的约束。

国内叶浩生教授认为，具身认知的独特之处在于，它把认知从一种抽象的神圣的精神过程还原为与世俗化的身体紧密相关，受到身体物理属性及其感觉运动体验制约的具体过程③。叶浩生教授指出④，虽然学界关于什么是具身认知没有一个标准的定义，但是贯穿其中则有几个基本的命题：①身体的结构和性质决定了认知的种类和特性，即有机体赖以理解它周围世界的概念和范畴是被有机体所拥有的身体决定的。②认知过程具有非表征的特点，思维、判断等心智过程也并非抽象表征的加工和操纵；认知发生在身体作用于环境的实时动力系统中。③认知、身体、环境是一体的。认知基于身体、根植于情境，认知、身体和环境不可分割。④身体和环境是认知系统的构成成分，认知不仅受到身体的物理属性制约，也根植于环境，嵌入社会和文化之中。

从以上对当前具身认知研究基本观点的梳理中可以看出，具身认知的主要主张有：①认知和身体是不可分割的整体，认知的种类和特性有赖于身体的结构和性质；②环境是认知系统的组成部分；③认知、身体、环境三者是融为一体的。

---

① BRESLER L. Knowing Bodies, Moving Minds [M]. Dordrecht, Boston, London：Kluwer Academic Publishers，2004.

② WILSON M. Six Views of Embodied Cognition [J]. Psychonomic bulletin & review，2002，9（4）：625－636.

③ 叶浩生. 西方心理学中的具身认知研究思潮 [J]. 华中师范大学学报（人文社会科学版），2011，50（4）：153－160.

④ 叶浩生. 身体与学习：具身认知及其对传统教育观的挑战 [J]. 教育研究，2015（4）：104－114.

（二）具身认知关于学习、知识及学习环境的观点

1. 关于学习观

从具身认知的视角看待学习即具身学习，它主张把心智根植于身体，把身体根植于环境，认为学习既不是孤立于中枢过程的信息加工，也不是外部环境条件对行为的机械作用。具身学习是个体最大限度地利用内部心理资源和外部环境条件，以达到心智、身体和环境之间动态平衡的过程，是身心一体的整合训练过程、在一定情境中的体验过程、一种交互的动态生成过程。① 具身学习在教学实践中遵循身心一体原则、心智统一原则、根植原则。②

2. 关于知识观

从具身认知的视角审视知识，认为知识来自认知主体与其所处的环境之间发生有机性、创造性、生成性的交互作用，是基于个人的身体、经验、实践、行动的参与以及情境、生活等互动基础上生成知识的过程，知识与知识的建构者融为一体，知识具有具身性、理解性、情境性、生成性等形态。同时，具身认知的知识观主张构建学科知识与个人经验互融、学科知识与生活世界共在的课程知识观。③

3. 关于学习环境观

具身认知理论秉持身体及其所处环境共同作为认知活动发生的基础，认知的展开与发生在于身体、心智以及环境三者构成认知系统的自组织生成与涌现。④ 为此，有学者提出了具身型学习环境，并认为它是一个混沌但有序、复杂而有结构的有机系统，它具有开放性、适应性和整体性等特征。⑤ 其中开放性主要是指学习资源的开放与共享，适应性是指各环境要素能够为适应和满足不同学习者的不同特点和需求而做出灵活的变化，整体性是指学习环境是一个完整且有生命的生态系统。⑥

---

① 李朝波. 具身认知与游戏化学习：成人培训的回归与创新 [J]. 成人教育，2017（6）：10-14.
② 叶浩生. 身体与学习：具身认知及其对传统教育观的挑战 [J]. 教育研究，2015（4）：104-114.
③ 张良. 具身认知理论视域中课程知识观的重建 [J]. 课程·教材·教法，2016（3）：65-70.
④ 张良. 论具身认知理论的课程与教学意蕴 [J]. 全球教育展望，2013（4）：27-32.
⑤ 郑旭东，王美倩. 从静态预设到动态生成：具身认知视角下学习环境构建的新系统观 [J]. 电化教育研究，2016（1）：18-24.
⑥ 王美倩，郑旭东. 基于具身认知的学习环境及其进化机制：动力系统理论的视角 [J]. 电化教育研究，2016（6）：54-60.

## 三、网络学习空间建设和应用现状

国内网络学习空间的研究受政府提出的建设"三通两平台"政策的推动而日趋活跃并成为研究的热点，通过走"政府主导、企业建设、学校应用"的路线，网络学习空间已经从"建设导向"转变为"应用导向"，目前已经发展到融合创新阶段。[①]

结合文献研究及有关网络学习空间应用实践的分析发现，虽然目前网络学习空间正逐步与教育教学实现深度融合，成为师生学习的重要虚拟学习空间，但在具体的建设和应用中仍然存在以下问题亟待解决。

### （一）对网络学习空间内涵的认识不统一

网络学习空间是基于一定的学习支撑服务平台，为每个学习者提供私有的和个性化的个人学习空间以及承担公共服务功能的公共学习空间，以促进学习者学习为宗旨，是师生之间开展学习活动的虚拟场所，支持教师、学生、家长等多种角色的互动交流。网络学习空间虽然在研究领域和应用领域受到广泛的重视，但对其认识并不统一。在内涵界定方面，目前主要存在两种主要的观点，一种认为网络学习空间是学习的"平台"[②]，一种认为是学习的"系统"[③]。

杨玉宝等[④]在综合教育部科技司[⑤]和祝智庭教授[⑥]等学者对网络学习空间解读的基础上，认为网络学习空间在云计算、大数据、学习分析等信息技术支撑的基础上，应具备四个"要素"（角色空间、工具空间、内容空间和过程信息空间），发挥四种"平台"的功能（资源平台、社交平台、管理平台和服务支持平台），进而实现五个"目标"。

毕家娟等认为，网络学习空间是以学习活动为核心要素，以资源、工具、人、服务为基本要素，以技术为支撑要素的学习系统。[⑦]

郭绍青等借鉴软件系统的三层架构模型，认为网络学习空间由数字教育资源、交流

---

①② 杨现民，赵鑫硕，等. 网络学习空间的发展：内涵、阶段与建议 [J]. 中国电化教育，2016 (4)：30－36.

③ 寇燕，张进良. 网络学习空间国内研究综述 [J]. 数字教育，2017 (2)：9－17.

④ 杨玉宝，吴莉红. 泛在学习视角下网络学习空间的创新应用模式 [J]. 中国电化教育，2016 (7)：29－35，42.

⑤ 教育部督查推进教育信息化重点工作（一）[EB/OL]. (2013－10－18) [2017－08－06]. http://www.moe.gov.cn/publicfiles/business/htmlfiles/moe/s6381/201305/152102.html.

⑥ 祝智庭，管珏琪. "网络学习空间人人通"建设框架 [J]. 中国电化教育，2013 (10)：1－7.

⑦ 毕家娟，杨现民. 联通主义视角下的个人学习空间构建 [J]. 中国电化教育，2014 (8)：48－54.

与对话、管理与决策三个子系统构成①，是通过新兴技术的不断发展与交叉融合，聚合数字教育资源和智力资源，为学习者提供虚实融合的学习资源环境，实现智能个性化学习，建构信息化社会虚实一体教育新生态的教育云服务体系，具有动态性、进化性、聚合性、联通性和适应性等特点②。

（二）网络学习空间以离身型空间为主

受传统的离身学习环境观的影响，教师为顺利完成教学任务与教学目标，将网络学习空间作为师生开展学习活动、产生学习行为、接收相关学习知识、应用所学知识和技能的虚拟场所和背景。因此，为学生的学习提供了丰富的学习资源和工具，但是这些工具的设计忽视了学习者的身体在学习中的重要作用。学习者始终游离在学习空间之外，无法将自己融入空间中与其他学习者、教师或课程助教等进行紧密的互动，也难以体验到在学习空间中的具体感受和学习体验。

学习者依托学习空间开展学习，对空间的黏性不强，很少有学习者将个人的网络学习空间整合进日常的学习之中，成为自身的私有空间，大多是仅仅依托平台开展针对某门课程的学习。课程学习结束，空间的作用便不复存在。通过对本校资源共享课"Photoshop 图像处理"的追踪，发现建立的个人学习空间在课程结束之后学习空间的作用便很快消失。

另外，学习空间的建设中对空间的社会文化氛围的营造重视不够。事实上，学习者"是一个活生生的、与自然环境和文化环境交互作用的有机体，他们的心智、大脑、身体和环境是一体化的系统"③，正是在它们的交互作用下，实现了认知发展的复杂、整体、动态生成过程。

## 四、重新审视网络学习空间的思路：具身认知的视角

随着具身认知在学习领域的逐渐渗透与发展，从具身认知的视角来审视网络学习空间，对我们认识网络学习空间、构建具身型网络学习空间并开展应用具有重要的指导意义。

---

① 贺相春，郭绍青，张进良，等. 网络学习空间的系统构成与功能演变：网络学习空间内涵与学校教育发展研究之二［J］. 电化教育研究，2017（5）：36－42，48.
② 郭绍青，张进良，郭炯，等. 网络学习空间变革学校教育的路径与政策保障：网络学习空间内涵与学校教育发展研究之七［J］. 电化教育研究，2017（8）：55－62.
③ 叶浩生. 西方心理学中的具身认知研究思潮［J］. 华中师范大学学报（人文社会科学版），2011（4）：153－160.

## （一）网络学习空间内涵的再认识

人们对于事物的认识是不断深化、发展的，对网络学习空间的认识也是如此。郭绍青等通过系列文章对网络学习空间所依托的关键信息技术、发展阶段进行了系统的阐述，认为在计算机网络技术、移动互联技术、大数据分析技术及人工智能等四个阶段信息技术所引发的交叉融合效应下，网络学习空间实现了知识存储与共享学习空间①、交互与知识生成学习空间②、个性化学习空间③及智能化学习空间④的发展与变迁。该系列研究文章主要着眼于信息技术对网络学习空间的支撑作用，忽视了相关理论的指导作用。

本研究在吸收前人研究成果的基础上，提出网络学习空间的构建框架（如图1所示）。

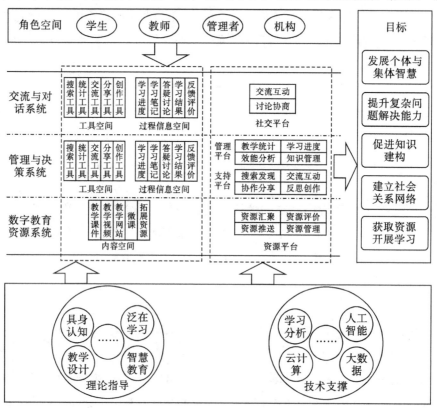

**图1　网络学习空间构建框架**

①　张筱兰，郭绍青，刘军. 知识存储与共享学习空间（学习空间V1.0）与学校教育变革：网络学习空间内涵与学校教育发展研究之三［J］. 电化教育研究，2017（6）：53-58.

②　张进良，贺相春，赵健. 交互与知识生成学习空间（学习空间V2.0）与学校教育变革：网络学习空间内涵与学校教育发展研究之四［J］. 电化教育研究，2017（6）：59-64.

③　张进良，郭绍青，贺相春. 个性化学习空间（学习空间V3.0）与学校教育变革：网络学习空间内涵与学校教育发展研究之五［J］. 电化教育研究，2017（7）：32-37.

④　贺相春，郭绍青，张进良，等. 智能化学习空间（学习空间V4.0）与学校教育变革：网络学习空间内涵与学校教育发展研究之六［J］. 电化教育研究，2017（7）：38-42，50.

从图 1 可以看出，在新构成的网络学习空间框架中，多种角色（教师、学生、机构、管理者等）在四类平台（资源、社交、支持、管理）构建的三个系统（数字教育资源、管理与决策、交流与对话）中融合四个空间（角色、内容、工具、过程信息）经过双轮（理论指导、技术支撑）驱动，实现五大目标。

具身认知作为重要的理论支撑，为网络学习空间的构建提供理论给养，要求"以技术的具身实现学习空间的具身，即通过建立学习者与技术之间的具身关系，实现学习者与学习空间的真正融合，切实促进学习者身体、心灵和学习环境三者之间的具身性交互"[①]。

### （二）构建具身型网络学习空间

对学习的研究，特别是对认知的研究是学习环境构建的最重要的科学基础。[②] 通过 M. Wilson 关于具身认知研究的梳理，可以看出，个体的行为和认知受到环境的重要影响，环境作用并支持个体的整个认知过程，为我们构建具身学习环境提供了基本的指导依据。[③]

网络学习空间本质上是一种虚拟的学习环境，由数字教育资源、交流与对话、管理与决策三个子系统构成，而系统中的构成要素是复杂的，因此系统与系统之间、要素与要素之间的关系必然是复杂的。同时，学习空间中仍有很多混沌的元素，如师生关系、生生关系、教学氛围、学校文化、社会文化等，这些都会随着时间的推移而发生持续的变化，对学习者的学习也发生着影响。随着教学的继续，师生关系、生生关系也在不断进化、发展，学习空间本身也将不断变化和发展。

因此，我们需要通过技术的手段，使得网络学习空间中诸要素能够为满足和适应不同学习者个性化的认知特点和学习需求随着时间的推移做出灵活的变化。具身型网络学习空间应尽量满足不同学习方式的环境需求，如移动学习环境下对学习资源和设备的匹配需求，协作讨论中对多种媒体信息的支持，探究性学习中各种相关资源的智能推送，案例学习中学习案例与学习内容的自动推送和匹配，实验操作中学习场景的虚拟化模拟等，以促进学习者不同知识的意义建构。

总之，具身的学习空间不是预先设立好的，而是在应用中动态变化的，在人与人的多重互动中、在与周围环境的交互中不断补充和摄入新的信息。网络学习空间的建设应

---

① 王美倩，郑旭东. 基于具身认知的学习环境及其进化机制：动力系统理论的视角 [J]. 电化教育研究，2016（6）：54 - 60.

② 郑旭东，王美倩. 从静态预设到动态生成：具身认知视角下学习环境构建的新系统观 [J]. 电化教育研究，2016（1）：18 - 24.

③ WILSON M. Six Views of Embodied Cognition [J]. Psychonomic bulletin & review，2002，9（4）：625 - 636.

跟上信息技术发展的步伐，通过丰富工具空间，尽可能多地强化和吸收学习者的各类知觉体验，进而增强学习者的在场感，有效调动他们的身体和心理的参与，促进知识和意义建构的有效发生。

### （三）营造"认知—身体—空间"一体化的互动交流氛围

在网络学习空间中，以往关注较多的是资源支持环境和学习工具，如学习资源的建设与应用等。对人际关系、情境会话、情感氛围等心理环境重视不足，仅仅是作为师生交流的场所。对任何一些偏离主题的讨论似乎都不能够容忍，并有严格的"讨论规则""发帖须知"用以限制学习者的讨论，不可天马行空，因此讨论往往严肃、专业有余而人性化不足。殊不知，学习者正是在这些不太正式的场合表达出来的观点、情感或需求才是真实的，也更应值得重视。因为，"教育知识零散地分布在场景、问题参与者和内容之中，通过交互，不同的观点和方法得到展示，对发展深度的、多样化的更具灵活性的思维过程十分重要"①。

"学生的学习不可能没有情绪的卷入，而这种情绪卷入不可避免地是具身的……当然，这些被卷入的情绪既不在心智中，也不在身体中，而是位于与客观世界的具身性互动中。"② 具身认知强调心智根植于身体，身体根植于环境。环境既包括了自然环境，也包括了社会文化环境，社会文化塑造了身体和心智③。因此，在学习空间中既要考虑身体因素，也要考虑社会文化因素，通过为学习者提供丰富的学习资源，创设开放的问题情境，营造积极互动的交流氛围，引导学习者从不同角度去思考问题，综合感官体验、行动经验、协作交流、总结反思等多种方式

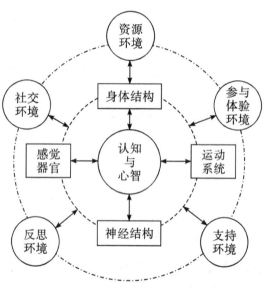

图2　"认知—身体—空间"一体化示意图

去寻求问题解决方案，让学习变成身体、心智与环境持续互动的过程④，最终实现"认知—身体—空间"的一体化（如图2所示）。

---

① O'LOUGHLIN M. Paying Attention to Bodies in Education：Theoretical Resources and Practical Suggestions［J］. Educational philosophy and theory，1998，30（3）：275 - 297.

② 乔纳森. 学习环境的理论基础［M］. 郑太年，任友群，译. 上海：华东师范大学出版社，2002.

③ 叶浩生. 身体与学习：具身认知及其对传统教育观的挑战［J］. 教育研究，2015（4）：104 - 114.

④ 李朝波. 具身认知与游戏化学习：成人培训的回归与创新［J］. 成人教育，2017（6）：10 - 14.

## 五、结束语

具身认知理论在教育领域的应用正逐渐引起研究者的重视。从具身认知的视角来重新审视网络学习空间，对我们深化网络学习空间的认识、促进网络学习空间在教学中的融合与创新应用，进而促进"三通两平台"工程目标的实现，具有重要的现实意义。本研究以具身认知理论为指导，重构了网络学习空间的结构框架，提出了建构具身型网络学习空间、创建促进"认知—身体—空间"一体化的学习空间互动交流氛围的思考，对网络学习空间的建设与应用具有一定的指导意义。在未来的研究中，将以具身认知理论为指导，开展具身型网络学习空间的研发并在教学实践中开展应用。

# 对"微课"现象的理论分析

广州大学　李康

**摘　要:** 近些年"微课"的研究和应用兴起一股热潮,在热潮中出现了一些问题。目前这股"微课热"又迅速退去,这种讨论的热潮给广大教育工作者留下了一些思考。需要我们从教育理论的角度对"微课"重新进行分析,从理论上确定它的内涵与定位,给予充分论证。把它放在当今互联网的背景下,发现(或赋予)它的意义和价值,正确把握其基本类型和设计的基本要求。

**关键词:** 微课　微课热　基本类型　基本要求

近些年来,"微课"在教育界得到极大关注,成为教学改革的热点之一。许多学校积极培训提高教师制作微课的能力;各级行政部门组织了微课比赛;论文写作也多讨论"微课"等。可"微课热"并未持续多久,目前热度已经退去并回归正常。而在教育技术学界却存在缺乏对该情况进行理性分析与反思的现象。在教学理论上,"微课"的定位不准确,面貌不清是一大缺陷,使得对"微课"进一步深入研究和应用形成了障碍。这是微课迅速降温的原因之一。为此,本研究在阅读前期相关文献的基础上,对已有的微课研究和活动进行分析,试图从理论上对"微课"进行定位,并以此对"微课"的研发价值、意义、基本类型以及设计要求等方面做初步探讨。

## 一、由"微课"产生的认识与问题

在现实生活中,教师对"微课"的理解,大多是望文生义,一般对"微"不产生歧义,但对"课"会有歧义,即对"上课""课"的理解,"上课"是教学活动;而"课"则有教学科目或教学内容(信息资源)的含义。那么"微课"究竟是教学活动,还是教学内容(信息资源)。无论追溯其来源,还是望文生义,甚至给出定义,均可得出不同的概念,产生不同的认识,给人以面目不清晰的印象。

在相关文献中,这种现象更加明显。在国外,美国北爱荷华大学 Leroy A. Mcgrew 教授针对化学教学提出了 60 秒课程,包括总体介绍、解释说明、举例分析等三部分;英国学者提出"1 分钟"演讲,目的是让学生掌握核心概念。这两种解释均指"微课"是一种极为简短的教学活动。而美国新墨西哥州圣胡安学院（San Juan College）的 D. Penrose 认为：微课是一种以建构主义为指导思想，以在线学习或移动学习为目的，以某个简要明确的主题或关键概念为教学内容，通过声频或视频音像录制的 60 秒课程。这种解释则将"微课"看成一种短小的课程资源。那么，"微课"是一种短小的教学活动，还是一种短小的教学信息资源？而在国内，产生了 10 多个"微课"的定义。归结起来看，依然是下述分歧的反映。

第一，微课是一种教学活动（教学方式）。"微课"是指教师在课堂内外教育教学过程中围绕某个知识点（重点、难点、疑点）或技能等单一教学任务进行教学的一种教学方式，具有目标明确、针对性强和教学时间短的特点。① "微课"是指为使学习者自主学习获得最佳效果，经过精心的信息化教学设计，以流媒体形式展示的围绕某个知识点或教学环节开展的简短、完整的教学活动。②

第二，微课是一种教学资源。"微课"是指按照新课程标准及教学实践要求，以教学视频为主要载体，反映教师在课堂教学过程中针对某个知识点或教学环节而开展教与学活动的各种教学资源的有机组合。③ 微课是以阐释某一知识点为目标，以短小精悍的在线视频为表现形式，以学习或教学应用为目的的在线教学视频。④

第三，微课是一种微小课程。"微课程"是指时间在 10 分钟以内，有明确的教学目标，内容短小，集中说明一个问题的小课程。⑤ 这种把微课看成小课程的做法，就是将特定教学活动（如翻转课堂）与特定教学信息资源结合起来，成为有特定活动形式的微小课程活动。

上述分歧带来的问题是："微课"究竟是教学活动，还是教学信息资源，抑或是基于信息资源而开展的微小课程活动？那么，在教学实践中，教师探索的重点究竟是教学活动过程，还是教学信息资源开发？若是教学活动过程，其重点是教学法的研究；若是教育信息资源开发，其重点应是信息资源的设计与研制，两者不能混为一谈。由此带来的进一步问题是："微课"的实践主体究竟是何人？"微课"若是一种教学活动，参与的主体是教师；若是一种教育信息资源，其参与的主体不一定是教师，还需其他专业人员的参与。因此，微课定位的模糊，研究对象的漂移，参与主体的不确定性等多种因素

---

① 百度百科. 微课 [EB/OL]. (2017 - 07 - 10) [2017 - 08 - 13]. https://baike.baidu.com/item/%E5%BE%AE%E8%AF%BE/7966740?fr = aladdin.

② 张一春. 微课是什么？我给出的定义 [EB/OL]. (2013 - 05 - 13) [2017 - 08 - 13]. http://blog.sina.com.en/s/blog_8dfa9ca20101ouw0.html.

③ 胡铁生. "微课"：区域教育信息资源发展的新趋势 [J]. 电化教育研究, 2011 (10)：61 - 65.

④ 焦建利. 微课及其应用与影响 [J]. 中小学信息技术, 2013 (4)：13 - 14.

⑤ 黎加厚. 微课的含义与发展 [J]. 中小学信息技术教育, 2013 (4)：10 - 12.

或许是微课迅速降温的原因之一。

再从发表的论文看，也存在这种分歧。有的论文似乎在讨论教学资源，但又变成了教学活动；有的正相反，似乎在讨论教学活动，但有相当部分内容又变成对教学资源开发的探讨；有的论文既讨论了教学活动，也讨论了教学资源，但两者之间并无特定的内在联系，理论上有明显的缺陷或断裂。这种现象无疑影响了对微课持续有效的研究。

还有一种现象，即把"微课"当成筐，什么东西都往里装，越装越让人看不懂。试想一下，微课时间和空间有限，却把教学思想、教学设计、教学策略、教学形式、教学方法等统统放进去。刻意扩充微课，扭曲了它的面貌，甚至违背基本的教学常识。这也许是学术风气问题，也许是业绩考核所迫。但这种论文除了评职称外，价值并不大。

总之，对"微课"模棱两可的认识，或刻意扩充与扭曲，既不利于"微课"资源的研发，也不利于有关教学活动的有效开展。故有必要对"微课"给予明确的定位，不应让它在教学方式（教学活动）、教学信息资源、教学课程之间纠缠不休。

## 二、对"微课"的定位

为回答上述问题，我们用排除的方法，梳理"微课"与相关概念的关系，并确定微课的定位。

（一）"微课"不是典型的课程，也不是微课程

什么是课程，传统概念是将"课程"看作教学的科目。[①] 而现代的课程概念有演变扩大趋势，即"课程"从教学科目演变成基于教学科目开展的师生活动，并由课堂内拓展到课堂外。把"课程"的重心，从外在的规范转移到以"课业"为主体的现实的活动。即把"课程链"从"正式课程"延伸到教师与学生共同参与的课业，并关注"学生经验的课程"，从而形成行动中的课程系统。[②] 故"课程是学科、活动和相应的学习情景、活动情景的统一"[③]。不难看出，现代课程概念包含有教学科目、教学活动、教学情境等多种内容要素。相形之下，显然"微课"不是典型的课程，因为它无法代表一个完整的教学科目，更无法代表基于一个教学科目而产生的一系列课业活动。故课程的概念远大于"微课"。退一步讲，"微课"也不是"微型课程"，若以"现代课程"概念来衡量，"微型课程"也应有"现代课程"的基本内涵和基本要素。否则，就是偷换概念。若是非要在"微课"与微型课程之间画等号，那是学科概念应用的不严谨，或有玩概念之嫌。

---

① 辞海委员会. 辞海·教育·心理学分册［M］. 上海：上海辞书出版社，1980：5.
② 陈桂生. 普通教育学纲要［M］. 上海：华东师范大学出版社，2009：120.
③ 李方. 课程与教学基本理论［M］. 广州：广东高等教育出版社，2002：3.

（二）"微课"不是完整的教学方式或教学活动

任何教学活动总是以一种方式表现出来的，如课堂讲授、小组讨论、实验、实习、远程教学等均是一种教学方式，同时也是一种具体的教学活动。"微课"之所以不是完整的教学方式或教学活动，其理由是：第一，从时间上说，目前没有 5～10 分钟就结束的课堂教学。所以"微课"需与其他教学方式和方法结合才能构成一个相对完整的教学活动，即便是"翻转课堂"的教学也是如此。因此把"微课"看成一种独立的、完整的教学活动显然是不合理的，它只是教学的一个环节或一个组成部分。第二，从类型上看，"微课"没有特定的教学组织方式，即它不能与其他教学方式相区别，如不能与"多媒体教学""网络学习"等方式区别，故"微课"尚不具备一种独特课型或教学类型的基本特征。第三，若把"微课"看成一种教学活动，则不容易把握其本质。因为"微课"可用于各种教学活动，无论是线上或线下，集体授课或个体学习，课堂教学或颠倒课堂，文本学习或技能掌握均可应用"微课"。故没充分理由限定"微课"只能有某一种教学活动形式。若对"微课"参与的各种教学活动探究，会被各种教学活动形式所困扰，反而更加看不清"微课"的本来面目。

（三）"微课"是一种教育信息资源

"微课"是一种为解决特定教学问题而开发制作的短小的视频资源。目前"微课"并没有以一种特定的师生活动或活动方式存在，而是以一种视频信息资源的方式存在。即"微课"是以一种能以网络浏览的视频形式表现出来的。笔者认为，目前的"微课"大赛，评比的不是师生围绕某个知识点而开展的教学活动，而是记录有师生教学活动的视频作品。须知教学的现场活动与视频记录的教学活动是两件事，视频记录添加了许多技术因素，如构图、画面剪辑、字幕组织、多机位拍摄、灯光效果、背景音乐等。这些技术因素的加入改变了教学活动原生态，成为给第三方观看的学习资源。

此外，从目前"微课"作品的表现形式看，记录师生教学活动的"微课"数量越来越少，其他表现方式变得越来越多。究其原因，在短短的 5～10 分钟内，若以师生活动的方式传达信息，其内容形式比较单调且信息量也相对较小，不如直接表现所学事物和现象来得更加丰富，更加多样化。故"微课"不再局限于单一的课堂短小教学活动，而是呈现出多种多样的形式。

## 三、"微课"的发展空间

"微课"热度的退去，并不意味着它的价值也一同消失。我们把"微课"看成一种教育信息资源，不仅使认知对象变得相对单纯，而且可以从信息资源和互联网的角度，重新探究它的价值、意义和作用。在我国，"微课"原来是因教学录像审查的需要而面世，又因各级教育部门的教学竞赛而发展。[①] 但是，它毕竟与互联网时代相交集，互联网可以提供其继续生存和发展更大的舞台。因此，理解"微课"的价值、意义和作用必须以互联网为背景做分析和认识。

从学校方面看，在互联网和大数据时代背景下，学校教育最大变化之一就是其功能向全社会延伸。学校教育不再是过去那种封闭的、"与世隔绝"的象牙塔式的教育。但学校教育的这种延伸不是扩大自己的地盘，而是通过网络和信息技术将优质的教育信息资源扩散到全社会，让更多的人受益。"慕课"的出现就是这种变化的代表之作。而"微课"最初可能不是应网络而生，但它赶上了互联网时代，这让它的舞台变得更大，它也能成为一种网络学习的资源。从这个意义上看，学校应成为优质教育信息资源的发源地，学校研发和制作"慕课"和"微课"等教育信息资源应是其崇高的社会责任。

从学习者方面看，在互联网时代，学习者的行为也发生了变化。即由过去的两种方式变成了现在的三种方式。在过去，一是基于书本的系统化学习。这是学校教育、课堂教学的主要途径。其目的是在相对较短时间内让学习者掌握比较完整的、系统的理论知识。二是基于工作和生活的经验化学习。这种学习密切结合学习者的生活实际，既可以检验、消化和完善书本知识，也可以学到书本上没有的东西。而互联网给学习者带来第三种方式：基于网络的碎片化学习。目前这种个体的、随时随地的、不受时空限制的学习方式越来越普及。若把获取和交流信息也看成一种"学习"的话，此种"学习"几乎无处不在、无时不在。这种学习虽无书本系统、完整，也不能等同于经验化学习，但它却有着灵活、方便、实用的特点；它既可以支持书本知识的学习，也可以支持生活化、经验化学习。为适应这种非系统的、零碎的、实用的、多样的学习，"微课"就有了很大的发展空间和用武之地。这是"微课"最重要的价值和意义所在。上述三种学习方式不是分离的，而是叠加在一起的，不存在谁取代谁的问题。

从信息资源方面看，可从互联网背景下形成"微课"发展的新思路。以"微信"的发展为例来说明这个问题。"微信"之所以得到广泛应用，是因为它迎合了人们多种信息需求，它不仅实现人际之间的信息沟通，还能组成不同的朋友圈，更因为有众多的小文章、小视频、小段子（微资源）等供人们学习、欣赏、娱乐。此外，通过朋友圈的转发，使得"微资源"拥有了无限的增殖力。于是，涌现出大量的微信公众号，还有许多专门机构或人员利用微信制作"微资源"。如此一来，有了丰富的"微资源"，基于"微信"的活动方式得到普及。同样道理，在教育领域若有了丰富的"微课资源"，那

---

① 王竹立. 微课勿重走"课内整合"老路：对微课应用的再思考［J］. 远程教育杂志，2014，32（5）：34 – 40.

么基于"微课"资源的教与学的活动也能得到广泛发展，得以保持下去。

为此，"微课"的开发应有更开阔的视野，不能仅从课堂教学的角度看问题，否则可能会将"微课"模式化、框架化、标准化。此种做法或许可以是一种风格或一种内容集成方式，但绝对不是"微课"的唯一风格或唯一方式。

## 四、"微课"的基本类型与要求

把"微课"作为一种教育信息资源，可以做一些专项的、更深入的研究。这里笔者仅对其基本类型和设计要求做初步分析。

### （一）"微课"基本类型

李秉德认为，目前对微课的分类是照搬课堂教学方法的分类。分为讲授类、问答类、启发类、讨论类、演示类、练习类、实验类、表演类、自主学习类、合作学习类、探究学习类。或者按课堂教学主要环节，将"微课"分为课前复习类、新课导入类、知识理解类、练习巩固类、小结拓展类。还有说课类、班会课类、实践课类、活动类等[3]。这些分类都没有把"微课"看作教育信息资源，而是当成了一种教学活动。故笔者认为这些分类均不准确。

笔者以为，合理的分类应依据信息资源的性质而定。从视频材料的角度看，"微课"的分类应根据其表现形式而定，即主要看它以何种方式呈现信息内容。总结起来，其类型大致有以下几种。

1. 讲座讲解型

讲座讲解型是电视教学最常见的表现形式，即以讲授者的正面表达活动为主，讲者围绕某问题加以说明、解释等。由于时间限制，不能做长篇大论的讲演，小而精的演说是它的优势，若有这种需要可选择此类型，否则考虑其他表现类型。此类型"微课"制作的重点是：对讲授者要求较高，要形象端庄，口齿清晰，表达能力强，若讲授者有表演天赋则更能引人入胜。

2. 课堂活动型

课堂活动型是一种师生围绕某个主题（概念、小问题等）而开展课堂教学活动的视频。此类型"微课"制作要求教师不仅有良好表达能力，还要有良好的规范课堂组织能力；同时学生也要积极参与和具备良好的表达能力。师生互动氛围是此类型"微课"的亮点。笔者以为，此类型"微课"在展示教师的教学技能、技巧、教学组织等方面比表现其他"知识"更具优势。

3. 实验演示型

实验演示型是一种将实验过程和结果演示出来的视频。由于受时间限制，此类型

"微课"主要表现一些典型的、精巧的小实验。其目的一是让学习者观察实验过程，了解实验结果；二是验证实验过程与结果等。

### 4．技能展示型

技能展示型是一种将某种技能、技巧展示出来的教学视频。常用于学习者动手能力培养方面，如手工制作、设备维修、工艺美术、烹饪制作、体育舞蹈等。

### 5．屏幕说明型

屏幕说明型是一种利用录屏软件，将计算机屏幕上相关操作的内容变成视频的表现形式。常用于对某款软件或软件的某功能使用的演示与说明。可以看到屏幕上的操作步骤与过程，同时听到教师的讲解说明。

### 6．PPT 讲解型

PPT 讲解型是一种利用录屏软件，将计算机屏幕上播放的 PPT 课件变成视频的表现形式。常用于 PPT 讲解某个知识点的教学。在看到 PPT 演示的同时听到教师的讲解。这种表现形式直接从课堂教学演变而来，只是隐去了教师和学生的活动。制作相对容易，适应于完成知识传授的教学任务。

### 7．电影和动画型

电影和动画型是一种以电影电视或动画片的表现形式，来呈现学习内容的视频材料。采用电影电视的镜头组接、特技、动画的效果等，此类型能表达或表现所学事物和现象。此类型的视频有着丰富的表现力，也最能吸引学习者的注意力。但在制作方面也比较复杂，需要更专业的设备和人员来完成。

### 8．混合表现型

混合表现型是一种将上述几种类型混合组织起来的视频表现形式。目前看来，混合表现型最具表现力，它把其他类型的特点集于一体。当然，此类型"微课"的教学设计更具有挑战性。

"微课"的每种表现类型均有其特点或优势，但笔者不主张把某种类型的"微课"与某种教学方法或教学环节做一一对应。主要基于这种考虑：一是避免无意义的生搬硬套；二是给"微课"研发者和师生活动以更大的选择空间。毕竟是"教学有法，教无定法"。

## （二）"微课"设计的基本要求

从教育信息资源开发的角度看，"微课"的设计开发既要遵循视频教学资源的一般规律，同时又有其自身特点。为此，有如下几个基本要求或基本原则。

### 1．短小而有意义原则

开发"微课"资源首先要做的就是选择主题或核心内容。一般依据教学的重点、难点和关键点进行设计。主题内容不能过大或过于庞杂，否则有限的时间内无法容纳，但也不是单纯的短小，或为了短小而短小，过于简单或过于短小没有必需的信息内容。应坚持短小而有意义的原则，要选择既能用 5~10 分钟展现，又相对独立的内容。

2. 满足需求原则

确定了主题内容后，就要分析学习者学习该内容时可能产生的困难，分析相关的需求，以便确定采用何种结构、何种表现形式、何种风格来满足这种学习需求。

3. 内容可视化原则

既然"微课"是一种视频学习资源，它表现的内容就应以视觉形象为主。因此，"微课"设计开发的一个重要环节就是将抽象内容转化为可视化形象。除了尽可能地表现实物、现象外，目前常用模拟动画、图形、图表等形式把抽象内容转化为可视化形象。

4. 符合认知规律原则

"微课"虽说是一种短小的视频，但在开发时依然要符合学习者的认知特点，符合学习的规律。从某种意义上说，短小的东西是精炼浓缩的，对设计开发者提出了更高的要求，有更大的挑战。即如何在有限时间内既抓住学习者的眼球，又能使其看明白，了解把握视觉心理规律和认知心理规律都是十分重要的。

# 五、结语

首先，通过前面的分析，笔者还原了微课的本来面貌，即微课就是一种为解决特定教学问题而开发制作的短小的视频资源。它在教学中能做多大的事，不能做什么事，本来并不复杂。但是过度的解读与"研究"反而走向了事物的反面，这是令人遗憾的，应该汲取教训。

其次，虽然"微课热"已经退去，但微课的价值和意义不应该随之消失。"微课"作为信息资源在互联网时代有了更为广阔的舞台和发展空间，有了进一步发掘其价值、意义和作用的需要。

最后，在教育技术学界，从"多媒体"开始到现在，似乎每隔一段时期就会出现一些新概念、新技术的热潮或热炒。遗憾的是，它们"昙花一现"，热闹过后并没有留下什么有用的东西。为什么会产生这样的现象？其原因应该是多方面的，有心的读者可做专门深入的研究。而笔者想说的是，这种一波波地热炒，或许能解决一些应用问题，能引起领导重视等。但没有深度的学科研究，最终会把这个学科推向一个尴尬的境地。因此，我们不仅要向前看，也有必要回过头看，要对近几十年来发生的"热"现象在理论上进行分析与思考，在这些现象之间总结出带有规律性的东西。这种回头看，也许赶不上时髦，但能产生更有价值的研究成果。

# 交互式微视频学习平台开发与应用研究

华南师范大学教育信息技术学院　林秀喻　莫艳娴

**摘　要：** 交互式微视频学习平台是微视频与互联网技术、学习媒体技术、交互电视技术相结合的教育视频新形式，其更有利于凸显微视频促进教育改革的特点，更利于体现学习者为中心的教学，突出教学过程的互动性。因此，开展交互式微视频学习平台的研究具有重要的理论和实践意义。本研究通过对国内外交互式微视频学习平台的现状研究，从学习界面、学习工具、微视频、学习资源、学习路径和学习空间六个方面提出了交互式微视频学习平台的设计策略；从平台的界面设计和交互式微视频二次开发两个方面论述了"视觉暂留与动画"交互式微视频学习平台的设计与开发，在交互式微视频的二次开发中强调目标的分析、学习对象分析、教学内容的交互设计和学习资源的选择与设计。据此开发出"视觉暂留与动画"交互式微视频学习平台，并通过实验研究验证其效果。

**关键词：** 交互式微视频　学习平台　开发与应用

## 一、问题的提出

智能化的学习平台对提高学习效果、促进知识快速有效的内化有重要作用。微视频为微型教学视频，是以时长几分钟至十几分钟的微型教育视频为主体，围绕学科知识点、例题习题、疑难问题、实验操作等进行的教学过程及相关资源的有机结合体。它具有短小精悍、主题突出、资源多样、交互性强、半结构化的特征，特别适合手机、平板电脑等移动设备，为学习者提供泛在学习体验。[①] 微视频学习能更好地满足学生对不同学科知识点的个性化学习，按需选择学习，既可查漏补缺又能强化巩固知识，是传统课堂学习的一种重要补充和拓展资源。[②] 在新媒体生态下，由于新媒体显现出各种特征，作为教学媒体重要的媒体之一视频媒体也发生了变化，产生了网络电视、IPTV、手机视

---

① 徐福荫. 新技术·新媒体·新时代［D］. 广州：华南师范大学，2013.
② 林秀瑜. 泛在学习环境下微课的学习模式与效果研究［J］. 中国电化教育，2014（6）：18－22.

频等媒体形式，这些新的形式可以为教育传播所用，成为新的教育视频媒体。[①] 交互式微视频学习平台是微视频与互联网技术、学习媒体技术、交互电视技术相结合的学习平台新形式，对提高学习平台的应用效果具有重要作用。

## 二、国内外交互式微视频学习平台的研究现状

### （一）国外的研究现状

目前交互式微视频学习平台的研究中，欧洲国家提出了 T-learning 的概念，指的是电视化学习（television learning），认为当中的核心研究对象是网络平台上的交互式电视节目，类似于网络平台的教育视频，提出了节目提供者与学习者之间的双向交互，其体现了个性化、数字化和互动性，并认为 T-learning 有潜在的研究价值。如 Marta Rey-López 等介绍了一种将电视节目和学习内容相结合的 T-learning 学习理念[②]。此外，还有M. Lytras[③]、J. J. Pazos-Arias[④] 等也对 T-learning 展开了研究。美国有关于基于多媒体的远程教学环境的研究，其中提出了教育视频网络学习平台要符合六项原则，分别是媒体多样性、知识同步性、交互性、自主导向性、灵活性和智能性。

### （二）国内的研究现状

通过对国内关于交互式微视频学习平台的期刊文献进行内容分析，发现在这些研究中，交互式微视频的设计与制作和在校园开发学习系统发展方面的应用受关注度最高。而硕士学位论文和博士学位论文则主要关于基于案例的系统/平台的设计、开发与应用研究，研究的综合性和系统性较强。总的来说，近年来国内对此类研究的主要关注点包括：①对交互式微视频基本理论的研究，包括原则、构成及作用等，如葛卫军[⑤]的研究；

---

① 林秀瑜，徐福荫. 媒介生态下教育电视新媒体互动研究［J］. 现代远程教育研究，2014（1）：107 – 112.

② MARTA REY – LÓPEZ，ANA FERNÁNDEZ – VILAS，REBECA P DÍAZ – REDONDO. A Model for Personalized Learning Through IDTV［J］. Lecture notes in computer science，2006（4018）：296 – 300.

③ LYTRAS M，LOUGOS C，CHOZOS P，et al. Interactive Television and e-Learning convergence：Examining the Potential of t-Learning［R］. In Proceedings of the European Conference on Elearning，2000.

④ PAZOS-ARIAS J J，LÓPEZ – NORES M，GARCTA – DUGUE J，et al. Provision of distance learning services over Interactive Digital TV with MHP［J］. Computers & education，2008，50（3）：927 – 949.

⑤ 葛卫军，马宁. 交互式远程教学系统的设计与开发研究［J］. 中国成人教育，2007（6）：120 – 121.

②对交互式微视频的设计与制作的研究，如黄慕雄[①]和张屹[②]等的研究；③对支持交互式微视频学习的网络学习系统／平台开发的研究，如在视频学习系统方面盛小清[③]和李倩[④]的研究。

（三）国内外交互式微视频学习平台特点分析

国外有微视频分享平台，如美国的可汗学院、TED-Ed 和 Teacher Tube 等。我国有 5 分钟课程网、深圳教学视频网等。

1. 可汗学院的微视频学习平台特点

可汗学院具有以下特点：通过问题测试设定学习的情景；动态的资源组织，形成学习过程；组成学习共同体，提供学习支持服务。

2. TED-Ed 的微视频学习平台特点

第一，规范的资源开发模式。第二，提供适合个性化学习的学习支持服务。TED-Ed平台上每一个视频下都有一个独特的"翻转视频（flip this lesson）"按钮，任何人都可以在自己感兴趣的视频下点击这个按钮，然后就可以自主编辑这段视频，可以删除自己认为没有帮助的部分，也可以加入自己认为不错的内容，不管是视频、文本、链接，还是交互式问答。第三，依托于社交媒体的传播、推广渠道。

3. Teacher Tube 的微视频学习平台特点

Teacher Tube 是一个只有教师才有上传权限的视频分享网站，Teacher Tube 上的节目内容是经过教师根据自身教学素养筛选出来的。网站中分别由以视频为主，文档、图片、音频为辅共四类学习资源以及小组、虚拟课室和收藏三个互动平台组成，但由于所有的学习资源是众多教师根据个人意愿上传，视频的质量、归类都有不同的把握。同时，该网站的三个互动平台极少将互动元素体现在教育视频当中，没有充分实现节目与学习者的互动。

4. 5 分钟课程网的微视频学习平台特点

国家开放大学于 2012 年底启动了"5 分钟课程建设工程"项目。2013 年，国家开放大学"5 分钟课程网"正式开通，具有以下特点：第一，支持学习共同体的组建。在5 分钟课程网中，学习者可以创建自己的小组或者团体，组成学习共同体。第二，建立

① 黄慕雄，向熠. 交互式数字教育电视节目的设计和应用 [J]. 电化教育研究，2010 (2)：42 – 45.
② 张屹，黄欣，谢浩泉，等. 交互式微视频教学资源的研发与应用：以《教育技术学研究方法》为例 [J]. 电化教育研究，2013 (5)：48 – 54.
③ 盛小清，吴伟信. 基于 Flash Media Server 的视频教学系统的设计与实现 [J]. 佳木斯大学学报（自然科学版），2011 (5)：722 – 725.
④ 李倩. 基于 Internet 的视频教学系统的研究与设计 [D]. 重庆：重庆交通大学，2011：12.

积分体制对学习者评价。在 5 分钟课程网中，通过经验值、声望、信誉积分对学习者评价。

5．深圳教学视频网特点

深圳教学视频网汇聚了以深圳市优秀一线教师为主体的优秀课例视频。这些视频课程内容涵盖了小学、初中、高中各阶段，覆盖了语文、数学、英语等 17 个学科，分类明确。然而，该平台没有提供学习者与学习资源的交互或者学习者与学习者交互的工具与技术，不利于学习者的主动学习。通过国内外的对比研究发现，现有的微视频学习平台对交互的设计缺少用户的导向性，在交互学习策略方面，缺少对交互学习性、主动交互性的设计。本研究运用视频交互技术，以交互设计理论、教学设计理论为基础，提出交互式微视频学习平台的设计策略。

## 三、交互式微视频学习平台的设计策略

以国内外交互式微视频研究现状和交互设计理论、教学设计理论为基础，本研究从学习界面、学习工具、微视频、学习资源、学习路径和学习空间六个方面提出交互式微视频学习平台设计策略（如图 1 所示）。

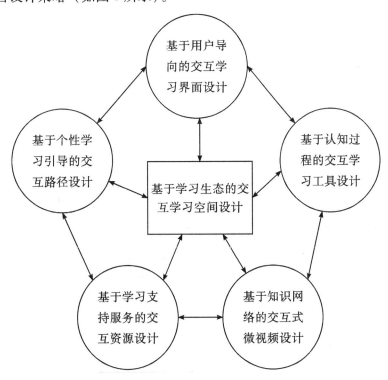

**图 1　交互式微视频学习平台设计策略**

### （一）基于用户导向的交互学习界面设计

交互式微视频学习平台是综合性的，为大众学习者搭建的平台，为使交互界面从形式上获得良好的吸引力，鲜明地突出主题，从版式、色彩、风格等方面入手，并通过对交互界面的空间层次、主从关系、视觉秩序的把握运用来达到，使得交互界面对用户具有引导作用。交互界面的设计要保持一致性。一致的风格设计，可以让学习者对学习平台的形象有深刻的记忆；一致的结构设计，可以让学习者迅速而又有效地进入平台中自己所需要的部分。因此，在生成不同子网页的同时，要注意子网页与主页的风格形式与整体内容的统一。另外，为了便于学习者使用交互式微视频学习平台，便捷地进入微视频的学习，网站设置少量的提示图标以减轻学习者的认知负荷，图标风格统一、布局简洁。使用眼球跟踪仪对人观测计算机屏幕的研究发现，人的视觉注意会对屏幕左上角40%的区域比较敏感，而对右下角15%的区域最不敏感。[①] 学习者浏览网页一般都是从左至右，因此视觉平衡也要遵循这个道理。同时，过分密集的信息不利于读者阅读，甚至会引起读者反感，破坏该网站的形象。在交互界面设计上，适当增加一些空白，使得页面变得简洁。

### （二）基于认知过程的交互学习工具设计

学习者的认知过程是对学习信息进行加工处理的过程，由信息的获得、编码、贮存、提取和使用等一系列连续的认知操作阶段组成。学习工具是帮助学习者在认知过程进行思维操作的认知工具。学习工具帮助学习者获得学习信息，并直接作用于学习者感官，进行信息的编码，将一种形式的信息转换为另一种形式的信息，以利于学习信息的贮存和提取、使用。学习者对学习信息的编码包括学习者在知觉、表象、想象、记忆、思维等认知活动中对学习的信息编码。学习信息编码完成后，学习者要借助学习工具对学习信息进行储存，让学习信息在大脑中保持。学习者会在学习情景中提取相关的学习信息，学习信息的提取就是依据一定的线索从记忆中寻找所需要的信息并将它提取出来，学习工具能帮助学习者快速寻找信息并提取。提取学习信息后，学习者将学习信息应用于真实的情景或学习情景，利用所提取的信息对新信息进行认知加工。交互式微视频学习平台的设计和开发要符合学习者认知过程要求，满足学习者学习的目的，这是交互式微视频与其他电视节目设计的本质区别。平台的设计基于学习者认知过程，以建构主义的学习环境设计为基础，为学生提供认知工具及提供会话与协作工具，促进学习者建构当前所学知识的内部联系以及当前内容与原知识经验的联系，从而生成对知识的理解。

---

① 荆其诚，焦书兰，纪桂萍. 人类的视觉 ［M］. 北京：科学出版社，1987：52.

## （三）基于知识网络的交互式微视频设计

知识网络是学习的知识体系，从静态的角度看，知识网络是一种组织结构，它包含学习内容里的模块化结构及其组织关系；从动态的角度看，知识网络是一个工作系统，是知识的创造与共享过程。交互式微视频的学习平台的设计以知识网络为基础，以系统方法论指导，设定知识的总体目标与规划，建构知识网络。以知识网络设定交互式微视频中知识联系的热点，实现知识之间的联通。平台中建构学习知识的数据库，便于学习者以知识网络为基础，对学习资源进行搜集和检索；平台中建构协作学习平台，利于学习者之间围绕学习知识网络进行讨论。

## （四）基于学习支持服务的交互资源设计

学习支持服务是指导和帮助学习者实现学习目标，通过各种形式和途径提供的各种类型服务的总和，学习资源的提供应满足学习者在学习中的要求，并通过交互实现动态的调整。在学习过程中，学习者是信息加工的主体，是知识意义的主动建构者，因此交互式微视频学习平台中资源的设计与运作，要以学习支持服务为基础，满足学生学习过程中的需求，支持学习者对知识进行意义建构，激发学习者的学习动机、增强学习者的学习责任感为核心，从而发挥学习者学习的主观能动性，促进学习者对知识意义的主动建构。[①]

## （五）基于个性学习引导的交互路径设计

基于个性学习引导是指在平台中能灵活感知学习者需求，实时分析和挖掘有意义的知识，为学习者提供个性化、专业化的服务。在学习情境中跟踪学习者的学习过程，高效分析处理学习者能获取的有效的学习资源，为学习者提供针对性的学习信息服务和指引，促进学习者知识的建构。交互式微视频学习平台的交互路径应支持学生的个性化学习。学习者可以根据自己的学习情况自定步调、自主选择学习资源、选择学习工具、选择学习交互的知识对象和学习空间中交流的对象。在学习过程中，交互式微视频的学习平台可以记录、分析学习者特征数据，并对此数据进行甄别，形成学习者的特征画像，匹配学习流程中的知识网络，为学习者提供个性化的学习推送。

## （六）基于学习生态的交互学习空间设计

学习空间为学习者提供了一个虚拟学习社区，组成了基于特定空间的学习生态，在

---

① 武法提. 基于 Web 的学习环境设计 [J]. 电化教育研究，2004（4）：33 - 38.

学习生态中，各个成员可以在学习空间中提供知识、获取知识、利用知识、再生知识，从而促进学习空间中各个成员的进步，维持学习生态系统的运作。在交互式微视频的学习平台中，教师、学生、微视频资源构成了学习生态系统，在系统中，交互学习空间应能协调教师、学生、教学资源的相互促进和相互发展。学习空间中的交互类型可以大体分为三类：师生交互、生生交互和学生与资源的交互。[①] 这三种交互促进学习生态的良性循环，在此过程中，学习者不断进行学习建构，同时促进知识的再生。

## 四、"视觉暂留与动画"交互式微视频学习平台的设计与开发

### （一）学习平台交互界面的设计与开发

本交互式微视频学习平台界面分为首页、个人信息页面和微视频学习页面（如图2所示）。

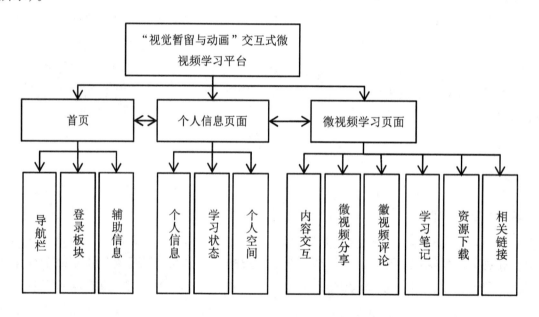

图2 "视觉暂留与动画"交互式微视频学习平台板块设计

### 1. 首页的设计与开发

首页应体现整个交互式微视频学习平台的风格及其主要的组成架构。首页设计包括：导航栏、登录板块和辅助信息。

---

① 陈明选，刘苹. 基于智能手机的交互式学习环境设计［J］. 中国电化教育，2015（4）：68 – 71.

**2. 个人信息页面的设计与开发**

学习者可以通过点击自己的登录名进入个人信息模块。其内容分为三个部分：个人信息、学习状态和个人空间。个人信息页面应用 DedeCMS 软件进行后台管理，以此实现平台对个人信息及其相关功能进行代码改写。

**3. 交互式微视频学习页面的设计与开发**

微视频及其实时讲解的幻灯片板块是最主要的交互区，根据以上的设计策略，将其设置于上方，学习笔记在页面中间方便学习者键入信息，其他附加信息或学习材料设置在页面其余的空间。交互功能包括：①内容交互，微视频内容的交互功能按照一定的结构分成不同的学习节点，支持学习者直接点击进入相应的目标，同时控制幻灯片同步播放。②微视频分享，学习者把学习的微视频分享到其他社交网络平台中。③微视频评论。④学习笔记。⑤资源下载。⑥相关链接，全方位的交互技术可以全面地满足学习者的交互学习。

**（二）"视觉暂留与动画"交互式微视频的二次开发**

对"视觉暂留与动画"微视频进行场景分隔和知识点剖析，分析学习者的学习特征和网络学习习惯，实现视频内部、幻灯片、微视频的同步控制技术，支持学习者自主点击微视频中的提示选择框以直接进入相关学习内容，达到交互的目的。此外，分析微视频囊括的知识点，提供相关的辅助学习资源，以促进深层次的学习。

**1. 微视频教学目标的分析**

教学目标是教学所追求的预期的教学结果，也是教师教学思想和教学理念的具体量化或质化的表现。[①] 在本研究中，"视觉暂留与动画"的教学目标确定为以下四个方面：①对视觉暂留现象的认知与理解；②对动画的形成及制作过程的理解；③可以动手进行视觉暂留测试及动画制作的相关实验；④培养对科普类小知识的兴趣。

**2. 学习对象分析**

"视频暂留与动画"微视频的教学内容决定了其学习对象主要是中学生，通过分析，中学生主要有如下特点：中学生对感兴趣的知识非常渴望、中学生会有一定的科普知识基础、中学生会有基本的计算机操作能力、中学生利用网络自主学习的时间较短。同时，中学生的主要学习环境还是在课堂，对网络学习的信赖程度相对不高，再加上个别家长对网络学习的消极态度，致使他们往往不愿意花太多的时间在网络环境上，因此，微视频的篇幅应该尽量短，简要呈现知识点。

---

① 程达. 教学目标论 [M]. 长沙：湖南教育出版社，2000：20.

### 3. 教学内容的交互设计

"视觉暂留与动画"交互式微视频的交互元素嵌入在 Flash 视频内部，如学习者观看完"视觉暂留实验"的知识点板块之后，页面会出现与语音同步的文字选项"看明白了吗？"这时页面会停止，直到学习者反应过来，并根据自身的学习情况，在两个选项中选择一项，可以重看微视频，也可以进入下一个知识点"视觉暂留的发现"。学习者点击"看明白了"选项之后，可以看到微视频进入了"视觉暂留的发现"知识点板块，幻灯片也进行了同步更新。

### 4. 学习资源的选择与设计

"视觉暂留与动画"相关的补充学习资源会以链接的方式呈现，以提示学习者课后进行深层次的学习和实践。本个案选取的素材主要包括：视听补充资料、附加的文字材料、指引性学习材料和实验素材、相关的视频网址链接。

## 五、"视觉暂留与动画"交互式微视频学习平台的应用效果

本研究采用对比组实验研究方法，实验组为广州某初中二年级一班 42 个学生，控制组为该校同年级二班 43 个学生，研究"视觉暂留与动画"交互式微视频学习平台的应用效果。

### （一）实验假设

运用"视觉暂留与动画"交互式微视频学习平台，能够改善学习方法，优化学习过程，提高知识掌握率、应用技能和学习质量，提升情感态度与价值观方面的信息素养。

### （二）学习效果的调查

#### 1. 调查问卷设计

为检验学习效果，设计了学习效果的调查问卷。学习效果的调查问卷包含"知识""技能""学习过程与方法""情感态度与价值观"这4个一级指标，18个二级指标，设计了"完全同意""基本同意""一般""基本不同意""完全不同意"5个等级双向量表。

#### 2. 检验学习效果

根据本研究设计的"视觉暂留与动画"交互式微视频学习平台开展教学后，运用学习效果的调查问卷与 $t$ 检验，检验学生的学习效果。

（三）学习质量的测试

1. 测验卷设计

为检验学习的质量，设计了学习质量的测验卷，包含 5 道大题，15 道小题。

2. 实验组与控制组

实验组利用"视觉暂留与动画"交互式微视频学习平台开展教学。控制组由教师在课堂讲解，不利用"视觉暂留与动画"交互式微视频学习平台。学习结束后，运用学习质量的测验卷进行测试，并利用 IBM SPSS Statistics 20.0 对实验组与控制组成绩进行 $t$ 检验，检验学生的学习质量。

（四）实验结果与分析

学生的学习效果，采用上述设计的学习效果调查问卷测量。统计结果显示，学生在"知识""技能""学习过程与方法"和"情感态度与价值观"四个维度的各题项目得分 $F_i$ 均大于 0.5，表示运用本研究设计的"视觉暂留与动画"交互式微视频学习平台，能够改善学习方法，优化学习过程，提高知识掌握率、应用技能，提升情感态度与价值观。

运用 IBM SPSS Statistics 20.0 对实验组和控制组成绩进行 $t$ 检验，检验学生的学习质量结果。从前测与后测的配对样本 $t$ 检验结果可以看出，差异显著概率 $p = 0 < 0.05$，实验组和控制组的成绩差异显著实验组和控制组的平均分值差为 8.73，实验组的平均分比控制组的平均分高。因此可以看出，运用"视觉暂留与动画"交互式微视频学习平台开展教学，提高了学习质量。

# 六、结论与探讨

目前，交互式微视频学习平台的发展相对缓慢，各种微视频的网络学习平台的功能接近于视频资源库，缺乏必要的教学、学习互动。本研究设计与开发了"视觉暂留与动画"交互式微视频学习平台，作为交互式微视频研究的一个尝试，得到以下结论。

第一，提出交互式微视频学习平台的设计策略，设计与开发了"视觉暂留与动画"交互式微视频学习平台，让学习者的学习更具主动性。从目前的微视频学习平台来看，过多强调教的功能，往往忽视学的功能、学习对象的参与，忽视远程学习者意义建构必需的情境资源与环境，而基于交互式微视频学习平台可以使用户根据自身兴趣和需求，选择不同的学习目标，使常规教育视频的缺陷在一定程度上得到克服，切实地提高学习者在学习过程中的参与性。

第二，充分利用开放的网络平台，整合多方面资源，为微视频内容的完善创造更好的条件。视频资源具有文字不可比拟的优越性，但视频的呈现特质决定了它不容易帮助学习者形成知识的沉淀。因此，教学设计者要利用好开放的网络平台搜集、整合相关学习材料以供学习者吸收，学习者也要在学习过程中善于利用互联网搜索相关信息，这也是具有交互特质的学习平台的优越性之一，也是更好地开展微视频学习的必要条件。

第三，利用开源工具可以加快交互式微视频学习平台的开发。由于学习平台的实现需要网页前端和后台的开发，前端需体现教学设计的理念，难以利用现有的网络开源平台；而后台则可利用 DedeCMS 软件进行管理，包括实现用户登录、评论，管理者上传视频等功能，加快了网络学习平台的开发。

第四，利用开放学习资源和空间，使课堂教学走向开放融合。交互式微视频学习平台等开放学习资源和空间，逐步具有智慧学习的特征，能满足学习者个性化学习的需求。运用开放的模式和互联网思维设计学习平台、建构学习模式、开展教育教学改革是提升学习质量的重要保证。

# 深圳中小学数字教学资源建设与应用状况分析

深圳大学教育信息技术研究所　傅霖

深圳大学师范学院　曾飞云

**摘　要：**数字教学资源的建设和应用是"智慧校园"建设的重要内容和关键环节，本研究介绍了深圳中小学在"智慧校园"建设和开展教育云教学应用项目中数字教学资源建设的基本情况、主要经验和做法，包括基础性资源、个性化资源、校本资源等方面的情况，从学校应用、教师应用、学生应用以及应用效果等方面介绍了教学资源应用的情况，分析了部分学校在教学资源应用过程中发现的一些共性问题，可为中小学校或者区域开展"智慧校园"建设、教育云教学应用和教学资源建设提供有益的借鉴。

**关键词：**深圳中小学　智慧校园　教育云　教学资源　教学应用

在我国教育信息化的浪潮中，数字校园建设正逐步走向智慧校园建设，成为当前各类学校教育信息化发展的重大趋势。黄荣怀等专家认为，智慧校园是数字校园的高端形态，是以面向服务为基本理念，基于新型通信网络技术构建业务流程、资源共享、智能灵活的教育教学环境。[1] 蒋家傅等专家则认为，智慧校园就是信息技术高度融合、信息化应用深度整合、信息终端广泛感知的信息化校园。[2]

作为全市教育信息化的规划设计者和重要推动力量，深圳市教育信息技术中心多年来不遗余力，投入巨资在全市中小学大力推进"智慧校园"建设和教育云教学应用，于2012年首次提出智慧教育工程，2013年进行了第一批"智慧校园"试点，2014年公示了第一批共122所"智慧校园"试点的中小学校，随后发布的《深圳市教育信息化发展规划（2015—2020年)》中更加明确提出要开展"智慧教育"，培育智慧型师生，加快各区中小学"智慧校园"建设。2015—2016年，深圳市教育信息技术中心组织开展全市的"智慧校园"评选工作，先后确定了三批共100所中小学"智慧校园"示范学校。2017—2018年，深圳市教育信息技术中心在全市范围内组织开展教育云项目教学应用，

---

① 黄荣怀，张进宝，胡永斌，等. 智慧校园：数字校园发展的必然趋势 [J]. 开放教育研究，2012，18（4）：12 – 17.

② 黄美仪，王玉龙，蒋家傅，等. 基于教育云的智慧校园系统构建 [M]. 北京：北京邮电大学出版社，2016.

共评选出了 40 所教育云教学应用示范学校。

数字教学资源的建设和应用是"智慧校园"建设的重要内容和关键环节。《国家中长期教育改革和发展规划纲要（2010—2020 年)》明确指出："优质数字教育资源的建设与应用是教与学变革的基础。""实施优质数字教育资源建设与共享是推进教育信息化的基础工程和关键环节。"本研究通过在调研、评审过程中收集和整理的第一手资料，对深圳中小学校在"智慧校园"建设过程中的教学资源建设与应用状况做一些定性分析，因为样本学校相关的具体数据比较难采集或者收集不全面，所以本研究不做定量的统计和分析。

教育信息化的核心理念是信息技术与教育教学实践的深度融合，重点在于应用，而应用的实现，不仅需要有较为完善的软硬件环境作为支撑，更重要的是必须有丰富的满足教学需求的优质数字教育资源。[①] 根据国家《构建利用信息化手段扩大优质教育资源覆盖面有效机制的实施方案》（教技〔2014〕6 号）文件[②]的精神，数字教育资源分为基础性资源、个性化资源和校本资源三大类，以下是深圳市中小学"智慧校园"数字教育资源建设情况。

# 一、基础性资源

## （一）国家、地方课程配套教材

所有学校基本上都具备与国家、地方课程配套的电子版教材、教材配套课件、数字图书、光盘等教学资源。在深圳市中小学比较受欢迎的智慧教学平台主要有天闻数媒的 AISCHOOL 云课堂、科大讯飞的教育云平台、北师大的 VCLASS 等。这些平台都各有特色，都自带有丰富的与课程相配套的多媒体素材和各类课件、微课。天闻数媒 AISCHOOL 云课堂是为信息技术与教育教学深度融合打造的一款教学信息化产品，拥有备课中心、授课中心、教学质量分析中心、题库中心、测评中心、内容中心、应用管理平台、学习云空间、云图书馆等，很好地覆盖了课前、课中、课后、课外的教学全流程，龙岗区很多学校如凤凰山小学、梧桐学校、大鹏新区大鹏中心小学等都使用了该平台。科大讯飞的教育云平台具有云课堂、云超市、云空间等功能模块，资源内容覆盖国内多家主流出版社教材版本，包含教材资源、题库资源、电子课本资源、网络课堂资源

① 孙进康，张金荣. 信息化条件下数字教学资源建设与应用思考［J］. 电脑知识与技术，2016（11）：5－9.

② 中国教育信息网［EB/OL］.（2014－12－16）［2018－01－16］. http://www.ict.edu.cn/html/pingxuan/n20141216_20967.shtml.

等，龙华区有 20 所学校试点运用该平台。VCLASS 由北师大现代教育研究所开发，是专门为远程教学而提供全面的教学服务，南山区南海小学选择了该系统。

## （二）素材资源

深圳市中小学多数拥有本校的教学资源库，能满足本校教师制作自己个性化课件需求的资源，包括图片、动画、音频、视频等，并和深圳市教育信息技术中心的资源系统实现互通。资源库素材来源多样：一方面，是通过购买资源或服务获得；另一方面，是通过公共教育资源平台或校内教工长期积累获得。例如市直属深圳市第二高级中学早期购买了 K12、央视资源网、电子图书等资源在校内部署服务，后期则较多以购买服务的形式，优选新的、优质的互联网资源，还建设了课室自动录播系统，教师可以随时预约自动录课，制作含 PPT 讲义的三分屏课件，这些课件保存下来大大扩充了学校的教学资源库。

## （三）数字图书

深圳图书馆早在 20 世纪就组织开发并使用了 ILAS 图书馆自动化集成系统，拥有大量的数字图书资源，有过半中小学使用自身的数字图书馆，并可以与 ILAS 系统相连接，拥有 10 万多册数字图书可供校内师生使用。此外，部分学校还购买了资源库汇总到本校的数字图书馆，如龙岗区平安里学校购买了 CNKI 中小学数字图书馆资源，深圳科学高中购买了 Apabi 数字资源平台。

# 二、个性化资源

深圳中小学"智慧校园"建设一直紧跟国内外最新的信息化发展趋势，创新开发具有深圳特色的资源，展示特区教育风采。2014 年 9 月起深圳市教育信息技术中心分批推出"精彩百分百：7 个百和 3 个十"。"7 个百"包括百部优秀校园微电影、百名"健康阳光"学生成长微视频、百名优秀教师示范课例视频、百名青年教师实验课例视频、百名优秀班主任德育示范课例视频、百个优秀微课视频、百个获奖校园艺术节目视频；"3 个十"包括 10 部"十佳"校长办学治校理念专题片、10 部"十佳"教师课改经验专题片和 10 部十位师德标兵德育经验专题片的征集展播活动，利用信息技术展现深圳市丰富的校园文化生活，展现特区教师的教学理念和德育成效，展现特区学生的创意和才华[①]，该项目大大丰富了深圳市中小学的个性化资源。

---

① 杨焕亮. 深圳智慧校园工程建设与应用实践 [J]. 教育信息技术，2015（10）：10 – 13.

## （一） 名师课堂资源和教学课例

教育资源的均衡化是教育均衡化的重要内容，名师课堂资源是促进教育资源均衡化的重要手段。[①] 深圳市中小学智慧校园响应国家号召，举行青年教师优质课比赛、骨干教师示范课，并录制保存形成学校优质课堂实录视频、教学设计等教学资源。如南山区海湾小学，利用校园网站搭建课件及视频资源平台，上传本校自制优秀课件1 530余个，优质微课80余节；坪山区坪山中学参加全国"一师一优课"58节，录制优质视频课并报送深圳市网络课堂网88节。此外，龙岗区平安里学校还引进校外特级教师、高级教师、名优教师课堂实录和相应的教学设计案例。

## （二） 教师专业发展资源

促进学生的综合能力发展及教师的专业成长是构建智慧校园的重要目标。深圳市教育局要求深圳市教师每学年完成72个学时的继续教育，当中就包含了远程教育培训。宝安区松岗中学2014年引进了"基于网络的教师专业发展实践共同体"项目，为学校骨干教师进行了为期三年的网络在线远程培训。龙岗区实验学校则鼓励本校骨干教师做专题讲座或外请专家为全校教师做数字化工具的使用、课改专题等相关的系列化培训。

## （三） 教育专题资源、试题资源和学习软件

在教育专题方面，很多学校在校内网架构网络硬盘服务，收集整理每个备课组的各种相关教学资源，并宣传、鼓励使用公开的微课、网络课堂、MOOC等专题学习网站；在试题资源方面，多以自建和购买的方式建设学校的试题资源库，包含试题内容、解析、参考答案等。如龙岗区龙城高级中学向K12、中学学科教育网购买了题型多样、有梯度的试题资源；学习软件方面，很多学校均能提供相关的学习类软件，并有较好的兼容性。

## （四） 虚拟实验室资源

只有少数学校拥有能针对学科教学内容、符合新课程标准以及深圳市现行教材的虚拟实验资源，大多数中小学虚拟实验室正在建设或还未筹划。究其原因，一是受资金限制，虚拟实验用的教学仪器、教学用品较为昂贵，没有雄厚的资金无法搭建完善的实验

---

① 杜宝良. 用名师课堂录像促进农村教育资源均衡化发展 [J]. 中国教育信息化，2009（5）：47 – 49.

环境；二是虚拟实验室由于专业性较强、工作较为烦琐，需要专人维护整理①，这给中小学校带来较大的困难。

## 三、校本资源

教学信息化的关键在于是否有足够的有效资源供一线教师教学使用，而对一线教师而言，最有效的资源是由本校教师依据具体的教学需求开发的资源，即校本资源。为了让本校学生更好地学习，许多学校在校本资源方面做出了很多有益的探索。

### （一）校本课程资源

没有校本课程的开发和实施，就不可能真正有学生的个性发展。2002 年 9 月，在课程改革的推动下，深圳市南山区开始了校本课程开发、构建三级课程体系的进程。经历了启动阶段、全面开发阶段，到 2004 年 9 月开始初见成效，涌现出一批符合校本课程开发理念的、质量较高的校本课程，如华侨城小学五年级"走进缤纷的《三国世界》"、西丽第二中学"人体探秘"等校本课程，直到如今已是第 16 年，目前，南山校本课程分为科学技术类、人文社会类、德育与心理保健类、健康运动类、文学艺术类、生活技能类、学科拓展类、综合类等八大类②，校本课程特色体现了类型丰富、形式多样、资源整合、整体育人等特点。其他包括龙岗区梧桐学校、市直属深圳市第二实验学校、光明新区光明小学等也在校本课程建设和开发方面，做出了不同的尝试，形成了网络环境下适合本校学生的多元化校本课程资源，包括教案、学案、素材、评价资源等。

### （二）微课资源

微课以其"小""实""新""效"等特点，便于制作，方便应用，易于引发教师教研方式、学生学习方式的创新和变革，从 2013 年 10 月起，深圳市面向全市中小学教师举办了多次微课大赛，并组织开展微课制作培训，中小学教师踊跃参与，形成了一批适合师生学习观摩的微课资源，如罗湖区锦田小学的一年级语文课程"识字"、福田区红岭中学的初中一年级思想品德课程"调控情绪"等，这些优秀微课资源展示在深圳市相应的网络课堂平台，供市内外学校观摩学习，龙岗区龙城高级中学还将这些微课资源通过学校网站和学校网络电视进行展示。

---

① 李琨. 虚拟实验室在中学物理实验中的应用 [J]. 中国教育技术装备，2012 (6)：121 - 122.
② 深圳市南山区校本课程建设报告 [EB/OL]. (2015 - 11 - 20) [2018 - 01 - 16]. http://www.zxedu. net/info.asp?id = 115.

（三）公开（示范课）课资源

一些深圳中小学采集了在信息技术环境下的研究课、教学公开课和示范课，每节课包含教学设计、课件、课堂实录、课后反思及专家点评等内容。除了定期开展有针对性的公开课外，不少学校还积极承担各级信息技术环境下的研究课、示范课，如龙岗区实验学校积极承办市区举办的优质课、信息技术与学科整合的公开课，目前学校微格教室共录制了约400节课，成为智慧校园资源库中的一大亮点。

（四）主题学习资源

据现有文献来看，深圳中小学基于信息技术环境下的德育、校园文化建设、研究性学习、科技创新、社团活动、文体活动等主题活动资源相当丰富，特别是在科技创新和研究性学习方面，各大学校开展机器人课程、3D打印、动漫创作、地理探究等主题活动，其间产生的学习资源将是校园文化中的宝贵财富。比如龙岗区德兴小学开展"小小配音师"英语电影配音主题学习①，学生的作品将会在每周三中午通过校园广播向全校师生展示，这成为该校的一大特色。

（五）自命试题资源

全市中小学基本上能根据学情实际需要开展自主命题，宝安区西乡中学每学年组织期中考、期末考和多次月考，除了区里、联考学校提供的试题外，月考和单元考试一般由学校自主命题，学校利用APMS全通纸笔王网上阅卷系统进行阅卷，自主命题电子资源在FTP平台共享，自2015学年开始，该中学不再选用市场上的练习册作为寒暑假作业，而是通过科组集体编撰练习集、印刷成册供本校学生寒暑假巩固使用。

（六）学生作品

在以学生为主的课堂下，学生基于信息技术的研究性学习成果、信息技术课程成果、创意作品等便是教学成果的一大体现。深圳中小学开展丰富多彩的创作活动，如中小学生计算机制作大赛、美术作品大赛、机器人比赛等，产生了丰富的学生作品，如宝安区宝民小学多次开展航模、车模活动，学生将其作品参加2015年深圳市航天模型锦标赛四个项目包揽团体或个人共四项冠军，参加深圳市及全国车辆模型比赛，也获得了不俗的成绩。

① 王峰，吴旭升. 中小学"智慧校园"建设的路径与策略：以深圳市德兴小学为例 [J]. 教育信息技术，2015（12）：50-52.

# 四、学校应用

应用能力水平是"智慧校园"建设与应用的核心，是"智慧校园"建设与应用的窗口①。应用水平的高低是学校建设与应用成效的重要体现，重点体现在学生应用、教师应用、学校应用和应用效果等方面，以下是深圳市中小学"智慧校园"的应用能力水平及应用成果状况。

## （一）教务应用

第一，多数学校已经全面实现无纸化办公。教务系统能智能化排课、选课、评课、成绩采集等教务活动，为师生提供查询服务，通过爱学堂等教育平台、区公共教育云平台等测试系统对学生学习效果定期进行在线测评及评价指导，利用教育教学大数据进行教与学行为分析，对学校教学质量进行全面监测，辅助教育教学决策。

第二，应用学生综合素养评价系统进行评价，逐步形成学生成长档案。

第三，应用学校信息化应用系统对各学科、教师、学生综合信息等教务工作进行管理。

## （二）研训应用

### 1. 定期培训

一些学校每年组织专任教师参加2次以上的区级以上（含区级）教育信息化研修与培训活动，且撰写研训报告、学习心得或获得相应证书。

### 2. 网络研讨

学校专任教师应用网络空间开展备课、教学、教研等交流研讨及培训学习等活动，总体呈现常态化。

### 3. 名师讲课

各级首席教师、名师、骨干教师依托市区级平台或自建平台建立网上名师工作室，指导本学科教师专业发展，每个网上名师工作室每年讲授至少2节信息技术环境下探索新教学模式的网络公开课，如罗湖区自2009年正式启动"名师工作室建设项目"以来，罗湖区已建成86个省、市、区级名师（名校长）工作室，工作室成员总数达2000余人。

---

① 梁为. 智慧校园的建设与应用研究：《深圳市中小学"智慧校园"建设与应用标准指引（试行）》解读［J］. 现代教育技术，2016，26（4）：119-125.

### （三）校务应用

**1. 校务信息化**

利用网盘、FTP、教育云等网络空间实现资料存储电子化，学校校务工作信息化管理程度较高，学校信息化应用系统利用率较高。

**2. 管理智能化**

后勤管理系统实现对资产设备登记与管理率、财务实现日常账务收支记录及账表信息电子化、人事管理系统实现人事信息的智能化管理均达到100%。

### （四）社会服务

**1. 家校互通信息化**

如宝安区黄麻布学校利用家校通、家长 QQ 群及时与家长交流学生出勤情况、学习情况及在校表现等。

**2. 优质资源共享化**

深圳市连续数年投入专项资金推进中小学"网络课堂"和高清互动"电视教育"优质课例视频建设，举办微课、微电影大赛等活动，规范全市教学资源建设，有效调动各区、校和广大教师参与教育资源共建共享积极性。目前"网络课堂"视频课例总数达19 000 多节，网上点播量超过 1 600 万人次，其中 2013 年底开始的微课大赛长时间占据百度对"微课"词条搜索的前 8 名。① 此外，深圳学校除了通过"深圳市网络课堂"外，还通过其他多种形式向社会开放优质教育资源，如各区教育云平台等。

## 五、教师应用

### （一）教学应用

从整体上看，全市中小学 90% 以上教师能熟练掌握信息技术与学科课程整合技术。② 绝大多数学校智慧教学实现学科全覆盖，应用多媒体教学设备授课课时数与总课时数的比例达到80% 以上，应用电子书包、电子白板、iPad 等交互式设备和网络教学系统、数字实验室或学习体验中心进行教学课时数与总课时数的比例达到50% 以上。部分

---

① 羊城晚报［EB/OL］.（2015 – 05 – 22）［2018 – 01 – 16］. http://www.ycwb.com/ePaper/ycwbdfb/html/2015 – 05/22/content_711946. htm?div = -1.

② 深圳政府在线［EB/OL］.（2016 – 12 – 16）［2018 – 01 – 16］. http://www.sz.gov.cn/cn/xxgk/zfxxgj/bmdt/201612/t20161216_5708493. htm.

学校尤为突出，如龙岗区平安里学校全校有54间教室，所有教室均配备了多媒体平台，应用多媒体授课实现全学科覆盖，应用多媒体教学设备授课课时数与总课时数的比例达到100%。

在教学设计方面，多数教师能理解信息化教学设计的理念及方法，有效利用备课及管理服务系统、网络空间等完成备课工作，能熟练使用相关的学科教学工具进行教学设计，关注学生能力培养和情感体验，如龙岗区实验学校的教师多数采用"中国·习网"智能化教学平台进行备课，英语学科多使用思维导图软件，数学学科采用几何画板软件等。在教学设计中，教师们能合理选择数字教学资源，利用学科教学工具对资源进行加工制作，只有部分老教师在信息技术应用方面稍有欠缺。

在教学模式方面，大部分教师基本上能理解"智慧教育"的理念，综合运用学科教学工具、网络空间、数字实验室或学习体验中心等开展智慧课堂教学，有效构建自主、合作、探究等新的教与学方式。利用各种移动终端积极探索信息技术支撑下的新型教学模式，构建智慧课堂，如罗湖区笋岗中学2006年起在全国范围内率先启动Wiki教学应用的研究与实践，从维基百科网站的建设，到学习模型的构建，逐步构建了以"导学互助—探究互动—反思互评"为主线的基于Wiki协作学习新模式[1]，使Wiki技术"协同共创"和"开放性"的特点在课堂教学中最大化利用，在促进学习者主动学习、协作学习方面提供了很好的示范。宝安区坪洲小学秉承"开放式理念"，依托开放式"云环境"，打造了独具特色的开放式"云课堂"教学模式，开展此类教学模式的学校还有深圳市育新学校、福田区景龙小学、龙岗区平湖凤凰山小学等。深圳外国语学校将课前小练与"问卷星"整合、深圳市科学高中开创了基于微信公众平台的高中生物移动学习模式，其他学校如深圳市布心小学、福田区福民小学等学校也在智慧课堂方面做了不同程度的探索。

在教学实施方面，理解教学环境的分类及特点，能根据教学需要合理选择多媒体教学环境、数字实验室或学习体验中心等合适的学习环境实施教学。

在新课程改革的形势下，师生不仅要进行教学内容与教学方法的变革，同时也必须以综合素质评价取代以往片面的、终结性的评价方式。[2] 教学评价方面，几乎所有教师能根据教育教学目标设计并实施信息化教学评价方案。大多数教师能利用网络空间、互动教学服务、网络考试与学习评价等应用服务系统对教学对象、教学资源、教学活动、教学过程进行有效管理和评价。宝安区石岩公学构建了一套基于"人的全面发展学说"

---

① 深圳市教育信息技术中心. 智慧教育成就未来幸福：深圳市"智慧校园"建设与应用典型案例集：第一辑 [M]. 北京：电子工业出版社，2016：303.

② 胡继平. 新课程背景下中学生综合素质评价制定的必要性 [J]. 科学导报，2014（21）：84.

的网上综合素质评价系统，实现了网络评价、全面评价、多元评价、个性化评价等阳光评价的管理与服务。

在教学反思方面，中小学教师一方面倡行终身学习理念，通过信息技术的教学应用引导学生更好地学习与生活；另一方面不断进修、研讨学习，充分利用市、区统一平台或学校自建的网络教学平台，积极开发优质教学资源，每学期至少参加 1 次校级以上优质资源的共建共享活动。

## （二）教研应用

据调研，龙岗区龙城高级中学的教师利用互动教研服务、教师培训服务参与校本研究活动、区域组织的教师专业发展活动，在相关平台上记录和反思自己的专业发展过程。此外，南山区学府中学、前海港湾小学、福田区莲花小学等学校也积极参加继续教育学习和主题研讨活动，与专家和同行建立并保持业务联系，依托 QQ、微信等交流群组，促进自身专业成长，提升自身教育教学能力。

## （三）家校服务和管理应用

家校服务方面，能应用学校信息化应用系统进行家校互通。在管理方面，多数教师能灵活应用校园网、网络硬盘、即时通信、教学平台等学校信息化应用系统做好日常通知、公告、批假等管理工作。

## （四）社会责任

教职员工基本上能安全、合理地使用信息技术，自觉规范网络言行，无侵犯知识产权行为，能向学生示范并传授与信息技术利用有关的法律法规知识和伦理道德观念。据光明区玉律小学申报材料显示，该学校积极组织学生参加安全知识竞赛，定期地面向学生开展宣传和培训网络安全知识、防诈骗知识等。龙岗区龙岗高级中学表示，学校有网络检测系统，并从未发现有教师或学生违反网络规范行为及侵犯知识产权的行为。

# 六、学生应用

## （一）基本技能

据现有的第一手资料分析，深圳中小学生总体上基本适应"智慧校园"环境，绝大多数中小学生能熟练使用计算机、移动终端、网络等常用技术设备，能通过互联网、智能手机、笔记本电脑等信息化手段获取所需的学习资源，并能初步评价资源的适用性和倾向性。中小学生拥有丰富的主题学习活动，大部分学生能应用 Office 办公软件、PS、Flash 等多媒体加工与创作工具和多媒体作品，并向他人展示和交流课程学习的成果。有的中学生在技术应用过程中还能解决常见的硬件、软件问题。

（二）学习方式

深圳是信息技术高速发展之地，21 世纪的深圳中小学生一出生就面临着一个无所不在的网络世界，一开始就成了"数字原住民"。对于他们而言，网络就是他们的生活，数字化生存是他们从小就开始的生存方式。在学习方面，深圳市中小学生能熟练地利用网络工具和在线资源（如电子邮件、QQ、微信等即时通信工具、网络空间等）解决实际问题。学生能通过网络空间等与他人进行协作学习、资源建设与分享，能应用信息技术开展自主学习、协作学习、探究性学习、研究性学习、体验式学习、个性化学习、自我测评等，特别是开展了"跨越式实验班"的学校，如南山区南山实验学校早在 2000 年 9 月就开展"网络环境下基础教育跨越式发展创新实验"[①]，从小学一年级抓起，引导学生应用网络和电脑表达，至目前已逐步实现了网络环境下笔记本电脑教学的常态课堂，智慧学习已经成为他们的一种学习方式。

（三）自我管理

学习方面，多数中小学生能使用相关任务管理软件进行自我学习管理，如制订学习计划、安排日程、合理分配学习时间等；文化活动方面，能通过学校官网、微信公众号、教育云平台、QQ 群等"智慧校园"平台，主动关注学校文化、艺术、社会等各种活动的宣传报道，并积极参与；网络行为方面，大部分学生能安全、合法和负责任地应用信息技术，尊重知识产权，自觉遵守信息道德和信息伦理，不沉迷网络游戏与网络社交，自觉规范网络行为，抵制不良信息的影响。

# 七、应用效果

下面从应用程度、示范活动、应用成果、应用特色四个方面对深圳市中小学智慧校园建设的应用效果进行分析。

（一）应用程度

截至 2016 年 12 月，深圳市已评选出 100 所中小学"智慧校园"示范学校，学校通

---

① 何克抗. 基础教育跨越式发展创新实验（二）[J]. 中小学信息技术教育，2005（12）：45 – 48.

过信息技术支持下的翻转课堂、泛在学习、探究式学习、体验式学习等探索，创新教育教学模式，并定期开展应用活动观摩与交流，取得良好的应用效果。学生能运用新模式进行创新性学习。如宝安区坪洲小学的"开放式云课堂"教学模式，实施过程中经历了"公开课—常态应用—特色应用—拓展应用"四个阶段，每个阶段都有相应的观摩、研讨与交流活动，构建了一个高品质的"智慧校园"——无所不在的网络学习、融合创新的网络科研、透明高效的校务治理、丰富多彩的校园文化、方便周到的校园生活。龙岗区平冈中学以"可汗学院"的模式为参考，把信息技术的优势引入地理教学，创建出了一大批适合本校师生的"可汗式课程"，创新了教育教学模式。南山教育实验集团的翻转课堂支持下的学生自主学习实践、龙华区书香小学多元化校本课程探索等，都为信息技术与学科整合做出了不同程度的贡献。

（二）示范活动

为促进信息技术在中小学教学中的应用，推进素质教育，2012 年教育部在深圳市举办了为期 5 天的"全国中小学信息技术教学应用展演"，展会上，深圳市各区中小学采用展览、演示、体验相结合的方式，借助多媒体向来自全国中小学的教师、专家和学者展示了深圳的优质特色课堂。2014 年 9 月深圳分批推出"精彩百分百——7 个百和 3 个十"的优质教育资源展播活动，此外深圳市面向全市中小学校举办了多次微课大赛，其间产生的上千堂优秀微课通过"深圳市网络课堂"平台面向全国开放共享。

多年来，深圳市围绕智慧课堂的理念、思路和方法、支撑环境等有关问题开展各级各类交流研讨及示范课观摩活动，各区各校有计划组织学生参加校级及以上信息技术创新与实践活动，如深圳市教育局组织开展了 2016 年深圳市中小学电脑机器人活动，吸引了全市各区各学校的 209 支队伍约 500 名选手，组织了机器人灭火、机器人篮球、机器人足球、"九宫建设"竞赛、"资源再生"竞赛、超级轨迹赛、狂飙篮球赛、人型机器人全能挑战赛、创意闯关竞赛、现场制作挑战赛和机器人创意设计、"校园足球"训练营测试赛等 12 个项目[①]，大大提高了深圳市中小学生信息素养和综合实践能力。

（三）应用成果

根据现有第一手资料得知，深圳市中小学"智慧校园"近 3 年来，各区各校专任教师在区级（含区级）以上各类教育教学信息化比赛（评比）中取得较好的成绩，包括优秀课例、优质课、说课、课件、论文等。如深圳盐田高级中学教师近几年发表信息化

---

① 深圳教育［EB/OL］．（2016 – 06 – 1）［2018 – 01 – 16］．http：//www. szeb. edu. cn/xxgk/flzy/tzgg2/201606/t20160601_3676611. htm.

方面的论文近20篇，其中1篇发表于核心期刊，9篇发表于国家级期刊，在国家、省和市级教育主管部门组织的有关信息化的论文评选中获奖超过40篇；光明区玉律小学区级奖项共30人次，市级奖项30人次，省级奖项5人次，其他学校如南方科技大学教育集团（南山）第一实验小学、南山区学府中学等学校也取得了各个等级的好成绩。有的学校还及时梳理总结应用学科教学工具构建智慧课堂的基本思路、方法、成效，撰写论文和研究报告，在市级以上专业刊物发表相关论文，承担区级以上教育信息化课题。

技术转变了学生的学习方式，促进了教学效果的提高，学生的学业水平和应用能力有较大提升。从学生方面来看，深圳各区各学校学生积极参加信息技术创新活动、竞赛活动，甚至是科技发明活动。如龙岗区龙城小学鼓励学生动手实践、创造发明，学校师生多次参加发明活动，该校已有21名学生被评为中国科学院小院士，成为全国小院士最多的小学，还有210项学生的科技发明获得国家专利。深圳市第二实验学校各类科技社团成绩显著，近3年，获得了各级各类奖项，其中国家级奖项66人次，全国一等奖23人次，省级获奖46人次，市级获奖104人次。

（四）应用特色

研究表明，深圳市在智慧校园的建设过程中，各区各校能结合学校办学特色，对信息技术支撑下的教育教学应用进行自主探索和创新。部分学校取得了明显成效并在全市产生较大影响，如南山区向南小学网络环境下的"超市化"办学理念，将学校教育与购物超市做类比，教师即超市的经营者，课本、数字资源与教学环境是商品和购物环境，学生即顾客，并以此开发出了网络环境下的"超市化四环节"课堂教学模式[1]，即在网络环境下师生利用各种学习终端和教学平台进行自学、导学、拓学、展学和互学的"网络四学"课堂教学，并以平板电脑作为学习终端，实现了智慧教学常态化。南山区育才四小则构建了"4S学程模型"和"KISS绿色课堂教学模式"，实践信息技术与"绿色教育"融合，打造了一批典型信息技术融合课例，为深圳乃至全国智慧校园建设提供了新的思路。还有福田区莲花小学Moo-O木偶英语学习系统、南山区第二外国语学校"ICAN"全人培训平台、深圳市第二实验学校Moodle教学平台、笋岗中学Wiki协作学习探究、宝安区石岩公学以人为本学生综合评价系统等，各有成效、各具特色，在全市甚至全省、全国范围内产生了较大的影响。

整体上看，深圳中小学校教学资源建设与应用处于全国领先水平，大多数中小学的基础设施完备、条件优越，信息化应用系统较为齐全，各校设立了"智慧校园"建设和

---

① 深圳市教育信息技术中心. 智慧教育成就未来幸福：深圳市"智慧校园"建设与应用典型案例集：第一辑 [M]. 北京：电子工业出版社，2016：303.

教育云教学应用领导小组，制定了发展规划和具体实施路径，为"智慧校园"建设提供了有力的保障，基础性教学资源厚实，能较好地满足教学需求，个性化、特色资源丰富，在校本资源方面做出了很多有益的探索，师生应用水平较高。

## 八、发现的主要问题

在对龙华区 10 所中小学的教育云教学应用项目的调研和评审过程中，发现的共性问题主要有：课件资源形式不够新颖；资源多而不精；适用性不够强；课件导向和教学理念导向陈旧；有些课程的配套资源有待更新和优化，提高实用性。

不少教师提出如下改进意见和建议：希望增加绘本教学的绘本资源；增加更生动、更形象的差异性资源；增加师生间和教师间资源的共享与推送模块；增加英语学科单据模拟，listening 部分的资源；增加小学英语绘本资源；在语文电子课本中增加重点字词的批注；希望配套资源更加丰富；增加语音视频及配套题库、试卷；希望资源分类更加精细化，更加丰富，易于查找。

还有少部分学校出现"智慧校园"的相关技术支持人员严重不足，部分学科教师的教学创新动力不足，教师的智慧教学应用水平有待提高的问题。分析其原因，笔者认为技术培训跟不上、激励体系没建立以及缺乏专业的技术支持人员是造成教师水平不足的主要因素。"智慧校园"提倡将信息技术与学科教学深度融合，要求教师拥有"智慧课堂"教学能力，突破传统教学方法和模式。如何让普通一线教师向"智慧校园"转型，有赖于校领导的"智慧教育"理念和信息化领导力，有赖于学校和信息服务外包机构加强教师培训力度，有赖于学校创设和营造良好的合作的教研氛围，有赖于建立能真正激励教师成长的奖励机制等。

03
—
智慧教育

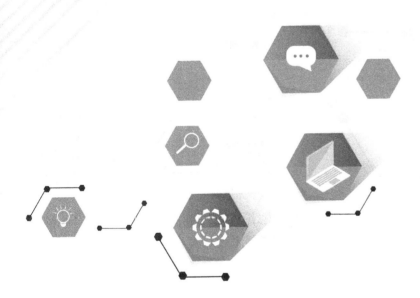

# 智慧教育研究新发展：面向动态生成的
# 智慧课堂教学环境构建与创新应用

华南师范大学教育信息技术学院　　王冬青

**摘　要：** 课堂教学是一个动态生成的过程，应用技术支持课堂教学的动态生成是智慧课堂的典型特征，也是未来教学环境发展的趋势。本研究针对传统课堂环境下难以及时记录与分析动态生成性内容的问题，探究动态生成性内容记录与分析的方法，提出面向动态生成的智慧课堂教学环境构建方案，并结合"粤教云"智慧课堂创新应用课例进行具体分析，为智慧教育研究的发展提供借鉴。

**关键词：** 智慧教育　动态生成　智慧课堂　环境构建

近年来，随着云计算、移动互联网、人机交互等新一代信息技术融入教育教学全过程，智慧教育日渐兴起，带来更加高效、智能和个性化的教学体验，成为未来教育的发展趋势，由此带动专家学者的研究兴趣和各地创设智慧教学环境的热潮，并引发教学环境设计、教学活动的个性化编排、教学管理的科学决策等方面的变革，使这些过去靠"拍脑袋"或者理念灵感加经验的工作，逐步变成一种数据支撑的科学行为，为构建智慧课堂教学环境提供了新思路和新方法。

## 一、问题的提出

本研究所提出的智慧课堂教学环境，主要是指师生人手一台移动终端。随着新技术在教育领域应用的不断深入，智慧课堂教学环境将逐步成为未来学习环境变革的趋势。教育部《教育信息化"十三五"规划》提出"要依托信息技术营造信息化教学环境，促进教学理念、教学模式和教学内容改革，推进信息技术在日常教学中的深入、广泛应用，适应信息时代对培养高素质人才的需求"。以广东省为例，《广东省教育发展"十三

---

本文系教育部人文社会科学研究 2014 年度青年基金项目"云端智慧课堂教学中动态生成性内容的分析设计与应用研究"（项目编号：14YJC880071）和广东省省级科技计划项目"云端环境下数字教育内容服务关键技术及运营示范"（项目编号：2013B010200004）的研究成果。

五"规划（2016—2020年）》明确提出，"到 2020 年，建设 100 所'智慧校园'和 300个'未来教室'，培育 500 个智慧教育示范项目"，这将在各地掀起建设智慧课堂教学环境的热潮。

课堂是教与学的主战场，动态生成是课堂的基本特征。但在传统课堂教学环境下：一方面，动态生成性内容经常被师生忽略而严重流失，得不到合理应用；另一方面，由于缺乏有效可靠的分析系统和工具支持，教师只能依靠经验处理，无法进行科学有效的分析，这使得开展个性化、针对性指导的成本非常高，特别是在大班教学的情况下，尤难实施。

移动终端与智慧课堂教学支撑系统相结合应用于常态化教学，使得获取教学过程中动态生成性内容成为可能。融合移动终端、云服务等构建新型教学环境，探索有效解决上述问题的方法，记录与分析动态生成性内容并开展创新应用，逐步成为当前研究的热点领域。然而，教学方法与活动的多样性，使动态生成性内容的记录面临巨大挑战。此外，如何分析解释所收集到的数据，也是教育工作者或研究者必须考虑的问题。

围绕移动终端应用于课堂教学带来的新问题与新需求，本研究在分析国内外相关研究的基础上，对课堂教学的动态生成、动态生成性内容的记录与分析、面向教学过程动态生成的智慧课堂环境构建以及基于动态生成内容的智慧课堂教学应用进行了探究，探索解决传统课堂教学环境下动态生成性内容不能被及时记录、教师不能全面了解学生情况并动态调整教学的问题，为智慧教育研究的发展提供借鉴。

## 二、国内外研究现状

随着新课程改革的不断深入，教育专家和一线教师越来越关注教学过程中动态生成性内容，目前研究重点关注动态生成性内容的理论分析、价值探讨及其在具体学科中的应用等方面，对于动态生成性内容的记录、分析以及基于动态生成性内容的教学应用等内容关注较少。

在传统课堂环境下，研究者利用数学统计方法或信息技术手段，对教学过程中师生互动行为进行分析，帮助教师发现传统课堂环境下动态生成内容应用上的不足。例如，弗兰德斯将课堂分为由 1～10 个编码组成的课堂行为互动分析系统，也有研究者将此编码系统改良并用于高效课堂建构的分析[①]，安德鲁·伯拉德致力于教师和学生之间主动交往与互动的"师生课堂互动模式"研究，菲利斯·布拉姆菲尔德和桑缪尔·米勒用来描述收集叙事和频率记录信息的方法，布罗菲·古德的双向互动分析系统、"S-T 分析

---

① 郭绍青，张绒，马彦龙."有效教学"课堂录像分析方法与工具研究［J］. 电化教育研究，2013（1）：68-72.

法"等。这些分析方法需要研究者课后进行大量的数据编码与处理工作，分析的时效性较差，对课堂教学的动态调节作用并不显著。

在智慧课堂教学环境下，学习终端的应用能够为学习者提供能够实时记录学生学习行为与学习表现数据；以数据为中心的大规模分布式计算——云计算，为数据的存储、分析和挖掘提供了计算资源。这使得教学过程中动态生成性内容的记录与分析成为可能。然而，关注智慧课堂教学数据采集与分析的研究相对较少，其中具有代表性的项目包括，TEACHSCAPE 项目支持教师通过移动设备收集并分析学生的学习资料，了解学生对知识的理解情况，并在此基础上调整教学环节[1]；Tabula 项目提供个人与群组互动、互动管理和在教室中使用的平板电脑版学习分析工具，同时为第三方应用预留接口，能够将学习数据汇集到现有的学校数据系统中[2]；Learning Catalytics 学习效果分析与评定云平台，支持教师在线提问并发布家庭作业，学生在线作答，系统自动分析学生的知识点掌握情况，并为教师提供学生的学习曲线，帮助教师基于学生学习能力的不同分组指导[3]；台湾网奕资讯研发了云端诊断分析系统——ADAS[4]，能够根据教师输入的考试成绩或 IRS 即时反馈系统收集的学生的作答信息，生成各种学习诊断分析图表，为教师、校长、学生、家长等提供学习分析报告。目前在各地开展试点应用的智慧课堂教学支撑系统，对于数据的采集也仅仅停留在片段性学习表现数据的记录层面，对基于移动终端在课堂中形成的图片、视频、教案、随堂作业、作品等非结构化数据的采集与分析尚处于起步阶段。

## 三、课堂教学的动态生成

课堂教学承载各学科教学质量提升的任务，学生综合素质的提升主要通过课堂教学来实现。叶澜教授提出："课堂应是向未知方向挺进的旅程，随时都有可能发现意外的通道和美丽的图景，而不是一切都必须遵循固定线路而没有激情的行程。"现代教育观认为，知识不止是一种静止的"状态"，更重要的是一个运动的"过程"。学生掌握知识的过程实质上是一个探究、分析、选择、创造的动态生成的过程。因此，对"课堂教学动态生成"的研究成为教育教学研究的重要课题。

① EISELE - DYRLI K. TEACHSCAPE [J]. District administration，2011.

② 曾子嶍. 跨平台教育软件 Tabula Project 让平板电脑成为教学工具 [EB/OL]. (2012 - 06 - 07) [2017 - 01 - 07]. https://36kr.com/p/1640308883457.

③ 靳晓燕，张进宝. 十大新技术教育大变样 [N]. 光明日报，2014 - 06 - 26 (12).

④ 张奕华，吴权威，许正姝，等. 智慧教室与创新教学：理论及案例 [M]. 台北：网奕资讯，2012.

## (一) 动态生成性内容的构成

课堂动态生成的内容是指教师与学生、学生与学生在一定的情境中，围绕多元目标，在开展合作、对话、探究的课堂教学中，即时生成的超出教师预设方案之外的新问题、新情况。[①] 其构成包括两个因素：一是以课程与教材为依托的学科知识；二是学生的学习经验、学习能力及学习方式等。这两个因素是构成课堂动态生成性内容的基本要素，它们相互影响、相互制约。从课堂教学活动角度分析，在对动态生成性内容记录与分析时，需要综合考虑学科知识和学生的学习经验、学习能力及学习方式等因素。

## (二) 动态生成性内容的特征

教学过程中动态生成性内容具有两个典型特征：一是瞬间存在性。动态生成性内容随教学情境的发展而变化，是流动的、巡检的，其存在是短暂的，需要及时记录；二是潜伏性。教学前教师很难去设想、预料，但在师生交互过程中，隐性生成，需要教师具有高度的教学智慧和教学应变能力去发现和把握，加以及时收集和记录，这才能够为有效发现教学问题、调整教学策略提供决策支持。

# 四、动态生成性内容的记录与分析

课堂教学的预设与生成是对立统一的矛盾体。即便教师课前精心预设，教学过程也不可能完全按照既定的程序进行。在教学方法、教学活动多样的课堂教学过程中，师生动态生成的内容层出不穷，需要教师认真地判断，及时地捕捉有价值的动态生成性内容，并加以分析和利用。

## (一) 动态生成性内容的记录

本研究将有价值的课堂动态生成性内容概括为以下三类。

### 1. 课堂测评数据

课堂测评数据指学生在参与随堂测验过程中形成的数据，包括应答数据、应答时间以及测试结果数据等。课堂测评是一种重要的课堂评价方式。评价贯穿于教学过程之中，与教学存在密切的联系。[②] 教师对学生进行评价不仅能够了解学生学习准备状态，

---

① 朱志平. 课堂动态生成资源的结构分析 [J]. 教育理论与实践, 2008 (14): 19–20.

② BLACK P, HARRISON C, LEE C, et al. Assessment for Learning-Putting it into practice [M]. Maidenhead: Open University Press, 2003.

而且能够将收集到的信息用于促进学生学习。当教师根据学生的知识水平设置教学计划，将教学内容与学生原有知识建立关联，则教学具有生成性。[1] 通过对学生有意义学习结果的测量，有助于教师更好地准备教与学材料进而促进教学生成。[2]

### 2. 学生的观点与问题

学生会在课堂学习过程中形成的观点与提出的问题。当学习者在学习过程中将新知识整合到原有知识中，并且运用新知识解决新领域或不熟悉领域的问题时，学习具有生成性。[3] 在课堂教学中，学生提出问题是由于产生了新旧经验间的矛盾冲突，反映出学生在积极思考，这是一类珍贵的课堂动态资源。学生的观点与问题可以用言语或文字形式呈现。

### 3. 学生作品

学生在学习过程中形成的图片、音频、视频等形式的作品是一类宝贵的生成性内容，充分利用学生生成的作品开展课程讨论能促进高阶认知能力的培养。[4]作品通常以非结构化数据形式呈现，需要考虑数据的存储方式与呈现方式等。

时间、顺序和情境是教育数据的重要特征[5]，因此对于上述三类动态生成性内容的记录均需要考虑其发生时间、持续时间、内容之间的先后顺序以及相关的情境信息。例如，课堂属性信息（课型和课程所关联的学科、章、节等信息）。针对上述三类生成性内容的记录，基于 Experience API 规范[6]（简称 xAPI 规范）与 IMSCaliper 框架[7]提出数据采集方法，即首先总结智慧课堂教学目标，然后分析达成教学目标的具体教学活动，最后将教学活动细化为教师或学生与资源、工具或服务等交互的教学（或学习）事件。事件以"参与者（actor）/动作（verb）/对象（object）/情境（context）"的形式描述，生成性内容则记录在"结果（result）"属性中。

① BALL A F. Toward a Theory of Generative Change in Culturally and Linguistically Complex Classrooms [J]. American educational research journal, 2009, 46 (1): 45–72.

②④ FIORELLA L, MAYER R E. Role of expectations and explanations in learning by teaching [J]. Contemporary educational psychology, 2014, 39 (2): 75–85.

③ FRANKE M L, CARPENTER T P, LEVI L, et al. Capturing Teachers' Generative Change: A Follow-up Study of Professional Development in Mathematics [J]. American educational research journal, 2001, 38 (3): 653–689.

⑤ BIENKOWSKI M, FENG M, MEANS B. Enhancing teaching and learning through educational data mining and learning analytics: An issue brief [R]. Washington, DC: U. S. Departmont of Education, 2012.

⑥ 顾小清，郑隆威，简菁. 获取教育大数据：基于 xAPI 规范对学习经历数据的获取与共享 [J]. 现代远程教育研究，2014 (5): 13–23.

⑦ 李青，赵越. 学习分析数据互操作规范 IMS Caliper Analytics 解读 [J]. 现代远程教育研究，2016 (2): 98–106.

（二）动态生成性内容的分析

为了帮助教师、学生及教育管理者等用户发现隐藏在数据背后的价值信息，需要对记录的动态生成性内容进行分析与应用。与学习分析的三个阶段（观察阶段、分析阶段、干预阶段）相似，动态生成性内容的分析过程可以划分为三个阶段。

1. 数据收集阶段

所收集的数据包括学生的基本信息、学生与终端设备的交互信息以及学生在课堂活动（如随堂测验、观点投票、小组学习）中生成的测试数据、观点及作品等。

2. 分析或数据挖掘及可视化分析阶段

基于描述分析、聚类分析或相关分析等方法，对课堂动态生成性内容进行分析，并为教师和学生提供可视化分析图表。分析过程在云端完成，所提供的分析图表呈现在课堂教学管理软件中。

3. 提供反馈阶段

针对生成的图表，结合活动的内容以及教师预设的标准，为教师提供教学指导建议，为学生提供学习建议。对课堂生成性内容的记录与分析，能够帮助教师高效地了解学生的学习情况，及时变换教学方式，以帮助学生进行更好的知识建构。

## 五、面向教学过程动态生成的智慧课堂环境构建

围绕教学过程中的动态生成性内容，设计与构建智慧课堂教学环境，在动态评价、即时反馈、学习过程跟踪与管理以及个性化学习等方面营造了积极互动的课堂氛围，能够满足课堂教学中人与人、人与技术之间互动的需求。

（一）智慧课堂教学环境构成要素

随着信息技术的发展，课堂教学环境从最初的由黑板、粉笔和教鞭组成的传统课堂发展到增加计算机、投影仪的多媒体教室，再发展到人手一台终端设备的 1∶1 数字化课堂，其构成要素发生了很大变化。智慧课堂教学环境的构成要素包括基础设施、软件、内容与服务（如图 1 所示）。

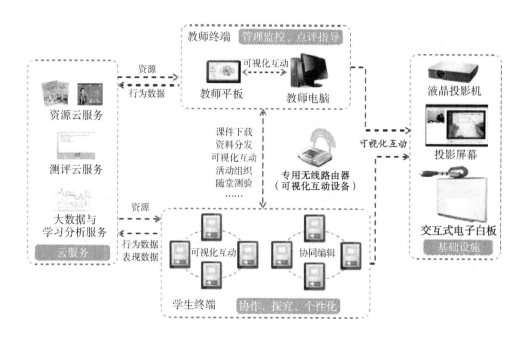

**图1　面向动态生成的智慧课堂教学环境**

### 1．基础设施

基础设施包括交互式电子白板（或液晶触摸一体机）、移动终端、专用无线路由器、可视化互动设备等。移动终端支持自然人机交互与学习过程/学习表现信息记录（例如，拍照或录像等），保证教学活动的顺利开展；专用无线路由器用于解决教室内以及相邻教室之间密集终端同时接入无线网络时，无线信号相互不干扰的问题；可视化互动设备用于支持教师屏幕与学生屏幕之间的可视化互动，它可以是一个独立的硬件设备或者嵌入专用无线路由器中，也可以通过智慧课堂教学支撑系统实现。

### 2．软件

软件包括基础应用软件（例如，WPS Office）、智慧课堂教学支撑系统、学习工具等。其中，智慧课堂教学支撑系统是资源与教学活动的载体，是智慧课堂教学环境建设的核心内容。它具有课堂管理、教学活动组织、教学评价实施等功能，能够有效支持师生与生生之间的互动，满足对自主学习、探究学习等多种教学模式的需求；学习工具包括促进学习者自我调节学习的认知表征工具（如概念图工具、图文编辑工具）、自我评价与反思工具等，能够帮助学生系统化地梳理知识，制作可分享交流的作品。

### 3．内容

内容即数字化学习资源，它是知识、信息与经验的载体，在教学过程中发挥着至关重要的作用。智慧课堂教学环境中的资源既包括教师在教学过程中积累的资源，还包括以云服务方式提供的基础性数字资源（如数字教材）以及个性化学习资源（如数字教辅、微视频、题库、虚拟实验等）。资源具有强交互性，学生在与之交互中能够衍生新的资源。

4. 服务

服务主要指云服务，即通过云公共服务平台为教师、学生、教育管理者以及家长等用户提供的服务，包括资源云服务、测评云服务以及大数据与学习分析服务等。其中，资源云服务具有云端资源存储、分享、汇聚、推送等功能，能够为端上应用（如智慧课堂支撑系统）提供多样的教学应用和丰富的教学资源，端上应用作为资源呈现的载体，同时教学过程中动态生成的内容又不断汇聚到云公共服务平台中；测评云服务为智慧课堂的课堂评价活动提供测评内容、测评分析引擎等，通过智慧课堂教学支撑系统实现动态生成性评价；教育大数据与学习分析服务通过统一的接口标准与规范汇聚资源使用行为、测评结果以及学生作品并进行挖掘分析，为管理者教学决策、教师有效教学、学习者个性化学习以及教学研究提供数据支撑。

（二）智慧课堂教学环境功能特色

围绕动态生成性内容的记录与分析，所构建的智慧课堂教学环境具有以下功能特色。

1. 支持多样化教学活动

既支持教师课前预设教学问题，又能满足教师课中根据学生动态生成性内容灵活添加或调整教学活动的需求；支持学生基于丰富的学习资源进行个性化学习，并通过多样化的学习工具创作作品、记录学习收获与问题；支持教师组织学生开展基于资源共享的小组学习，监测小组学习过程，并分享与评价作品，实现师生之间和生生之间的有效沟通与交流。

2. 及时反馈

利用云计算强大的数据计算与分析功能，对学习者参与测评及活动的过程和结果进行描述性分析，或进行更为复杂的数据挖掘分析，按时间或知识体系为教师或学生呈现动态生成性内容分析报告，为用户提供方便的检索方式，为教师改进教学、学生提高学习效果提供数据支持。

3. 个性化学习支持

在测评数据和学习行为数据基础上，获得对学习者当前知识、能力水平、学习风格等特征描述；利用资源云服务中存储的大量资源，智慧课堂教学环境可以根据学生模型为差生推送课例视频、为优生推荐拓展资源，达到补差辅优的目的；同时，可根据学习者的个性化发展需要，自动生成不同的学习任务。

## 六、基于动态生成性内容的智慧课堂教学应用

为了掌握智慧课堂教学环境下动态生成性内容的真实情况，本研究选取"粤教云"试验区7节典型的智慧课堂教学应用课例，从频次与具体信息方面，分析"学生观点""课堂测试""学生作品"三类代表性的动态生成性内容。其中，动态生成性内容的发生频次如图2所示，在课堂教学中充分应用的动态生成内容首先是课堂测试，其次是学生作品，最后是学生观点。

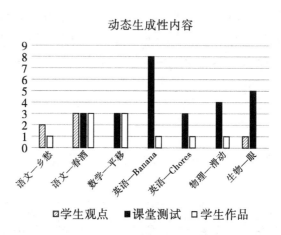

图2 "粤教云"智慧课堂动态生成性内容的频次

结合上文所提出智慧课堂教学环境的构成要素与功能特色，对课例中的动态生成性内容进行分析与提炼，所得到具体信息如表1所示。该具体信息能为改进智慧课堂教学环境的设计理念与软件功能提供借鉴意义。

表1 动态生成性内容具体信息

| 课例<br>（学科—课例名） | 动态生成性内容 | | |
| --- | --- | --- | --- |
| | 学生观点 | 课堂测试 | 学生作品 |
| 语文《乡愁》 | 1. 学生交流讨论选出一幅最能打动自己的画面，并说明原因<br>2. 学生讨论具体可感形象的共同点 | — | 学生任选一句诗，描绘一幅画面 |

续上表

| 课例<br>（学科—课例名） | 动态生成性内容 | | |
|---|---|---|---|
| | 学生观点 | 课堂测试 | 学生作品 |
| 语文<br>《春酒》 | 1. 学生评价其他同学的朗读<br>2. 学生相互评价朗读<br>3. 学生回忆思乡的诗句 | 1. 课前测试词语运用<br>2. 学生批注第一个句子<br>3. 学生批注第二个句子 | 学生评价课本中的句子，并将评价内容拍照上传 |
| 数学《平移》 | — | 1. 学生完成平移定义的练习<br>2. 学生完成两个平移特征的练习<br>3. 学生完成证明平行四边形面积的练习 | 1. 小组合作作图，并拍摄平移视频<br>2. 学生完成智力大比拼"拖动三角形"<br>3. 绘制美丽的图片 |
| 英语<br>*Banana* | — | 1. 学生完成是否喜欢香蕉的调查<br>2. 学生对食物进行分类<br>3. 学生自测水果简单单复数<br>4. 学生自测水果复杂单复数<br>5. 小组自测句型练习<br>6. 学生作答听力练习1<br>7. 学生作答听力练习2<br>8. 学生相互采访，描写自己的喜好 | 学生写采访报告 |
| 英语<br>*Chores* | — | 1. 学生听歌后填写做家务的短语<br>2. 学生填写文章内容<br>3. 学生完成该不该做家务的调查 | 学生写关于做家务的作文 |
| 物理<br>《滑动变阻器》 | — | 1. 学生完成上节课所学内容的测试<br>2. 小组在任务栏中标记实践结果<br>3. 学生完成学习本节课内容的测试<br>4. 学生完成本节课学习的调查问卷 | 小组展示探究的结果 |

续上表

| 课例<br>（学科—课例名） | 动态生成性内容 | | |
|---|---|---|---|
| | 学生观点 | 课堂测试 | 学生作品 |
| 生物《眼》 | 学生回答教师问题："如何矫正视力？" | 1. 学生完成课前自主学习效果测试<br>2. 小组探究眼球模型<br>3. 学生完成近视情况及近视原因的问卷调查<br>4. 学生完成本节课的知识点测试<br>5. 学生完成课堂学习态度与行为自评问卷 | — |

从表 1 中可以看出，"课堂测验"通常出现在课前知识点掌握情况检测、课中学习情况评估以及学生学习行为与学习表现的调查中，教师通过课堂测验了解学生预习及课堂学习过程中对知识的掌握情况，进而开展有针对性的教学。例如，《春酒》这堂语文课，教师在课前检测学生对已经学习的短语的掌握情况；执教《眼》这节课的生物教师也对学生课前自主学习进行检测；《滑动变阻器》这堂物理课，教师最后使用测试题检测学生的学习结果。

"学生作品"则通常发生在课堂后半段的探究学习及合作学习中，需要分析、评价、创造等高阶思维的参与。例如，语文、英语课中的写作练习以及数学、物理课中的现象探究等。作品可以由学生个人完成或由小组共同完成。智慧课堂教学环境能够及时记录学生作品，并为作品的展示、分享及评价提供便利条件。

智慧课堂教学环境中提供的学习活动管理与课堂互动答题功能对于教学动态生成内容具有相当明显的影响。在活动管理和互动答题的支持下，教师能够即时分析课堂测验的答题结果，能够更全面地查看小组或个人的创造性作品，以此对学生进行有针对性的辅导，对个人或小组作品予以及时的关注和评价。智慧课堂教学环境能够促使教学的生成性内容作用于学生的学习过程，以加深对知识的理解，也有利于教师及时调整教学策略，达到最优教学。此外，在智慧课堂教学环境中，教师还可以设置题目难度等级，学生自由选择答题难度；可以根据学习者的个性化发展需要，为学有余力的学生下发拓展资源，或分配不同的学习任务。

## 七、发展与展望

智慧教学环境是数字化学习环境的高阶阶段，是教育信息化发展的必然结果。智慧教学环境通过感知教学情境，自动记录教学过程和学习成果，识别用户特征，提供个性化的学习资源和学习活动编排，从而促进有效教学的发生。云计算和大数据时代学校教育教学面临新的挑战和机遇，利用大数据技术分析和改进教学行为、获取有价值的动态生成性内容已成为一种必然趋势。动态生成性数据的采集与分析将成为困扰智慧教学研究发展的关键技术问题，结合真实的教学情境，采集并分析动态生成性数据，全面、科学地反映教与学的动态过程，从而促进教师更好地编排教学活动，学生更好地掌握学科知识。基于 xAPI 规范与 IMS Caliper 框架的数据描述规范，研究基于情境感知技术的数据采集模型，实现数据的跨平台互操作、强化平台的数据分析能力，将成为智慧教学研究的新热点，并为教育大数据研究奠定基础。

# "互联网+"时代的智慧教学前沿：趋势和案例

华南师范大学教育信息技术学院　胡小勇　刘怡

**摘　要：**智慧教学，是智慧教育理念落地应用的重要体现。迈入"互联网+"时代，智慧教学持续发展和深入演进。本研究在介绍智慧教学源起的基础上，首先分析了其创造性、生成性、多元化、个性化特点，并进一步指出智慧教学在"互联网+"时代发展的关键趋势，即教学环境和技术手段愈加智能化、教学资源趋向动态开放和生成、教学工具更加丰富适切，以及教学评价趋向数据驱动和精准分析。最后，文章介绍了美国高校、K12体系以及韩国公共教育中的智慧教学应用案例。

**关键词：**"互联网+"　智慧教学　趋势　案例

## 一、智慧教学的源起

2008年11月国际商业机器公司（IBM）发布了《智慧地球》战略，里面提到智慧地球要"更深入地智能化（intelligent），通过云计算和超级计算机等先进技术，对感知的海量数据进行分析处理，以便做出正确的行动决策"[①]。自此各国教育界学者都在思考这个问题，如何在教育中运用智能化手段进行教学，由此产生智慧教育理念，并指出智慧教育是教育在"互联网+"时代的进一步深入发展，它将成为未来信息化教育发展的必然趋势。

智慧教学，是智慧教育落实到教学中的重要体现。进入"互联网+"时代，智慧教学呈现两种不同的研究趋向：一种认为智慧教学是培养学生成为智慧人的一种思维教

---

基金项目：2017年广东省研究生示范课程建设项目"信息化教学理论前沿"（项目编号：2017SFKC17）的阶段性研究成果。

① 许晔，郭铁成. IBM"智慧地球"战略的实施及对我国的影响［J］. 中国科技论坛，2014（3）：148－153.

育；另一种认为智慧教学是在互联网技术支持下，将教学中各系统的要素智慧化，以此促进学生的智慧性学习与发展。本研究将智慧教学定义为后者，并试图分析归纳"互联网＋"时代下智慧教学的新特点，指出"互联网＋"时代下智慧教学的发展趋势，并结合案例阐述实际应用情况。

## 二、"互联网＋"时代下智慧教学的新特点

### （一）创造性：关注对学生创造性能力的培养

创造性，是检验学生主动学习和学习成效的关键指标。[①] 智慧教学提倡促进学生的智慧性学习，即培养学生学会在任何时间任何场景下利用合适的学习工具解决复杂问题，着重关注对学生创造性能力和高阶思维能力的培养。进入"互联网＋"时代，师生借助信息技术工具结合各领域知识，以互联网思维重组教育。由师生共同参与来创造智慧教学的过程，最终达成智慧教学培养具有创造性和创新思维的人才培养目标。由此看出，目前互联网知识已从共通共享时代走向"互联网＋"知识创新创造时代。由创造驱动的"靶向学习模型"可知，若是学生实现了创造性的学习，则其识记、理解、应用、分析和评价等多项学习目标也同样达成了。有相关研究表明，创造力形成于复杂的问题解决之中，智慧学习为学习者问题解决提供了良好的工具、资源支撑。在教学中，一方面，智慧教学创设了智慧化的学习推送环境，为学生提供多维互动和个性化学习的创新空间；另一方面，智慧教学通过有效的教学策略促进学习者问题解决，从而达成智慧教学培养学生高阶思维能力和创造性能力的培养目标。[②]

### （二）生成性：关注教学过程的动态与变化

在以往的教育教学中，我们的教材变革周期长，教学内容变化幅度小，学生所受的教育往往滞后于时代的发展。如今，进入"互联网＋"智慧教学时代，借助互联网技术，知识信息传递十分通畅。教学过程中，教师与学生的教学观念、学习观念以及自身知识结构会随时受到外界各领域知识的冲击，从而产生动态的、巨大的变化，师生智慧处于不断变化的生成过程。

另外，教师在智慧教学过程中运用"互联网＋"技术手段，组织学习者进行协作讨

---

① 祝智庭，雷云鹤. 翻转课堂2.0：走向创造驱动的智慧学习［J］. 电化教育研究，2016，37（3）：5－12.

② 胡小勇，朱龙. 智慧学习环境中的创造力培养实证研究［J］. 中国电化教育，2017（6）：11－16.

论等活动，以学生每一阶段的生成性作品为基础，制作迭代式的、动态生成的个性化学习资源。让学生无论在合作学习过程中还是自主学习过程中，都能不断地动态更新学习内容，优化学习资源、改善学习方式，开展生成性的智慧教学活动。

### （三）多元化：关注教与学方式的灵活多样

智慧是一种形而上、不定型的高级综合能力。智慧教学采用"以学为中心"、发展学习者智慧性的灵动教与学方式。"互联网＋"时代的智慧教学，为适应不同的教学对象、教学内容以及教学环境等，智慧性地采用最适合的教与学方式，从而形成多元化的教与学方式。多元化的教与学方式可以突破传统教学方式在时间与空间上的线性关系，可以同时融合线上的网络空间教学与线下的面对面教学，融合在不同理念指导下的实践教学方式，以促进学生的智慧发展为主线，让不同类型的学习个体在各个领域中都可以进行灵动的学习方式的选择，构建"以学为中心"灵活多样的智慧教学方式。

### （四）个性化：关注助学服务的精准和高效

在传统教育中学生因教育体系和培养方式的线性化而被统一地采用按部就班的教育方式进行培养，这种教育方式极大程度地抹杀了学习者的个性化学习和创造的可能性。在"互联网＋"时代下，智慧教学借助大数据、学习分析等技术手段改变传统教学统一的线性化培养方式，大力提倡培养个性化的智慧型人才，鼓励学生探索、发现自己的兴趣爱好。智慧教学依托网络学习空间以及大数据技术，收集学生各方面的过程数据，采用云计算和学习分析技术对学生进行精准的个体分析与定位，这不仅能在课前为教师提供深度全面的学生学习情况，还能在课中帮助教师对学生提供适时适当的学习支持服务，同样在课后教师也能及时地对学生学习作品、学习过程和学习成绩进行科学的统计分析与评价反馈。从课前、课中、课后三个方面对学生的个性化、智慧性的学习给予精准高效的支持服务，培养学生成为具备个性化学习能力的智慧型人才。

## 三、"互联网＋"时代下智慧教学的发展趋势

### （一）教学环境愈加功能强大和手段智能化

目前，各种智慧终端技术、物联网技术、云计算技术、大数据技术，为构建智慧学习环境提供了有力支持[①]。基于 RFID 技术和传感器技术可以打造出一个外部系统智慧

---

① 祝智庭. 以智慧教育引领教育信息化创新发展 [J]. 中国教育信息化，2014（9）：4－8.

化的校园环境，在校园内通过物联网技术，实现学生行为活动、门禁系统、图书借助系统等各类物体的互连、识别及提供智能化的数据传递服务①，构建一个集物联化、智慧化、感知化、信息化为一体的新兴教学环境。在智慧校园环境中，学生的各方面信息都会被记录到个人的电子档案袋中，学生通过智慧环境中可穿戴设备的语音识别技术和意念控制技术来增强学生的智慧性学习，提高学习效率。比如可穿戴设备采用语音识别技术，将学习者各种语音行为转换成文本或计算机语言命令，改变了智慧环境下的输入方式，使技术手段愈加智能化。另外，意念控制技术通过实时监测学习者脑电波活动，实现对学生具体操作行动的意念控制。② 通过多种智能化的技术手段，在智慧校园环境里，教师可全方位、全过程地采集学生的教育数据，除了收集结构化的考试成绩外还能收集学生非结构化的情感因素、心理倾向、实践能力等数据，以此支撑智慧教学全面综合发展。由此可见，智慧学习环境具有学习信息动态感知、学习资源智能推送、支持深度高效互动等功能，正成为"互联网＋"时代高阶学习的重要依托。③

## （二）教学资源趋向动态、开放与生成

进入"互联网＋"时代教育教学资源由传统的纸质形式转变为数字化形式，凭借网络的互通互联性，师生不仅仅是教学资源的学习者，也成为教学资源的创造者。在"互联网＋"时代中，师生可在教育教学过程中对教学资源进行个性化改造和优化升级，可见教学资源已由"互通共享"时代走向"开放创造"时代。智慧教学中教学资源具有聚类映显和信息易获取的开放性特征，并在教学资源丰富多样的基础上，生成了属于每个人的个性化"教学资源库"④。实现教学资源和学习内容"由点到面"的辐射式发展，线上线下教育资源的动态流动和教学空间的开放打通⑤，搭建泛在联通的"互联网＋"智慧教学的资源库平台，实现在第一手教育资源的基础上再创优质资源，共建资源产资源的动态、开放、生成的智慧教学资源生态系统。

---

① 杨现民，余胜泉. 智慧教育体系架构与关键支撑技术 [J]. 中国电化教育，2015（1）：77 - 84，130.

② 刘海韬，尚君，吴旭. 可穿戴技术对智慧教学环境构建的启示 [J]. 中国电化教育，2016（10）：57 - 61.

③ 赵兴龙.《2015 中国智慧学习环境白皮书》项目成果发布会在北京师范大学举行 [J]. 现代教育技术，2015，25（10）：126.

④ 张雅，夏金星，孙善学. "互联网＋"背景下职业教育课程智慧教学研究 [J]. 中国职业技术教育，2017（23）：8 - 12.

⑤ 刘慧. "互联网＋"时代高校 O2O 智慧教学平台建设 [J]. 黑龙江畜牧兽医，2017（13）：268 - 271.

### （三）教学工具更加丰富和适切可选

没有万能的工具，只有刚好适用的工具。无论是在传统教学中，还是在智慧教学中，都没有万能工具。智慧教学中工具的智慧性体现在，为学生在适当的学习过程中提供适时适切的工具支持。在开放的智慧网络学习环境中，教师可以选择适切的工具，对教学资源进行个性化的整合，从而有效地提高自身专业知识水平与教学水平。同时教师还能实时掌握学生的学习数据和了解学生学习过程，从多样化的学习工具中选择最适切的学生个体的学习工具，为学生提供最适切的支持帮助。对于学生而言，学习工具的多样化和丰富性，让学生可以在任何时间、任何地点的学习中，选择最适合自己学习的工具参与到课堂互动中来。学习的主动权掌握在学生身上，因此学生学习的积极性也得以提高。总之，在智慧教学中师生选择适切的教学工具，能有效地提高学生参与课堂活动和讨论的热情，提高学习效率，创建集丰富性与适切性为一体的智慧教学学习工具，真正实现"以学习者为中心"的教育教学，促进学生的智慧性学习与发展。

### （四）教学评价趋向数据驱动和精准分析

智慧教学运用互联网技术全面、系统、深入地采集学生的数据信息，包括结构化的成绩信息与非结构化的情感、态度、价值观等多方面数据信息，并借助"个人云"资源信息库、网络学习空间等平台，对学生进行数据驱动支持下的较为全面的综合性评价。同时由于数据存储、分析计算的速度快，可对学生进行及时、动态、系统的评价反馈[①]，促使学生在当前知识情感并未遗忘的情况下立即接收系统给予的精准综合评价，科学精准地全面提升学生学习智慧性。

## 四、智慧教学应用的典型案例

### （一）美国高校中的智慧教学应用

"互联网＋"时代，美国众多高校都不同程度地开展了智慧教学活动，如卡耐基梅隆大学（Carnegie Mellon University）、奥斯汀佩伊州立大学（Austin Peay State University）、夏威夷大学（University of Hawaii）等。这些高校的智慧教学应用具有覆盖范围广、联通性强的特点，学生可以随时随地运用智能终端开展学习活动。智慧教学物联网环境

---

① 刘邦奇. "互联网＋"时代智慧课堂教学设计与实施策略研究 ［J］. 中国电化教育，2016（10）：51－56，73.

由校内各个系统相互连接构成，学生在学校中的各种学习活动都可看成是智慧教学系统中的一分子，它主要由教学管理系统、课程采集系统、协作学习系统、多媒体投放系统和教学分析及预测系统五大部分组成。在智慧教学物联网环境中，学生在智慧校园环境中的行为与数据都会被存储到物联网云端中，教师、课程管理者或研究学者等可以直接或间接地从云端调取数据为学生制定智慧性的个性化教学活动。美国宾夕法尼亚州州立大学（The Pennsylvania State University，PSU）也建立强大的智慧教学校园环境。学校为学生提供五种不同功用的云平台，它们相互联通，共同为 PSU 师生搭建多用途、实用性强的智慧教学校园环境。在 PSU 智慧校园中，根据不同师生用户的使用习性将常用通讯应用进行服务聚合，比如将论坛、邮箱、SNS 多种通讯应用融于一体，打造个人网络空间，并兼容不同种类的应用软件数据，为个性化的智慧教学奠定良好的环境基础。此外 PSU 还通过对个人网络空间进行功用需求分类，实现了为不同用户群体提供不同类型与需求的智慧教学功能服务。[①]

卡耐基梅隆大学成立了开放式学习项目 OLI（Open Learning Initiative），在项目活动中教学人员可以在"互联网＋"环境中搜集不同人群不同方面的大数据信息，对学生个体进行精准的信息分析与反馈。最初这项技术运用于亚马逊网的智能推荐服务，即在"互联网＋"环境中利用智能技术搜集与用户相关的细粒度信息，将该用户信息和其他百千万用户信息进行对比比较，从而把个性化、趋势化的意见反馈给用户。现如今美国许多高校都利用这一技术来开展智慧教学。奥斯汀佩伊州立大学的学位指南课程推荐服务通过搜集学生个体的细粒度信息，全方位地掌握学生个体信息，在帮助学生了解自己的过程中，对学生进行精准有效的助学服务。运用大数据分析哪些课程适合学生学习发展，制定最适切的选课顺序和学习计划助力学生智慧学习。学生通过自动化采集课程内容的课程采集系统和互动学习的学习管理系统，动态生成多元化混合式的学习方式。比如在科罗拉多社区学习中，运用互动式和体验式的教学方式，将课堂面对面学习和线上学习紧密混合，并在体验式的学习互动中，学生选取最适合的学习工具和学习方式进行更智慧性的学习与发展。[②]

（二）美国 K12 体系中的智慧教学应用

在大数据支持下，一群富有创业文化理想的科技人员搭建了位于美国硅谷的

---

① 熊频，胡小勇. 面向智慧校园的学习环境建设研究：案例与策略［J］. 电化教育研究，2015，36（3）：64－69.

② YANG M. Smarter learning：An Intelligent Cloud Model In American Higher Education［D］. California：Unirorsity of californicl，2014.

AltSchool 智慧教学实验小学。该小学于 2013 年由谷歌前高管 Max Ventilla 团队搭建成立，经过两年的筹资，AltSchool 校区还扩大到布鲁克林和帕洛阿尔托地区。

AltSchool 中的智慧教学平台系统是由谷歌负责搜索引擎技术的前主管搭建的，其中央管理系统可以对个体或群体学生进行完整的学习信息数据记录与数据动态分析。学生在学习过程中体验多样化的学习方式和学习资源，然后从中选择最适切的学习方式、资源与工具来建构知识。最后 AltSchool 运用自适应学习软件对学生个性化的学习数据进行分析和趋势预测，教师结合自适应学习软件的反馈信息和学习分析技术的反馈信息为学生制定并提供最佳的课堂活动设计和技术支持服务，从而为学生建立一个以适应性为核心的智慧教学的学习体验活动，帮助学生融入团体间的学习，从多元化的教与学方式中选择最适切的问题解决的智慧教学活动方式。

Khan Lab School 是由可汗学院创始人成立的，是一所开展智慧教学的中小学实验学校，坐落于旧金山的山景城。Khan Lab School 的学校团队成员利用智慧教学环境中的多种智能技术手段跟踪与记录每个学生的信息数据，通过追踪教学过程中不断动态生成的学生学习资源数据、学业成绩数据、学习行为数据以及非结构化情感因素和心理倾向等数据，进行提取与聚合模式检测分析，然后将分析得出的学生个人信息和预测的学习发展趋势纳入到日常的学习干预中，更轻松地为学生提供正确价值观和高阶思维的智慧教学支持服务。同时 Khan Lab School 还进行家校联合教育活动，将学生在 Khan Lab School 中开展的智慧学习情况与学生父母共同分享交流，内外联合加强智慧教学中个体差异性的培养。此外，Khan Lab School 团队成员还尝试将智慧教学活动中不同学生个体使用的不同教学方法和技术手段进行提取归纳，试图提出基于智慧教学的开源教育创新理论。[①]

（三）韩国公共教育中的智慧教学应用

韩国的智慧教学是在强大的信息化设施基础上建立的，以社会性学习理论和泛在学习理论为基础，在社交网络支持服务中采用智慧化设备开展智慧教学活动。本案例主要阐述韩国公共教育中智慧教学运用的优点、缺点、机会与问题（如图 1 所示），为智慧教学进一步发展应用提供参考和借鉴。

---

① WILLIAMSON B. Smarter learning software：Education and the big data imaginary ［D］. Stirling：Unireristy of Stirling，2015.

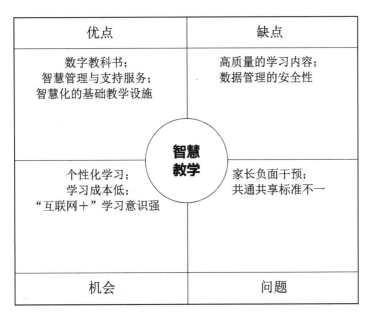

图1  韩国公共教育的智慧教学 SWOT 分析

### 1．优点

从 1997 年起韩国政府大力投资建设信息化基础教学设施，发展至今韩国已成为公共教育中率先进行智慧教学的领头者。一方面，在智慧教学课堂中，教师配有智慧教学平板设备，支持教师在智慧教学中运用"互联网＋"技术进行教学监视管理，时刻掌握学习者的动态信息，为学习者的学习活动给予适时恰当的支持帮助，必要时还可为学习者提供远程学习的助学服务。另一方面，学生在智慧教学中可以随时随地使用数字化教科书，促使学生掌握"互联网＋"时代下的智慧学习基本技能。数字化教科书作为学生智慧学习的工具，记录学生学习过程中的动态数据，为数据驱动与个性化精准助学的智慧教学奠定基础优势。

### 2．缺点

在韩国，大部分学生放学后都会参加补习机构，但不同的补习机构教学内容体系不一，导致开展公共教育的学校难以制定系统化的高质量学习内容来满足不同学生的智慧学习要求。另外在智慧教学中，由于师生都开展基于"互联网＋"的学习活动，师生所有个人活动数据包括隐私信息也同时被记录到网络中，因此需要提供一定的技术保障，提高智慧教学网络环境的安全性，为智慧教学创设安全的互联网环境。

### 3．机会

2007 年以来，韩国政府联合韩国教育科学与技术部（MEST）和韩国教育和研究信息服务院（KERIS）推出以数字化教科书为基础的智慧教学环境，学生已基本养成在"互联网＋"时代中借助信息技术进行自主学习的意识。同时因为政府在全国范围内开放与提供各种学习资源，学生不仅可以低成本地获得高质量的教与学资源，还能从多元化的学习资源和学习工具中选取最适切的内容与工具进行个性化学习，为智慧教学的深入推广和演进提供良好的发展机会。

4．问题

由于不同学校的基础设备系统不同，教学资源与内容在共通共享的标准上难以实现统一，不利于智慧教学的推广与发展。另外，由于韩国父母对子女学业尤其重视的价值观念，家长从智慧设备中掌握子女的学习数据从而容易进行负面干预，引起学生的排斥与反感等负面影响。为使智慧教学进一步地推广与应用，韩国政府积极联合 SAMSUNG、LG 等全球性大公司，在研发智慧教学设备的同时，政府号召引领各智慧教学管理组织共同合作，在开展制定"互联网＋"教学资源标准的会议基础上，联合多组织机构协作制定高质量的学习内容，集合众家之智，增强技术安全性，提高学习内容质量水平。这样做既消除了家长对智慧教学内容和信息安全问题的担心与忧虑，又进一步为发展和广泛应用智慧教学活动提供良好的智慧教学环境基础。①

## 五、结语

近年来，智慧教育在"互联网＋"背景下受到了教育信息化研究和工作者的进一步重视，并展现出教学环境智能化、教学资源动态开放与生成、教学工具丰富适切、教学评价趋向数据驱动和精准的新趋势。本研究对新时期的智慧教学特征、发展趋势做出了梳理，同时介绍了国外的典型智慧教学应用案例。但是，如何在教学中渗透体现更深层的智慧性，促进学生有效学习，如何建立体系化的智慧教学，仍需要做出进一步的探讨研究。

① KIM T，CHO J Y，LEE B G. Evolution to Smart Learning in Public Education：A Case Study of Korean Public Education ［C］. Berlin，Heidelbery：Springer，2013.

# 基础教育中基于数字技术环境的智慧教育

北京电化教育馆　潘克明

**摘　要**：智慧教育是科学地促进人健康、愉快、高效发展的教育。在实践、探索和推进智慧教育的进程中，必须具备三种环境，即能够体现现代教育教学理念的人文环境；能够保障数字技术优势充分发挥的硬件环境；能够将现代教育教学理念与数字技术优势融为一体的软件环境。在实施智慧教育过程中，要帮助中小学教师学习、掌握信息技术与教育教学深度融合的方法，以实施有智慧的教；要帮助学生学习和掌握基于信息技术的学习方法，做到爱学、想学、有智慧的学。

**关键词**：智慧教育　智慧教育的数字化环境　有智慧的教与学

2008 年 11 月微软提出和发起了"智慧星球"计划。"智慧星球"概念一出世便吸引了全球政治界、经济界、理论界、技术界、教育界等方方面面的眼球。于是，很快便有了智慧国家、智慧城市、智慧工程、智慧工厂等；在教育界，也有了智慧教育、智慧校园、智慧课堂的新概念，以及由此衍生出来的关于智慧教育的新理念、新环境、新技术、新方法。

早在 20 世纪 50 年代，我国著名的"两弹一星"元勋钱学森便提出了大成智慧教育的理念，并阐述了其实质与核心内容。[①] 关于智慧教育的理念，钱学森提出的要比微软提出的整整早半个世纪。[②]

无论是"大成智慧教育"的概念、理念，还是"智慧星球"的思想和方法，对于推进智慧教育和教育信息化，都是一件绝好的事情。因为，钱学森提出的"大成智慧教育"的理念与核心内容，为利用智慧的教育技术和教育方法，培养具有大成智慧的人，提供了融哲学与科技于一身的深刻思考。微软由"数字地球"到"智慧星球"认识的演变与数字技术的不断创新，将人们对于信息技术教育的注意力，由对数字技术本身的

---

① 钱学敏，杨克强，黄笑元，等. 钱学森与大成智慧教育构想［J］. 中国发明与专利，2013（10）：66－72.

② 赵泽宗. 简论钱学森大成智慧教育思想与教育实践：解读"钱学森之问"和"钱学森成才之道"［J］. 汉字文化，2011（3）：7－20.

关注，引向了对数字技术应用方法和产生的成效的关注。钱学森关于"大成智慧教育"的理念，微软关于"智慧星球"的思维与技术，充分体现了"信息技术对教育的革命性影响"，对于我们利用信息技术带动教育现代化，推进教育的跨越式发展非常有借鉴意义。

我们可以从智慧教育的理念、技术支持和实施方法三个方面，研究和实践基于数字技术环境下的智慧教育。首先，要搞清什么是教育和智慧教育；然后，要搞清在中小学实施智慧教育所需要的数字化环境是什么；最后，要搞清在中小学怎样实施有智慧的教与有智慧的学。

## 一、教育与智慧教育

"教育是传递社会生活经验并培养人的社会活动"；学校教育是"根据一定的社会要求和受教育者的发展需要，有目的、有计划、有组织地对受教育者施加影响，培养一定社会所需要的人的活动"；教育具有"保证人类延续、促进人类发展""促进社会发展"等功能[①]。

教育的理念、教育的功能是理论性和实践性非常强的大问题，从我国的至圣先师孔夫子开始，古今中外的大家、名家已有很多经典论述。本研究仅从我们已经进入的数字时代和置身的数字化社会的角度，思考传统教育与智慧教育的相关性问题。

近（现）代教育（特别是中小学的班级教学）是大工业生产的产物，在17世纪末18世纪初的资本主义萌芽阶段，为了满足工业发展对有文化、有技术的劳动者的紧急需求，产生了班级授课的教育教学方式。这种班级授课制是教育的一个革命性变革，因为它彻底改变了奴隶社会和封建社会中，接受教育只是少数人特权的状况，使接受教育成为广大民众的基本权利。同时，这种教育也改变了私塾中师傅带徒弟式的、照本宣科的、死记硬背的教学方法，使得标本、挂图、实验操作等直观技术和形象化资源进入了课堂。正因为如此，班级授课仍是当前甚至今后很长一段时间里，基础教育中应用最为广泛的教育教学组织形式。

但是，随着社会的发展与进步，随着社会与个体的人对个性发展的强烈需求，随着现代科技对个性发展和社会发展的难以想象的技术支持，传统教育中班级教育的弊端——按照统一的要求、统一的标准、统一的方法，在规定的时间和限定的场所，如在流水线上按照事先设计好的要求制造产品一般教育、培养学生就十分突出了；教育教学的组织、内容、方式、方法以及教育教学评价的目标体系，与社会和人自身发展的需求矛盾也更趋激烈。

---

① 顾明远. 教育大辞典［M］. 上海：上海教育出版社，1989：1.

这个问题，大教育家卢梭早就看出来了，他曾经讲过这样一句话："我们对儿童毫无所知，只用我们错误的见解去办教育，愈办愈错了。那些最聪明的著作家竭尽心力去讨论一个人所应知道的是什么，却不问一个儿童所能学习的是什么。"钱学森老先生也质疑："为什么我们的学校总是培养不出创造型人才？"微软奇才乔布斯讲得更加尖锐，他问："为什么信息技术改变了几乎所有领域，但却唯独对教育的影响小得令人吃惊？"

仅就教育这个社会现象和社会行为而言，不按照人的认知、成长规律实施教育教学，不按照人的个性需求和社会需求实施教育教学，不采用先进的科学技术和高效的教学方法实施教育教学，便成为影响教育改革和教育发展的三大瓶颈。

要打破这些瓶颈，我们必须要做的是：在先进的教育教学理念指导下，采用先进的教育技术和教育方法，实施有智慧的教和推进有智慧的学。简言之，就是大力推进智慧教育。

根据上述理解，可以将基于数字技术的智慧教育概括为：在先进的教育理念指导下，利用先进的数字化技术，采用高效的符合人的认知和发展规律的教与学的方法，使人逐步成长为具有大成智慧的人的教育。

## 二、中小学实施智慧教育的数字化环境

实施素质教育必须具备三个基本环境：一是人文环境；二是物化形态环境；三是软件资源环境。中小学实施智慧教育也离不开这三个基本的环境和条件。

### （一）支持智慧教育的人文环境

人文环境是指教育工作者的教育教学理念、信息技术技能和素养、教育教学的专业化水平、学校的文化氛围，以及社会与教育行政部门对教育改革的理解、目标、期望值、包容度等一些理性的认识、思考和规定。

世上一切都是人的认识与行为的体现与结果，所以人是最关键的。在构建基于数字技术的智慧教育环境的时候，人文环境的建设是最基础、最核心、最重要的，是实施智慧教育的中枢神经性的保障。如果这个保障出了问题，基于数字环境下的智慧教育只能是穿新鞋走老路——用最先进的技术去做那些事倍功半甚至是误人子弟的教育。

关于人文环境，教育理论家们的论著已有很多，尽管对教育中人文环境的具体见解仁者见仁、智者见智，但是对于人文环境重要性的认识都是一致的。

### （二）支持智慧教育的物化形态环境

数字技术奇才乔布斯曾做出三大预言，其中一个就是：电子科技将掌控未来的教

室，并在教育信息化领域取得丰厚的利润。乔布斯所讲的"电子科技"主要是指以数字技术为核心的信息技术。信息技术是"运用以数字技术为依托的多媒体技术和网络技术，来呈现、传递、加工和处理信息的技术"。

实施智慧教育的物化环境，必须是能够充分发挥数字技术的上述功能，支持中小学生以最喜欢的方式呈现和传递教育教学信息，以最有利于学习主体参与的方式加工和处理信息，以最轻松、最有效的方式获得个性的和全面的发展。

这种物化形态的数字技术环境主要有三个层面。

第一个层面是国家层面的建设，这主要包括制定国家信息化的推进规划。例如，党的十八届三中全会明确提出对教育信息化工作的任务要求，"构建利用信息化手段扩大优质教育资源覆盖面的有效机制，逐步缩小区域、城乡、校际差别"。中共中央办公厅、国务院办公厅印发的《2006—2020年国家信息化发展战略》确定了信息化发展的四个目标和六大战略行动计划，并提出九点相应的信息化发展保障措施。

第二个层面是教育行政部门层面的建设，主要是实施智慧教育的数字化环境的顶层设计。例如，教育部2012年制定的《教育信息化十年发展规划（2011—2020年）》提出了"形成与国家教育现代化发展目标相适应的教育信息化体系，基本建成人人可享有优质教育资源的信息化学习环境，基本形成学习型社会的信息化支撑服务体系，基本实现所有地区和各级各类学校宽带网络的全面覆盖……"，例如"三通两平台"的建设等。

第三个层面是实施智慧教育的数字校园建设。在教育部2012年制定的《教育信息化十年发展规划（2011—2020年）》中明确规定，要"针对基础教育实际需求，提高所有学校在信息基础设施、教学资源、软件工具等方面的基本配置水平"，要"建设智能化教学环境"。

在数字校园建设中，除了要保证：①科学有效的教与学的应用平台，科学有效的教与学的方法，优质的教育教学资源等，可以方便地进学校、进课堂、进家庭。②学校、教师和学生，能够随时随地利用网络平台，进行教育教学管理，实施家校通，实施自主学习、协作学习和探究性学习，求得方方面面的指导。更要保证师生能够根据教育教学需要和各自发展的需要，非常方便地利用课堂上、学校里的数字化设备、设施与环境，高效率、高质量地实施智慧教育，实现促进师生个性化和全面发展的教学目标。

当前和今后很长一段时间内，课堂仍然是中小学教育教学的主渠道、主阵地和主战场，因此要特别重视智慧教室的建设。这种智慧教室有三个特点：①基于多种新媒体、新技术的物化环境（交互式教室、互动反馈的教室、基于移动终端的教室）。②基于混合"数字云"的移动网络环境。③具有主体参与优势的互动环境。

（三）支持智慧教育的软件资源环境

无论是30多年前还是现在，我们缺少两类教育教学资源，一类是优质教育教学资源；一类是教育教学的应用平台。因此，在进行支持智慧教育软件资源建设的时候，重点要从优质教育资源和优质教学应用平台两个方面下手。

1. 优质教育资源

优质教育资源是能够按照中小学的认知规律，充分发挥网络技术与多媒体技术优势，有利于学生的主体表现和参与的资源。

但是，目前所看到的资源，多是展示性资源和辅助教师教的资源，将资源作为学生学习的内容，将利用资源的学习作为学生的学习方法的资源则很少。

在研究数字技术对于人的认识与思维的影响时，人们发现随着各种显示终端的出现，当多数人还习惯于对书本和符号的阅读与学习的时候，利用屏幕和图形化资源的阅读和学习正在悄然兴起。利用印刷载体和抽象的符号对信息进行组织、呈现、传播、加工、处理的方式，将由此而产生颠覆性的变化。借助屏幕和图形化资源的学习，最终将成为未来的学习与思维方式。同时还发现，在网络环境下，人们的思维方式，已经逐渐从借助具体案例、利用抽象的概念解释现象，转向了利用整合数据和图形来思维。这两个现象表明人们的学习方式也将朝着图形化、数据化方向发展。

在研究中小学生的学习过程的时候，可以看到这样两个现象：第一，中小学生更喜欢那些直观、形象、生动、有趣的资源。第二，在对资源的阅读观赏过程中，他们更喜欢那些具有较强交互性的资源。

将思维的图形化、数据化与学习过程的直观性、参与性整合到一起，就为中小学优质教育资源的建设指出了明确的方向：直观、形象、生动、有趣和互动参与。

2. 优质教学应用平台

只有投影、白板、计算机，无法实施智慧的教与学；只有优质的教学课件，也无法实施智慧的教与学。就像修建了高速公路，仓库里还有许多等待运输的货物，却没有运输货物的汽车一样，要将硬件与资源整合为教与学的过程与行为，必须有教学应用平台。这些教学应用平台，有支持教师的教学设计的应用平台，如"乐教乐学云平台"；有支持学生自主学习的平台，如"英语口语智能听说训练系统平台"；有支持课堂移动学习的平台，如"数字化课堂教学系统平台"等。

人文环境、物化环境、软件环境是实施智慧教育的基础性环境。在这三大环境之中，人文是核心，物化是基础，软件是保障。在这三大环境建设中，我们必须以科学的智慧教育理论为指导。

## 三、中小学实施有智慧的教与有智慧的学的途径

2012年5月28日，时任教育部副部长的杜占元在教育信息化试点工作会议的讲话

中指出：教育信息化的核心理念是信息技术与教育教学实践的深度融合。简单的硬件设施不是信息化，只有把信息技术与教育教学过程结合起来，利用信息技术改造教育教学过程才是教育信息化。[①]

刘延东副总理在全国教育信息化工作电视电话会议上的讲话中指出：信息技术的深度应用，迫切要求教与学的"双重革命"，加快从以教为中心向以学为中心转变，从知识传授为主向能力培养为主转变，从课堂学习为主向多种学习方式转变。我们必须主动适应这一转变，加快推动信息技术的全面应用，满足学习者的多样化与个性化需要，使教育更加体现以人为本。[②]

从一定意义上讲，刘延东副总理所言之"信息技术的深度应用，迫切要求教与学的'双重革命'"，就是要充分发挥数字化信息技术的优势，支持教师有智慧的教和学生有智慧的学。

## （一）怎样进行有智慧的教

什么是有智慧的教？集诸家之说，作者认为：有智慧的教应当是在现代教育教学理论的指导下，成功利用数字化的智能教育环境、技术和方法，"精巧"地实施教育教学，以帮助学生有智慧的学，以促进学生个性化和全面发展的教学方法。

有智慧的教不是填鸭式的教，不是拔苗助长的教，更不是教与学分离的教，而是遵循学生的认知特征与认知规律的聪明的、精巧的教。因此，要实现数字技术环境下有智慧的教，必须做到以下几点。

第一，牢固树立"以学生为主体""以教师为主导""以学生发展为中心"的教学新理念，这是实施智慧教育的核心理念。

第二，以体现教师地位与作用新变化进行整合的教学设计与实施教学。在数字化环境下，教师在完成"传道、授业、解惑"教学任务的时候，不应只是一个知识与技能的讲授者，而应当是学习的组织者、指导者和帮助者。教师的主导行为方式也应逐渐由在课堂上表现出的显性行为，转向在课外表现出的以教学设计为主的隐性行为。在课堂上，教师将逐渐把时间交还给学生。

第三，使信息媒体由教师展示教学内容的工具变为学生的学习和认知工具。配有交互式电子白板的教室不能只是满足于教师利用白板的交互性，方便搜索、调用教学资源，勾勒教学重点等，而应当使学生能够利用白板的交互功能，学习、探究、展示和交

① 杜占元. 以改革创新为动力推动教育信息化取得新突破［J］. 中国信息技术教育，2014（12）：1.
② 刘延东. 把握机遇加快推进　开创教育信息化工作新局面［C］//中国教育信息化创新与发展论坛. 第十二届中国教育信息化创新与发展论坛论文集. 北京：中华人民共和国教育部，2012：8－13.

流。在能够实现人手一机的移动学习的教室，也不能将移动终端的应用，停留在电子书包的阶段。

"翻转课堂"从教学内容选择，教学目标确定，教学媒体、资源、结构与方法的确定，教学评价的多样性等方面，都对传统课堂的教学方式产生了颠覆性的影响。这种建立在基于网络环境的学生自主学习、协作学习和探究性学习基础上的教学，能够较好地发挥数字技术优势，能够较好体现学生的学习主体、教师的主导地位和作用教学方式。

当讲到智慧教育的时候，必然会想到面向班级群体的班级授课与面向个体学生的个性化教育、个性化发展的矛盾。要解决这个问题，可以从九个方面下手：①指导学生利用网络搜索并获得多种学习资源；②指导学生利用多网络和多种学习资源进行自主学习；③指导学生利用网络和资源进行协作学习和探究式的学习；④指导学生利用网络进行展示和交流学习成果的学习；⑤指导学生利用教学过程中产生的再生资源的学习；⑥指导学生利用网络进行自主选择学习内容和学习方法的学习；⑦指导教师通过翻转课堂进行改变教学时空的教学；⑧指导教师利用网络进行学习过程的监控、学习成效的检测评价和分析；⑨指导教师利用反馈信息进行因人而异的教学设计和有的放矢的教学指导。

第四，构建基于云技术的智慧教室应当具有以下特点：①支持数字化智能教学的实施；②支持方便地共建、共享和利用优质教学资源；③支持自主学习、协作学习和探究性学习；④支持多样化、多元化、及时、准确、真实的教学评价；⑤支持对教与学过程的高效管理。

## （二）怎样进行有智慧的学

美国新媒体专业教授金·格莱格森在关于可汗学院的评价中说道："大家都是在想学知识的时候来观看这些视频，因而效果比较好。而传统的教育体制，多少都带有强迫性。此外，这些视频可以反复观看，直到你弄懂为止。"

这句话有四个关键词：想学、强迫性、反复观看、弄懂为止。由这四个关键词中，我们可以窥见有智慧的学的端倪，提炼出基于数字化环境的有智慧的学的下述几个要点。

### 1. 要"想学"

中小学生为什么要学习呢？一般情况下，从小学到初中再到高中，他们的回答将逐级表现为："大家都学习，我也得学习，否则就没有事情做。""家长和老师要我学，我不能不学。""不学习就不会有知识、懂技术，今后就无法生存。"可以说，绝大多数中小学生的学习动机都来自于外界，而非出自内心。"想学"是发自内心的，是一种自觉自愿的需要。所以，有智慧的学的基础一定来自于学习者的内因，学习者一定要"想学"，才能够实现有智慧的学。

由于外部原因而影响中小学生学习动机的因素有很多。例如：我喜欢这个老师的教学方法，所以爱上、想上他的课；这门课的教学资源形象、生动、有趣；我喜欢听音乐所以上音乐课；我喜欢旅游所以喜欢地理课；我喜欢变化无穷的图形，所以喜欢几何课……教师应及时发现这些因素，通过自己智慧的引导，激发并使学生这些"想学"的外因转化为内因进而可持续地发挥作用。

数字技术能够以其呈现学习内容的直观、形象、生动性，学习过程的主体参与性和互动性，学习成果形成、评价、展示和交流的高效性与广泛性，激发并保持学生这种"想学"热情。懂得有智慧的教的教师和懂得有智慧的学的学生，都应当利用数字技术的这种优势，使学生的学习尽可能久地保持"想学"的心理状态。

2. 要"会学"

每个学生的阅历、爱好、学习习惯和学习方法不会是一样的。会学的学生，一定是能够根据自己的需求，采用自己最习惯、最有效的方法来学习的学生。例如，有一个处于高三冲刺阶段的学生，在通宵达旦地准备高考的时候，觉得体力、精力不支，复习成效也很差。为改变这种状况，他便创造了一种"有氧学习法"，这种"有氧学习法"的核心，就是牺牲一些学习时间，用来开展体育活动坚持锻炼身体。实践证明，这种学习方法不仅对于他，就是对于其他同学也都非常奏效。

3. 要会利用数字技术来学

基于数字技术的网络技术和多媒体技术，一定会改变人们的学习和思维方式。能够进行有智慧的学习的学生，一定要把握和利用数字技术的这种优势，从以下五个方面，学会利用数字技术来学习。

（1）学会由依赖书本为主的文本资源的学习，转向学会利用多种资源来学习。在信息时代，人们接触各种信息资源的渠道越来越广，所接触到的资源类型越来越多，为了适应信息时代的特性，必须从小就培养学生学会利用资源来学习的能力。当这种学习方式逐渐被学生们所接受以后，书本将不再是他们学习的唯一依据和唯一资源。他们的学习方式将会逐渐由利用书本的学习，转向利用多种资源的学习。教师必须通过信息技术与教学的深度融合，来保障、支持和促成这种转变。

（2）学会由记忆式的学习，转向意义建构的深层学习。建构主义学者认为：学习过程是学习主体与学习环境相互作用的过程，教师应当为学生的主动参与创设必要的环境和条件，使得学生能够利用这些环境和条件进行意义建构的学习。意义建构的学习，使学生不但能够知其然而且能够知其所以然。

（3）学会由依靠教师的学习，转向自主学习、协作学习和探究学习。在初步掌握了基于云计算的利用搜索引擎收集资源，进行探究性学习的方法后，学生会发现，进行有效的探究性学习，必须能够独立自主地学习，还必须能够与他人一起进行协作学习。

（4）学会由按部就班的线性学习转向具有个性特征的跨越式学习。在传统环境下，实施异智异步教学、因材施教，以促进学生的个性化发展是难以实现的。教师应努力发挥数字化学习资源的超文本、非线性和虚拟社区优势，以实现教育的因人而异、因材施教，促进学生个性化发展的目标。

（5）使学生由局限于校内的学习转向学会进行超越学校围墙的学习。数字技术能够使传统的、封闭式的学校和课堂变成开放的现代课堂，多媒体、网络和互动的数字技术优势，将使因人而异、因材施教、有智慧的教与学能够实现。

# 移动互联时代智慧校园的发展与思考

广州大学网络与现代教育技术中心  刘葵  葛志游  李爱凤  史洋

**摘　要：**移动互联网时代的到来，使得高校的教育、教学和管理的变革越来越离不开信息技术。本研究深入分析了高校信息化建设的成效及面临的问题，在此基础上，以物联网和智能感知技术为物理基础、以大数据洞察提供决策支持、对移动应用快速发展的智慧校园建设进行了技术分析，提出了未来智慧校园的定义及其框架。最后，具体阐述了智慧校园建设的核心内容——大数据中心建设的技术参考模型，以及微服务架构在移动应用领域的发展优势。

**关键词：**移动互联网　云计算　智慧校园　物联网

## 一、智慧校园概况

### （一）对"智慧校园"的理解

智慧校园的概念源于 2008 年国际商业机器公司（IBM）提出的"智慧地球"理念，即把新一代云计算、物联网等新技术运用到各行各业中，在高校的信息化建设中，提出智慧校园概念，并随着该理念的不断发展，适逢国内高校经历几年的数字化校园的建设，面临的问题以及服务的提升亟待新的解决方案，智慧校园的建设也逐渐成为高校信息化建设的重要课题。国内各高校纷纷研究并探索智慧校园的建设之路，复旦大学宓詠主任、浙江大学的鲁东明教授对智慧校园进行了明确的定义①，清华大学蒋东兴主任提出了智慧校园的体系框架，设计了技术参考模型，以及相关的评价指标体系②。这些研究为笔者在课题探索以及实践经验方面提供了一定的指导和方向的借鉴。智慧校园即是以物联网和智能感知技术为物理基础、以大数据技术提供数据洞察，通过大力发展移动

---

① 宓詠，赵泽宇. 大数据创新智慧校园服务［J］. 中国教育信息化，2013（24）：3 - 7.
② 蒋东兴，付小龙，袁芳，等. 高校智慧校园技术参考模型设计［J］. 中国电化教育，2016（9）：108 - 114.

应用为师生提供智慧化的校园学习、工作和生活一体化环境，在高校的信息化管理、信息化教育教学、信息化科研以及校园服务方面全面提升。

## （二）高校数字化校园的发展成效

经过几年的信息化发展，国内大部分高校都进行了不同程度的信息化建设，信息化建设基本从早期各自为政的孤立系统，变成统一信息门户平台和统一的数据中心，学生管理一条线和教师管理一条线的信息化管理模式，建设的应用系统覆盖学校的多项行政管理、教学管理、学生管理等业务。以笔者所在学校的建设情况为例，应用系统的建设基本涵盖了管理教学及科研，如协同办公系统、人事、科研、教研、教务、迎新、学工、资产管理、学报、档案、房屋、学校网站群、教学信息化的 MOOC 平台、资源管理平台、综合分析系统以及数据采集系统等。学校的主要业务基本实现统一身份认证以及统一门户访问的模式。经过几年数字化校园建设和信息化的发展，学校的整体信息化服务在广度和深度上都有很大的提升。基础环境的建设从单纯的服务器及网络的建设到整体规划、系统应用方面和一体化战略的部署；从业务系统的独立功能运用到跨部门的协作及数据共享；从注重信息技术管理到业务流程管理、业务数据分析上来；从学校管理信息化到教育信息化的渗透。业务部门对信息化的认识和理解上的变化，更是标志着高校信息化建设的阶段性成就。[①]

## （三）高校信息化建设面临的困境

数字化校园建设经历了以上过程之后，面临的问题依然非常多，在真实的推行运用中，常常不尽如人意。高校自身管理流程有待优化，随着业务的扩展、需求的变更、应用系统不断增加，旧系统面临更新升级，与此同时，对应的数据交换流程、数据关联模式需要重新调整。基于应用系统集成的统一门户，因为业务系统的变更，也需要做出对应的调整，体现基于服务的信息集成缺乏个性，对系统的依赖度过高；因为信息化管理制度的不完善，数据源头的数据维护管理不规范，作为最终用户的师生与信息库之间存在信息获取、信息处理以及信息提供之间的巨大矛盾，各级各层对最终用户数据的关注度不同，缺乏全面的数据分析模型，导致数据的利用价值低下，数据分析和数据挖掘的潜力不大。学校迫切需要重新思考平台的整合、生态系统的建设以及管理规范的建立。

智慧校园确有其美好的愿景，但纵观目前我国高校的信息化建设，数字校园与智慧校园的建设有其不同的技术基础以及发展背景，这种过渡会带来阵痛，智慧校园的建设不能全盘否定以往建设，更不能一蹴而就。随着学校的管理模式优化以及信息化技术发

---

① 于长虹，王运武，马武. 智慧校园的智慧性设计研究 [J]. 中国电化教育，2014 (9)：7 - 12.

展进程而向前推进，智慧校园是"互联网＋教育"，是利用行业 IT 技术去改变及影响学校师生工作、学习、生活模式的广度及深度的延伸。新技术的发展使信息化手段与教育深度融合，更加注重人才培养、科学研究和社会服务等方面的信息技术运用。在设定智慧校园建设目标的过程中，我们更应客观科学地分析自身建设的阶段特点，积极并有规划、有制度地按既定目标发展。实施过程中尽可能细化目标，尽可能明确阶段任务，顶层设计由上至下，有高度、有前瞻，制度建设由下而上，应可行，能落实。[1][2]

## 二、智慧校园建设中的新技术

信息技术的创新以及应用的发展，使"智慧""智能"无处不在。这种"智慧"和"智能"的广度和深度，随着计算技术、网络的泛在、数据的处理技术以及软件的无处不在而大力发展，催生了新理念、新应用和新产业，出现了云计算、大数据、物联网、移动互联等新的发展模式，为高校信息化的发展带来了新的机遇和挑战。

### （一）云计算技术的成熟运用

云计算是一种新的 IT 资源提供模式，是基于互联网的计算方式，是在并行计算、分布式计算和网格计算以及虚拟化技术的基础上发展起来的，是一种全新的服务模式，为网络用户提供弹性资源，按需分配计算、存储及网络资源的共享。其服务的三种模式是，基础设施作为服务 IaaS、平台作为服务 PaaS、软件作为服务 SaaS。目前市场 IaaS 的模式趋于成熟，并占主导地位，PaaS 正迅速发展，为互联网开发者提供开发平台和运行平台，将成为以后的主选模式，逐步演变成某种意义上的"虚拟云计算操作系统"。

目前，在各高校中利用成熟的云计算管理平台作为基础架构，已经得到良好的运用，比如笔者所在学校的云管理平台，基本将核心的资源进行智能管理，核心业务在统一平台运行，资源可灵活配置，系统可快速部署以及在线迁移，安全的备份机制，完全颠覆传统的系统管理模式。基于云计算的云基础框架使高性能运算和海量存储成了可能，更多的智慧化应用更具想象力。如图 1 所示，为 IaaS 架构，其将底层资源进行池化，通过整合与自动化，应用系统共享基础架构资源池，实现资源的高可用、弹性分配的智能化管理。

---

① 李征，王璐. 云计算在智慧校园中的应用研究［J］. 计算机与现代化，2012（5）：48－50.
② 朱力纬，刘丽勤，王健. 高校基于大数据时代的数字化校园建设探讨［J］. 华东师范大学学报（自然科学版），2015（S1）：104－110.

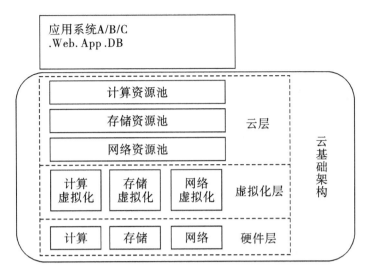

**图1 IaaS 架构**

## （二）物联网、移动互联及智能感知

物联网与云计算和3G网络几乎同时出现，它融合了人工智能、无线遥感通信及射频识别等多项技术，它是在"互联网概念"的基础上，将其用户端延伸和扩展到任何物品与物品之间，通过多种信息传感设备，按预先约定的相应协议，把物品与互联网相连接，进行信息交换与通信，以实现智能化识别、定位、跟踪、监控和管理的一种网络概念。

物联网的体系结构如图2所示，物联网在工业化与信息化领域的高度融合（两化融合），衍生出数据的"泛在聚合"①。这种融合在智慧校园的建设中，起到数据获取的源头作用，是获得智慧的物质基础，通过对这些数据或者数据状态的定义，传递各类信息。比如对校园环境、各种教学设施、教学工作，校园服务信息的获取都是通过各类感知设备（如校园一卡通、智能手机、摄像头等）采集信息，进而转换处理。②

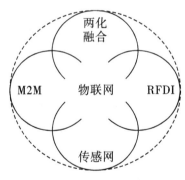

**图2 物联网体系结构**

---

① 吕倩. 基于云计算及物联网构建智慧校园［J］. 计算机科学，2011，38（10A）：18–21.
② 张龙磊. 基于物联网、云计算、大数据的高校智慧校园建设的研究［J］. 科技致富向导，2015（14）：125.

### （三）大数据洞察

随着社会的高速发展，云时代及物联网的发展，科技发达，信息流通，人们之间的交往模式、生活方式都发生着变化，大数据便随之产生。大数据具备四个特征，数据量大（volume）、类型繁多（variety）、价值密度低（value）、速度和时效性要求高（velocity），人们需要通过对新系统、新工具、新模型的挖掘，才能从中获得具有洞察力和新价值的东西。[①] 大数据的意义不仅在于出现了巨大的数据量，更核心是在于突破了传统的数据处理手段，人们掌握了处理如此海量数据的方法，能够在海量的数据中获取有价值的信息，透过这些隐藏的数据，能提供显性的信息，利用信息做出科学的判断。

与数字校园的特征相比，智慧校园更加强调通过各种智能终端、可感知设备、信息系统获取校园内各类活动过程与状态数据（如学生上网状态数据、一卡通消费数据、图书借阅数据等），并且基于这些数据进行分析而掌握事物的规律，从而为高校的管理、科研，甚至变革教学过程提供良好的实施手段。智慧校园中，高校通过大数据挖掘学校运行规律实现智慧管理决策；开展基于大数据的教学评价，倡导智慧型人才培养，实现因材施教和个性化人才培养，建立智慧校园后勤管理及服务支撑平台，开展校园智慧型生活服务。

## 三、未来智慧校园建设框架

随着移动互联时代的到来，高校信息化发展出现新的情景：数据积累不断增长、大量非结构化数据产生、移动应用的需求增长、物联网与互联网的融合、决策领导越来越重视数据依据、学生移动应用的开发创新思维不断涌现等，这一切的变化都与新技术发展密切关联，依靠新技术，智慧校园有了更多的想象。校园基础框架应基于云计算平台的支撑环境，搭建大数据中心，具备大数据存储和分析处理能力，提供高可用策略和数据服务的不间断能力，同时，建设适应各类移动终端的、无时空限制的、学校师生与管理层可用的、不断拓展迭代的、基于用户服务的生态应用环境。图 3 是蒋东兴等人在《高校智慧校园参考模型设计》[②] 中给出的智慧校园参考模型，比较全面地描述出整个框架，鉴于智慧校园概念宽泛、涉及的系统庞大复杂，本研究难以阐述完整，只对大数据中心的建设及移动应用建设框架两个方面进行阐述。

---

① 陈平，刘臻. 智慧校园的物联网基础架构研究 [J]. 武汉大学学报（理学版），2012（5）：141 - 146.

② 蒋东兴，付小龙，袁芳，等. 高校智慧校园技术参考模型设计 [J]. 中国电化教育，2016（9）：108 - 114.

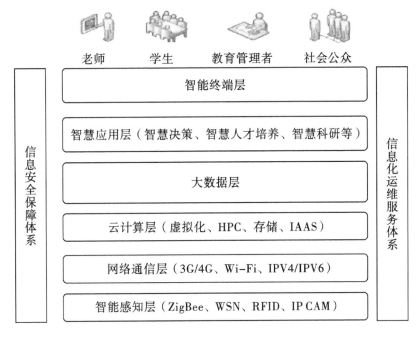

**图3 智慧校园架构模型**

（一）智慧校园之大数据中心平台

智慧校园的建设核心是大数据中心平台，应以满足数据建设和数据运用为目标进行框架设计。数据中心的规划从系统架构、计算框架、规范性、兼容性、开放性、安全性方面进行详细设计，同时，规划好平台功能以及服务能力，使平台具有对大数据的存储处理能力、数据采集能力、数据治理能力、数据分析能力、科学计算能力、数据展示能力。

与传统数据中心相比，为应对大数据处理的数据平台，更加强调数据的标准规范和定义，数据类型由结构化数据延伸到非结构化和半结构化数据，对于数据的处理分析、数据的清洗转换、分类加载等处理过程，更加依赖标准的定义。与以往的数据标准相比，更加注重高校为数据运用而建立的数据分类体系，为科学运算和数据挖掘进行规范数据类别，对于繁杂的数据来源以及数据使用、平台接口的规范和交换标准需要有明确的定义。

大数据中心平台采用主流的分布式并行架构，如 Hadoop，支持弹性集群扩展，搭建具备吞吐 TB 级数据架构，并且能够对 TB 级数据进行存储和分析处理；支持关系型数据库（如 MySQL、PostgreSQL、Oracle）和非关系型数据库（如 MongoDB、Redis、HBase），提供平台高可用策略。平台的开放性能使一些成熟的第三方工具得以发挥运用，兼容主流的数据可视化管理和展示工具，配备极强的计算能力，支持主流数据分析语言和技术，具有机器学习算法库，为科学计算和决策模型提供基础。在数据安全方面，主要考虑数据的不丢失策略以及访问的安全问题，数据不丢失可以通过冗余机制，支持数据即时备份和恢复；访问的安全应对 API 访问试行审核，对数据接口指端级别的应用授权控制，对身份证号等敏感字段加密处理，对 API 高频调用进行预警等安全机制。①

（二）移动应用之微服务架构

智慧校园另一个重大特征即是移动应用的大力发展及普遍应用。网络的泛在、智能终端的发展使移动应用得到了极大推广，移动终端不仅可以作为数据获取的源头，更多强调超越时空的便捷使用。校园的移动应用并非是传统数字校园向移动设备的照搬，而是从基础架构上发生了转变。以往的面向服务架构（SOA）或者 MIS 系统已经越来越难以适应当前信息化中对于服务的个性化需求和快速变更的发展需求，微服务架构的出现，是一种轻量级的通信模式，是利用服务来构建应用，服务独立部署在不同的进程中，可独立扩展伸缩。每个服务有自己的业务边界，可独立开发，甚至有不同的编程语言实现。② 相比 MIS 系统及面向服务架构，微服务架构在设计模式和部署和开发方式上，都是为适应这种移动应用的发展需求而生，基于服务构建应用，业务功能颗粒度更细，边界更清晰，这种轻量化易于开发、易于部署、易于替换，接口和数据的定义逻辑简单，易于理解，无业务依赖，与目前逐步成熟的 HTML5 技术的结合，使应用移动化得以迅速推广普及，也为高校的掌上校园、泛在学习提供了无限的可能。

## 四、结束语

随着 IT 技术的发展，国内外高校都在不同程度地运用新技术，结合教育、人才培养、行政管理进行应用的尝试和探索，大多数是以数据的运用为方向的一些探索，在下一阶段，智慧校园的建设期，缺乏的是标准规范，尤其是技术标准规范，包括智慧校园的技术架构框架标准、大数据中心建设标准规范以及相应的移动应用标准。相信总结过去，展望未来，高校信息化建设能有一个辉煌的明天。

---

① 王曦. "互联网＋智慧校园"的立体架构及应用研究［J］. 中国电化教育, 2016（10）：107－111.
② 王健, 李冬睿. 从单一模式系统架构往微服务架构迁移转化技术研究［J］. 科教导刊, 2016（27）：43－44.

# 走向智慧教育

## ——"互联网+"时代下高校的变革与创新

华南师范大学教育信息技术学院　马秀芳　刘绮君

**摘　要：** 以智慧教育引领高校变革与创新，从而推动高等教育的创新发展，培养顺应社会发展需求的创新型人才，是新时代必然趋势。本研究从"互联网+"时代背景出发，阐述当前高校变革与创新的迫切需要，在剖析智慧教育的渊源与内涵后提出智慧教育引领高校发展的契机，构建了高校智慧教育环境的模型，从资源、教与学、管理的层面分析了智慧教育环境下高校的变革与创新，并初探未来高校智慧教育的发展路径，以期为高校开展智慧教育实践提供参考。

**关键词：** 智慧教育　高校　变革创新

在"互联网+"时代背景下，各类新型技术势如破竹涌入大众视野，知识正以爆炸性速度增长，21世纪的人类必须具备较强的创新思维、应变能力以及问题解决能力才能从容应对瞬息万变的社会，这意味着新时代对人才的培养提出了新的诉求。对于一个国家来说，拥有具备创新能力和解决复杂问题能力的高素质人才，才能在日趋激烈的国际竞争中占据有利位置，而高校作为一个国家和民族的科学、文化重镇，直接向社会输送应对新时代挑战的人才，必须直面社会急剧变化带来的机遇与挑战，从根本上实现变革与创新，应对新时代的需求。

2008年国际商业机器公司（IBM）初次提出"智慧地球"的概念后，智慧教育应运而生，智慧教育将引领教育教学创新发展。智慧教育与"互联网+"时代相契合，对高校人才培养提出了新的诉求，如何促进高校变革与创新，实现跨越式转型，走向智慧教育，培养智慧型人才，是一个值得深入探讨的问题。

# 一、智慧教育为高校变革与创新提供契机

## （一）智慧教育的溯源与内涵

"智慧地球"理念是美国 IBM 总裁兼首席执行官彭明盛于 2008 年在"智慧地球：下一代领导议程"演讲中提出的，之后冠以"智慧"之名的概念层出不穷，如智慧国家、智慧城市、智慧社区、智慧医疗、智慧交通等。近年来，国内外教育领域相关研究学者均不约而同扬起智慧教育的旗帜，掀起了智慧教育的探究高潮。此外，国内有部分学者把钱学森先生首倡的"大成智慧学"作为"智慧教育"的根源与开端。面对 21 世纪科学技术迅猛发展和信息时代的来临，钱学森提出了"集大成，得智慧"的教育总纲[1]。"大成智慧"指人面对变幻莫测而又错综复杂的事物时，能够迅速做出科学、准确而又灵活、明智的判断与决策，并能不断有所发现、有所创新。[2] 笔者认为，当前"互联网＋"时代下"智慧教育"更多是受"智慧地球"概念的影响与传播，在各类新型技术蓬勃发展的推动下发展起来的，而"大成智慧"强调的"治学与做人""和谐与结合"等理念则能为当前智慧教育的发展与推进提供良好启发。

目前国内许多学者基于不同的角度对智慧教育进行定义性描述，阐释智慧教育的内涵，尚未形成定论。江苏师范大学杨现民将智慧教育定义为：智慧教育是依托物联网、云计算、大数据、无线通信等新一代信息技术所打造的智能化教育信息生态系统，是数字教育的高级发展阶段。[3] 华南师范大学胡钦太等人认为：智慧教育以培养智慧型人才为最终目标，以新一代信息技术为驱动和支撑，以融合渗透当前最先进的教育理论、系统理论和高新技术为路径，是教育信息化发展的高级阶段和未来方向。[4] 综合各学者的观点，笔者认为智慧教育是在以嵌入技术、连接技术、传感技术和海量信息处理技术为代表的新一代信息技术的支持下，创建泛在化、感知化、个性化、智能化的教育环境，为学习者提供差异化与多元化发展的机会，培养具备跨界思维、批判性思维、创新意识以及创造能力的智慧型人才的新型教育生态，对于推动"互联网＋"时代下教育教学变革与创新具有促进作用。

---

① 张翼星. 敢于突破、切中时弊的探索：钱学森"大成智慧"教育设想刍议 [J]. 现代大学教育，2010 (3)：1－4.

② 黄荣怀. 智慧教育的三重境界：从环境、模式到体制 [J]. 现代远程教育研究，2014 (6)：3－11.

③ 杨现民. 信息时代智慧教育的内涵与特征 [J]. 中国电化教育，2014 (1)：29－34.

④ 胡钦太，郑凯，胡小勇，等. 智慧教育的体系技术解构与融合路径研究 [J]. 中国电化教育，2016 (1)：49－55.

（二）智慧教育的育人目标

智慧教育遵循"以学生为中心"的人本主义理念，以培养学生的智慧为核心，尊重每位学生的差异化价值取向，学生的个性化和多元化发展是智慧教育的出发点和最终归宿。布鲁姆教育目标分类法（修订版）将认知领域学习者对知识的领悟程度由低到高分为"识记、理解、应用、分析、评价、创造"六个层次，并将这六个层次的目标分类划分为浅表学习与深度学习两个层级，浅表学习指向"识记、理解、应用"，深度学习指向"分析、评价、创造"[1]。智慧教育聚焦"分析、评价、创造"层面，旨在让学生由浅表学习向深度学习过渡，从低阶思维技能向高阶思维技能发展，由初级认知水平向高级认知水平进阶，塑造学生的道德素养和多元智能，最终培养具备创造能力、高阶思维能力和复杂问题解决能力的人才。智慧教育对于培养新时代所急需的创新性人才，建设和发展学习型社会和终身教育体系具有重要促进作用。

（三）智慧教育为高校发展指明道路

智慧教育作为信息化教育在 21 世纪发展的新高度，紧密契合了"互联网＋"时代对培养智慧型人才的迫切需求。以个性化、社会化、开放化、智能化、集成化、碎片化为特征的智慧教育将成为未来教育的制高点与突破口，为高校突破当前存在的弊端、向智慧化方向发展提供了启示。智慧教育是"互联网＋"时代下的教育发展新趋势，它不仅为高校的教育实践改革和人才培养指明了方向，而且对于引领高校发展、推动高校变革与创新、加强高校信息化建设的深度和广度具有重要意义。此外，智慧教育有效促进高校的教育水平提升，尤其体现在环境建设、育人目标、教学理念、教学模式、学习方式、培养模式、教学管理以及教学评价等方面上，是建设符合 21 世纪要求高水平院校的重要策略和力量。目前我国已有部分高校开始将教育改革中多样化尝试与智慧教育接轨，旨在推动人才培养方式的改革，促进学校全方位多维度实行跨越式发展，推动教育现代化进程。

## 二、高校智慧教育环境的构建

教育环境是开展一切教学活动的基础，是教育生态系统中不可或缺的一部分，由此环境建设的重要性可见一斑。在教育信息化发展战略的推进下，我国高校教育环境基本

---

① 祝智庭. 智慧教育新发展：从翻转课堂到智慧课堂及智慧学习空间［J］. 开放教育研究，2016（2）：18 – 26.

实现了从传统教育环境到数字化教育环境的转变，但依然存在系统分散、平台割裂、数据冗杂等问题，没有实现促进高校教育生态系统全面改革的目标。因此在"互联网＋"时代下高校必须先从教育环境建设层面实现跨越式的发展与革新，应用各类新技术构建智慧教育环境，促进高校从教学、学习、管理、生活等层面实现多方面变革与创新，为高校走向智慧教育奠定环境基础。

智慧教育环境是指在以嵌入技术、泛在网络技术、传感技术、虚拟仿真技术和海量信息处理技术为代表的新一代智能信息技术的支持下，实现校园环境全方位网络覆盖、教育教学资源大规模开放共享、各级各类系统多维度融合、学习者个性化需求智能识别、教育大数据有效挖掘、教育决策科学透明、校园生活服务智能便捷的教育教学和生活环境。高校智慧教育环境由虚拟教育环境与物理教育环境共同构成，具备开放、泛在的特点，用户群体包括教师、学生、管理人员以及社会公众。高校智慧教育环境的搭建采用层次化的体系结构，包括技术层、基础设施层、应用层以及智能终端层（如图1所示）。

图1　高校智慧教育环境模型图

## 1. 技术层

应用嵌入技术、传感技术、虚拟仿真技术、增强现实技术、信息处理技术以及泛在网络技术等新一代信息技术为智慧教育环境的搭建提供技术支持与保障。

## 2. 基础设施层

综合运用新一代信息技术构建网络学习空间、泛在图书馆、创客空间、云平台、智能感知系统、数据中心、校园一卡通平台以及安全监测系统等基础设施，为高校教育教学变革与创新提供环境支撑。

3．应用层

在智能化的基础环境中实现高校应用创新，主要包括智慧式资源、智慧式教与学、智慧式管理、智慧式科研以及智慧式生活，全面推动智慧教育进程的不断迈进。

4．智能终端层

用户群体通过计算机、手持设备以及可穿戴设备等智能终端可以随时随地连接智慧教育环境中的各类信息化应用与服务平台开展创新性应用，提高校园服务的便捷性和开放性。

## 三、智慧教育环境下高校教学的变革与创新

当高校教育环境逐步迈向智慧化，智慧教育将逐渐走向大众化、常规化和标准化，成为未来教育的主流趋势，引领高校创新发展，包括教育理念、教学模式、学习方式、教育制度和人才培养模式、教育管理和教学评价的创新与变革。下面从资源建设与共享、教与学模式转型、教育管理创新等三个层面描绘智慧教育环境下高校的转变与创新的蓝图。

（一）高校教育资源的大规模共享

近年来，从"开放课件（OCW）"到"开放教育资源（OER）"再到"大规模在线开放课程（MOOC）"，高校优质教育资源的大规模开放与共享程度正在逐步深化，并由理论探讨向应用实践过渡。智慧教育是教育信息化的高阶发展阶段，是一种以学习者为中心、感知学习者差异化需求、为学习者提供个性化学习资源的一种新型教育形态，这就表明在高校构建智慧教育环境的过程中必须高度重视教育资源的建设与共享，实现教育资源的跨校际、跨区域大规模免费开放共享。

智慧教育的实施对高校优质数字化教育资源的建设、共享及运营提出了新的诉求，智慧式教育资源的概念应运而生。郑旭东等人提出"智慧资源应为智慧化的教学和学习提供必需的支撑，弥合正式学习和非正式学习，满足学习者智慧化的发展需求"[①]。笔者认为智慧式资源是指通过动态语义深度聚合的、动态感知和识别学习者个性化需求的、自动适应学习目标和学习情境的、大规模开放与共享的教育教学资源，学习者通过多终端连接可以跨越时空界限及时获取资源，并对资源进行可视化管理，充分满足新时代下学习者进行无缝学习的需求。

---

① 郑旭东，杨现民，岳婷燕．智慧环境下的学习资源建设研究［J］．现代教育技术，2015，25（4）：27-32.

随着物联网、大数据、移动技术等应用的发展，我国高校数字化教育资源逐步迈向更大规模开放与共享，学生可以免费学习国内外名师开放课程，参加校际同步课堂，享受优质教学资源。近年来，随着云计算技术的日趋成熟，智慧教育资源云平台的建设将进一步促进高校优质资源的共建共享。智慧教育资源云平台实现了社会化资源与校内资源无缝衔接，为学生提供跨越校园边界的优质教育资源。同时感知学生的学习情境和学习需求，提供精准的资源检索服务以及个性化的支持服务，为教育资源插上智慧的翅膀，使其更好地为学习者差异化发展提供帮助和指导，颠覆以往教育资源一刀切的传统，促进高校教育资源建设与共享工作的变革与创新。

（二）高校教与学模式的跨越式转型

智慧教育环境可以感知每个学生的学习情况，识别相应的学习需求，并自动提供持续有效的学习支持服务，减轻学生的认知负载，将更多心理资源（注意力、记忆）投入到更为复杂、更加真实、更具智慧的学习中，促进了高校教与学模式的跨越式转型，催生了智慧式教与学模式，推动"互联网＋"时代下高校教学变革与创新进程。高校智慧式教与学秉承"以学生发展为本"的核心理念，应用"互联网＋"思维审视高等教育领域，利用各类新型信息技术构建智慧教育环境，促进学生进行智慧式教学与学习模式的产生。智慧式教与学尊重每位学生的个性差异，为每位学生提供最合适的教育，利用信息技术感知每位学生的真正需求，有针对性地提供合适的教育资源和服务，推动个性化学习的实现，促进学生多元化智慧的发展。新时代中智慧式教与学的发展需要通过网络整合学校、家庭和社会三方力量，共同打造线上线下、校内校外无缝链接的新型教育生态，培养满足信息时代需求的新型人才。

高校智慧式教与学的出发点和目的是促进学生不断认识自我、发现自我和提升自我，提升其多元化智慧。智慧式教学是开放的、智能化的、注重交互的教学，教师根据具体教学目标、学科特征以及不同学习者的认知风格和学习需求等，精心设计教学活动和交互设计，充分应用新技术工具和平台在促进认知、情境教学等方面的优势，促进学生智慧多元化发展的智慧型教学模式。智慧式学习是以全面发展与提高学习者智慧为目标的个性化学习，充分强调以学生为中心的理念，注重向学习者提供个性化和差异化的学习资源和支持服务，具备泛在性、情境性和沉浸性等特点，是在智慧教育环境中的新型学习方式。在"互联网＋"时代下，高校智慧式教与学将朝着"技术协同、技术沉浸、信息无缝流转"的个性化学习、泛在学习、具身学习、无缝学习、入境学习、创客教学等模式发展，如基于物联网的情境式学习，基于增强现实的探究式学习，基于3D打印的创造式学习等，推动高校教育教学的创新性变革，逐步迈向智慧教育。

典型智慧教与学模式如表1所示。

**表1　典型智慧式教与学模式**

| 智慧式教与学模式 | 具体描述 |
| --- | --- |
| 个性化学习 | 个性化学习是根据学习者的个性特点和发展潜能，采取灵活、适合的方式充分满足学习者个体需求的学习。信息技术发展迅速，为个性化学习提供了更强有力的物质基础和技术保障，也加快了其发展步伐① |
| 泛在学习 | 泛在学习是泛在计算环境下未来的学习方式，是一种任何人可以在任何地方、任何时刻获取所需的任何信息的方式，是提供学生一个可以在任何地方、随时使用手边可以取得的科技工具来进行学习活动的3A（anywhere, anytime, anydevice）学习② |
| 具身学习 | 具身认知强调认知过程深深地植根于身体与它周边物理环境的交互之中，具身学习是基于具身认知的一种新型学习，强调通过身体活动促进认知的发生，具身经验能产生更加有效的学习。具身学习是动觉的（全身的、动觉的交互性）、合作的（通过数字媒体的具身中介进行面对面的教学）和多感知模态的（通过看、听和身体的感知经验)③ |

## （三）高校信息化管理的多维度创新

我国的高校信息化管理建设工作虽然初见成效，但仍处在"人控、机管"的信息化管理表层阶段，智能化程度不高，没有对采集的数据进行深度挖掘，管理人员尚未从繁重的机械化管理工作中完全解脱，离达到智慧教育的要求还具有一定差距，因此高校信息化管理亟待全方位的变革与创新。随着智慧教育环境的逐步建成，高校信息化管理将向智慧式管理方向不断迈进，整体优化教育管理工作，全面提升教育管理的质量和效率，实现信息化管理的多维度创新。

智慧式管理是指将现有的教育管理信息化系统进行规范整合与数据共享，利用新一代智能技术打造智慧式管理云平台系统，为高校管理提供教学动态监测、信息管理、决策分析、结果可视化呈现等智能化、自动化的支持服务，突破目前高校教育管理"人控、机管"的困境，进一步促进高校管理智慧化水平的提升。高校的智慧式管理平台应

---

① 郑云翔. 信息技术环境下大学生个性化学习的研究 [J]. 中国电化教育，2014 (7)：126-132.
② 杨孝堂. 泛在学习：理论、模式与资源 [J]. 中国远程教育，2011 (6)：69-73.
③ 杨南昌，刘晓艳. 具身学习设计：教学设计研究新取向 [J]. 电化教育研究，2014 (7)：24-29, 65.

集物联网感知系统、移动互联网络系统、大数据分析系统于一体，能够全方位采集海量教育数据并进行挖掘处理，揭示隐藏在大数据背后的教育管理规律，并以可视化形式呈现，从而为管理人员提供及时精准的数据支持和科学全面的问题诊断，便于教育管理者做出精准预测和提出针对性策略，使教育教学管理日趋精细化、准确化和有效化。高校智慧式管理可以采用荣荣等[1]提出的教育可视化管理系统、智慧教育决策系统、教育安全预警系统、教育远程督导系统实现（如表2所示）。

当前高校是布满新技术新应用的领地，学生在网络学习平台、社交网络平台等留下了大量数据，通过对这些数据进行智能化的深入挖掘，可以快捷地对学生的学习、生活等方面信息进行分析，使管理者实时、可视化了解并掌握学生动态，为其进行智慧式决策奠定基础。智慧管理逐渐成为未来高校教育管理的发展方向，信息化管理的智能程度不断提高，有利于推动高校教育教学改革和创新的进程。

表2　典型智慧式管理系统

| 智慧式管理系统 | 提供服务 |
| --- | --- |
| 教育可视化管理系统[2] | 提供教育资源配置状况、教育设备及资产运行状况的可视化统计表；对各级各类教育管理机构所需的各方面信息与数据、资产设备、教学活动、企业运维服务管理数据等进行远程可视化质量监控与管理；对各级各类教育单位的人员信息、教育经费、学校办学条件、运维服务管理等数据进行图表式的统计与分析 |
| 智慧教育决策系统[3] | 对各级各类教育数据进行分析，依据全面的教育统计分析数据，科学地确定教育经费投入及分配政策；根据各级教育管理机构的需要，选择不同粒度的数据进行大数据分析，为教育的科学决策提供数据支持 |
| 教育安全预警系统[4] | 安防人力和物力资源的全面管理；提供学生上下学及在校行踪通知服务、危险区域管理服务、闭路监控、学生健康安全监测等，全面掌控校园安全状况 |
| 教育远程督导系统[5] | 提供教育教学质量和均衡发展状况实时的远程督导和检查；对教育工作中重大问题开展基于即时通信的调查研究并提供智能分析汇总；通过数据分析对教育政策的实施效果给出智能报告和建议；提供远程教育政策宣讲、教育督导工作指导与培训、教育督导报告发布等服务 |

[1][2][3][4][5]　荣荣，杨现民，陈耀华，等. 教育管理信息化新发展：走向智慧管理 [J]. 中国电化教育，2014（3）：30－37.

## 四、我国未来高校智慧教育的发展路径

随着"互联网+"时代下信息技术的蓬勃发展以及教育教学理念的吐故纳新，高校信息化建设工作正逐渐聚焦于智慧教育环境的构建，为智慧教育的开展提供了良好支撑，智慧教育必然在不久将来在高等教育领域揭开新的篇章。笔者基于智慧教育的内涵特征以及我国高校教育信息化建设与发展现状，对我国未来高校智慧教育的发展路径进行了初步探索。

（一）深化应用，推动信息技术与高校教育的融合创新

起步、应用、融合、创新是 UNESCO 划分的教育信息化发展四阶段，纵观我国当前高校的教育信息化建设现状，不难发现大部分学校信息化水平处于应用阶段或应用向融合过渡的阶段。这表明高校的信息化基础设施已日趋完善，深化应用、推动信息技术与教育深度融合成了关注热点，有利于促进高校向智慧教育迈进。高校应积极探索利用教育资源和教学应用促进教育理念、教学模式、教学过程等改革的道路，同时应用各类先进技术创设泛在学习环境，为学生提供个性化、智慧式服务，充分发挥技术的效力，从根本上实现教学模式和学习方式的跨越式转型，提升教学质量和学习效果，将技术引领的高校变革从基础设施层面进一步深化到教与学模式层面，推动信息技术与高校教育的融合创新，为高校教育教学的变革与创新开辟新的道路。

（二）将 VR 技术引进校园，构建虚实结合的智慧教育环境

虚拟现实技术（Virtual Reality，简称 VR）是一种综合了计算机图形学、人机接口技术、传感器技术以及人工智能技术等多领域成果的新技术，目标是提高人机交互的功能，达到真实的视觉、触觉、听觉和嗅觉体验效果[①]，近年来逐渐成为社会关注焦点，2016 年更是被称为 VR 元年。利用 VR 技术可创设近乎真实的场景，将一切场景变"静"为"动"，打造三维交互式空间，创设学生解决真实问题的情境，有利于学生在模拟情境中通过角色扮演、小组协作等形式开展体验式、沉浸式的活动（如模拟飞行、化学实验、失重体验等），激发学生的学习动机，提高学生的学习参与度，提升学生的行为能力，培养学生的创新思维、多元智能以及复杂问题解决能力。把 VR 技术引进高校环境建设中，增强学生在虚拟现实中的沉浸感，无缝整合物理环境和虚拟环境，构建

---

① 刘德建，刘晓琳，张琰，等. 虚拟现实技术教育应用的潜力、进展与挑战 [J]. 开放教育研究，2016，22（4）：25 - 30.

虚实结合的智慧教育环境，促进学生与环境的多维度交互，提升学习体验和生活体验，为智慧教育的实践提供了环境支撑。

（三）建立协同创新机制，多方协作推进智慧教育进程

推进高校智慧教育的实施与发展是一项错综复杂的任务，不仅需要依靠学校的努力，同时需要汇聚国家、政府、企业以及研究机构等多方力量，建立协同创新机制，发挥协同效应。我国在体制上应大胆创新，将智慧教育提升为国家战略，并制定顶层规划，为自上而下有序开展智慧教育提供政策指引。相关研究机构需要加大智慧教育研究力度，深入探索智慧教育相关理论、技术方案、实施路径、发展模式等内容，突破智慧教育在目前高校的实际发展过程中面临的壁垒。企业需要将科研成果孵化成智慧教育相关产品，为高校实施智慧教育提供物质基础。学校则需要在不断的实践中探索智慧教育的发展路径，总结有效经验并通过大力推广辐射至其他学校，促进各学校共同走向智慧教育，全方位推动智慧教育的可持续发展。

# 五、结语

世界在迅猛发展，变革与创新俨然成为"互联网＋"时代下教育发展的主旋律，社会对创新型、智慧型人才的需求不断增加，高校的"智慧"转型迫在眉睫。智慧教育的核心是"汇人之智，赋物以慧"，对于促进高校变革与创新具有良好指引作用。"互联网＋"时代下高校应该积极构建智慧教育环境，探索开展智慧教育的新模式，形成可复制的优秀经验进行大面积推广，实现智慧教育常态化，推动智慧教育的发展进程，使智慧教育成为加快推进教育现代化的重要引擎。

04
—
创客教育与STEM教育

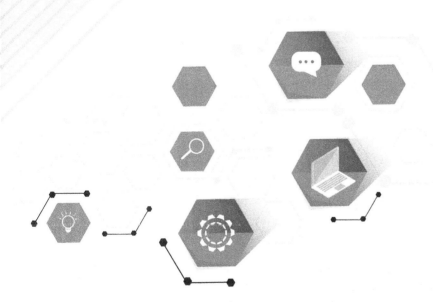

# 美国创客教育新进展：案例与趋势

华南师范大学教育信息技术学院　胡小勇　龙西仔　冯智慧

**摘　要：** 美国是创客及创客教育的发源地，美国创客教育的发展，引导着全球创客教育的发展。本研究从美国创客教育的起源出发，分析创客教育在美国各阶段的实施现状，从而总结归纳出近期美国开展创客教育的新特点，并结合中小学和高等院校开展创客教育的实际案例，分析美国创客教育未来的发展方向，为我国开展创客教育及创客教育进学校提供参考。

**关键词：** 美国　创客教育　案例　趋势

## 一、美国创客教育发展概况

美国是全球创客运动和创客教育的发源地，美国创客教育的蓬勃发展为全球教育领域的变革和发展提供了新的思路。2009 年 11 月，美国总统奥巴马发起了"教育创新"（Educate to Innovate）运动，在未来 10 年中，这个全民性的运动将有助于美国学生在数学、科技等领域的创新能力大幅提高。不久，美国白宫响应了奥巴马总统的号召，启动"创客教育计划"（Maker Education Initiative，MEI）。该计划旨在通过推动创客空间的建设以及发展各种创客项目，来激发孩子的兴趣、增强孩子的信心和创造力，让每个孩子都成为创客。2014 年 6 月美国白宫举办了"制汇节"，全美有 153 所大学支持创客教育，坚信创客运动对美国未来的发展具有深远意义。[①]如今，美国的教育学者正在探索将校内教育与校外教育连接起来，构建无所不在的创客空间，为所有孩子提供发挥创意的公平

本研究受国家社会科学基金"十二五"规划课题 2013 年度教育学青年课题"智慧学习环境下创造性人才培养模式的研究"（项目编号：CCA130131）和广东省省级科技计划项目"基于大数据分析的智慧学习云服务及示范应用"（项目编号：2015B010109003）资助。

① BYNE D，DAVIDSON C.（2015）. MakeSchools Higher Education Alliance State of Making Report [DB/OL]. https://www.techopedia.com/definition/28408/maker - movement.

机会和自由环境。而在各大创客运动中，充分体现该理念的"创客嘉年华"（Maker Carnival）活动正风靡全球，引领着全世界的创客活动，将一个全新的创客世界展现在人们眼前。2015 年，美国的新媒体联盟发布的地平线报告（高等教育版）就指出，在未来 2 到 3 年里，创客教育将引起基础教育和高等教育的深度变革。①

目前，美国高等院校将创客教育引入学校的基本路径与中小学基础教育学校的做法有些不同。在美国高校采取的策略是：深入明确创客精神和创新能力在未来世界中的核心竞争力，这是开展创客教育的起点和基本思想；积极响应国家和政府的号召，在课程设置和教学模式上充分融合创新共享的元素，这是开展创客教育的根本途径；高度重视开展创客教育的整体设计，充分关注与当地社区的互动，这是实施创客教育的重要内容；着力打造优质的创客空间，提供"触手可及"的共享环境，这是创客教育得以真正实施的重要保证。② 而中小学实施创客教育的基本指导思想是：在基本课程结构中融合玩、调查、设计、发现问题和解决问题的元素，旨在让孩子在"玩的过程中"，培养他们解决实际生活中复杂问题的能力。与此同时，与同一地区的社区、大学和当地教育机构建立合作伙伴关系，实现"生生互动"和"师师交流"的学习共同体，共享有限的学习资源。创造、技术和全人发展是美国中小学创客教育内涵中最为核心的三个关键词。③ 教育背景下创客思维模式的培养也是学习的主要任务，具体模式如表 1 所示。

表 1　教育背景下的创客思维模式

| 核心价值 | 学习原则 | 设计原则 |
| --- | --- | --- |
| • 每个人都是创客 | • 价值在于过程和产品 | • 以学生为中心 |
| • 每个人都是学习者 | • 合作 | • 以问题主导，具有挑战性 |
| • 创造是社会性的 | • 选择 | • 迭代设计 |
| • 动手能力 | • 充足的时间 | • 21 世纪的学习：真实 |
| • 管理和可持续性 | • 反思、记录和共享 | • 相关和可扩展的 |

---

① 龚志武，吴迪，等. 新媒体联盟 2015 地平线报告高等教育版［J］. 现代远程教育研究，2015（2）：3 - 22，42.

② 郑燕林. 美国高校实施创客教育的路径分析［J］. 开发教育研究，2015（3）：21 - 29.

③ 郑燕林，李卢一. 技术支持的基于创造的学习：美国中小学创客教育的内涵、特征与实施路径［J］. 开发教育研究，2014（6）：42 - 49.

## 二、美国创客教育发展的新特点

### （一）外扩协同发展，创建创客教育生态体系

全美各地成百上千的教育机构纷纷举起创客教育的大旗，倡导创客精神，建立创客空间，提供创客教育所需要的工具、课程、项目和指导教师，以鼓励学生参与创客活动[1]。同时，这些教育机构也支持教师对创客活动进行研究和实践，并在学校、社区和全国性机构之间建立联系以创建创客生态体系。2012 年，卡内基梅隆大学开展的"美国制作新程序应用"（New Apps for Making it in America）项目，获得了美国劳工部的支持。加强这一外延式发展模式，建立校内、校际以及学校与社区之间的互动和伙伴关系至关重要。不同组织之间真正的协作源于共同的目标和价值追求，创客运动不仅只是工具和设备的使用，而且是一群人在一起做自己喜欢做的事，并乐于把自己学习到的东西分享给别人的活动。

### （二）扩大教育范围，丰富大众创客教育体验

大众相信这种全民式的创客文化能帮助美国教育进入一个新的时代，而这种信任是建立在这样一种理念下："每个人都是创客，每个人都是学习者，包括已经走出校园的成年人和大众。"真正的创造指的是建立一个"低门槛"的学习社区，在这个学习社区中使用的是"低层次"（容易上手）、"高上限"（能运用于更复杂的项目中）、"宽墙壁"（支持各种不同类型的项目）的开发工具，然后将自己的创意转变成现实的过程。

### （三）展开项目合作，专业融合学习越来越普遍

大部分的创客活动和创客教育都是通过项目合作来完成的，创客学习包含各种各样的学习体验，这就要求学生或开展创客教育的人需要有各领域各专业的综合知识，从而导致合作伙伴之间跨学科、在不同专业领域学习和交流的机会越来越多，而不单单只是课堂上从教师那里学到的知识。比如，工艺、机械、建筑、新闻、科学、自然和设计之间的跨学科和多学科的合作。2014 年，卡内基梅隆大学汇集了工程、科学、设计、艺术、计算机科学、政策和业务等多个领域的跨学科合作，保持创造动力几十年。[2]

---

① 杨现民，李冀红. 创客教育的价值潜能及其争议 [J]. 现代远程教育研究，2015 (2)：23 – 24.
② Illinois MakerLab. Making things [EB/OL]. (2014 – 12 –25)[2015 – 04 – 26]. http://makerlab.illi-nois.edu /courses /making – things/.

（四）设置课外活动，暑期创客夏令营受欢迎

除了将创客空间和创客活动引入中小学课堂，美国教育家指出，暑期夏令营活动作为一种"门槛低"的课后实践活动，越来越受到中小学生的喜爱和追捧。当然，学校要举办这种夏令营活动一般都要与校外企业或机构合作才能获得支持其活动的经费。暑期夏令营给学生提供一个丰富的创造环境，包括不同的工具和材料，学生利用已有的专业技术、审美和人际关系技巧来创建有意义的产品，夏令营给学生提供更多动手的机会来深入运用和探索已经学习到的知识。经过实践证明，这种形式的教学模式比用课后家庭作业的方式来巩固已学的知识更受学生欢迎，教学效果也更为明显。

## 三、创客教育进学校的相关案例

（一）Meadow 小学的"棉花糖挑战"创客活动

2014 年，美国加利福尼亚州 Meadow 小学的五年级学生创建了一个创客教育实验室（如图 1 所示），这是当地的第一个创客空间。从教学角度来看，这个创客空间不同于以往传统的教室，它用不同的教学理念，用不同学习方法来展开教学工作。在这个新型创客实验室，课堂学习答案并没有预设。也就是说，解决一个问题的方法有很多，一个问题的正确答案也可能不止一个。这就要求学生完全独立于教师进行学习，那么教师要做什么呢？教师并不是正确答案的持有者，而是引导学生发现新问题，解答困惑和引起他们好奇心，并鼓励学生动手验证他们的猜想，继续往下走的"指路者"。这种开放式的课程体验旨在引导学生做知识建构的主人，而不是被动接受知识的直接结果。

图 1　Meadow 小学的创客实验室

图 2　学生在进行"棉花糖挑战"

班主任 Melissa 老师组织了一次名字叫作"棉花糖挑战"的创客课程活动。学生要用没有煮过的面条、胶带、绳子和一个棉花糖在很短的时间内搭建一个塔（如图 2 所示）。当学生开始搭建时发现，一旦他们松开手，这个塔就会坍塌，这个时候教师的做

法并不是立即指出这些架构的缺陷之处，而是允许他们继续搭建。随着分配时间的结束，Melissa老师让大家把手都举起来，紧接着大多数学生的塔都跌落在地上。而 Melissa 老师恰恰认为最重要的学习环节就是此刻。她把学生聚集在一圈，问他们为什么塔塌了。学生一一解说了各自的设计方案，并自己分析塔塌下来可能存在的原因。他们将塔的结构与他们熟悉的建筑进行比较，如学校的教室，自己的家，然后相互讨论、探究使这些建筑稳定伫立的潜在因素。当他们分析完第一个塔失败的原因后，他们对 Melissa 老师说："我们能再试一次吗？"经过老师的引导和自己的实际操作检验自己的猜想，大部分学生都成功搭建了"棉花糖塔"，大家对这个课程活动十分感兴趣。

Meadow 小学的创客实验室是个独特的设置，对"失败"有一个全新的定义。在常规的课堂环境中，教师不会给学生提供失败的课程体验。比如，学生在某场考试中失败了，教师通常不会认为这是积极的东西。而事实上，失败是学生学习的一个重要组成部分。一方面，学生可以通过失败的体验进行反思；另一方面，学生可以在交流失败经验时收集别人失败的经验，从而推导出新的设计理念。也许这个想法会失败，也许会成功，但重要的是，无论结果如何，学生都能从中学习到新知识。

（二）伊利诺伊州立大学创客实验室的"数字创造课"（如表2所示）

表2　伊利诺伊州立大学创客实验室的"数字创造课"案例介绍

| 课程名称 | 数字创造（Digital Making at Makerlab） |
|---|---|
| 时间 | 2015 年春季 |
| 开展创客教育的方式 | 伊利诺伊州立大学配备有专业化的创客实验室（Makerlab），且其学校的办学理念一直崇尚创客精神，强调动手能力的重要性，由此该校开设了专业的创客教育方面的课程供学生选择，以鼓励学生积极参与创客运动，在创作的过程中理解知识，数字创造就是创客教育课程中的一门课 |
| 课程介绍 | 该课程的评估内容包括三个部分：①学习部分占33%，要求做到以下几点：上课前做好准备，完成规定的阅读任务；主动参与，积极学习；及时完成创作和打印物品的作业；与班级中的其他人合作；每周一次课程；展示作品的同学提问并积极思考。②创造部分占33%，要求完成1个学期项目和1个学期特色活动。③分享部分占33%，要求完成1个 Twitter 活动（30分）和每周1次的分享活动（70分） |

续上表

| 课程名称 | | 数字创造（Digital Making at Makerlab） |
|---|---|---|
| 学习模式 | 阅读任务 | 上课之前查看课前阅读任务，阅读 Gershenfeld 的"如何制造户所有事物"（How to make almost anything）和"创客思维"（The Maker Mindset）两篇文章，为课中展开讨论奠定专业基础 |
| | 课堂活动 | 每节课根据教学目标、学习主题的不同，所邀请的主讲教师都不一样，这次课程的主题是数字创作的起源，主讲教师是 Kylie Peppler，课堂主要围绕每个同学的阅读分享展开，数字创作的工具有哪些？你如何使用这些工具以及用这个工具的优势和特点。同学们主动分享自己的学习心得，并展开讨论 |
| | 总结反思 | 课程学习之后要反思在课堂上所学到的内容，可以描述你做的活动以及你为什么这样做。活动最后，选择一个分享网站上传你的课程反思，比如 Thingiverse，Shapeways 或 Gitfab。创建一个链接给你选择的数字制作工具，说明你为什么选择了它，你会怎么改变工具使他们更适合你的使用 |
| | 实践效果 | 学习了这门课程的同学对各种工具和技术的认识和使用比常规课堂里的学生更加深刻，头脑风暴式的交流讨论填补了个人的认识局限，允许个人的思想在课堂氛围中传播，这样每个人学习到的软件和技术内容实现了共享，每个人学习到的知识也就更多 |

## （三）美国创客教育未来的发展方向

创新和实践是推动学生创客活动的主要因素，学习模式超越传统实验室学习和课堂学习的束缚，追求亲自试验和动手实践进行学习是发展学生创客教育的重要依托。近几年，创客教育进入美国学校教室和课程进行广泛传播，经过多个学校的案例研究，得出美国创客教育未来的发展趋势将围绕以下几点。

### 1. 鼓励跨校园的交流合作，为高校创客提供就业机会

在高等教育领域，基于就业导向的创客教育越来越受到广大学生的推崇。创客教育为社会培养具有新时代学习方式和思维方式的复合型人才，如果培养和就业能提供"一条龙服务"，让学生在合作伙伴中找到就业的出口，相信是社会、学校和师生都乐于见到的。借鉴融合同类课程经验，创客教育在中小学、高等院校的不断推进，相关的案例研究也会越来越多。但是高校之间开展创客教育的方法、创客空间和工具的开发程度和可用性都不同，这种自然发展的模式要慢慢转换成一个系统的模式，才能实现美国创客

人数呈"指数增长"的目标。

2. 建立科学的评价标准，评估创客教育的实施效果

创客教育的课程或活动不同于用一场考试或者一个既定的评价量表来评估教学效果的传统课程。创客教育的课程正在慢慢与传统课堂融合，建立一个科学的评价标准来验证创客教育对学生带来的影响迫在眉睫。

3. 创客教育课程受到重视，开展创客教育者的认证

随着创客课程和创客空间的逐渐普及，为专业的创客教育者制定证书认证机制变得尤为重要。该认证机制的核心价值观应强调注重公平公正、对外公开、全面参与、管理可行和可持续性原则。通过线上和线下相结合的课程来提升创客教育者的专业技能，培养教育者的创客思维，使这些课程为设计和支撑创客教育项目和活动奠定基础。

## 四、小结

目前，美国创客教育的研究和实践发展势头良好，但是对于许多学校来说，经济预算超额、缺乏资金支持、推广性不高、评价系统不完善等仍然是创客教育脱离主流教育趋势的关键问题。研究美国创客教育的新进展，对推进中国教育创新改革具有一定的指导意义。如何将创客教育更好地融入课程，用新的教与学方式来组织教学活动，仍是我们接下来要探究的问题，深入推进创客教育仍然需要较长时间的探索。

# 面向探究能力培养的创客教育探析

深圳大学师范学院　曹晓明

**摘　要：**创客教育是当前教育信息化的热点领域，也是践行核心素养培养的重要途径，其核心应是落实到对探究能力的支持与发展。本研究从综述创客教育的本源出发，对创客教育的内涵进行了阐述，分析了其同探究学习的联系，并针对基础教育中的创客教育的实施路径，提出了几种具体的面向探究能力培养的创客教育实施策略。

**关键词：**创客教育　探究学习　探究能力　学习环境　策略

## 一、创客教育的本源：新技术推动下的全民创新

创新是人类特有的认识能力和实践能力，也是人类文明得以不断进步的重要途径。千百年来，人类社会每一个大的进步，都是伴随着重大创新成果的涌现。从工业革命开始，创新对社会发展的推动力到达了前所未有的高度。其中，1769 年詹姆斯·瓦特发明了蒸汽机，标志了以"机械化"为特征的工业 1.0 时代的到来；1882 年尼古拉·特斯拉发明了现代交流电系统，标志了以"电气化"为特征的工业 2.0 时代的到来；1946 年约翰·冯·诺依曼完成了 ENIAC 的研制，标志了以"自动化"为特征的工业 3.0 时代的到来；2010 年，德国政府在《德国 2020 高技术战略》中明确提出将"工业 4.0"作为十大未来项目，标志了以"智能化"为特征的工业 4.0 时代的到来；我国也建立了与其相对应的计划，即"中国制造 2025"。

（一）产业发展驱动下的全球化创新氛围日渐浓厚

从工业 1.0 到工业 4.0 的发展脉络可见，创新在社会发展中的革命性意义。同时也

---

本文是广东省教育科学规划"十二五"课题项目"基于学习流技术的泛在学习环境设计与有效应用研究"（项目编号：11JXZ008）和教育部人文社科 2013 年度项目"脑机交互技术支持下的儿童教育游戏及其有效应用研究"（项目编号：13YJC880001）的研究成果之一。

揭示了一个重要特点，即创新从以前的基于突出科学家的伟大发明正向社会的群体创新转变。典型的代表即是工业4.0，其突出特征即是智能制造，背后以自动机器人、模拟技术、水平和垂直系统整合、工业物联网、网络安全、云计算、增材制造、现实增强技术、大数据分析等9项数字工业技术为基础①。由于涉及的面很广，政府、企业以及科学精英、社会大众等均参与其中，工业4.0的出现并不仅仅限于某一位或几位发明家的推动，而是科学技术发展到一定阶段的必然产物。创新在经济、技术、社会学等领域的作用也被推到从未有过的高度。

工业4.0时代的到来，知识与信息呈现指数级增长，信息传播的渠道日益丰富，技术工具大众化、平民化的趋势日渐明显，使得普通大众可以接触到新技术的产生、应用和发展过程当中，创新不再是少数人的专利，创新的技术壁垒正不断被突破。同时各国政府不断推出鼓励社会创新的政策，如美国于2015年颁布了国家创新战略，重点推出包括投资创新生态环境基础要素、推动私营部门创新、打造创新者国家的三大创新因素和包括创造高质量就业岗位和持续经济增长、推动国家优先领域突破、建设创新型政府的三大战略举措②；我国国务院于2016年8月颁布了《"十三五"国家科技创新规划》，明确提出到2020年每万名就业人员中研发人员应达到60名，每万人口发明专利拥有量应达12件（为2015年的两倍），公民具备科学素质的比例应不低于10%（2015年仅为6.2%）③。束缚创新和成果转化的制度障碍从国家层面正不断破除。

（二）教育的社会属性驱动下的创客教育日渐普及

教育的本质属性是有目的地培养人的社会活动。由于创客支持下的创新在当前是产业领域的重要发展方向，在国家将"大众创业、万众创新"作为国家战略推动的大背景下，教育如何为这种创新提供智力支持与人才保障，这将成为各级学校及教育工作者需要严肃认真对待的问题。在国务院颁布的《国家教育事业发展"十三五"规划》，全篇"创新"作为关键词出现频次为113次，并特别强调要培养学生创新创业精神与能力，加强对学生科学素质、信息素养和创新能力的培养④。教育部发布的《教育信息化"十三五"规划》关于信息化的重点方向，指出要深化信息技术与教育教学的融合发展，从

① 多维空间. 工业4.0时代必备的9项技术 [EB/OL]. (2015-06-07)[2017-02-07]. http://www.360doc.com/content/15/0607/21/20625606_476397127.shtml.
② 张换兆. 美国2015创新战略及启示 [J]. 高科技与产业化, 2015 (5): 26-29.
③ 国务院. "十三五"国家科技创新规划 [EB/OL] (2016-08-08)[2017-02-07]. http://www.gov.cn/zhengce/content/2016_08/08/content_5098072.html.
④ 国务院. 国家教育事业发展"十三五"规划 [EB/OL] (2017-01-19)[2017-02-07]. http://www.gov.cn/zhengce/content/2017-01/19/content_5161341.html.

服务教育教学拓展为服务育人全过程，积极探索信息技术在"众创空间"、跨学科学习（STEAM 教育）、创客教育等新的教育模式中的应用，着力提升学生的信息素养、创新意识和创新能力，养成数字化学习习惯，促进学生的全面发展，发挥信息化面向未来培养高素质人才的支撑引领作用①。美国政府则通过加大对 STEM（科学、技术、工程、数学）教育的投入力度，为下一个美国奇迹"铺路搭桥"，通过具体的项目化学习体现出美国创新的教育意义，在民众中培植创业精神。

## 二、创客教育与探究学习：能力取向的殊途同归

### （一）创客教育的内涵及创客的能力指向

国内关于创客教育已有较长的学术研究，如祝智庭教授指出创客教育的终极使命是培植以创客精神为实质的众创文化②，胡小勇等则指出创客教育更多的是作为一种创新素养教育模式的存在③。笔者认为，理解创客教育，首先要从创客及其具备的素质与精神入手。创客一词来源于英文单词"Maker"，最早可追溯到麻省理工学院比特与原子研究中心发起的个人制造实验室，是指不以盈利为目标，努力把各种创意转变为现实的人。国外 Maker movement 中，其过程是从 Consumer（消费者），到 Maker（制作者），再到 Inventor（创造者）的，Maker 像一座桥梁，连接起 Consumer 到 Inventor 的转变之路。从字面理解创客（Maker）的"创"指创造，"客"指从事某种活动的人。

由于指向"创意"，并可形成可视化的"制品"，成为创客需要一些基本的能力与素养，其之间可能存在内在的顺序与梯度关系，我们将之称为"创客素养阶梯"（如图1 所示）。成为一名创客，首先需要有一些基本的创客能力，使其可以"创"，这是所有创客的首要条件，考虑到当前的创新创业基础环境，一般而言这种能力应包括新媒体的设计与开发能力，新技术的掌控与再造能力，新方法的提出与完善能力等；其次，具备能力不一定必然导致创客行为的发生，创客思维才是所有创客的核心驱动力，一般而言这种思维直接指向的是创新意识、技术思维与创客思维，驱使创客愿意主动"创"；再次，作为一名创客必须要具备视野，即对创客文化的理解与内化，对全球化背景下"互联网＋"的创新方法的了解等，具备视野是能够做出有一定创新价值的制品的必要条

① 教育部. 教育信息化"十三五"规划［EB/OL］.（2016 – 06 – 22）［2017 – 02 – 07］. http://www.moe.edu.cn/srcsite/A16/s3342/201606/t20160622_269367.html
② 祝智庭, 雒亮. 从创客运动到创客教育：培植众创文化［J］. 电化教育研究, 2015（7）：5 – 13.
③ 伍文臣, 冯智慧, 胡小勇. 创客教育进学校的组织模式与案例介绍［J］. 中小学信息技术教育, 2016（7）：65 – 67.

件；最后，由于一般的创客项目都有一定的难度，需要比较长时间的精力投入，对结果的预期不一定是肯定的，作为创客的最重要的一个素养就是执行能力，即能够围绕创新目标持续投入、持续探索，并能够在过程中克服各类挫折，只有具备执行力的创客才能将创意演化为创新作品，达到成功"创"的目的。

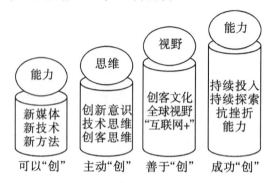

**图1　创客素养阶梯示意图**

综上可见，创客是完成从产生创意、执行计划到再制造创新制品的系列化创造过程的人，这种制品本身一般是有一定的难度及社会价值（或创业价值）的，对创客本身的能力素养也有较高的要求。这种狭义上的创客在人群中并不是普遍存在的，如同真正能够做出有创新价值的发明家、科学家在人群中是小概率事件一样，具备完整的创客能力、思维、视野与执行力的"创客"实际上并不多见，且其本身很大程度上受制于其成长背景、个人兴趣及天赋。通过后期的教育来培养这种狭义上的"创客"，效果不一定能够立竿见影。基于这一原因，作为普适性的形式存在的创客教育，受制于学生知识能力水平及事件精力的制约，其中的"创客"应是广义上的"创客"概念，指向应是创新素养，即提出创新性问题，用创新性的方法解决问题，用创意的手段呈现解决方案等素养，其关于制品本身的实践价值（创业价值）要求在大多数情况下是弱化的。因此，我们认为，目前基础教育领域内的创客教育其实质应是目标上面向创客素养培养，过程上基于创客过程体验的一类教育模式，其外显形态主要是基于创造性作品导向的项目化学习或问题式学习。

（二）探究学习及其能力指向

探究学习在基础教育中有悠久的历史。约翰·杜威1909年率先提出在学校科学教育中要使用探究方法（著名的五步教学法），理查德·萨其曼于20世纪中期提出著名的探究训练模式，罗伯特·米尔斯·加涅1963年系统论述了探究教学，阐述了"项目式学习、任务式学习"等探究学习模式①。探究学习在发达国家已经成为学校学习的重要方式，我国从上一轮课程改革中开始重视探究。由此可见，探究学习比创客教育有更为悠久的历史，其强调的能力素养，同 21 世纪人才的素养有紧密联系。探究学习的能力指向如表 1 所示。

**表1　探究学习的能力指向**

| 能力/思维 | 具体内涵 |
|---|---|
| 批判性思维 | 有效的推理；系统思维；明智的判断与决策 |
| 问题解决能力 | 综合运用解决问题；形成观点导出方案 |
| 创造性和创新能力 | 创造性思考；创造性与他人工作；贯彻新措施 |
| 交流和合作能力 | 清晰地交流；与他人合作 |

（三）探究学习与创客教育的关联

从创客的素养阶梯和探究性学习的能力指向表可见，创客教育同探究学习之间有着紧密联系，探究性学习的相关能力在创客素养中也非常重要，其执行的流程也是有一致性的，如均是基于问题/项目的学习，其具体关系如图 2 所示。

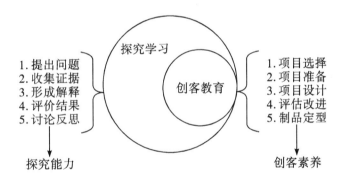

**图2　探究学习与创客教育关系图**

从图 2 可见，由于能力取向上的一致性（探究能力与创客素养有一致性关联）及执行流程上的相似性（均是基于问题/项目的学习），我们可将创客教育理解为一类特殊的探究学习，即创客教育是探究学习的子集。因此，探究性学习的一般模式和方法在指导创客教育中应也是可以通用的。不同点在于，探究性学习的覆盖范围更广，目标更隐形化，而创客教育的目标更为显性（如表 2 所示）。

---

①　迟增晓. 网络环境下探究性学习的设计与应用研究［D］. 济南：山东师范大学，2004.

表2　探究学习与创客教育的异同

| 维度 | 广泛意义上的探究学习 | 创客教育 |
|---|---|---|
| 学习载体 | 明确的问题<br>（不一定指向制品，可以是隐性的知识习得过程） | 明确的项目<br>（需指向明确的制品创造） |
| 学习成果 | 问题解决 | 可视化制品 |
| 学习过程 | 围绕问题的探究过程（提出问题、分析问题、解决问题） | 围绕项目的制造过程（可行性分析、需求分析、方案设计、方案实现、成果展现） |
| 学习评价 | 知识性测试、能力观察 | 基于制品的评价 |
| 学习共同体 | 个体/群体 | 项目团队 |

## 三、面向探究的创客教育策略

厘清探究学习同创客教育的关系，有助于我们在具体的指导与研究过程中，提供更合理、科学的方案。

### （一）问题支架策略

从前文的分析可见，问题/项目在创客教育中非常关键，其也是一个创客教育的项目是否能够执行及达到预期效果的必要条件。我们认为，一个良构的以探究为核心的创客项目问题，应具备"真实性、难度系数、技术使能、可视化制品、实用性"五个要素（如图3所示）。

以上五个要素中，"真实性"是指问题应该来源于学生生活中的真实场景或可掌控的认知世界，是学生感兴趣、有动机去解决的问题；"难度系数"是指该项问题有一定的执行难度，是需要学生通过探究过程去学习、解决的，不能低于学生的认知水平或是重复性的习作；"技术使能"是指该问题是要通过一定的技术手段（在中小学中主要是与信息技术相关或创意作品相关的技术，如3D打印、智能机器

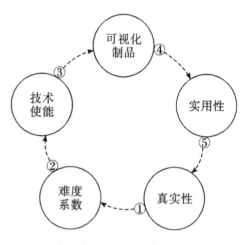

图3　创客教育中探究性问题的五大要素

人、智能编程等）来完成的，通过技术的应用达到融合技术来创新的目的；"可视化制品"是指该问题应明确指向一个具体的作品，该作品在设计之初其雏形及功能边界就是基本清晰的，并在研制过程中不断细化、完善；"实用性"是指该问题能够解决或模拟解决社会生活中的某一个或某一类问题，是实用件或实用件的模型。

这里以儿童的多动症问题为例来说明。多动症又称注意力缺陷多动障碍（ADHD），其患病率国外报道在 5%~10% 之间，国内调查在 10% 以上，在中小学中的外显主要是注意力难以集中或注意力缺失，该问题是真实存在的；同时解决该问题传统方法有很大的难度，解决方案也不利于常态化推广，因此该问题有较高的难度系数；为了解决这一问题，我们在新技术方面做了系统的调研，找到了一种基于脑电波的方式对学生的注意力数据进行采集的方案，这种基于脑电波的方案实质就是技术使能；在确定方案后，我们引导学生以游戏为载体，设计了一系列的脑电波控制的寓教于乐的游戏，脑电波游戏成为我们的可视化制品；同时，该创客项目是真实执行的项目，制品引导 ADHD 学生在游戏中养成注意的习惯，这种注意习惯在生活和学习中是可迁移的，因此具备一定的实用性。

(二) 学习环境策略

由于当前中小学的创客教育，大多数是围绕特定的技术方案开展的制品制造过程，其在学习空间上有一定的要求。该空间应具备以下几个方面的特征（如图 4 所示）。

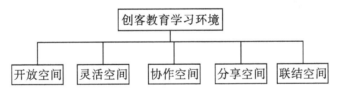

**图 4　创客教育学习环境的五个要求**

作为创客的学习环境，其本身并不一定需要通过豪华的装修、装饰来创设氛围，其空间的营造应是应用导向的，支持创客的学习过程。首先其应是开放空间，以支持学生在正式学习、非正式学习（社团或课后）的全流程学习过程，空间应有一定的安全管理、日程管理与项目管理的措施，以支持开放空间的策略，这里可以采用基于学习流的过程性管理平台来有效管理项目化研究的全过程；灵活空间的主要目的是将空间支持的项目多样化、将空间能够组织的教学模式多元化，满足不同形态、不同种类、不同群体的教学需要，一般要求空间的桌椅、投影等可重组、可灵活布局（如图 5 所示）；协作空间是指能够支持学生的团队协作和交流，空间应能够支持小型会议、分组教学，甚至咖啡会议等不同的协作形式；分享空间指的是能够为学生的制品分享提供载体和平台，既可以分享交流，又可以为作品的改进和迭代提供平台；联结空间是指能为各研究项目真实性问题的探索提供网络、工具及渠道支持，使其能够做出更加实用化的制品，并在需要帮助的时候获取外部支持和帮助。图5给出了一个灵活空间的布局示意图，其是按照可重组、可变形的理念打造的，在具体的技术支持上，实现了"无处不在的网络、无处不在的电源、无处不在的分享"，为小创客提供环境支持。

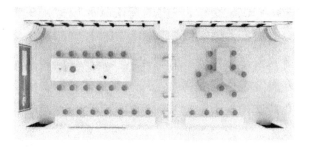

图5　创客学习空间示意图（可重组/变形灵活空间）

## （三）学习课程策略

课程是创客教育的重要载体，作为面向中小学生普适性推广的创客教育一般是需要有课程教材的支持。其作用：一方面，为创客教育的导师提供组织教学的支架支持；另一方面，为学生的创客过程提供指南和工具书，降低其参与创新过程的难度。但当前中小学的创客教育存在着一些创客课程表层化、同质化、形式化的问题，集中表现为将创客的项目自始至终在教，学生只"学"不创；教学目标方面满足于"模仿"；教学形式上学生单打独斗，缺少协作。笔者认为，创客课程应围绕创客本身的演进规律，从低到高的方式进行组织（如图6所示）。

图6　创客课程的目标梯度金字塔

从图6可见，体验是创客课程的第一个层次，也是最基础的层次，学生通过体验式的过程，在教师的引导下了解创客项目的执行过程，一般适用于教学的初始环节及一些刚进入创客项目的学生；模仿是创客课程的第二层次目标，一般通过案例教学的方式，让学生对已有创客项目进行再造，一般适用于创客技能的讲授环节；改进与创造是着重需要强调的高阶目标，也是真正能够落实创客人才培养目标的重要途径，其中改进主要是对已有创客项目的升级、改造，使其在美观度、实用性、功能性、稳定性、先进性等维度具备更好的指标；而创造是基于新问题的全新设计与执行过程。

## 四、结语

面向未来社会教育到底要培养怎样的人正成为社会普遍关注的问题，国内外已经建立起一些较成熟的能力模型，如 21 世纪能力模型及我国的核心素养体系。但在传统的应试教育的大背景下，如何建立现有学校教育模式同能力素养体系的连接存在巨大挑战，我们认为创客教育可在其中扮演桥梁和纽带作用。创客教育的本质也是探究学习，认识到这一点对我们进一步大力推广创客教育有现实意义，创客教育的生命力及其对传统教育的反作用力会不断增强。因此，对于中小学校而言，应该更理性客观地看待创客教育，需要基于创客项目的内在规律，在课程、学习空间、项目组织、创客导师的人力资源建设等方面形成系统化的科学方案，为学生的创新素养的形成创设条件。尽管"创客"本身是难以通过教育的形式在短期之内培养出来的，但对创客教育的持续投入和对培育创客的整体环境改善及未来的创客人才储备是有现实意义的。

# 中小学创客教育的实施框架及路径研究

陕西师范大学教育学院　张文兰

**摘　要：**在社会创客运动的驱动下，创客教育应运而生。它以培养学生创客素养为导向，正成为学校实现创新性人才培养的新途径。学校实施创客教育是一项系统工程，需要从目标规划、实施路径、保障条件等要素构建整体框架，具体内容包括：树立共同愿景、制定整体规划；创建创客教育环境、构建创客课程体系、培养创客教育教师、建立多方协同合作模式；培育创客文化、组建创客团队、完善激励机制。

**关键词：**创客教育　内涵　实施框架　路径

## 一、引言

在社会创客运动的驱动下，以"创新、实践、共享"为要旨的创客教育对传统教育理念、模式产生了重要的影响，正逐渐成为当前学校实施创新、创业教育的新生态。在教育部 2016 年颁布的《教育信息化"十三五"规划》中，积极探索跨学科学习（STEAM 教育）、创客教育等新的教育模式，着力提升学生的创新意识和创新能力已成为学校教育的任务要求[①]。

近年来，创客教育得到了我国教育领域的高度重视，众多学校纷纷建设创客空间，开展创客教育实践探索，诸如：北京景山学校、清华大学附属中学、温州市实验中学、深圳中学等一批学校较早开始了创客教育的试点与实践，而 2015 年 5 月在温州市实验中学成立的"中国青少年创客教育 M35 联盟"则正式宣告我国创客教育从个别试点迈向有组织的全面探索阶段[②]。

在此背景下，"如何实施创客教育"是实践层面需要急切回答的重要问题。毋庸置

---

①　教育部. 教育信息化"十三五"规划 ［EB/OL］.（2016 - 06 - 07）［2017 - 01 - 07］. http://www. edu. cn/edu/2heng_ce_gs_gui/zheng_ce_wenjian/zong_he/201606/t20160624_1420369. shtml.

②　祝智庭，雒亮. 从创客运动到创客教育：培植众创文化 ［J］. 电化教育研究，2015（7）：5 - 13.

疑，创客教育是一项系统工程①，需要从宏观、中观、微观等多层面进行系统的研究与实践。已有的研究已对宏观的创客教育体系和微观的创客教学模式进行了较多研究，而本研究则试图从中观层面探讨学校实施创客教育的行动框架及具体路径，以期为创客教育的学校实践提供参考。

## 二、创客教育的内涵

要理解创客教育的内涵，首先需要理解什么是创客。创客（Maker）最早由克里斯·安德森在其著作《创客：新工业革命》中提出，是指那些基于兴趣和爱好把具备相当的技术挑战的创意转变为现实的人②。该解说属于广义概念，含有"人人皆为创客"之义。而学校情境下的创客则偏向于狭义的理解，一般是指借助数字工具、开源硬件等将创意现实化的人，其主题大多集中在电子、机械、3D 打印等工程方面，其精髓在于创意、创造和实践。

与创客教育密切相关的另一概念是创客空间（Makerspace），它是开展创客教育的主要环境。在早期探索中，人们往往将创客空间视为一种物理场所或实体的活动空间，如美国 *Make* 杂志将其定义为一个开放交流的工作室、实验室、机械加工室等③，我国徐思彦等人也认为创客空间是人们创造新事物的实体实验室④。它是创客们进行原型设计、制作创造、创意的产品化等活动的场所，一般主要由 3D 打印、激光切割机、开源软硬件平台、机械材料等工具设备组成。随着创客空间的发展及创客运动的深入，人们发现这种单一实体空间并不能完全代表创客空间的内涵。在实践中，很多创客团队除了利用实体空间外，还开创了网络虚拟社区用于开展交流与分享活动⑤，众多研究者⑥⑦⑧⑨也都提出创客空间除了线下的实体空间外，还要包含线上的网络空间和云端服务。因此，我们应将创客空间视作实体的物理空间以及虚拟的线上空间的结合体。

① 杨丽，张立国，王国华. 创客教育体系架构研究［J］. 现代远距离教育，2016（3）：28 - 33.
② 安德森. 创客：新工业革命［M］. 萧潇，译. 北京：中信出版社，2012.
③ 杨绪辉，沈书生. 创客空间的内涵特征、教育价值与构建路径［J］. 教育研究，2016（3）：28 - 33.
④ 徐思彦，李正风. 公众参与创新的社会网络：创客运动与创客空间［J］. 科学学研究，2014，32（12）：1789 - 1796.
⑤ 祝智庭，孙妍妍. 创客教育：信息技术使能的创新教育实践场［J］. 中国电化教育，2015（1）：14 - 21.
⑥ 付志勇. 中国创客教育蓝皮书（2015 年版）［R］. 北京：清华大学创客教育实验室，2015.
⑦ 祝智庭，雒亮. 从创客运动到创客教育：培植众创文化［J］. 电化教育研究，2015（7）：5 - 13.
⑧ 雒亮，祝智庭. 创客空间 2.0：基于 O2O 架构的设计研究［J］. 开放教育研究，2015（4）：35 - 43.
⑨ 何克抗. 论创客教育与创新教育［J］. 教育研究，2016（4）：12 - 24，40.

创客教育，可以从广义和狭义两个方面来理解。广义的创客教育一般是指以培育大众创客精神为导向的泛在教育形态，而狭义上的创客教育则是指以培养包含跨学科的问题解决能力、创新能力、团队协作能力等在内的创客素养为导向的特定教育模式。显然，后者对于理解学校情境下的创客教育更为适切，它一般是指基于学习者的兴趣，以项目式学习的方式，倡导造物、鼓励分享，以培养创客素养为主要目标的教育形态，与以往的教育形态相比，创客教育具有明显的特点：彰显主体教育理念，以学习者为中心，强调学习者在创客活动中的主体性；注重培养学习者的创新能力和实践精神；强调"做中学"的学习方式，融合了体验学习、项目式学习、DIY 理念的方法。

## 三、学校创客教育的实施框架及路径

创客教育是创新教育的重要途径，也是学校教育变革的重要方向。学校实施创客教育绝不是建设一个创客教室和单纯开设一门创客课程那么简单，而是一项系统工程，需要一个包含目标规划、实施路径、保障条件等要素的行动框架，从而避免实践中的盲目跟风和无的放矢。我们综合国内多数试点学校开展创客教育的经验，构建了学校创客教育的实施框架（如图 1 所示）。

在该框架中，中心层是学校实施创客教育的共同愿景和整体规划；中间层是四个核心的实施路径，分别为创建创客教育环境、构建创客课程体系、培养创客教育教师、建立多方协同模式；最外层是三个基本的保障条件，分别为培育创客文化、组建创客团队、完善激励机制。下文详细阐述该实施框架的具体内容和路径建议。

**图 1　学校创客教育的实施框架**

（一）目标和规划

如果没有一个共同的愿景以及清晰的目标和规划，那么变革从一开始就注定是失败的[①]。作为创客教育的发源地，美国的学校非常重视实施创客教育的整体设计，如麻省

---

① 杜媛，刘美凤. 解码校长信息化领导力：校长信息化领导力的九个关键行为 [J]. 中小学信息技术教育，2009（3）：4 – 7.

理工学院以及芝加哥艺术学院等都将创客教育纳入到本校发展之中，将其作为学校教育变革的核心理念①。因此，学校实施创客教育的首要任务就是在学校组织内确定一个可供分享的愿景，其内容包括明确学校的发展理念、实施创客教育的总体目标和实施路径、形成相应的服务体系等。

围绕这一愿景，学校需根据实际情况对创客教育行动进行顶层设计，从核心理念、实施路径以及保障机制等方面进行整体规划。一方面，要根据学校实际合理制定发展战略和行动路线，有计划地推动创客教育，避免盲目跟风；另一方面，要为创客教育提供鼓励机制和制度保障，促进创客教育理念和行动在学校的持续推进，避免"3 分钟热度"。

(二) 实施路径

创客教育实践涉及多个要素，综合来看包含了技术支撑、创客空间、创客网络、创客课程、创客项目、创客活动、创客队伍建设、产学研协同等八个要素②。当然，这些要素中包含了微观层面的实践活动。而学校层面实施创客教育的路径重点包含以下四个方面：创客教育环境的创建、创客教育课程体系的构建、创客教育师资的培养、多方协同合作模式的建立等。

1. 创客教育环境的创建是基础

创客教育环境是实施创客教育的基础，其主要实践是建设创客空间。在国内外各个学校开展的创客教育中，都非常重视创客空间的建设与应用。与社会化创客空间注重产品成型、商业孵化不同的是，教育中的创客空间更注重学习者创客素养的发展，即学习者实施方案、创作作品、创新问题解决的空间和环境，包括实体的物理空间以及虚拟的线上空间。

创客空间的建设首先要把握其原则和特征。Sheridan 等人通过对多个创客空间的综合分析，提出了创客空间的三个共同特征：①多学科的交叉融合。创客空间打破了传统实践空间（如艺术工作室）的学科界限，让不同学科背景的学习者能够参与进来，支持传统手工技能与数字化技能、艺术与工程素养的融合，为学习者提供了合作、创新、投入的学习环境。②多样化的学习任务和活动。创客空间融合了正式学习环境和非正式的实践社区，支持学习者多样化的学习活动，如观察、评估、思考以及创作等，同时，它也适应于不同形式的项目创作，包括自主的独立项目和自发的团队项目。③学习发生于创造，也是为了创造。创客空间中的学习被深深地嵌入到创造的过程中，它聚焦于学习

① 郑燕林. 美国高校实施创客教育的路径分析 [J]. 开放教育研究, 2015 (3)：21-29.
② 杨丽, 张立国, 王国华. 创客教育体系架构研究 [J]. 现代远距离教育, 2016 (3)：28-33.

和产品创造，而不是学生对简单的组合装置技能的掌握①。

根据国内外创客教育的经验，在创客空间的具体建设方面，我们可以采取以下六种策略②：一是利用现有的空间或对其进行适当改造（find or repurpose a space），这样可以减少学校的资金投入；二是启动一个创客俱乐部（star a maker club），为创客空间的建设筹集资金，寻求家长、社会组织、宗教团体等的捐赠和支持；三是申请公司赞助（apply for company sponsorships），当前我国很多试点学校的创客教室都由 IT 公司和教育公司出资建设；四是寻求政府和教育主管部门的资助（seek grants）；五是在线筹集项目材料的资金（fund project materials online），利用一些网络社区寻求帮助；六是发起众筹活动（start a campaign），利用网上众筹平台（crowdfunding platform）发起募资活动，吸引社会各界的援助支持。

## 2. 创客教育课程体系的构建是重点

课程是学校教育的核心载体。学校实施创客教育的重点就是构建创客教育课程体系，推动创客课程的实施。这一点上，国内还非常缺乏。具体来说，构建创客课程体系包含两层含义：一是创建新的课程形态，即从课程的核心要素出发设计并开发出符合学校实际的创客教育课程群；二是以创客思维和理念对传统的相关课程（如信息技术、科学、物理、工程等）进行整合与改造，形成整体的创客教育课程体系。

在建设创客课程群方面，主要以校本课程模式为主，如 Scratch 程序设计、Arduino 开源硬件等课程。这些课程主要可分为三类：基础课程、拓展课程、创新课程③。基础类课程主要以趣味编程（如 Scratch 课程）以及 3D 打印等为主要内容，拓展类课程主要以智能控制、传感器等新型信息技术为主要内容，创新类课程则以智能机器为主要内容。如何设计和开发创客课程，杨现民等人提出了一个通用设计框架（如图 2 所示）④。依据该模式，创客课程应采用预设与生成相结合的开发模式，其通用流程包括内容体系构建、项目设计、活动设计、评价设计四个环节。

同时，学校还需对传统课程体系进行调整和改造，将创客教育理念融入传统的科学课程以及实验实践类课程中。在课程体系改造中，把握如下重点：一是注重问题引导，强调课程内容的情境化、生活化，增强学生在课程学习中的体验感；二是突出课程的实

---

① SHERIDAN K M, HALVERSON E R, LITTS B K, et al. Learning in the making: a comparative case study of three makerspaces [J]. Harvard educational review, 2014 (4): 505 – 531.

② GARCIA-LOPEZ P. 6 strategies for funding a makerspace [EB/OL]. (2013 – 09 – 05)[2017 – 01 – 07]. https://www.edutopia.org/blog/6 – strategies – funding – makerspace – paloma – garcia – lopez.

③ 管雪沨. "互联网 +"背景下区域创客教育课程的建设与实施 [J]. 中小学信息技术教育，2015 (6): 59 – 60.

④ 杨现民. 建设创客课程：创课的内涵、特征及设计框架 [J]. 远程教育杂志，2016 (3): 3 – 14.

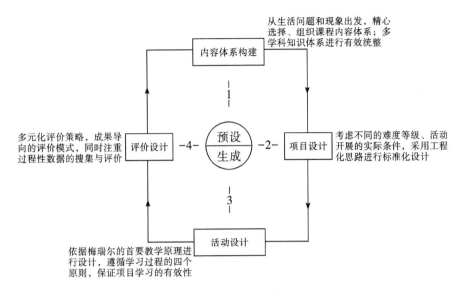

图2　创客课程设计的基本过程

践性，让学生积极参与到课程中，改变传统课程"知识传授"的理论化倾向；三是以 STEM 理念实现课程的多样化整合，以项目式学习的方式实现课程的跨学科融合；四是体现课程的开放性，强调课堂内与课堂外、正式学习与非正式学习的融合；五是课程评价以创客素养为导向，从问题解决能力、创新能力、团队协作能力等方面评价学生的表现和成果。

### 3. 创客教育师资的培养是关键

目前，创客教师还非常匮乏。各学校承担创客教育的队伍多以信息技术教师为主，这主要是因为创客教育是在信息技术和通用技术的课程基础上开设起来的，而且创客教育涉及大量的新技术操作和程序设计，这就使得信息技术教师自然成为实施创客教育的主力军。然而，创客教育是一项跨学科、创新要求高的教育活动，仅靠目前薄弱的信息技术教师队伍难以满足实践要求。

创客教育中，教师所扮演的角色与传统角色有着明显的不同，主要承担引导学习者、学习环境管理者、关系的推动者、技术导师、创意学习的向导、反馈的促进者、模糊问题的标准化者、资源的推荐者和提供者、学习进程的推动者等角色[①]。这就涉及教师的理念由"传道、授业、解惑"向"创新引领、实践指导、技术支持"的转变；教师 TPACK（整合技术的学科教学知识）结构的优化，特别是教师的跨学科课程知识整合的能力；教师自身创新意识和创新能力的提高。

---

① GERSTEIN J. Educator as a Maker Educator [EB/OL]. (2014 – 06 – 04)[2017 – 01 – 07]. https://www.thinglink.com/sce ne/529031635128025090.

因此，学校应大力培养创客教师队伍：①制订创客教师培养计划，做好创客教师队伍建设的规划和设计；②通过多种形式开展专项培训活动，如科技创新、企业进修、教学示范等方式；③组建创客教师团队，成立实践共同体，促进教师的相互学习、经验总结和共同提高；④为创客教师的持续学习和发展提供支持和保障。

### 4. 多方协同合作模式的建立是动力

从先期开展创客教育的试点学校来看，学校实施创客教育往往涉及政府、企业、学校、社会创客组织等多方行为主体的参与。政府和教育行政部门方面，以创客教育带动创新教育已成为教育领域的重大举措，各级教育部门纷纷出台相关政策和实施计划，如深圳市教育局于 2015 年 10 月就启动了《深圳市中小学科技创新教育三年行动计划（2015—2017 年）》，为创客教育的开展和普及提供政策引导和支持；企业方面，各技术厂商、科技公司等纷纷加入到创客行动中来，积极谋划创客教育的发展，为试点学校提供技术、资金支持；社会创客组织方面，他们的创意分享、资源共享以及创新模式对学校创客教育有着重要的启示意义。因此，在创客教育的实施过程中，加强学校与政府、企业、社会创客组织的协同与合作几乎成为所有研究者与实践者的共识。

如何建立多方协同合作的模式，是学校实施创客教育的动力所在。这就需要学校打破传统教育环境的封闭性，创建校内外互通的渠道和机制，其要点在于：①在学校内部成立创客教育行动小组（可由学校相关组织兼任，如信息化办公室），不断加强学校与政府、企业、研究机构、社会创客组织的联系与合作，建立相关合作机制；②积极开展产学研合作的创客项目与创客活动，如策划相关的创新研讨会、创新项目等，将学校的创客教育与社会需求、企业的技术发展方向等联系起来，促进创意分享、创新资源的跨界扩散；③吸引多方资金的支持，形成多元投入方案，解决当前学校实施创客教育资金缺乏的困难；④促进师生创新产品的社会化评估以及成果转化，以协同合作的创客教育体系调动师生的积极性以及创新视野，让师生置身于开放、合作的环境下开展创造性的学习。

### （三）保障体系

作为学校教育改革和实施创新教育的战略选择，实施创客教育需要建立相关的保障体系和营造文化氛围，从而促进其可持续发展。

### 1. 培育创客文化，营造创客活动氛围

创客文化是在创客运动中逐渐沉淀下来并被人们广泛认同的意识形态，深刻影响着人们的思想观念和行为方式。在社会创客运动中，它具有浓厚的 DIY 理念、自由主义、商业主义等特征，强调创客们自己动手、自主创造，实现创意及产品的商业价值和社会价值。然而，学校创客教育不同于社会创客运动，它以培养创新性人才为目标而非商业

利益，是在特定的理念和实施框架下开展的教育活动，具有一定的组织性和预设性。

学校情境下的创客文化主要表现为：创新、共享、以人为本。首先，学校创客文化的核心在于创新。创新是当前学校教育改革面临的重大任务，而创客运动的兴起彻底点燃了学校教育对于创新的追求，在创客运动与教育的融合下诞生的创客教育就是以培养创新性人才为主要目标，将学生的创新意识和创新能力释放出来。其次，共享是学校创客教育的价值追求。创客们实现其创意并不意味着"闭门造车"，而是在追求自由与开放、资源共享、产品分享的过程中实现的。学校创客教育通过创客空间等共享平台让学生在协作、分享、交流中实现其创新能力的培养。最后，学校创客文化的本质是以人为本。在人人都可以成为创客的背景下，学校创客教育是以学生个性化的创意为起点，通过个人动手实践、活动体验等途径实现的。它需要重视学生的个性差异和个性化需求，树立学生的主体意识，在达到学生自我满足和自我实现的基础上完成创客教育的目标。

培育学校的创客文化，可以通过多种途径来实现：一是通过校园媒介宣传营造创意分享、创新实践的创客教育氛围，构建线上、线下相结合的 O2O 宣传模式[1]；二是开展多样化的校园创客活动（如创客比赛、创客周、创客产品展览等），让师生了解创客教育理念，全员参与到创客教育中来；三是发挥榜样的拉动效应，通过塑造典型的创客代表和创客项目来引领创客文化[2]。

**2. 组建创客团队，形成创客共同体**

学校实施创客教育并不拘泥于固定的学科课程，很多时候是体现在课外的实践活动以及社团活动中，具体的形式主要有三种：基于兴趣小组的设计型学习、基于综合实践课/信息技术课等课程的项目式学习、基于学科关联模块的体验式学习[3]。为促进创客教育在学校的深入开展，组建创客团队具有非常重要的意义。

学校情境下的创客团队是指具有共同的兴趣爱好和创新追求的非正式学习型组织，可以由不同年级、不同学业背景的学生以及指导教师组成，它为学生的创客活动提供了强大的凝聚力，同时，团队内部成员间的协作、互助、分享等行为也为学生成为创客提供了支持。创客团队的组建可以实现创客教育的多层次渗透和深入发展：从课堂内走向课堂外、从学科课程学习走向跨学科的实践创新、从个体实践到群体创造。

学校情境下，面向创客教育的学生团队主要有两种组建方法：一种是以课程任务为载体的创客小组，它是在教师的指导下旨在完成一定任务的团组形式，这种创客小组往往任务明确，带有一定的强制性；另外一种是以兴趣项目为载体的创客团队组织，它往

① 王丽平，李忠华. 高校创客文化的发展模式及培育路径 [J]. 江苏高教，2016（1）：94-97.
② 祝智庭，雒亮. 从创客运动到创客教育：培植众创文化 [J]. 电化教育研究，2015（7）：5-13.
③ 黄荣怀，刘晓琳. 创客教育与学生创新能力培养 [J]. 现代教育技术，2016（4）：12-19.

往是以学生兴趣为基础，由学生自主成立，团组内有统一的目标和共同的愿景。无论是哪一种创客团队，学校都应为他们提供必要的支持：一是为创客团队配备指导教师，加强对团队的引导和帮助；二是开放学校的创客教室、创客工作室等活动空间，为创客团队的项目实践活动提供基本的保障条件；三是鼓励和支持创客团队参与各类竞赛，将团队项目与专业学习、科技创新等结合起来，促进团队的合理发展。

完善激励机制，促进创客教育的可持续发展。在创客教育发展的初期，学校要建立科学合理的奖励制度，保证学校创客教育的可持续发展。在具体的实施上，首先，要为创客教师付出的工作和劳动价值给予合理的报酬，使得创客教师的贡献与报酬相适应；其次，为学校内的创客组织和创客团队给予一定的资金资助和支持，充分激励师生的创客热情；最后，对创客行动中成效显著的教师、表现优秀的学生以及创客作品给予表彰，调动师生的积极性。

# STEM 教育与跨学科课程整合

华南师范大学教育信息技术学院　李克东　李颖

**摘　要：** 跨学科课程整合是当今关于组织课程内容和课程设计理论研究的新趋势，STEM 教育是典型的跨学科课程整合方式。本研究在论述跨学科课程整合的意义和 STEM 教育概念的基础上，将以"温室建造"项目为例，从学习主题、教学目标、教学活动、教学支架、教学评价等方面介绍 STEM 课程的教学活动设计方法，为一线教师提供理论与实践指导。

**关键词：** 跨学科课程整合　STEM 教育

我们已经进入"互联网＋"时代，这个时代的特征表现为"跨界融合、创新驱动、重塑结构、尊重人性、开放生态、连接一切"。科技发展也从高度分化走向高度融合，交叉学科不断涌现，各学科之间在理论层次和方法层次上互相渗透与融合，使人类的科学知识形成了一个新的统一知识整体，必须打破以往只强调分化而忽视综合的局面，跨学科课程的设计与实施已是科学发展的必然要求，跨学科课程整合逐渐成为世界范围内课程改革的重要形态。

## 一、跨学科课程整合的意义

课程整合（Curriculum Integration）是 20 世纪 80 年代以来课程设计领域出现的新趋势。课程整合是一种组织课程内容的方法，也是一种课程设计的理论，是现代课程改革面对的问题之一。有学者预言，课程整合是未来 21 世纪课程设计的主流。

现代科学技术的一个重要特征是多种学科在思想、理论、方法乃至工具上的互相渗透和影响。美国 2011 年颁布的《K–12 科学教育的框架：实践、跨学科概念与核心概念》中提出 6 个跨学科概念，分别是模式、原因和结果（机制和解释）、尺度、比例和数量、系统和系统模型、能量和物质（流动、循环和守恒）、结构和功能，并详细阐述了其价值和应用①。在这种形势下，要求基础教育阶段的课程教学要采用多学科课程整合的视角，让学生感受科学是一个整体，要了解和探索自然界中多学科之间的互相融合。但传统的课程体制是以学科为中心的，各学科的基础知识和基本技能是按其自身的逻辑结构形成分科课程的。通过分科课程的学习，学生虽然可以把学科知识基础打得非常扎实，但由于各学科之间比较孤立分化，学生接受的是一个个封闭的学科体系教学，不利于知识的相互贯通，容易造成知识僵化，教学方式日益远离社会发展的现实、远离学生生活和已有经验，到应用时就难以摆脱知识割裂的困境，难以融会贯通，这将严重限制学生的视野。学生因受到单一学科的制约可能影响其判断一些科学现象的整体性，使其形成局部的、割裂的事实判断，难以与社会实际问题相对应起来，这同时也阻碍了学生创新精神、实践能力乃至人格的发展。

为了克服这些弊端，我国在2001年的《基础教育课程改革纲要（试行）》中提出："改变课程结构过于强调学科本位、科目过多和缺乏整合的现状，整体设置九年一贯的课程门类和课时比例，设置综合课程，以适应不同地区和学生发展的需求，体现课程结构的均衡性、综合性和选择性。"要求基础教育课程改革要确立课程整合的理念，将课程结构综合化作为改革的重要目标。为此，许多高校和中小学开展了多种形式课程整合的设计与实施的课程改革试验。包括基于课程内容知识的多学科教学的整合、基于以专题内容为中心的多课程教学活动的整合和基于真实情境主题以问题为中心的跨学科的课程整合等多种形式。

跨学科课程整合目前没有统一的定义。笔者认为跨学科课程整合就是围绕一个共同的主题，打破学科界限，把不同学科不同领域的理论和方法有机地融合，有目的、有计划地设计组织课程内容和教学活动，以提高学生能力、促进学生全面发展为最终目的的一种课程组织方式和课程设计理论。其中，STEM教育就是一种基于真实情境主题的典型跨学科课程整合方式。它从真实情境出发，选择学习主题，提出探究问题和学习任务，以问题解决、任务完成过程作为课程内容的组织中心，采用跨学科知识和方法，学习者作为研究者直接参与学习活动，通过问题的解决和任务的完成来进行课程学习。

跨学科课程整合应具有如下基本特征：①课程内容包含多学科知识和方法的整合。课程内容在一定程度上打破了学科之间的人为界限，探寻不同门类知识的内在联系并将其进行重组，从而把分散在各科之中的"知识点"串联起来，形成了融通一体的"知识树"。②课程内容与学生经验的整合。一方面，从学习者现有的经验和生活出发，将课程知识尽量回归到它被抽象出来的原来的经验；另一方面，在学习者已有的经验和未来

---

① 美国科学促进协会. 面向全体美国人的科学［M］. 中国科学技术协会，译. 北京：科学普及出版社，2001.

的经验之间架设桥梁，将学习者现有的经验引导到更广泛、更具社会性的经验，促使学生新、旧经验的整合。③课程内容与社会生活的整合。课程内容必须与社会生活相整合，必须反映学习者面对的真实而生机勃勃的当下社会生活。加强课程内容与学生生活以及现代社会和科技发展的联系，以期满足学生理智生活、情感生活、审美生活、道德生活的需要。④课程内容中包含多种学习方式的整合。不同类型的知识和课程要求有多样化的学习活动方式，整合的课程需要整合的学习方式，并根据学生的特点及特定的学习内容来设计有利于学生发展的学习方式。⑤课程内容包含多种学习资源的整合。课程内容要注重资源的拓展和补充，充分利用社区资源、网络资源等，还要将各学科的专家与教育家组织起来，充分发挥人力资源的作用，形成一个科学家和教育家有机结合的群体，以便重选课程内容和重构课程模式。

## 二、STEM 教育基本概念

从历史发展上看，STEM 教育起源于美国，强调科学、技术、工程和数学四门学科的有机融合。2015 年美国正式颁布了 STEM 教育法案，从教师培训、教学制度、社会与学校结合等方面规划了 STEM 教育的新方向。进入 21 世纪后，全球多个国家也加入到 STEM 教育改革的队伍中，积极推进本国 STEM 教育的发展。国内许多学者也对 STEM 教育理念以及基于 STEM 教育的相关课程设计进行了研究[1][2]。

2016 年 6 月，我国教育部颁布了《教育信息化"十三五"规划》文件，明确指出"积极探索信息技术在'众创空间'、跨学科学习（STEAM 教育）、创客教育等新的教育模式中的应用，着力提升学生的信息素养、创新意识和创新能力"。这个纲领性的文件，标志着我国正式踏入 STEM 教育改革的队伍中。STEM 教育作为今后发展的大趋势，对于我国教育教学方式的革新有着更加重要的价值和意义。

STEM 教育就是让学生面对真实情境中的问题，通过将科学探究、工程设计、数学方法和技术制作有机统一，运用跨学科的知识和方法来解决实际问题，学生通过"做中学"，学会应用跨学科的知识和方法，提升学生的创新意识和创新能力，是跨学科课程整合促进学生全面发展的一种教育方式。

S 代表科学（Science），它是人类试图了解自然界、探究新知识的方法，包括发现问题、提出问题、做出假设、进行实验、现场调查等。E 代表工程（Engineering），它是人类利用科学知识和运用技术去建立问题解决方案的程序，包括明确任务、初步设计、

① 余胜泉，胡翔. STEM 教育理念与跨学科整合模式 [J]. 开放教育研究，2015，21（4）：13-22.
② 王玲玲. 基于 STEM 的小学科学课程设计研究 [D]. 上海：华东师范大学，2015.

画图标识、计划步骤、原型试验、修改原型、产品定型等。T 代表技术（Technology），它是人类为了满足自己的需求，或为了解决实际问题而去改变世界的手段，包括选择材料、选择工具、技巧与方法等。M 代表数学（Mathematics），它是人类在解决问题或进行每项科学研究时所涉及的对客观世界的描述或运算过程，包括测量数据、数据列表、曲线描述、数学关系描述等。

STEM 教育作为跨学科整合课程的一种方式，它的课程具有如下特点：①STEM 教育的课程（以下简称"STEM 课程"）强调多种学科知识和方法相结合。主要指综合运用科学、工程、技术、数学的知识和方法去解决问题，而不是以某一学科知识体系为中心。②STEM 课程是一门跨学科整合的课程，而不是"科技活动"，包括一系列的教学要素。课程实施过程包括明确的教学主题、教学目标、教学进度、教学策略、学生实践和教学评价等内容。③STEM 课程的学习主题主要来源于社会、日常生活和学生自身，学习活动多以围绕主题的事实进行观察、探究为主。STEM 课程打破了学科知识之间的壁垒，跨越了学科知识和社会知识的鸿沟。④STEM 课程以项目学习为基础，其核心是以问题驱动激发学生发现问题需要，强调通过科学探究方法获得隐含在问题背后的知识，强调以工程设计的思想规划学生作品制作方案，以问题解决的方式组织课程内容。⑤STEM 课程强调学生在学习过程中采用多种学习方式进行学习，学生通过体验、观察、记录、设计、创造、动手制作、完成作品等一系列活动，使学生能够"做中学"，并能在学习活动中学会综合运用跨学科知识分析并解决复杂的问题。⑥STEM 课程以培养学生的自主性、主动性和创造性为目标。它强调要关注学生在学习的全过程中的表现，从而依照其创造性和个性特色检查学习的质量。⑦STEM 课程的评价是一种形成性评价。形成性评价是一种过程性评价，是多元评价，而不是与某个"科学参照"标准进行比较的评价。STEM 教育的学习评价是以学生已有的发展基础为评价标准，评价重点在于评价学生的发展层次和发展水平，为此，在 STEM 教育课程实施的各个阶段，要收集学生在每一个学习环节具体详细的信息，以检验学生是否能够有效实现学科知识与能力的转化融合，并反思 STEM 教育课程设计存在的问题。⑧STEM 课程的实施强调团队合作，在团队内协同设计、协同制作、协同测试、协同修改完善学习作品。在团体中分享成果，从而获得创造的成就感。

在推进 STEM 课程的实施中，我们认为有几个问题还需要引起注意：①STEM 教育是对学生进行跨学科素养的培养，而不只是追求创新作品的产生。②STEM 教育要面向全体学生，而不只是关注少数具有创新能力的学生。③STEM 教育要面向学生"做中学"的全过程，关注学生在不同学习环节中的表现，而不只是关注其最终作品的水平。④STEM 教育面向的是自然真实的需要认识的问题，并不一定是创新的问题和创新的成果。

STEM 教育作为跨学科课程整合的一种方式，它的设计与实施是推动教师专业发展的有效途径。课程整合有助于发挥教师的主体作用，教师通过参与 STEM 课程的设计与实施、课程资源的整合与开发、结合学校实际状况对现有课程内容进行二次加工和建构以及创造性实施等实践活动，将有助于提升教师的专业素养，推动教师由知识的传递者向学习的促进者转变，由经验型教师向研究型教师转变，使教师角色实现根本性的转变。因此，深入研究 STEM 课程教学活动的设计与实施，对促进教师专业发展具有重要意义。

## 三、STEM 课程教学活动的设计

STEM 课程教学活动的设计与实施，必须明确其出发点：①基于真实情境的学习主题。②以培养科学精神和跨学科方法为目标。③以问题驱动并通过科学探究获得知识。④以工程设计并通过技术制作展示成果。⑤鼓励协作学习并关注学生学习全过程。⑥通过学习反思和自我评价检验学习效果。

### （一）选择 STEM 课程学习主题

STEM 教育是跨学科整合课程的一种方式，其课程的学习主题不同于一般的学科教学。STEM 课程学习主题的教学目标应具有多样性，除了学科知识和学科专项技能外，它还注重跨学科知识、跨学科技能的学习以及跨学科思维的培养。STEM 课程的学习主题还必须具有实践性，学生需要通过"做中学"来操练相关跨学科技能，以实践为依托将知识技能内化和外化。

STEM 教育强调学生对知识的情境化应用。STEM 项目应该是真实的，是学生可以识别和可理解的，并能产生社会效果的。学生从研究项目出发，对多种学科知识进行获取、加工、处理、转化、融合，通过综合应用已有知识完成模型制作。

STEM 课程的学习主题可以从多方面去选择：①自然现象或问题的研究。如水资源研究、植被研究、能源研究、环境生命科学研究等。②社会问题的研究。如社会或社区的历史变迁、社区文化传统、地区风土人情的考察与探讨等。③社会实践的研究。如社会服务活动、社会现象的考察活动、社会公益活动等。④科学技术与社会的研究，个人、群体与制度的研究等领域。⑤生活学习的研究。如与学生生活能力、适应能力相关联的实践性学习。总之，这些跨学科课程主题内容要能体现综合性、研究性、生活性和实践性等基本特征，通过对这些主题内容的学习，学生能够发现问题、学习知识和提升能力。

STEM 课程主题按学习任务划分，可分为多种类型：①验证型主题，其学习任务是要对已知定律和现象进行验证，如"东西部地区是否存在时差的验证""大城市是否存在热岛效应的验证"。②探究型主题，其学习任务是对一些现象进行探究并解释，如

"探究太阳能热水器倾斜角度""探究植物攀树的秘密""发现身边的历史"等。③设计型主题，其学习任务是根据一定的条件，设计符合条件的物品，如设计再生纸、设计喂鸟器、设计环保清洁剂、设计净水系统等。④制作型主题，其学习任务是根据一定的科学原理，制作出符合科学原理的物品，如制作量雨器、制作发电机、制作喂料器、制作饲料盒、制作 LED 遥控器、制作防盗监察装置等。⑤创新型主题，环绕创新物品的设计和制造而设计的主题。

（二）确定 STEM 课程的教学目标

STEM 课程的总体教学目标是综合运用多门学科知识，在真实问题情境中进行探究式学习，从而培养学生的创新能力、实践能力、探索精神、协作意识和科学素养。在遵循总目标的前提下，STEM 课程的教学目标可以分别从知识与技能、过程与方法、情感态度与价值观等不同角度描述。学生在教师的引导下，以小组为单位，利用多学科知识和方法，运用多种工具资源进行探索式的学习，通过观察、思考、实践和感悟，掌握分析问题和解决问题的方法，通过真实体验和探索实践，提高学生动手解决问题的兴趣，培养学生勇于探究、主动参与、互帮互助的学习精神和学习目标。例如，有一个 STEM 课程"制作雨量器"，其项目教学目标描述如下："学生通过体验式的学习和探索了解如何观察天气，以及天气数据有哪些用途。通过小实验：制作风向标，让学生学会如何测定风向，按照工程设计过程，学会设计制作雨量器并学会如何进行雨量测量。"这一目标描述就包含有知识和能力、过程和方法、情感态度与价值观等要素。

（三）STEM 课程学习活动的设计

STEM 课程学习活动是学生获取知识、认识客观世界的中介。STEM 课程的学习不是简单地将科学、技术、工程、数学等学科知识组合起来，而是让科学、技术、工程、数学等学科知识通过项目学习活动形成连贯的、有组织的课程结构，学生的认知与学习发生在完成任务和解决问题的过程中。STEM 教育（课程）强调学生不是直接从书本或教师处获得知识，不是让学生掌握孤立、抽象的学科知识，而是把知识还原于真实生活情境，利用合作和多种资源来构建学习环境，通过解决富有挑战性的项目，让学生体验真实的生活，获得社会性成长。

STEM 课程学习活动的设计，就是教师根据教学目标、教学内容、教学情境灵活选择和设计学习活动，让学生通过参与活动进行学习，促进知识的内化，真正提高学生的学习效率，促进学生学习的发生。STEM 课程的学习活动包含多个教学环节，不同教学环节和程序安排上有不同特征，各个教学环节之间有其自身相对固定的活动逻辑步骤和每环节应完成的教学任务。不同环节的活动序列组合自然形成不同的教学模式。我们可以把学习活动内容分解为：①课题导入活动。②科学探究活动。③数学练习活动。④工程设计与技术制作活动。⑤学习扩展与联系社会活动。

每一个学习环节，我们需要设计教师指导活动、学生实践活动与学生工作纸、学习资源的支持、器材准备等。

**1. 课题导入活动的设计**

课题导入的方式有多种，包括：①阅读相关的科普资料。这些科普资料包含与课题相关的术语和概念，也可以提供一些扩展性资料，如介绍项目近年的最新成果。②利用图片、视频，介绍当地与项目相关的真实情境。③到与项目相关的企业、工场、农场或其他活动真实的现场参观。④做简易的小实验等。这些方式的引入，是要为学生创设解决问题的真实课堂情境，研究的项目是真实的、有现实意义的。在学生进行上述活动之前或之后，教师必须提出思考性问题，激发学生头脑风暴，让学生发现问题，提出问题，最好还让学生把与本项目相关的所见所闻用几个关键词进行归纳概括。

**2. 科学探究活动的设计**

STEM 项目学习的任务之一就是通过科学探究活动培养学生的科学精神和掌握科学探究的方法。它包含两个主要环节：一是探究问题的提出。可以采用多种方法，例如通过展示情境，激发思考，进入主题，由教师提出问题。让学生阅读资料，观察现象，发现问题，由学生提出问题。在问题提出后，教师要引导学生分析问题，分清主次，思考问题，形成初步假设。二是探究问题的方法。教师要引导学生按照科学的探究方法，有步骤地进行探究，包括：①提出问题，做出假设。②科学实验（或社会调查、现场参观、实际测量）。③观察记录，获得数据，收集资料。④比较数据，分析数据。⑤显示特征，发现关系，比较差异，形成结论。

**3. 数学练习活动的设计**

在 STEM 课程的学习过程中，会涉及许多数学知识，例如模型制作的成本核算，学生制作模型都要按比例缩小，这里包含了比例尺、计算等数学知识的应用和数学知识与技能的支持。数学作为 STEM 项目实践数据处理和分析的工具，使得工程设计更加严谨、准确。在 STEM 活动中科学、技术、工程、数学等学科知识的融合，绝不是知识点的堆叠，而是综合各学科的优势，使科学、技术、工程和数学互为补充和促进，这样的模型制作活动能有效地培养学生综合解决问题的能力，提升学生的科学素养。

在 STEM 项目实施中，主要要求学生：①用标准单位进行测量并记录不同类型的数据，使用国际单位制和测量工具对常用数据进行测量，如质量、温度、长度、时间和液体体积等。②利用表格显示数据的关系。③利用图形显示数据的关系。④利用数学公式表达变量的关系。

### 4. 工程设计与技术制作活动的设计

STEM 课程学习的另一个重要任务就是通过工程设计和技术制作过程，让学生利用简单的工具和材料设计、制作作品。在活动中，学生以制作作品为基点，通过确定作品制作的需求和任务，明确设计选项及其约束条件，制订计划，建造模型，进行测试，在不断地改进与完善工程设计中，制作出自己满意的作品。在工程设计和技术制作过程中，学生用尽可能多的方式进行头脑风暴，寻求解决问题的方法。有效的头脑风暴需要迅速地产生想法，但并不要求学生进行对错的判断，而是让学生用设计图来解释自己的想法，然后分享交流，优选图示模型。学生选择自己所需材料，并进行成本核算，然后依据设计图制作出作品。

在工程设计和技术制作过程中，要让学生明白，制作模型过程中失败时有发生，要学会测试与改进作品。对制作的原型进行测试，找出造成失败的原因，进而改进与完善自己的工程设计方案。学生经历这一过程，理解工程学中，从提出需求、约束条件到明确问题、设计方案、优选方案、制作产品、产品测试和优化改进等系统性步骤。

工程规划活动的内容包括：①需求分析，明确任务。②初步设计，画出草图。③选择材料。④深入设计（画图，表明各部分材料和功能）。⑤制作原型。⑥测试效果，发现问题。⑦修改原型，作品定型。

### 5. 学习扩展与联系社会活动的设计

学习扩展与联系社会活动是指学生通过科学探究和工程设计与制作活动之后，对主题内容的相关知识和能力获得认知，STEM 课程需要让学生通过查找信息、访问现场、人物专访的活动，激发学生拓展和加深知识学习的兴趣。例如本研究所介绍的案例"温室建造"中，学生通过工程设计与制作完成常规的用泥土栽培的"温室建造"任务之后，进一步让学生思考，如果在没有泥土的环境中，应建造怎样的温室？激发学生通过查找信息获得"水栽培"的知识，创造条件参观"水栽培"的现场，组织学生访问温室设计和管理的农业工程师，让学生再次按工程设计的方法设计一个具有"水栽培"功能的温室，使学生对温室的认知得到拓展和深化。

### （四）STEM 课程学习支架的设计

学习支架是一种支持学生有效学习的方式。它针对学生在不同的学习环节（学习活动）过程出现的不同情况给予及时反馈和帮助，指导学生开展独立探索或协作，调动学生参与的主动性，帮助教师在学生问题解决过程中设置关键的控制点，规范学生学习，同时也有利于学生反思、深化所学知识。

学习支架的形式和方法有多种，在 STEM 项目学习中，最常用的有活动进程型学习支架，支架提供不同学习环节的进程顺序；有问题研讨型学习支架，支架提供在某一个学习环节中问题提出和开展研讨的活动方式；也有实验探讨型学习支架，支架提供在某一个学习环节中，如实验操作步骤、实验现象观察、实验数据获取等方法。图1所示是STEM 教育的活动进程型学习支架，支架用框图表示不同学习环节的顺序。图中的顺序并非固定，可以因学习内容不同有所调整，同一类环节也可重复多次使用。其中不同的环节中也可以包含有实验探讨型学习支架或问题研讨型学习支架。

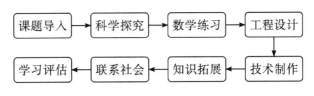

**图 1　STEM 项目的学习进程型支架**

### （五）STEM 课程学习评价的设计

学习评价设计是 STEM 课程的一个重要环节，其目的是检验学习者是否达到课程目标、达成效果如何，以及为改进课程提供依据。STEM 课程的核心目标是培养学生的问题解决能力、协作能力和创新能力。

由于 STEM 课程目标的多元性以及 STEM 学习活动的复杂性，STEM 课程的学习评价是将过程性评价和总结性评价相结合，综合运用多种方法进行评价。典型的有观察记录、量规评价、汇报展示等方式。在运用这些具体方法时，应根据课程主题以及课程实施的实际情况选择和开发相应的评价工具。常见的有协作学习评价表、问题解决能力评价量表、STEM 作品评价量规等。

STEM 教育的评价应以过程性评价为主、总结性评价为辅，并采用多元评价对象即教师、社会专家学者和学生均参与评价，主要是对学生的创造意识、问题解决能力和创造能力进行评估。过程性评价方面，教师和社会专家主要评估学生在学习过程中表现出的 STEM 素养、实践能力和探究意识。具体可以采用视频行为采集、过程记录表、在线学习行为记录、随堂测试等方式。学生互评主要是对同伴在学习过程中的表现进行评价，比如参与度、积极性等，促使同学之间互相鼓励。学生自评主要是对自己的表现情况进行评价，如利用 PMIQ 表对学习情况进行反思（如表1所示）。总结性评价方面，在教学活动结束之后，教师和学生对学习效果进行检验，看是否达到预期效果。在这里需要强调，评价不是目的，只是一种手段，STEM 教育的真正目的是让学生体验真实情境中探究学习的过程，达到热爱学习、热爱生活的实质目标。

表1　PMIQ表

| P (Plus) 我已经学懂的知识 | M (Minus) 我还没有学懂的知识 | I (Interest) 我想继续关注的知识 | Q (Question) 我存在疑问的知识 |
|---|---|---|---|
| | | | |

（六）教学工具与教学资源的准备

教学工具与教学资源是开展 STEM 项目学习的必要保障。教学工具分为硬件工具和软件工具，硬件工具包括日常五金工具、数字电路板、传感器、3D 打印机等设备；软件工具包括与项目相关的带彩图的文字资料、视频资料、可视化编程工具、概念图工具、可视化图谱、3D 建模工具等。教学资源不仅包括网络平台、微视频、导学手册、练习册等，还包括校内教师、校外专家等资源。

此外，根据项目的内容，设计学生活动指导材料，包括实验操作指南、社会参观、调查活动指南。设计学生学习工作纸，包括各种学生活动记录表，如测量数据记录、问题思考表述、问题探究过程记录、工程设计表格、制作过程记录，以及学生自主学习反思与评价表格。

## 四、STEM 课程教学活动设计案例

下面我们以主题为"建造温室"的课程教学活动设计为例，分析其设计过程。

"建造温室"课程的主题是"基于寒冷的下雪天还能种蔬菜吗？我们是否见过温室房子？见过的温室为什么大多是玻璃房？在温室里是怎样种植作物的？"等真实情境而提出的。环绕这个主题，在美国和国内部分学校，分别结合当地的实际情况开展相关主题的 STEM 课程教学，积累了经验。

（一）STEM 课程教学目标的描述

STEM 课程的教学目标可以分别从知识与技能、过程与方法、情感态度与价值观等不同角度描述。本项目学习目标描述为："学生通过阅读和探究式学习来区别生物与非生物，通过实验探究种子长大的过程，理解植物生长所需的条件，按照工程设计和技术制作过程，完成一个设计任务，制作温室并进行测试，最后根据测试结果改善设计方案。"

教学目标可分解成如表 2 所示。

**表 2　教学目标的分解**

| 科学方法与<br>科学知识（S） | 技术制作与<br>技术知识（T） | 工程设计与<br>工程知识（E） | 数学描述与<br>数学知识（M） |
|---|---|---|---|
| 学会使用科学实验探究的方法学习科学知识<br>●温室的特点与作用<br>●植物的生长条件<br>●水培法<br>●植物的生命周期 | 温室制作材料、温室制作工具、温室制作过程<br>●温室制作工具与工艺流程 | 温室设计方法、温室测试方法<br>●了解农业科学家工作<br>●温室的设计与测试 | 厘米的认识、长度的测量<br>●长度测量与表示<br>●物体的数学估测描述 |

## （二）STEM 课程学习活动的设计

本课程主题的学习活动共分 6 个环节，我们重点对各个活动环节中教师的指导活动和学生的实践活动做出说明。

教学活动 1：课题导入活动"认识如何在寒冷的环境中种植植物？"。

教师指导活动：①指导学生阅读附有彩色图画的材料。通过阅读了解温室必须能控制温度、水和光照。温室是由工程师建造的，在建造之前，工程师要先进行规划和设计。②向学生展示本地区的著名温室建筑（如广州市的云台花园里的温室，华南国家植物园里的温室等）。③安排学生参观本地温室，做实地考察，了解巨大而复杂的温室是如何建造的，让他们详细列出温室内的植物，了解植物的多样性。④提出思考问题：寒冷的下雪天还能种蔬菜吗？为什么温室大多是玻璃房？为什么温室必须有通风口？你在哪里见过温室房子？温室的环境满足了植物的哪些需求？

学生实践活动：①学生根据教师展示的有根植物的图画，指出植物的主要部分（根茎、叶、花）及其功能。认识植物的五种需求（水、空气、养分、阳光，以及生存环境），然后让学生说出植物的哪些部分分别满足了这些需求。②学生创建个人 STEM 词汇表，在学生工作纸"词汇练习"处填写对"农业工程师""农业""厘米""目标""需求"等词语含义的理解。③两人一组，设想一座温室，并把设想画出来。向同学介绍你的温室如何运作。课题导入环节的教师指导活动与学生实践活动过程如图 2 所示。

教师活动：展示本地温室建筑照片
并安排参观，提出思考问题
学生活动：带着教师提出的问题参观
温室，完成学生工作纸

教师活动：指导学生阅读材料　　　　　教师活动：组织学生小组讨论温室
学生活动：阅读教师提供的材料　　　　　　　　　的特点并画出设想图
并创建个人STEM词汇表　　　学生活动：画出自己设想的温室
（如生物、生长需求、温室等）　　　　　　草图并与学生讨论

**图2　课题导入活动**

教学活动2：科学探究活动。通过小实验，让学生学会科学实验的方法和观察事物的方法。认识生物和非生物，认识植物的生长过程。

教师指导活动：①让学生查找生物和非生物的相关资料，组织小组讨论，请学生列举他们日常见到的事物，并判断这些事物是生物或非生物，将其名称归类填入学生工作纸表格中。②组织并指导学生分组进行实验1：哪个是生物？③让学生查找植物的相关资料，包括名称、类别、生长过程、必需条件等，接着小组个人分别列举各种植物的名称，让学生认识植物种类具有广泛多样性。④组织并指导同学分组进行实验2：种子的生长过程。

学生实践活动：①查找生物与非生物、植物的相关资料。②分别进行实验1与实验2并观察记录，解释实验结果。

学生实验1，实验方法：①把三颗种子放在一个装有砂砾的透明塑料碗。注入水至略低于砂砾顶部。②每天观察种子，并在学生作业纸上记录每天的观察结果。③解释观察结果：塑料碗中哪个是生物，为什么？

学生实验2，实验方法：①把种子和纸巾放进一个透明密封袋里，然后把袋口封住，放在一个温暖的地方。②每隔一天观察种子一次，并在学生作业纸上记录每天的观察结果。③解释观察结果：种子有什么变化，推测种子接下来还会有什么变化？

科学探究环节的教师指导活动与学生实践活动过程如图3所示。

教师活动：组织同学分组进行实验：哪个是生物

学生活动：利用种子与砂砾做实验，观察实验过程并记录，解释实验结果

教师活动：组织同学分组进行实验：种子的生长过程

学生活动：根据植物的生长条件进行实验，观察种子生长的实验过程并记录，解释实验结果

教师活动：让学生查找有关生物与非生物的资料并组织讨论

学生活动：查找资料，列举生活中常见的事物，判断它们是生物或非生物

教师活动：让学生查找植物的相关资料，包括名称、类别、生长过程、必需条件等

学生活动：查找资料并与同学分享，在学生工作纸上列举植物的名称，简单地描述植物的生长过程

**图3　科学探究活动**

教学活动3：数学测量练习：通过测量掌握利用标准厘米尺测量长度的方法。

教师指导活动：①首先让学生使用非标准单位，如以回形针、积木或步伐为单位测量长度或距离。先做估算，再进行测量。②让学生用非标准单位估算出所看到的某棵植物的长度并对估算做出近似的描述，如"那棵树大概有3个人那么高"。③指导学生学习运用标准化测量工具（直尺）进行测量。

学生实践活动：①学生运用标准化测量工具（直尺）测量自己一根手指的长度，学会从直尺的零刻度开始向右数得出长度数值。②运用直尺测量铅笔的长度，测量不同叶片的长度。③以厘米为单位把测量叶片长度的结果记录在学生工作纸上。

教学活动4：设计并建造温室活动。

教师指导活动：首先，教师向学生介绍一些背景知识，如在古代人们便开始使用温室。温室的功能有多种，有些温室用于种植蔬菜，使人们能在寒冷的冬天也能吃到不当令的蔬菜，有些温室则是植物学家的研究场所。有些温室属于民用机构，有些则属于大学。在温室里工作的人，有些是科研人员，也有些是为花店或园林绿化工程而工作的人。然后，提出问题，组织小组讨论：①温室是由工程师设计建造的，工程师的工作包括什么？（设计、规划、建造、制作）。工程师在设计制作每一件东西时，需要考虑什么问题？（确定功能与用途，挑选材料，考虑成本等）。②植物生长需要什么条件？（养分、光照、适合的温度、水和空气）③科学家应如何为温室里的植物提供以上条件？④你打算在你设计的温室里种植什么样的植物？最后，按照工程设计和技术制作的基本步骤指导学生规划设计并建造温室。

学生实践活动：学生按表3列出的各步骤规划设计并建造温室。各步骤分别体现了工程设计与技术制作的基本思想：明确任务（步骤1）—初步设想（步骤2）—需求分析（步骤3～步骤7）—选择材料（步骤8～步骤9）—制作原型（步骤10～步骤11）—原型测试（步骤12～步骤14）—修改原型（步骤15）—产品定型（步骤16）。

这一环节是 STEM 课程教学活动的核心部分。

在制作原型的环节中，强调必须先计划并画出设计图再动手制作，要让小组中每个学生都能理解计划，统一想法。制作使用的材料包括：筷子、鞋盒、塑料薄膜、胶水、美纹纸胶带、直尺或卷尺、种子、钢丝衣架、厚塑料、泥土、橡皮泥（每组一条）、铝箔、蜡纸、沙、塑料盆或塑料盘、钢丝钳等。

表3　工程设计与技术制作基本步骤

| 步骤 | 工作纸 |
| --- | --- |
| 1. 你需要一个地方种植植物，但室外太冷，植物难以生长。为了解决这个问题，你可以建造什么 | |
| 2. 把你要建造的东西画出来 | （学生画出初步设想草图） |
| 3. 列出植物生长所必需的条件 | |
| 4. 温室如何使植物更好地生长 | |
| 5. 画一颗种子，再画出种子长成植物后的样子。标出每个部分的名称 | |
| 6. 和一位同学讨论怎样使用材料 | （学生列举所用材料名称） |
| 7. 设计时可能遇上什么困难 | |
| 8. 写出一种你不会使用的材料，并说明原因 | |
| 9. 选定材料后，画出温室各部分结构设计图 | （学生画出该小组设计的温室，并在图上标出各部分使用的材料） |
| 10. 动手建造温室 | （学生利用准备的材料动手建造温室） |
| 11. 画出你建造的温室 | （学生画出已建成的温室原型图，它看上去像房子吗？为什么？） |
| 12. 画出你在温室中种植的植物，并选其中两片叶子对它生长情况进行测量 | （学生对所选择的两片叶片，连续五周测量它们的长度，观察它的生长情况） |
| 13. 你的温室与其他同学的温室有哪些相似之处 | |
| 14. 你的温室与其他同学的温室有哪些不同之处 | |
| 15. 你可以怎样改进设计 | （小组讨论改进意见） |
| 16. 将改进后的温室画出来 | （学生画出已建成的温室定型图） |

在完成制作活动后，组织小组讨论在建造过程中遇到过什么困难，怎样克服？必须要向学生说明工程师通常需要进行多次修改，才能使设计达到预期效果。

设计与建造温室环节的教师指导活动与学生实践活动过程，如图4所示。

教师活动：提出问题，组织小组讨论
　　　　　建造温室时应考虑的问题
学生活动：回答教师提出的问题，如工程师的
　　　　　工作包括哪些？应考虑什么问题？
　　　　　如何提供植物生长所需的条件？

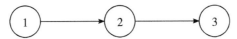

教师活动：介绍建造温室的背景知识、　　　　教师活动：按照工程设计和技术制作的基本步骤
　　　　　温室的发展历程、功能等　　　　　　　　　　指导学生规划设计并建造温室
学生活动：阅读教师提供的材料，完成　　　　学生活动：根据以下步骤完成温室的建造：
　　　　　教师设计的学生工作纸，回答　　　　　　　　明确任务→初步设想→需求分析→选择材料
　　　　　相关问题　　　　　　　　　　　　　　　　　→制作原型→原型测试→修改原型→产品定型

**图4　设计与建造温室活动**

教学活动5：知识扩展活动。

知识扩展活动1：利用水栽培方法无土的月球也可以种植作物。

教师指导活动：提出问题，"月球上既没有泥土，也没有空气，能否种植作物？应该怎样种植作物呢？"引导学生了解到不用泥土也能种植作物，这种不用泥土而用水的种植方法叫作"水培法"。

学生实践活动：设想一个在月球上使用的"水培法"温室，并把设想画出来。

知识扩展活动2：进一步认识植物的生命周期。

教师指导活动：①向学生介绍植物的生命周期的知识。②指导学生画出南瓜的生命周期图画。让学生画一个大圆，接着在大圆的不同位置画上代表南瓜生命周期各阶段（南瓜种子发芽—南瓜苗长出叶子—南瓜开花—南瓜成熟，果实里有种子）的图画，然后在各幅图片之间加上箭头，表示"植物的生命周期"。

学生实践活动：①画出南瓜的生命周期图画与过程。②小组学生举出他们熟悉的另一种植物，讨论这种植物的生命周期如何循环，并画出相应的图画。

教学活动6：联系社会活动（职业聚焦—农业工程师）。

教师指导活动：①向学生介绍农业工程师这一职业的特点和作用，如农业工程师是运用科学知识帮助农民，他们不仅研究如何使作物长得更健壮、如何提高干旱地区的作物产量，还设计和制造各种有用的农业机械。有些农业工程师在田间工作，有些则在实验室里工作。他们的目标都是一致的，就是要设法用最少的资源获得最多的食物。②组织学生进行社会调查和访问。

学生实践活动：到附近的农业科学研究所或农技站访问农业工程师，了解他们的农业工作内容和农业研究工作项目。

### (三) 学习评估的设计

学习评估活动可以采用"小测验""能力评估：建造温室过程与结果评估"和"任务评估：建造无土温室"来评估学生对 STEM 各概念和实践能力的掌握情况。学生也可以利用 PMIQ 表进行自我反思。

"小测验"：检查学生对基本知识的理解情况，也可用作常规测验的练习。

能力评估：对建造温室的过程和结果进行评估，可以利用表4，让学生进行自我评估，也可以让同学和教师进行评估。比较各方评估结果，从中找出差距。

**表4　温室建造过程和结果评估表**

| 评估项目 | 11～15分 | 6～10分 | 1～5分 | 自我评分 | 同学评分 | 教师评分 |
|---|---|---|---|---|---|---|
| 温室设计方案和设计图完成情况 | 设计方案和设计图比较有创意，对温室功能和结构有较好的理解 | 设计方案和设计图基本符合要求，对温室功能和结构有一定的理解 | 设计方案和设计图不准确，不符合设计要求，对温室功能和结构还未能理解 | | | |
| 温室模型制作完成情况 | 温室制作完成，已能实现设计要求 | 温室制作完成，部分实现设计要求 | 温室制作未能完成，或未能实现设计要求 | | | |
| 器材、资源的利用与时间的管理 | 对器材和资源的运用合理。能按预期完成任务 | 对器材和资源的运用有待提高，部分项目未能按预期完成任务 | 对时间、器材和资源的运用相当薄弱，大部分项目未能完成 | | | |
| 团队合作 | 大部分成员能够参与并合作完成设计、制作和展示过程 | 部分成员能够参与并合作完成设计、制作和展示过程 | 只有少部分成员参与并合作完成设计、制作和展示过程 | | | |

任务评估：通过建造无土温室的任务考查学生的知识和能力扩展水平。

教师提出一项新任务，设计一个无土温室，并提出设计要求。要求学生按照工程设计思想，提交一个具备水培系统的无土温室设计方案和设计图，并给出如何测试这项新设计效能的说明。学生按照要求完成一个具备水培系统的无土温室设计方案和设计图，并给出如何测试这项新设计效能的说明。

STEM 课程的设计与实施在我国刚起步不久，还需要广大一线教师通过教学实践，总结经验，发现规律，形成比较完善的跨学科课程整合的理论和方法，以指导新一轮的课程改革实践。

05
—
教师专业发展

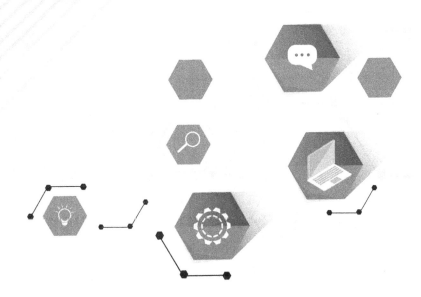

# 技术丰富环境下的教师专业发展策略研究

华东师范大学教育信息技术学系　顾小清

**摘　要：**教师的教学行为不断接受来自技术的挑战。文章选择了技术丰富环境下的教师专业发展这一研究视角，首先分析了技术与教师专业发展之间的关系，然后从"务虚"与"务实"两个维度分别探讨了今后教师专业发展的定位与策略。"务虚"部分通过对《中小学教师信息技术应用能力标准（试行）》的解读，指出系统化的发展思维、综合化的专业知能、情境化的发展过程是今后教师专业发展的方向；"务实"部分则谋划了如下的策略：形成教师赋权增能的组织模式、善用技术构建专业发展平台、完善教师专业发展评价、促进教师成为研究者。

**关键词：**技术丰富环境　教师专业发展　信息技术应用能力　定位　策略

信息与通信技术迅猛发展所营造的"技术丰富环境（ICT-Rich Environment）"，早已超越传统的"媒体"范畴而成为现代教育的重要条件，互联网、移动通信、泛在技术、人工智能及虚拟现实等技术为理解现实事物提供了新的隐喻表征，引发了教育模式的本质变化。以信息技术为支持只是信息化教学的一个表面特征，在更深层次上，它还涉及现代教学理念的指导和现代教学方法的应用。[①] 技术丰富环境下的教与学、师生关系等术语都被赋予新的定义，学习范式及其价值取向不断经历革新与转变，教师专业发展正日渐成为这场变革中的焦点。

毫无疑问，教师需要迅速调节甚至转变其教学行为。教育研究者和管理者的职责就在于增强教师对技术内化改革理念的认同感，丰富教师的专业知能，促进教师的正向转变。较传统而言，信息时代教师专业发展的内涵、范畴、要求都发生了变化，这种变化不仅拓展了教师生存发展的空间，更是一种不确定的机遇和挑战，如何培养具备适应时代变化之素质与能力的教师，必然引发人们的深入思考。基于这样的背景，本研究旨在通过探讨技术与教师专业发展的关系、能力标准的变革，对今后的专业发展予以定位，并由此构建相关的策略。

---

① 顾小清. 面向信息化的教师专业发展：行动学习的实践视角 [M]. 北京：教育科学出版社，2006.

## 一、技术丰富环境与教师专业发展

（一）教师专业发展

20 世纪 80 年代，教师专业发展被正式提出，历经多年的理论研究与实践探索，已成为教师教育改革的主要议题。教师专业发展正是一种有组织、为了实现改善教师教学实践和促进学生学习之预期目标的努力。[①] 教师的专业发展过程包含一定的周期规律，各个阶段的状态也多有不同，当教师已有的能力水平与目标期望产生差距时，教师就会弥补缺失以求平衡发展，这样的一个过程就是教师专业发展的过程。"发展"是一个含义深刻且广阔的概念，从狭义上讲，教师专业发展就是教师有能力利用自身经验知识解决并创新教育教学活动；从广义上来看，则是将"发展"视为一种文化渗透到教师意识中，最终形成促进学生成长的强劲力量。

（二）技术与教师专业发展的关系

在信息化的进程中，教师的专业发展又增加了新的内涵，这就是关于技术及其教育应用的专业知识和能力。技术与教师专业发展之间存在着一种互动关系，即教师如何使用技术促进教学和通过技术手段培训教师。对于前者，指教师应具备技术方面的知识，运用技术的机会以及应用实践的愿景，教师是行为的主体。技术的传播无远弗届，从数字化学习（e-learning）、移动学习（m-learning）到泛在学习（u-learning），技术改变着人与人、人与设备、人与现实世界的交互方式；近年来 TED 视频、可汗学院微课程、MOOCs、电子书包等新兴方式迅速进入课堂，促使教师认同技术对于教学的正面作用，刺激了教师对未来课堂的思考与探索。如果教师的这种观念冲击能够得到持续和深化，接受包括培训在内的各种形式的引导帮助，所形成的良好体验将会有助于教师开拓思路，通过更丰富的教学技巧应对教学问题，从而在动态发展的教学生态圈中完善自己的专业结构。

站在发展的角度，教师作为学习者，十分必要用新的方式来提升自我，因此互动关系的第二层就是指利用技术手段增强教师专业发展的成效，技术成为促进教师成长的重要条件，教师专业发展成为客体。技术能够为教师提供新的思想，连接专业人员和其他共同体成员，能够通过正式的及非正式的方式突破学校地域的限制，另外，也能够在教师应用技术的过程中为教师提供后续的支持，比如当他们将技术整合到课程的过程中，

① GUSKEY T. Staff development and the process of teacher change [J]. Educational research, 1986, 15 (5): 5-12.

在他们重新组织课堂的过程中，提供后续的支持。① 从某种程度上来说，用技术优化教师专业发展，最终也是为了实现教师的信息化专业知识能力发展。信息技术与教师教育国际协会（SITE）曾指出，在教师信息化专业发展中，培养教师信息化教学能力有以下三条基本原则：将信息技术融合到教师教育的全过程、将信息技术引入到教学情境之中、让教师经历新颖的信息化教学环境。② 这三条原则阐明了应用技术于教师专业发展，能使教师切实感受到技术对教学革新的巨大影响作用，从而更为主动地在具体教学情境中运用技术。

## 二、教师专业发展之"务虚"——发展定位

当前，"三通两平台"建设已初露端倪，教师信息技术应用能力对教学效果的影响愈来愈深切。教师作为教育信息化可持续发展的中坚力量，对其实施的信息技术应用能力培训定当被高度重视。教育部于 2013 年 10 月颁布的《关于实施全国中小学教师信息技术应用能力提升工程的意见》（以下简称《意见》），代表着我国在教师信息技术应用能力领域的最新推进战略。其中，确立教师信息技术应用能力标准体系作为重要任务被提出，在吸收借鉴国内外信息技术应用经验的基础上，《中小学教师信息技术应用能力标准（试行）》于 2014 年 5 月发布。③ 鉴于标准体系具备引领、指导的巨大作用，因此透过对标准的分析解读，势必能够把握今后发展的努力方向，对未来教师专业发展进行较为清晰的定位。

（一）标准解读

信息化环境变迁对教师的要求很自然地反映在有关的标准当中。美国教育技术国际协会的《教师教育技术标准》（NETS – T，2008）与 UNESCO 提出的《教师教育信息能力框架》（ICT – CFT，2011）是国际上具有代表性的绩效评估框架。我国于 2004 年颁布的《中小学教师教育技术能力标准（试行）》，是国内首个相关的专业能力标准，对于中小学教师的教育技术能力建设具有重要指导意义。现今《中小学教师信息技术应用能力标准（试行）》的颁布，无论在背景上，还是在取向、内容结构上，相对 2004 年的

---

① 顾小清. 面向信息化的教师专业发展：行动学习的实践视角 ［M］. 北京：教育科学出版社，2006.

② State of Basic Principles and Suggested Actions ［EB/OL］. (2002 – 08 – 29)［2014 – 06 – 29］. http://www.aace.org/site/SITEstatement.htm.

③ 教育部办公厅关于印发《中小学教师信息技术应用能力标准（试行）》的通知 ［EB/OL］. (2014 – 5 – 27)［2014 – 06 – 29］. http://www.gpjh.cn/cms/sfxmtingwen/1692.htm.

标准都呈现出鲜明的时代特色。

第一，从背景上来看，此一标准的提出是基于实践的反思。2004 年的标准开启了大规模培训的时代，教师被分批安排参加一系列以信息技术与学科教学有效整合为主的培训及考核。在各方的共同努力下，培训取得了一定成效，但也存在着亟须解决的问题：项目较为分散，未形成合力，欠缺统一的设计与整合；培训的模式与内容未能充分适应信息技术的实际发展，培训方式有待创新；相当数量的教师信息技术应用的意识淡薄，能力不足，远未实现信息技术与教学的深度融合。数字化时代特别强调培养学生的创造力、批判性思维及协作等 21 世纪技能，这就需要聚集专家及一线教师的智慧，对标准进行修改和完善。① 新的标准正是在前期实践的基础之上，对问题根源进行深入挖掘，努力为信息技术应用能力的高效实施提供多方保障和完善措施，折射出社会和时代演化带来的新诉求。

第二，从取向上来讲，该标准已经将重点从对技术的学习，拓展到教师运用技术进行课堂教学的实践。为了促进中小学教师理解标准、用好标准，大量配套的学科案例被研制出来，例如针对不同学科撰写了各维度行为标准对应的片段案例。可以说，新的标准满足了深入推进基础教育课程改革和促进教师转变教育教学方式的现实需求，并提供了丰富的行动参考。2004 年，教育部颁布《中小学教师教育技术能力标准（试行）》注重能力的培养与建设，属于技能取向型。而正是由于经历了 2004 年的标准的实践过程，很多教师已经掌握了相应的知识和技能，这为新标准的实施奠定了一定的基础。

第三，从内容结构来讲，本次标准囊括两个方面，一是应用技术优化课堂教学的能力，主要包括教师利用信息技术进行讲解、启发、示范、指导、评价等教学活动应具备的能力；二是应用信息技术转变学习方式的能力，主要针对教师在学生具备网络学习环境或相应设备的条件下，利用信息技术支持学生开展自主、合作、探究等学习活动所应具有的能力。每个方面均包含五个维度，分别是技术素养、计划与准备、组织与管理、评估与诊断、学习与发展，这五个维度与教师教育教学工作与专业发展主线相匹配。2004 年的标准则统合了意识与态度、知识与技能、应用与创新、社会责任四个维度，14个一级指标以及多个概要绩效指标，主要是针对在职教师培训的能力标准，是为教师接受继续教育提供的能力标准。

（二）发展定位

我国在教育信息化中特别强调了教师教育信息化，即实现教师教育过程的信息化，

---

① 赵俊，闫寒冰，祝智庭. 让标准照进现实：基于国内外教师教育技术相关标准实施的比较［J］. 现代远程教育研究，2013（5）：51－59.

以及技术广泛应用于教师专业知能的发展，因此"面向信息化的教师专业发展"这一术语常被用来描述当前的教师专业发展，而相关的知能框架在本次《意见》中以"信息技术应用能力"为表征。基于上述的标准解读，以及对信息化社会中教师的角色与地位、知识能力素质等的重新审视，今后教师专业发展有如下几点定位。

## 1. 系统化的发展思维

教师专业发展应考虑系统因素，因为教师专业发展本身也是一种系统化的方案与历程。以往的教师专业发展通常抱有"技术理性"的取向，希望技术化的培训方案可以产生立竿见影的效果，而忽视了多个因素的互相影响。教师专业发展的特殊性体现在时间的持续性和知识的迁移性上，其深层次的组织文化变革非浅尝辄止地采纳新技术、新观念所能奏效，亦非短期努力即见成效，今后发展需要注入系统思维的方式，视发展规划为有机的整体，细致推敲、精致建构，把握准确恰当的切入点。

这里的系统思维涵盖了两个层面：一是以合作的方式，以求多主体共同努力，使教师专业发展进程建立在整个社会文化背景中，成为全社会共同的责任。教师专业化发展的结果势必要得到社会的支持与认可，而教师的学习与进步可谓关乎整个社会的教育事业。本次提升工程就是围绕"应用"这一核心任务，将"培训—测评—应用"相结合，系统化提升教师信息技术应用能力。二是教师专业发展包括多元化的内容与活动，教师自身要考虑发展的各个系统层次。这在新标准中也得到了一定体现——纳入了"学习与发展"这一维度，并下设五个绩效指标，如利用信息技术与专家和同行建立并保持业务联系，依托学习共同体，促进自身专业成长，在一定程度上优化了教师的外部环境。

## 2. 综合化的专业知识能力

对于数字时代的教师，专业发展的知识能力具有综合性，即需要拥有一个多维且融合的知识体系。多维指教师信息技术应用能力是由一系列子能力构成的，各子能力之间彼此关联、相互影响；普遍意义上的信息素养与技术扫盲对于教师专业发展是远远不够的，诸多方面的知识和能力需要受到关注。融合是指教师专业知识能力不是对独立要素的孤立认识与叠加，而是应当形成将信息技术与教学工作整合应用的素养，即技术支持的专业实践能力、信息化教学设计与实施能力等。

美国密西根州立大学的 Punya Mishra 和 Matthew J. Koehler 于 2005 年提出的 TPACK 概念，是在将技术融入教师专业知能结构方面认可度较高的一个整合框架。TPACK 是一种结构复杂、松散耦合的知识框架，代表了多层次知识成分深化融合的教师专业发展趋势。该框架将信息化社会中教师的知识结构划分为三个明显的层次，第一层次的知识是学科内容知识、教学法知识、技术知识，它们是教师信息化教学能力的基本元素；第二层次的知识是上述基本元素混合互动形成的三个复合元素；第三层次的知识是整合技术的学科教学知识，是教师信息化教学能力的最高能力要求。当其中任一元素发生变化，教师就需要重新进行平衡调整，适应、掌握这种变化，使技术、教学法真正服务于教学。

### 3．情境化的发展过程

现代学习情境理论认为：实践不是独立于学习的，意义也不是与实践和情境脉络相分离的；意义是在实践和情境脉络中加以协商形成的。在教师专业发展领域，反映这一理论的现实写照就是：教师经历了"学习模仿期"而正式迈入了"迁移融合期"，即教师由被提供相对明确的培训目标和清晰稳定的培训模式，转向在新情境中对教学能力的迁移以及对教学智慧的创造，这标志着情境将成为教师专业发展过程的重要影响因素。情境是能力的源泉和标准，教师专业发展的知能源于教学情境的实践体验；教师信息化教学能力的体现，也必定要根植在具体的场景中。教学问题是一个劣构的、抽象的问题，根据情境构建教学的时空维度，将蕴含于其中的、相互交织的因素进行加工，通过主观认识升华为某种教学能力，就成为教师专业发展的又一趋势。

## 三、教师专业发展之"务实"——谋划策略

纵观我国的教师信息技术培训项目，多为由上设计、交下执行，依托行政力量推动和履行的策略模式。然而，当这些政策试图落实于学校层面时，其实施形态便变得"异彩纷呈"了，品质难以保证。在教师教育信息化与教师专业发展两条脉络的交织融汇中，教师面临了前所未有的挑战。立足于对技术与教师专业发展关系的思辨以及对发展的定位，提供以下策略参考。

### （一）形成教师赋权增能的组织方式

在面对教育改革政策时，一线教师常常被寄予着改革成功的希望，他们所持的态度、思维的方式、采取的行动都关乎着教学实践的走向，教师是否愿意做以及如何做成了改革成效的重要影响因素。我国的国情决定了教师专业发展是"自上而下"的体制，教育行政管理者与教师往往处于改革的两级，真正的一线教师是照本宣科的执行者，其专业发展的主体性长期以来得不到足够的重视，导致教师参与改革的愿望普遍较低。解放教师的专业自主意识，将教师的地位由"技术操作员"提升到"专业人员"，显得尤为重要。Melenyzer通过对40位赋权教师的观察，认为所谓的"赋权增能"表示教师"有实行意念及决定如何执行自己专业的机会与信心"，并发现"真正的赋权可以导致教师专业性的提升，因为教师认为他们需要参与、也有责任参与相关的决策过程"[①]。唤

---

① MELENYZER B J. Teacher empowerment: the discourse, meanings and social actions of teacher [R]. Orlando: Annual Meeting of The National Council of States on Inservice Education, 1990.

醒教师专业发展的主体性需要的是授权增能的行动，构建上下交流与专业对话的时间与空间，营造彼此信赖与真诚分享的学校氛围。①

关于赋权增能的内涵，普遍的观点认为教师赋权增能和教师专业化两个概念可以等同起来看待，两者均强调通过确认和改善教师的工作条件而赋予教师专业新的尊重。有必要指出的是，赋权增能是在增加教师参与决策、教学自主、影响力及专业地位提高的机会，本质上是在提升教师的责任与义务。本研究从教师、学校、行政管理三个层面入手，将每个层面分为心理因素与执行因素，建立了如表1所示的赋权增能策略。

1. 教师层面

从心理因素上讲，教师需要对自己及其所执行事务充满信心，充分体现专业化的风范，而非操控或支配他人的行为；从执行因素上来讲，教师有能力自主地选择决定所需的信息，能实施专业评判，有机会参与决策制定过程，表达自己的观点意见。也就是说，当具备坚定的信念作为行动的基础时，教师的专业发展便能实现更具实质性的改进。

2. 学校层面

心理因素上，学校要善于维持教师士气及教师对变革的热情，营造信任分享的校园文化；从执行因素来看，提供给教师参与教学、管理、决策等方面的机会，促进通过互动合作关系生成决策结果，体现民主参与。

3. 行政层面

给予教师新的尊重，改善其工作条件，提高教师地位和认可专业发展成果，以及提升教师自主和专业性等；执行维度上指的是积极支持并激发教师的工作意愿，开发教师新的潜能，使制定的政策能够与具体工作相联系。

表1  教师赋权增能的策略

| 层面 | 因素 | |
|---|---|---|
| | 心理因素 | 执行因素 |
| 教师层面 | 心理赋权，自我效能，体现专业化 | 实施评判，参与决策 |
| 学校层面 | 营造信任分享的校园文化 | 提供教师参与决策的机会 |
| 行政层面 | 尊重、认可教师的专业发展 | 权力下放，激发教师潜能 |

（二）善用技术构建专业发展平台

教师专业发展是一项艰巨而又复杂的系统工程，尽管各类项目会因地域、主题、范

---

① 操太圣，卢乃桂. 伙伴协作与教师赋权：教师专业发展新视角［M］. 北京：教育科学出版社，2007.

围的不同而采取不尽相同的措施和模式，技术因素的应用推动却能促成"短期一次性培训"向"持续终身发展"转移，增进教师间的专业合作与智慧共享。"学习社区""专业发展平台""教师实践社区"等称谓，尽管表述方式不一，但都是在利用技术支持教师专业发展。可以说，绝大部分项目都会考虑到利用信息技术创建相应的网络平台，且网络平台在教师专业发展方面的作用已经得到证实。把教师的专业发展活动从线下引入线上，需要注意以下几点。

### 1. 合理的系统设计是基础

教师知识所具有的情境依赖性和内隐性决定了它必须在反思中修正，在实践中检验，在交流共享中增值。我们不无遗憾地看到，项目经验表明构建学习社区并非易事，它不只是把教师集中到网络上，也不只是对讨论区、资源库等组件的拼凑，其关键是设计一定的社区资源和活动机制使学习社区具有不断自我发展的特性。[①] 在社区构建上，通盘考虑学习内容与资源、学习活动组织、学习服务支持，不仅是合理系统设计的核心问题，也有助于更好地抓住关键、权衡设计重点。合理的系统设计往往需要基于某个理论框架或一套原则之上，如哈佛大学的 WIDE World 就以"理解性理论"和加德纳的"多元智能理论"作为整个项目的理论基础，并设计了四个要素促进教师发展。

### 2. 实践性知识是资源开发的重点

教师是一定情境下的实践工作者，教学实践情境需要教师实践性知识。从目前的教师专业发展平台上来看，存在于日常教学行为之中的实践性知识，教师往往会通过叙事、传记或教学设计的方法予以记录，保留的大多是文字材料，基于案例的视频则比较分散且质量参差不齐。对于这些实践性、生成性资源，应注重视频记录与传播的方式，为教师提供情境性支持。首先，对视频进行组织和记录，建立专门的视频数据库，教师可以根据需要按年级、主题等关键词进行案例检索；其次，视频可以基于优质教育的技术支持模型，采用示范性的资源，并对视频进行精心剪辑，对技术整合的关键环节进行标记，为课堂实践提供可参考的模板；最后，提供相关的背景材料，如课堂教学的情境信息、教学设计等文本型资料，帮助教师开展基于视频的自学或研讨，进行实践的探索和理论的研究。

### 3. 社区活力是持续运行的保障

社区活力的维持不是一蹴而就的，它是一个不断发展、持续建设的过程。群体动力学表明：当小组成长为一个完整的独立个体时，才会产生小组的精神与凝聚力，这里所提到的小组即为"社区"。有效且实用的建设与管理机制，能够提升社区活力，促进协

---

① 林秀钦，黄荣怀，张宝辉. 技术支持的国际教师教育项目对我国教师教育发展与变革的启示 [J]. 中国电化教育，2008（5）：8-13.

作交互、资源互通。协作机制的构建与组织者作用的发挥是两个可行的策略，前者包含讨论机制、分享机制和合作机制，学习者可以彼此交流意见并透过实时合作的方式完成一项任务；组织者的作用，首先是对社区文化的导向，提供更多的"正能量"，其次是兼顾意义建构的指导，为创新性的想法提供指导反馈。

（三）完善教师专业发展评价

完善而良好的评价对于教师专业发展有着正面成效，有助于提升教师的专业表现，保证教师专业发展的品质。因评价进行时期的不同，教师专业发展评价可分为执行阶段评价、结果与追踪改进阶段的评价等。一般的评价流程包括：制定评价指标、选择评价工具（教学档案评价量表、教师自评/互评表、教学观察评价量表）、选择评价支持工具（教师专业评价系统、网络档案系统、自评/互评系统）、设计评价活动（教师自评/互评、专家评价、教室观察等）。在评价的构成中，以下原则可供参考。

1. 评价人员与教师建立合作参与的关系

强调协同合作，专家学者、学校行政人员与受评教师加强沟通交流，尊重教师之间的个体差异，建立良好关系，允许教师有差异地发展。在整体的评价规划上，进行周全地协商，进行专业对话与经验交流，评价的关注点在于协助教师的专业发展，而非单纯的评价。

2. 建立适当的评价目标

视评价的不同层次，充分考虑评价指标的功能性与代表性，制定一套认可度高且合理的能力指标。教师专业发展评价指标应在先前周详诊断的基础上，把握评价的重点问题，这也将有助于后续教师专业发展处方的制定。

3. 提出改进策略以促进良性循环

评价不仅在于发现尚待解决的问题，更应拟定改进方案，撰写评价报告以提出具体可行的改进策略与做法。必要时能提供咨询等帮助，持续地进行追踪评价，确保评价发挥其功能，真正促成教师专业发展的改进。

（四）促进教师成为研究者

按主体性的不同，教师进行专业发展可分为教师即教学者、教师即学习者、教师即研究者三种形式。随着不断强调教师个体被动式接受学习向教师个体发展主动性的转变，教师成为研究者的呼声日益高涨。事实上，"教师即研究者"是国际教师专业化发展运动中的重要观念，最初由英国学者斯腾豪斯提出，后来他的学生又分别提出"教师即行动研究者"和"教师即解放的行动研究者"的命题。我国也明确提出了"研究型教师""专家型教师"，但在实践中由于诸多问题被一度搁置：大学专家是以一线教师及其教学为研究对象的理论创造者，而教师则是应用前者研究成果的执行者和消费者。

促进教师成为研究者，可以采用行动研究这一范式：研究问题直接源自教学一线的实践，研究人员以教师为主体，针对新情况及时调整方案、修改计划，真正体现边行动边研究。教师作为研究者恰恰是为了自己的行动而去研究，这是一个连接行动和反思的循序渐进的过程，是实践共同体共同相互作用的、持续不断地创造知识的螺旋过程。大学作为科学研究和知识创造的地方，所提供的不再只是直接可以使用的工具或技术，而是让教师可以反思当下行为以及发展新的教学课题的概念框架和发展策略，通过不断的点化、鼓励，开拓教师视野与见闻，提高教师开展研究的能力。另外，在技术丰富的环境下，从媒体信息中选题也丰富了教师研究问题的来源。

## 四、结束语

有效率且有效能的教师不是与生俱来的，而是经过培养的。教育信息化的步伐显著加快，种种新思潮、新理念纷至沓来，教师专业发展领域迎来了变革与创新的时代。未来的发展需大胆突破单一的专业培训层面，从多元视角出发，突破思维限制，向新知识、新技术、新方法敞开大门。关注教师在具体情景下表现出的不同行为特征，深化认识技术环境下教师知识技能习得、观念变迁，丰富教师专业发展领域的实践探索，是今后进一步努力的方向。

# 专家进课堂范式下研学助教的效果

华南师范大学教育信息技术学院　徐晓东　曹旺　傅龙

河北科技师范学院教育学院　刘海华

韶关市始兴县教育局　徐友忠

韶关市始兴县始兴中学　蓝翠月

**摘　要：** 教研的本意是教学研究，它包括研究教材、研究教学方法、研究课程，还应该包括研究学生的学习。因此，教研是教师教和学生学的基础，也是课程与教学发展的关键。将教师的专业发展建基于专家指导下的校本教研基础上的改革开启了教师学习的新范式，它将以往教师脱离开自己熟悉的课堂外出听讲座的技术理性模式，转变为扎根于自己亲身实践的从多种经验中反思学习的新模式，为教师学习提供了一种务实、科学、有效并融入日常及可持续发展的教师专业发展新取向。研究与实践证明，"研学助教"和"一课两段"有效地改善了学生的学和教师的教，同时也改变了学校的教与学的文化。

**关键词：** 研学助教　一课两段　教师学习　教师专业发展　专家进课堂

## 一、源于教育实践的问题

广东省是我国经济发达地区之一，同时也是区域间经济发展极不均衡的省份之一，这一差异同样也体现在区域教育上。近年来，为了改变区域教育发展不均衡现象，广东省政府和教育主管部门制定了一系列政策致力于缩小区域教育发展的差异，同时在省财政和地方政府投入和支持下，一些经济和教育欠发达地域的教育主管部门和校长们也积极配合这一政策，开展了教育和教学的改革。在这样一种背景下，2013年笔者及所领导的"专家进课堂"教学改革团队，接受了广东省粤北地区一个贫困县国家示范高中的委托，合作开展了教育和教学的改革。

本文是广东省教育厅2014年度特色创新项目（人文社会科学类）"专家进课堂项目与教师学习创新研究"（项目编号：2014WTSCX018）主要成果。

为了解决该校教育与教学问题，首先课题组深入学校开展了基线调研。调研的内容包括：面向学生和教师发放调查问卷；与校长、副校长、各科主任、备课组和教研组等负责人、骨干教师座谈；与绩优生、学困生座谈；专家听课、走访、查看校史和各种学校管理文件等资料。

经过对基线调研结果进行全面系统分析的基础上，我们发现了该校在教育和教学上存在的主要问题。因篇幅所限，本研究将集中对调研中该校语文、数学、英语、理物、化学、政治、历史、地理、生物九个学科教学中存在的共同问题进行讨论，并在此省略基线调研的内容和方法论述，仅列出结果，作为该校教学研究和实践改革的出发点。

（一）教学以教师为中心，学习以"死记硬背"为主，导致学习的低效率

通过对47节课、47位老师的授课绩效调查与数据统计结果的分析，除英语和语文学科的部分教师课堂外，数学、物理、化学、地理、政治、历史、生物都以教师个人的计划、节奏及步调为核心开展教学。教师控制课堂所占用的时间普遍超过了50%，特别是在数学课、物理课、化学课和政治课堂中，教师控制课堂的时间超过60%。从课程类型来看，不分文理，以教师为中心的现象严重。

这类课堂的主要特征是：教学思路清晰、严谨，一堂课讲下来教师感到较为轻松，能够顺利地完成规定的教学任务。从教师的角度来看，有一种"满足感"。比如，在数学习题讲解课上，无论是有经验的老教师还是年轻教师，解题思路清晰、纠错环节明确；教师以不断的提问引领着学生跟随其思路，经历一遍解题过程，带领着学生进行思考。但专家听课评价认为，教师以自己的步调、节奏、思路及计划为中心开展教学，很少顾及大多数学生的理解状况，只专注于自己的思考过程。但对学生访谈和座谈的结果进行分析后得知，这类教学只适合于"绩优生"，一个班级内只有少部分学生能够跟得上老师的讲解思路，并且在这部分学生中，也只是个别学生能够在遇到新问题时迁移知识。究其原因，解题思路是教师的思路，其中教师判断"下一步该如何做"这一决策过程很难通过言语表征显性化，所以也就不能向学生传达这一判断或决策过程。教师"发声思维"并未完全展示其思考的全部过程，学生也就无法获得教师思考的全部过程和进行决策的思维技巧。于是，学生跟着教师的思路走，其实是只学到了教师的一部分解题过程的思考技巧，一旦遇到相同问题，不能够保证学生顺利解决这一新问题。

（二）师生交互少，学生教学参与度低；教学讲解针对性不强，重难点不突出

课堂以教师讲、学生听为主，气氛沉闷，师生互动非常少。如教师自己的思路清晰，很投入地讲解试题，但没有顾及学生的状况。课堂上，学生没有积极做出反应，只是抬头看着教师在讲解。一堂课大部分时间都处在同样的状态下。

教师没有询问学生做错试题的原因。例如，讲解时，只是根据以往学生常见的错误类型和自己推测的原因，通过自己臆断的"原因"进行分析，提示如何防止错误再次发生。学生可能只是按照教师思路思考，没有时间利用自己已有的知识来思考和分析解决问题的方法和策略，也没有深度理解问题本质。而在解决同类问题时，可能还会出现类似的错误模式或缺乏对问题实质判断而选错了定理或定律，因此学习没有发生，造成学习的低效率。

以教师为中心的教学法通常都会采用直接教学法。教师提供知识，尽可能以最直接的方式将事实、规则等传递给学生。在运用直接教学法的课堂上，教师通常表现出的教学常规（技巧或教师行为）是演示、背诵、解释、举例、练习和反馈，教师与学生互动的典型行为是问答、无意向提问和机械式地回答、练习和纠错（如习题课）。

这样的课堂需要学生注意力高度集中。长时间地紧跟教师的思路，稍有疏忽或注意力涣散，疏漏了其中一个步骤或环节，将导致接下来的步骤或环节完全无法理解。这种教法比较适合充分预习或具有专注力的学生，而大多数学生的注意广度、兴趣类别及动机强弱均达不到这种程度。

适用该教学法的教学计划通常是，一次只介绍一个教学目标。而在介绍下一个目标之间，最好有一个讨论，或其他过渡环节。另外，应避免问题过难，讲解应语言精练、事先准备、反复尝试及多次沟通，确认是否有效执行后再予以课堂运用。

通常，这种教学法必须按照"程序教学法"的步骤和思想来设计教学。既有明确目标、细分每一个次级目标、小步骤呈现教学内容等，对每一教学内容采取"一步一确认"的做法，查验学生是否理解。根据理解情况确认是否继续往下讲还是补充讲解，如重新教授学生理解有困难的部分，可利用同类问题、同质问题讲授或利用同伴互助（同伴以小组为单位或配对来相互指导，小组学习）执行过渡步骤。但是我们在调研和访谈中了解到，教师缺乏对应的细致与耐心，用学生的话来说就是"教师自顾自讲，不管学生"。从学生访谈中可以看出，成绩优秀的学生喜欢教师大比率的讲解（9个学科都如此），即以教师为中心的教学。但他们依然希望教师能够放慢速度，仔细讲解学生出现的错误。最重要的是增加学生提问与教师反馈的环节，也就是仔细倾听学生出现错误或疑惑的原因。

从听课中可以看出，很多学生，特别是女同学只是照抄教师的板书，并没有全神贯注地听教师的讲解。下课询问"为什么"时，学生回答是为了在课余时间再复习时观看笔记。这也是一种低效率的教与学方式，浪费很多宝贵的课堂时间。

在以教师为中心的课堂中，如果教师不采用小组讨论的合作学习策略或师生互动质疑应答等环节，学习将陷入被动化，学习中存在的疑惑将得不到及时解决，一旦这种事件发生，将会造成学习障碍和挫败感。

再一次重申上面分析的结果，其危害是：学生思路是断断续续的；学生很少思考下一步应该做什么。理解的重要环节是学生需要判断下一步应该干什么，可通常学生并没有独立经历该思考过程。因此，一旦离开了教师，将无法从头至尾地独立思考。

这些都说明，教师讲授新内容或解题时的讲和解，应该尽量照顾到学生的思考，询问学生的思路，根据学生的具体情况，对症下药，从根本上寻找原因，反思这些原因，找出错误的共性和原理。这样可以避免重复出现相同的错误，防止再犯相同的错误，可以达到举一反三、触类旁通，达成理解之目的。这是提高解题效率、提高分数的有效方法。

（三）教与学的管理不科学

通过听课、与备课组负责人座谈、骨干教师访谈及学生访谈，并对上述访谈进行统计和分析发现，首先，学生学习的管理显得非常不合理。比如，通过对绩优生（优秀学生）和学困生（学习能力薄弱学生）访谈得知，学生每天从早上 7：50 到下午 5：30 都在上课，听教师的讲解。课间休息时间短暂，课堂中没有听懂的问题，或遗留问题鲜有机会向教师请教或向其他同学询问。另外，不是所有存在问题的学生都有这样的意愿，能够采取行动的则更少。到了晚自习时间，原本可以在这一时间请教教师或同学，但学校没有安排教师在教室进行有组织的答疑解惑，所以学生没有机会向教师请教，解决考试、自学及课堂听课中存在的疑问。同时，由于存在一些纪律管理上的难题，或影响其他同学学习，学校规定不能在自习时间讨论，所以自习时间也不能与其他同学探讨问题、相互学习、互相帮助，这样遗留下的问题就无法得到解决。在遗留下来的问题自始至终都得不到解决的情况下，造成了学习困难。这种不合理或不科学的教学和学习管理制度，也制约了学生学习的主动性、积极性，压抑了学生学习热情，学习被动化倾向十分明显。

## 二、解决问题策略和方法

（一）问题的分析和界定

造成学校的教学和学习管理不科学，教师的教学观念和方式陈旧问题的实质在于教师对近年来新的学习理论和教授科学的研究成果知之甚少。造成该问题的原因有两个：一是教师平日里缺少学习新的教育和学习理论的机会，以及学校在借助外力发展教师专业能力上，缺少必要的措施制定和实施过程，最根本的症结在于教研没有发挥其职能。二是在借助自身力量改变现状的举措上，该校虽然采取了一些措施，如校长、副校长等带领科组长或骨干教师外出参观或学习、参加国培和省培计划，但由于培训内容与校情、学情有所差距，加之培训后，学校缺少将本来就极少可用的学习资源和少数人学习成果转化为全体教师和学生的绩效的途径和策略，因此，培训结果很难在短时间内转化为有效成果。

如何才能有效转化培训成果？美国学者菲什曼和戴维斯等人认为，教师是课堂教学的基础，他们的教学干预直接影响学生的学习效果。同时，要想将学习科学研究成果转化为课堂变革实践，我们应该关注教师如何学习教学技能以及如何有效地实施学习科学研究中所涌现的创新是十分必要的[①]。

纵观教师专业发展或学习教学的历史，大致经历了三个发展阶段。在 19 世纪末之前，教学的技术不是通过像大学这种专门机构养成的，相反，是在实践中通过经验逐渐获得的。笔者把这一取向称为"实践—经验"取向。

到了 20 世纪初，随着心理学和教育学研究的发展，研究者为了变革教育并向教育运用科学的研究成果，开始向教师传授心理学和教育学知识。为此，产生了教师专业化这一设想。正如霍伊尔和约翰所说，能够利用所理解的各种知识，这是将专家从普通人中区分出来参照的重要标准之一[②]。20 世纪后半叶，让教师掌握专家的基础知识来从事教学在世界各国教师教育领域是一种比较普遍的做法。为此出现了教师专业化的理论[③]。20 世纪 70 年代前，受行为主义思潮影响，按照某种既定方法传授某些特定内容的"技术理性"方法论在教师学习中占主导地位，研究主要集中在教师个人特性方面，新教师主要通过模仿优秀教师来提高教学能力和技能[④]。70 年代后，认知主义成为主流，大部分研究者关注"教师必须具备什么知识才是有效的"[⑤]。在已有研究基础上，舒尔曼增加了学科教学知识（PCK）[⑥]，希伯特等人提出了"实践者知识"[⑦]，米什拉和科勒又进

---

① FISHMAN B J. DAVIS E A. CHAN K K. A learning sciences perspective on teacher learning research [J]. The cambridge handbook of the learning sciences, 2014.

②③ HOYLE E. JOHN P D. Professional Knowledge and Professional Practice [M]. London：Cassell, 1995.

④ JENSEN J W, KAUCHAK D, ROWLEY M L. Teacher Candidates' Beliefs：Implications for Practice [J]. Paper presented at the annual meeting of the American Association of Colleges for Teacher Education, 2001.

⑤ SIKUIA J P. Handbook of research on teacher education [M]. New York：Macmillan, 1996：102 - 119.

⑥ SHULMAN L S. Those who understand：Knowledge growth in teaching [J]. Educational researcher, 1986.

⑦ HIEBERT J, GALLIMORE R, STIGLER J W. A knowledge base for the teaching profession：What would it look like and how can we get one? [J]. Educational researcher, 2002.

一步补充了"技术内容教学法知识（TPACK）"①。最近，波尔团队拓展了舒尔曼的观点，提出了水平内容知识、一般内容知识、特殊内容知识、有关学科和学生知识、学科和教学知识、学科和课程知识等②。对于新知识的增补众学者的意见不一，但大家有一个共识，即"教师实践性知识是促使教师专业发展最重要的知识"③。

但这一时期，在教师学习这些知识方法和培训上，仍然采取行为主义的技术理性方式，也即教师被认为是优秀教学理论实践的翻译者，由大学或培训机构向教师提供新的理论和方法，学校、职场提供这些知识转化的实践场所，知识运用的方法或技术完全交给了教师，能否转化或派上用场，全凭教师个人的努力④。在我国，通过教师在职研修过程学习教学多半都是通过划一式讲座这一形式，向教师传输一些与实践几乎没有链接线索的新理念、理论及方法。因此，这一时期所采用的教师专业发展或学会教的取向是"技术理性"取向。

但必须强调的是，技术理性不仅是一种取向，更是一种范式。长期以来，在学习教学理论和实践中占据着主导地位，对培训的设计者和组织者及实施者影响深刻，主导了教师专业发展的方向。

与此同时，一些与此相反的观点和主张开始逐渐地显露出来，并受到研究者和实践者重视。如蔡克纳和坦巴克尼克通过研究证实，在学生期间通过学习获得的作为教师的观念和教育概念等，随着在职期间的经验积累被重新赋予了新的含义⑤。柯萨根近年来也强调指出，像教育学和心理学中一些一般化的基础知识，多数都不适用于情况各异的各类具体学校的教师⑥。柯尔、维恩曼、洛尔蒂等人，则是通过教师社会化过程研究的结果主张：在促进教师专业发展上，实践发挥着最为有力的作用⑦⑧⑨。将教师专业发展

① MISHRAT P. KOEHLER M J. Technological pedagogical content knowledge：A framework for integrating technology in teacher knowledge ［J］. Teachers college record, 2006.

② BALL D L, THAMES M H, PHELPS G. Content Knowledge for Teaching What Makes It Special ［J］. Journal of teacher education, 2008.

③ AVALOS B. Teacher professional development in Teaching and Teacher Education over ten years ［J］. Teaching and teacher education, 2011.

④ WIDEEN M, MAYER-SMITH J, MOON B. A Critical Analysis of the Research on Learning to Teach：Making the Case for an Ecological Perspective on Inquiry ［J］. Education&education research, 1998.

⑤ ZEICHNER K, TABACHNICK B R. Are the effects of university teacher education washed out by school experience? ［J］. Journal of teacher education, 1981.

⑥ KORTHEGAN F. Linking practice and theory：The pedagogy of realistic teacher education ［J］. Paper presented at the annual meeting of the American Educational Research Association, 2001.

⑦ COLE A L, KNOWLES J G. Lives in context：The art of life history research ［M］. CA：Altamira Press, 1998.

⑧ VEENMAN S. Perceived problems of beginning teachers ［J］. Education&education research, 1984.

⑨ LORTIE D C. School teacher：A Sociological Study ［M］. Chicago：University of Chicago Press, 1975.

用教师社会化视角进行解释和分析的重要意义在于，它强调了应该让教师意识到以批判的视角去审视教师职业生活中平时理所当然的事情，批判、反思眼光及能力，这三者对为人师至关重要。

20 世纪 80 年代初，舍恩指出：教师对自己教学的反思被称为专业发展最重要途径，他提出了"反思的实践家"观点①。至此，反思就成为大多数教师培训项目中不可或缺部分，由此出现了教师专业发展（学会教）的第三个取向："实践—反思"取向。

这一取向强调了教师通过对自身实践的反思，从中学习教学的重要性，反思也已成为发达国家教师教育和教师专业发展的主流。因此，各种以反思为取向的学会教和教师专业发展方法及技术得到了开发与应用。比如，日本的课例研究，美国的教师视频俱乐部以及专业发展共同体，荷兰的"多层次学习"等。其中，2006 年"世界课例研究协会"成立，美国等 37 个国家把授业研究视为"改变 21 世纪教师专业发展的强有力途径"加以推广。课例研究与我国"教研"不同之处在于它强调全校教师针对一节课视频开展研究，而非"集体备课"。这些以同事协作的"同僚性"为方法论的有效教师专业发展模式在实践中得到广泛应用②。如兰帕特认为，学会教学应该从自己的经验和他人（同事）的经验中学习③。而在我国，从社会文化侧面强调了教师世代间知识传承，传统的"师徒制"所演绎出的"传帮带"技法，以及现今流行的在中小学教学实践中所创造的观摩优秀教师上课、听名师说课及听同事的公开课等，这些同僚间切磋琢磨、相互启发的做法，都是受到我国传统的教师方法启发而开发的，它们受传统教师学习文化的影响深刻，时至今日仍然是我国教师最喜欢的学习教学的方法。

另外，在我国教育发达地区，一些改革先进学校，根据自身的实践经验和本校的实际问题，尝试对学校陈旧的教育和教学管理体制、教学模式和学习方法进行了改革，这些改革获得了成功。纵观这些改革过程，一个最直接或明显的变化就是，学生的学习绩效明显得到改善，并通过考试成绩和升学率得以体现。学校的文化也因此得到改善，表现为：教师教得轻松，学生学得快乐。

受此影响，近年来，学习科学和教学科学领域在这一方面积累了大量的研究成果，并在国外一些学校得到广泛应用，促进了这些学校发展和学生学习的成效④。

---

① SCHON D A. The Reflective Practitioner [J]. Printed in the United States of America, 1983.
② STAUFFER R. Slave, Puppet or teacher? [J]. The reading teacher, 1971.
③ 徐晓东，何小亚，周小蓬，等. 专家进课堂项目促进教师专业发展的研究 [J]. 中国电化教育，2016（1）：95－102.
④ 徐晓东. 在连接我们的网络世界里共同学习 [M]. 北京：科学出版社，2014.

但上述方法应用过程中存在一些问题。例如，就本研究项目的学校而言，这些国内国外新理念、新方法及成功经验并未引起该校的重视。囿于经济条件和固有的教师学习文化所约束，一些教师对上述改革知之甚少，更谈不上应用。基于以上原因，我们认为，教师在缺乏必要的教育和学习科学理论情况下，单纯地让教师学习同事的教学，如果没有协助者提示新视角，或没有指导者在理论与实践之间搭建桥梁，即使是非常富含实践智慧和理论智慧的案例，他们也不会洞悉和知见其中的教育和教学原理，不会达到学会教的目的，相反可能会强化一些定式的观念和做法。

另外，一些一线教师或教研员的研究表明，在一些学校，教研活动已经失去了教学研究的本意。调查表明，制度化下的教研使得"布置多、落实少"，并没有充分发挥其功能与作用[①]，教师为了研究而研究，没有触及问题实质[②]。王中男认为，校本教研忽略专业引领、聚焦"磨课"忽略其他主体、备课流于形式，缺乏实质内容、缺乏可持续发展等，都是我国目前教研中存在的明显问题，教师仅关注"磨课"，将教研局限在狭小的范围，教师难以有突破性的发展。同时，教研基本发生在学校制定的教研期间内，由于经验积累、成果推广的不足，教研难以得到持续的发展[③]。我国教师在知识共享上存在保守倾向，易使得探讨流于形式。一些学校的校本教研还处于低水平的重复状态，局限于经验交流，教师得不到期望的内容，进而失去了持续发展的动力。在一些农村地区，受客观条件的限制，缺乏专业引领，缺乏科学指导，教研活动更易流于形式[④]。除了上述问题之外，我国的校本教研还存在着教研制度不健全，缺乏纵向与横向的融合，缺乏专业引领，教研模式趋同，观课中缺乏先进的课堂观察工具和记录方法，缺乏对数据的分析，教师交流多凭借主观感受等问题。

总之，校本教研缺乏纵向的引领，较少有学科专家和一线名师的协助和带领，教师同僚间同质化问题严重，同事之间的横向互助自囿于同水平重复。又如，教研活动中的备课组、科组活动只局限于协商周考内容、出题、收教案，开展"教学反思、布置下一个工作""校本课程的开发""教学模式的设计""收集和分享教学资源"等行政化事务。

我们研究所实践的改革是建立在先进的学习科学、先行改革校经验反思基础上的改革。其主导思想是，以研究特别是以本校教师的研究为基础的，改革的重点是改变教研，使其能够发挥其原有的职能，为学习和教学服务，为实现促进理解的教学、提高学

---

①② 胡方，熊知深，傅瑜. 中小学校本教研实施现状调查 [J]. 上海教育评估研究，2014 (1)：45 - 51.

③ 王中男. 校本教研存在的问题分析与路径选择 [J]. 教育理论与实践，2014 (2)：10 - 12.

④ 韩江萍. 校本教研制度：现状与趋势 [J]. 教育研究，2007 (7)：89 - 93.

生学习绩效（成绩），高考上一个台阶服务，使得教师教得更轻松，效率更高，学生学得更快乐、更有效。

为此，教研活动应该对教学进行研究，其核心是对学生学习规律的研究、对教师教学决策的研究，旨在为解决教学中所存在的问题提供理论依据和实践指南。这种研究是具有校本普遍性意义的科学研究，是面向本校教学和学生学习特点及规律的研究，是非常具体、"本土化"的研究，是该校教师们可以完成的研究。

例如，教研是对"学生对新课内容的疑点、惑点是什么？"的研究，对"考试出现问题的错误原因的分析、错误模式"的研究，对"学生听不懂课的原因分析"的研究等。这些问题应该作为今后教研活动的重心，应该作为科组和备课组的工作重点。同时，要对教师教学研究的方法、学生学习规律分析方法等进行系统的培训。只有教师了解了学生的症状所在，对症下药式地开展教学诊断、有针对性地开展教学指导，才能够促进学生的理解，帮助学生解决其面临的问题。为此，必须做到研究要科学，研究要能为教学和学习服务。

为此，将上述问题解决的指导思想和方案融入教研活动，以校本教研为载体，提升教师知识和教学能力，研究学生的学习规律，借此促进学生的学习，以期改善该校的教与学的问题。本项研究的课题组认为，教研活动是可以担负起这项工作的责任的。

（二）设计解决问题方案

根据上述国内外先行研究的结果和启示，笔者设计了以下解决问题的计划。

1. 解决对策：教学改革的指导思想和原则

为了使得读者理解下面教改方案制定的理论依据，本节首先对上述教改思想展开具体论述，论述如下。

没有经过思考或预习的听课，由于缺少认知和心理准备，目标不明确，容易陷入盲目，不能将注意力聚焦于问题的核心，容易迷失方向，把握不住重难点。

另外，在教学中，没有计划的讲解，没有考虑到学生学习中的重点、难点、疑点、惑点的教学，这些做法统称为以教师为中心的教学，这种教学常常给存在不同疑惑的学生、学习进度慢的学生、注意力不集中的学生及缺乏学习动机或动机水平不高的学生造成听讲中的认知负担，难以跟上教师讲解步调和进度。一个环节没有听懂，下一个环节也就无法理解，因此，造成学生对整个教学内容的不理解。另外，一些教师采用的教学策略缺乏计划性，不科学，如提问无计划、无目的或无指向性，具有随意性，以自己的思路为中心，完全不顾及学生的思考和疑惑。因此，片面地以个别学生的随声附和作为判断学生理解与否的依据，按照既定的思路——讲到底，完全不顾及学生的理解。

改变这一状况的方法是改变目前的教学方式。为此，笔者根据有效教学规则制定了教学改革指导思想和原则。

总的指导思想是，以促进学生对知识的理解、解决问题中的灵活性为出发点，以激发学生的积极思考和反思学习的主动性为着眼点，在学生需要帮助时，提供教学和教师的指导，为开展有效的教学，采用同伴相互教授、互相激励等策略，以顾及每一位学生的学习为原则，开展不同类型、不同层次的教学，最终实现"先学后教，人人达标"的目标。

2. 教学和教研改革方案

教学改革的模式是将课堂教学分为两个阶段，即自主学习阶段、讲解和总结阶段。每一阶段贯穿着各种不同的学习方法和教学方法，是各种反思学习、有效教学方式的有机组合。

（1）设计"一课两段"课程与教学改革模式。如上所述，一堂课分为两个阶段。一是"自主学习阶段（或称为预习阶段）"，这一阶段又分为三个环节：①个体自学，学生学习可以独立完成的教学内容。②小组讨论，以绩优、临界、学困生组成的小组，开展合作学习、同伴互助学习个人不能完成的教学内容；③总结汇报，小组派代表汇报小组讨论也解决不了的教学问题及疑惑点。二是"讲解和总结阶段"。分为三部分：①讲解；②小组讨论；③归纳总结。教师针对所有小组归纳出的疑惑点，开展教学。教学采用促进理解的模式，并通过有针对性的讲和解及指导，再加上同类问题和拓展问题，再次进行小组讨论学习，实现学习理解和知识迁移，最终实现人人达标。

（2）设计"研学助教"教研改革新模式。基于教师课堂实践，采用专家引领的学习共同体式教研。围绕课标、教材、每年的作业及各类考试中存在的学习的共性问题，归纳本校学生学习的重难点、疑惑点，分析疑惑点产生的系统性原因和规律，研究讲授和学习重难点、疑惑点的方法；有针对性地设计学案、小组讨论的主题及讲解的方法。

教研重点是教师通过备课组、学科组，探讨课程学习与讲解中的重点、难点、疑惑点及学生学习的规律。这些内容的研究需要在专家指导下，利用近年来各个学科中有关学习科学研究的成果，以及各位教师长期教学经验积累的学生错误模式和思考模式等。如数学中解题的系统性错误、物理中审题的错误和原理运用的错误（归纳分类的错误）、历史课中学生没有掌握根据史料或史实来分析历史得出结论方法等。

其中，重点难点是各学科概念、原理、方法、法则、定理、定律及结构等内容，而疑惑点是学生理解中出现的问题。重点难点是相对稳定的，现有教材框定了这些内容，是教师熟悉的。而疑惑点是根据学生个体差异和学习具体情况而定的，这需要教师在自主学习阶段有计划、有目标地搜集，并且拿到备课组的教研活动中来与其他教师、其他班级进行讨论和研究，并建立疑惑点问题库，用于大家分享和教学。重难点的特征是，这些问题大部分都可以通过学生的小组合作方式、同伴互助或同伴教学策略以及教师在课堂教学组间指导过程中，通过个别指导等多种努力顺利解决的问题。

教研活动的重点就是要分析这些疑惑点产生的原因、背后的原理等，这些原因和原理具有共同性和普遍性，是系统化的，带有原理性的问题，也是学生的症结所在。教学只针对这些问题开展细致和具有针对性的讲解，就能够切中要害对症下药，解决学生存在的问题，做到一劳永逸彻底消除学习的障碍。

（3）科学地分析教师的教学和剖析课堂存在的问题。专家进行指导时，利用所拍摄的教学录像和教学分析软件分析结果进行有针对性指导。教学分析软件利用了美国威斯康星州立大学开发的"Transana"软件，由华南师范大学教育技术专业人员对教师和学生的教与学行为进行分析，将分析所获得的数据，提供给专家——大学教学法教授和一线教学名师、专家对照着视频和分析结果，采用视频中顿法，在关键教学实践时节停下来，先由被指导教师陈述缘由，然后专家与同事教师共同剖析教师关于教学价值观、情感、态度及实践性知识。这种基于教师个人实践，从个人经验和同事经验及专家的经验中学习教学的方法，可以增强教研的科学性，减少教研的恣意性。

（4）开发研学助教新型教研模式。笔者将上述教研模式界定为"研学助教"。其中，"研"是指教研，但不是传统意义上的集体备课，而是回归"教学研究"本意，开展科学的教学研究。在本项目中，重点放置在研究上，以及增加了专家的指导，协助教师学会在个人实践基础上立足于真实课堂的教学行动研究。"学"是指，学生和学习。该模式将学生置于主体地位，研究和教学及学习（包括教师的学习）都以学生为前提和中心。同时，在学生学习上，强调在教师讲解之前"自学、先学、互学"这一根本性策略。而"研学"是指，于教研活动时间，在专家指导下，采用"课例研究"模式，研究学生的学习规律。最后，"助教"是指，以上述的教研成果，以及学生的学习（自学、先学、互学）具体情况，决定了教学内容的重难点及疑惑点，它是设计教学和实施具体课堂决策的出发点，由此助力教师的教，达成教师的教学是为学生提供帮助之目的。

因此，构建"研学助教"模式的主导思想是，要求教师将研究的主体放在学生的学习规律和学习模式上，以此来确定教师教学的方式。教师的教授建立在学生学习的基础上，真正做到以学为中心。同时，学生之间也可以相互学习，同伴互助，相互启发，促进学生的共同提高。

## 三、该校教学问题解决方案的设计

### （一）新教学模式

新教学模式称为"一课两段"模式，即将传统一讲到底的教学改变为以学生为中心的先学后教模式。该模式分为预习阶段、教师讲解和总结阶段。

1．预习阶段

（1）预习又分为课前预习，即前一天晚上自学时间，学生以看教材为主，预习明天上课的相关内容。

（2）课堂预习阶段，先是个人按照学案自学，加上看教材中相关内容，力争靠个人学习解决一部分易懂问题。

（3）课堂预习阶段的小组合作学习时间，合作讨论该节课的内容，主要集中于重点、难点知识的讨论。通过小组讨论，教师发现小组和全班的疑惑点。

（4）组长负责记录对重难点和不理解及错误的内容或模式，记录在案，准备汇报时提出。

（5）课堂预习阶段最后一环是，向全班同学汇报本小组讨论中出现的问题，即疑惑点。疑点：模棱两可、怀疑问题；惑点：思路不清、逻辑混乱；错误模式、共性问题。上述预习阶段的结构图如图1所示。

图1　预习阶段结构图

2．讲解阶段

（1）讲授。主要是针对学生在教学内容上和在讨论中出现的疑惑点进行的讲授。

（2）解析。不但要"讲"，还要"解"，即教师通过展示、演绎或解释问题产生的过程、知识形成的过程或结论知识建构过程等，像科学家和理论家一样建构知识过程来发挥"解"的作用，目的是促进学生理解。

（3）讨论。讲解完毕，确认学生都理解之后，再布置一个同质异构（相似）问题，让学生再行小组讨论并回答，检验学生的理解，促进知识迁移。讨论要有明确的分工。讨论发言时，首先由薄弱生开始发言，其次是临界生，临界生对薄弱生发言的内容进行补充或修改等，最后是绩优生发言，绩优生是对临界生、薄弱生等遇到的解决不了的问题做详细的解释和释疑，重点是说出自己思考的思路，让薄弱生、临界生学习绩优生的思考方法。绩优生通过发声思维也是对自己理解的进一步深化和自我启发的过程，对自己的学习也是一个促进。

（4）总结。总结阶段的最好办法是合成学生小组的结果而得出结论。待确认全班同学都解决了同质异构问题后，教师对本节课内容做出归纳和总结。新课或特定复习课的情况下，总结时用概念图。上述讲解阶段的结构图如图2所示。

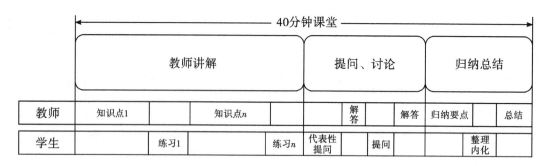

**图2  讲解阶段结构图**

上述教学模式是以新内容讲授课为前提设计的，对于其他类型的课，如自主学习、习题/复习等类型的课，因篇幅所限，这里只以图3简单进行呈现。

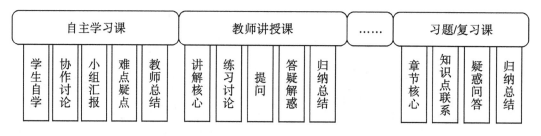

**图3  各种类型课的简单结构图**

（二）新教研体制和教研方式

上述所有学生学习方式和内容的改革，都建立在教师教研的基础之上，教研是改革的基础和保障。

该校教改的另一核心是教研改革。摒弃过去形式化的教研活动、内容和方式，回归教研本意。教研的本意是指教学研究，不但研究教材、教法还要研究学生，同时要研究课程标准。新教研模式称为"研学助教"模式，具体结构和实施细则如下。

1．教师的行动

（1）提前1天，下课时布置晚自习时看教材或参考资料的内容，发放学案。

（2）在专家进校前1周，向专家提供来校指导的教案、教材内容、教材版本、学案、讲稿、重难点及疑惑点等材料。这些材料在专家指导下进行修改后，也作为学校的教学资源由备课组组长收齐并提交学校相关部门。

（3）从以往的试卷中和自己长期教学经验中，挖掘学生错误模式——疑惑点，并记录在案。

（4）编写学案和教案。其中重难点要写进学案，疑惑点要写进教案作为预案，以备随机应变进行教学和开展教学决策。

（5）在专家进校指导教研和备课活动时，提出重难点和疑惑点，征得专家指导和确认。需要注意的是，重难点和疑惑点是不同的。

（6）在专家进校指导教研和备课时，提出自己关于疑惑点的教案，备齐学案，请专家指导并修改。教师在备课组组长组织下开展研学助教教研活动，教研中积极主动发言，以便专家了解教情、学情和课情等。

（7）当天"专家指导下的教研和备课"活动结束后，根据专家意见，马上修改教案，预备预案，做好上课前准备。

（8）在专家指导下，备课组组长组织备课组教师，分析本学期哪些教学内容（课）是重点教的，哪些教学内容（课）是非重点教的。由此决定由于预习所占用的常规教学时间而需要削减的教学内容，编订课程计划。

（9）教师在学生预习阶段，进行桌间（各小组）巡视，解答关于讨论的问题和要求。发现学生讨论的疑惑，记录下来，作为讲解阶段的讲解内容，并且事先做好讲解准备和心理准备。

（10）教师应该在学生（小组）展示讨论结果时，在黑板上记录自己没有预测到或说法不同的教学内容。在学生（小组）展示完毕时，用PPT呈现教学内容。

（11）教师在专家指导下教研和备课时，教师和专家共同设计和讨论及拓展（同质异构）问题。

（12）如第四条所述，在专家指导编订教案时，应该尽量做到言简意赅，不要做过多铺陈，直接进入问题，切中问题核心进行讲解或演示实验。教师在归纳本节课教学内容时，尽量利用概念图进行总结。

（13）下课后，专家进行评课，教师应该及时反思和记录本日教学得失，修改教案和学案，用于下次教研时与同事分享。

2. 专家的行动

（1）专家听课、评课，开展专家引领下的教学反思。专家在进校第一天下午，召开该学科备课组的教学研究会。

（2）在教师配合下，分析学情，各科专家指出本课中的重点、难点及疑惑点，指导形成解决疑惑点教学的策略或方案。

（3）专家指导并与教师共同设计学生讨论的问题（主题）。设计"一课两段"中2个讨论环节的学生讨论问题（主题）。逐渐教会教师设置讨论问题的原则、方法还有提出问题的视角（如学生视角）。

（4）专家指导教学设计和协助修改学案及编订课程。学案的设计、教学设计，即问题（学生学习的共性问题、疑难问题、突发问题等）的解决策略。解决采用新模式造成的时间不够和内容被压缩等问题，进行一学期和一学年教学内容的整体安排。

（5）在第二天上午听课环节，专家评课时，为了避免束缚了所有教师的思路和视野，专家应向教师提示：从中我们看到了什么？从中学到了什么？哪些问题应该引起注意和改善等。注意鼓励和倾听一线教师的发言。确认重难点和疑惑点是否在讲解中落实。可以采用三位教师比对着进行评课（同课异构）。

（6）下课后，专家首先通过有针对性地向特定学生了解对于所学内容的理解情况，来判断教学效果。其次，了解关键教学事件或教学现象发生的缘由，以便有的放矢地对教师进行指导。

（7）专家听课的同时拍摄教学录像，并记录关键教学事件。下课指导时，利用视频中顿法①，在关键教学事件时暂停，一边播放教学实录，一边与被指导教师进行讨论。

3．学生的行动

（1）在上课前一天晚上，一定要按照各科教师的要求看教材或教参，浏览学案。

（2）小组长在第二天上课前，检查预习情况。

（3）上课时，首先自己按照学案自学，看到讨论问题时终止，然后开展小组讨论。讨论中说出自己看教材和做学案问题时存在的疑惑。请同组其他同学释疑解惑，积极参与讨论，听从指挥，按照要求（如不插话）和顺序发言，协助小组长归纳问题（疑惑）。

（4）对组长或代表发表的结果积极进行补充。

（5）可以对其他组甚至本组展示的问题进行质疑、辩论，直至问题澄清和解决。

（6）课后认真复习和反思今天上课学习的内容。对不懂的问题及时向教师和同学请教。按照教师布置的问题及时完成作业。

（7）及时反映预习和课上存在疑惑的问题，以及学习和教改中存在的问题。帮助学习有困难的同学一起进步。

（8）对试卷和学习应该进行阶段性总结。

4．学校的行动

（1）重新设计晚自习时间的学习活动和内容。

（2）思考并行动，为学生展示提供便利的器材。

（3）启用"专家进课堂"培养对象作为课改骨干。

---

① 徐晓东，何小亚，周小蓬，等. 专家进课堂项目促进教师专业发展的研究［J］. 中国电化教育，2016（1）：95－102.

（4）在可能的情况下，降低班额，促进学生讨论。

（5）成立课程与教学改革领导小组。

（6）对课改教师和在此期间表现突出的教师进行物质和精神奖励。

除此之外，建立备课组组长负责机制，组长担负起教研备课责任，经常性地整合专家指导内容和教师配合工作的资料、素材及教学内容等。由学校召开全体学生大会，公布课程和教学改革内容与要求，对学生进行自主学习能力和小组合作能力培训。

## 四、研学助教教研和教学改革项目实施过程

### （一）项目实施过程

（1）设计并实施"研学助教"和"一课两段"教研和教学模式。根据有效教学理论，该中学聘请专长于学科和教学法研究的大学教授和市区高中教学名师，每月一次专家深入学校、走进课堂，开展"一课两段"的研学助教教研活动。

（2）选定培养对象。根据教学改革的需要，选定基础较好的教师先行先试，直至扩大到全校教师。

（3）教师先期培训。本研究第一著者作为项目组首席专家，带领项目团队对项目实施过程进行讲解和指导，回答教师提出的问题。

（4）培训学生。为促进学生转变学习方式，在与各类学生进行座谈的基础上，确立了学生学习的新方式并进行了培训，尤其是对小组合作技能的培训。

（5）专家定期的教研指导。围绕"研学助教"和"一课两段"教研和教学模式的实施，专家每个月进校进行教研指导，包括集体备课、课堂实践和课后反思三个环节。

（6）利用软件剖析课堂。利用科学分析的结果，研讨教学，修改教案，不断优化教学。

（7）从学校内部开始主动变革。校长、副校长及各室主任亲自深入课堂，参与教研，布置任务并进行管理，制定奖优罚劣等激励机制，建立教学资源库等。

（8）项目评价与完善。定期通过测试、座谈、听课等多种方式对项目的效果进行形成性评价，不断完善实施方案。

### （二）研究与实践过程

#### 1. 实施组织

整个研究过程是一个专家、教师、学生及学校围绕"一课两段"教学模式的实施的各司其职与密切协作的共同行动过程，具体如图4所示。

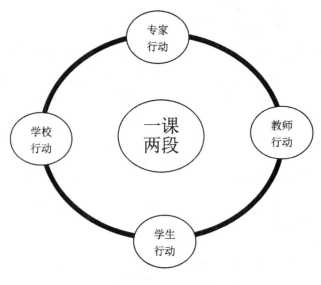

图4 研究的组织

## 2. 实施计划

实践或研究整体上采用行动研究范式，具体技术路线如图5所示。

图5 研究的开展过程

通过对该中学实践调研的结果进行理论分析，发现该中学课程改革中的突出问题，并分析问题的原因。然后，综合国内外教师专业发展与有效教学理论的成果，结合国内外先进的改革案例及该中学实际情况，设计了"一课两段"新教学模式和"研学助教"新教研模式（教师专业发展模式）。随后，在专家引领下围绕"一课两段"教学模式的实施，利用视频分析、问卷调查和师生访谈对"一课两段"教学模式、"研学助教"教研模式效果进行评价。

## 3. 实践过程

（1）项目实践过程。该过程可以分为基线调研、策略设计、实施准备、项目实施和项目总结几个阶段，如图6所示。

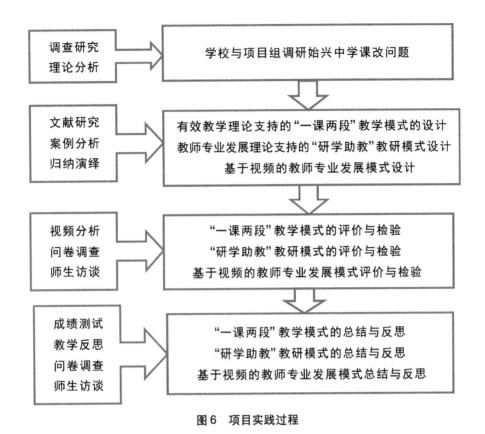

**图6 项目实践过程**

如前所述，基线调研采用问卷调查、专家听课和师生访谈等方法，意在深入了解该中学课程改革中的问题，并进行理论分析造成问题的原因。策略设计主要包括"一课两段"教学模式、"研学助教"教研模式、基于视频的教师专业发展模式，这是该中学与华南师范大学认知与技术团队合作设计的结果，主要针对该中学的课程改革的问题提出解决方案。实施准备主要包括选定培养对象、教师和学生培训、组建指导者专家团队、项目实施动员、准备项目实施条件。项目实施过程主要是以该中学为主，专家每月一次进校指导，项目实施过程中不断对项目实施方案进行修订和完善，并定期进行形成性评价。最后，对项目的整个实施过程进行总结，形成系统完善的"一课两段"教学模式和"研学助教"教研模式，完善"研学助教"的理论。

（2）行动研究阶段。本研究通过实施的三轮行动研究，逐步确立了"一课两段"教学新模式和研学助教教研新模式。

"一课两段"和"研学助教"教学和教研改革活动于2013年3月至2016年1月在该校实施，历时三年。参与该教改项目的教师来自该校语文、数学、英语、物理、生物、化学、历史、政治、地理的九个学科教师队伍，共81位中青年教师参与，年龄从23～47岁，男女教师比率为4：6，所有参与者都是自愿参加，学校从自愿申报中遴选出参加者。指导这些教师的专家共计 18 位，来自于华南师范大学的学科教学法的教授有 9 位，称为理论导师。另外 9 位，来自于省和市教育研究院的教授及高中教学名师，称其为实践导师。他们都具有 20 年以上从事中小学教学研究或实践的经验，同时具有丰富的指导经验和能力。

每轮行动研究中的教研过程按照专家引领下的"研学助教"校本教研模式流程和 "一课两段"教学新模式流程进行，其主要有以下三个阶段。

集体备课阶段。教师首先介绍学生的认知和学习情况，专家或名师则于学情分析互动过程中，在学情和理论之间搭建桥梁或提供经验性方法、策略及技术，并协助教师分析学生学习特征和规律，依据自身多年教学经验或研究成果，提供解决重难点、疑惑点的教学方法与策略，从而预测第二天的教学内容中学生可能产生的疑惑点及教学内容的重难点，继而共同完成导学案和教案的设计。

课堂实践阶段。首先，学生依据导学案进行自主学习，并通过小组讨论、同伴互教，共同探讨导学案上的问题。之后，以小组为单位展示学习成果。教师则根据事前的预测和当堂课中实际学习发生情况和产生的问题，实时地有针对性地讲解，即教学只发生在所存在的问题上。此阶段，同事教师和专家们一直在现场听课。

研讨反思阶段。课后，在专家组织下，专家（或名师）与上课教师及同事采用课例研究范式，开展相互启发的学习。这不是对教学好坏进行评价，而是通过教学关键事件，启发教师思考，引发教师学习，更重要的是促进教师的反思，使所有参与研讨的教师都能够从中学到教师知识形成实践智慧。

4. 数据收集和分析方法

采用了访谈法和问卷调查法，系统地收集了教师和学生参与这一项目过程所发生的各种数据。包括校领导、专家及教师的访谈报告，收集对研学助教效果最真实的感受和建议。通过调查问卷来分析教师的专业发展。

对于教师专业发展评价标准，采用了美国肯塔基大学的古斯基提出的专业发展评价模式[①]。古斯基提出的教师专业发展评价五层次模式如表 1 所示。

---

① GUSKEY T R. Professional development and teacher change [J]. Teachers and teaching: theory and practice, 2008, (3): 381 – 391.

表 1　教师专业发展评价五层次模式

| 评价层次 | 要解决什么问题? | 如何收集信息? | 要测量或评估什么? | 如何使用信息? |
|---|---|---|---|---|
| 1. 教师反应 | • 他们喜欢吗?<br>• 他们的时间花费合理吗?<br>• 材料有意义吗?<br>• 活动有用吗?<br>• 领导人知识渊博有助益吗?<br>• 活动场所适宜吗 | • 阶段结束时发放调查问卷<br>• 焦点小组<br>• 访谈<br>• 个人学习日志 | • 对于经历的初始满意度 | • 用来改善项目设计和传播 |
| 2. 参与者的学习 | • 参与者习得了所期望的知识和技能吗 | • 纸笔工具<br>• 模拟和示范<br>• 教师反思<br>• 教师档案袋<br>• 案例研究分析 | • 教师的新知识和技能 | • 用来改善项目内容、格式和组织 |
| 3. 组织支持和变化 | • 给组织带来什么样的影响?<br>• 它影响了组织的氛围和程序吗?<br>• 实施得到倡导、促进和支持了吗?<br>• 问题得到快速和有效解决了吗?<br>• 可以得到充足的资源吗?<br>• 成功得到了认可和分享吗 | • 学区和学校记录<br>• 后继会议记录<br>• 调查问卷<br>• 焦点小组<br>• 与教师和学校或学区教育管理者结构式访谈<br>• 教师档案袋 | • 组织的倡导、支持、适应、促进和认可 | • 用来证明和改善组织支持<br>• 为未来变化努力提供信息 |
| 4. 教师应用新知识和新技能 | • 教师有效地应用新知识和新技能了吗 | • 调查问卷<br>• 教师和导师结构式访谈<br>• 教师的反应<br>• 教师档案袋<br>• 直接观察<br>• 录音或录像带 | • 实施的程度和质量 | • 用来证明和改善项目内容的实施 |

续上表

| 评价层次 | 要解决什么问题？ | 如何收集信息？ | 要测量或评估什么？ | 如何使用信息？ |
|---|---|---|---|---|
| 5. 学生学习结果 | • 对学生有什么影响？<br>• 它影响学生绩效或成就吗？<br>• 它影响学生身体或情感福利了吗？<br>• 学生成了更加自信的学习者吗？<br>• 学生出勤率在逐步提高吗？<br>• 辍学率在逐步下降吗 | • 学生记录<br>• 学校记录<br>• 调查问卷<br>• 结构访谈<br>• 学员档案袋 | • 学生学习结果：<br>① 认知方面（绩效和成就）<br>② 情感方面（态度和气质）<br>③ 身体运动（技能和行为） | • 为了关注和改善项目设计、实施和后继的所有方面<br>• 为了证明专业发展的全部影响 |

基于上述古斯基提出的教师专业发展评价五层次模式，具体的数据收集方法如下：

（1）教学反思日志。在每阶段教研后，根据专家的指导和同事的建议，教师对教学进行反思，形成反思日志。通过内容分析，量化教师的反思，以此作为判断教师专业发展依据。另外，每期教研后，依据教师意见反馈内容，实时地调整"一课两段"和"研学助教"模式构成要素和实施方法。

（2）拍摄教学视频。实施项目的研究人员拍摄每阶段行动中教学和教研全过程视频。通过对教研过程中专家与教师、教师与教师之间的会话分析，探究教师在教研中所获的知识和技能，也通过对不同阶段教师的教学视频进行分析与对比，探究教师对新知识和技能的应用，以及教师在教学上的成长与进步。

（3）调查问卷。本研究设计了教师问卷和学生问卷，问卷采用了五阶段评量方法，调查教师反应、教师的学习、组织支持和变化和学生学习结果四个内容，以此综合评价教师的专业发展。

数据分析采用了统计学方法，对问卷调查这些质性材料进行了量化并对数据进行了均值和方差计算。

## 五、研学助教效果的调查结果和分析

本研究需要分别分析"一课两段"和"研学助教"新模式的实施效果。为此，以下第一节从项目实施期间学生学习的四个方面进行统计的变化来分析"一课两段"的效果。第二节内容是从实施期后教师调查问卷内容统计来分析"研学助教"的效果。

（一）"一课两段"教学模式的效果

1. 在行动研究中"一课两段"的教学模式形成过程

由于篇幅所限，在此省略关于该模式形成的行动研究中反思记录和调查的大量质性资料，直接介绍从资料反思中得到的结论。

实际上，初期该校课堂教与学新模式不是"一课两段"，而是"两课三段"，这是从理论角度出发所建立的早期模型（如图7所示）。

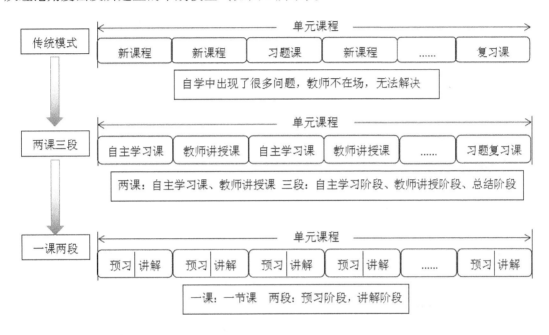

**图7 早期的"两课三段"和现行的"一课两段"教学模式**

这一模式是在学校负责教学的副校长、教研主任及科组长和骨干教学参与下设计的新型教学模式。该模型强调了学生先学，给学生充分预习和自主学习的时间，在学的基础上，教师根据学生学习实际情况有针对性地开展教学。因此，考虑到学生学习能力和基础差异大这一问题，给予了学生一堂课时间用于充分预习和自主学习，并把这堂课界定为自主学习课。为了提高学习效率和效果，自主学习课，不但包括学生自主学习环节，还包括了小组合作学习环节。并且，以学案作为学习的引导，以此为线索开展学习。"两课三段"的第二课，就是教师讲解课。与通常上课不同的是，教师只讲解学生自主学习课上不懂的内容，即重难点和疑惑点。"三段"，是指自主学习阶段（包括独立学习和小组合作学习）和教师讲解阶段以及总结阶段。需要说明的是，教师讲解和总结阶段在教师讲解课中进行，即教师讲解课中包括两个阶段。"两课三段"教与学模式主要理念是先学后教。

在 2013 年 3 月改革之初至 2014 年初的第一轮行动研究反思阶段期间，我们调查了学校管理层和全体教师及部分绩优生和学困生，采取目的抽样方式，收集了对该模式实施效果的意见。

教师和学校管理的意见认为，为了实施该模式，必须将原有的教授课时缩减一半让给学生自主学习，这样教师讲授新课和习题课的时间就不能得到保障，完不成教学任务。有些学科及教师为了完成教学任务，要么减少习题课，要么缩短新授课讲解时间。该模式设计之初，我们认为该校全体学生都住校，可以利用晚自习来开展自主学习，从理论上来说这是一个有利条件和可行方案。但现实情况是，在实施过程中一些实际问题凸显出来，如学校要指派几位各学科教师值班，以便对自主学习阶段中学生出现的问题给予指导，同时管理晚自习自律是一项繁重的工作，这样会给学校和教师增加负担。

从学生反馈意见来看，减少讲授或习题课时，对习惯了"听讲"和教师"领学"这一中国式学习文化的学生来说，无疑会弱化学习。在与学生座谈时，我们发现，绩优生都强调教师应该多讲，即使是自己知道的或已经懂的内容，教师讲一遍，即使没有增加新内容，也可以起到强化的作用。因此，减少课时这种做法对学习效果造成了负面影响。从期末考试试卷和平时阶段考试结果来看，出现了学生对问题理解浅薄，甚至出现了一些绩优生学习成绩下降的倾向。

为此，在反思这些问题的基础上，在校长和教师的参与下，我们修订了改革模式，由初期的"两课三段"，变更为"一课两段"，如图 7 所示。即在不减少讲授课时情况下，把学生自主学习放在正常的课堂教学中实施，将一节课分为自主学习阶段和讲授阶段，将简单问题交由学生独立学习完成，必须通过帮助才能解决的问题交由绩优生、临界生及学困生组成的小组通过同伴教学和相互启发来完成。最后，即使小组合作也不能解决的问题，就由教师在讲解阶段来重点教授。因此，教学只发生在可教时刻。在课堂上，教师会着重讲解多数学生有疑惑的内容，并用大部分时间来参与到学生自主学习环节进行指导，所以也实现了在划一式课堂中开展个别化指导的目的。

2. 学生的学习效果

以下是面向学生所做的"一课两段"实施后的学习效果调查结果。

本研究共计发放了学生问卷 150 份，回收 148 份，有效问卷 145 份，回收率为98.67%，有效为97.97%。在本次的问卷调查的内容中，我们将对学生学习结果的调查作为重要的一个方面，强调使所有学生学习达到高水平学习标准作为首要目标，探讨"一课两段"教改模式对学生的影响，它是否能够给学生带来更好的成绩、更积极的学习态度以及适切的学习行为是我们考察的主要目标。为此我们确立了三个主要指标：认知、情感、心理活动。

（1）认知。认知的学习成果与学生的学术成绩与成就有关，它描述的是我们期望学生获得的知识、能力、技能或理解力。如表 2 所示，关于学生认知成果的调查我们主要考虑以下四个方面的问题，即学生的学习成绩、学习效率、自主学习能力以及优质生和差等生之间的成绩差距。

表 2 "一课两段"模式下学生认知发展调查问卷统计①

| 序号 | 题目 | 均值 | 标准差 | "符合"率（百分比） | "不符合"率（百分比） | "不确定"率（百分比） |
|---|---|---|---|---|---|---|
| 1 | 经历本次教学改革，相比以往，你的成绩有了明显的进步 | 1.21 | 1.185 | 112（77.3%） | 19（13.1%） | 14（9.7%） |
| 2 | 加入预习阶段的教学改革方式，使得你在课堂中的学习效率更高 | 0.68 | 1.522 | 87（60%） | 41（28.3%） | 17（11.7%） |
| 3 | 在本次教学改革中，你的自主学习能力得到了发展 | 0.72 | 1.261 | 93（64.2%） | 32（22.1%） | 20（13.8%） |
| 4 | 经历本次教学改革，你觉得班级中绩优生和薄弱生之间的成绩差距逐渐减少 | 0.66 | 1.249 | 89（61.4%） | 42（29.0%） | 14（9.7%） |

如表 2 所示，从统计数据可以看出，学生对在适用了新教改模式后的学习成绩提升、学习效率提高、自主学习能力得到了发展，绩优生和临界生及薄弱生之间的成绩差距呈减少趋势，在以上问题上持肯定态度，四个设问的平均得分分别达到 1.21、0.68、0.72 及 0.66。其中，成绩提升，也使得 77.3% 的同学认同教学的改革。另一方面，我们也看到，在"学习效率是否有所提升"问题上，标准差为 1.522，表明学生的意见偏差较大，87 位学生赞同，41 位学生持否定态度。通过问卷和访谈得知，这主要是由于学生学习风格差异所致。外向型学习者对新模式感兴趣，学习积极性高，在小组讨论中敢于表达自己的意见，在自主学习中勇于提出自己的问题，因此在"一课两段"新教学模式中学习效率更高，学习进步更快。同时，这也引发了值得我们在今后研究中解决这一问题，我们应更多关注内向型的学习者。内向型学习者比外向型学习者更容易被内在动机所激发，我们应该给予他们更多机会，帮助他们适应革新的教学方式来提高学习的效率。

（2）情感。情感成果是指希望学生形成的态度、信念、情感或者意向，它们可以是学习者获得的新态度、新信念，也可以是学习在态度、信念上的转变。

---

① 曹旺. 专家引领下的"研学助教"校本教研模式的研究 [D]. 广州：华南师范大学，2016.

如表 3 所示，通过调查我们发现，该项改革强调自主学习与小组合作教学新模式使得 86.2% 的学生都对学习的意义有了更深的理解，学习不再仅仅是为了做题，更重要的是培养学生的交流、表达及实践的能力。同时，经历本次教学改革，84.1% 的学生承认在学习方面更有信心。当问及学生对新的教学方式所持态度时，均值表明，学生对此总体持喜欢的态度，但在此项上的统计值反映学生间的差异较大，78.6% 的学生表示喜欢，也有 18.6% 学生持否定态度，这可能与学习成绩（绩优生和学困生对此持不同立场）有关。这一点，应该在今后的研究议题中做更为细致的考察。

表3  "一课两段"模式下学生情感变化调查问卷统计[①]

| 序号 | 题目 | 均值 | 标准差 | "符合"率（百分比） | "不符合"率（百分比） | "不确定"率（百分比） |
|---|---|---|---|---|---|---|
| 1 | 本次教学改革使得你对学习的意义有了更深的理解 | 1.43 | 0.934 | 125（86.2%） | 11（7.59%） | 9（6.2%） |
| 2 | 经历本次教学改革，你在学习方面更具有信心 | 1.03 | 1.136 | 122（84.1%） | 19（13.1%） | 4（2.8%） |
| 3 | 你比较喜欢老师新的教学方式，如先学后教、小组学习等 | 1.26 | 1.353 | 114（78.6%） | 27（18.6%） | 4（2.8%） |

（3）能力。能力成果指的是我们想让学生获得的行为、行动和策略，通常与学生借助学习的知识能做什么事情有关。本问卷中对学生能力方面学习成果的测量数据包括以下几个方面：问题聚焦、学习积极性和主动性、自主学习能力的应用、问题解决技能四个方面。

表4  "一课两段"模式下学生能力发展调查问卷统计[②]

| 序号 | 题目 | 均值 | 标准差 | "符合"率（百分比） | "不符合"率（百分比） | "不确定"率（百分比） |
|---|---|---|---|---|---|---|
| 1 | 教师以重难点为核心的教学使得你更容易聚焦问题，把握教学中重难点的学习 | 1.08 | 1.233 | 108（74.5%） | 23（15.9%） | 14（9.7%） |
| 2 | 教学改革使得你上课的积极性和主动性得到有效提高 | 1.37 | 0.905 | 126（86.9%） | 10（6.2%） | 9（6.9%） |

[①②] 曹旺. 专家引领下的"研学助教"校本教研模式的研究［D］. 广州：华南师范大学，2016.

续上表

| 序号 | 题目 | 均值 | 标准差 | "符合"率（百分比） | "不符合"率（百分比） | "不确定"率（百分比） |
|---|---|---|---|---|---|---|
| 3 | 经历本次教学改革，你能将获得的自主学习能力应用到生活之中 | 1.08 | 1.119 | 115（79.3%） | 17（11.7%） | 13（9.0%） |
| 4 | 你能利用课堂上所学的问题解决技能解决生活中的问题 | 1.07 | 1.032 | 117（80.7%） | 13（9.0%） | 15（10.3%） |

如表4所示，从每个问题回答的平均分我们看到，整体上，学生对上述四个方面都持肯定态度，均值分别为1.08、1.37、1.08、1.07。但每个问题回答的标准差在1.0左右，离散程度大，说明学生的回答相对分散。这说明，教学改革过程总有一部分学生不能适应一种教学模式，教学模式革新要多样化，才能适应所有学生。

（4）学业。对学生学习结果的调查充分地肯定了"一课两段"新教学模式的成效。表5是学校在实施该项目的三年时间里学生高考成绩及其变化。

表5　"一课两段"模式下2013—2015年学生高考上线比率[①]

| 年度 | 高考总人数/人 | 第一批本科 | | 本科以上合计 | | 专科以上合计 | |
|---|---|---|---|---|---|---|---|
| | | 总数/人 | 上线率 | 总数/人 | 上线率 | 总数/人 | 上线率 |
| 2013 | 994 | 18 | 1.8% | 120 | 27.2% | 869 | 87.4% |
| 2014 | 928 | 42 | 4.5% | 140 | 37.6% | 883 | 95.2% |
| 2015 | 885 | 63 | 7.1% | 135 | 41.7% | 826 | 93.3% |

高考成绩变化受很多因素影响，并不能作为该改革项目成效的唯一影响因素，但作为辅助说明，在一定程度上反映了改革项目的潜在影响。

在访谈中学校负责人提供了项目实施以来三年内高考成绩的对比，如表5所示，其中，本、专科以上上线率实现了迅速提升，一本的上线率提高尤其迅速。学校负责人说：该项目的实施，不仅整体上提高了学生成绩，而且充分激发了绩优生的潜力。

## （二）研学助教新教研模式的效果

本节将分析实施研学助教的效果。根据上述研究计划，从81位参与教师中随机选择了40位教师作为样本进行问卷调查对象，采用五阶段问卷调查，从教师反应、教师学习以及组织支持和变化四个层面的调查结果的统计来分析该革新模式的运用效果。

---

① 曹旺. 专家引领下的"研学助教"校本教研模式的研究 [D]. 广州：华南师范大学，2016.

1. 教师反应

本研究中通过对教师反应的测量，探析教师如何看待他们的专业发展经历。根据古斯基在其教师专业发展评价理论中的论说，对教师反应的测量包含内容问题、过程问题和场景问题三个方面。

（1）内容问题。内容问题是指专业发展经历中所探讨主题的相关性、实用性和实时性问题。本研究中所调查的是经历了研学助教专业发展过程后，教师对该专业发展模式或项目在相关性、实用性及实时性效果上的主观感受。表6列出了五阶段主观评价后的均值、标准差及符合、不符合、不确定的百分比数据。

表6　"研学助教"模式下教师专业发展的内容问题问卷统计①

| 序号 | 题目 | 均值 | 标准差 | "符合"率（百分比） | "不符合"率（百分比） | "不确定"率（百分比） |
|---|---|---|---|---|---|---|
| 1 | 研学助教活动使得您的教学更具有计划性和目的性 | 1.52 | 0.640 | 33（82.5%） | 2（5%） | 5（12.5%） |
| 2 | 研学助教能帮您解决重要的教学问题 | 1.40 | 0.744 | 36（90%） | 1（2.5%） | 3（7.5%） |
| 3 | 您对研学助教中探讨问题的理解在不断提高 | 1.32 | 0.730 | 36（90%） | 1（2.5%） | 3（7.5%） |
| 4 | 您会将您在研学助教中所学到的东西应用到教学当中 | 1.33 | 0.572 | 38（95%） | 0（0%） | 2（5%） |
| 5 | 您认为此阶段的研学助教活动对您的教学具有重要意义 | 1.10 | 0.810 | 31（77.5%） | 1（2.5%） | 8（20%） |
| 6 | 您在研学助教活动中得到了想要的教学材料和资源 | 1.20 | 1.018 | 29（72.5%） | 3（7.5%） | 8（20%） |
| 7 | 专家们能够提供有效的策略来帮助您的教学 | 1.13 | 1.042 | 31（77.5%） | 5（1.4%） | 4（1.1%） |

由表6问卷统计数据看出，研学助教与教师专业发展的相关性、实用性及实时性方面，教师做出了积极反应。对上述7个设问，教师的评价分值在1.10～1.52之间，属于较高水平，平均分都在1.0以上，这说明教师从总体上认同"研学助教"在内容方面的作用。

其中，在回答"研学助教活动使得您的教学更有计划性和目的性"设问时的平均得分最高，达到1.52，且标准差较小，表明了教师们对研学助教有利于教学计划性和目的性这方面具有高度认同感。同时，在"研学助教能帮您解决重要的教学问题"方面，教师们的反应也表现高度的一致性与认同感，平均分达到1.40，选择"符合"一项的百

① 曹旺.专家引领下的"研学助教"校本教研模式的研究［D］.广州：华南师范大学，2016.

分比达到90%。在回答第4设问时，给予肯定答复："您会将您在研学助教中所学到的东西应用到教学中"的选项教师人数最多，"符合"比率高达95%，这表明了教师积极响应研学助教中的积极态度与实践心态。

在教师对"研学助教"意义的认同感方面，最终的平均分是1.10，说明教师总体上认同"研学助教"具有重要意义；但有8位教师选择了"不确定"选项，该项说明，个别教师对该模式效果心存疑虑。通过访谈得知，其原因一是，由于该教研模式与教师习惯了的传统教研和教学模式内容差距较大，短时间内师生难以把握、难以适应，因此担心不能有效运用；另一方面，短时间内、在有限次数运用情况下，教学和学习效果时隐时现、不稳定，教师对此缺乏足够的信心和成就感，也影响了教师对此革新模式的认可。教师对教研意义的综合肯定对我们的研究是一种鼓励，部分教师不确定的态度也对我们之后的研究提出了更大的挑战，今后的研究还需要澄清教龄长短在此问题上的影响差异。

标准差的比较方面，我们可以看到，比较大的两个标准差是关于教师对"您在研学助教活动中得到了想要的教学材料和资源""专家们能够提供有效的策略来帮助您的教学"两个设问的回答。教师对这两个问题的回答不一致，离散程度高。通过访谈和对教研讨论过程拍摄的视频分析得知，造成不一致的原因主要是由于科目的差异和专家个人指导风格差异所造成的。如语文、英语、历史、地理等文科科目，教师能从专家那里获得比较多的教学材料和资源，而如数学、物理、化学等理科性质的科目，更重要的是教师自身对教学的理解和积累。同时，有些专家在指导时会明确向教师提供具体的教学策略或模式，让教师去尝试，而有些专家则倾向于帮助教师自己去摸索，形成自己的教学风格。

（2）过程问题。过程问题是指该"研学助教"和"一课两段"教与学模式实施过程中，哪些活动能很好地促进教师的专业发展。在该问卷调查中获得了如表7所示的统计数据。

通过表7展示的问卷统计结果和分析我们得知，教师对过程问题的总体反应是积极和肯定的，题目的平均得分在1.22～1.45之间。教师对过程问题的最大认同是关于"研学助教"使得教师们有足够的机会去探索理论、付诸实践和研究。其次，教师对能精心准备教研活动、明确教研目标及积极参与研讨给予了充分的肯定。

表7 "研学助教"模式下教师专业发展的过程问题问卷统计[①]

| 序号 | 题目 | 均值 | 标准差 | "符合"率（百分比） | "不符合"率（百分比） | "不确定"率（百分比） |
|---|---|---|---|---|---|---|
| 1 | 教研中您有足够的机会去探索理论和付诸实践与研究 | 1.45 | 0.904 | 33（82.5%） | 2（12.5%） | 5（5%） |

---

① 曹旺. 专家引领下的"研学助教"校本教研模式的研究 [D]. 广州：华南师范大学，2016.

续上表

| 序号 | 题目 | 均值 | 标准差 | "符合"率（百分比） | "不符合"率（百分比） | "不确定"率（百分比） |
|---|---|---|---|---|---|---|
| 2 | 您认为用于研学助教活动时间合理吗 | 1.27 | 1.012 | 35（87.5%） | 4（10%） | 1（2.5%） |
| 3 | 您对要参与的研学助教活动有精心准备 | 1.25 | 0.707 | 36（90%） | 1（2.5%） | 3（7.5%） |
| 4 | 您能明确每次研学助教活动的具体目标 | 1.40 | 0.709 | 35（87.5%） | 0（0%） | 5（12.5%） |
| 5 | 教学探讨中您都积极参与，发表自身见解 | 1.40 | 0.709 | 35（87.5%） | 0（0%） | 5（12.5%） |
| 6 | 您获得了充足的时间来参与研学助教活动 | 1.22 | 1.074 | 31（77.5%） | 5（12.5%） | 4（10%） |

但在研学助教活动时间上，教师的意见分歧比较大，这与我国中小学教研中存在的时间和精力不足普遍现象相吻合[①]。"用于研学助教活动时间合理""获得充足的时间参与研学助教活动"两个问题的标准差分别达到了 1.012 和 1.074，尽管大部分教师认同所耗费的精力和时间是合理的，但是仍有 4 位教师给出了否定回答。尽管大部分教师也同意有充分的时间来参与新教研，但仍有 5 位教师持有否定态度，4 位教师对此表示不确定。这些数据显示出对新教研模式和学校组织计划有进一步完善的必要。如要求在时间安排上更加合理，也要求学校在教师教学、生活及新教研的时间规划上能给予教师更大的支配时间和空间。

（3）场景问题。场景问题与专业发展经历的情境有关，旨在提供专业发展活动所处背景和当前现实环境的信息。这些问题对于一些教育者似乎是无关紧要的，但是真正熟练的教师知道满足这些需求的重要性。我们在这方面获得的相关数据如表 8 所示。

如表 8 所示，绝大多数教师对学校提供的新教研环境持肯定的态度，认为目前的环境基本能满足教师新教研的需求。但是，教师仍然认为学校有进一步完善的必要，可以做得更好，借此提供更适切的场景来帮助其专业发展，这也是教师在满足已有环境情况下的进一步期望。

---

① 张紫薇. 我国小学教师合作教研的现状与特点：以山西省小学为例 [J]. 教学与管理，2014 (27)：34-37.

表8　"研学助教"模式下教师专业发展的场景问题问卷统计①

| 序号 | 题目 | 均值 | 标准差 | "符合"率（百分比） | "不符合"率（百分比） | "不确定"率（百分比） |
|---|---|---|---|---|---|---|
| 1 | 你认为学校提供的教研环境能够满足您的教研需求 | 1.23 | 0.974 | 33（82.5%） | 4（10%） | 3（7.5%） |
| 2 | 你认为学校可以提供更合适的场景来帮助教师的专业发展 | 1.42 | 0.813 | 36（90%） | 2（5%） | 2（5%） |

　　对教师反应的测量包含了内容问题、过程问题和场景问题三个方面。以上数据表明了教师是如何看待这次专业发展活动的，也明确了教师理解的此次活动的价值和意义，同时，教师对某些问题的否定态度指明了接下来的研究可能改进的方向，为未来的教研和专业发展活动的安排、设计和开展奠定了基础。对教师反应的测量有助于我们解释在专业发展过程中发生了什么和为什么会发生。

　　2. 教师的学习

　　专业发展是一个有目的和有意义的过程，旨在增进教师知识和实践智慧，以此为基础的教师转变，正是促进学生发展主要原因和动力。在古斯基的教师专业发展评价模式中，教师的学习旨在探求专业发展活动是否带来了被培训者的知识、技能以及态度或信念方面转变。因此，对教师学习的评价可以从三个方面的转变进行评估，即认知目标、心理目标及情感目标。

　　（1）认知目标。专业发展活动的认知目标主要涉及教师的学科知识和学科教学法知识。这些目标涉及被培训教师对所教内容的理解、新观点或创新背后的理论与基本原则及成功实施的必要策略等方面，问卷数据统计如表9所示。

表9　研学助教模式下教师学习之认知变化问卷统计②

| 序号 | 题目 | 均值 | 标准差 | "符合"率（百分比） | "不符合"率（百分比） | "不确定"率（百分比） |
|---|---|---|---|---|---|---|
| 1 | 你在之后不断的教学中会对专家给出的教学理论有更深的理解 | 1.45 | 0.597 | 38（95%） | 0（0%） | 2（5%） |
| 2 | 你能将专家的建议的教学策略应用到教学实践中 | 1.40 | 0.744 | 36（90%） | 1（2.5%） | 3（7.5%） |

①② 曹旺. 专家引领下的"研学助教"校本教研模式的研究 [D]. 广州：华南师范大学，2016.

教师专业发展的基础包括教师精神、教师知识和教师能力[1]。如表 9 所示，教师对认知目标方面的学习给予了高度的肯定，在对教学理论的理解和教学策略的运用方面，平均分数分别达到 1.45 和 1.40，肯定的回答率也分别达到 95% 和 90%，且标准差较小。也就是说，研学助教这一专业发展活动确实有助于教师学习新的教学理论，并在实践中加深了对理论的理解。同时，教师也能从专家那里获得教学策略并加以运用。

（2）心理目标。心理目标描述的是教师通过专业发展活动获得的技能、策略与行为。对此方面信息的探讨，既可以明确研学助教专业发展活动给教师带来改变的同时，也有利于指导和完善今后的专业发展活动内容、安排与组织。

表10 "研学助教"模式下教师学习之心理目标变化问卷统计[2]

| 序号 | 题目 | 均值 | 标准差 | "符合"率（百分比） | "不符合"率（百分比） | "不确定"率（百分比） |
|---|---|---|---|---|---|---|
| 1 | 在此研学助教过程中，你逐渐养成了教学反思的习惯 | 1.43 | 0.549 | 39（97.5%） | 0（0%） | 1（2.5%） |
| 2 | 教研中对专家给予的教学建议你会尽力在课堂上尝试 | 1.37 | 0.740 | 38（95%） | 0（0%） | 2（5%） |

教学反思是普通教师走向卓越教师，并成长为专家型教师的核心实践。由表 10 数据分析我们可以看出，本项教研活动确实帮助教师养成了教学反思的习惯，教学反思帮助教师对教育和教学进行再认识和再思考，并以此总结经验，在专家指导下，用理论解释经验并形成知识和实践智慧，进一步提升了教育和教学水平。本次调研中，39 位教师对此问题都给予肯定的回答，只有一位教师表示不确定，平均值 1.43，是一个较高水平。

研学助教活动对教师行为最重要的改变体现在课堂教学上。95% 的教师都表示，会按照教研中专家提供的教学建议在课堂上付诸实施、进行尝试，这是教师在教学上的转变，也是教师专业发展的重要过程。

（3）情感目标。情感目标是作为专业发展活动结果被培养对象所要形成的态度、信念和性向。这些目标可能是教师习得的新态度或信念，也可能是对以往态度或信念的更替。在情感目标这一面向，我们主要调查了教师对新教研的初始态度和最终认可。

表 11 数据显示，有超过半数（65%）的教师在刚开始的时候会认为专家的指导也有不适合本校实际情况部分，且均值达到了 0.88。教师对此新教研活动整体持肯定的态度。通过访谈我们得知，造成这个现象的原因有多种，一方面是由于部分教师开始时对新教研改革持抵触态度；另一方面，也是由于专家对该中学的教学现状没有充分了解和把

---

[1] 朱旭东. 论教师专业发展的理论模型建构 [J]. 教育研究，2014（6）：81-90.

[2] 曹旺. 专家引领下的"研学助教"校本教研模式的研究 [D]. 广州：华南师范大学，2016.

握，造成在指导过程中脱离了实际情境和现状，提出的建议或策略过于理论化、理想化。这一结果也提醒了我们，在今后的"研学助教"模式推广中，更要贴近项目实施学校的实际情况，扎根于具体实践，以量身定制方式进行有针对性的指导才能取得有效的成果。

表11　"研学助教"模式下教师学习之情感变化问卷统计①

| 序号 | 题目 | 均值 | 标准差 | "符合"率（百分比） | "不符合"率（百分比） | "不确定"率（百分比） |
|---|---|---|---|---|---|---|
| 1 | 你刚开始的时候认为，专家的指导也有不适合本校实际情况的部分 | 0.88 | 1.202 | 26（65%） | 7（17.5%） | 7（17.5%） |
| 2 | 研学助教活动开始阶段，你对教研活动的有效性存在质疑 | 0.93 | 1.318 | 30（75%） | 7（17.5%） | 3（7.5%） |
| 3 | 你认为此次研学助教活动促使你在教学上发生了一定的转变 | 1.58 | 0.594 | 38（95%） | 0（0%） | 2（5%） |

在对教研的初始态度方面，教师也直白地表明了最初对新教研活动有效性的质疑。75%的教师确实质疑过新教研活动的有效性，这是影响教研顺利开展的一个重要障碍，是巨大的挑战与需要克服的困难。但另一方面，对"你认为此次研学助教活动促使你在教学上发生了一定转变"的数据分析表明，对新教研模式最终还是给予了充分的肯定。95%的教师同意研学助教确实促使了教师在教学上的转变，这不仅仅是教学上的变化，也是教师对新教研有效性情感认知变化。

3. 组织支持和变化

古斯基认为，只有同时强调个人学习和组织的变化，以及强调他们的互相支持，才能使得被培养者取得的成绩不会被另一方不断出现的问题所掩盖②。组织支持和变化这一面向的信息有助于我们记录下与成功相伴随的组织状况，或者有助于我们描述那些为什么没有取得重大进步的原因。对组织支持和变化的评价内容包括：组织政策、资源、时间上的保证、校长的领导和支持、合作支持、管理者的领导和支持等。

通过对组织支持和变化表12的内容数据分析得知，教师对学校组织给予的支持持充分肯定和赞许的态度。在组织政策方面，92.5%的教师认为学校能将研学助教活动和计划与学校的任务目标设置的相一致；在资源方面，学校也能帮助教师在新教研中提供有效信息和资料（均值1.52，处于较高水平）；同时，在合作支持方面，97.5%的教师认为同事间能够互相学习，为彼此提供教学建议。

① 曹旺. 专家引领下的"研学助教"校本教研模式的研究［D］. 广州：华南师范大学，2016.
② GUSKEY T R. Professional development and teacher change［J］. Teachers and teaching: theory and practice，2008，(3)：381-391.

表12 "研学助教"模式下教师学习之组织支持和变化问卷统计①

| 序号 | 题目 | 均值 | 标准差 | "符合"率（百分比） | "不符合"率（百分比） | "不确定"率（百分比） |
|---|---|---|---|---|---|---|
| 1 | 研学助教活动和计划与学校的任务目标一致 | 1.47 | 0.816 | 37（92.5%） | 1（2.5%） | 2（5%） |
| 2 | 学校在你的研学助教活动中能提供有效信息和相关资料 | 1.52 | 0.751 | 36（90%） | 1（2.5%） | 3（7.5%） |
| 3 | 教师参加研学助教的时间得到保证 | 1.08 | 0.905 | 26（65%） | 8（20%） | 6（15%） |
| 4 | 学校领导能接受改进学校教学的政策和建议 | 1.33 | 0.944 | 34（85%） | 2（5%） | 4（10%） |
| 5 | 同事间会互相观摩学习，并提供合适的教学意见和策略 | 1.38 | 0.540 | 39（97.5%） | 0（0%） | 1（2.5%） |
| 6 | 校长和其他领导能积极参加到新教研活动中并鼓励他人学习 | 1.35 | 0.662 | 38（95%） | 1（2.5%） | 1（2.5%） |

但是，我们通过数据也看到了，教师精力在分配到研学助教的时间方面，尽管教师肯定了学校的支持，但教师还是期望学校能做得更多，付出更多的努力使教师参与新教研的时间得到有效保障。研究表明，校长作为学校管理者，通过课程政策、个人知识和道德力、鼓励与奖励等能直接影响教师的学习②。然而，在本次调查中，在"学校领导能接受改进学校教学的政策和建议"方面均值为1.33，"校长和其他领导能积极参加到新教研活动中并鼓励他人学习"选项的均值为1.35，相对其他选项的得分偏低，另有4位教师不能确定校长会不会接受学校教学的政策和建议。由这些数据表明，尽管教师对领导的支持予以肯定，但是校长及领导作为管理者的角色还需要做出更多的努力，如理解教师个人的学习需要，安排活跃的社会环境来激发学习，将鼓励和奖励及认可融入到环境中来激发个人学习，确保有足够的资源用以支持学习等③。

---

① 曹旺. 专家引领下的"研学助教"校本教研模式的研究［D］. 广州：华南师范大学，2016.

② 刘径言，吕立杰. 校长课程领导如何影响教师学习：兼谈教育管理者的 LCK ［J］. 外国教育研究，2013（2）：25-31.

③ ELLEN B G，JAMES P S. Measuring the Instructional Leadership Competence of SchoolPrincipals ［R］. New York：American Educational Research Association meeting，2006.

## 六、结论

本研究采用了事后问卷调查的实证方法对研学助教新型教研模式的效果进行了考察，同时，通过行动研究方法在项目的实施过程中构建起了"一课两段"教学模式。学生和教师的事后问卷证明，"一课两段"和"研学助教"确实可以起到改善学习促进教学的作用。笔者用高度概括性的短语表述该模式基本特征就是：先学后教，以学定教；重点难点，自学要点；疑点惑点，教学重点；一课两段，教研关键；合作学习，过程评价；专家指导，反思提高；同伴互教，人人达标。

需要提示的是，"研学助教"和"一课两段"模式在该校的数学、语文、英语、政治、物理、化学、历史、地理、生物九个学科开展，时间跨度为三年，覆盖全校所有学生和教师，是一项大规模和系统化的教学革新实践。正如前文所记述，这一实践的结果得到了全校师生的充分肯定和赞赏。在项目中期与教师座谈时，教师都提到了感激学校提供的机会促成了教师的专业发展，激发了他们对教育工作的热情，同时也唤起了学生对学习热爱之情，使得学生感到了学习更有意义，由此也改变了学校的文化与氛围，从此教研氛围日益浓厚，促进了从头痛医头和脚痛医脚的教研到有目的的系统化教研的转变，从单纯依赖专家到自己主动教研与专家引领相结合态度和行动的转变，从选定部分培养对象到全校科组推进的转变，从此科研兴校在校园内蔚然成风，促进了该校的教育发展，为此该校去年被评为所隶属市级教学改革先进单位。可以推论，这一新型模式可以在更为广泛的范围内加以推广和实施，借此期待该项改革成果可以为促进我国基础教育相同类型学校的教学改革和教师专业发展。

通过这一实践我们认识到，以坚实的教研为基础的教学改革，教研是改革的基础和保障，摒弃过去形式化的教研活动和教研内容及方式，回归到"教研是教学研究"的本意，教研不但要研究教材、教法及课程标准，还要研究学生的重要性。同时，该项改革还进一步证明了，传统的教师脱离开自己熟悉的职场，集中起来听讲义式的技术理性教师学习范式已经不适合于新时代错综复杂环境下教师学习。传统的技术理性教师学习范式，不仅耗费了教师大量时间于填塞与己无关的空泛理念和方法上，还会由于与自己经验毫无关联造成难以理解和无法将新理论运用于自己独特实践的弊端和困惑。相反，建基于专家进课堂范式下的研学助教实践凸显了与此不同的诸多优点和长处。如专家深入学校、走进课堂，感受该校的文化和氛围，通过座谈了解实际情况，制定有针对性的指导计划和教改方案，专家的指导是基于教师个人实践和经验的指导，是有针对性的；专家进课堂范式下的研学助教，打开了封闭式教研方式，避免了教研中的同质性问题，实现了教研的开放性和民主性。正是因为具备了这些符合时代特征和实践特质的独特要素，"研学助教"和"一课两段"才能被该校文化所认同，被教师所接受，才能产生实实在在的效果，这也从一个新的角度展现了专家进课堂范式的理论意义和实践价值。

# ICT 支持的教师实践性知识发展研究进展

华南师范大学教育信息技术学院　况姗芸　李颖　卢昀

华南师范大学附属中学　周致远

广东金融学院工商管理学院　周国林

**摘　要：** 教师实践性知识是教师在教学实践中运用有目的行动的知识，它是教师专业发展的重要知识基础，它直接影响教师的教学实践行为和教育理论及专业认同感，对教育质量的提升影响重大，回溯教师实践性知识研究有助于指导"互联网＋"时代教师实践性知识发展的理论与实践研究。文章全面回顾了教师实践性知识研究的路向，分析了 ICT 支持下教师实践性知识发展的有效途径与典型案例。最后，结合新兴技术的发展，展望教师实践性知识发展研究趋势。

**关键词：** ICT　教师　实践性知识

## 一、背景

教育大计，教师为本。自 1966 年 UNESCO 和国际劳工组织通过《关于教师地位的建议》，首次把教师教育工作规定为专门的职业以来，教师职业的专业化日益受到重视，教师专业发展成为全球基础教育领域发展中重要目标之一，教师实践性知识发展是教师专业发展的知识基础。2010 年以来，教育部陆续推出"中小学教师国家级培训计划""全国中小学教师信息技术应用能力提升工程""一师一优课，一课一名师"等项目，促进中小学教师专业发展，提高基础教育质量。伴随时代进步，以"跨界连接、创新驱动、优化关系、扩大开放、更具生态性"为特征[①]的"互联网＋教育"将对教师教育，特别是教师实践性知识发展带来新的机遇和挑战，亟待深入研究。

---

本文系教育部社科研究基金项目课题"MDOC 学习社区构建的动力机制与策略研究"（课题编号：14YJA880028）、广东省教育体制综合改革专项项目"信息技术促进广东欠发达地区义务教育均衡的创新机制与实践研究"和华南师范大学"在线开放课程"建设项目"移动学习的理论与实践"的研究成果之一。

① 秦虹，张武升. "互联网＋教育"的本质特点与发展趋向 [J]. 教育研究，2016，37（6）：8－10.

## 二、教师实践性知识的内涵与结构

### (一) 教师实践性知识的研究起源与发展

对教师实践性知识关注的研究，最早可追溯到杜威对理论与实践关系的论述，此后，学者波兰尼提出个人知识、舍恩提出"教师的专业是一种行动中的默会知识"、舒茨等人提出"未经检验的真实的日常知识"、斯腾豪斯提出"教育即研究者"等，这些研究都从不同视角探讨了理论与实践的辩证关系。19 世纪 80 年代初，以色列学者艾尔贝兹率先提出"教师实践性知识"，他认为实践性知识是教师以独特的方式所拥有和使用的知识，它有别于教师实践中被教师所知晓的知识[1]。加拿大学者康奈利等人提出"教师个人实践知识"，认为"实践性知识源自教师生活史的叙述，强调教师知识的个体性，反映了专业环境对教师实践性知识的塑造"[2]。在后续的研究中，学者逐渐转向聚焦于具体学科的教师实践性知识发展研究、教师认知的深层次研究和教师实践性知识评价的研究，研究工具趋于多样化，电子日志、概念图等被引入研究以捕捉教师实践性知识，研究视角开始关注通过转化性学习理论和关键事件分析教师实践性知识的发展路径，身份认同成为教师实践性知识研究的热点，研究方式更多重视团队合作研究，出现了专家——教师合作模式[3][4]。

我国学者在 20 世纪 90 年代中后期也开始关注"教师实践性知识"研究，较早展开研究的代表性学者有林崇德、叶澜、陈向明、钟启泉等，与之相关的概念有：教师缄默知识、教师个人知识、教师实践智慧等。后续，学者也开始关注学科教师的实践性知识和职前职后教师实践性知识的发展。

### (二) 教师实践性知识的内涵

国内外不同学者对于教师实践性知识的概念定义的视角各有不同，研究层面也各不相同，对于教师实践性知识的理解也各有偏差，但学者们普遍强调教师的生活经验和教学实践经验。2009 年，北京大学学者陈向明携同"教师实践性知识研究"课题组研究

---

① ELBAZ F. The Teacher's "practica knowledge": report of a case study [J]. Curriculum inquiry, 1981 (11): 43 - 71.

② CONNELLY F M, CLANDININ D J. Personal practical knowledge at bay street school [J]. Administrator role, 1982: 35.

③ 魏戈，陈向明. 教师实践性知识研究在荷兰：与波琳·梅耶尔教授对话 [J]. 全球教育展望，2015, 44 (3): 3 - 11, 34.

④ 陈柏华. 教师实践性知识研究：回溯与反思 [J]. 教育发展研究，2012 (8): 59 - 64.

者通过深入研究，将"教师实践性知识"定义为："教师通过对自己教育教学经验的反思和提炼所形成的对教育教学的认识，教师对其教育教学经历进行自我解释而形成经验，上升到反思层次，形成具有一般性指导作用的价值取向，并实际指导自己的惯例性教育教学行为，这便形成了教师的实践性知识。"① 这一定义高度关注了教师个体对自身教育教学经验和教学实践（包括个体自己的教学经验和经历，也包括个体亲历的间接经验）的解释和反思的价值。总的来说，国内外学者高度认同情境性的、个别化的实践性知识在教师专业发展和教学问题解决中的重要价值，赞同教师实践性知识的几个重要特征：①实践性与情境性。教师的实践性知识是一种情境知识，与教师的教学实践直接联系并服务于教学实践，是关于实践（on practice）、指向实践（for practice）并在实践中建构（in practice）的知识②。②个性化与互动性。实践性知识是一种个人知识，它与教师个人的生活史高度相关，体现个人全部生活经验和教学经验，反映个人的主观经验、情感态度与价值观。尽管教师的实践性知识是完全个性化的知识，但其是动态变化的，尽管个体不会完全复制其所处的社会群体的实践性知识，但会受群体成员的影响，动态发展。③动态性与默会性。教师的实践性知识是在丰富而鲜活的教学实践中生成的对教学实践的整体性认知，它是动态的，大多是隐性的默会知识，尽管实践性知识实质性地主导着教师在教学实践中的行为决策，但有时连教师自己也不能清晰而完整地表达其行为决策和个人判断的深层原因。

## （三）教师实践性知识的构成要素

关于教师实践性知识的构成，学者们也从不同视角进行了分析，斯坦福大学舒尔曼教授率先提出"教师知识包括内容知识、一般教学法知识、课程知识、教学内容知识、学习者知识、教育情景知识以及教育目的、价值、教育哲学和教育史方面的知识"③，为我们分析教师知识提供了一个分析框架。艾尔贝兹认为教师实践性知识包括自我认知、学科知识、课程知识、教学法知识、环境知识等，并认为这五类知识本身是静态的，但它们与实践的联系却是动态的。

我国学者陈向明认为教师实践性知识至少包括主体、问题情境、行动中反思和信念四个重要的构成要素，主体是教师自身，问题情境是教师面临的有待解决的实际教育问题，行动中反思是指教师必须采取行动来解决这个问题，形成"经验"，并对教师今后的教育教学具有指导意义，信念则是指教师的实践性知识虽然蕴含在这个整体的经验

---

① 陈向明. 对教师实践知识构成要素的探讨 [J]. 教育研究，2009（10）：66 – 73.

② 陈振华. 解读教师个人教育知识 [J]. 教育理论与实践，2003（11）：6 – 11.

③ SHULMAN L S. Knowledge and Teaching：Foundations of the New Reform [J]. Harvard educational review，1987（1）：1 – 22，57.

中，但可以被提升为一种信念，通过教师的后续行动被验证为"真"（可以不断视情况而调整），并指导教师的后续行动①。这四个组成要素之间相互联系，它们不能像理论知识一般脱离具体情境、行动和直接经验，以纯理论命题的方式呈现，也不能直接用语言传递，教师要亲历问题解决过程，才能体验到自己行动的采用方式和效果。

## 三、ICT 支持下教师实践性知识发展的路径

### （一）教师实践性知识的获取机制

教师实践性知识的一个重要特性是实践性，教学实践和教学经历是其获取的一个重要渠道。实践性知识无法简单用语言文字进行传授，但这并不妨碍人们通过观察、模仿、体悟、反思等方式进行学习，获得实践性知识。个体的内在学习机制决定了教师实践性知识的获取只能是学习者主动建构的结果，即教师实践性知识的获得主要不是通过有经验的教师或专家传授直接获得，而是由学习者在特定情境下，借助他人帮助，利用必要知识自主通过意义建构的方式获得。根据建构主义学习理论，外在情境、协作和对话等是完成学习教师实践性知识建构不可或缺的因素，学习者的个体情感、信念及价值观等直接影响实践性知识学习的效果。在实践性知识建构的过程中，学习者个体不是对学习对象的行为进行简单的经验模仿学习和条理逻辑分析，而是立足于个体实际，包含了他的以往经验、理论知识储备、心理预期（包括问题解决）、悟性和信念等，对他人的实践进行独立思考，并在对话互动中达成理解，教师实践性知识的拥有者成为被解读的对象和意义建构的帮助者，学习者的个体实际会成为教师实践性知识学习和获取的重要影响因素，并决定着意义建构和知识整合的水平程度。

### （二）ICT 支持下教师实践性知识发展的有效途径

依据实践性知识获得的机制，学习者可以借助一定的情境，通过与他人的协商和互动实现意义建构，教师实践性知识的获得需要一个长期的积累过程，在此进程中，日常积累、实践反思、交流互动能有效促进实践性知识的发展。在这一过程中，ICT 能创设良好支撑条件，主要表现为：①创设学习情境，再现教学实践情境，促进共享。在传统情境中，教师主要通过回忆反思自己的教学历程，通过观摩学习、"师徒"结对、集体备课等方式可以亲历本校或同一物理空间中不同教师的教学实践，发展个体的教学实践性知识。借助 ICT，学习者亲历的教学实践范围突破了时空限制，便捷回顾自己的教学

---

① 陈向明. 对教师实践知识构成要素的探讨 [J]. 教育研究，2009（10）：66-73.

历程，比较自己"所持的理论"与"使用中的理论"的差异，反思个人的理论行为，理性慎思个体使用中的理论，形成高层次的实践智慧。同时，个体可以轻易地分享到不同时空教师的教学实践经历，呈现各种教学问题情境，洞察其教学过程和策略，形成个体信念。比如借助在线的教师教学设计文稿、教学故事叙事、教学课件设计等资料，深入剖析，获得学科知识、课程知识、教学法知识等，结合个体的自身经验加以理解，获得实践性知识；再如，借助教学实况录音录像，学习者可以多角度、长时间、反复多次观察，深入揣摩，分析来自不同时空的教师的教学实践过程，反思教学主体对具体教学情境的处理策略与方法，分析其教学行为及效果，吸取其合理的教学信息与经验，内化为个体对于教学实践的认知与信念，并用以指导个体自身的教学实践。再如，借助教学实况影像数据库或共享平台，学习者可依据不同学习需求，将多个类似的教学情境录音录像进行对比分析，找出其中的异同点，分析其背后隐含的教学信念，体悟各种教学实践情境中不同教师对于具体问题的不同处理方法，主动建构个体的实践性知识并在后续的教学实践中验证它。②构建协商环境，引发群体协商互动，促进个体实践性知识建构。ICT 不仅为学习者创设了信息共享的有效条件，也提供了多种社会性交互技术和不同的交流协商平台，如 QQ、微信、博客、维基及各种在线学习社区平台。借助这些平台，教师们可以采取"合成自传法"，尽可能地收集其他教师教学实践的各种信息，回复教学实践的全方位信息，如通过综合教师个人空间中的教案、教学日记、课后小结等信息，全方位了解教学实践过程，并可以借助这些平台与不同教师展开交流互动，阐述各自对于具体的教学情境和教学问题的理解与处理技术，如教师根据学习者对象特征采取的学科内容的选取原因与处理策略、教师在具体教学过程中对教学媒体的选择策略、教师对学生学习效果回应的方式等学习知识与情境知识均将成为教师们进行交流互动的主题，在交流互动中，学习者结合个体自身的历史经验进行选择性注意与选择性解释，主动建构个体的实践性知识。③提供实践指导理论和即时反馈信息，助力教师思考，支持反思。借助网络和移动终端为学习者提供理论指导，借助数据采集技术及处理技术，即时采集教育实践中的专家及学生反馈信息，如利用影像自动采集系统即时采集教学过程中学生的抬头率，再如利用课堂教学管理系统即时提供学生的正答率，快速为教师提供教学反馈信息，促使教师对个体自身的教学实践展开反思，习得实践性知识。

## 四、视频案例分析策略及典型项目

### (一) 视频案例分析的实施策略与影响因素

在过去的 10 年里，世界各国不同学科领域、不同年级阶段的教师在其专业发展中采用视频案例观看的人数不断增加。视频被广泛运用在教师培训上，而数字化技术、视频处理技术和交互技术促进了视频案例观察与分析方法的应用，相关软件功能也越来越完善。视频案例分析本质是教学观念与实践的对话，视频案例分享有利于支撑教师群体"合作反思"，是教师实践性知识发展的一个重要途径。但是，简单地视频观看并不能确保教师学习，需要对其全过程进行认真策划。开展视频案例分析需要关注：活动目标、视频案例教学主体选择、视频观察活动方式和视频观看效果评估。

根据已有研究，视频案例分析活动目标可关注提升观看者的选择性注意与基于知识的推理能力（Sherin[1]，2014；Lefstein[2]，2011），Seidel 等（2013）提出促进反思、复制或杜绝相关教学实践行为应作为视频案例分析活动的目标[3]。

关于视频案例教学主体的选择，研究表明，教学主体主要包括：知名教师、不熟识的不知名教师、教学同伴和自身，不同的教学主体对于教师实践性知识发展有不同价值。观看知名教师的课堂教学视频有助于观看者获取优质的教学过程，丰富教学经验，但也可能给观者带来紧张感和遥不可及感。观看不知名教师的课堂视频活动的主要优势是它提升了专业实践分析方法的适用性。当教师们观看不知名教师的课堂实践时，其情感和动机参与度更高。然而，这类视频的主要限制是教育背景可能会与观看者的实际课堂经验相差甚远，故最终可能会减少它们的效力。若是观看同伴的课堂视频，观看者会引发他们对自己的课堂实践的不满意，但这类视频最主要的争议在于，鉴于多方面的原因，在职教师经常缺乏对他们同伴的专业实践的深入分析（Zhang 等，2011）[4]。倘若是观看自己的教学实践视频，观看者的投入感、共鸣、真实性和动机更强，他们会尝试聚焦他们教学实践中的关键点，进行描述和批判性反思，提升教学水平。

关于视频观看的方式，尽管技术提供了人们反复观看、变速观看、焦点观看等可能性，但研究表明，在实际应用过程中，观看者并没有充分利用技术。正如 Sherin（2004）指出的，教师观看视频过程中，视频并不能被适当播放和重放[5]。许多作者也建

---

① CALANDRA B, RICH P. Digital video for teacher education: Research and practice [M]. London: Routledge, 2014: 3 - 20.

② LEFSTEIN A, SNELL J. Professional vision and the politics of teacher learning [J]. Teaching and teacher education, 2011, 27 (3): 505 - 514.

③ SEIDEL T, BLOMBERG G, RENKL A. Instructional strategies for using video in teacher education [J]. Teaching and teacher education, 2013, 34 (1): 56 - 65.

④ ZHANG M, LUNDEBERG M, KOEHLER M J, et al. Understanding affordances and challenges of three types of video for teacher professional development [J]. Teaching and teacher education, 2011, 27 (2): 454 - 462.

⑤ SHERIN M G. New perspectives on the role of video in teacher education [J]. Journal of pharmaceutical sciences, 2004, 10 (74): 1 - 27.

议视频顶多观看三次以避免饱和效应，尽管一些研究强烈表明应该让教师想看几遍就能看几遍。更普遍的是，这些研究往往强调使用这种工具的技术潜力的重要性。

关于视频案例分析的效果，研究表明，其在提高教师实践性知识发展的动力，优化选择性注意和基于知识的推理能力、提高课堂实践效果方面有价值（Llinares 等，2009）[1]。Yung 提出视频案例分析中提升学习效果的策略：批判性反思、有意义的比较和有效讨论，明确了促进者的关键角色和利用视频媒体的活动中增强教师学习的视频选择的重要性[2]。

（二）典型项目

1. 美国的"Geography：Teaching with the Stars"项目

2012 年，美国地理教育基金会（NGEF）、教学技术服务商（AIT）格罗夫纳地理教育中心（Gilbert M·Grosvenor Center for Geographic Education）联合发起了"地理：跟明星学教学（Geography：Teaching with the Stars）项目"[3]，开发基于视频的教师专业发展工程。工程核心思路是通过视频展示"明星"教师在课堂将地理观点、概念和技能与相关教学、评价策略结合，提高学生理解和处理地理问题能力的优秀教学实践案例，构建在线工作坊，在每个群组中有一名促进者，负责组织地理教师观摩视频和辅助资料、阅读教学设计资料、开展评价、反馈及研讨，分享促进自身实践性知识成长。视频案例展示和观摩是项目的核心，展示片断包括五块内容：①向观察者介绍课程和课堂上所使用的教学方法（内容、课程、教学技巧）；②解释本节课的教学目标（解释他们所选的教学目标与已有的地理标准的联系）；③真实的上课情况（导入、开展和结束，尤其关注课堂中给出的教学内容和使用的教学策略）；④如何评价课程的预期结果（教师的评论、学生活动、学生反馈和所用到的评估工具的考虑、选择的原因、他们与预期课堂成果的关系）；⑤教师对课堂的反思（教师在课堂上使用的促进课堂教学的形成性评价策略）。此外，还会另外提供两个补充视频，教学法强化视频和内容强化视频。教学法强化视频通过导向性访谈的方式访谈导师视频中教师使用的教学法，让导师评价教师在课堂中使用的教学策略。内容强化视频主要是补充介绍教学中所需的地理知识。在线活动组织是本项目的另一个核心，活动进程通常包括四步：一是内容强化学习；二是课堂展示及观

---

① LLINARES S, VALLS J. The building of preservice primary teachers' knowledge of mathematics teaching: interactions and online video cases studies [J]. Instructional science, 2009, 37 (3): 247 - 271.

② YUNG B H W, YIP V W Y, LAI C, et al. Towards a model of effective use of video for teacher professional development [J]. International seminar, 2010.

③ 顾绍琴，布里希，布恩. 基于视频的教师专业发展新路径：以一项美国地理教师专业发展项目为例 [J]. 全球教育展望，2013 (10)：86 - 95.

摩学习；三是教学法强化；四是实践。其中，在课堂展示过程中，促进者会不断通过问题引导和推进教师的观察和反思，整个培训提供了从理论走向实践的可行路径。项目实施为学科教师实践性知识发展提供了一个成功案例。

2. 中国的"一师一优课、一课一名师"项目

为贯彻落实国家"构建利用信息化手段扩大优质教育资源覆盖面的有效机制"等重要文件精神，中国教育部于2014年7月始启动"一师一优课、一课一名师"活动，通过活动开展，力争使每位中小学教师能够利用信息技术至少上好一堂课，使每堂课至少有一位优秀教师能利用信息技术讲授。活动要求中小学教师在官网平台晒出自己的视频教学录像、教学设计文稿和相关教学材料，供全国各地教师进行观看和分析，同时，由各级教育主管部门组织专家对众多视频教学录像进行评价，评出优秀课例。项目启动至今已有3年，全国所有省市均组织教师积极参与本活动。截至2017年7月31日，在国家教育资源公共服务平台上，中小学教师共晒出视频教学课例1 270多万个，评选出"部级优课"近45 000堂。为进一步发挥这些视频课例的价值，促进全国中小学教师实践性知识的提升，自2016年始，教育部在晒课和评课的基础上，又陆续组织基于优课的教研活动，包括精彩微讲、在线会客室、专题分享等活动，立足项目平台，借助优质视频案例联通教学实践与教学研究，拓宽教师视野，启发教师思考，汇集教师群体智慧，深耕教学实践，研磨课堂教学，助推中小学教师实践性知识发展，提高教育教学质量，项目在全国产生了极大的影响力，创造了一大批优秀视频课例，塑造了一大批优秀师资，提升了全体教师的教学实践能力，促进了中小学教学质量提升。

## 五、构建在线教师学习共同体策略及典型项目

### （一）构建在线教师学习共同体的实施策略与影响因素

教师专业发展主要有3种模式：课堂教学实践的"工艺"模式、专家培训模式和互动模式[1]。随着网络和移动通信的日益发展，学习变得更加开放，教师在工作之余利用社交媒体与设备参与在线学习、移动学习、混合学习等已经逐步成为许多教师日常生活的一部分。借助在线社区和技术设备构筑在线学习共同体，促进教师对实践进行批判性反思，学习教学法、获取资源，探索教育理论，促进个人专业身份的转变，建立自信心和对专业的舒适度，创造和分享知识，发展集体智慧。

① SIKULA J. Handbook of research on teacher education [M]. London：Prentice - Hall，1996：666 - 703.

已有研究发现，在线学习共同体的规模差别很大，从几个人到几千人都有，有的教师同时会参与多个在线学习共同体。教师参与在线共同体的主要动机是获取资源、建议、新想法、专业化和获得情感支持，改变自身教学实践以提高学生成绩（Duncan，2010）①。Cranefield认为应该让教师互补性地使用多样化工具来满足不同需要，如论坛、博客等②。在发展在线学习共同体过程中，信任的培养很重要，它可以促进共同实践和共同体的成熟，其他关键要素是明确建立在线学习共同体的目标、集体认同、亲密关系及成果产出（Wenger，2011）③。

在教师在线学习共同体的构建和发展中，教师的认知性存在、社会性存在和教学性存在共同作用，共同影响共同体的发展。其中，认知性存在对于获取新知、学习技术和分析思维十分关键，教学性存在加强了合作和批判，社会性存在可以引发信任性合作（Holmes，2013）④。社交对于共同体的持续发展非常重要，同伴间的信任是影响成员参与共同体的最重要的社交因素，当根据相关工作问题和参与者获得的专业益处构建参与时，成员会认识到共同体的有用性，进而变得更积极，更愿意参与。同时，同伴能力、信息素养、数字化经验和个性都会影响与同伴间信任的培养，成员会倾向于依赖那些在特定领域有高完成度、信息素养高、经验丰富的成员，并与他们共享知识（Booth，2012）⑤。除了信任，成员满意度、社交个性和信心也会潜在影响共同体成员的参与度，成员满意度是由成员归属感、社交能力和工具支持互动的可获得有用性决定的，外向的教师和自信的教师更愿意与其他成员分享更多的知识，也能展示更高质量的成果而且更能从共同体呈现的知识受益（Davis，2015）⑥。从在线共同体中获得情感支持可以加强成员间的互动，增强成员对共同体的归属感。当然，通过设置挑战、建立共同目标及帮助教师理解共同体是他们可以自由表达想法和分享经验及观点的地方，也有利于促进成员间的合作。

① DUNCAN - HOWELL J. Teachers making connections: online communities as a source of professional learning [J]. British journal of educational technology, 2010, 41 (2): 324 - 340.

② CRANEFIELD J, YOONG P. Crossings: embedding personal professional know ledge in a comp lex on line community environment [J]. Online information review, 2009, 33 (2): 257 - 275.

③ WENGER E, TRAYNER B, DE - LAAT M. Promoting and assessing value creation in communities and networks: A conceptual Fiamework [J]. Ruud de moor centrum, 2011.

④ HOLMES B. School teachers' continuous professional development in an onlinelearning community: lessons from a case study of an e Twinning learning Event [J]. European journal of education, 2013, 48 (1): 97 - 112.

⑤ BOOTH S E. Cultivating knowledge sharing and trust in online communities for educators [J]. Journal of educational computing research, 2012, 47 (1): 1 - 31.

⑥ DAVIS K. Teachers' perceptions of twitter for professional development [J]. Disability and rehabilitation, 2015, 37 (17): 1551 - 1558.

影响实践社区成功的因素包括：共同利益和共享共同利益的目标①，社会互动与积极参与②以及分享与协作③。在学习共同体成员中，不少成员主要处于边缘性参与，他们倾向于使用共同体的信息与知识，而不是贡献信息，究其原因，主要与技术环境设计、有用性相关，研究者建议改善在线交流环境和参与者支持，使用简单、结构清晰、导航便捷的在线学习共同体对鼓励教师参与很重要，同时研究者建议将"为了合作学习交流"改为"实践观察和反馈"以提升教师实践，与教师的兴趣密切联系有助于促进教师参与，降低对社区环境的要求。

Wenger 认为，技术的扩展和在共同体中重塑关系是通过：①大组和细分小组的同时存在；②建立成员分级制；③不同程度的信息和知识开放④。El – Hani 等（2013）⑤ 提出一些将已知的参与障碍因素降到最低的策略，主要包括：鼓励被动成员变得积极，创设面对面交流情境，指定协调者领导和管理参与，增强教师数字能力，培养解决真实问题的能力，鼓励参与不同的小组和大型社区等。

## （二）典型案例

### 1. 美国的 Tapped In 社区项目

Tapped In 社区起源于 1997 年美国 NSF 基金支持下的支持在线教师专业发展的研究项目，它聚集了教育专业工作者、K – 12 教师、图书管理员、专业发展工作者、大学教师、学生和研究者等。Tapped In 是一个大型在线教育实践社区，人员数量最多时达到15 万人。社区为成员提供了讨论、共享文件、URL、聊天文本、事件日历、白板、笔记本、录音机等支持同步和异步交流合作的工具，可以满足师生对在线课程、工作坊、讲座、辅导项目和其他合作活动的需求，成员们在社区里学习、合作、分享和相互支持。社区最大特色在于提供生动、有趣的虚拟实境⑥，每个成员能在虚拟建筑物中成立并装饰自己的研究室、放置个人的资源供大家参观、做不同的动作和表情，甚至可以在研究

---

① HEWITT J. Toward an understanding of how threads die in asynchronous computer conferences [J]. The journal of the learning sciences, 2005, 14 (4): 567 –589.

② HENDERSON M. Sustaining online teacher professional development through community design [J]. Campus-wide information systems, 2007, 24 (3): 162 –173.

③ VRASIDAS C, ZEMBYLAS M. Online professional development: lessons from the field [J]. Education & training, 2004, 46 (6/7): 326 –334.

④ WENGER E, WHITE N, SMITH J D. Digital habitats: stewarding technology for communities [M]. Portland, OR: CPsquare, 2009: 250.

⑤ EL – HANI C N, GRECA I M. ComPratica: a virtual community of practice for promoting biology teachers' professional development in Brazil [J]. Research in science education, 2013, 43 (4): 1327 –1359.

⑥ 何英. 基于虚拟社区的中小学教师知识共同体构建的研究 [D]. 重庆：西南大学, 2008.

室养在线宠物。成员可随时进入社区参加在线会议、在线课程或其他活动，也可在研究室里做些自己想做的事、尝试新的教学方法，甚至可以让自己的学生上线进行学习活动。

2. 中国的在线实践社区（Communities of Practice，COP）项目

COP 是由首都师范大学王陆教授引领团队按照情境学习的基本框架设计开发的在线实践社区，其成员包括大学专家、中小学教师及助学者，主要面向教师专业实践领域和实践性知识，是一个围绕具体问题、解决方法以及观点的互动发展社区成员共同的实践，通过现场观摩、远程学习圈、高质高效的合作学习社、故事坊、工作坊、互助组等多种渠道将教师的工作场所与其专业学习进行联结，实现正式学习与非正式学习相混合的学习环境。在社区中，教师可以在线上传其教学视频影像，专家与助学者借助信息技术，对其教学实践行为进行系统分析，给出专业学习支持服务，引领教师作为反思者、交流者、研究者、行动者，改善个体教学实践行为，螺旋式发展实践性知识。项目自 2009 年启动以来，共有 13 个省 200 多所学校参与，累计受益教师 4 000 余名。

## 六、研究展望

伴随着网络技术、移动技术、大数据分析技术、云存储技术、智能技术、物联网技术等技术的飞速发展，传统情境下以校本"师徒"模式、集体备课模式为主要发展渠道的教师实践性知识发展途径将发生变化。未来，ICT 支持的教师实践性知识研究趋势主要呈现以下特点。

（一）研究视角：重视技术支持教师实践性知识发展研究的创新模式与策略

ICT 技术为跨界连接、优化关系及扩大开放提供了无限可能，教师实践性知识发展将涌现出一系列创新模式，包括远程认知师徒模式、多元互动反思性学习模式、共同体学习模式、泛在学习、混合学习、移动学习、个性化学习、小组学习等，知识管理理论将受到重视。技术支持下，具体实施策略包括技术支持下的学习组织策略、助学策略、环境创设策略、资源分享策略、互动策略、评价策略、行为改进策略等研究将被展开研究。物联网、大数据分析及人工智能技术对于教师课堂观察力和反思力发展提供有力的数据支持、数据分析服务，促进关键事件的发现，提升专业能力，加速实践性知识实现从隐性知识向显性知识的转化，再从显性知识转化为个体内化的隐性知识的转化性学习进程，建构专业信念和专业认同感，具体实施策略将有待深入研究。

（二）研究方法：重质的研究与量的研究的相互结合，重视证据

借助 ICT 技术的支持，教师实践性知识研究与实践将不只依靠访谈、课堂观察和教

学资料，单一的质性研究将被质与量相结合的研究方法所取代。网络日志、在线朋友圈、在线平台中的大量过程性信息将为研究提供量化证据，思维导图、概念图、知识地图等可视化工具的应用和效果评估将日益受到学者的重视。

（三）研究内容：研究领域的细化趋势与领域交叉研究丰富的趋势并存

已有研究发现，职前教师、新入职教师和经验丰富的教师的实践性知识发展会呈现不同的特点，不同学科教师的实践性知识发展亦各有特性，但已有研究对这些具体的特点研究并不深入，相对而言，针对不同从业阶段，特别是职前教师的实践性知识发展研究更为丰富，针对具体学科教师的实践性知识发展相对单薄。未来，借助技术支持，不仅可以继续深入细致地分化领域开展研究，而且各领域间的交叉研究也将会更加丰富，研究者会突破各种界限，探索不同群体间集体智慧增长的途径与特点。

（四）研究团队：研究团队组成将更趋于呈现多领域合作特点

未来，研究团队将一改单由研究者构成的特点，改由中小学教师、研究者、技术支持者、助学者等不同领域的成员共同组成，各司其职，共同促进教师实践性知识发展。

鉴于对教师实践性知识发展趋势的分析，在未来实践中，研究者要注重利用技术创设条件，关注利用资源学习、课例观摩、经验反思、量化分析等策略促进个性化学习，利用学习共同体、协作反思、激励竞争、角色扮演等策略促进小组学习，利用校际交流、区域协作等策略促进群体学习，为教师提供认知支持、情感支持和学术支持，加速教师实践性知识发展进程。

# 让虚拟照进现实：互联网时代乡村教师
# 专业发展的生态学分析

华南师范大学网络教育学院　武丽志

**摘　要：**乡村教师作为中国教师队伍的重要组成部分和相对薄弱环节，始终备受关注。要形成《乡村教师支持计划（2015—2020 年)》提出的"下得去、留得住、教得好"局面，就必须营造一个适合乡村教师生存、适于乡村教师发展、适宜乡村教育改革的新生态。文章采用生态学的方法分析了乡村教师在传统生态中的困境，以及互联网时代虚拟生态为乡村教师专业发展带来的契机，进而提出了让虚拟照进现实，构建促进乡村教师专业发展混合生态的六大策略。分别是：高度重视，提高认识；立足县区，服务地方；打破平衡，促进发展；研训结合，混合施训；开放包容，协同创新；常态发展，持续提升。

**关键词：**教师专业发展　乡村　生态学　虚拟

## 一、引言

乡村教师作为中国教师队伍的重要组成部分和相对薄弱环节，始终是党和国家领导人、"两会"代表的牵挂。据统计，目前全国有 300 多万名乡村教师，他们既是基础教育的脊梁，也是农村孩子成长的园丁[①]。加强乡村教师队伍建设，不仅是党和国家的意志，而且是民意所向，也是具体落实习近平总书记提出的"从战略高度来认识教师工作的极端重要性"[②]的重要举措。

国家高度重视乡村教育事业，国务院办公厅于 2015 年 6 月正式印发了《乡村教师

---

本文是广东省哲学社会科学"十三五"规划 2017 年度资助项目"基于 U－R－S 的乡村教师常态化混合研修模式与协同发展机制研究"（课题批准号：GD17CJY10）的阶段性研究成果。

① 柯进. 如何"留住"300 万乡村教师？［N］. 中国教育报，2017－04－25（1）.

② 习近平. 做党和人民满意的好老师：同北京师范大学师生代表座谈时的讲话［N］. 人民日报，2014－09－10（2）.

支持计划（2015—2020 年）》，拟定了战略目标，并出台了八大主要举措，为逐步形成乡村教师"下得去、留得住、教得好"的局面奠定了政策基础。要实现"下得去、留得住、教得好"，就必须有一个适合乡村教师生存、适于乡村教师个体及群体专业发展、适宜乡村教育改革发展的生态环境。长期以来，乡村教师专业发展可谓十分乏力。基础薄弱、机会缺失、交流闭塞，使得本来就起点不高（甚至不尽符合要求）的乡村教师在日常繁重的工作、生活中疲于奔命，处于低水平、缓慢（甚至停滞）的专业发展之中，严重滞后于国家整体教师队伍（特别是城镇教师队伍）发展。基于此，让乡村教师迅速走出专业发展困境，进而让乡村孩子获得更优质的基础教育，已经成为我国教师教育领域亟待解决的问题，直接关系着我国基础教育的整体发展质量与水平。

从生态学的视角研究乡村教师专业发展问题，具有很强的适切性，能以更开阔的视角，在广阔的时空中分析教师的专业发展，并提出切实可行的措施。[①] 但整体而言，此类研究目前还并不深入，可以借鉴的思路、方法、案例不多，作为对教师专业发展理论研究的重要补充和有益探索，值得关注。

## 二、传统生态：乡村教师专业发展之困

乡村教师专业发展的生态系统是一个具有自然生态系统和人工生态系统双重特性的复杂生态系统。根据生态学理论，生态系统中的生物成分为生态主体，而其余非生物的成分为生态环境。[②] 在没有互联网之前，乡村教师的专业发展发生在一个相对封闭的系统之中，其生态结构以人为核心，相对简单。

（一）乡村教师传统生态的构成

同所有生态系统一样，乡村教师专业发展所处的生态系统包含了生态主体和生态环境两部分。由于当前我国教师队伍建设、管理以县（区）为基本单位，绝大多数乡村教师尚未与县（区）之外建立联系（特别是长期、稳定和实质的联系），因此本研究主要以县（区）为单位来进行分析。

1. 生态主体

生态主体包括生态系统内的所有生物成分，通常从物种、种群、群落三个层次来划分。在乡村教师专业发展的生态系统中，主要存在着教师物种、管理人员物种、教研人员物种和培训讲师物种。教师物种是在乡村学校（也包括教学点）和城镇学校从事一线

---

① 张进良. 面向信息化的农村教师专业发展的生态学思考 [J]. 电化教育研究, 2010 (6)：24 - 28.
② 曾祥跃. 网络远程教育生态学研究 [D]. 广州：华南师范大学, 2011.

教学工作的教师，他们共同组成了教师种群。管理人员物种包括县（区）教育局、学校行政人员等，他们共同组成了管理人员种群。教研人员物种主要是县（区）教研室和学校专职负责教研工作的教师，他们共同组成了教研人员种群。培训讲师物种是在各类培训工作中为乡村教师授课、辅导的授课教师，他们共同组成了培训讲师种群。

以上种群在一定时间内聚集在县（区）这一特定地域或生态环境中，就构成了群落。在这一群落中，还有一些居于次要位置的物种（种群），分别是学生、家长、教师家人等，他们也会对乡村教师的专业发展产生一定的影响，但相对较弱或不够直接。

2. 生态环境

乡村教师专业发展的生态环境主要包括关乎自身发展、学校发展、教育发展的政策环境（国家政策、省市政策、县区政策、学校政策等），地域文化环境（如一些乡村尽管贫困但有兴师重教的传统文化，一些乡村具有包容开拓的海洋文化等），物理环境（如学校及当地校舍建设、教师宿舍建设、教育技术装备等），心理环境（如乡村教师所在学校营造的教师专业发展氛围、鼓励改革创新的氛围、和睦或紧张的共事氛围等）。

（二）乡村教师传统生态的特征

乡村教师专业发展的传统生态建立在现实的客观世界之中，较之城镇等经济发达地区存在明显差异，对教师个体及群体的专业发展十分不利，主要表现在以下几方面。

1. 稳定而少变

乡村教师专业发展的传统生态系统构成要素（特别是生态主体）非常稳定。无论是教师，还是管理者、教研人员、培训讲师都变化不大，缺乏新鲜血液的注入。对一个乡村教师个体来说，其接触的人主要是自己学校的老师们、县（区）教研室的学科教研员、教师进修学校的讲师们和并不多见的行政部门管理者。偶尔也会有从县（区）外请来的专家、名师授课，但乡村教师由于教学任务繁重并不一定能够脱身去学习并接触。

2. 趋同而少异

在乡村教师专业发展的传统生态系统中，个体之间的差异较小，水平差距不大，这也使得县（区）内教研等活动处于"萝卜炖萝卜"的窘境。因为缺少外部差异化的刺激，乡村教师个体容易安于现状，以简单重复的方式进行工作。当然，差异并非完全没有。以偏远教学点的乡村教师为例，其专业发展生态中，与自身教学水平具有一定差异的生态主体主要来自中心校和城镇学校。

3. 简单而少增

在乡村教师专业发展的传统生态系统中，能够影响个体专业发展的人很少，甚至少之又少。对于一个教学点的乡村教师来说，其日常可以接触的其他教师不过 1~2 个，最多不超过 10 个。甚至有的教学点长期只有一位教师在坚守。尽管县（区）教育局组织的教师招聘每年都在进行，但具体到一所学校，受到编制等因素限制，教师增量严重不足，特别是优质教师增量不足。多数师范大学特别是优秀师范大学的毕业生希望留在城市至少是城镇工作，而不是下到乡村。

基于以上特征，加之乡村教育外部压力小、竞争少、发展动力不足，乡村教师自身发展愿望不强、驱动力不足、途径缺乏，使得乡村教师较之城市、城镇教师长期处于基本满足需求，甚至多是刚刚能够表面应付教学的低水平发展阶段。这样的生态环境进一步影响了教师"新鲜血液"注入乡村教育，虽然生态能够达到平衡，但处于恶性循环之中。

## 三、虚拟生态：乡村教师专业发展之机

伴随互联网等信息技术的发展和迅速普及，乡村教师的专业发展迎来了新的契机。乡村教师专业发展依赖的生态，也从传统的现实生态演变成为现实与虚拟相混合的新生态。基于互联网的虚拟生态为乡村教师专业发展打开了一片全新的天地。在这片天地中，乡村教师与外界之间的藩篱被打破，世界触手可及。与传统现实生态相比，影响乡村教师专业发展的虚拟生态更为繁荣和精彩，主要表现在以下三个方面。

（一）生态主体更加丰富

同样的物种、种群和群落在影响乡村教师专业发展的虚拟生态中获得新的内涵，并得以极大丰富。

1. 教师物种（种群）

在虚拟生态中，可以与乡村教师平等交流的教师物种进一步丰富，相应的教师种群也庞大起来。一方面，乡村教师可以与传统现实生态中的同校、同县（区）教师在互联网上进行同步或异步交流；另一方面，乡村教师通过参与远程培训、网络教研、各种正式或非正式在线学习及交流活动，可以认识来自全国各地（甚至国外）的同行教师。此外，通过基于网络的数字化资源（如中央电教馆组织的"一师一优课、一课一名师"项目遴选的优质资源），乡村教师可以便捷、低成本（甚至零成本）观摩到各种类型学校、各种风格教师的授课。这使得乡村教师由相对孤立走向了广泛联合。

2. 管理人员物种（种群）

在虚拟生态中，管理人员可能是传统生态中的教育行政管理部门负责人员，也可能是虚拟社区的管理员、网络研修工作坊坊主。较之传统生态，虚拟生态中的管理人员服务更加个性化、人性化和常态化。关乎乡村教师切身利益的工作问题、福利问题、生活问题、学习问题，通过网络都可以获得及时的信息和支持。这打破了乡村教师在传统生态中信息不对称的弱势地位，为乡村教师更有效地获得支持提供了可能。近年来，伴随

教育大数据和人工智能的发展，在线学习系统事实上承担了一部分管理人员的角色，能够更加及时、准确、针对性地为乡村教师学习提供反馈和指导。

3. 教研人员物种（种群）

在虚拟生态中，教研活动能够轻松打破学校和县（区）的界限，从而实现了教研人员物种的丰富。以利用手机直播技术开展教研为例，来自各个地方的专家、教研员、教师可以共同关注同一个课堂、同一个教学问题。西藏米林县小学语文教研组组长曲桑在应用手机直播开展教研活动后，深有感触，他认为："农村学校的老师很少有机会能得到专家的点评指导，这样的机会很难得。专家的点评诊断能有效提升农村教师的教学能力，而远程诊断这一形式也使得这种指导可以常态化地进行。"①

4. 培训讲师物种（种群）

在虚拟生态中，优质培训师资极大丰富。即便是身处偏远山区的乡村教师也可以实时或非实时聆听国内一流学者的讲座或课程。无论是大学教授，还是教研员、一线教学名师都可以作为培训讲师进入到乡村教师的虚拟生态。这在传统现实生态中是无法想象的。基于虚拟生态，乡村教师与城市（城镇）教师在学习、交流方面的差距迅速降低。优质的师资培训资源、教育教学理念得以快速、准确地送到每一所乡村学校。

（二）生态环境更加复杂

乡村教师专业发展的虚拟生态尽管在互联网等技术出现之后才逐步形成，且目前还尚不成熟和完善，但已经焕发出了勃勃生机。对于乡村教师个体来说，影响其专业发展的虚拟生态核心是基于互联网的虚拟社区。这一环境与现实生态中的政策环境、文化环境、物理环境、心理环境息息相关，又相对独立。既包含了开放的公共空间，又包含相对私密的学校空间、个人空间。以基于国家教育资源公共服务平台的专题教育社区为例，每一个社区都是一个在线学习社区，具有主题性、设计性、活动性、融合性和共享性等特点，是由不同地区对某一专题知识感兴趣或从事专题问题探究的专家、教师、学生、家长等聚集而成，开展学习活动的学习共同体。②

由于网络社区服务提供的主体不同，乡村教师在互联网上通常拥有多个相对独立的空间，如学校的校园网络系统、当地的教育资源服务平台、国家教育资源服务平台、培训机构的在线学习平台、公众社交类社区（如 QQ 群、微信群、论坛社区、直播平台等）。这些虚拟空间有些专门服务于教师，有些面向社会大众，因此其构成的生态环境

① 孙蓉菲. 网络教育学院搭建手机移动数据云助力教育援藏 [EB/OL]. (2018－04－25)[2018－06－03]. http://news.scnu.edu.cn/17898.
② 蔡耘，曾祥翊. 国家精品专题教育社区案例与评析 [M]. 北京：中央广播电视大学出版社，2017.

异常复杂。乡村教师在虚拟生态中,面临着不同价值观、人生观、世界观的诱惑和挑战。这些外部刺激可能对乡村教师产生积极的影响,也可能产生消极影响。这就要求乡村教师必须具备对各类信息的收集整理加工能力和较强的辨识评价应用能力。

(三)生态平衡更有利于教师的可持续发展

传统现实生态中,乡村教师作为个体,基本处于被动的信息和能量输入地位,其他物种(如管理人员、教研人员、培训讲师)在与教师物种的接触中,以更高姿态(如领导、专家)出现,并进行信息和能量的输出。但处于被动之中的乡村教师不一定具有强烈的内部发展动机,因此,信息和能量流动并不一定产生预期效果和较大价值。

但在虚拟生态中,乡村教师的主体性、选择性、自主性更强。乡村教师不但可以通过网络获取信息和能量,而且可以展示自己的课堂、课件、观点、心得等,因此乡村教师不仅是信息和能力的输入端,也是输出端,从而变得更加活跃,这对于教师的专业可持续发展十分有利。此外,在虚拟社区中,乡村教师可以构建自己的个人空间,并在空间中实现对外部信息、资源、服务的有效聚合。这是以乡村教师个体为中心的个性化空间,与自身的专业发展需求保持高度一致。

## 四、让虚拟照进现实:构建促进乡村教师专业发展的混合生态

毫无疑问,身处互联网时代,乡村教师已经或主动或被动地处于现实生态与虚拟生态相互融合、交相呼应的混合生态之中。无论是拥抱,还是抵制,每一个乡村教师都无法抗拒互联网时代的到来。让虚拟照进现实,乡村教师专业发展将迎来前所未有的发展契机。结合以上基于生态的分析,现就构建乡村教师专业发展的混合生态提出以下建议。

第一,高度重视,提高认识。作为乡村教师队伍建设的管理者,要高度重视信息技术对促进乡村教师专业发展,缩短城乡教师能力差距,实现乡村教师"弯道超车"的重要作用和重大意义。同时,要充分认识到促进教师专业发展的两个生态(现实生态和虚拟生态)缺一不可。两手抓,两手都要硬。特别是要重视互联网时代的教师专业发展问题,构建有利于教师专业发展的虚拟生态,为乡村教师提供更多便捷、适用的学习资源和学习工具。

第二,立足县区,服务地方。鉴于我国教育行政管理的现状,乡村教师专业发展的布局应以"县(区)"为单位进行统筹规划。县级教育行政管理部门要充分发挥主体作用和承上启下的衔接作用,构建有利于当地乡村教师专业发展现实生态和虚拟生态。现实生态中,要发挥好"教师—学校—区域"的点线面带动作用;在虚拟生态中,要积极

引入外部资源（专家资源、课程资源、支持服务资源等），为本区域教师专业发展所用。

第三，打破平衡，促进发展。生态学将生活在人为创造的适宜环境中的作物一旦离开精心照料就会失去生存能力的现象称为"花盆效应"。乡村教师由于过去长期工作于封闭或半封闭的环境之中，与外界特别是发达地区教育发展脱节，因此在互联网面前极易出现"花盆效应"，表现出种种不适，甚至对外部新理念、新模式不以为然、消极抵触。因此必须主动打破平衡，采取渐进式推进的方式，引导乡村教师关注自身及外界发展，接纳新事物，接受新挑战。

第四，研训结合，混合施训。乡村教师要想获得专业发展，必须不断加强自身专业学习，特别是要善于利用互联网进行学习。从教师培训机构来说，就是要设计有效的培训课程。在课程设计中也应关注两个生态，将线下学习与线上学习相结合，将培训学习与教学研究相结合，将自主学习与合作学习相结合，将理论学习与实践应用相结合，努力实现乡村教师"研训用"一体化。①

第五，开放包容，协同创新。乡村教师专业发展的混合生态离不开各类机构和个人的广泛参与，因此无论是一个县（区）的教育管理者还是教师个体都要抱着开放的胸怀，积极接纳并整合外部力量，努力实现在服务乡村教师专业发展方面的协同创新。特别是要在联合区域教师发展中心和中小学的基础上，积极整合师范大学、教师培训机构的力量。师范大学拥有教师教育学科和专业优势，具有基础教育改革创新所需要的新理念、新模式、新思路。教师培训机构则在技术创新、运维管理、资源整合和支持服务方面具有独特优势，能够提供专业化的服务。

第六，常态发展，持续提升。乡村教师专业发展没有终点，更不可能一蹴而就，是一个贯穿教师整个职业生涯的漫长过程，因此服务乡村教师专业发展的教师研修或教师培训必须常态化。当前，以项目为单位的培训组织模式因缺乏连续性和针对性而具有明显局限，不利于个体及群体的教师专业发展。教师专业发展是持久战，而不是运动战。立足长远、稳步发展、持续提升是乡村教师专业发展生态的基本特征。

---

① 武丽志，曾素娥. "研训用"一体的教师远程培训内涵及实践观照 ［J］. 现代远程教育研究，2015 （4）：66－72.

06
—
职业教育信息化

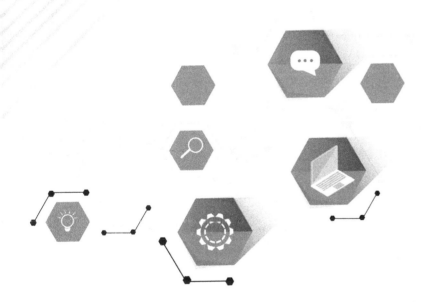

# 新理念　新资源　新方法

## ——提高职业教育信息化应用成效的几个关键要素

北京电化教育馆　潘克明

**摘　要：**人类进入互联网时代是不可逆转的发展趋势，发挥物联网技术与思维的优势，通过融合创新，创建"互联网＋职业教育"的职业教育发展新形态，是当前我国职业教育信息化十分重要的任务。本研究重点探索人为（学校领导和教师）层面上如何提升职业教育信息化应用成效，从新理念、新资源、新方法三方面剖析职业教育信息化应用成效的三个关键要素，即人文要素、资源要素和方法要素，旨在为职业教育信息化发展的研究提供理论与实践价值。

**关键词：**职业教育信息化　新理念　新资源　新方法

2015 年 5 月 23 日，UNESCO 与中国政府在青岛召开了国际教育信息化大会，习近平总书记 2015 年 5 月 22 日为大会写来了贺信。在《致国际教育信息化大会的贺信》中总书记指出："当今世界，科技进步日新月异，互联网、云计算、大数据等现代信息技术深刻改变着人类的思维、生产、生活、学习方式，深刻展示了世界发展的前景。因应信息技术的发展，推动教育变革和创新，构建网络化、数字化、个性化、终身化的教育体系，建设'人人皆学、处处能学、时时可学'的学习型社会，培养大批创新人才，是人类共同面临的重大课题。"究竟怎样面对和解决"人类共同面临的重大课题"呢？习近平总书记指出："人才决定未来，教育成就梦想。中国愿同世界各国一道，开拓更加广阔的国际交流合作平台，积极推动信息技术与教育融合创新发展，共同探索教育可持续发展之路，共同开创人类更加美好的未来！"

"积极推动信息技术与教育融合创新发展"，既为基础教育探索和解决"人类共同面临的重大课题"指出了明确的方向，也为职业技术教育指出了明确的方向、任务和方法。

2015 年 3 月 5 日在十二届全国人大第三次会议上，李克强总理首次提出"互联网＋"行动计划，李克强总理指出："互联网＋"代表了一种新的经济形态，指的是将互联网的创新成果深度融合于经济社会各领域之中，提升实体经济的创新力和生产力，形成更广泛的以互联网为基础设施和实现工具的经济发展新形态。

通过融合创新推进职业教育的信息化，必须研究和掌握三个基本要素，即人文要素、资源要素和方法要素。这其中，人文要素是核心，资源要素是保障，方法要素是路径。当然，在推进教育信息化的进程中，硬件是必不可少的要素，也需要认真地研究、设计与创建。但是，因为本研究将重点从人为（学校领导和教师）操作层面上，探讨如何提升职业教育信息化应用成效的问题，因此，并未涉及硬件问题，只是从新理念、新资源、新方法三方面，来剖析影响职业教育信息化应用成效的相关要素。

## 一、推进职业教育信息化的人文要素

人文要素一般指一定社会系统内外文化变量的函数，文化变量包括共同体的态度、观念、信仰系统、认知环境等。这个定义比较抽象，针对职业教育，我们可以将职业教育信息化的人文要素理解为：推进教育信息化所必须具备的信息技术的意识、素养、理念、智能形态的技术能力等。

### （一）树立信息技术的意识

《国家中长期教育改革和发展规划纲要（2010—2020 年）》曾明确指出："信息技术对教育发展具有革命性影响，必须予以高度重视。"在 2015 年 5 月 22 日《致国际教育信息化大会的贺信》中，习近平总书记讲得更加明确、具体，他指出："当今世界，科技进步日新月异，互联网、云计算、大数据等现代信息技术深刻改变着人类的思维、生产、生活、学习方式，深刻展示了世界发展的前景。"2015 年 5 月 23 日国际教育信息化大会通过的《青岛宣言》也明确地告诉全世界："信息技术可以改善学习途径并使之多元化，提高学习质量。"习近平总书记的重要论述，以及我国政府和国际社会对教育信息化影响与作用的高度重视与由此而产生的紧迫感，要求我国职业教育的领导和教师，必须牢牢树立：信息技术是科学技术、是生产力，我们已经进入互联网时代，必须利用互联网技术和互联网思维，从教学理念、内容、模式、方法和评价等方面，形成以互联网为基础设施和实现工具，对教师的教与学生的学产生革命性影响，培养具有互联网思维、知识、技能和素养的互联网时代新人的发展教育新形态的意识。

信息技术奇才乔布斯曾提出"为什么信息技术改变了几乎所有领域，但却唯独对学校教育的影响小得令人吃惊"的"乔布斯之问"，反映的是一种具有震惊力和紧迫感的感慨与呼吁，也是要求我们树立起教育信息化的意识，发挥信息技术的优势，促使教育发生"革命性"的变化。

### （二）提升教育信息化的素养

素养是指一个人的修养，与素质同义。从广义上讲包括道德品质、外在形象、知识水平与能力等方面。

信息素养主要包括信息意识、信息知识、信息技能和信息道德。信息素养是当今社会每个公民所必须具备的基本素养，也是职业教育系统的领导和教师必须具备的基本素养。

我们应通过信息技术的学习和实践，尽快树立互联网、云计算、大数据等现代信息技术将深刻改变人类的思维、生产、生活、学习方式，是人类发展的强大动力的意识。对于职业教育的领导和教师，是否形成了信息意识，主要看：在信息技术学习与应用过程中，是否逐渐形成了主动、积极、持久地学习和应用信息技术的兴趣、愿望和行为。

信息知识是指与教育信息技术发展与引用有关的具体知识，包括：①掌握信息技术的概念和特征；②了解信息技术的发展历史；③了解计算机的组成和工作原理；④掌握常用的计算机操作系统；⑤了解网络及网络的基本知识；⑥了解、掌握常用信息媒体的技术特征；⑦了解信息技术发展的前沿技术，如云计算、大数据、应用平台、移动终端设备、蓝牙、云存储、物联网等。对于职业教育，还应特别了解虚拟现实、虚拟仿真、可穿戴技术和3D打印。信息技术知识的认知目标，应根据每个人的实际需要，分为知道、初步了解、了解、深入了解等层级，不可一概而论、统一标准。

信息技能是指通过信息技术的学习和实践，逐渐掌握信息的获取、存储、传递、呈现、加工和处理的技能，既使之逐渐成为自己学习、工作和发展的工具，又使之成为组织、指导、帮助学生学习的工具和方法。这些技能主要包括：①熟练掌握和应用常用数字媒体的技能；②搜索、选择、下载、设计、制作、整合、交流优质教育教学资源的技能；③运用深度融合理念进行教学设计的技能。

信息道德是指为保证人们更加有效地使用信息技术而必须自觉遵守的道德伦理规则。在利用信息技术学习和实践过程中，领导和教师必须率先带头遵守相关的法律法规，尊重他人隐私权、软件知识产权和版权，不相信、不传播谣言和不良信息，不观看和不传播具有色情和暴力色彩的不健康节目，不攻击他人网站。同时，也要在教育教学过程中，自觉且不断地对学生进行信息道德的教育，使他们迅速形成信息道德意识，养成遵守信息道德的良好习惯。

### （三）掌握现代教育教学改革的新理念

现代教育教学改革新理念的核心观点是：以学生为主体，以教师为主导，以学习主体参与的互动为主要教学活动，以促进学生的发展为基本目标。这一核心理念，不仅对于基础教育具有指导意义，对于职业技术教育也具有时代性的指导价值。

这些新理念要求我们的教师努力做到：由重传授知识向重促进发展转变；由重"教"向重"学"转变；由重"结果"向重"过程"转变；由单向传递知识向多向交流转变；由异质同步教育向差异性教育转变。主导行为由"显性"向"隐性"转变；由居高临下向平等融洽转变。

我们还要将教育改革的新理念和信息技术融为一体，创建智慧教育的职业教育发展新形态。智慧教育是在现代教育教学理念的指导下，利用智能化技术（特别是数字技术）构建智能化环境，既使教师能够进行灵巧、高效的教，又使学生能够进行轻松、愉快、高效的学；既满足学生的个性化需求，又能够促进学生全面发展。

## 二、开发和应用将信息技术的技术优势与职业技术教育的特征融为一体的数字化资源

从教育内容上看，职业教育具有"文化知识教育、职业知识教育和职业技能训练"融于一体的特征；从教育方法上看，职业教育具有理论与实践相结合、知识与操作相结合、自主协作与探究性学习相结合的特点。因此，职业技术教育必须根据这些特点，研发将这些特点与数字技术优势融为一体的数字化教育资源。

在过去的职业教育教学活动中，主要使用的是文本型资源（例如，教科书、挂图、练习册等）和物化形态的资源（例如，标本、实物、实验仪器、器械、操作工具和材料等）。这些资源，特别是物化形态的资源，是由职业教育的对象与内容的特征决定的。数字技术的发展，使得我们有一种新的、能够更好满足职业教育教学需要的新型资源，这种新型资源就是集文本形态的资源和物化形态的资源于一身的数字化资源。这些资源主要有以下三种。

（一）用以解决某一个教学重点的数字化资源——课件和专题性多媒体资源

职业教育的教学内容主要有两大类，一类是概念、原理、知识性的，一类是操作性的。数字化资源可以用来突出和突破这两大类教学中的重点和难点，使教与学的效率更高、质量更好。这类资源必须具有以下特点。

1. 知识性

紧扣认知领域的教学内容，实现认知领域的教学目标。例如课件《河流地貌的发育》，先通过长江流域水流图和视频，引发学生思考"长江是我们的母亲河，但各段的河流两岸的地貌却不一样，这是为什么呢？"导入新课。然后利用文字表格，黄果树瀑布、长江三峡和刚果河的图片，荆江及李白诗歌《早发白帝城》的视频等资料，为学生提供了观察、思考的材料，帮助学生了解"下蚀""溯源侵蚀""侧蚀"的概念和对地

表形态的影响，感受祖国的大好河山。

### 2. 较强的可操作性和互动性

数字技术的一个重要特点是互动参与性，职业技术教育的一个重要特点是可操作性。所以，职业技术教育的数字资源一定要通过互动参与性，增强学生的操作性。在课件《Flash 动画创作平台》介绍 Flash 动画中的引导层知识（分为智勇冲关、引概念、创情境、分任务、评作品、拓课堂和布作业等教学模块）、讲解逐帧动画、遮罩动画和基础动作脚本知识时，除提供了电子教案、视频等学习资源外，还设计了游戏闯关、学习竞标等多种学习方式，既可以充分调动学生的学习兴趣，又可以充分调动学生的参与积极性，使之在对课件的操作过程中，学习掌握巩固关于动画引导层的知识和技能。

### 3. 为学习者的思考性学习创造环境和条件

从人发展的角度看，思维能力是最为重要的能力。因此在职业技术教育的课件设计与应用中，我们一定要为学生的思维参与创设进行思考性学习的环境和条件。例如《图形联想与创意》，就通过大量作品的展示和案例分析，引发学生发现、归纳并逐步掌握联想创意的特征和艺术表现手法。又如《贾府环境下映射的社会背景》，就通过大量音视频资源，引起学生对贾府环境映衬下社会状况的思考。

### （二）用以突破某一个教学难点的数字化资源——微课资源

在教育教学过程中，教学难点不一定是教学的重点，但是教学难点不解决，教学的重点会难以掌握，教学的目标也难以实现。因此，在职业技术教育的资源建设中，我们也必须重视突破难点的微课资源的建设与应用。

微课资源是围绕单一的、严格定义的知识（技能）点，用音视频形式呈现的、一般长度在 10 分钟以内的教学资源。微课视频一般用于解释知识点的核心概念或内容、方法演示、知识应用讲解等。根据课程标准设计制作的、由若干个知识（技能）点微课资源构成的系列微课资源，即成为微课程资源。

微课视频资源一般由：①微视频；②教学设计；③目标达成检测设计构成。例如动漫专业微课《遮罩动画》，在设计制作时，首先要进行包括教学内容、教学目标、教学对象分析、教学重难点分析、设计意图、教学过程在内的教学设计。教学设计是微课资源设计、制作与应用的根据，同时也可以为学生的学习提供帮助。同时，还要进行由四阶段的效果构成目标达成检测设计：①看视频跟做《望远镜》动画；②仿照《望远镜》动画，做成六角形的孔，做出孔不动、背景图运动的效果；③尝试制作《万花筒》的效果，让多张图片在孔里变化；④做出多个遮罩同时运动的效果。"目标达成检测设计"的功能在于：对学生利用微课资源进行预学习的成效进行检测，以帮助学生发现问题及解决问题。

（三）学生创作的资源

在互联网时代，学生不仅仅是知识信息的接收者、获得者，同时，也是知识信息的创造者和提供者。在职业技术教育中，我们要善于组织学生创作和使用自己创作的资源。这些资源包括学生创作的动漫、网页、视频、平面艺术设计等。3D 动画作品《天生我才》反映了只有真才实学而不是靠文凭，才能在社会站住脚的认识；平面艺术设计《0 炭智能鼠标》是学生设计的一种环保的、多功能的、具有个性化特征和艺术造型的新型鼠标；主题网页《岱刻情未了》则通过大量的资源，向读者和游客展示了泰山的石刻艺术之美；微电影《慢时光》则提出了在当代人快节奏的生活中，需要慢节奏的休闲的旅游新理念。这些学生创作的作品，完全可以作为学习资源在教学过程中使用。

除了这些教学资源之外，在职业技术教育的教学过程中，还有许多其他类型的教学资源，如应用平台资源、开发工具资源、虚拟社区学习资源、虚拟现实资源等。

## 三、职业技术教育融合创新的新方法

积极推动信息技术与教育融合创新发展，是职业技术教育信息化发展的方向、任务和方法。

深度融合是指利用系统科学的基本原理，将两种或两种以上属于不同范畴但有关联的事物（如信息技术与课程、信息技术与学科教学），通过动态组合的方式融为一个整体，以使这个新的整体产生根本性变革的思想和方法。信息技术与教育教学的深度融合是指将信息技术既作为意识，又作为内容、工具、方法和手段，融于教育教学之中，以改变教师的教与学生的学，有效促进人的终身发展的理论与实践。

信息技术与教育融合创新是指在互联网时代，利用互联网技术和互联网思维，将信息技术作为学生的学习与认知工具，融于教师的教与学生的学的过程之中，以促进学生的个性发展和全面发展的教育教学理念、思想和方法。

教育部在《教育信息化十年发展规划（2011—2020 年）》"推进信息技术与教学融合"的条目中明确指出：建设智能化教学环境，提供优质数字教育资源和软件工具，利用信息技术开展启发式、探究式、讨论式、参与式教学，鼓励发展性评价，探索建立以学习者为中心的教学新模式，倡导网络校际协作学习，提高信息化教学水平。

根据目前我国职业技术教育学校数字化硬件环境的实际和职业技术教育具有实践性、操作性强的特点，我们应当发挥信息技术参与性强，能够强化学习主体的情感、操作行为和思维参与的优势，从以下几种方面实践和探索信息技术与教育融合创新的新方法。

（一）基于互动教室的互动教学方法

基于互动教室的互动教学方法是指在具有交互式电子白板、触摸一体机的互动式数字化教室里，充分利用这些媒体和技术的交互性特征，使得传统的讲授式教学模式，演变成具有自主性、合作性、探究性和虚拟特征的发展式教学模式。在进行教学设计和实施的时候，教师要充分发挥信息技术的交互性特征，从情感、行为和思维三个方面，为学生创设参与的环境和条件，努力改变自己的教和学生的学。例如，《广告策划》就发挥了白板调用资源丰富快捷的特点，利用大量的广告设计精品，激发了学生的学习和创作积极性。《图形联想与创意》则可使学生在对大量作品的观看和对案例的分析中，发现、分析、归纳并逐步掌握联想创意的特征和艺术表现手法。

在基于互动教室的环境中进行教学，一定要特别注意：要将教师利用互动媒体展示教学资源的操作行为，转变为学习主体的操作行为，使白板等工具不仅成为展示教学资源的工具，更要成为学生的学习和认知工具。

（二）基于个人终端的探究教学模式

个人移动智能终端具有个性化、移动性和互动性的特点，因此，在基于移动终端的教学中，教师应当充分发挥这些技术优势，努力做到：①指导学生学会利用网络搜索并获得多种学习资源，掌握利用资源来学习的方法。例如，利用手机登录网站，探索人工智能教学。②指导学生利用多种学习资源进行自主学习和协作学习。例如，在《嘉兴邮票设计》中，平面设计专业的教师就指导学生利用网络、摄影等多种方式，收集、研究与嘉兴有关的图片，艺术地再现了嘉兴的建筑与人文美。③指导学生利用计算机进行探究性和创造性学习。

在教学过程中，教师要通过多种多样的教学活动改变教与学的时空；要通过巡视和利用网络及时获得学生学习的反馈信息；要根据反馈信息进行有的放矢的教学指导。由于在基于移动终端的课堂教学过程中，集体化教学与个性化学习环境并存的特点，使得教师一定要将教学设计重点，从对"群"（班级）的学习环境设计，转移到对个别化学习环境的设计，为学生的主体参与和认知的内化创设更多的环境、条件和机会；一定要使多种教与学的方法融会贯通，一定要做到三屏（教师的电脑、学生的平板、交互式电子白板或触摸一体机）互动、相辅相成、相得益彰。

（三）基于微课资源的混合教学方法

微课是一种微视频教学资源，教学资源作为教与学的素材，是可以用于不同的教学方法和教学过程的。所以，基于微课资源的教学是一种混合式教学。在教学过程中，微课资源主要用于实现下面三个目标。

1．进行知识、概念和原理的讲解

例如《资金进入企业的核算》，就是在金融财务职业学校用于进行资金核算的概念和原理教学的。

2．进行操作示范和讲解

例如《用摇晃法调制鸡尾酒》，就形象、具体、清晰、准确地为学生们讲解和演示了利用摇晃来调制鸡尾酒"粉红佳人"的具体方法。学生可以通过这个微课视频，学习和掌握利用摇晃法调制鸡尾酒的方法。

3．进行知识与技能应用方法的讲解和引导

例如《护理基础——静脉注射》，在讲解了静脉注射法的原理、方法和作用之后，帮助护理专业的学生掌握静脉注射方法的微课资源。

由此可见，不管用什么样的方法进行教学，只要能够实现上述教学目标，微课资源都可以有效使用。这种教学的特点是：发挥微课资源教学内容集中、时间短、制作简便等特点，指导和帮助学生针对自己遇到或感兴趣的问题，利用多种资源进行自主、协作、探究性等认知内化的混合式学习。

（四）基于网络和多种资源的翻转课堂教学方法

英特尔全球教育总监布莱恩·冈萨雷斯（Brian Gonzalez）认为，翻转课堂是给教育者赋予学生更多的自由，把知识传授的过程放在教室外，让大家选择最适合自己的方式接受新知识；而把知识内化的过程放在教室内，以便同学之间、同学和教师之间有更多的沟通与交流。哈佛大学物理学教授埃里克·马祖尔（Eric Mazur）也讲过，由于新网络科技使知识的传授变得便捷和容易，教师应当改变教学模式，将教学的重心和时间放到第二步，简言之，就是要将"吸收内化"这一重要过程放在课堂里解决。他在2011年的研究中揭示：在课堂上，同伴间的互助教学能够促进知识的吸收内化，使学习的正确率增加一倍。而翻转课堂的实施正是顺应了这种趋势。笔者赞成他们的说法，同时也认为，职业技术教育的文化知识、思想品德、专业知识技能教育并行，学生个性化、差异性特点明显，使得翻转课堂的教学也将成为非常有效的教学方法。

在《VI设计》教学中，学生在课外，借助微视频进行企业视觉识别系统的自主学习。在课上，将有关收获、存在的问题与困惑拿出来交流和讨论，以进一步了解、掌握和应用企业视觉识别系统的基本概念及构成要素，进行VI设计与创作。在《汽车制动系统的构造与原理》的教学中，教师让学生在课外先进行自主学习有关汽车制动系统构造与原理的相关知识。然后，在课堂上，学生们通过自主的、小组的和全班的虚拟仿真实验、观看视频等学习讨论活动，内化并巩固所学知识。在《潮汕功夫茶》的教学中，教师没有要求学生在课外进行学习，而是在课程开始先通过课件为学生提供大量的数字化资源，让他们进行自主、协作学习；在对潮汕功夫茶形象理解的基础上，再进行讨论、操作、掌握、总结等学习。

实施翻转课堂的教学，课内外的"预学习"是基础。预学习：课前或课上教师讲新课之前，在教师指导下，学生所进行的自己选择学习内容，自己确定学习进度，自己确定学习方法的预备性学习。课外的预学习：在学习新内容之前，学生根据教师所提出的要求，在课外利用多种资源进行的自主、协作或探究性学习。课堂上的预学习指：课堂上在新课教学之前，学生根据教师要求开展的自主、协作和探究学习。无论是课外还是课内，在预学习时，学生既应记下自己的学习收获，以便在课堂上与同学交流；也应记下不太理解或有不同见解的问题，以便在课堂上请教和讨论。

翻转课堂的教学方法，并不是简单的教师"教"与学生"学"时空颠倒的教学，而是使课堂回归学习主体并成为学生认知内化的主渠道的教学理念和教学方法。

（五）创客的教学方法

"创客"是当前非常流行的网络新词，指那些能够利用互联网将自己的各种创意转变为实际产品的人。"创客活动"是指利用数字技术设计和创作的体现多专业综合应用和创客文化的教学与实践活动。

职业技术教育专业门类繁多、智能技术特点突出、实操性及创造性强的特征，使得"创客活动"大有用武之地。例如《太阳能声控节能灯》，就是针对普通的台灯要频繁地更换电池，不符合节能环保，且有可能造成二次污染的缺点设计的。该台灯以竹子为基本材料，以"巴吉度犬"为造型，通过太阳能电池板将太阳能转换为电能。《旅行伴侣》则是针对出差旅行所携带的行李箱带来的诸如拖动行李箱的劳累、寻找行李箱的麻烦、防盗等诸多问题设计的。这种新型拉杆箱具有手机控制、拉杆收缩、自动跟踪（箱跟人或人跟箱）、代步乘坐等功能。

影响提高职业教育信息化应用成效的因素有很多，本研究只讨论了理念、资源和方法三个问题。在我国教育信息化已经推进了 15 年的历程和基础上，对于职业技术教育的教育信息化，这三个问题是关键的要素。

# 以虚拟仿真技术助推职业教育信息化发展

## ——以广州工程技术职业学院为例

广州工程技术职业学院　张彦忠　王世安

**摘　要：** 本研究分析了当前职业教育信息化建设存在的突出问题，通过虚拟仿真技术与职业教育实训教学的深度融合，解决了实训教学中高成本、高危险、高污染、难看见、难进去、难再现、难操作等问题。同时以虚拟仿真技术的应用为例，提出了保障职业教育信息化建设可持续性的机制，提升了职业教育信息化应用水平，助推了职业教育信息化的发展。

**关键词：** 虚拟仿真　职业教育信息化　分层递进　职业院校

## 一、职业教育信息化面临的问题

《教育信息化十年发展规划（2011—2020 年）》正式发布以来，职业教育信息化的各项工作取得突破性进展，在基础设施建设、资源开发、技术培训、教学与管理应用等方面成效显著。[1]但在职业教育信息化推进的过程中，也面临一些亟待解决的问题。

### （一）信息技术与职业教育教学融合不够

职业院校为了提升信息化水平，投入了不少资源进行诸如"慕课""微课""翻转课堂"等的教学改革，开发了大量的数字资源和网络课程，但职业教育主要是培养学生的职业技能，信息技术在职业教育技能培养方面的融合度远远不够。[2]一是信息技术在解

---

本文是广州市教育局、广州市教育基金会 2017 年市教学成果培育项目（高等教育类）"高职课堂'理论、虚拟仿真、实践'三层次递进教学模式改革与实践"的阶段性研究成果。

① 任友群，郑旭东，吴旻瑜. 深度推进信息技术与教育的融合创新［J］. 现代远程教育研究，2016（5）：3 - 9.

② 蒋锦健. 信息化平台下高校教育信息化建设与教学管理的创新发展［J］. 中国成人教育，2017（5）：41 - 43.

决高职实训教学中的"三高四难"（高成本、高危险、高污染、难看见、难进去、难再现、难操作）问题方面应用不够广泛，没有充分体现信息化的优势；二是在职业技能考核和个性化导学方面，未能充分体现职业教育信息化的优势。如果能充分发挥信息化的优势，不论实物仪器设备有多么笨重，都可以装在笔记本电脑或移动终端中随时带到任何一个地方，使用很灵活。并且，在学校安排学生实验或实训时，也很方便，教师上课演示也达到前所未有的便利。同时，学生在课余时间可以根据自己的情况进行自主的实验或探索学习，也方便学生在任何场合进行协作学习，对提高学生学习积极性和学习效果具有不可忽视的作用。

（二）职业教育信息化资源建设缺乏保障

职业教育信息化资源建设的有力保障便是人才。当前职业教育信息化仅仅注重实现教育手段、教育过程的信息化，而忽视了学生的信息素养能力、教师的信息技术应用能力、管理者的信息技术领导力的培养与提高，导致学生不能适应数字化的自主学习环境，教师不能利用信息技术提高课堂教学质量，管理者不具备对其学校信息化建设进行整体规划与设计的能力，使职业教育信息化水平得不到整体提升①，特别是不能很好地获得满足教学需要和适合学生特点的信息化资源。

## 二、虚拟仿真技术与职业教育的深度融合

虚拟仿真技术是基于虚拟现实的仿真技术，VR 作为战略性新兴产业和高技术服务，在为客户提供颠覆性模拟真实体验感的同时，也将对包括游戏、影视，甚至医疗、教育等领域带来革命性的影响。在此背景下，产业的发展也被正式写入《中华人民共和国国民经济和社会发展第十三个五年规划纲要》中，大力推进虚拟现实等新兴前沿领域创新和产业化，形成一批新增长点。在教育领域，VR 的应用也是如火如荼，2006 年教育部《关于全面提高高等职业教育教学质量的若干意见》指出：要充分利用现代信息技术，开发虚拟工厂、虚拟车间、虚拟工艺和虚拟实验；2011 年教育部《关于推进高等职业教育改革创新引领职业教育科学发展的若干意见》指出：推进现代化教学手段和方法改革，开发虚拟流程、虚拟工艺和虚拟生产线等，提升实践教学和技能训练的效率和效果；2013 年 8 月，教育部决定本科院校开展国家级虚拟仿真实验教学中心建设工作，目前已经建设了 300 所；2016 年教育部发布《高等职业教育创新发展行动计划（2015—2018 年）》，提出开展职业能力培养虚拟仿真实训中心建设。由此可见，虚拟仿真技术在职业教育领域

---

① 杨诚. 新时期加快职业教育信息化发展的对策建议［J］. 中国职业技术教育，2017（13）：93-96.

的应用，将有效破解信息技术与职业教育教学融合不够的问题。下面以广州工程技术职业学院（以下简称学校）为例，说明虚拟仿真技术与职业教育教学的深度融合。

学校根据开设专业的情况，在能实不虚、虚实结合的原则基础上，通过开发与引进相结合的方式，建设了一批虚拟仿真实训资源，与国内高职院校相比具有鲜明特色。

（一）基于大型虚拟仿真实训系统的资源

学校针对已经建设完成的五通道沉浸感的虚拟仿真实训平台和两面液晶可移动虚拟仿真实训平台，先后引进了基于DVS3D的汽车机械加工仿真系统、摩托灯罩模具拆卸仿真系统、汽车发动机拆装虚拟仿真系统、汽车变速箱拆装虚拟仿真系统、汽车整车拆装虚拟仿真系统、产品设计虚拟仿真系统等。通过红外追踪系统、数据手套、3D立体眼镜等开展实训，沉浸感较强，能比较真实地模拟现实中的情况，使学生获得很好的体验，从而培养学生的技能。

（二）基于网络的虚拟仿真实训资源

自主研发了多款基于网络的虚拟仿真实训资源，主要有：综合布线虚拟仿真实训系统、餐饮艺术摆台仿真实训系统、电子商务之虚拟商店仿真系统、校园消防安全虚拟现实互动仿真系统、《财务会计实务》课程三维岗位化仿真教学系统、广州市垃圾分类3D仿真游戏系统、校园虚拟场景漫游仿真系统、赛车与赛道仿真系统、3D物流快递虚拟仿真实训系统、贴片机虚拟仿真系统等。学生可通过网络使用这些虚拟仿真系统，不受时间和地点的限制，并且满足个性化学习的需要。通过反复地训练，达到提升实际操作技能的目的。

（三）基于桌面的虚拟仿真实训资源

针对学校机电工程系的数控和工业机器人两个专业，引进了数控机床虚拟仿真实训软件（如图1所示）和工业机器人虚拟仿真软件RobotStudio，用于数控专业和工业机器人专业相关实训，学生可以完成诸如数控机床的预编程调试以及机器人虚拟仿真中的"数据导入""路径生成""碰撞试验""在线作业""模拟仿真"等实训。

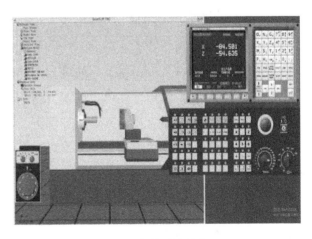

**图1　数控机床仿真**

### （四）360 度全景仿真资源

360 度全景仿真主要有两种形式，一种是类似谷歌街景的网页全景仿真，另一种是针对移动平台的全景仿真。先后自主研发了多款网页校园全景仿真软件，自主独立研发的移动平台 360 度全景教育软件系统（如图 2 所示），通过拍摄若干照片简单拼接后自动生成移动平台 360 度全景仿真 APP，可在移动平台安装应用，从而实现对各种真实场景、设备、人物等的360 度全景仿真。基于 HTML5 的 360 度全景仿真无须安装软件即可跨平台使用。

图 2　移动平台全景仿真

### （五）增强现实图书与教材资源

自主研发一系列增强现实图书与教材资源（如图 3 所示），将手机、平板等移动设备置于图书的指定位置，可以在移动设备上播放与内容相对应的文字、声音、图片、视频、动画等，从而给人以全新的体验，极大增强图书或图片的吸引力以及学生阅读的兴趣。

图 3　移动增强现实

### （六）可穿戴虚拟仿真教学资源

在虚拟现实领域，未来 2~3 年主流技术是可穿戴技术。可穿戴技术是指可以穿戴在用户身上的基于计算的设备，一般采用配饰的造型如项链、手环，甚至可以是鞋子和夹克等真实的衣物。可穿戴技术可以很方便地集成睡眠监测、运动记录、地理定位、社交媒体互动等工具，或者用来实现虚拟现实。

基于上述设备的虚拟仿真教学资源也是未来的发展方向，学校计算机仿真研发中心正沿着这一方向，开发基于移动设备的虚拟仿真教学资源、基于体感设备的虚拟仿真教学资源和基于头盔设备的虚拟仿真教学资源，将新一代信息技术不断应用于教学，目前已经针对虚拟头盔设备开发了光影设计虚拟仿真实训系统（如图 4 所示）、物流快递虚拟仿真实训系统、综合布线虚拟仿真实训系统、石油化工泵校准虚拟仿真实训系统（如图 5

所示)、激光焊接虚拟仿真实训系统(如图6所示)、会计岗位技能实训虚拟仿真实训系统、校园消防安全演练虚拟仿真实训系统等,用于相关专业技能实训,取得很好的效果。

图4　可穿戴头盔设备

图5　化工泵校准仿真器

图6　光纤激光焊接机仿真器

## 三、虚拟仿真实训资源建设的保障机制

要使职业教育信息化资源建设保持可持续性,仅依靠与企业的合作是无法满足需要的,必须建立有效的资源建设保障机制。①

(一) 构建从事产教融合的研发中心

学校于2012年创建了国内高职领域独有的计算机虚拟仿真研发部门——计算机仿真

---

① 许峰. 信息技术与高职院校教育教学深度融合系统化保障策略研究 [J]. 成人教育,2017 (11):76 – 79.

研发中心，专门从事虚拟现实仿真资源建设、教学与全校虚拟仿真实训环境建设。学校先后投入 600 多万元建成了五面虚拟现实仿真系统，配备了主动立体眼镜、红外定位追踪系统、数据手套等虚拟仿真设备，购买了惯性动作捕捉仪器、3D 显示器、英伟达主动 3D 眼镜、高端图形工作站、虚拟仿真头盔和虚拟仿真体感设备等。目前已经建立了一支专门从事 3D 建模、虚拟现实软件研发、增强现实软件研发和中心日常维护以及实训教学工作的团队，除了固定的团队外，充分调动学校学生资源，从相关专业择优选择有潜质、有钻研精神又能吃苦耐劳的学生到工作室勤工助学，参与虚拟仿真实训资源建设。

（二）构建产教融合分层递进的"传帮带"职业教学创新模式

学校根据客户或各系院相关专业的虚拟仿真实训项目需求，由研发中心、系院的教师或企业师傅将项目分解成三个层次的子项目。第一个层次的子项目可以安排给"一般学徒"完成，"一般学徒"具备了完成虚拟仿真项目研发或开展虚拟仿真实训的基本技能，可以胜任简单虚拟仿真实训工作；第二个层次的子项目可以安排给"高级学徒"完成，"高级学徒"具备了完成虚拟仿真项目研发或开展虚拟仿真实训的综合技能，可以胜任复杂虚拟仿真实训工作，并且可以指导"一般学徒"完成项目，他们可以通过企业资助或勤工助学等形式获得一定的报酬；第三个层次的子项目由教师或企业师傅完成，这个层次的子项目相对综合与复杂，教师或企业师傅在完成项目的同时指导"高级学徒"完成项目，通过项目化管理规定获取报酬。经过这样的分层递进方式，在培养学生职业能力的同时，也促进了教师能力的提升，完成的项目用于相关专业开展虚拟仿真实训，使虚拟仿真资源建设得到可持续发展。[①]

通过产教融合的分层递进式带徒工程，留下来的学徒已经成为基地的骨干力量，师徒结合先后完成了用于高校招生就业宣传和实际体验的"校园虚拟场景漫游仿真"软件、配合广州市垃圾分类推广工作开展的"广州市垃圾分类 3D 游戏"软件、用于中央财政支持专业——物流专业实训的"3D 物流快递虚拟仿真实训"软件、用于新产品展示和贵重设备演示的增强现实软件、用于校园安全警示教育的系列虚拟现实互动仿真软件、用于广州市重点专业——会计专业的"《财务会计实务》三维岗位化仿真教学系统"、虚拟 3D 电子商务展示厅、3D 仿真赛道、国家职业教育专业教学资源库建设项目——综合布线虚拟仿真实训系统等。并多次获得诸如全国第 16 届多媒体教育软件大赛一等奖，Unity 游戏设计创意大赛优选奖，第 17 届教育教学信息化大奖赛三等奖，第 18 届教育教学信息化大奖赛一等奖、三等奖等奖项，产生了较好的社会效益和经济效益。

---

① 王世安. 高职以工作室为基础的现代学徒制研究：以广州工程技术职业学院计算机仿真专业为例 [J]. 职教论坛，2013（27）：14–16.

## 四、结束语

虚拟仿真技术的不断发展，对职业教育教学模式的革命性影响已经凸显，职业院校数字化校园建设进入了新的阶段。虚拟仿真软件能准确、有效地化解职业院校学生进厂难、实习难的困境，学生能主动参与学习、实训以及生产全过程，颠覆了以往传统教学模式下学生只能听、只能看的被动局面。同时，我们应该充分认识到，虚拟仿真技术具有建设周期较长、技术要求高、建设资金投入大等特点，因此应根据自身情况，突出专业特色、校企合作特色，在建设过程中遵循兼顾社会服务、优先引入、慎重自建、边建边用、建用结合、开放共享的原则，积极借助社会力量，协同构建仿真实训环境，经济高效地为学生、教师提供虚拟仿真技术服务。

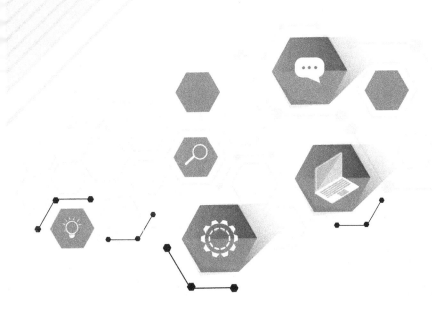

07
—
新技术支持的教育教学

# 利用人工智能技术推进信息技术与教育教学的融合创新

北京电化教育馆　潘克明

**摘　要：** 教育正迈向智能化时代，人工智能与教育的融合创新已成为未来教育变革的重要趋势。为了有效促进人工智能技术在教育教学中的应用，我们需要正确把握人工智能技术的内涵与发展脉络。在深入理解人工智能技术的基础上，充分发挥人工智能技术的优势。通过利用人工智能技术创设智慧学习环境、创新教育理念、设计技术手段丰富多样的教学活动等，提高教师教学的质量与效率，促进教师自身的专业发展；通过利用人工智能技术变革学生的学习方式，更好地促进学生的学习与发展；通过利用人工智能技术，帮助学校管理者实现高效管理。

**关键词：** 人工智能技术　教育教学　融合创新

## 一、引言

随着现代信息技术的飞速发展，人工智能（AI）成为当前信息化时代的关注热点。2017 年 7 月 8 日，国务院发布的《国务院关于印发新一代人工智能发展规划的通知》指出："当前，新一代人工智能相关学科发展、理论建模、技术创新、软硬件升级等整体推进，正在引发链式突破，推动经济社会各领域从数字化、网络化向智能化加速跃升。"[①] 最近，阿里云研究中心发布的《2018 年前沿科技趋势报告》指出，人工智能技术正以"前所未有的速度进入我们所处世界的各个方面，它具有极强的渗透力和相容性，可以同很多领域产生'化学反应'，推动这些领域产生跨越式的发展。这里面既包括工业制造、社会生活、智能设备，也包括生物医学、天文学、化学、物理学等科学研究领域"，"AI 和人类的关系将进入一个'人机混合 + 云上协作'的时代"。

在推进信息技术与教育教学融合创新进程中，《国务院关于印发新一代人工智能发

---

① 国务院. 国务院关于印发新一代人工智能发展规划的通知 ［EB/OL］. （2017 - 07 - 20）［2018 - 01 - 20］. http://www.gov.cn/zhengce/content/2017 - 07/20/content_5211996.htm.

展规划的通知》明确指出："利用智能技术加快推动人才培养模式、教学方法改革，构建包含智能学习、交互式学习的新型教育体系。开展智能校园建设，推动人工智能在教学、管理、资源建设等全流程应用。"①

## 二、人工智能的内涵与发展脉络

### （一）人工智能内涵

AI 是计算机科学的一个分支，它综合了计算机科学、生理学、哲学的交叉学科。凡是使用机器代替人类实现认知、识别、分析、决策等功能，均可认为使用了人工智能技术。②例如在利用计算机获取、呈现、传递、加工、处理信息时，所使用的就是人工智能技术。在我国，相当多中小学校的师生，早已经利用人工智能技术，组织、实施高质量、高效率的教育教学活动（包括管理）。AI 通过信息技术与教育教学的融合创新，已经逐步促进了对中小学教育教学具有"革命性影响"的"互联网＋"教育发展新形态的形成。

### （二）人工智能发展脉络

AI 发展初期，主要解决了利用各式各样的机器代替人来完成人类难以依靠自身的力量完成的危险性强、体力和时间消耗大、资源和资金消耗多的工作。可以说，最初的 AI 解决的是利用机器增强人的体能、提高工作效率等问题。

1889 年，美国科学家赫尔曼·何乐礼研制出以电力为基础的电动制表机，用以储存计算资料，使得 AI 具有了人脑存储信息的功能。1930 年，美国科学家范内瓦·布什造出世界上首台模拟电子计算机。1946 年 2 月 14 日，世界上第一台电子计算机"电子数字积分计算机"在美国宾夕法尼亚大学问世。1991 年英国爵士蒂姆·伯纳斯·李等人开发了万维网，提出了超文本传输协议（http）和超文本标记语言（html），实现电脑和所有人的连接、互动与共享。计算机和互联网的出现使得人工智能技术从解决人的自然力拓展和延伸的问题、解决人的大脑容量和信息的处理技术等问题发展到通过对思维的信息处理过程进行模拟，使人的思维能力得到拓展和延伸。从此，基于互联网的信息技术具有了帮助人类（甚至替代人类）进行有效思维的智能化特征。

人工智能技术已经发展到"和人类的关系将进入一个'人机混合＋云上协作'的时代"，为了充分发挥 AI 的优势，推进信息技术与教育教学的融合创新，需要不断体验、认真学习、深入探索人工智能技术在中小学教育教学应用的新模式、新方法。

---

① 国务院. 国务院关于印发新一代人工智能发展规划的通知［EB/OL］.（2017 - 07 - 20）［2018 - 01 - 20］. http://www.gov.cn/zhengce/content/2017 - 07/20/content_5211996.htm.

② 徐渊. 人工智能：万物互联时代运营商的新机遇［J］. 中国电信业，2017（4）：72 - 74.

## 三、人工智能技术在教育教学中的应用

### （一）利用人工智能技术提升教师的融合创新能力

教育部在 2018 年 4 月 13 日发布的《中小学数字校园建设规范（试行）》（以下简称《规范（试行）》）中，就教师在教学中的信息化技能提出了 10 项要求，如教师应"能创设恰当的、能促进教学目标达成的技术手段丰富的学习环境"；"能设计多样的信息技术支持的自主学习、测验评价等教学活动"；"能利用信息技术获取新的教学理念和方法，开展信息化教学设计"。从以上可以看出，利用人工智能技术可以帮助教师创设智慧学习环境、设计技术手段丰富多样的教学活动、获取新的教学理念和方法，以此提高教师教学的质量与效率，促进教师自身的专业发展。

1. 创设数字化、网络化的人工智能环境

数字化、网络化的人工智能环境主要包括硬件环境和软件环境。硬件环境如基于交互式电子白板和触摸屏的互动教室、基于互联网和移动个人终端的教室、基于 VR/VA 技术的教室、创客教室等，这些教学环境的特点是：基于互联网、支持人机交互、支持网络共享、支持主体参与。

数字化、网络化、智能化的软件和资源主要有：基于互联网的教学平台、基于互联网的学习平台、基于互联网的资源平台和解决一个主题内容的主题网页资源、有利于突出和解决教学内容相对单一的教学课件，以及有利于突出重点、解决难点的微课资源等。这些平台和教学资源的特点是：基于互联网、便于获取和共享、具有较强的互动性和参与性、资源形象生动便于学习和理解。

2. 获取新的教学理念和方法

在我国中小学的教育教学中，基于上述数字化、网络化、智能化的教学环境和教学资源而深度融合的教学方法主要有：基于多媒体互动教室的教学方法；基于互联网和移动个人终端的个性化和探究性教学方法；基于反馈信息的精准教学方法；以信息技术应用为重点的、具有很强实践性和创造性特征的创客教育的方法。例如，教师利用大数据平台可以获得高中生学习数学知识的正态分布柱状图。通过这个柱状图，获得学生学习情况的宏观反馈信息，使教师能够针对这些反馈信息，采取有的放矢的教学方法，实施精准教学。

简言之，数字化的智能技术能够帮助教师在现代教育理念的指导下，创设数字化、网络化、智能化的环境，获取与应用形象直观、互动性强的数字化资源，设计信息技术优势明显的教学活动，有效提高教师的教学效率与质量，更快更好地促进学生的发展。

### （二）利用人工智能技术促进学生的学习与发展

在《规范（试行）》中，对学生信息技术学习的态度、思想意识和利用信息技术进行学习的方法与技能，一共做了 14 条规定。从这些规定中，我们可以看到人工智能技术在教学过程中，主要起到了帮助学生学会利用信息技术来更加有效地学习和帮助学生更好地进行社会实践和创造性学习的作用。

在中小学校，人工智能技术对学生的学习与发展的促进作用，主要由"感受—学习—探索"三个阶段构成。

"感受"是指：在人工智能技术创设的教学环境中，如基于 VR/AR 的虚拟现实和增强现实的课堂，学生可以通过情感、操作行为和思维参与，体验和感受人工智能技术给自己学习带来的变化，从而激发起他们学习、应用人工智能技术的兴趣和积极性。这种"感受"，要由教师在"以学习者为中心"的教学理念指导下，通过数字化教学环境、数字化教学资源和支持学习主体参与的教学设计来实现。

"学习"是指：在调动学生学习兴趣和积极性的基础上，教师应组织和指导学生进行人工智能技术的学习。例如在学习有关电磁波知识的过程中，一名学生针对人们对电磁波认识与应用的疑惑，制作相关网页。在这个网页中，学生利用调查研究、文献研究、实验、数据分析等方法，阐述了什么是电磁波，分析了电磁波的应用与危害，还对中学生避免电磁辐射提出了建议，介绍了学校所开展的防电磁辐射的科普活动。

近 20 年我国中小学的大量信息技术教育成果以及大量中小学生利用信息技术创作的作品已经强有力地证明：中小学生已经具备了将信息技术作为学习与认知工具的能力，能够利用人工智能技术更好地实践和学习。

"探索"是指：学生在对人工智能进行体验、感受、学习的基础上，通过各种创作、展示、交流、竞赛活动，应用所学知识解决学习、生活与社会实践中遇到的问题。例如：针对盲人出行不便的问题，有学生设计出"多功能盲人拐杖"。这根智能拐杖利用互联网和物联网技术，不仅能够为盲人引路、指引盲人躲避障碍物，还能够在盲人发生事故（如跌倒、摔伤）时，将盲人准确的位置发送给他的家人和急救中心，使盲人得到及时的救治。还有的学生针对我国空巢老人的问题设计了"空巢老人看护理系统"，这个系统由 pc Duino 设备、木板床、齿轮传动结构、同步带传动结构、摄像头、心率采集传感器、安卓平板、老人端 APP、子女端 APP 等部分所组成。老人躺在床上可以通过APP 来辅助起床、推送桌子、与子女通话、查询心率信息，子女也可以通过 APP 实时查看老人的状态（包括视频查看与心率状况的查看）。针对购物中心停车位紧张的问题，有学生设计出"小区空闲车位分时出租系统"，这个系统可以实时地将购物中心周边小区的空闲车位的位置、数量，以及收费标准显示在小区外的显示屏上，人们可以根据自己的需要选择停车的地点。

因此，中小学生的信息技能和素养，不是仅仅靠我们的号召、要求和教学就能够提高的。在推进人工智能教育的时候，我们必须"利用智能技术加快推动人才培养模式、教学方法改革，构建包含智能学习、交互式学习的新型教育体系"，为中小学生搭建学习、展示、交流人工智能技术应用成果的平台，激发和保持他们的学习积极性，增强他们创作的自信心，激励他们展示的自豪感。

（三）利用人工智能技术实现高效管理

在推进教育信息化的进程中，中小学校的管理者必须认识到"信息技术对教育发展的革命性影响，理解教育信息化发展方针"；必须具有"利用信息技术优化学校管理，提升办学水平和教育质量的意识"和"不断学习新知识和新技术以提高自身管理水平的意识"。在此基础上，还应当重点提高自己"组织编制学校信息化发展规划、信息化规章制度和应用方法""引导、规范广大教职工应用信息技术，优化管理流程、提高管理效率""推动教师利用信息技术创新教学模式，提高教育教学质量""利用信息技术营造优良育人氛围，防范不良信息对学生的负面影响""利用信息技术构建和谐的家校合作关系，开展有效的家校协同教育""对学校信息化建设进行全方位评估与诊断，不断优化设计、持续改进"的能力。

# 四、结语

总之，在推进教育信息化的进程中，人工智能技术将成为中小学领导、师生学习、实践、研究和应用的重点。在实践中，我们应在前一阶段信息技术与教育教学深度融合的基础上，把握人工智能技术"和人类的关系将进入一个'人机混合＋云上协作'的时代"的特点与趋势，通过融合创新探索人工智能技术促进教育教学革命性变革的新模式和新方法。

# 以慕课促进优质教学资源建设与应用

深圳大学教育信息技术研究所　傅霖

**摘　要：**本研究简要回顾了国内外优质教学资源建设与发展的基本状况，并以精品课程建设为例指出了国内优质教学资源建设当中的问题，重点分析了在线教育的最新发展形态——MOOC，阐述了其基本特征和重要意义，及对优质教学资源建设与应用的促进作用，最后提出了构建慕课生态圈的若干建议。

**关键词：**慕课　优质教学资源　在线教育

## 一、国内外优质教学资源建设简要回顾

2001 年秋季，美国麻省理工学院启动网上免费公开课程项目（简称 OCW），揭开了在线教育发展的序幕，成为教学资源建设史上的标志性事件。之后，全球许多大学都开放了自己的网络公开课，在线教育如雨后春笋般地在全球呈现爆发式增长，至 2012 年，一种新的在线教育形式 MOOC 应运而生，出现了三大知名的 MOOC 平台，分别是 Coursera、Udacity 和 edX，这也是教学资源建设史上另一个标志性事件。随后全球有大大小小 80 多个 MOOC 平台陆续兴起，掀起了 MOOC 建设的热潮，可以说 MOOC 是伴随着信息技术的飞速发展、网络带宽的快速提升和各种移动终端的出现，尤其是视频技术和富媒体技术的长足发展而必然出现的产物，是优质教学资源建设的大势所趋。

我国的教学资源建设与应用主要经历了从多媒体课件到网络课件，从课件到积件，从微课到慕课，从教学资源库到课程平台建设等几个阶段。教育部自 2003 年起就在高校开展了类似于 OCW 的精品课程建设工程，目的是使广大教师和学生能够方便、快捷地享用优质教育资源，促进高等教育教学质量不断提高，至 2009 年已批准国家精品课

本文系深圳市科技计划项目"基于深圳云计算公共服务平台的网络教学应用示范工程"（项目编号：JSYY20120614160045873）；广东省教育科学"十二五"规划课题"云计算环境下的数字化教育资源服务模式与应用创新研究"（项目编号：12JXN061）的阶段性研究成果。

程 3 146 门，其中普通本科课程 208 门，并由此累计带动起省级精品课程超过 1.5 万门，目前，国家精品课程资源中心已经收集各级各类精品课程 15 508 门，全部课程对注册用户免费开放共享，精品课程可以说是具有中国特色的教学资源建设与应用模式，也取得了较丰硕的成果。

2013 年国内开始加入到 MOOC 建设的行列中，先后上线了不少知名的 MOOC 平台，如学堂在线、MOOC 学院（果壳网）、中国大学 MOOC（爱课程网）、智慧树、超星慕课、知途在线、UOOC 在线、好大学在线、华文慕课等，还有一些类 MOOC、泛 MOOC 平台，如网易公开课、新浪公开课、腾讯课堂等，这些平台提供免费或者商业化的服务，也相继进入了快速发展期。国内已经组建的高校 MOOC 联盟影响比较大的有上海高校课程中心、中国东西部高校课程共享联盟、全国地方高校 UOOC（优课）联盟等。

## 二、优质教学资源建设和应用的主要问题

优质教学资源的建设和应用，本来是一件非常有意义、值得大力推动和推广的事情，但后来的实践证明，过去有一些声势浩大、投入巨大的优质教学资源建设和应用项目并没有达到理想中的效果，原因何在？笔者以精品课程建设为例，分析其中的主要问题，有以下几个方面。

### （一）缺少统一的课程平台

由于当时网络条件的局限，网络平台技术还不够成熟，在有限的带宽上浏览视频捉襟见肘，各级精品课程缺少统一的课程管理平台，导致教师团队都把主要精力放在制作课程网站上，而没有放在课程内容建设和教学设计本身，同时由于课程团队平时都有繁重的教学科研任务，因此，也没有足够的精力和时间来维护网站，加上网络技术和网站制作本来就是学科教师的短板，网站的稳定性、安全性、成熟度和升级改造都没有办法保证，不可避免地造成课程网站的质量和维护管理跟不上，也就自然而然地影响了应用的效果。

### （二）课程内容不完整

精品课程内容不完整，没有要求系统化，当时主要是为评选需要，所以课程资源普遍建设得不够完善，没有要求将全部课程内容放进网络，只要求有 3 位以上教师的课堂录像就行了，虽然也鼓励了教师将全程的课堂录像都放在网上，但能做到的课程非常少。

### （三）教学视频缺少碎片化处理

教学视频没有进行碎片化处理，还是一节课 45 分钟的传统教学模式，且基本上是课堂实录，没有对视频进行后期加工和处理，或者仅仅是简单加工，导致视频课程制作的质量不高，对学生的吸引力不够，不能激发学生的学习兴趣。

### （四）缺少系统化的教学设计

精品课程成了课件、教案、习题库、教学大纲、教学视频等资源的堆砌，缺少系统化的教学设计，没有将学习进程进行合理的安排，没有学习反馈，不能满足学习需要，学习效果无法保证。

### （五）忽视在线教学服务

忽视了在线教学服务，仅仅强调课程资源免费开放，虽然学习者可以在网上免费浏览众多课程资料，但很多学习者却不能坚持下来，学习过程中如果遇到了问题，没有教师及时给予解答，学生之间也缺少讨论的氛围，网站中的论坛往往发挥不了应有的作用。

因此，发挥课程平台的作用，实现从免费开放到在线教学服务的转变，为学习者提供持续性的在线教学服务，探索教学资源建设与应用的教学模式，是教学资源建设与应用走向良性发展的必由之路。

实践证明，MOOC 等在线教育方式可以使更多的学习者能够通过在线的方式，学习到国内外名校名师或者自己真正感兴趣的课程，打破传统的课堂教学在时间、空间上的局限，激发他们学习的积极性，大幅度改善学习效果。

## 三、慕课对优质教学资源建设与应用的促进作用

笔者认为 MOOC 是优质教学资源建设与应用的一种非常好的方式，也是对过去类似精品课程建设等教学资源建设与应用的一次很好的升级换代。MOOC 虽不是教学资源建设与应用的唯一模式，但确实是一种比较理想的模式；MOOC 建设也不是教学资源建设与应用工作的全部，但确实值得大力推广。

MOOC 迅速席卷全球的原因是十多年在线教育实践的有益经验被很好地吸收为MOOC 的教学模式，除了规模大、开放和在线的特点外，MOOC 还具有以下特征。

（一）MOOC 将在线教学的优势和视频教学的优势做了很好的整合

在线教学的优势是各种教学资源可以通过网络跨越时空的限制，使优质教学资源可以向更广泛的地区辐射，学习便捷、灵活，学校可以充分发挥自己的学科优势和教育资源优势，把最优秀的教师、质量最好的课程通过网络进行传播，充分满足现代教育和终身教育的需求。视频教学的优势是生动、直观、形象，集图、文、声、像、动画等多重刺激于一体，使学生的大脑视觉、听觉中枢都处于兴奋状态，从而在大脑中留下深刻印象，有利于学生对知识的加工、整理、归纳，引起对知识的兴趣和好奇，从而产生主动学习的渴望。

（二）MOOC 要求有教师引导上课，不是单纯依靠学习者自学

每门课程持续时间与通常教学方法一样，为 5~20 周，每教学周分模块、分知识点进行，每周都要交作业，给学习者足够的练习机会。学习者学习完后如通过了相应的课程考核，可以进行修学认证和学分认证，发放修学证书和学分证书。

（三）授课以碎片式课件为主，实行片段化教学、闯关式学习

媒体以视频教学录像为主，其间还可以穿插小测试，以检验学习者的掌握程度，每个视频 5~20 分钟，同时辅之于其他图文声像学习资料。视频课件并不是简单的课堂实录，而可能是在摄影棚里或者室外拍摄，也不是课堂里教师一对多的传统讲授方式，而可能是采用一对一交谈的方式以求达到类似面对面讲授的效果。

（四）强调交互，包括教师和学习者之间的交互、学习者与学习者之间的交互

鼓励学习者互助互学，通过互相评价、互助答疑解决学习中存在的评价量大和疑难多的问题。教师与学生、学生与学生之间，通过网络进行全方位的交流，拉近了教师与学生的心理距离，增加教师与学生的交流机会和范围，并且通过计算机对学生提问类型、人数、次数等进行大数据分析，使教师了解学生在学习中遇到的疑点、难点和主要问题，更加有针对性地指导学生，并可以通过论坛投票对问题排序，让教师重点回答大家普遍存在的疑难问题。

（五）有利于实现"因材施教"

通过学习分析技术，在宏观和微观相结合的分析中发现、把握其中隐藏着的规律，使教师能够随时掌握每个学习者的学习状况，能及时进行反馈指导并主动"推送"学习资源，能够持续改进课程的教学内容和各个环节的教学设计，借以实现"因材施教"式的个性化学习。

## 四、以慕课促进优质教学资源建设与应用

国际上在网络教育领域的实践和已取得的成功经验证明，MOOC 是对过往在线课程的超越。美国的一个调研机构 Babson 在 Sloan 联盟的资助下，从 2002 年开始连续做了 10 年的调查研究，他们针对 2 800 所全美高等教育机构的教学主管进行问卷调查，得出的结论是：网络教学与面授教学的教学效果没有显著差异，还略高于面授教学。同时，美国教育部对 1 000 多项有关网络教育的实证研究的结果也得出了和上面同样的结论。进一步研究表明，同时使用两种方法（线上＋线下）的混合式教学，比单独采用网络教学或者面授教学都要更有效。[①]

举例说明，Coursera 是 2012 年 4 月由斯坦福大学的教授创立的营利性 MOOC 平台，在 4 年的时间里，就有 28 个国家的 143 所高校或机构加入了该平台，目前上线 1 866 门课程，涉及学科广泛，包括艺术与人文、商务、计算机科学、数据科学、生命科学、数学和逻辑、个人发展、物理科学与工程、社会科学、语言学习等 10 大板块 25 个学科类别，排名前三位的课程板块是：商务 509 门，计算机科学 309 门，社会科学 279 门。授课的语言种类有 13 种，配字幕的语言种类 35 种，其中采用英语授课的课程 1 297 门，西班牙语授课的课程 154 门，中文（简体）授课的课程 112 门；配英语字幕的课程是 1 297 门，配西班牙语的字幕课程 215 门，配中文简体字幕的课程 184 门。Coursera 是目前世界上学科最全、课程最多的 MOOC 平台，同时也是注册用户数最多、颁发认证证书最多的平台，全球注册用户数超过 1 700 万人。该平台的宗旨是在网上学习全世界最好的课程，致力于普及全世界最好的教育，对加速高等教育的国际化、大众化、民主化、信息化，促进大学优质资源的共享和声誉的提升，对大学社会影响力、文化输出、课程管理、学分认证等诸多方面都产生了重要影响。

Coursera 平台的学习环节可简单归纳为：首先是学习碎片化视频课件，再参与互动测验，然后完成同学互评作业，与教师和同学交流。授课教师经常会发送公告，通知重要事项、新教学内容，或课程的最新进展，提醒课程进度情况和截止时间等。课程结束可以选择获取课程证书，让学习成果获得官方承认。

该平台注重在线学习的有效性、反馈与测验、作业互评和混合式学习模式的应用，这些理念应用的效果体现在以下几点。

---

① 张家华. 美国网络高等教育十年发展报告：现状、问题与启示 [J]. 现代教育技术，2013，23 (10)：11 - 14.

（一）在线学习的有效性

应用最新的在线教育的研究成果指导平台的设计和课程的教学，学习者自行决定学习进度。

（二）反馈与测验

能够及时反馈学生没有掌握的知识点，提供随机生成的测试，让学生反复学习和测验，直到其掌握所学知识。

（三）作业互评

最重要的作业（如主观题）往往不能够由计算机来进行评分，因此很多课程采用学生互评的方法，让学生互相给作业评分，并提出反馈意见。这种方法在很多研究中被证明是有效的，它不仅能够提供准确的评分，而且评阅他人作业的经验对学生本身也很有益处。

（四）混合式学习模式

混合式学习既包括传统学习和在线学习的整合，也包括平台学习环境中各种媒体和工具的结合，还有多种教学方法和学习技术的结合。研究证明，混合式学习模式可以提升学生的参与度、出勤率和学习成绩。

UOOC（University Open Online Course，中文名：优课，U 代表 University 和 Union 两层含义）联盟课程平台于 2014 年 5 月上线，发起单位为深圳大学。2013 年 12 月 27 日，深圳大学举办了全国地方高校 MOOC 发展研讨会，会上关于组建全国地方高校 MOOC 联盟的倡议，得到了 28 所高校代表的积极响应。2014 年 5 月 12 日，国内 56 所地方高校齐聚深圳大学宣告 UOOC 联盟成立，到目前为止已有来自全国 48 个城市的 92 所高校加盟并签署了协议，其中包括苏州大学、黑龙江大学、新疆大学、海南师范大学、青岛大学、汕头大学、云南大学等一批传统老校和地方名校、强校。2014 年 9 月 18 日 UOOC 联盟首批课程正式上线运行，目前共有 73 门课程上线，选课学生达 7 万多人。UOOC 联盟的宗旨是：整合全国地方性高校优质教学资源，建设大规模开放在线课程，形成独具特色的优质课程共享机制，为联盟高校学生及社会学员提供课程学习的选择和服务，促进高等教育均衡化发展，提升地方高校人才培养水平和社会服务能力。

UOOC 平台的特色：①功能完善，界面友好，页面美观大方。有课程模板、作业、测验、讨论板、考试、题库管理、邮件提醒、移动学习等功能模块，方便创建和编辑课程。②支持线性的闯关式学习。视频学习期间可以穿插小测试或者形成性练习，以监控学习者的学习状况，检验学习者的掌握程度，还可以防止学习者偷懒。③视频课件制作精良。引进专业的制作团队合作开发视频课件，视频课件打破传统的课堂内授课模式，大量采用多种形式的影棚和室外拍摄的方法，强调一对一的指导学习。视频课件的形式非常丰富，有讲授型、专题片型、动画型、研讨型、综合型等多种形式。④可一键导出课程所有数据。充分利用数据挖掘和大数据分析技术，记录学习者的详细信息、视频观看详情、学习时长、访问次数、访问的情况、访问时段情况、任务点完成的情况、参与讨论的次数、发帖的次数、每次作业测验和考试的成绩等大数据，便于做大数据分析，可充分掌握平台的应用情况、学习者的学习情况和学习成效。⑤重视课程的教学设计。有一系列的课程质量保障体系和课程制作规范，以及选课、答疑、辅导、教师培训、课程申报、课程审核、教学运行等教务管理、教学实施的措施。

MOOC 能在 4 年的时间里取得这么快速的发展，和 MOOC 旺盛、蓬勃的生命力分不开的，Coursera 平台和 UOOC 平台的成功运营给了我们很好的启迪。

综上归纳，MOOC 对优质教学资源建设与应用的影响主要表现在以下方面：

第一，MOOC 提供了丰富多彩的在线教学手段，是传统教学方法的重要补充，是优质教学资源建设和应用的重要途径和方法。

第二，最大化地实现优质教育资源共享，最优化地提高教学质量与效率，对提升优质教学资源建设和应用将起到重要的推动、引领和示范作用。

第三，可以树立教育信息化特色，进一步拓展在线教育模式，为教育的均衡化和优质化引路与探路。

第四，促进教学研究、教学改革与创新。对教学的内容、形式、课前预习、课后复习、作业、测验、交流答疑、考试等教学环节都有实质性变革，促进"以教师为中心"到"以学习者为中心"的教学理念的转变。

第五，MOOC 本身就是一种理想的优质教学资源建设与应用方式，除了扩大教学规模、降低教学成本外，对提高学习者的信息素养和创新能力也有重要作用。

第六，可以推动学校的课程建设和教学研究。课程是一个学校的核心资产，是体现、传承知识和智力资源的载体，通过 MOOC 教学视频可以永久保留学校的智力资源。

## 五、慕课生态圈的构建

慕课在我国的发展刚刚起步，环境对新生事物的成长至关重要，从整体上看，需要构建一个新型的生态环境，学校、教师和学习者，课程提供方、平台服务商和影视制作公司等，都是这个生态圈中不可或缺的重要一环，慕课生态圈的良性发展，有赖于以上要素的良性互动并形成有效的合力。

顺应世界教育的发展趋势，提高人才培养质量，积极探索和深化教学模式的创新是非常必要的，目前国家出台了大力促进教育信息化建设和鼓励优质教学资源共享的一系列政策，因此，优质教学资源的建设与应用，可以考虑将 MOOC 建设纳入到学校的发展战略之中，并共同促进慕课生态圈的培育和发展，以下是构建慕课生态圈的若干建议。

（一）协同创新

通过组建 MOOC 联盟，使加入联盟的成员学校可以更加便利地进行协同创新和学术交流，搭起一座资源共建共享的桥梁。组建联盟是开展协同创新的组织保证，是形成可持续发展的长效机制，也是便于推广 MOOC 课程的最佳渠道和组织策略。

（二）探索基于 MOOC 课程的跨校选修、跨校辅修、共享资源机制

开展区域协作、校际协作、学分互认尝试，探索信息时代复合型人才的培养模式，为全社会提供更为广泛的教育服务。

（三）加强 MOOC 课程的教学设计研究

教学设计的目的是将传播理论、学习理论和教学理论等基础理论系统地应用于解决教学实际问题，形成经过验证、能实现预期功能的教与学系统。一般包括教学目标设计、教学模式设计、教学内容设计、教学媒体设计、教学策略设计、教学环境设计、教学评价设计等环节。[①] 在 MOOC 教学资源建设中，以教学设计理论为指导，针对 MOOC 平台及其课程的特点，总结归纳 MOOC 教学设计的方法与策略、MOOC 表现形式与制作规范、MOOC 课程设计开发技术等，有助于设计制作高质量的 MOOC。

（四）加强 MOOC 大数据的分析研究

通过采集 MOOC 课程平台完整的后台数据，应用大数据的分析技术和方法，对 MOOC 应用现状进行实证研究，分析 MOOC 平台的应用状况、学生的学习行为以及学习成效，研究其中潜在的规律，找出 MOOC 平台应用中存在的问题并提出可行的建议，为 MOOC 平台的推广应用提供指导和建议，有利于 MOOC 生态圈的生长。

（五）规范管理

制定 MOOC 生态圈中生态主体的学习行为、教学实施、教学管理、评价方式的规

---

① 李克东，谢幼如. 多媒体组合教学设计［M］. 北京：科学出版社，1992.

范，有利于督促教师的教学行为和教学实施，引导学生的有效学习，促进生态圈的平衡稳定发展。[①]

（六）开展慕课商业化营运和产业化的探索

通过开放面向学校学生和社会学习者的课程，按每门或者每学分收取一定的学费（或者叫共享费用、平台运维费用）。只要学习者有足够多的课程选择，学习者用户数有稳定的或者爆发性的增长，加上有教学质量的保证，教学服务和学习监控措施到位，经济效益将是非常可观的，并随着推广应用的不断深入，推广力度的加强，经济效益将逐年显现。

———————————

① 况姗芸，沈琴，周国林. MOOC 学习社区构建的生态学思考 [J]. 教育信息技术，2015（10）：3 –7.

# 移动学习：一对一数字化学习发展的新范式

华南师范大学教育信息技术学院　况姗芸

**摘　要：**随着移动通信技术的发展，一对一数字化学习出现了新的形式——移动学习。本研究分析了移动学习的内涵演变历程、支持技术的发展变革，在此基础上介绍了国内外移动学习的经典项目，然后深入分析了移动学习研究面临的困境，并结合移动学习理论和技术发展的趋势，对移动学习的未来研究发展加以展望。

**关键词：**移动学习　一对一数字化学习

2002 年，北德克萨斯州大学研究人员凯斯·诺里斯（Cathie Norris）以及密歇根大学学者艾略特·梭罗维（Elliot Soloway）在无线和移动技术在教育领域的应用国际研讨会（简称 WMTE2002）所做的主题演讲中首次表述了"一对一数字化"，2004 年他们在智能辅助系统国际学术会议（简称 ITS2004）再次对这一主题进行研讨。他们强调指出，个人计算机（PC）对于在校学生来说还没有成为个人学习工具，因为学生只能在计算机实验室与其他人共享同一设备。他们指出，当每个人都拥有并能够经常使用属于他个人的计算设备时，学习方式必将发生改变。[①]从此，美国的缅因州、南达克达州、德克萨斯州、弗吉尼亚州等多个州陆陆续续开展了相关项目研究，项目研究方式大多采取的是为师生提供1∶1笔记本电脑。英国、加拿大、新加坡等国也陆续开展了相关项目研究，采取的技术支持设备主要包括笔记本电脑和手写板电脑。[②]2007 年始，Intel 公司将"一对一数字化学习项目"引入我国，目前已与多家硬件、软件厂商和系统集成商合作，构建了完整的生态系统，为客户提供了完整的解决方案，且在全国多个省、市和试点学校

本文系广东省哲学社会科学"十二五"规划课题"云服务支持的社区教育微课程应用模式研究（课题编号：GD12CJY02）"、广东省教育规划课题"面向社区教育的微课程系统构建与应用研究"（课题编号：2011TJK286）"的阶段性研究成果。

① 本刊编辑部. 1∶1数字学习：学习革命的新浪潮 [J]. 中国电化教育，2007（6）：1-6.

② 雷静，赵勇，康威. 1∶1数字学习的现状、挑战及发展趋势 [J]. 中国电化教育，2007（11）：19-24.

全面铺开，目前全国已有近 1 000 所中小学部署（或正在部署）这一项目，项目实施的主要技术支持设备是根据不同地区特点定制的英特尔教育平板电脑或英特尔架构学校本。

## 一、一对一数字化学习向移动学习的转化

在平板电脑产业化发展不断迈向成熟的同时，通信技术和通信终端技术也在高速发展，移动通信带宽越来越宽，手机终端用户数量激增，据新加坡《联合早报》2014 年 3 月 25 日报道，世界上最后一个接受电视的国家——不丹王国——现在也逐渐接受手机，尽管位于喜马拉雅山脉间的不丹王国 1999 年才第一次接触到电视，国民大多是农民，但 2012 年不丹的官方数据显示，超过 73% 的人拥有手机。[①] 根据 eMarketer 的最新报告《全球移动手机用户：2014 年上半年预测和比较》，2014 年全球移动手机用户将达到 45.5 亿，其中近 1/4 的全球人口在 2014 年将至少每月都会使用智能手机。[②] 著名市场研究公司尼尔森（Nielsen）最新统计显示：在美国、英国和意大利，人们玩智能手机的时间已经超过了用 PC 上网的时间。[③] 美国旧金山非营利组织"常识媒体（Common Sense Media）"的研究结果表明：除了美国成年人使用手机和平板电脑等移动科技产品的人数在增加，年幼孩子使用移动终端的频率也有了很大的增幅。大部分年幼儿童现在都在使用移动终端，幼童使用平板电脑或智能手机已成为一个普遍现象，且每天使用的时间也在增长。[④] 在中国，移动通信技术的发展和应用也存在同样趋势，据中国工业和信息化部发布的数据，2013 年中国智能手机市场保持快速的增长势头，中国将超越美国成为智能手机持有量第一的国家。Google 与市场调研机构益普索（IPSOS）合作发布的智能手机使用情况调查报告表明：中国城市智能手机的普及率大大提高，从 2012 年的 33% 上升至 47%，近一半的中国城市居民已经拥有智能手机，其中 69% 的用户每天都会使用智能手机访问互联网，移动互联网流量消费持续高速增长，智能手机已不再只是一个通信设备，据群邑中国旗下移动营销代理公司关于中国智能手机用户的行为调研报告，用

---

① 搜狐新闻. 不丹人口 75 万手机用户达 55 万年轻人热衷智能机 [EB/OL]. （2014 - 03 - 25）[2014 - 04 - 02]. http://roll. sohu. com/20140325/n397151959. shtml.

② 易观智库. eMarketer：2014 年全球智能手机用户总量将达到 17.5 亿 [EB/OL]. （2014 - 01 - 21）[2014 - 04 - 02]. http://www. iduomi. cn/chanpin/yanjiushuju/20140121/69157. shtml.

③ 中文第一资讯. 尼尔森最新统计：和 PC 上网比，英美人民更爱玩智能手机 [EB/OL]. （2014 - 04 - 09）[2014 - 04 - 15]. http://www. 01new. cn/tech/article60010. html.

④ 新华网. 调查：美国幼童使用移动设备已成为普遍现象 [EB/OL]. （2013 - 10 - 30）[2014 - 04 - 02]. http://news. xinhua net. com/world/2013 - 10/30/c_125622212. htm.

户使用较多的网络服务有：浏览新闻资讯、娱乐、社交、办公和学习。① 移动技术与数字化学习技术相结合诞生出新的研究领域——移动学习，移动学习研究是"一对一数字化学习"研究的新形式，它为教育带来机遇和挑战。

综观移动学习的研究，主要经历了起步阶段和发展阶段，正在向成熟阶段迈进。在起步阶段，移动学习主要是利用移动设备的便捷性、移动性和无处不在的无线通信技术把学习内容以推送方式实现知识的传递，由网络传递方式变为无线通信方式的传递，这一阶段着重学习内容的移动性呈现，常见的学习形式有：基于短消息的移动学习形式和基于 WAP 学习内容浏览的学习形式。在发展阶段，研究主要强调如何利用移动技术来增强移动学习内容的管理和自适应性，提倡把移动终端视为认知工具，来支持改进和扩展学习者的心智模型和思维过程，为学习者实现积极的知识建构提供有效的工具。随着无线技术系统的发展和移动终端智能化的技术实现，移动研究将更加关注在生活环境和实践情景中进行的学习，倡导在特定情景中发生的实现了情境学习的理念。

## 二、移动学习的内涵演变

移动学习起源于 2000 年美国加州大学伯克利分校的"Mobile Education"研究项目，同年，国际远程教育学家戴斯蒙德·基更（Desmond Keegan）在 2000 年庆祝上海电视大学建校 40 周年的学术报告中首次将移动学习的概念介绍到中国，近 10 多年来其发展速度令人惊诧。

研究者对于移动学习的认识与理解也是在不断发展深化。Mlearn 全球研讨会是由国际移动学习协会发起的，第一次会议在英国伯明翰大学举办，从此每年召开一次，它被公认为是最有权威的最具有国际影响力的移动学习国际会议。几乎在每一年的会议中，都会有与移动学习内涵相关的主题报告和研讨，追踪这些信息，可发现移动学习的内涵演变大致经历了五个阶段②③④⑤。

第一阶段（D - learning 阶段），研究者 Desmond Keegan 将其定义为远程学习研究的

---

① 创业帮. Google：2013 年中国年中国城市智能手机普及率已达 47% ［EB/OL］. （2013 - 08 - 23）［2014 - 04 - 02］. http://www. cyzone. cn/a/20130823/244612. html.

② 雷静，赵勇，康威. 1：1 数字学习的现状、挑战及发展趋势 ［J］. 中国电化教育，2007（11）：19 - 24.

③ Mlearn2008 Keynote Speakers ［EB/OL］. （2008 - 10 - 01）［2014 - 04 - 02］. http://www. mlearn. org/mlearn2008/content/view/17/45/index. html.

④ Mlearn2011 Keynote Speakers ［EB/OL］. （2011 - 10 - 18）［2014 - 04 - 02］. http://mlearn. bnu. edu. cn/Keynotes. html.

⑤ Mlearn2012 Keynotes ［EB/OL］. （2012 - 10 - 16）［2014 - 04 - 02］. http://portal. ou. nl/en/web/mlearn - 2012/keynotes.

必然发展阶段。他将移动学习界定为一种远程学习，可以在任何时间和任何地点发生的学习，是远程学习的一种具体形式。但他后来意识到，如果简单地将移动学习界定为泛在学习，那么移动学习的历史与人类印刷术发展的历史同样悠久。

第二阶段（E - learning 阶段），研究者 Clark Quinn 将移动学习界定为一种数字化学习，认为移动学习是通过 IA 设备实现的数字化学习。

第三阶段（M - learning 阶段），研究者 Alexzander Dye 试图发现移动学习与数字化学习之间的差别，将移动学习界定为 M - learning。研究提出移动学习与数字化学习的差别主要是体现在支持技术不同，移动学习实现的技术基础是移动通信技术和互联网技术，即移动互联技术。在欧盟《数字化欧洲行动研究计划》"MOBILearn 行动"中，研究者 Paul Harris 认为移动学习是数字化学习的扩展，是借助移动终端开展的数字化学习，是一种能随时随地学习的体验。这一认识持续了一段比较长的时间，目前仍有研究者持这一态度。

第四阶段（C - learning 阶段），移动学习是一种迅速传播的行为，它是随时随地迅速传播的一种行为，是传播与沟通的新型沟通模式（Yrjö Engeström，2008；Mike Sharples，2008）。

第五阶段（S - learning 阶段），随着研究的不断深入，人们开始更加关注移动学习的核心价值，有研究者将移动学习界定为一种情境化的学习方式（Paul Lefrere，2009；Chee - Kit Looi，2011）。这一研究认为从内容和形式上看，移动学习与网络学习、数字化学习没有本质差别，但移动学习的情境性与移动性使其发展成为一种情境环境下进行学习的独特形式。

## 三、移动学习支持技术的发展变革

移动学习离不开技术的支持，在移动学习发展过程中，具体的支持技术在不断发展。追踪 mlearn 国际会议，同样可以发现移动学习支持技术的发展变革轨迹。

早期，移动学习的支持技术比较单一，主要体现为计算机技术，采用的设备主要是 PDA，如由欧洲多国共同实施的 MOBILearn 项目，其主要实现的功能是将移动学习内容呈现在 PDA 上，技术关注焦点是如何在 PDA 这类移动终端呈现相关学习内容。

接着，移动学习支持技术开始关注移动通信技术，采用的终端主要是手机，移动学习的模式主要是基于短消息的移动学习，包括单向和双向的短信互通。这一阶段技术关注的焦点是文字短信和多媒体短信的互动，以及短信支持平台的研发，同时，研究也同样关注了移动系统及相关标准的研究。

紧跟着，移动学习支持技术扩展到了多种技术的融合，包括移动通信技术与传感技术、增强现实技术、数据技术、定位技术等多种技术。采用的终端包括各种智能手机、PDA、平板电脑等。这一阶段技术关注的焦点是多种技术的综合应用，技术标准的研发及移动学习资源的研发。

未来，可穿戴技术的研究推进及相关产品的开发将成为促进移动学习走向新的巅峰的技术焦点。20 世纪 60 年代，美国麻省理工学院媒体实验室开始研究可穿戴技术，试图利用该技术可以把多媒体、传感器和无线通信等技术嵌入人们的衣着中，可支持手势和眼动操作等多种交互方式。这一技术可使人类摆脱传统的手持设备而获得无缝的网络访问体验，通过"内在连通性"实现快速的数据获取、通过超快的分享内容能力高效地保持社交联系。[①] 目前，Google 已成功开发了 Google 眼镜，该眼镜拥有主流智能手机的所有功能，通信、数据业务一应俱全。苹果公司开发了 Iwatch 产品，内置了 iOS 系统，并且支持 Facetime、Wi－Fi、蓝牙、Airplay 等功能，同时支持 Retina 触摸屏，可简单实现基于社交的学习。我国也研发了 BrainLink 意念头箍，该头箍可以通过蓝牙无线连接智能手机、平板电脑、手提电脑、台式电脑或智能电视等终端设备。配合相应的应用软件就可以实现意念力互动操控。这些相关技术和产品在移动学习中的应用必将把移动学习引入一个新的发展阶段。

## 四、移动学习研究典型项目

M－learning 从诞生到今天虽然只有 10 多年的时间，但相关研究项目一直在努力开拓。项目组织者有国际著名研究机构、高校，也有一线中小学和国际通讯巨头（如 Ericsson、Nokia）等，项目适用对象从幼儿到成人，各不相同，有的针对在校学生的正式学习情境下开展课程学习，有的针对在职工作者开展移动在职培训，有的针对普通市民开展非正式学习。项目实施模式也各不相同，有的是只用孤立的移动学习方式，有的是采用移动学习与面授学习相结合的混合学习模式。在这些研究项目中，较有代表性的研究项目有以下六种。

（一）M－learning 语言学习项目

2001 年，斯坦福大学学习实验室以外语学习为切入点尝试建立 M－learning 原型，他们利用移动终端为学习者创设个性化、安全、真实、适应需要的学习环境，让学习者利用移动设备进行听说训练和复习等学习活动。实验表明：由于学习环境的可移动性，

---

① Mlearn2013 Keynotes［EB/OL］.（2013－03－27）［2014－04－02］. http://www.elearningguild.com/mLearnCon/content/2703/mlearncon－2013－conference—expo—keynotes/.

学习者会更加关注外语（西班牙语或其他语种）的学习，提高学习外语的积极性，但同时，由于在移动学习情境下，学习者注意力高度分散，难以集中。斯坦福大学学习实验室建议：移动学习资源的开发应越简单越好，外语移动学习资源应注重开发适合于听觉的短时间的学习内容，鼓励学习者开展与自己的学习风格和环境需要相吻合的个性化学习。

### （二）从数字化学习到移动学习

2002 年，爱立信教育、挪威 NKI 远程教育机构、德国开放大学、爱尔兰国际远程教育机构和罗马第三开放大学合作启动移动学习专项研究，该项目是应用移动通信技术推进和加强职业教育与培训的改革，项目注重选择基于 WAP 技术开发移动学习内容，重点研究移动学习的优势与劣势、技术可行性、课程设计与开发等，其项目研究解决了众多借助 PDA 开展移动学习的具体技术困难，也提出了移动学习课程设计与开发的一些有价值的借鉴。

### （三）移动环境下采用情境智能进行技术增强学习（MOBILearn）

2001 年欧盟《数字化欧洲行动研究计划》（E – Europe Action Plan）中提出准备开展移动学习专项研究计划，旨在将最新的信息与通信技术，特别是最新的无线移动通信技术应用于教育系统。研究于 2002 年 7 月开始，历时 33 个月，耗资 750 万欧元，参与合作研究的有来自欧洲各国和以色列、美国、澳大利亚等国家的 24 个团队，包括有世界一流学术研究机构（如斯坦福大学、麻省理工学院开放知识研究所等）和有良好用户基础的著名大学（如英国开放大学、澳大利亚南昆士兰大学、伯明翰大学等），诺基亚公司是项目的技术合作方。项目主要关注利用移动技术满足学习者自我学习和协作学习的学习需求，研究涉及移动学习的多个侧面：新型学习范式及模式、学习内容及资源开发、商务运营模式等，项目针对三类不同对象，在不同实验情境下开展，包括针对职后继续教育的混合式学习、针对文化市民的位置依赖的学习和针对普通市民的对信息来源和建议的解读的学习，其中，位置依赖的学习是被应用最成熟的试验。该实验在意大利的佛罗伦萨乌菲兹美术馆、英国诺丁汉城堡博物馆和画廊展开，实验被试在游览过程中，通过便携 PC 接受展览物品的详细信息（含视频和讲解），也通过短信息回答问题反思自己的体验或创建自己的讲解。实验被试表示喜欢这种学习形式，认为这提高了参观的效率，也节约了时间。这一实验成功证明：在移动情境中，情境感知系统能根据用户的位置和行走路线提供引导和信息，人们也可以利用移动技术与系统来进行交互。MOBILearn 项目的重要贡献主要体现在三个方面：提出了一个"开放移动访问框架"；设计了自适应的人机界面；实现了上下文感知技术获取学习体验。

（四）Savannah

Savannah 项目是由 NESTA 未来实验室、BBC NHU、混合现实实验室（诺丁汉大学）与 Mobile Bristol 共同研究的。该项目是个角色扮演的游戏项目，它允许儿童将自己模拟为狮子体验其生存。在该研究中，学生扮演狮子的角色，携带 PDA 在一个 5 000 平方米大小的室外数字化环境中漫步。系统会通过 GPS 追踪定位学生所在位置，并为其展示适合当前环境的内容和行动以及下一步的游戏内容，PDA 上会呈现具体形象的内容及翔实的教学信息（如"你饿了"），也可以提供气味线索，学生借助 PDA 可以了解游戏世界，通过采取"看""听""闻"探索虚拟 Savannah。在参与模拟的过程中，系统为学生提供了进行反思性学习的"洞穴"。Savannah 项目的研究指出：数字化模拟环境能较好地激发学习者学习的兴趣，学生沉浸感较强，认为角色的扮演是一个非常有价值和刺激的经历，同时移动技术能促进学生之间的交互，但学生对模拟系统的期望值往往会比较高，技术要求较高。

（五）诺亚舟"掌上思维英语"

2007 年 11 月，诺亚舟公司与北京师范大学现代教育技术研究所共同推出了国内首套英语移动学习教材《掌上思维英语》，旨在"让教育充满乐趣，让学习成为生活，让生活充满文化"。项目为学习者创设了无所不在的语言学习环境，解决了中国外语学习没有语言环境的关键问题，也促进了中小学英语移动教学。项目遵循"大输入，大输出"的原则，通过听、读、看、问、想、查等"大输入"过程，通过学习者的说、唱、写、演、录、练等环节实现"大输出"。学习方式主要采取线上学习课程和线上交流互动两种方式结合推动。课程融合了 ESL 教学研究理论成果，应用整体语言教学法，采用了整体语言教学法的核心——单元主题式的教学方式组织教学资源，结合多媒体认知原理，紧扣多媒体认知原理的基本原则开发课程，教学内容融知识性、情境性、趣味性和人文性于一体，形式新颖活泼，媒体表现形式丰富，互动灵活多样，学习者可在课堂、课间和课后与同学、教师、家长、课程本身展开多种形式的互动，能有效激发英语学习兴趣，符合不同阶段学习者的认知水平。项目实施主要以掌上学习设备诺亚舟学习机为载体，来自不同地区的多所学校参与教学实验，受到师生的欢迎。

（六）手机学堂

2006 年，广东增城针对干部培训开发推出"广场学堂、手机学堂、广播学堂、QQ学堂"4 大学堂项目，其中手机学堂是通过整合手机短信、彩信、WAP、视频、电子邮件及网站，为政府各级党政领导提供便捷的移动学习新方式。项目由当时增城市委组织部、市委党校和中国移动增城分公司合作推动，分工负责，每周固定向增城的政府机关干部推送包括增城要闻、政务培训、创意产业等综合信息，也会结合政府工作不定期向机关干部推送主题信息，推送的信息非常丰富，要求所有干部认真阅读"增城科学发展手机学堂"内容，积极参与各种在线讨论。通过这一方式，增城组织部实现了在不耽误工作前提下对干部开展大规模培训，提升了干部素质，得到来自中央、省及市里多级领导的充分肯定，也受到友邻单位的赞赏。

## 五、移动学习研究面临的问题

随着研究和应用的不断推进，移动学习加快了发展的步伐，正在朝快速发展推进，目前社会各界均不遗余力地推进这一发展，移动平台建设、移动资源开发及移动学习项目研究均稳步推进，但与此同时，我们也会发现移动学习研究及移动学习技术支持的相关研究还非常不足，制约了移动学习走向成熟阶段，具体来说，主要体现在以下几个方面。

（一）移动学习理论基础匮乏

作为一种新型的学习方式，移动学习与传统情境下的学习相比，产生了许多新的特点，虽然已有的学习理论能为移动学习的研究提供借鉴，但这些理论的得出主要是以在学校情境下的学习为其基本预设的，因而这些理论均未抓住移动学习的核心价值。关于移动学习自身的理论研究，特别是关于移动学习设计的研究还非常不深入，著名学者克拉克·奎因提出"4模型"描述了移动学习系统的功能，但对于开展移动学习的理论与方法、模式与策略、效果评估与应用程序开发的理论基础、移动学习生态系统的平衡等均缺乏系统而深入的研究，理论研究的滞后极大地限制了移动学习的实践。

（二）促进移动学习资源共建共享的机制和法规建设还极不完善

尽管目前移动学习资源开发了不少，但移动学习资源的建设是一项非常巨大的工程，单靠任何一个机构或组织都无法完成，需要多渠道、多机构协同工作，采取"自上而下"和"自下而上"相结合的模式推进资源共建共享工作，为此，需要建立健全相关机制，完善共建共享的法规体系和保障制度，建立相应的协调体系，开发相应的支持技术及平台，促进资源共建间高度自治。

（三）移动学习支持技术标准化建设和推广急需加强

标准是移动学习发展的技术支持和保障的基础研究，目前关于电子出版物尤其是电子书的开发，国内外制定了相关标准，主要有"开放式电子书论坛"组织 OeBF（Open eBook Forum）制定的"开放电子书出版结构"标准 OeBPS（Open eBook Publication Structure）；"国际数字出版论坛"组织 IDPF（International Digital Publishing Forum）将此标准发展的 EPUB 3.0 标准（2011 年 5 月发布）；国内方正公司研制的电子书标准 CEBX；国内汉王主持的电纸书规范；由华东师范大学主持，国内 50 余家机构参与共同制订的《中国电子课本与电子书包标准体系研究报告》白皮书（2012 年发布）。这些标准的研制为数字图书和出版物实现跨平台和跨系统的兼容、电子课本和电子书包的推进工作提供了可能性，但其中部分标准研制还需要进一步与国际标准进行衔接，同时这些标准的推广及应用还急需推进。

## 六、移动学习的发展走向

随着移动学习理论、技术和标准研究的不断深入，移动学习的资源建设会越来越丰富，应用领域和应用对象会越来越广，支持技术也会更加多样化，移动学习活动的设计也将更加科学。具体来说，将会突出以下几个走向。

（一）越来越关注对情境化学习的支持

建构主义和情境学习理论认为，学习的本质是在具体情境中获得知识和意义建构。学习情境对有效学习的产生起着重要的影响作用，一直以来，在学校教育中都非常注重对学习情境的创设，但学校教育与生俱来的脱离情境性特性致使难以真正实现情境化学习支持。与之相反，移动学习终端设备的便携性、无线性和移动性使其具有情境敏感性，在支持情境化学习具有独特的优势，学习者可方便地将学习与不断变化的生活情境、工作情境有效融合，即时收集情境信息，即时从服务器端获取与情境化学习相关的信息及资源，亦可即时与其他学习者、教师或服务器就情境信息进行反馈，解决情境化学习中存在的信息收集和交流困难等问题，因而可以很好地实现具体情境下的课程学习、与工作情境相整合的在职继续教育、与生活情境相整合的非正式学习、正式学习与非正式学习的深度融合、无处不在的泛在学习等。这一走向将体现在以下几个方面：定位技术及传感技术将越来越多地作为移动学习支持技术而被应用，移动学习资源研发的主题将越来越关注情境化学习内容，移动学习项目将越来越多地关注到高等教育、职业教育及在职人员的职后教育。

（二）移动学习平台及资源交互界面的设计越来越趋于人性化

交互界面的设计是学习者与移动学习平台及资源传递和交换信息的媒介，是计算机科学与心理学、设计艺术学、认知科学和人机工程学的交叉研究领域，友好的交互界面设计不仅能为学习者带来舒适的视觉享受，拉近学习者与移动学习平台及资源的距离，而且能便利学习者的学习。伴随着三维制作技术、虚拟现实技术、语音识别技术、可穿戴技术的不断发展及其应用，移动学习平台及资源的交互界面设计将越来越人性化，不仅实现多媒体的人机互动，还会将真实世界的三维空间再现于学习者面前，更为重要的是，借助穿戴技术将人的双手从键盘和鼠标中解脱出来，取而代之的是，以身体动作、语音等方式来操控相关平台及资源，实现人与相关平台及资源的友好交互，提高移动学习的绩效。

（三）学习者间的人际互动设计将成为移动学习活动设计的一个重要环节

联通主义表述了一种适应当前社会结构变化的学习模式。联通主义认为：学习不再是内化的个人活动，学习是连接专门节点和信息源的过程，这种过程发生在模糊不清的环境中，这种连接能够使我们学到比现有的知识体系更多、更重要的东西。联通主义表达了一种"关系中学（learning by relationships）""分布式认知（distributed cognition）"的观念，它被认为是一种面向网络时代的学习理论，它同时承认学习的显性、隐性、直接、间接、外部和内部特性，适于解释技术支持下的学习。依据联通主义理论，移动学习情境下，学习者之间的人际互动将成为移动学习活动设计的一个重要环节，包括基于移动终端的人际协作、师生互动、生生交互等均成为移动学习过程中不可或缺的环节，移动学习活动设计将更加关注移动学习者互动社区的构建策略。

（四）移动学习资源建设将以 PBL 为主要模式，且资源建设趋于微型化和系列化

移动学习资源的建设是有效开展移动学习的前提，鉴于移动学习对情境化学习的支持，移动学习资源的建设将以 PBL 为主要模式，细化问题情境，提供学习支持资源。同时，由于移动学习过程中，学习者受到的干扰因素更多，干扰力度更大，根据心理学关于学习者的心理注意保持的已有研究成果，移动学习资源的播放时间或浏览时间不宜太长，信息密度不宜太大，因而移动学习资源建设将趋于微型化和系列化，符合学习者利用移动终端组织短时间、小容量和小范围内的建立在学习者兴趣和需要基础之上的碎片学习。

（五）移动学习应用模式趋于多元化

作为学校传统学习情境的一种有益补充，移动学习应用模式将趋于多元化，包括利用移动终端开展远程教育，也包括利用移动终端有效促进课前、课中、课后学习系统的有机整合，实现课堂面授教学和课外移动教学的有效结合，还包括采用翻转课堂、自主学习、大规模开放在线课程等多种不同的教学模式开展课程教学，不断提升各种教育模式的教育教学绩效。

# 回顾与展望：移动学习的内涵演变、技术发展与社区教育应用

## ——近六届 mLearn 世界会议综述

华南师范大学教育信息技术学院　况姗芸　韩薇

**摘　要：** 移动及情境学习世界会议是由国际移动学习协会发起的一年一次的移动学习国际会议，其对全世界移动学习的研究发展起着重要的影响作用。本研究对近六届移动学习世界会议的主旨报告及专题论坛进行了全面回顾，发现：学者对移动学习内涵的认识已经走出了泛化的概念讨论和特性总结阶段，开始迈向本质属性及实施策略研讨，移动学习支持技术研究也由单一支持技术发展为多种技术融合，终端技术趋于多样化，实践项目越来越受到关注，但目前在社区教育领域中应用的项目研究仍较少。在未来几年，预计移动学习理论将更加注重移动学习的教育学、心理学基础理论研究，同时，可穿戴技术、人工智能技术、增强现实技术与传感技术等新型技术亦将被引入移动学习研究和实践中，与之同时，研究者还将会关注专业平台研发。就应用领域而言，研究者会越来越关注移动学习在社区教育领域的巨大潜在市场，不断创新移动技术支持的新型社区教育应用实践模式与策略，提升社区教育绩效。

**关键词：** 移动学习　内涵　技术　社区教育

随着计算机技术、网络技术及无线通信技术日新月异的发展，移动学习日益受到重视。2002 年，国际移动学习协会（International Association of Mobile Learning）发起召开第一届 mLearn（The World Conference on Mobile and Contextual Learning）会议，从此每年召开一次，mLearn 是世界各国移动学习领域专家与学者的盛会，参会人员借助会议平台分享移动学习领域的研究进展、研究成果、创新思想、系统开发经验及成功案例，为推动全球各国移动学习的发展提供了重要的理论及实践指导，也为世界各国的合作创造了机会。

---

本文系教育部社科研究基金项目课题"MOOC 学习社区构建的动力机制与策略研究"（课题编号：14YJA880028）、广东省哲学社会科学"十二五"规划课题"云服务支持的社区教育微课程应用模式研究"（课题编号：GD12CJY02）、华南师范大学"质量工程"建设项目"移动技术支持的高校混合学习模式研究"的研究成果之一。

## 一、近六届 mLearn 世界会议关注焦点的变迁

自 2002 年第一次 mLearn 世界会议在英国伯明翰大学成功召开，至 2008 年，其再次回到首办地英国，之后陆续在美国、瓦莱塔、中国、芬兰及多哈等地举行。表 1 为近六届 mLearn 世界会议的主题及会议征文①②③④⑤⑥⑦⑧⑨⑩⑪。

由表 1 看出：2008 年，学者们对移动学习的研究主要停留在关注基础支持技术的标准研究和浅层理论探讨，开始提出移动技术支持的情境学习模式；2009 年，关注移动资源和支持系统设计，开始提出基于位置的学习、增强现实学习、远程学习、一对一学习、社交网络学习等多种新型学习方式。2010 年，重视移动学习实践应用，特别是非正式学习、终身学习、行动学习、游戏学习和在线学习，深化理论研究；2011 年，将移动学习放在更大的文化背景视野下开展研究，关注移动学习的社会文化背景、组织机构、研究方法、模型构建、实施标准等深层次主题；2012 年，注重移动学习研究与实践意义间的关联，特别是具体的学习情境和技术研究，如移动语言学习、交互设计、学习玩具

① University of Wolverhampton. mLearn2008 Aims and Themes［EB/OL］.（2008 – 10 – 08）［2014 – 10 – 08］. http://www. mLearn2008. wlv. ac. uk/content/view/13/54/.

② University of Central Florida. mLearn2009 Focus［EB/OL］.（2009 – 10 – 26）［2014 – 10 – 08］. http://www. mLearn. org/mLearn2009/focus. asp. html.

③ University of Maltal. mLearn2010 Welcome［EB/OL］.（2010 – 10 – 19）［2014 – 10 – 08］. http://mLearn2010. blogspot. com/2010/10/welcome. html.

④ Beijing normal university. mLearn2011 Home［EB/OL］.（2011 – 10 – 18）［2014 – 10 – 08］. http://mLearn. bnu. edu. cn/index. html

⑤ Centre of the CICERO Learning Network and Learning Sciences and Technologies. mLearn2012 Home［EB/OL］.（2012 – 10 – 16）［2014 – 10 – 08］. http://portal. ou. nl/en/web/mLearn – 2012/home;jsessionid = DE289E1F6E1A173E82E2226248F6EBA7.

⑥ College of the North Atlantic-Qatar. mLearn2013 Home［EB/OL］.（2013 – 10 – 22）［2014 – 10 – 08］. http://webit. cna – qatar. edu. qa/mlearn2013/index. html.

⑦ University of Central Florida. mLearn2009 Call for paper［EB/OL］.（2009 – 10 – 26）［2014 – 10 – 08］. http://www. edu1world. org/Home/15112.

⑧ University of Maltal. mLearn2010 Call for paper［EB/OL］.（2010 – 10 – 22）［2014 – 10 – 08］. http://www. um. edu. mt/newsoncampus/researchinitiatives/archive/mobilecontextuallearning.

⑨ Beijing normal university. mLearn2011 Call for paper［EB/OL］.（2011 – 10 – 18）［2014 – 10 – 08］. http://mlearn. bnu. edu. cn/call% 20for% 20papers. html.

⑩ Centre of the CICERO Learning Network and Learning Sciences and Technologies. mLearn2012 Call for paper［EB/OL］.（2012 – 10 – 16）［2014 – 10 – 08］. http://portal. ou. nl/en/web/mlearn – 2012/call

⑪ College of the North Atlantic-Qatar. mLearn2013 Call for paper［EB/OL］.（2013 – 10 – 22）［2014 – 10 – 08］. http://webit. cna – qatar. edu. qa/mlearn2013/proposals. html.

和智能学习对象等；2013 年，研究继续在深度和广度上推进，持续推动技术支持的移动性与学习性的融合研究，包括对移动设备在不同环境下的应用程序研究，对支持正式与非正式学习及不同类型学习之间转换的新型教育与技术的途径及概念研究。

表 1　近六届 mLearn 世界会议主题及会议征文

| 年份 | 承办单位 | 会议主题 | 会议征文 |
|---|---|---|---|
| 2008 | 英国沃尔夫汉普顿大学 | 从内容到情境的桥梁 | 移动学习、移动知识、移动社会<br>设备，系统，技术和标准<br>移动学习形式：基于工作的，非正式，特定主题，情境感知，社会化<br>移动学习：包容性，辅助性，可扩展性，嵌入，参与，评价，例证，评估，发展 |
| 2009 | 美国中佛罗里达大学 | 为移动设备与无线网络设计内容与开发系统 | 移动游戏与基于仿真的学习<br>增强现实学习<br>移动教育学<br>移动学习的道德及理念<br>移动学习的社会与文化方面<br>认知与移动学习<br>基于课堂的一对一学习<br>支持开放与远距离学习的移动技术<br>移动社交网络学习<br>基于位置的学习 |
| 2010 | 瓦莱塔马耳他大学 | 移动与情境学习的未来 | 在教育机构，企业和政府行动学习策略<br>行动学习：理论，设计和教学法<br>新兴的移动技术和应用<br>工具，技术和移动学习平台<br>使用移动设备的非正式学习和终身学习<br>移动学习未来趋势<br>手机游戏学习<br>移动学习质量标准<br>移动学习和移动训练<br>基于移动 Web 2.0 应用的学习<br>自适应移动学习环境<br>虚拟校园和在线学习<br>手机远程和虚拟实验室 |

续上表

| 年份 | 承办单位 | 会议主题 | 会议征文 |
|------|----------|----------|----------|
| 2011 | 中国<br>北京师范大学 | 移动和情境学习：文化和变化 | 移动学习在正式与非正式场合中以及跨正式与非正式场合的应用<br>泛在、基于环境的学习与技术<br>在移动环境下学习的模型<br>运用移动设备进行开放、远距离教育<br>移动学习的交互操作性与标准<br>移动学习的社会文化背景<br>运用移动设备进行学习的评价<br>移动学习在发展中国家面临的挑战<br>在学校、高等院校、工业界以及相关组织中的移动学习策略<br>研究和实施移动学习的行为准则<br>移动学习的自适应、虚拟或协作环境<br>移动学习：理论、设计以及教育性<br>运用现有以及将要出现的移动技术改革学习方法<br>移动学习跨文化和亚文化<br>移动以及基于情境的学习的研究方法<br>移动以及基于情境的社会化媒体与用户生成内容<br>移动学习：昨天，今天和明天 |
| 2012 | 芬兰<br>西塞罗学习网络与学习科学与技术中心联合承办 | 移动学习研究与实践意义之间的联系 | 移动学习在正式与非正式场合中以及跨正式与非正式场合的应用<br>泛在、基于环境的学习与技术<br>移动和基于情境学习的理论，模型和行为准则<br>运用移动设备进行开放与远距离教育<br>移动语言学习<br>移动学习交互设计和可用性<br>移动学习的交互操作性与标准<br>移动学习在发展中国家面临的挑战<br>在学校、高等院校、工业界以及相关组织中的移动学习策略<br>移动学习的自适应、虚拟或协作环境<br>学习的增强现实技术<br>运用现有以及将要出现的移动技术改革学习方法<br>学习玩具和智能学习对象<br>移动学习的跨文化性 |

续上表

| 年份 | 承办单位 | 会议主题 | 会议征文 |
|------|----------|----------|----------|
| 2013 | 多哈<br>卡塔尔大学 | 技术环境中学习与移动性融合范式 | 区域一体化中移动学习面临的挑战<br>移动学习在发展中国家遇到的挑战<br>移动学习跨文化性<br>移动学习在正式与非正式场合中以及跨正式与非正式场合的应用<br>运用移动技术促进发展<br>泛在、基于环境的学习与技术<br>移动和基于情境学习的理论，模型和行为准则<br>运用移动设备进行开放、远距离教育<br>移动语言学习<br>移动学习交互设计和可用性<br>移动学习的交互操作性与标准<br>在学校、高等院校、工业界以及相关组织中的移动学习策略<br>移动学习的自适应、虚拟或协作环境<br>学习的增强现实技术<br>运用现有以及将要出现的移动技术改革学习方法<br>学习玩具和智能学习对象 |

可见，近六年，移动学习的研究在理论、技术和应用等多方面都发生了巨大变化。理论研究越来越深入，从浅层的概念探讨发展到多种学习模式的深入研究；技术支持手段越来越丰富，从单一的移动终端发展到定位技术、增强现实技术、人工智能技术、社会媒体技术等多种技术；实践应用也逐步趋于广泛，形式多样化，全面覆盖学校教学、非正式学习、终身学习、社会化学习等学习情境。

## 二、移动学习内涵的演变历程

随着移动学习支持技术和实践应用的不断发展，移动学习的内涵也在不断发展演变，表2列出了近六届mLearn会议中涉及移动学习概念内涵的主旨汇报主题及相关主讲者①②③④⑤⑥⑦⑧⑨⑩⑪。

表2　近六届 mLearn 世界会议涉及移动学习概念内涵的主旨报告

| 年份 | 主讲者 | 主旨报告主题 |
|---|---|---|
| 2008 | Yrjö Engeström | 迅速传播的行为：移动性与学习的新模式 |
|  | Mike Sharples | 沟通：随时随地？ |
|  | Diana Laurillard | 面向教育——移动学习项目驱动 |
| 2009 | Mike Sharples | 全民学习（learning at large） |
|  | Paul Lefrere | 无缝移动学习与情境学习（Seamless mLearning and Contextual Learning） |
| 2010 | Mohammed Ally | 移动学习改变教育的形式：我们准备好了么？ |
|  | Agens Kukulska Hulme | 对话，一种学习方式（Conversations en route to Learning） |
| 2011 | Mike Sharples | 移动学习的创新：国际化视角 |
|  | Chee - Kit Looi | 可持续的无缝学习（Seamless learning）：我们已经学会了什么，我们将去往何方 |
| 2012 | Riitta Vänskä | 探索技术应用于学习新策略 |
| 2013 | Peter Bruck | 移动学习的未来与微型化 |

①　YRJÖENGESTRÖM. Wildfire Actvities：New Patterns of Mobility and Learning［EB/OL］.（2008 - 10 - 08）［2014 - 10 - 08］. http://www. mLearn. org/mLearn2008/content/view/17/45/index. html.

②　SHARPLES M. Communications - anywhere anytime［EB/OL］.（2008 - 10 - 08）［2014 - 10 - 08］. http://www. mLearn. org/mLearn2008/content/view/17/45/index. html.

③　LAURILLARD D. Assessing the value of mobile learning：the evidence challenge［EB/OL］.（2008 - 10 - 08）［2014 - 10 - 08］. http://www. mLearn. org/mLearn2008/content/view/17/45/index. html.

④　SHARPLES M. learning at large［EB/OL］.（2009 - 10 - 26）［2014 - 10 - 08］. http://www. mLearn. org/mLearn2009/keynotes. asp. html.

⑤　LEFRERE R. Seamless mLearning and Contextual Learning［EB/OL］.（2009 - 10 - 26）［2014 - 10 - 08］. http://www. mLearn. org/mLearn2009/keynotes. asp. html.

⑥　ALLY M. mobile learning to transform the delivery of education：Are we ready?［EB/OL］.（2010 - 10 - 19）［2014 - 10 - 08］. http://mportfolios. blogspot. com/search/label/mLearn%202010.

⑦　HULME A K. Conversations en route to Learning［EB/OL］.（2010 - 10 - 19）［2014 - 10 - 08］. http://mportfolios. blogspot. com/search/label/mLearn%202010.

⑧　SHARPLES M. Innovation in Mobile Learning：An International Perspective［EB/OL］. Beijing normal university（2011 - 10 - 18）［2014 - 10 - 08］. http://mLearn. bnu. edu. cn/Keynotes. html.

⑨　CHEE - KIT LOOI. Sustainable Seamless Learning：What have we learned and where are we going?［EB/OL］. Beijing normal university（2011 - 10 - 18）［2014 - 10 - 08］. http://mLearn. bnu. edu. cn/Keynotes. html.

⑩　VÄNSKÄ R. Explore strategies to harness technology for learning［EB/OL］.（2012 - 10 - 16）［2014 - 10 - 08］. http://portal. ou. nl/en/web/mLearn - 2012/keynotes.

⑪　BRUCK P. Micro and the Future of Mobile Learning［EB/OL］.（2013 - 10 - 22）［2014 - 10 - 08］. http://webit. cna - qatar. edu. qa/mlearn2013/keynotes. html.

进一步分析各主旨报告，可见：

2008 年，Yrjö Engeström 通过分析学习的新模式，包括新兴社区以及社会生产或再生产网络的特征，将移动学习定位为迅速传播的学习。Mike Sharples 指出，移动终端设备的移动性及宽带连接的发展可促进家校沟通，移动学习应重点关注教学的移动性，关注教学中的新型沟通模式，促进随时随地传播与沟通的实现。Diana Laurillard 提出运用技术获得资源、应用资源、实践讨论、开展团队活动/项目研究这一学习过程是"对话的框架"，要关注运用鼓励认知与有效动机形式。可见，这一时期 mLearn 会议将移动学习主要内涵定位于随时随地传播与沟通的思想，是教学中的一种新型沟通模式。

2009 年，Mike Sharples 在总结分析移动学习应用案例的基础上提出"全民学习"，将移动学习的适用对象扩大到研究者、企业与从业人员。Paul Lefrere 结合案例分析论述了学习者在进行移动及情境学习中可能遇到的重要需求。可见，该阶段移动学习的概念趋向于其泛在性，强调利用移动便携设备发生的泛在、随时随地的全民学习。

2010 年，Mohammed Ally 指出，移动设备将可能无缝地嵌入到我们的生活环境，移动学习发展需要充分考虑社会公平的问题。Agens Kukulska Hulme 提出利用普适计算和移动技术增进师生、生生间的社会网络互动，互动形式也不仅局限于文字形式。可见，该阶段移动学习概念更关注于教育形式和学习方式。

2011 年，Mike Sharples 分析了"移动学习"及其相关概念"一对一学习（1 to 1 learning）""普适学习（Pervasive learning）""情境学习（Contextual Learning）""泛在学习（Ubiquitous learning）"之间的关联。Chee – Kit Looi 提出分布在不同的学习过程、学习空间、学习时间的个性化和社会化无缝学习。这一时期对于移动学习的内涵研究比较深入，开始关注其无缝性、情境性。

2012 年，Riitta Vänskä 运用移动学习发展理念、协作工具与技术促进学生在学科中的学习，阐述将技术运用于学习中产生的学习新策略，这一阶段移动学习内涵研究未做显著变化。

2013 年，Peter Bruck 提出，移动学习将更多地利用微型内容，反映为微型化学习。

综合表 2 及各个主旨汇报内容的分析，可以得知：移动学习的内涵有了长足的延伸，从最初的只关注技术在信息传播与沟通领域的特性，发展到技术对于学习形式和领域的支持，再到各类学习特性的研究，进而关注到具体的实施策略和资源开发。可见，学者们对移动学习内涵的认识在逐步清晰和深入，已经迈入移动学习本质属性及实施策略的深化研究阶段。

## 三、移动学习支持技术的发展变革

通信技术、多媒体技术、传感技术、移动终端设备是实施移动学习的技术基础，智能移动终端的研发促进了多样化的移动学习模式发展。表3和表4分别列出了近六届mLearn会议中与技术变革相关的主旨报告和专题研讨①②③④⑤⑥⑦⑧⑨⑩⑪⑫⑬。

表3　近六届 mLearn 世界会议中关注移动技术或设备发展的主旨报告

| 年份 | 主旨报告 |
| --- | --- |
| 2008 | 手机的发展方向 |
| 2009 | 无缝移动学习与情境学习 |

---

① University of Wolverhampton. MLearn2008 Workshops［EB/OL］.（2008－10－08）［2014－10－08］. http://mportfolios. blogspot. com/search/label/mLearn2008.

② University of Central Florida. MLearn2009 Workshops［EB/OL］.（2009－10－26）［2014－10－08］. http://www. mLearn. org/mLearn2009/workshops. asp. html.

③ SELENA. MLearn2010 Workshops［EB/OL］.（2010－10－19）［2014－10－08］. http://mportfolios. blogspot. com/search/label/mLearn% 202010.

④ Beijing Normal University. MLearn2011 Workshops［EB/OL］.（2011－10－18）［2014－10－08］. http://mLearn. bnu. edu. cn/Workshops. html.

⑤ Centre of the CICERO Learning Network and Learning Sciences and Technologies. mLearn2012 Programme ［EB/OL］.（2012－10－16）［2014－10－08］. http://portal. ou. nl/en/web/mLearn－2012/programme.

⑥ College of the North Atlantic-Qatar. mLearn2013 Programme［EB/OL］.（2013－10－22）［2014－10－08］. http://webit. cna－qatar. edu. qa/mlearn2013/programme. html.

⑦ PRENSKY M. Quo Vadis, Mobile［EB/OL］.（2008－10－08）［2014－10－08］. http://www. mLearn. org/mLearn2008/content/view/17/45/index. html.

⑧ LEFRERE P. Seamless mLearning and Contextual Learning［EB/OL］.（2009－10－26）［2014－10－08］. http://www. mLearn. org/mLearn2009/keynotes. asp. html.

⑨ BERROETA I. How smartphones and data technologies enable mLearning［EB/OL］.（2010－10－19）［2014－10－08］. http://mportfolios. blogspot. com/search/label/mLearn% 202010.

⑩ ALLY M. Augmented reality for Learning［EB/OL］.（2010－10－19）［2014－10－08］. http://mportfolios. blogspot. com/search/label/mLearn% 202010.

⑪ KINSHUK. The 5Radaptation framework for location based mobile learning systems［EB/OL］. Beijing normal university（2011－10－18）［2014－10－08］. http://mLearn. bnu. edu. cn/Keynotes. html.

⑫ KLOPFE E. Development and use of computer games and simulations for building understanding of science and complex systems［EB/OL］.（2012－10－16）［2014－10－08］. http://portal. ou. nl/en/web/mLearn－2012/keynotes.

⑬ NORRIS C, SOLOWAY E. Marrying Mobile Devices, Software & Curriculum to Scaffold Synchronous Collaboration for All－the－Time, Everywhere Learning［EB/OL］.（2013－10－22）［2014－10－08］. http://webit. cna－qatar. edu. qa/mlearn2013/keynotes. html.

续上表

| 年份 | 主旨报告 |
|---|---|
| 2010 | 用于教学与学习的增强现实技术 |
| | 智能手机与数据技术如何应用于移动学习 |
| 2011 | 基于定位的自适应移动学习系统框架 |
| 2012 | 开发和运用计算机游戏与电子仿真技术促进对科学与复杂系统的理解 |
| 2013 | 移动设备、软件和课程与协助同步合作结合使学习随时随地进行 |

表4　近六届 mLearn 世界会议中关注移动技术或设备发展的专题研讨

| 年份 | 专题研讨会 |
|---|---|
| 2008 | 设备，系统，技术和标准 |
| 2009 | 口袋中的潜力：运用移动技术促进儿童学习 |
| | 基于位置、情境化与增强现实的学习 |
| | 移动媒体 |
| | 创作与访问 iPhone 学习程序 |
| 2010 | 移动学习应用程序 |
| | 移动学习技术 |
| 2011 | 中国的手持数据学习新形式 |
| | 探究网络移动设备怎么实现多媒体经验学习 |
| 2012 | 移动增强现实学习 |
| 2013 | 运用 iPads 进行不同的教学 |
| | 在教育领域运用 metaio SDK 开展移动增强现实学习 |

从表3和表4可以看出移动学习支持技术的变革历程，从2008年只关注到手机这一移动终端的系统、标准及应用研究，到2009年关注范围扩展到了移动媒体和相关传感技术，特别关注了 iPhone 手机，2010年，研究者的焦点开始转向增强现实技术与数据技术的具体应用；2011年，进一步扩展关注基于定位系统的技术，关注技术环境的融合；2012年，研究将人工智能、虚拟仿真等新型媒体技术与移动技术相融合；2013年，重点关注平板电脑这一重要移动学习媒体，特别关注移动增强现实技术。总的来说，就基础技术而言，研究移动学习支持技术由单一支持技术发展为多种技术融合，包括通信技术、多媒体技术、移动定位技术、仿真技术等，就终端设备而言，开始关注不同的终端，包括智能手机、平板电脑等，就技术应用形式而言，关注技术对于多种不同创新应用形式和不同领域的实践应用。

## 四、移动学习社区教育应用的项目推进

移动学习的实践应用伴随着理论研究的不断丰富和深化而展开，表五列出了近六届 mLearn 会议主旨报告中涉及的研究项目①②③④⑤⑥⑦。

表5　近六届 mLearn 世界会议主旨报告涉及的实践应用项目

| 年份 | 主讲者 | 研究项目 | 项目概要 |
|---|---|---|---|
| 2008 | Vanessa Pittard | Learning2Go | Learning2Go 项目是英国伍尔弗汉普顿地方当局成功开展移动学习的例子。该项目始于 2003 年，旨在验证在学生与老师的日常生活中，可以利用技术成功开展移动学习或一对一学习。该项目团队包括专家顾问、训练者、技术支持者等人员，长期提供设备与当地学校合作。Learning2Go 项目创建了在课堂内外促进学生学习的新方式 |
| 2009 | Mike Sharples | MOBILearn | MOBILearn 是一个由来自欧洲各国和以色列、澳大利亚等国家的 24 个团队共同完成的大型项目，项目始于 2002 年，终于 2004 年，旨在探讨通过应用关键的移动技术解决文字学习向非正式、以提出和讲解问题为基础的、工作坊式的学习方式的转化问题。该项目设计了三类移动学习方式，分别面向 MBA 学生、文化市民和普通市民开展移动学习实践，具体为基于课件的移动式继续教育方式、基于位置的博物馆游览学习方式、基于短信的健康资讯学习方式 |

---

① Learning2Go. ［EB/OL］.（2004 - 10 - 05）［2014 - 10 - 08］. https：//www. wolverhampton-engage. net/sites/anonymous/Learning2Go/Pages/whatislearning2go. aspx.

② Project Team. Mobilearn project. ［EB/OL］.（2002 - 10 - 15）［2014 - 10 - 08］. http：//www. mobil-earn. org/index. php.

③ SHARPLES M, LONSDALE P, MEEK J, et al. An Evaluation of MyArtSpace：a Mobile Learning Service for School Museum Trips, 16 - 19 October 2007 ［C］. The 6th Annual Conference on Mobile：Australian, 2008.

④ VÄNSKÄ R. Mobile Learning for Mathematics project ［EB/OL］.（2010 - 10 - 13）［2014 - 10 - 08］. http：//www. un. org/en/ecosoc/innovfair2011/docs/nokia. pdf.

⑤ Project Team. Leveraging Mobile Technology for Sustainable Seamless Learning in Singapore Schools. ［EB/OL］.（2010 - 09 - 20）［2014 - 10 - 08］. http：//www. lsl. nie. edu. sg/projects/leveraging-mobile-technology-sustainable-seamless-learning-singapore-schools

⑥ NG M. UbiqGames：casual, educational, multiplayer games for mobile and desktop platforms ［D］. MIT：Dept. of Electrical Engineering and Computer Science, 2009.

⑦ GITSAKI C, ROBBY M A, PRIEST T, et al. A research agenda for the UAE iPad Initiative ［EB/OL］.（2013 - 02 - 16）［2014 - 10 - 08］. http：//lthe. zu. ac. ae/index. php/lthehome/article/view/162.

**续上表**

| 年份 | 主讲者 | 研究项目 | 项目概要 |
|---|---|---|---|
| 2009 | Mike Sharples | My Art Space | 该项目始于 2006 年 2 月，为期一年，超过 3 000 名孩子参与项目实践，学生运用移动终端在博物馆开展基于位置的参观学习，同时收集资料，建立自己的在线虚拟博物馆，以与同学分享 |
| 2010 | Riita Vanska | The Mobile Learning for Mathematics | 该项目始于 2009 年，应南非总统办公室要求，诺基亚西门子网络公司领导项目团队来到南非开展试点项目。旨在研究与测量运用移动技术在南非学校 10 年级学生中开展数学学习的有效性。该项目从初始阶段与 6 所南非高中学校合作，至 2011 年，与 150 所南非学校合作，对 18 000 个学习者进行调查。采用一个交互的教学方法使学生主动学习，记录学生在校内或校外的学习情况。该项目提供一个详尽的教学模型（LMS 使用 Moodle 和 Mxit 接口），评估试点学校学生的情况。展示了学生与教师反馈的视频以及运用技术传送数学内容，测试/评论、合作与反馈的例子。该项目的开展减轻教师工作负荷，使学生对数学学习的态度发生变化，对数学学习的兴趣有所提高 |
| 2011 | Chee-Kit Looi | 1∶1 数字化学习 | 该研究始于 2006 年，与新加坡的一所小学合作，研究 9 岁的小学生如何利用移动设备进行无缝学习。研究在不同的年级和科目（如科学、数学、中文等）进行，纵向时间尺度为 1～3 年。研究者的干预包括将科学课程转化为利用的 1∶1 移动技术的效果促进探究式学习。根据无缝学习的理念，促进持续地、无处不在地以及纵向使用移动技术，开展不局限于课堂的随时随地的学习。为了研究这种非正式的学习经验，研究者进一步选择部分学生作为实验对象，了解他们在非正式学习环境中的学习模式，例如家庭和当地的科学中心。研究主张的是通过整合时间和空间多方面，不仅着眼于发生在学习者生活中的片段学习活动，还要关注随时间推移的多点学习轨迹 |

续上表

| 年份 | 主讲者 | 研究项目 | 项目概要 |
|---|---|---|---|
| 2012 | Eric Klopfe | UbiqGames | 该项目的理念始于 2000 年麻省理工学院开展的可参与模拟实验，在此基础上，该项目延伸开发了适用于教育领域并可在多种类操作系统中运行的多媒体小游戏。开发了多种基于无线网络、网络搜索的小游戏。这些游戏的设计运用移动设备"因时因地"的特性，基于位置的"增强现实"游戏使得学生在团体中玩游戏与创造游戏的同时，将现实问题与游戏结合在一起 |
| 2013 | Christina Gitsaki | 阿拉伯联合酋长国移动学习 | 该项目始于 2012 年，阿联酋高等教育部在学期初，为基金项目中 3 所联邦学校学生提供移动设备（iPads），促使高中毕业生学习本科学习阶段必要的学术技能，包括英语语言能力、IT 技能、研究技能、图书馆技能、学习技能 |

从表 5 可见，近年来，移动学习开展了一些实践应用的项目，来自不同领域的专家学者和企业人员共同对项目进行了设计，综合利用多种技术，周密设计资源，开展了不同学习形式的项目实践。从项目开展的地域来看，项目实施主要分布于发达国家和地区，只有个别项目在经济发展落后的国家开展。从项目开展的对象来看，既有在校学生，也有社区居民。就项目开展的内容而言，尽管部分项目实践对象是在读学生，但项目关注的内容并非课堂教学内容，而是学习者学习能力的提升，或社区居民职后继续教育和终身教育的内容，尽可能地利用社区资源和移动学习方式实施教育，满足社区居民生活品质提升的意愿。但总的来说，移动学习在社区教育中的应用仍不广泛，不普及，未来发展空间巨大。

## 五、移动学习发展展望

信息技术迅猛发展，伴随着移动技术的日益普及和社会的日益发展，移动学习将会在以下三个方面不断深化和发展。

### （一）移动学习基础理论

至今，移动学习已经历了十余年的发展历程，基本概念和基础理论研究，包括不同学习方式的教学设计模式、方法和流程等取得了一定的成果，但还有许多深层次问题有待研究，特别是移动学习的教育学、心理学基础理论研究，如移动学习者的动力机制和认知过程，移动学习的质量保障体系、评估体系和标准，移动资源及平台的可用性与交互设计的基本原则等。同时，移动学习与各种学习方式的有机融合，比如与微课、慕课、翻转课堂等的有机融合，再如正式情境下的移动学习和非正式情境下的移动学习的有机融合，个别化移动学习与移动协作学习的有机融合等。实践推进急需这些理论研究的深入发展。

（二）移动学习支持技术

伴随着技术研发的不断进步，可穿戴技术、人工智能技术、增强现实技术与传感技术发展迅猛，目前尚未见到可穿戴技术在移动学习中的应用研究，人工智能技术、增强现实技术与传感技术在移动学习中应用的研究也不多见，在接下来的几年内，这些新技术都将被引入移动学习研究和实践中。在引进新技术的同时，研究者还需关注各种技术的融合，研发有效支持移动学习的平台，特别是研发支持自适应移动学习及协作移动学习的平台，以降低一线教师开展移动学习的技术门槛。

（三）移动学习在社区教育中的实践应用

社区教育是和学校教育同等重要的教育领域，且伴随着知识经济和信息时代的不断深化，社区教育越来越受到重视，传统的面对面社区教育形式显然已经难以适应社会发展需求，未来当加大移动学习在社区教育中的应用，利用移动技术，研发微资源，实现移动情境下的微型化学习，不断满足社区居民终身教育的需求和意愿。同时，结合云服务技术和大数据分析技术，深入分析社区居民教育需求，实现多机构协作，共同开发社区教育资源，科学评估社区教育绩效，促进全民素质提升。

# 移动终端中小学数学教学应用的研究现状与推进建议

## ——基于中美对比的研究

华南师范大学教育信息技术学院　况姗芸　刘晚钰　向思雨

华南师范大学附属中学　周致远

**摘　要：** 伴随着移动技术的迅速发展，移动终端进入中小学教学已经成为时代发展的必然。数学教学是中小学教学的重要内容之一，世界各国都高度重视数学教学变革。本研究在对比中美两国数学课程教学标准的基础上，分析了中美两国在数学教学目标、内容、认知要求、实施方式、信息技术应用等方面的异同，并进一步对比中美两国在移动终端数学教学应用研究现状，进而在此基础上，对移动终端在中国中小学数学教学中应用研究的发展提出建议。

**关键词：** 移动终端　中小学　数学教学

## 一、引言

伴随着移动技术的迅速发展，移动终端在功能日益增强的同时，价格却一路下调，因而得到快速普及。美国皮尤研究中心 2018 年发布的数据显示，在中国，智能手机的普及率为 68%，美国的智能手机普及率为 77%。[①] 如何有效利用智能终端改进人们的生活、工作和教育就成为人们关心的重要事情之一。《2017 年教育信息化工作要点》指出，我国基本实现具备条件的学校互联网全覆盖和网络教学环境全覆盖，加快推进中小学"宽带网络校校通"、推动数字校园和智慧校园建设是接下来的重要任务之一。与之对应，移动终端在中小学教育教学中的应用将会迅速发展。数学与人类生活和社会发展

---

本文系华南师范大学校级在线开放课程"移动学习理论与实践"的阶段性研究成果。

① Pew：2018 年全球智能手机普及率韩国以 94% 排名全球第一 [EB/OL]. (2018 - 06 - 25) [2018 - 10 - 27]. http://www.199it.com/archives/741119.html.

息息相关，数学教育对于培养学生的理性思维和创新能力有不可替代的作用。[①] 世界各国均高度重视数学教育，不约而同地加紧数学教育改革的步伐。在我国数学课程标准中，明确强调要利用信息技术与数学课程内容整合，为学生提供丰富的学习资源，注重实效。有效利用移动终端促进中小学数学教学是接下来教育实践中急需解决的问题。

## 二、中美数学课程标准对比

国际数学学业竞赛结果表明，中国小学生的数学学业成绩高于美国，但是解决开放性问题的比赛结果却逊色于美国。在一次中美学生创造性思维能力测试中，中国被试的平均成绩比美国被试平均成绩低 4 个百分点。美国被试不仅能用代数和算术的方法，同时也善于使用图形、表格、试探等具有创造性的方法解决问题，而中国被试往往倾向于使用代数和算术方法。[②] 这或许与中美数学教育相关，《数学课程标准》是我国指导数学课程教学的纲领性文件，引领中国数学培养模式变革和考试评价制度变革等一系列教学变革，国家先后组织专家分别对义务教育课程标准和普通高中教育课程标准进行了修订，目前最新发布的版本为 2017 年版。美国 20 世纪 60 年代开展"新数"运动，70 年代提出"回到基础"口号，2010 年颁布《共同核心州立标准》，至此终结全美各州教育标准不一致的乱局。

### （一）数学教育目标

关于数学教育目标，2017 年版义务教育阶段数学关注了知识技能、数学思考、问题解决与情感态度四个维度，总体目标是获得数学基础知识、基本技能、基本思想和基本活动经验，学会运用数学的思维方式进行思考，增强发现和提出问题、分析和解决问题的能力，了解数学的价值，提高学习数学的兴趣，养成良好的学习习惯、具有初步的创新意识和实事求是的科学态度。[③]2017 年版的高中阶段的数学课程标准首次凝练数学学科核心素养，将高中数学教学目标定义为提高"四基"与"四能"，同时发展学生的数学抽象、逻辑推理、数学建模、直观想象、数学运算、数据分析等数学学科核心素养；提升数学学习兴趣，养成良好的数学学习习惯，发展自主学习的能力，树立科学精神，提高实践能力，提升创新意识，认识数学的价值。[④] 美国的《共同核心州立标准》中"数学实践的标准"聚焦核心数学和数学理解，重视数学建模和数学推理，提出 K－12

---

①③　中华人民共和国教育部. 全日制义务教育数学课程标准（2017 年版）［S］. 北京：人民教育出版社，2018.

②　褚海峰，白改平，曲兴元. 谈美国数学教学［J］. 外国中小学教育，2003（8）：41－42.

④　中华人民共和国教育部. 普通高中数学课程标准（2017 年版）［S］. 北京：人民教育出版社，2018.

数学学习需要达成八项目标：理解并坚持不懈地解决问题；推理的抽象性与数量化；构建可行的论断，质疑他人的推理；数学建模；灵活地使用恰当工具；注意精确性；探求并利用规律；在重复的推理中，探求并表达规律。[①] 对比来看，两国的教学目标定位有一定的共性，都高度重视学生数学理解、建模、论证和推理等数学思维的习得，也关注培养学生的数学技能和态度，但两国的教学目标又存在些差异，中国数学教学目标比较全面、宏观且抽象，因而不易量化评估。而美国课程标准对于数学思想与思维方式、数学活动的阐释更加具体明确。

（二）数学教学内容及分布

对比中美两国数学课程标准，总的来说，中国数学课程要求的深度比美国深，相同内容的学习在中国课程中出现的年级有时会早于美国课程，如美国高中课程中的一些教学内容在中国被作为初中学习内容，中国高中数学课程覆盖面更广，尤其是"数与代数"部分。从知识分类来看，中国课程不仅重视"算法初步""集合""基本逻辑用语""向量""推理与证明"等工具性数学知识内容，也重视数学文化的渗透。[②] 在义务教育阶段，中国数学教学内容最多的是"图形与几何"（几乎占了一半，而且年级越高，这类内容越多），而"数与代数"内容只占38%（且这些内容所占的比例随着年级升高而减少），"统计与概率"内容最少，中国还专门设置了"综合与实践"课程内容。美国则是"数与代数"内容分布最多（占一半以上），其次是"几何与测量"（占1/3左右），"统计与概率"内容也很少。[③] 具体到不同年段学习的内容条目数，发现中国义务教育各学段的内容总量随年级升高而逐渐增多，而美国中小学阶段每个年级的内容条目数比较稳定，并未出现随年级增长的显著变化趋势。内容对比的研究并非为了判断孰优孰劣，但从中可推测两国对学生应掌握的基础数学知识理解上的差异。总的来说，中国数学课程有微弱的偏向"图形与几何"模块的现象，同时，中国数学学习的内容要求更广，难度更大，且呈现出随着年级的增高，难度逐渐加大的趋势。美国数学课程教学有微弱的偏向"数与代数"倾向，基础知识要求相对较弱，且并未随着年级增高而要求学习内容增加，但却对数学理解与知识应用要求逐步提高。

---

[①] 廖运章. 美国《州共同核心数学标准》的内容与特色 [J]. 数学教育学报，2012，21（4）：68 – 72.

[②] 曹一鸣，严虹. 高中数学课程内容及其分布的国际比较 [J]. 数学通报，2015（7）：9 – 14.

[③] 康玥媛，曹一鸣. 中英美小学和初中数学课程标准中内容分布的比较研究 [J]. 课程·教材·教法，2014（4）：118 – 122.

### （三） 中美数学教学内容认知要求的对比分析

中国与美国的数学课程标准中各类认知要求占比统计结果如表1所示，从中可知，两个国家中小学阶段均高度重视识记、程序性操作和表达等低水平认知要求，其为数学推理、问题解决、联系等高水平认知要求奠定基础，但具体来看，中国数学教学对于识记和数学推理的要求显著高于美国，这一差别可能是导致中国学生在数学学业竞赛中能普遍优于美国学生的本质原因。但是，美国在程序性操作、表达、问题解决和联系这几个维度上显著高于中国，尤其是"联系"这一要求的占比数，美国是中国的两倍以上，可见其对于学生寻求联系的关注度之高，这或许与两国开放性问题解决的差异性及创新能力培养相关。

表1　中美数学课程标准中各类认知要求占比统计对比①

| 国家 | 识记 | 程序性操作 | 表达 | 数学推理 | 问题解决 | 联系 | 其他 |
| --- | --- | --- | --- | --- | --- | --- | --- |
| 中国 | 37.63% | 28.28% | 10.10% | 11.11% | 5.81% | 3.54% | 3.54% |
| 美国 | 18.67% | 37.97% | 22.47% | 3.48% | 8.86% | 7.59% | 0.95% |

### （四） 中美数学教学实施方式对比

美国的课程标准中没有明确提出教学实施建议，但字里行间发展了全美数学教师理事会（NCTM）1989年提出的观点：数学课程的重点应该是数学概念和理解，数学教育研究者和教学设计者要将数学理解作为数学研究的首要重点。② 课程标准强调要理解并解决问题，基于理论和数据进行解释，建立可行的论点并评论他人推理、建立数学模型、采用适宜工具、尽可能精确、利用结构、反复论证并合理表达。③ 与之对应，在中国的数学课程标准中明确提出了教学实施建议，对于义务教育阶段，强调要注重课程目标的整体实现、重视学生的主体地位、注重学生对基础知识和技能的理解与掌握、感悟数学思想，积累数学活动经验、关注学生情感态度发展，注意把握"预设"与"生成"的关系、合情推理与演绎推理的关系、面向全体学生与关注个体差异的关系等；普通高中阶段则强调教学目标、情境创设和问题设计、教学内容设置等都要注重培养学生的数学学科核心素养，在教学过程中要重视学。对比可知，中国数学教学更强调数学基础知

---

① 康玥媛，曹一鸣. 小学、初中数学认知要求的国际比较：基于中、美、英、澳、芬、新六国课程标准的研究 [J]. 教育科学研究，2016 (1)：65 – 70.

② NATIONAL COUNCIL OF TEACHERS OF MATHEMATICS. Curriculum and evaluation standards for school mathematics [C]. Reston, VA：Author, 1989.

③ 核心课程网. 美国核心课程标准 [EB/OL]. (2018 – 09 – 27) [2018 – 10 – 27]. http://www.corestandards.org/Math/.

识与技能掌握的传授过程，主张在知识学习过程中进行数学思维培养；美国数学教学更注重各种数学活动，强调通过假设、推理、建模、论证等不同的数学活动形成结论，解决问题，加深数学理解。

（五）信息技术数学教学应用

中美两国的数学课程标准均有涉及信息技术应用，中国数学课程标准从小学高年段就开始关注信息技术应用，包括计算器、多媒体、网络资源、数学教学辅助软件、计算机、信息技术等，应用目的主要有：呈现教学内容，模拟教学情境，促进数学探究及远程交流，应用内容包括"数与代数""图形与几何""概率与统计"等，只有微积分部分未做相关描述。美国数学课程标准则是从七年级才开始提及信息技术应用，且初中阶段只关注几何软件在"图形与几何"部分的应用，进入高中阶段后，美国数学课程标准增加了对信息技术、计算器和电子表格等技术在"数与代数""图形与几何""概率与统计"等内容中的应用。可见，两国都关注信息技术（包括计算器）的应用，相比较而言，中国更甚，界定的信息技术范围更广，应用起点更早。而且，中国数学教学中对于信息技术的应用更关注的是其在知识传授及互动过程中的价值，而美国数学教学中对于信息技术应用的关注点则主要是在帮助理解数学知识点，因而比较多关注的是具体工具的应用。但遗憾的是，两国对于信息技术应用的阐述均未提及近年发展迅猛的移动技术、智能技术与数据分析技术等新技术，这或许与美国相应标准制定时间早有关，而中国的相关课程标准在2017年的更新过程中对此仍没有给予足够的重视。

## 三、中美数学教学中移动终端应用研究现状对比

尽管两国的课程标准中都没有明确提及移动终端的应用，但双方都在关注并尝试利用移动终端开展数学教学实践，并产生了一些研究成果。

（一）移动终端数学教学应用研究成果

研究者针对移动技术教育应用的技术与实证展开了广泛的探讨，形成了一批研究成果，继而也出现了一些针对这些实证研究进行深入分析的综述研究。研究者（Wu，2012）总结2003—2010年间全球发表的164项移动技术在不同学科应用的英文研究成果，发现86%的研究表明移动技术有利于促进目标达成；研究者（Hwang & Wu，2014）总结2008—2012年的214项移动技术在不同学科应用研究的成果，发现83%的实证研究表明移动技术的应用促进了学习目标的实现；研究者（Hsu & Ching，2013）总结2004—2011年的成果，发现2/3的实证研究证明移动合作学习有利于学习者的进步；但研究者（Schmitz，Klemke，Specht，2012）梳理基于移动终端的游戏学习却没有找到能

促进学生学习的显著证据。可见，移动技术在教学中的应用并不只可能带来益处，也同样有可能带来负面成效。这一结果同样反映在移动技术数学应用实践研究成果中，研究者（Crompton & Burke，2015）① 分析了 2000—2014 年的 36 个有关数学应用的研究（其中有 12 项是关于移动技术在美国数学教学应用的），发现这些研究均是关注"数与代数""图形与几何"领域，均未关注"数据与概率"领域，71% 的研究证实了移动技术的有效性。研究者（Muneera Bano，2018）对 2003—2016 年间移动学习在中学数学中应用的英文文献再次进行全面梳理和回顾②，结果表明相关研究比较缺乏，总共才 9 例，其中美国就占了 8 例，另只有 1 例香港地区的研究。在这 9 项研究中，7 项研究都是专门针对中学生，均来自美国，另有 1 例来自美国的研究是将师生共同作为研究对象，而中国香港地区的研究则是针对中学教师展开；9 项研究中有 1/3 的研究均属于短期研究（研究时长少于 1 个月），研究样本数量普遍较小，其中只有 1 项研究在 100 ~ 200 人之间，4 项研究少于 50 人，还有几项未做阐述；有 3 项采取项目学习的思想，3 项关注泛在学习，2 项关注合作学习；其使用的平台主要是依据第 3 方开发的平台（有 6 项），另外 3 项则是基于研究者自己开发的技术工具展开（全部是美国的相关研究）；研究关注的教育情境主要是正式教育情境（6 项）；研究主题包括技术使用的有效性、APP 使用的有效性、使用教育 APP 时促进及阻碍师生学习的影响因素调查，每项研究分别有 2 项。研究结果表明，5 项研究声称移动技术对教学结果有促进价值，1 项研究提出了移动技术的应用同时存在正向和负向价值，3 项研究对此未做声明。就研究方法来看，9 项研究中质性研究法（5 项）和量性研究法（4 项）共存，所占比例相当。再具体梳理移动终端数学应用研究的中文文献，发现相关研究也比较单薄，截至 2018 年 9 月，只有 12 篇相关文章发表在 CSSCI 源期刊或核心期刊上，其中有 8 篇都是研究小学数学教学应用，另外 4 篇分别为研究综述、幼儿、初中和高中数学教学应用，研究情境均为课堂教学和课内外结合情境，研究焦点聚集在移动终端数学教学模式构建、课型与环节选择、应用绩效评价、应用个案分析和应用误区及改进建议等 5 个主题，其中聚焦于模式构建的研究数量最多，有 5 篇（近 50%），指引模式构建的指导思想有 PBL③④、ATP 模型⑤、翻

① CROMPTON H, BURKE D. Research Trends in the Use of Mobile Learning in Mathematics [J]. International journal of mobile and blended learning, 2015, 7 (4): 1 - 15.

② BANO M, ZOWGHI D, KEARNEY M, et al. Mobile learning for science and mathematics school education: A systematic review of empirical evidence [J]. Computers & education, 2018 (121): 30 - 58.

③ 管钰琪, 苏小兵, 郭毅, 等. 电子书包环境下小学数学复习课教学模式的设计 [J]. 中国电化教育, 2015 (3): 103 - 109.

④ 邵征锋, 张文兰, 李喆. 基于电子书包的 PBL 教学模式应用探究 [J]. 现代教育技术, 2016 (5): 36 - 43.

⑤ 张屹, 白清玉, 李晓艳, 等. 基于 APT 教学模型的移动学习对学生学习兴趣与成绩的影响研究 [J]. 中国电化教育, 2016 (1): 26 - 33.

转教学①和数学教学论②；应用课型涉及新授课、数学概念习得课、巩固练习课和复习课，应用的环节包括有知识传授、交流、复习、评价等环节；依托的工具平台除个别关注了一个具体的知识点学习 APP（"烙饼"APP）外，都是平板电脑课室管理系统（如Aishcool，edupal，乐知通，clicker），研究结论普遍看好平板电脑数学教学应用，认为其有助于发展学生数学思想、提升学生学习动机、态度与参与度、教师反馈准确性和测验成绩③④⑤，提升课堂互动数量与质量⑥，也有研究关注了不同性别学生对平板电脑应用的态度与效果差异⑦，同时也有研究关注了使用平板电脑对学生带来的认知负荷问题⑧。

对比中美相关研究，不难看出，两国目前对于移动技术数学教学应用的研究都比较单薄，还处于起步阶段。两国的研究焦点有一定的共性，均关注正式教育情境中项目学习思想的指引，都注重应用绩效的评估。与此同时，中美研究又存在较大差异，尤其体现在研究对象和支持工具选择，美国的数学教学应用主要关注中学生，并且高度关注数学学习 APP 的研发及应用效果，而中国的研究主要关注小学生，且不管哪个阶段的教学应用，全部都集中关注平板电脑课室管理系统的使用效果，没有一项研究对数学学习APP 的应用进行深入探讨。研究对象所处学段的差异可能与前期中国信息技术与课程教学融合在小学阶段发展比中学阶段发展较快有关，但从近两年"一师一优课，一课一名师"活动中获得"部优"课例数据分析结果来看，近年我国初中学段和数学学科中信息技术与课程教学融合发展的增速非常快⑨，预期后续对于移动终端在初中数学教学应用的指引需求会大幅增加。两国研究中出现差异的另外一个显著点在于，中国的相关研究主要是在教学模式与教学环节，而美国的相关研究主要聚焦于数学理解，这可能反映出两国数学教师及相关研究人员对于数学教学目标关注度的差异，也可能与两国相关数学学习 APP 开发的现状有关。

---

① 马相春，钟绍春，徐姐，等. 基于电子书包教学系统的翻转课堂教学实践研究 [J]. 电化教育研究，2017（6）：111 – 115.

②④⑧ 张文兰，李喆，员阁，等. 电子书包在小学数学教学中的应用模式及成效研究 [J]. 中国电化教育，2013（12）：118 – 121.

③ 管珏琪，PETER RIEZEBOS，苏小兵，等. 电子书包对学生学习体验与学习成绩的影响 [J]. 中国电化教育，2015（9）：56 – 62.

⑤⑦ 石映辉，杨浩，吴砥，等. 信息化学习终端在课堂教学中的实效分析 [J]. 中国电化教育，2016（7）：87 – 92.

⑥ 李红美，王镇国，韦俊楠. 面向移动终端课堂互动信息的可视化分析 [J]. 现代教育技术，2017（2）：113 – 119.

⑨ 况姗芸，黄润梅，卢昀，等. 基础教育信息化教学实践现状分析与推进建议 [J]. 中国电化教育，2018（9）：61 – 68.

## （二）数学学习 APP 研发

近年，我国数学学习应用的研发与应用发展较快，出现了作业帮、洋葱数学、小猿搜题、阿凡题、数学加、数学大师、初中数学学习答疑、高中知识宝典、互动作业、魔方格、有谱爱学习等一系列被师生广泛下载应用的数学学习 APP。这些 APP 虽各有特点，各自关注的对象、内容或应用场景有一定的偏差，但关注数学知识讲解、练习题编制、习题解答、试卷分析和学习者互动等功能是其共性，其中有些 APP 都采纳了智能技术实现拍照搜题，用户使用简单方便，体验感较好。但是，这些 APP 均没有关注到数学学习过程中思维培养及概念理解等过程中存在的难点，更没有针对这些难点提供有力支持。

美国研究人员近年开发了一些支持代数、几何、运算法则、数学分析、统计和其他数学领域的在线和移动应用程序，允许使用者自主探究函数、提供图形化和多种计算器，这些应用能处理测量和教育任务，以提升学生的数字和数学技能，帮助学生进行问题解决，提升数学概念理解，动态提供观点陈述，促进元认知发展[①]。比较典型的APP 有[②]：

### 1. GeoGebra

2002 年，萨尔茨堡大学的 Markus Hohennwarter 等人提出 GeoGebra 项目，开发出来的 GeoGebra 应用兼顾几何、代数和微积分教学内容，不仅具有三维几何图形，还具有图形全动态 3D 效果。它既可用于教师可视化演示教学和数学考评，亦可作为学生自主建构数学知识的工具，功能强大，交互性强，操作简单，一经开发便被热捧，被翻译成50 多种语言在全世界各地使用。

### 2. Construct 3D

Construct 3D 是 Kaufmann 等人 2003 年开发出的三维几何建构工具，主要用于高中和大学的数学和几何教育，它是基于移动协同增强现实系统开发，使用增强现实技术支持用户共享虚拟空间。同时为几何形状的构造提供了一套功能，如线条、球体、圆筒和圆锥，用户在使用时能够看到自己的身体和手，以及他们工作时的运动结果。

### 3. Math4Mobile

Math4Mobile 包括五个小程序：Sketch2Go，一个允许用户绘制图形、增加和减少函数并对现象进行视觉探索的应用程序。Graph2Go，一个用于函数动态转换的图形计算

---

① PIERCE R, STACEY K, BARKATSAS A. A scale for monitoring students' attitudes to learning mathematics with technology [J]. Computers & education, 2007, 48（2）: 285 – 300.

② ATHANASIOS D, MARIOS P. A Review of Mobile Learning Applications for Mathematics [J]. International journal of interactive mobile technologies, 2015（3）: 18 – 23.

器。Fit2Go，一种线性和二次函数绘图工具和曲线拟合器。学生可以观察现象，识别变量，进行实验和测量，以建立现象的模型。Quad2Go，一种便于学习四边形的工具，可以通过生成示例、观察和实验示例来形成广义猜想。Solve2Go 支持基于视觉思维的方程和不等式推测。学生可以用该工具提供的例子来驳斥或支持猜想，并且应用纸面上的符号操作来证明，同时该应用还支持使用者之间交换视频和语音消息。

可见，中美两国在数学学习 APP 的研发上出现显著差异，其差异体现出两国对于数学教育侧重点的不同理解，也阐释出两国数学教学理念的差别，相互学习有利于促进两国数学教学的发展。

### （三）移动终端数学教学应用的特色案例

鉴于美国数学教学中对于数学理解的高度关注，其移动终端在数学教学中的应用也呈现出一些特色。美国加州大学戴维斯分校的 Tobin White 和 Lee Martin 设计了一个利用移动终端开展数学线性函数和图表学习的实践案例。[①] 教学分为三个环节，第一环节中，教师首先介绍相关数学知识，并借助 Group - Graph（一个协作绘图的应用程序）展开课堂学习活动。课后教师要求学生用 IPod 拍摄不同斜率的线条照片和线性变化的视频。在第二环节，学生以 2 人小组方式，通过 Group - Graph 应用程序，选出其拍摄的一张照片，确定其中的某一根直线并构建斜率。在第三环节中，学生利用另外两款软件 Video Physics 和 Graphical，用时间顺序的笛卡尔坐标点注释学生拍摄的视频，这些坐标点均可导出到数据表和图形显示中。学生借助移动终端摄录日常生活中的照片及视频，并利用 APP 对其分析，进而理解生活中的线性函数知识，学会利用图表展示生活中的数学，移动终端在帮助学生将自己的日常经验和数学结合在一起，深入理解数学知识提供了帮助，提升了学生学习的兴趣。

## 四、移动终端中国数学教学应用研究发展建议

移动终端的有效应用及研究离不开教育主管部门、产业、研究机构和学校的引领，也离不开教师、学生和家长的支持。尽管许多学校和家庭已经能较轻松地支付配置移动终端教育应用环境的费用，但是大多数中小学的移动终端教育教学应用还处在了解计划或应用探索阶段，这其中有社会文化认可的原因，也不乏教育评价依据及移动终端应用未能解决教学痛点的因素。国民素质提升与学生核心素养培养息息相关，数学学科核心素养是学生核心素养的重要组成部分，学生数学核心素养的培养对于数学教育提出更高

---

① WHITE T, MARTIN L. Mathematics and Mobile Learning [J]. Techtrends, 2014, 58 (1): 64 - 70.

要求，借鉴国际成果与经验，有利于有效突破困境，充分发挥移动终端一对一的数字化学习环境特色，推进数学学科核心素养培养。

（一）各司其职，协同推进，促进利益主体共盈

利益主体共盈是移动终端教学应用发展的理想状态，在移动终端数学教学应用推进过程中，主管部门、产业、研究机构、学校、家长和学生均是移动终端教学应用生态链中的重要生态元素。鉴于移动终端的发展态势，教学环境配置的投资者已由政府为主力转为以企业捐助或学生自购等方式为主力，但由于应用过程中遇到的诸多困难未能得到有效解决，不少移动终端被空置柜中，理想状态的多盈协同机制化为泡影。相关困难主要来自于四个方面：一是数学教育效果评价仍主要倾向于对应试效果的评价，数学学科核心素养培养的价值尚无法得到科学评估及有效体现。二是移动终端质量良莠不齐，某些终端难以适应教学需求，甚至会对学生的身心产生负面影响，导致家长担心与质疑。三是学生在家庭中应有的素养教育缺失，自控力不足，导致拥有移动终端的学生课堂教学组织难度加大，同样，学生回到家后，难以抵制游戏及娱乐节目的诱惑，不仅不能很好地利用移动终端学习，反而会沉迷于游戏和娱乐 APP 无法自拔，产生并激化一系列的家庭矛盾，导致家长谈虎色变，拒绝让学习者在家中使用移动终端，从而无法很好地发挥移动终端在课外学习中的价值。四是移动终端数学教学工具 APP 发展不力，不能很好地解决教学过程中的痛点，教师相关专业发展能力不足，导致教师主观上不认同移动终端教学应用优势。来自产业、家长、学生及教师四个维度的困境需要全社会的共同努力，各司其职方能改善现状，有效改进移动终端数学教学应用环境，切实推进利益主体多盈协同机制。

（二）加快数学教育教学效果评价改革，切实反映数学学科核心素养培养绩效

中华人民共和国成立以来，中国政府在全民普及教育领域取得了不小成就，全民素质得到了快速提升，然而优秀人才的培养不能只停留在基础知识与基本技能的传授，就数学学科而言，数学思想包括数学抽象、逻辑推理、数学模型构建、直观想象、数据分析等思想与能力的培养都非常重要，然而目前的数学教学评价中对于相关思想与能力的考核评估还没有给予足够的重视，虽然部分的测试题中能反映出对于学生推理能力以及部分数学思想的测试意向，但尚无法有效评估，需寻找合适的方法，提升对于学习者数学思想与问题解决能力评估的标准，开发相关技术支持工具，引导全社会对于数学核心素养培养的高度重视，从而更好地实现课程标准的培养目标。

（三）加快移动终端产品家长监管软件的研发与改进，改善移动终端应用接受度

平板电脑及手机是当今最主要的移动终端，其生产技术已经非常成熟，与图形计算

器相比，两者费用相差无几，但其功能更全面，应用面更广，既可用于解决数学问题，同时可以上网查找资料、运行各类 APP、与其他学习者互动，且移动终端操作更为便捷，触控方式符合人机交互需求，因而更受到人们的喜爱。但与此同时，也给其应用过程中的管理带来更多困难，包括对于学生个人资料安全的管理、运行 APP 的管理、学习时间的管理、联通网站的管理等一系列问题，这一系列问题看似与数学学习没有关联，实则影响到了学校、家庭和社会对于学生使用移动终端进行学习的态度，必须予以高度重视。管理青少年在移动终端上的各种行为，对于中国和美国都是一个关注难题。已有一些公司和组织先后针对不同操作系统开发过一些监管软件，比如用于苹果 iOS 系统的"家长管理—儿童平板"APP、"爱熊宝"等，但其功能不尽如人意，还需投入更大量的人力与物力，加强研发，改进其功能与稳定性，以保障移动终端教学应用前提，提升家长、学校及社会对于移动终端教学应用的接受度。

（四）加强数学学习 APP 的研发及应用，促进数学思想培养

在信息技术数学教学应用的发展历程中，由于 PPT、Flash 及以几何画板为代表的动态几何软件能更为便捷地展示教学内容，因而在数形结合教学中有着不可替代的优势，得到了不少教师的认同及采用。然而，伴随着移动终端应用的发展，相关技术发生变化，Flash 技术不被 iPad 系统支持，几何画板暂时亦不支持移动终端，相关教学需求如何满足是移动终端数学教学应用要解决的困境之一。如前所述，美国数学学习 APP 研究发展较早且较成熟，其在数与代数、图形与几何等领域研发了一系列相关的学习工具 APP 并展开了相关的实证研究，其中不乏一些优秀的免费工具（如 GeoGebra），与基于计算机的应用程序相比，这些 APP 具有操作简单，触控方式符合人类认知习惯等优势，学生可以在非常短的时间掌握其应用方法，这就为移动终端真正成为学生认知工具，自主建构数学知识的工具扫平了技术障碍。数学学科教学工具 APP 有利于创设数学认知情境，帮助学习者制造数学认知冲突，激发学习动机与兴趣。同时，这些 APP 大多具有一些特色功能可以支持学习者开展抽象、对比、类比等丰富的数学学习活动，例如：将抽象概念可视化或多元表征，深化学生对数学概念的理解，引导学生发现概念之间的区别与联系，帮助学生多层次、多角度地思考问题，建立个体的数学知识结构网络；展示运动变化，帮助学生在有序变化过程中发现不变性和不变量，展开合情推理和逻辑推理，发现隐含数学规律，并积累数学知识模块、简缩思维链。这些功能不仅有助于深化学生的数学学习认知过程，丰富数学理解，并且能有助于学生抽象能力、观察能力、直观想象能力、逻辑推理能力及顿悟力等的发展，提升学生数学核心素养。

目前，我国移动终端数学教学应用 APP 发展还处于萌芽阶段，停留在数学知识传授层次，具有中国自主知识产权的学科工具 APP 研发及国外相关 APP 的汉化工作势在必

行。在相关 APP 的开发过程中，建议相关产业、高校、科研部门和教学一线的人员能精诚团结，加强沟通，共同开发适于一线教学实际、符合数学教育发展趋势的 APP，以更好地为一线数学教学服务。

（五）提升移动终端教学管理平台的数据分析功能，奠定智能数学教学系统开发基础

移动终端具有自动化采集多媒体数据的优势，这一独特优势使得基于移动终端开展的数学学习过程可以被全程记录，包括学习者课前、课中及课后浏览学习资料的时间长度、学习路径与学习效果检测，也包括学习者在课前、课中及课后与教师或其他学习者进行在线交流的所有数据，解读学习者学习数学过程中的大数据，不仅有利于及时了解学生的学习动态，更好地进行导学和促学，也为后期学习规划与教学决策提供指引。同时，在拥有足够量的学习者的学习过程数据后，可采取一定的分析方法进行数据挖掘，建立不同的学习者模型，发现学习者数学知识基础、学习风格、学习方法与效果之间的关联，进而有利于提前感知到学习者在数学学习过程中可能存在的困难，给出预警和辅助措施，从而为数学智能教学系统的建设奠定基础。但是，目前移动终端教学管理平台的学习数据分析功能往往还不够重视，大多提供的功能只是停留在自动检测与批阅客观题，部分系统在批阅完成后能进行简单的统计分析，并以图示化的方式呈现个体学习者学习进程发展变化或全体学习者学习效果，尚未看到有系统能对这些数据进行系统的跟踪、深入的分析与挖掘，相关功能的开发还有赖于产业与科研机构的团结合作。

（六）加大数学教师对于移动数学教学的指导与培训力度，提升教师 TPACK 教学能力

伴随着技术的发展，信息技术与课程教学深度融合趋势已无法阻挡，教师在教学中综合有效发挥信息技术优势已经成为时代需求。教师 TPACK 教学能力是指教师创造性地将技术、教学法和学科内容三种关键知识整合起来的能力。在移动终端高度普及的今天，教师对于智能手机及平板的基础应用已经非常熟练，但要将其有效地与教学和学科内容相结合，还存在不少困难，教育主管部门、教研部门和学校管理者们应当为他们提供指导与支持。

数学教师 TPACK 教学能力结构，除数学专业知识的宽度与广度外，主要包括技术应用的理念和知识，基于技术的数学教学和基于技术的教学管理。对应的指导与培训应该从三个方面展开：一是数学教育变革指导思想。旨在让教师深入理解数学课程标准，了解数学教学指导思想的发展与变化，理解数学知识习得与数学核心素养提升之间的差异，深入理解数学学习对于学习者全面发展的价值，催生其对教学变革的理解与变革意

愿。同时，了解时代发展引发的课堂教学结构性变革，从思想上接受信息技术支持的教师主导主体与学生主动主体相结合的数学课堂教学文化。这类内容的学习可以结合面对面讲授、移动碎片学习及在线互动交流等多种方式展开。二是数学学习 APP 应用。旨在帮助教师全面了解此类 APP 的功能，进一步帮助教师认识到它们在帮助学生加强数学概念理解与数学思维培养中的价值，在典型案例的引领下，思考功能将其功能有效整合到具体的数学课堂教学情境或学生自主认知情境的途径与方法。这部分的学习既可通过面对面讲授习得，也可以通过制作一些教学微视频的方式，辅之以突破时空局限的讨论，帮助教师实现按需学习。三是基于移动终端的数学教学创新组织形式与模式。旨在帮助教师理解自主探究、翻转课堂、合作学习、学科融合、任务驱动、项目学习、案例分析等新型教学模式的理念与教学流程，熟悉其中涉及的班级教学、个别化教学、小组教学、分层教学等不同的教学组织形式，并掌握采取这些教学组织形式所需涉及的课堂教学管理技术及平台使用技术，帮助教师根据教学内容需求及师生特点选择适宜的模式，或综合运用不同模式的特色展开教学，引导学生自主建构数学知识，发展高阶数学思维。这类知识的习得与知识存在的境脉性关联较大，因而适于案例分析、同课同构、同课异构、数学教师共同体等方式开展情境学习。

## 五、结语

他山之石，可以攻玉。美国对于数学教育一向高度重视，因而特别重视对相关 APP 开发与应用的研究，也非常重视相关指导思想的研究，认真分析移动终端在其数学教学中的发展历程与现状，从中获取经验，有利于缩短我国相关研究历程，推进研究发展。

# 移动语言学习的理论与实践研究：回顾与展望

华南师范大学教育信息技术学院　况姗芸

华南师范大学教务处　谢锦霞

广东金融学院　卢昀　周国林

**摘　要**：语言学习对于人类社会存在和发展至关重要，伴随着移动终端技术、通信技术的飞速发展，移动语言学习开始受到人们的关注。本研究在对相关文献及实践案例进行梳理的基础上，全面回顾与分析移动语言学习的基础理论、支持技术及服务、典型实践和绩效影响因素的发展脉络和历程，剖析移动语言学习的研究现状，展望其未来发展态势。

**关键词**：语言学习　移动语言学习支持技术　移动语言学习实践

语言是人们交流和思考的重要中介，是保存流传人类文明成果和交流分享种族文化思想的重要媒介。语言学习有利于深化对不同国家和不同民族了解，分享人类文明成果，促进社会发展。2008 年，学者 Kukulska-Hulme A 首次提出"移动语言学习"，将其定义为移动学习和计算机辅助语言学习的结合体。移动语言学习主要关注移动技术在语言学习中的使用，包括移动技术促进语言学习资源的递送，也包括支持学习者间的合作与交互。[①]伴随着移动通信技术的迅猛发展和移动终端的日益普及，人们对于移动终端的依赖性越来越强，其在语言学习领域的应用也获得了越来越高的关注度，推进移动语言学习研究和实践不断深化。

---

本文系教育部社科研究基金项目课题"MOOC 学习社区构建的动力机制与策略研究"（课题编号：14YJA880028）、教育体制综合改革专项项目"信息技术促进广东欠发达地区义务教育均衡的创新机制与实践研究"和华南师范大学"质量工程"建设项目"移动技术支持的高校混合学习模式研究"的研究成果之一。

① KUKULSKA – HULME A, SHIELD L. An overview of mobile assisted language learning：from content delivery to supported collaboration and interaction［J］. Recall, 2008, 20（3）：271 – 289.

## 一、移动语言学习理论研究进展

针对学习是如何发生的、有什么规律及学习进行的方式等学习发生的机制问题，教育学家和心理学家从不同角度进行研究，先后提出了行为主义学习理论、认知学习理论、建构主义学习理论和人本主义学习理论等，这些学习理论为移动语言学习资源、工具与活动的设计确立了基本指导思路。

依据行为主义学习理论，语言学习是刺激—反应的联结过程，受到各种积极强化或消极强化的影响，移动语言学习应该非常强调即时反馈和强化。这一理论在相当长的时间（甚至至今为止）都是影响语法和词汇等内容学习的重要指导理论，它指引着移动语言学习中刺激呈现方式的设计与反馈时间和方式的设计。

认知学习理论是 20 世纪 60 年代发展起来的学习理论，它重视学习者处理环境刺激的内部过程和机制，强调学习者的学习是在大脑内部发生的，是学习者对于人类经验的重新组织，要重视学习者自身的建构和知识的重组，主张运用同化和顺应等方法促进学习者建立知识结构。为此，移动语言学习应重视心理表征、学习内容组织和解决问题等，它指引着移动语言学习资源设计应更加关注资源内容知识结构的设计及直观呈现，内容间有意义的连接，提出移动语言学习中，学习材料的呈现要适合学习者的认知特征和认知水平，要满足学习者的不同学习需求和特性，内容也要具有交互性，允许学习者参与和控制学习内容的呈现方式和时机。同时还要注重移动语言学习活动的设计，强调使用语言形式，而不是学习语言形式本身，比如语法学习具有含蓄性和非明确性，鼓励学生创造话语而非操练已建成的句型。

近几十年，随着技术的飞速发展，建构主义学习理论开始形成并逐渐完善。建构主义学习理论强调情境、协商、会话和意义建构，主张学习是发生在一定的情境中，每个学习者都是知识的源头之一，通过学习者之间的协商和会话，最终实现意义建构。其中，基于皮亚杰的研究发展起来的认知建构主义强调学习者个人在构建知识时的思维过程，维列鲁学派倡导的社会建构主义关注社会历史环境，认为个人不能将自己同自己所生活的社会隔离，文化与语言不可避免地会影响人们对现实的解释，社会历史环境决定了学习者的知识构建。据此，移动语言学习要关注团队学习，注重情境设置、协商、会话、反思和分享活动设计与实施，为学习者的各种学习活动提供技术支持，同时，学习者的母语及本族文化是他们经历、交际和理解现实的基础，可以被用于理解外语及外国文化。

人本主义是 20 世纪 50 年代末 60 年代初在美国出现的一种重要的教育思潮，它强调要尊重人的主动选择权，关注人的情感体验。为此，移动语言学习研究开始关注到创设多样化的学习情境，满足学习者的多样化学习需求，协调好学习者在移动过程中学习和生活的关系，有效提升学习者的情感体验，提供充足的自主选择权。

总的来说，伴随着学习理论研究的不断深入，移动语言学习理论也在逐步深化，从关注资源刺激方式和反馈时机的设计，到关注知识结构体系构建、学习情境创设、协商会话设计，再到关注学习者的个体生活与学习关系，充分关注到学习者的社会人的属性。

## 二、移动语言学习支持技术和服务发展

### （一）移动语言学习支持技术演变历程

移动技术的引入较好地突破了学习过程中地理位置、周边环境、经济和文化差距等因素的制约，有利于实现教育的规模效应和可持续发展。移动学习支持技术的发展从早期只关注简单的移动式存储终端（如 ipod、mp3、kindle、掌上游戏机等），到关注功能更为全面的联网的移动终端（如手机、PDA、智能手机、穿戴设备等），再到关注各种新型技术（如传感技术、增强现实技术、数据分析技术、人工智能技术等）的应用，产生了一批功能强大的学习支持系统，为移动学习新纪元的开辟奠定了基础。

移动语言学习支持技术的演变历程与移动学习支持技术的演变历程一致，各种技术在语言教学内容的创建和传送、情境化语言学习环境、保持环境变换过程中语言学习的持续性等方面都有着不可低估的优势，促进学校系统化语言教育和非正式情境下偶然性语言学习。早期，研究者和实践者开发了一大批制作精良、使用效果显著的英语移动学习资源，供移动终端存储设备利用，如"follow me""走遍美国""新概念英语"等，这些优质的多媒体移动资源为学习者随时随地进行泛在语言学习提供了强有力的资源支持。随着手机的出现，教师开始通过手机向学习者发送语言学习文本信息或彩信，学生开始利用手机向教师反馈学习效果数据，实现教学过程中的互动，有研究者（Fallah K S 等，2007）开始关注手机和交互式电视等设备共同组成的平台开展泛在语言学习。紧接着，PDA 的出现使研究者们开始关注基于 PDA 的移动语言学习系统的研发。伴随着智能手机的面世，人们又开始将注意力转向面向智能手机的移动语言应用和服务的开发与提供，包括语言学习资源的听说资源提供、语音信息的记录与评估、语言学习工具的研发、语言学习社区的构建等，这些应用和服务极大地推动了移动语言学习的发展进程。

### （二）移动语言学习应用开发现状

在移动语言学习应用的研发中，早期主要关注终端信息资源的呈现，逐步增强了后台服务器端的功能，建立了学习者模型、学习库等，实现了对系统外资源的查找及链接

功能。如被中国年青网友们戏称为"单词记忆杀手"之一的"百词斩"APP，其不仅注重终端多媒体刺激的呈现方式，为单词配上了图、视频、例句、读音等多样化的刺激，还提供了不同的反馈和强化方式，如复习时间和内容的选择、单词记忆水平的检测、单词学习社区的创建等，这些反馈和强化方式在为学习者提升单词学习的动机和效果方面都起到了良好的促进作用，深受学习者喜爱。

如今，人工智能技术、语义网技术、定位技术等新型技术均被引入系统研发，使得移动语言学习应用功能越发强大。Cui Y 等（2005）设计了 TenselTS 系统，该系统借助智能技术开发移动应用，通过收集学习者的语言时态学习成绩测试信息构建学习者的知识掌握模型，同时通过收集学习者在移动终端上输入的互动环境信息构建学习者的互动环境模型（含地理位置、注意水平、被打断频率和可用于学习的时间等信息），两类模型共同构成学习者模型，系统结合学习者的日常事务安排，根据学习者模型为学习者在具体环境推送适宜的语言学习材料，满足学习者个性化英语时态学习与生活兼顾的需求。[①] Petersensa 等（2009）开发 Pallas 系统，根据学习者的经历、兴趣、性别、学习能力以及当前的情况等许多信息，为学习者提供与当前情境相关的个性化的词汇，支持学习者自定学习目标、自定参与学习程度，鼓励学习者之间互动，支持学习者与其他学习者之间或与本族语者之间的互动，培养社群意识，为学习者提供个性化、有创意、开放的语言学习机会。[②] 在我国有广大用户群的"英语流利说"APP 使用人工智能技术的模式识别技术对学习者的语音进行实时自动评分技能，使得学习者可以在获取大量语言输入的同时，利用碎片化时间完成小任务的对话练习、练习结果实时评分、即时反馈，切实提升个别化碎片语言学习的绩效，快速提升学习者的口语发音水平。备受我国用户喜爱的"出国翻译官"APP，其内嵌机器翻译技术，不仅为学习者提供各种生活情境下的目标语言词汇，还提供了即时将语音输入的源语言自动翻译为目标语言的功能，很好地满足了学习者在具体情境下的学习需求。Khemaja（2016）在结合语义网技术和面向Java的动态模型系统的基础上，提出一个新的安卓平台的移动智能教学系统结构，该结构具有可接受性和可重组性，能获取不同情境下人们交流的特定技能，促进语言学习。[③] 定位技术在生活移动应用中具有非常重要的作用，被视为极具核心竞争力的技术。如今，

① CUI Y, BULL S. Context and learner modelling for the mobile foreign language learner [J]. System, 2005, 33 (2): 353 -367.

② PETERSEN S A, MARKIEWICZ J, BJMEBEKK S S. Personalized and contextualized language learningichoose when, where, who and what [J]. Research and practice in technology enhanced learning, 2009 (1): 33 -60.

③ KHEMAJA, MAHA, TAAMAALLAH, et al. Towards Situation Driven Mobile Tutoring System for Learning Languages and Communication Skills: Application to Users with Specific Needs [J]. Educational technology & society, 2016, 19 (1): 113 -128.

它在语言学习 APP 的研究中也偶见身影。Demouy V 等（2010）研发了一套 Clue 系统，该系统借助全球定位导航系统（GPS）获取学习者的移动信息，并根据学习者所处的地理位置来向其提供适宜的词汇信息，如当 GPS 定位到学习者正在菜市场时，系统会自动向其展示有关食物的词汇。[①]

伴随着移动应用研发技术的发展，涌现出一批帮助学习者学习韩语、英语、德语、中文、日文和西班牙语等各种语言学习的 APP，学习内容涉及词汇学习、语法学习、听说练习、语言翻译、学习工具、材料阅读、写作等语言学习的方方面面。目前下载量在百万人次以上的移动语言学习 APP 并不鲜见，可见移动语言应用的使用对象之广和使用情境之宽，这一强大优势为移动语言的非正式学习提供了强有力的支持。在正式学习领域，移动终端在语言学习中的应用也开始受到关注。开发了一系列用于加强互动和评估学生语言学习效果的支持系统，如在马里和菲律宾试行的 e - EGRA（electronic early grade reading assessment）（EDC2011 - 12）以及在肯尼亚和印度尼西亚试行的 Tangerine，都可以实时评估学生读写水平和阅读速度，确定学生个人的优缺点。[②] 再如支持终端信息共享的"nearpod"，支持课堂教学互动的"socrative""pcliker"等，这些应用为提高语言学习的课堂教学活动效率、即时反馈和效果评估提供了强有力的技术支持。

（三）移动语言学习服务发展现状

随着智能手机在学习和生活中的广泛应用，提供移动语言学习服务的机构和人员越来越广泛，有由专业团队开发的移动语言学习应用和移动语言学习资源，也有由草根学习者自己创造的数字化语言学习资源和工具。有的学习者会将自己的数字化语言学习资源发布到一些推广平台，供其他学习者使用。目前，资源服务者中涌现出一大批草根平民移动语言学习服务提供者，他们通过微博、微信、喜马拉雅听、网易公开课等不同的移动平台为学习者的移动语言学习提供了一批个性十足的在线语言学习资源，并通过各种方式与学习者进行互动，有的自媒体不仅会组织线上交流互动，还会为学习者组织线下面对面互动活动，创设混合式语言学习环境，如"CCTV NEWS""新东方英语""爱英语"等微信公众号等，网易公开课等在线课程和讲座中也不乏一些有特色的语言学习资源，这些在线移动自媒体从某一角度满足了学习者移动语言学习的特定需求，因而赢得了一批追随者。

---

① DEMOUY V, KUKULSKA - HULME A. On the spot：Using mobile devices for listening and speaking practice on a french language programme ［J］. The journal of open, distance and e - learning, 2010 (3)：217 - 232.

② 联合国教科文组织国际教育局. 教育展望：移动学习支持下的教师培训与课程开发 ［M］. 上海：华东师范大学出版社, 2015.

综上，移动技术在语言学习中得到普遍应用，相关的移动应用程序和平台呈现多样化和个性化的特点，移动语言学习的服务商来源广泛，特色各异。在语言学习和教学中，要善用这类资源和应用系统，巧妙设计相关活动，促进移动语言学习绩效提升。

## 三、移动语言学习典型项目

技术和服务为移动语言学习创设了机遇，开创了移动语言学习的新时代。研究者们一方面通过开展各种移动语言学习研究项目，深入研究移动语言学习；另一方面还致力于通过移动技术实施语言学习试点项目，推进教育公平，促进个性化语言学习，提升语言学习绩效。

2010 年始，UNESCO 就在教育政策与终身学习部门执行长官 David Atchoarena 的倡导下，开始着手有关移动学习项目的研究和试点工作，致力于利用移动技术推进教育公平。从 2010 年到 2016 年，他们与多国政府、企业和非营利组织展开了合作，在尼日利亚、墨西哥等多个国家开展移动学习项目，内容涉及教学、教师培训、全民识字等内容，一年内受益的英语教师数量就在 7 万人以上。同时，UNESCO 的报告表明：通过面向全球几乎所有人口的普及，移动终端能大幅提高发展中国家的识字率，开发不同教学法，促进学生和教师间的多种互动，使教学更加富有灵活性，完成《达喀尔行动框架 (2000—2015 年)》中提出的全民教育。2016 年始，UNESCO 开始将关注重点由"推进教育公平"转向以"为（教育）质量而创新"，将实践重心转向更广泛的教育质量的问题，确保人人享有全纳、平等的优质教育和终身学习机会，促进世界教育论坛上通过的《教育 2030 行动框架》中设立的新的教育目标的实现。

移动语言学习不仅仅受到 UNESCO 的关注，还受到各国政府的关注。2009 年 11 月，孟加拉国政府委托英国广播公司（BBC）世界服务信托基金会和其他两个组织实施英语行动计划"大众英语课堂"，即利用电视剧进行视频英语教学，利用移动电话每周播放 3 次移动音频课程，课程时间不超过 3 分钟，将英语教学内容和娱乐节目结合实现碎片英语学习，利用报纸刊登书面测验，将视频、书面和音频的学习进行有机组合，对课堂以外的 2 500 万成年人提供英语学习机会，该项目拥有 400 多万学习者，他们空闲时间可以随时随地学习英语，是移动学习项目中在最大范围内取得积极影响的最佳案例。[①]2013 年，南非启动"通向未来的桥梁"计划（BFI），负责人员 Molteno，项目获得了"所有儿童阅读大挑战（2011）"计划的部分支持，项目通过使用平板电脑的补充性指

① 联合国教科文组织国际教育局. 教育展望：移动学习支持下的教师培训与课程开发［M］. 上海：华东师范大学出版社，2015.

导以及台式电脑的指导，来促进阅读能力的提升。同年，阿富汗启动"乌斯塔德移动"项目，项目开发了一个可以在功能简单的手机上离线运行的应用程序，关注阅读理解、听力以及算术学习，同时提供达里语和帕施图语的材料。①

各种非营利组织也在致力于利用移动终端推进各种公益项目。其中，非营利组织"世界读者"（Worldreader）于 2010 年开始，为非洲一些国家的孩子分配已下载了电子书的 Kindle 等电子阅读器，帮助孩子及家人扩大阅读面，强化读写能力，提升生活质量。目前，这个项目已扩展到印度等亚洲国家。截至 2016 年 10 月，53 个国家参与了这一计划，Worldreader 以此方法散播了包含 43 种语言的大量免费电子书，受益读者超过500 万人。而 2011 年启动的"优加手机故事"（Yoza cellphone stories）计划，为那些手机多于书本的国家，提供经典书籍、短篇小说、儿童故事、非科幻书、电影、诗歌、人权、教育等书籍的下载服务，并对其进行评论，在实体书稀缺的地方创建读者学习社区。该项目启动 1 年多就吸引了 575 000 次阅读与 50 000 次留言。②

综上可见，进入 21 世纪后，移动语言学习受到来自全球不同组织不同机构的关注，推出了一批利用移动终端推进全球不同人员开展语言学习的项目，对于提升人们的语言水平起到了非常重要的作用。

## 四、移动语言学习绩效影响因素研究

移动语言学习的效果受到诸多因素的影响，已有研究主要关注了来自移动学习者自身、教师及学习伙伴、技术支持环境、周边环境等方面的因素对语言学习绩效的影响。

就移动学习者自身而言，研究者重点关注了学习者的动机、态度、焦虑、自我效能感和信息素养等。有学者认为移动技术支撑环境降低了学习者自身的学习动机（Lawis & Atzert，2000），降低了学习焦虑（Volle，2005），也有学者认为借助技术实现的互动有可能导致学生焦虑水平的上升（Lee，2004）。③ Taraszow（2010）发现，学习者的技能、先前在学习中使用移动终端的知识和经验以及对于基于移动终端的学习的态度，都会对基于移动终端的学习效果有重要影响。④ Hong 等（2014）发现学习者对于手机的自我效能感在一定程度上会导致其对英语学习的焦虑，并有可能因过度信任移动终端，而降低

---

① 联合国教科文组织国际教育局. 教育展望：移动学习支持下的教师培训与课程开发［M］. 上海：华东师范大学出版社，2015.

② 李青. 移动学习：让学习无处不在［M］. 北京：中央广播电视大学出版社，2014.

③④ 翁克山，李青. 移动语言学习概论［M］. 北京：光明日报出版社，2014.

个体自身使用学过词汇的自信心。① Wong L H 等（2012）发现，若要求学生用手机拍摄下真实生活情境中与中国成语和连词学习相关的照片，将其和用其造句的句子一同发布到 wiki 平台，学习者之间互相评论，能有效提高学生的语言学习效果。因而提出，培养学习者识别和占有情境化学习资源的意识和能力对于提高学习者的语言学习能力有很重要的价值。② Lai（2014）利用移动社交 APP 构建英语交流平台，为学习者创设一个英语浸润环境，对于有意愿利用英语交流的个体，学习者新增单词习得数量与其聊天频率呈现显著相关。③ 总的来看，学习者语言学习的动机和焦虑程度与技术既有可能是正相关，也有可能是负相关，具体和学习者的自我效能感、信息素养和活动设计有关。

教师和学习伙伴对于学习者的语言学习效果的影响不可低估。有效的学习总是来自有效的教学法（Beckmann，2010）④，教师对于语言学习活动的设计、教学策略的使用均会影响到学习者的学习绩效。同样的资源以不同方式应用到教学中，会产生不同的效果。Abdous M（2012）将播客资源以不同方式应用于语言教学中，结果发现：将播课整合到课堂教学中并未导致学习者英语学习水平的提升，相反，将播课作为补充材料提供给学习者，学习者的语言学习成绩会有所提升，对于英语成绩比较好的学习者效果尤其显著。⑤ Lan Y J 等（2009）开发的计算机支持的互惠早期英语阅读系统（CAREER），通过构建和谐的阅读团队、及时具体的反馈、创设互惠学习环境促进英语阅读学习。这一系统减少了学生在传统学习环境中遇到的困难，帮助小学生在英语学习中完成个体的阅读目标和追逐群体目标，有助于提高学生的阅读技能。⑥ 可见，学习者的语言学习受学习氛围的影响，在语言学习设计中，要善于调动学习者积极性，积极创设语言学习和交流的氛围。

关于技术支持环境，研究者主要关注不同信息呈现方式、移动终端及通信方式对语

① HONG J C, HWANG M Y, TAI K H. Using calibration to enhance students' self-confidence in English vocabulary learning relevant to their judgment of over-confidence and predicted by smartphone self-efficacy and English learning anxiety [J]. Computers & education, 2014 (72): 313 – 322.

② WONG LH, CHEN W, JAN M. How artefacts mediate small-group co-creation activities in a mobile-assisted seamless languagelearning environment? [J]. Journal of computer assisted learning, 2012, 28 (5): 411 – 424.

③ LAI A. Mobile immersion: an experiment using mobile instant messenger to support second-languagelearning [J]. Interactive learning environments, 2016, 24 (2): 277 – 290.

④ 翁克山, 李青. 移动语言学习概论 [M]. 北京: 光明日报出版社, 2014.

⑤ ABDOUS M, FACER B R, YEN C J. Academic effectiveness of podcasting: A comparative study of integrated versus supplemental use of podcasting in second language classes [J]. Computers & education, 2012, 58 (1): 43 – 52.

⑥ LAN Y J, SUNG Y T, CHANG K E. Let us read together: Development and evaluation of a computer-assisted reciprocal early English reading system [J]. Computers & education, 2009, 53 (4): 1188 – 1198.

言学习效果产生的影响。Chen Chih M（2008）提出，在个性化移动英语单词学习系统中，根据个体对单词的记忆结果和根据记忆循环理论提供适合的单词进行学习和复习，有利于提高学习者的单词学习效果。① 研究者 Jong T D 等（2010）发现根据情境筛选并呈现信息会影响学习者的学习效果，若数字化设备能自动为学习者筛选适宜的信息，语言学习效果最好；若数字化设备只能替代学习者筛选部分信息，还有部分信息的选择工作要依靠学习者自身，学习效果最差。② Wut T（2010）等发现，在泛在英语学习系统中，个人学习档案记录功能的设立及根据档案情况给予动态指引的功能有利于促进英语学习绩效。③ Liu T Y 等（2010）发现，在英语听说课程中植入泛在游戏，有利于提升学习者的学习动机和学习效果。④ 在移动词汇学习中，增加游戏情境和自适应机制有利于提升学习者的学习效果。⑤ Chuang C C（2011）发现，不管对于水平高的学生还是水平低的学生，双通道传送信息均比单通道传送信息能更有助于提升学生听力水平，降低认知负载和改进对泛在学习环境的态度。⑥ Gromik N A（2012）则发现，利用手机拍摄教师指定专题的微视频，能有效提升学生在个人演讲中使用的单词数量，同时还能评估学习者的口语技巧。⑦ Hayati A 等（2013）对比了英语母语学习者通过接收短信、情境化学习和自主学习三种方式学习英语俚语的学习效果，发现通过短信学习效果最佳。⑧ Hsu C K 等（2013）发现，用手持设备学习英语时，视频字幕的不同呈现方式会影响学生英语听力和词汇量的学习。尽管无论是否呈现字幕，学习者的听力均有较大的提升，但呈

① CHEN C M, CHUNG C J. Personalized mobile English vocabulary learning system based on item response theory andlearning memory cycle［J］. Computers & education, 2008, 51（2）: 624 – 645.

② JONG T D, SPECHT M, KOPER R. A Study of Contextualised Mobile Information Delivery for Language Learning［J］. Journal of educational technology & society, 2010, 13（3）: 110 – 125.

③ WU T T, SUNG T W, HUANG Y M, et al. Ubiquitous English Learning System with Dynamic Personalized Guidance of Learning Portfolio［J］. Journal of educational technology & society, 2010, 14（4）: 164 – 180.

④ LIU T Y, CHU Y L. Using ubiquitous games in an English listening and speaking course: Impact on learning outcomes and motivation［J］. Computers & education, 2010, 55（2）: 630 – 643.

⑤ SANDBERG, J, MARIS M, HOOGENDOORN P. The added value of a gaming context and intelligent adaptation for a mobile learning application for vocabulary learning［J］. Computers & education, 2014, 76: 119 – 130.

⑥ CHANG C C, TSENG K H, TSENG J S. Is single or dual channel with different English proficiencies better for English listening comprehension, cognitive load and attitude in ubiquitous learning environment?［J］. Computers & education, 2011, 57（4）: 2313 – 2321.

⑦ GROMIK N A. Cell phone video recording feature as a language learning tool: A case study［J］. Computers & education, 2012, 58（1）: 223 – 230.

⑧ HAYATI A, JALILIFAR A, MASHHADI A. Using Short Message Service（SMS）to teach English idioms to EFL students［J］. British journal of educational technology, 2013, 44（1）: 66 – 81.

现关键字字幕和全部字幕的小组的词汇量增长效果均优于未呈现字幕的小组。[①] Lin C C（2014）发现，与利用台式电脑比较，学生更倾向于利用手提电脑。利用手提电脑进行阅读的同学不仅在在线学习行为方面和阅读技能进步方面显著优于台式 PC 组，而且对在线阅读材料表现出更强的鉴赏能力。[②]

学习者学习的周边环境也会影响学习效果。Cheng S C 等（2010）基于对大学生英语学习的实证研究，提出在熟悉的情境中学习有利于提高语言学习效果。[③] Huang C S J 等（2016）开发的词汇学习 APP 允许学习者在 APP 中自选真实的学习情境点，在真实情境中接收语言学习内容，并与其他学习者之间进行交流互动。研究表明，真实的学习情境受到学习者的欢迎，单词学习效果良好。[④] 综上所述，移动语言学习者自身的学习动机、态度、焦虑、自我效能感及信息素养等均会影响移动语言学习的绩效，而教师及学习伙伴、技术支持环境、周边环境等各种外部学习条件会通过影响学习者的态度、动机等因素，从而影响移动语言学习绩效。在移动语言学习活动设计及支持平台开发过程中，要充分考虑到学习者及其周边各种条件的制约及影响，积极利用各种新型技术及优质资源，不断提升移动语言学习绩效。

## 五、移动语言学习发展展望

伴随着理论研究的不断深入，技术的日趋成熟，移动语言学习越来越普及。结合人类社会发展需求和人类学习特点的变化，未来移动语言学习会呈现以下特点。

### （一）支持技术和移动终端呈现多样化特点

伴随着穿戴技术、物联网技术的快速发展，未来移动终端的多样性特点会更为显著，学习者的移动终端会不限于手机和平板，手表、戒指、眼镜等都将成为学习者的移

---

① HSU C K, HWANG G J, CHANG Y T. Effects of Video Caption Modes on English Listening Comprehension and Vocabulary Acquisition Using Handheld Devices [J]. Educational technology & society, 2013, 16 (1): 403 – 414.

② LIN C C. Learning English reading in a mobile-assisted extensive reading program [J]. Computers & education, 2014, 78: 48 – 59.

③ CHENG S C, HWANG W Y, WU S Y, et al. A Mobile Device and Online System with Contextual Familiarity and its Effects on English Learningon Campus [J]. Educational technology & society, 2010, 13 (3): 93 – 109.

④ HUANG C S J, YANG S J H, CHIANG T H C, et al. Effects of Situated Mobile Learning Approach on Learning Motivation and Performance of EFL Students [J]. Educational technology & society, 2016, 19 (1): 263 – 276.

动语言学习设备，学习者与设备之间的交互将更多通过语音进行，语音识别技术的飞速发展将为学习者的语音学习与评估提供了强有力的支持。同时，学习者会更习惯于在不同移动终端间无缝跨接语言学习服务，多屏切换会成为人们移动语言学习和生活的常态，服务商要充分发挥网络优势，考虑不同终端的特点，设计合适的工具和平台，满足学习者的跨屏学习需求。

（二）移动语言学习服务朝个性化和精准化发展

伴随着智能技术、数据获取技术、大数据计算技术的日益成熟，学习者的个性化数据越来越容易被获取和加工处理，移动语言学习应用和服务都将趋于提供个性化信息推送服务，根据学习者的个性化模型自动匹配适宜的语言学习资源与服务，在不同的场合以合适的进度推送适宜的信息，减少学习者获取适宜信息的困难，增强学习者的学习动机，提高碎片化学习效果。

（三）移动语言学习资源趋于三维化和真实化

学习资源的呈现由单一的文本向文、图、声、像等多媒体相结合的方式，同时，由于虚拟现实、增强现实、全息投影等技术的不断发展，学习资源的呈现将越来越多使用到三维技术，越来越接近真实世界，为学习者创设更为真实的语言环境，创设语言学习氛围。

（四）学习时间和地点趋于泛在化和情境化

伴随着移动技术的发展，移动语言学习将与生活更为密切关联，深度融合，同步发生，最大限度回复语言学习的生活本性和社会特性，为学习创设更多接触及应用目标语的机会，实现真实情境下的情境化学习、试误学习、任务驱动学习等多种语言学习方式，争取语言学习效益最大化。

（五）学习进程趋于社群化和游戏化

社群是语言学习的社会基础，游戏技术的引入有利于提高移动语言学习的趣味性，满足新生代的需求。随着移动社交技术的成熟和应用的普及，人们日渐习惯寻求志同道合的学习伙伴，这些学习伙伴可以是来自大洋彼岸的目标语母语成员，也可以是来自周边的二语学习者，不同水平的学习者共同构建学习圈，在分享学习心得和收获的同时比拼学习效果，开展竞争与合作，不断激发个体与群体的语言学习动机，触发语言学习行为，促进学习群体成员共同发展、共同进步，促进语言背后隐含的社会化认知的形成。

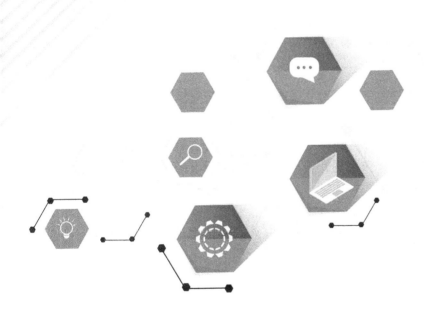

# 08
## 互联网＋教育治理

# 教育大数据驱动下的现代学校治理

深圳大学师范学院　　曹晓明

**摘　要：**现代学校的有效治理，其核心应是基于科学决策的组织和管理优化。教育大数据可以在精致管理、精细教学、精准评价等方面为现代学校提供智能化的决策支持，对提升办学品质、提高管理效率有重要作用。本研究从分析基础教育中的数据生态出发，对教育大数据的重要性做了详细阐述，在此基础上分析了教育大数据驱动现代学校治理的四个维度，并就每个维度下达成大数据辅助治理的关键点进行分析，进而对当前教育大数据在学校应用中的趋势做了分析，希望能为相关实践者提供参考。

**关键词：**教育大数据　学习分析　智慧教学　智慧管理　可穿戴

## 一、基础教育信息化迈入数据新时代

### （一）新媒体新技术驱动下的教育数据"大爆炸"

新媒体新技术是驱动教育信息化发展的直接动因。近年来，新媒体新技术的发展迅速，得益于革命性的技术不断涌现和传统技术日益成熟，而整体的技术生态则呈现智能化、微型化、个性化、精准化的特征。根据全球权威的 IT 研究与顾问咨询公司 Gartner 发布的年度新兴技术成熟度曲线，包括通用人工智能、神经形态硬件、深度强化学习、量子计算、脑机接口等技术正处在上升阶段；而情感计算、自然语言问答、智能数据挖掘、虚拟个人助理等正走向成熟。[①]总体而言，新媒体正更加广泛地渗透到人类社会生活的各个方面，并作为各类数据的重要载体进入"大数据"时代；新技术正向更加智能化

---

本文是广东省教育科学"十三五"规划课题项目"面向协同建构的情境式德育教育游戏及其应用研究"（编号：2017JKDY43）和教育部人文社科 2013 年度项目"脑机交互技术支持下的儿童教育游戏及其有效应用研究"（编号：13YJC880001）的研究成果之一。

① 孟海华. 无处不在的人工智能：Gartner 公司发布 2017 年度新兴技术成熟度曲线 [J]. 科技中国，2017（10）：1 - 9.

的方向演进,其对关联数据集的依赖程度也越来越高。

在技术快速迭代发展的驱动下,过去一年也是教育信息化进一步快速发展的一年,以虚拟现实和人工智能为代表的新技术正以更高的密度、更快的速度融入教育领域。人工智能无疑是激起最大浪花的新看点,在 2017 年 11 月 28—29 日于北京召开的以"科技创新推动教育进步"为主题的 GES2017 未来教育大会上,时任教育部副部长杜占元指出,"人工智能将对教育产生革命性影响,将为教育界与产业界更加广泛的跨界合作提供发展空间"①。百度在随后的 12 月 5 日召开 2017 百度教育年度盛典中,明确提出通过人工智能对接教育需求与服务。另一个创新性的技术——"微信小程序"在 2017 年 1 月 9 日正式上线,其基于云端、依托云计算和云服务的轻量型架构有可能改变当前依赖 APP 下载的互联网学习模式。同时以互联网思维提供的互联网服务逐渐和教育连接,产生了互联网学习的另一个风口——"知识付费"。2017 年 3 月 6 日,国家信息中心分享经济研究中心发布《中国分享经济发展报告 2017》显示,中国分享经济发展迅猛;其他报告也显示,已有超过五成网民有过为知识付费的行为②。一方面,新媒体新技术的发展,促使进入校园的传感器类型和数量不断增加,采集到的数据类型日益丰富,数量呈指数级上升的趋势,以"平安校园"项目采集到的视频监控数据为例,一所普通学校 90 天标准的数据就可能达到 1 PB,而各类学习管理系统等也存在大量的学习记录数据,学校中"大数据"与"小数据"并存的情况日益普遍;另一方面,新媒体新技术带来的便利性,促使移动互联网时代的学习呈现明显的内容跨界化和时间碎片化的特点,学习发生的时间、空间都有了一定程度的改变,在促使教育领域的数据快速增加的同时,也增加了数据管理的难度。数据的"大爆炸"也带来了数据应用方面的隐忧,如何体现数据的价值成为各学校普遍关注的问题。同时,数据是人工智能的"燃料",人工智能的发展也直接依赖数据的全面性与完整性,数据的结构性缺失也将严重制约人工智能在教育领域的发展。

## (二) 教育大数据研究和实践的重要性日益凸显

教育领域的数据呈现典型的富媒化、海量化、时序化的特点,其中蕴含的教育价值也日益丰富,也正是基于此,教育领域的数据在研究层面、政策层面和实践层面都获得了广泛关注。在研究层面,借鉴大数据领域的发展,教育大数据的概念和内涵也日益清晰。一般认为教育大数据是指整个教育活动过程中所产生的以及根据教育需要采集到

---

① 杜占元. 人工智能将变革中国教育 [EB/OL]. (2017 – 12 – 02) [2018 – 02 – 05]. http://wemedia. ifeng. com/39568462/wemedia. shtml

② 雷英杰. 分享经济:一场新经济革命 [J]. 环境经济,2017 (4):12 – 13.

的，一切用于教育发展并可创造巨大潜在价值的数据集合。① 目前已有教育大数据的文化意蕴、教育大数据的应用模式、教育大数据的核心技术、教育大数据采集方案、教育大数据技术体系框架等方向的研究②③④⑤，基本涵盖了教育大数据的研究范畴。同时，2017 年 11 月，我国首个面向教育行业、专门从事教育大数据研究和应用创新的国家工程实验室——教育大数据应用技术国家工程实验室正式启动。

在政策层面，为推动教育大数据的发展，从国家到地方已有一系列的举措。如 2015 年 3 月，国务院制定"互联网＋"行动计划，明确要推动在教育领域的大数据应用；2015 年 5 月，工信部编制实施软件和大数据产业"十三五"规划，对教育领域的应用也做了相应要求；2015 年 9 月国务院出台《促进大数据发展行动纲要》，系统部署大数据发展工作，大数据发展正式成为国家战略，教育领域也是其实施的重要领域；2016 年 6 月，教育部印发《教育信息化"十三五"规划》，明确指出促进大数据应用，特别是加强大数据采集和分析，优化教学模式；2017 年 4 月，教育部又印发了《关于全面推进教师管理信息化的意见》，提出要用大数据实现教师工作精准治理。

在实践层面，教育大数据的应用也正在加速发展。各省市已有一系列基于区域教育信息化整体解决方案的大数据应用探索，特别是将教育大数据纳入区域教育云应用的框架，探索教育大数据支持下的智慧决策。教育云是区域教育大数据应用的载体，仅 2017 年就有多个地市的教育云项目上线运行，如 2017 年 2 月 27 日，潮州市教育资源云平台上线试运行；3 月 7 日，深圳市教育云项目启动；4 月 9 日，宝鸡市教育云平台开通；7 月 21 日，海南省首个智慧教育云平台在昌江县正式上线；9 月 1 日，哈尔滨市教育云平台正式开通使用；9 月 6 日，厦门市集美区教育云平台升级上线；11 月 7 日，赤峰市宁城县教育局启动教育云等，显示教育云在基础教育领域仍然保持较高的热度，也为各区域探索区域教育大数据的应用提供了海量的数据支撑。各基层学校则主要围绕信息化的应用解决如何基于数据驱动教育智慧的核心问题，着力基于大数据的个性化教学、精细化管理、精准化科研等进行探索。

---

① 杨现民，唐斯斯，李冀红. 发展教育大数据：内涵、价值和挑战 [J]. 现代远程教育研究，2016 (1)：50 – 61.

② 祝智庭，孙妍妍，彭红超. 解读教育大数据的文化意蕴 [J]. 电化教育研究，2017 (1)：28 – 36.

③ 杨现民，王榴卉，唐斯斯. 教育大数据的应用模式与政策建议 [J]. 电化教育研究，2015 (9)：54 – 61.

④ 孙洪涛，郑勤华. 教育大数据的核心技术、应用现状与发展趋势 [J]. 远程教育杂志，2016，34 (5)：41 – 49.

⑤ 顾小清，郑隆威，简菁. 获取教育大数据：基于 xAPI 规范对学习经历数据的获取与共享 [J]. 现代远程教育研究，2014 (5)：13 – 23.

## 二、教育大数据驱动学校治理变革的路径

作为新一代的架构和技术，教育大数据的诞生是为了更经济地从广泛获取的、大容量的、不同结构和类型的数据中获取教育价值。其突出的优势就是在分析事物注重"量化证据"，不再是进行样本分析，而是依赖所有数据，不仅仅揭示因果关系，而且揭示相关关系。因此，教育大数据是学校现代化治理的重要工具，可在管理效率提升、教学效果改善、团队能力汇聚等方面，全方位支持学校的发展。

### （一）教育大数据驱动学校管理智慧化——决策优化

有效管理（Effective Management）是现代学校治理追求的目标，一般学校通过分层管理，把管理融入日常工作之中，实施全方位管理；有效管理的重要前提就是基于证据的科学决策。当前制约学校有效管理的重要问题就是管理者由于无法及时监测学校发展的各类数据，难以对学校进行动态监管，容易导致决策链条过长、决策过程不透明、决策结果不科学等弊端。大数据时代要求学校管理者增强数据意识，理解大数据的价值，善于用数据说话，提高从数据到决策的能力，助推学校各项改革与发展。[①]

大数据支持下的学校管理要达到决策优化的目的，有三个关键点：一是学校建立清晰、可量化评估的管理模型，以此为依据设置相应的数据采集流程和决策策略。二是最大程度将学校的管理流程数字化、网络化，这是学校能够采集到全面、科学的决策大数据的基础，为此学校应部署相应的传感器与软件系统。如通过在教室门口部署带有人脸识别功能的摄像头，可动态获取教师是否准时进入课室的数据，该项数据可直接辅助校长在认定教学事故过程中的决策。三是建立校园管理大数据的监测平台，让管理者按照权限级别实时动态掌握学校的教学和管理过程数据，如通过考勤系统中衍生的数据，辅助评估各班级的组织情况；通过智能手环中的运动数据，辅助评估学生的体制健康情况等。

### （二）教育大数据驱动学校教学智慧化——因材施教

个性化已成为现代化学校的重要特征，"让每个学生人生出彩""让每个学生都有成功的机会""让每个学生成为更好的自己"等已成为办学理念被很多现代化学校所采纳。同现代学校在办学理念上日益注重个性化不相适应的是，个性化教育在实践中是缺位的。特别是在大班授课的背景下，标准化、规模化的教学是教学常态，以"教师、教材、课堂"为中心的"三中心"教学模式是主要模式。学校缺少对个性化教育进行有效

---

① 李忆华，阳小华. 大数据时代的学校管理变革 [J]. 教学与管理，2014（18）：47-49.

支持的手段是当前现代学校治理中的难点问题，其中既有学生个性诊断的问题，也有基于学生个性的学习支持问题。教育大数据在教学方面的重要价值在于能够基于数据为每个学生精确画像，为个性化学习的决策过程提供依据，并提供差异化的学习资源与学习路径支持学生的个性化学习。

大数据支持下的智慧教学要实现因材施教有四个关键点：一是建立可操作的信息技术支持下的因材施教教学模式，这种模式应是结合具体学科、课型的一系列个性化学习范式的集合，并同学校的育人目标相结合；二是基于学生的学习风格、学习动机、自我效能感、学习水平等个性特征，形成有一定灵活性的学生信息模型，该模型由一系列的子模型构成（如表1所示）①；三是面向学生的自然的、连续的、无感的数据采集，特别是要改变当前以数据输入为主的数据采集方式，围绕学生的生活场景和学习场景，建立可信度较高的学生行为数据集与表现数据集，如基于课堂情感识别的课堂行为分析数据等，基于完备的数据集对学生进行动态的精确画像；四是构建具备多样化的学习路径与丰富学习资源的学习平台，根据学生画像来支持学生的个性化学习。

表1　面向个性化教学的学生信息模型构成

| 编号 | 模型名称 | 模型的数据源及其操作说明 |
|---|---|---|
| 1 | 学习者经验模型 | 收集学习者的学习满意调查问卷<br>课程学习中的存留数据、表现、行为、选择等，构建经验模型<br>构建学习者体验模型，进行线上课程评估 |
| 2 | 学习者行为模型 | 收集学习者在学校情景中学习行为变化的情况<br>学习者完成课程学习的状况<br>学习者在网络系统中花费的学习时间及考试成绩等数据 |
| 3 | 学习者知识模型 | 学习者请求帮助的性质和数量<br>学习者回答问题花费的实践<br>学习者回答错误的重复率<br>学习者回答的正确率<br>通过数据挖掘和学习分析构建的学习者知识模型 |
| 4 | 领域知识模型 | 对现有的领域知识进行重新建模<br>研究学习者与知识点、学习单元、课程等学习内容之间的关系<br>采集和处理学习者的相关数据，画出学习者的学习曲线 |

① 顾小清，郑隆威，简菁. 获取教育大数据：基于 xAPI 规范对学习经历数据的获取与共享［J］. 现代远程教育研究，2014（5）：13-23.

续上表

| 编号 | 模型名称 | 模型的数据源及其操作说明 |
|------|----------|----------------------------|
| 5 | 学习者档案模型 | 通过数据挖掘、学习分析和机器学习算法，根据学习者的学习特征，将相同学习特征的学习者进行分组和聚类<br>收集学习者的基本学习信息，建立基本信息数据 |

特别需要指出的是，大数据在智慧教学领域中的应用，学情监测、学习预测、学习分析、数据挖掘是其主要的四个切入点，其中数据挖掘和学习分析是手段，学情监测和学习预测是目的。通过对学生学习过程中产生的大量数据进行分析从而动态监测学情，并预判学生可能潜在存在的问题，进而预测学生未来可能的学习情况。

## (三) 教育大数据驱动学校评价智慧化——理念重构

教育评价是提高教育质量的重要手段，也是现代学校治理的重要方面。传统的评价主要是总结性评价，以甄别学生对知识掌握的水平与选拔优秀学生为导向，它是一种教师、教育主管部门、考试机构等自上而下对学生"定性"的评价，由于其注重学生最终对知识的掌握程度，一般评价内容统一、评价标准统一，难以评估学生的成长过程及多元智能发展情况。在当前关注学生综合素养与个性发展的课程观的大背景下，对传统评价进行理念层面的重构，在传统定性评价基础上赋予评价诊断和改进的功能是当前现代学校在学生评价方面亟待解决的问题。

大数据技术为扩展评价数据源、评价主体、评价周期方面有其先天优势。学校在大数据支持下的智慧评价有三个关键点：一是学校首先在评价理念上进行重构，从顶层设计角度，结合教育部关于学生综合素养评价的要求，建立学校的评价机制与评价模型；这种评价模型要体现从关注学生学业成绩转向更加关注身心健康、学业进步、个性技能和成长体验，从注重知识的单一型评价转向知识和能力素养并重的综合性评价；从一次性的终结性评价，转向过程性的发展性评价。二是大力发展学生过程性评价数据采集的基础设施，特别是补充当前班级授课制背景下不宜于采集学生表现性数据、情感性数据的采集设施，通过部署人工智能摄像头、电子手环、电子标签等传感器，便捷化地采集学生的表现和行为数据。三是打通软硬件平台的数据壁垒，搭建可跨越多业务系统的数据平台，为面向学生的综合素养评价提供科学的算法、统一的数据报表格式与海量、不断发展的数据源。

## (四) 教育大数据驱动学校信息环境智慧化——生态智能

现代学校中的现代技术元素，是体现学校智能教育新生态的重要特征。当前尽管信息化已经取得了长足的发展，但在构建生态智能的校园文化方面仍然存在不足。集中体现在：数据分散在各个应用系统中，呈现大量"数据孤岛"，各应用系统数据标准、格式、规范不统一，数据难以流通，缺乏统一的数据采集规划，包括数据采集目标、技术手段等，数据分析应用模型的建立尚在不断实践过程中，数据价值尚未得以充分发挥。尽管各学校已经认识到数据在现代学校治理中的重要性，但对数据管理和应用能力的缺位，导致信息化的软硬件系统彼此分立，难以实现现代学校的智能、生态、开放的目标。

大数据支持下的学校信息环境智慧化，核心目标是要破除数据壁垒形成共生的生态型、自生长的富数据（data-rich）开放环境。实现该项目标有三个关键点：一是转变学校信息环境的架构模式，将传统的基于巨石系统的架构模式，转换为以开放、聚合、灵活为特征的开放平台架构，以开放平台打造学校大数据的生态体系；二是建立数据融合和交换的标准，特别是建立以下一代"用户验证和授权"标准 OAuth 2.0 为代表的国际通用标准，从顶层规则标准上打通数据交换的通道；三是从传统的硬件集成，转向重视软件集成的价值，在部署相关硬件时，同步引入对应的微服务及接口，实现校园智能环境数据层面的一体化与可视化。

## 三、教育大数据驱动学校治理的趋势

作为教育信息化的热点，教育大数据的概念从诞生至今已过去几年，其理念与内涵发展也日趋成熟，技术的发展也在推动该领域不断向前发展（如可穿戴设备丰富了大数据的数据源，人工智能提升了大数据分析的品质等），在实践过程中也呈现出以下几个趋势。

### （一）"小数据"的"大应用"

如果严格按照大数据的定义，教育大数据需要达到 PB（1 024 TB）级以上才能称为"大数据"。但对于很多学校信息化设备设施不全面，信息化教学和管理活动未能全覆盖的情况下，数据容量难以达到大数据的数量级。在此背景下，如何发掘现有有限数据集的数据价值，成为当前很多一线学校关注的热点。包括对现有 LMS（学习管理系统）中良构数据的挖掘，对电子白板等电教媒体留存数据的挖掘，对可穿戴设备（手环、脑电头箍等）上采集的数据集等进行分析。这一类数据虽然容量较"小"，但由于其往往具备良构的数据结构，数据挖掘和分析的难度也较小，分析的指向性也较精确，能够解决某个细分领域智能决策方面的需求。这一类"小数据"在教育大数据的实践场景中，也越来越受到重视。

## （二）从"大数据"向"全数据"

教育的领域特征及智慧校园的建设场景，让教育大数据不仅仅关注数据容量，更加关注数据的全面性。特别是综合素养评价的应用场景中，如何以便捷、灵活的方式，形成全时空、全维度背景下的"全数据"是当前关注的热点。为此，学校一般会部署多样化的传感器来采集相应的数据，并通过数据交换将"小数据"汇总为"全数据"。

## （三）从"采集录入"向"伴随收集"

数据的采集是教育大数据分析的前置性工作。由于受到技术手段和信息化环境覆盖面的限制，现有教育大数据除了相关应用系统的留存数据外，还有大量的数据（如考试数据、考勤数据等）依赖于人工办法导入，这种人工方法是低效且不可持续的，客观上限制了大数据的发展。近年来随着人工智能、可穿戴设备、物联网等技术的发展，基于传感器智能的"伴随式收集"（如基于人工智能摄像头的智能分析产生的学生学习参与度数据等）成为教育大数据采集的重要方式。

# 四、结语

现代学校的发展和治理离不开教育大数据技术的支持。近几年大数据技术在其他领域的发展很快，尽管教育领域有一定的迟滞性，但现代学校对新技术应用的包容性和依托新技术进行创新的迫切性，促使大数据相关技术在近些年越来越密集地进入到中小学，并深刻改变着学校的物理学习空间和组织形态。大数据技术的进步让学校的教育决策更加精准与科学，决策方式更为可视与透明，从而推动现代学校的治理从经验型、粗放型向精细化、智能化转变。

需要强调的是，现代学校的治理是一个涉及管理学、教育学、社会学、计算机科学等多学科门类知识的系统化工作。在大数据时代，传统学校的治理遇到了挑战也迎来了全新的发展机遇。围绕管理效率提升、教学效果改善、评价价值重塑、信息文化再造等为目标的大数据应用探索，有可能为传统学校的现代化转型提供可能的路径。尽管"大数据"是一个技术上的范畴，但其背后的大数据思维对管理和教学都有普适价值。因此，大数据时代的学校立足数据支持下的管理、教学和评价创新，树立大数据的思维方式，做好大数据辅助学校治理的顶层设计，并制定相关管理制度和长效机制，是实现从传统学校治理体系向现代学校治理体系进化的重要路径。

# 基础教育教学信息化发展的理念与实践策略

## ——基于《关于"十三五"期间全面深入推进
## 教育信息化工作的指导意见（征求意见稿)》的解读与思考

陕西师范大学教育学院　张文兰

**摘　要：** 教育信息化已成为国家的一项重要战略举措，其核心是学校的教学信息化。基于对《关于"十三五"期间全面深入推进教育信息化工作的指导意见（征求意见稿)》的解读和思考，本研究对"十三五"期间教学信息化的核心目标和主要任务进行了分析与阐述，并从学校组织到教师个体两个层面对教学信息化的深入发展提出了若干对策。

**关键词：** 教育信息化　教学信息化　目标　任务　策略

## 一、时代背景：教育信息化发展的新阶段

教育信息化已成为教育现代化的必由之路，其战略地位被提到了前所未有的高度。为更清楚地了解教育信息化发展的时代背景及其重要性，我们有必要先来梳理一下近年来国家层面的政策导向和重要举措。一方面，党和国家领导人非常重视教育信息化的发展，并多次做出重要指示，强调教育信息化的重要地位。2010 年，胡锦涛总书记在全国教育工作会议上明确提出教育信息化的战略地位："要以教育信息化带动教育现代化，把教育信息化纳入国家信息化发展整体战略。"2012 年 9 月，刘延东副总理在全国教育信息化工作电视电话会议上提出，"在教育大国向教育强国迈进的进程中，加快教育信息化既是事关教育全局的战略选择，也是破解教育热点难点问题的紧迫任务"。2015 年 5 月，在山东青岛召开的国际教育信息化大会上，习近平总书记在贺信中表示："积极推动信息技术与教育融合创新发展，共同探索教育可持续发展之路，共同开创人类更加美好的未来！"刘延东副总理也再一次强调了教育信息化对教育理念、模式和走向产生的革命性影响，并对教育信息化的发展提出了若干意见。另一方面，国家高度重视教育信息化工作，已将教育信息化上升为国家战略，并陆续出台相关政策文件对其进行战略部署，形成了从顶层设计到重点工作的推进思路和制度措施。2010 年，国务院颁布的

《国家中长期教育改革和发展规划纲要（2010—2020 年）》指出"信息技术对教育发展具有革命性影响，必须予以高度重视"，明确要求"加快教育信息化进程"，并首次在国家战略规划中将教育信息化单列一章对其进行全局性的规划和部署。2012 年，为落实规划纲要中关于教育信息化工作的要求，教育部组织制定了《教育信息化十年发展规划（2011—2020 年）》，对下一阶段教育信息化的总体战略、发展任务、行动计划和保障措施等做了整体设计和全面部署。为进一步深入推进教育信息化工作，教育部于 2015 年 9 月又发布《关于"十三五"期间全面深入推进教育信息化工作的指导意见（征求意见稿）》（以下简称《指导意见》），对教育信息化的推进和发展从方向引导到具体实施都做了详细安排，为我国教育信息化工作的推进确立了具体的实施策略。

由上可见，教育信息化的战略地位不断被提升，其发展处于一个全新的阶段。UNESCO 曾提出信息技术在教育教学中的应用发展过程可分为四个阶段：起步、应用、融合、创新。① 国内赵国栋等人也对教育信息化发展的阶段有过划分：投资或启动阶段、技术学习和适应阶段、控制阶段和战略融合阶段。② 不论哪一种观点，不可否认，当前我国教育信息化应用发展正处于"应用整合"向"融合创新"推进的新阶段，其显著特点和发展要求就是实现信息技术与教育的深度融合。"融合创新"是当前乃至下一阶段教育信息化发展的关键词，它涉及深层次的教育系统结构性变革（何克抗）③、教学上信息技术深度渗入教学过程的各个环节和管理上变革组织结构（杨宗凯）④、信息技术与教育的双向融合等内涵（余胜泉）⑤。因此，深入融合和模式创新是当前教育信息化的必然要求和现实选择。

## 二、《指导意见》背景下基础教育教学信息化发展的核心理念

教育信息化的主阵地是学校信息化，而学校信息化的核心和重点在教学信息化。从变革的角度看，课堂教学是学校变革的核心动力，对学校的根本性变革起着重要作用，

---

① ZHAO Z N, FUMIHIKO S, SHARO S. Regional guidelines for teacher development for spedagogy technology integration [M]. Thailand：UNESCO Asia and Pacific Regional Bureau for Education，2004.

② 赵国栋，缪蓉，费龙. 关于教育信息化的理论与实践思考 [J]. 中国电化教育，2004 (4)：19 - 24.

③ 何克抗. 学习"教育信息化十年发展规划"：对"信息技术与教育深度融合"的解读 [J]. 中国电化教育，2012 (12)：19 - 23.

④ 杨宗凯. 解读教育信息化十年发展规划：兼论信息化与教育变革 [J]. 中国教育信息化，2014 (11)：3 - 9.

⑤ 余胜泉. 推进技术与教育的双向融合：《教育信息化十年发展规划（2011—2020 年）》解读 [J]. 中国电化教育，2012 (5)：5 - 14.

学校变革应该从课堂开始。① 因此，做好教学信息化是教育信息化的一项基本工作，也是重中之重。虽然《指导意见》对整个教育领域的信息化工作做了全面部署，有基础资源建设方面的目标，有管理方面的信息化建设任务，也有体制改革的要求，更有课堂教学信息化的实施意见。但本研究立足于课堂教学的角度，聚焦于课堂教学信息化的发展对《指导意见》进行解读和分析。

"十二五"以来，教育信息化的发展取得了较大的成绩，教学应用也迈向更深层次，教学信息化程度普遍提高。以"三通两平台"为主要标志的教育信息化基础建设取得突破性进展，学校的网络教学环境大幅改善，全国中小学校互联网接入率已达83%，多媒体教室普及率达73%。优质数字资源日益丰富，信息化教学日渐普及，"课堂用、经常用、普遍用"的格局已初步形成②，网络学习空间在教学、学习、教研中的应用得到广泛关注，"微课""微视频"等大量数字化教育资源在教学应用中取得了一定的成效，也涌现了一批信息化教学新模式。这些成果为进一步推进信息技术在教学中的深入应用和融合创新奠定了坚实的基础，也为促进教育变革起到了很好的支撑和示范作用。同时，我们也要清醒地认识到，教学信息化虽然取得显著进展，但依然面临诸多困难和挑战，其发展程度与社会的需求和世界发达国家的水平仍有明显差距。特别是基础教育领域教学信息化的普及程度还有待提高，应用层次还有待深化，教学模式创新依然乏力，信息化对教学的革新作用还远未实现。

基于这些现状和问题，"十三五"期间推进教学信息化工作仍然是一项艰巨的任务。通过对《指导意见》的学习和解读，我们能深入地理解教学信息化的发展目标和行动指南。

（一）教学信息化核心目标解读

根据《指导意见》的部署和安排，教学信息化应以应用为导向，以"深化应用"和"融合创新"为原则，以信息技术与教学的全面深度融合、教学信息化引领教育理念和教育模式的创新为目标，实现优质数字教育资源在教学中的深入应用，加快教学方式和教育模式的创新，形成一批有针对性的信息化教学模式，促进教师信息化教学能力、学生信息素养的显著提升。

---

① 邓凡. 课堂教学：学校变革的核心动力 [J]. 教育导刊，2010 (11)：20 - 22.
② 教育部办公厅. 关于"十三五"期间全面深入推进教育信息化工作的指导意见（征求意见稿）[EB/OL].（2015 - 09 - 07）[2016 - 07 - 07]. http://www. moe. edu. cn/srcsite/A16/s3342/201509/t20150907_206045. html.

（二）教学信息化主要任务分解

基于上述目标，《指导意见》为教学信息化的深入开展进行了全面的部署，提供了行动指南和实施路径。概括起来，教学信息化的主要工作和任务可以从课堂教学环境构建、教学资源建设、教学模式和学生学习方式的变革和创新、教师信息技术应用能力等几个方面来展开。

1. 加强信息化教学环境特别是个性化学习环境的建设

在"十三五"期间，要基本实现各个学校宽带网络全覆盖与网络教学环境建设以及便捷灵活、个性化的学习环境，积极探索构建以"智能化、个性化、泛在化"为主要特征的智慧课堂环境。

2. 优质数字教学资源的设计与开发

全面推进优质资源班班通，吸引各方力量参与资源建设与开发，学校要积极实施"以用带建"，鼓励教师根据实际需求和教学实践设计与开发优质数字教育资源，如近年来开展的"微课""微视频"等活动已经开始了尝试与探索。

3. 深化信息技术与教学的融合互动，创新信息化教学模式

这是教学信息化的重点工作。《指导意见》要求继续推进"一师一优课、一课一名师"活动，鼓励教师利用信息技术创新教学模式，推动形成"课堂用、经常用、普遍用"的信息化教学常态。在教学模式和方法的创新方面，充分利用信息技术开展启发式、探究式、讨论式、参与式教学，探索建立以学习者为中心的教学新模式，探索 STEAM 教育、创客教育等新教育模式，提高信息化教学水平。在教学互动和交流方面，深化网络学习空间的普及和应用，利用其实现家长与学校、教师的联系以及对学生学习过程的分析，依托网络学习空间逐步实现对学生日常学习情况的大数据采集和分析，优化教学模式。

4. 提升教师信息技术应用能力与学生信息素养

《指导意见》把大力提升教师信息技术应用能力作为一个重要的任务，特别是要"将信息技术应用能力提升与学科教学培训紧密结合，有针对性地开展以深度融合信息技术为特点的课例和教学法的培训，培养教师利用信息技术开展学情分析、个性化教学的能力，增强教师在信息化环境下创新教育教学的能力，使信息化教学真正成为教师教学活动的常态"[1]。同时，通过信息化教学提升学生的信息素养、创新意识和创新能力，促进学生的全面发展。

---

① 教育部办公厅. 关于"十三五"期间全面深入推进教育信息化工作的指导意见（征求意见稿）[EB/OL].（2015 - 09 - 07）[2016 - 07 - 07]http://www.moe.edu.cn/srcsite/A16/s3342/201509/t20150907_206045.html.

## 三、基础教育教学信息化实践策略

教学信息化是指在教学中全面应用信息技术，将信息技术与教学要素进行深层次融合，从而实现教学理念、教学内容、教学方式和学生学习方式等多方面的创新，最终达到提高教学质量和教学效果的目标。毋庸置疑，实施和发展教学信息化是一个系统化的工程，除了国家和地方各级教育行政部门的政策制定和行动努力外，中小学校以及教师个体也是其关键主体。因此，在基于中小学校的实践思维中，应该将教学信息化视作从学校组织到教师个人的一体化工程。

（一）学校组织层面的顶层设计与制度、环境保障

学校是教学信息化实践的基本单元，也是教学信息化实施的"最后一公里"。在学校这个组织单元中，其政策、制度、环境都对教学信息化的实施和发展有着重要的影响。因此，在学校层面，学校领导（或决策层）要采取积极的行动和合理的策略来支持教学信息化的深入，具体可以从科学的顶层设计、资源环境和激励机制的创设、教师的信息化应用能力的培养等几个方面入手。

1. 做好顶层设计，制定学校教育信息化发展整体规划，确定教学信息化的行动纲领

教学信息化的普及和应用是一个渐进式的过程，并不是在短期内能实现突破和变革的。由于它涉及多个要素，也涉及学校和教师的核心理念和长远利益，因此学校要摆脱以往游击式、应付式、被动式的跟风模式，转而对其进行合理规划、统筹发展，从发展大局和学校实际情况出发制定本校的信息化战略，主动应对教育信息化的挑战。在顶层设计和整体规划中，立足点及其核心任务应是教学信息化，即通过教学信息化带动学校的教育变革和整体发展，其内容应包含教学信息化推进的目标、任务和行动计划。在确定教学信息化的行动纲领时有几点需要重点考虑。

（1）扎根实际，确定共同愿景。学校应根据本校信息化发展的实际情况，找准问题和着力点，在全校师生中确定统一的目标和行动。

（2）渐进发展，制定行动步骤。合理制定教学信息化发展的实践步骤，有计划地推动教学信息化的渐进发展，详细规划实践路径和时间阶段，谨慎跳跃式发展，切记不可盲目跟风。

（3）鼓励应用，形成制度保障。要为课堂教学信息化的实践行动提供制度规约和激励机制，保障教学信息化的持续推进。

**2. 完善信息化基础环境建设，尤其重视优质资源的引入及校本资源的开发**

经过"十二五"建设，各中小学校的信息化教学环境已得到了较大的改善。然而，在新的发展阶段，各学校仍要充分利用国家政策投入、企业支持、区域建设、学校自建等多方力量，形成合力，进一步完善校园宽带网络以及网络教学环境建设，尤其是注意搭建网络教学平台，为教学信息化的深入应用提供良好的环境。

在基础环境建设的同时，优质资源的引入和校本资源的开发也是开展教学信息化的重要基础。我们知道，教学信息化是通过各种数字化资源的广泛应用才得以实现的，因此，中小学校应在国家"政府引导、多方参与、共建共享"的资源建设机制中积极行动。一是积极引入外部的优质资源，为学校、师生提供优质的服务；二是充分发挥本校的作用和优势，组织本校教师基于教学实践开发和建设符合本校特色的数字化资源。

**3. 积极组织教师参与信息化教学能力提升项目，开展信息化教学的教研活动**

教师是教学应用和教育变革的基本保障和关键要素，历史上每一次教育变革都非常重视教师这一要素。教学信息化的推进和发展更应强调教师能力的提升和教师作用的发挥，中小学校应采取多种方法和手段帮助教师提高其信息化教学能力。一是有计划、分阶段地组织本校教师参加国家、省级、区域各个层次的信息化教学能力建设项目和师资培训，支持教师参与各种研修学习；二是在本校内有针对性地开展以实践反思为特点的课例和教学法研讨，重点培养教师有特色、有创新、有实效的信息化教学能力，特别是利用信息技术开展学情分析、个性化教学的能力。

**4. 加强应用支持，注重信息化教学实效以及教学信息化的常态应用**

"课堂用、经常用、普遍用"是"十三五"期间教学信息化的重点任务和必然趋势。中小学校应认清形势，主动适应和积极推广信息化教学，通过多方位的支持策略推动其普及应用。一是营造氛围，充分利用教学研讨、评奖评优、组建共同体等活动让全体教师参与其中，可以通过树立典型和评选优质课等活动创造良好的教学信息化应用氛围；二是制度保障，依据学校的实际和发展目标，确立信息化教学行动的制度规约和奖励措施，如将信息化教学能力纳入职称评定、职务晋升、考核评优等的条件，为实效好的、经常用的教师给予适当奖励和支持；三是提供教学支持，教师在信息化教学中难免遇到疑惑、问题甚至矛盾和冲突，学校应为教师的教学信息化实践提供教学、技术等方面的支持体系，如在学校安排专门的教学信息化应用支持人员（包括教学支持和技术支持），用以辅助和指导一线教师教学信息化实践。

（二）教师个体层面的实践探索与反思、创新

教学信息化的发展离不开教师的发展。由于传统教学工作的封闭性，教师的教学实践往往带有极强的经验主义色彩，在技术的创新应用和教学的革新上往往难以突破，甚

至举步维艰。即便是面对自上而下的行政推动，他们也只是限于对传统教学的强化。同样，在教学信息化的深入推进中，教师作为直接实践者，其理念、行动、能力都直接影响了其效果和可持续发展。因此，从教师个体层面探讨教学信息化的发展有着至关重要的意义。作为教师个体，首先要认识到信息化已成为当前教育教学发展不可逆转的趋势，并不断适应教育信息化进程中的教师角色要求，主动应对教学信息化的挑战，从而实现自我的不断提升及职业发展。具体来看，教师可以在以下几个方面付诸行动和思考。

1. 通过参与培训与实践反思，更新自我教学理念，提升个人的信息化教学能力

教师个体的教学理念和信息化教学能力决定了教学信息化深入发展的存在和延续，而这些提升有赖于外部的支持和主观的实践思考。

在外界支持方面，培训是一种重要的方式。国家已实施教师教育技术能力建设项目，各地区也针对中小学教师开展了多轮的信息化教学能力培训，其中包含了理论学习、案例研讨、示范演示等内容。教师应充分把握这些机会，通过参与培训有效地吸收新的教育理念实践模式。

在个体主观努力方面，教师的实践反思对其信息化教学能力提升有着非常重要的作用。那么，如何有效地反思呢？以下几个问题可以帮助教师建立起反思框架：首先，是对当前教学现状和教学信息化发展趋势的理解和思考，如对当前教育改革趋势的认识以及教学信息化内涵和作用的思考；其次，是对教学的信息化处理以及融合过程的合理设计，如怎样结合自己的课堂和学生实际来开展信息化教学实践，重点是怎样利用信息化手段改变传统教学的弊端实现新型教学理念；最后，对教学信息化实践中出现的问题进行合理的归因和有效地解决。通过这些反思，可以促进教师对教学信息化的本质理解，促成新的实践模式的生成。

2. 结合教学实践，设计与开发针对性的数字化教育资源

虽然经过"十二五"期间的建设，数字化教育资源日益丰富。但是，随着"班班通""堂堂用"的普及，面向学科教学的适用、好用、易用的教学工具和优质教育信息资源仍然匮乏。[①] 当然，造成这些局面的原因是多方面的，一是资源基础薄弱；二是资源共建共享机制尚未完善；三是资源建设主体单一，尤其是一线教师在资源的设计与开发中参与不够。因此，教师个体在数字化教育资源的建设方面大有可为。随着技术的发展和信息化的深入，数字化教育资源的建设与开发并非"高大上"的难题，教学信息化也并非完全要依赖于外部资源，教师可以结合教学实践特别是针对个人的教学情况，开发针对性强的、有特色的、个性化的资源，这些资源的实用价值和易用性往往比外部资源更好。比如，近年来，已有不少教师参与到"微课""微视频"的建设中来，也有不

---

① 汪丞，周洪宇. 论我国教育信息化深度推进的问题与对策 [J]. 现代教育技术，2012 (11)：43 – 47.

少教师结合网络平台开发了校本课程资源。

3. 将信息技术融入教学的全过程，探索信息化教学新模式

信息技术对教育具有革命性的影响，在教学中的核心体现是教学模式的创新。教学信息化绝不是利用信息技术来巩固和强化传统教学，而是要将信息技术融入教学的全过程，实现教学理念、教学目的、教学形式、教学评价等多方面的变革，首先是改变目前在教学中常见的以教师为中心的传授式教学模式。因此，教师在教学信息化实践中应重点探索推进信息技术在日常教学中的融合互动的方式，积极尝试新技术手段在教学过程中深入应用带来的教学模式创新，如数字化教育资源支持下的情境探究模式、移动终端支持下的一对一数字化教学模式以及基于网络学习空间应用的个性化教学模式等。

## 四、结语

在新一轮的教育信息化发展战略中，基础教育信息化的发展核心和重点是教学信息化。而根据《指导意见》，教学信息化应以"深化应用"和"融合创新"为原则，实现信息技术与教学的全面深度融合、实现教育理念和教育模式的创新。在这一目标指引下，中小学校当前主要面临从课堂教学环境构建、教学资源建设、教学模式和学生学习方式的变革和创新、教师信息技术应用能力提升等几个核心任务。因此，对于中小学校而言，需要将教学信息化视作从学校组织到教师个人的一体化工程，从而在实践上开展组织层面的顶层设计与制度、支持与保障和教师层面的教学应用、反思创新等信息化发展策略。

# "互联网＋教育治理"现代化支撑体系的构建

## ——以深圳市为例

深圳市教育信息技术中心　杨焕亮　梁为

**摘　要：**互联网作为推进教育治理现代化的重要平台，在实际教育治理工作中发挥着重要的作用。深圳市根据本市实际，结合"互联网＋教育治理"的内涵，从管理信息化、智慧校园建设与应用、数字教育资源建设与应用、信息化队伍建设等方面开展"互联网＋教育治理"的探索，逐步构建"互联网＋教育治理"现代化支撑体系，为助力推动教育治理现代化提供了可参考的经验和做法。

**关键词：**互联网＋　教育治理　现代化支撑体系

## 一、引言

随着信息技术的快速发展，"互联网＋"的理念为教育治理实践提供了行动指南。[①]在互联网技术的支撑下，数据采集和互联互通将更加深入广泛，这不仅为教育科学决策提供了实时、科学的数据支撑，也为教育业务条线厘清逻辑，促进管办评分离，为"放管服"增效，对推进教育治理水平与能力的现代化提供了保障。2016年6月，教育部颁布的《教育信息化"十三五"规划》提出："要利用信息化实现政府部门、学校、家长和社会广泛连接与信息快速互通，推动教育评价主体多元化、公共服务人性化，使各级各类学校、相关教育机构和广大人民群众更加及时、准确地获取教育信息，更加便利地享受到教育服务，更加深入地参与教育治理过程，形成一个有效的教育治理体系。"2017年5月，《广东省教育信息化发展"十三五"规划》也提出要"全面实现依托信息化条件的业务流程优化和重组，实现教育管理和服务的便捷高效，形成基于大数据的教育科学决策和个性化教育服务体系，以信息化推进教育治理现代化"。2017年12月，教育部副部长杜占元在首届"教育智库与教育治理50人圆桌论坛"上指出，要推进"互联网＋"环境下的教育信息化2.0，推动教育信息化由融合应用向创新发展转变。2018

---

① 张彤. 互联网＋政务背景下教育治理的变革路径研究 [J]. 中医教育，2016，35 (6)：1－3，6.

年初，教育部科技司司长雷朝滋指出要探索信息化时代的教育治理新模式。①

## 二、"互联网 + 教育治理"的内涵

### (一)"互联网 + 教育治理"现代化支撑体系的理解

我们所理解的"互联网 + 教育治理"现代化支撑体系，不仅仅是互联网、移动互联网技术在教育管理上的应用，也不仅仅是利用互联网技术建立各种教育管理平台，而是互联网、移动互联网与当代的教育治理进行深度融合，是利用互联网的技术优势推动教育治理现代化、提升管理效率、推动组织变革、增强教育创新力和生产力的具有战略性和全局性的教育变革支撑体系。②

### (二)"互联网 + 教育治理"的教育表现形式

综观"互联网 + 教育治理"的教育表现形式，主要包括三个方面：一是利用互联网提高教育管理水平和公共服务水平③，简化优化教育公共服务流程，为人民群众提供优质、高效、便捷的教育公共服务。二是通过对数据的采集分析，预测教育需求，以便提供更加智能与高效率的管理和服务，促进教育发展。三是构建安全有序的教育信息化环境，抵制不良信息侵袭，确保网络和数据安全。

### (三)"互联网 + 教育治理"的发展趋势

"互联网 +"时代背景下的教育治理，将有以下的发展趋势：一是立足网络大数据资源优势，突破传统教育模式的时间界限、地理界限和心理界限，进而实现"互联网 +"时代教育组织流程再造。二是教学行为不再局限于教室等物理空间，教育终身化、国际化趋势日渐明朗；教育学习资源借助网络媒介得以大规模、扁平化传播；教学手段日益多元，线下教育与线上教育紧密结合、自主学习与翻转课堂遥相呼应。三是从精英教育向大众教育、从批量式教育向个性化教育、从封闭化教育向开放式教育转变④。

① 雷朝滋. 教育信息化：从 1.0 走向 2.0：新时代我国教育信息化发展的走向与思路 [J]. 华东师范大学学报（教育科学版），2018, 36 (1): 98 - 103.
② 秦虹, 张武升."互联网 + 教育"的本质特点与发展趋向 [J]. 教育研究, 2016 (6): 8 - 10.
③ 陈霞玲, 杨志, 杨中超, 等."互联网 +"助推教育质量提升：国家教育行政学院 2016 年春季教育论坛综述 [J]. 国家教育行政学院学报, 2016 (5): 86 - 89.
④ 蒋舟遥. 顺应引领"互联网 +"带来的教育变革 [EB/OL]. (2016 - 01 - 25)[2018 - 07 - 25]. http://www.gov.cn/xinwen/2016 - 01/25/content_5035821.htm.

## 三、深圳构建"互联网＋教育治理"现代化支撑体系的主要举措

近年来，深圳一直坚持把教育信息化作为实现教育治理体系和治理能力现代化的有效途径，对教育信息化的作用有以下四个定位：一是教育资源均衡配置的有效途径，二是教育质量内涵提升的有效途径，三是推进教育全民化、构建教育大格局的有效途径，四是教育治理体系和教育治理能力建设的有效途径。2015 年 11 月，《深圳市深化教育领域综合改革方案（2015—2020 年）》获国家教育体制改革领导小组办公室备案实施，深圳是副省级城市中唯一获国家备案的城市，其中"打造全国教育信息化高地"是改革方案 8 大重点任务之一。2015 年 5 月，深圳市教育局印发《深圳市教育信息化发展规划（2015—2020 年）》及 6 个配套文件，明确把教育管理信息化作为一项重要行动，力求通过"四大转变"——即发展理念由教育信息化向信息化教育转变，发展模式由投入驱动向应用驱动转变，教学方式由个体应用向协同创新转变，人才培养由信息技能教育向信息素养教育转变，加快深圳教育信息化的步伐，打造全国教育信息化高地。

（一）深化管理信息化，提升治理能力

1. 建成一批迫切需要的深圳教育云应用项目

初步建成网络备课、在线作业、远程互动等教学应用及教育资金管理与财务决策分析、教师信息化管理和绩效管理等应用。在 100 多所中小学校开展教学应用试点，有效地提升了教学效果。此举措得到试点学校师生的广泛欢迎，得到广东省教育厅、广东省教育技术中心、广东省高校和深圳市教育科学研究院有关专家的充分认可，并得到深圳市内主流媒体的高度关注和深入报道。

2. 全面开展教育管理信息化，提高管理效能

（1）"让数据多跑路，让群众少跑腿"。结合深圳电子政务资源中心信息共享平台目录，优化业务办理流程，提高共享数据应用，减少群众在业务办理中需要提供的材料。目前深圳民办中等职业学校设立申请、民办普通高中变更、民办普通高中筹设申请等 12 项市级教育行政审批业务的办理全部实现全流程网上办理，办理人足不出户就可以办理相关审批业务。

（2）强化信息惠民和服务创新。一是利用信息化手段实现小一、初一新生网上报名。深圳福田、罗湖、南山、宝安、坪山、盐田等区及光明新区均实现由学校主动提供报名材料扫描服务，涉及小一报名材料 15 项（含深户和非深户）、初一报名材料 19 项（含深户和非深户），不再收集报名材料复印件，为社会节约了大量的纸张，为广大家长节省准备报名材料复印件的麻烦。二是根据深圳市幼儿园和中小学校面广、点多的分布

特点，采用系统联网、开放多网点服务的模式，向广大家长、学生提供一站式服务，做到相关事项办理只需到就近幼儿园或学校提交一次基本材料，即可完成相关业务的办理。

（3）积极开展教育大数据应用。一是对往年新生报名、学生分流、学校办学特色、人口分布、人口生育等情况进行大数据分析、评估，为大学区试点建设提供数据服务。二是充分应用深圳"织网工程"信息交换平台数据，通过大数分析比对，集中、高效地完成了与政府各部门的计生、社保、出租房、户籍、房产等信息的核验，为义务教育阶段学位申请、在园儿童健康成长补贴、民办中小学学位补贴等涉及多部门证件的资格审查工作提供技术和数据支撑。

### 3. 加强信息安全建设

全面落实教育系统信息安全等级保护定级备案，2014 年完成了教育信息系统等级保护测评。开展教育网络与信息安全监测和检查，做到认识到位、管理到位、责任到位、技术到位和保障到位，将安全工作落到实处，确保信息和服务系统安全、可靠、完整。2014 年编制了《深圳市基础教育信息系统安全等级保护工作指南》和《深圳市教育局直属单位（学校）信息安全绩效评估实施工作指南》，指导各区和各中小学校开展推进教育信息系统安全等级保护工作。如罗湖区组织全区 59 个学校网络管理员完成培训并获得证书。

### （二）建设智慧校园，驱动应用融合

物联网、云计算、移动网络等新一代信息技术的出现，为中小学开展智慧校园的建设与应用提供了技术的可行性，极大地促进了信息技术与教育教学的融合。根据智慧城市建设的战略部署，出台了《深圳市中小学"智慧校园"建设与应用标准指引（试行)》，从 2014 年开始积极开展创建"智慧校园"示范学校活动，分三批评选出 100 所"智慧校园"示范学校，成效显著。

（1）创建"智慧校园"示范学校活动最大的成效就是点燃了全市中小学校校长、教师重视教育信息化的热情。例如，三批"智慧校园"示范学校评选竞争越来越激烈，申报入围率分别是 80%、70% 和 50%，可见创建"智慧校园"示范学校这个抓手能有效提高校长对教育信息化的认识；2017 年组织 100 所"智慧校园"示范学校封闭 5 天开展"'智慧校园'示范学校教育信息化应用骨干教师高级研修班"培训，非信息技术学科教师占比 45%，其中语英数等传统"考试"学科教师占比高达 38%。以往类似培训非信息技术学科教师占比才 28%，可见教师参与教育信息化应用的自觉性有所提高，信息技术与学科教学的融合面得到了扩大。

（2）创建"智慧校园"示范学校活动点燃了校长和教师的热情，热情又引燃了校

长和教师的智慧。目前全市中小学教育信息化应用呈百花齐放的局面。深圳教育信息技术中心在专家指导、提炼的基础上，把100所"智慧校园"示范学校的经验成果加以整编，取名为《智慧教育，成就未来幸福——深圳市"智慧校园"建设与应用典型案例集》，目前已出版发行3辑，很好地发挥了"智慧校园"示范学校的示范、辐射作用。

（三）深化数字教育资源建设与应用，助力教育公平

（1）制定标准和办法推动数字教育资源的建设与应用，深圳先后制定颁发了《深圳市中小学优质课例视频资源建设评比奖励暂行办法》《深圳市中小学数字教育资源评价标准》和《深圳市中小学数字教育资源建设与应用管理办法》，有效地调动了学校教师的积极性，规范了数字教育资源的建设与应用。

在深圳外国语学校等12所优秀中小学校建立"优质数字教学资源共建基地"。目前，深圳"网络课堂"共享的自建优质课例视频资源超过26 000节，点播量超过1 900万人次，有效地促进深圳基础教育优质均衡发展。其中为配合资源建设所开展的微课大赛曾长期占据百度对"微课"词条搜索的前8名。深圳资源建设成绩在2017年4月召开的全国电教馆馆长会议上被中央电教馆王珠珠馆长列入讲话稿，作为先进典型经验进行介绍；在2017年5月召开的全省教育信息化工作会议上，被广东省教育厅点名表扬。

（2）"网络夏令营"成为学生综合素质网络教育特色品牌。从2003年至今已连续举办14届的深圳学生网络夏令营，成为应用信息技术促进素质教育的有效阵地。网络夏令营自创办以来已有500多万人次师生参与，汇集了超过5万件（篇）作品，曾在中国专利年会上，获得"全国校园发明与创新优秀奖""校园发明平台创新奖"两项大奖。

教育部先后将2012年首届"全国中小学信息技术教学应用展演"和2013年亚太地区教育信息化高层专家会议安排在深圳举办。上述活动均取得圆满成功，得到各级领导和国内外教育同行的高度评价。2015年5月在青岛举办的国际教育信息化大会上，以"智慧教育，成就未来幸福"为主题的深圳展厅成为展览活动中人气最旺、最受欢迎的展厅之一，赢得活动组委会颁发的"最具人气奖"殊荣。

（四）抓好教师队伍建设，提升应用能力

推进教育信息化"十百千"人才培养行动（即培养10名教育信息化领军人才培养对象，培养100名教育信息化专家培养对象，开展1 000人次中小学校长教育信息化领导力培训），在全市范围内遴选确定40名领军人才培养对象和100名专家培养对象，积极推进教育信息化高端人才培养工作，分6期完成对全市694所中小学校的校长、信息中心主任，以及市、区教育信息化业务主管部门有关负责同志共1 000多人次的教育信息化领导力轮训，在全国范围内率先建立全市性基础教育CIO（首席信息官）管理机

制，组织中小学分管教育信息化校领导参加 CIO 专题培训，未来还将组织中小学信息技术中层干部开展 CTO（首席技术官）培训。与此同时，深圳市教育局还为完成培训的中小学校长、教育信息化领军人才培养对象、专家培养对象颁发证书，作为职称评聘和岗位晋升的重要依据，极大地调动了中小学校长、教师参与活动的积极性。

## 四、深圳"互联网 + 教育治理"现代化支撑体系的构建成效

### （一）提升教育信息化服务与治理能力

深圳通过推进教育云建设与应用，提供了集约化管理服务，建立了统一的教学和教研平台，为提升教育治理能力、提高教学服务质量和教学研究力提供有力的技术保障，并积累了宝贵的经验和做法。

### （二）深化教育教学融合应用

深圳积极探索智慧校园在教育教学、教学管理、教研提升等方面的优势之处，形成了切实可行的智慧校园建设与发展方法，为全市其他学校的智慧校园建设提供参考与借鉴，使更多学校加深了对智慧校园的认识与理解，为推动智慧校园全方位、深层次发展奠定了坚实的基础。

### （三）助力推动教育优质均衡发展

深圳通过数字教育资源的建设与应用，逐步构建品质优秀、类型丰富、机制健全、主动推送、体验先进的教育资源公共服务体系，为教师教学研修和学生自主学习提供随时、随地、随需的优质资源服务，助力推动教育优质均衡发展。

### （四）促进教育信息化队伍建设

深圳组织实施的相关培训，提升了全市中小学校长、教师教育信息化工作的重视程度，开阔了校长、教师的视野，建立了教育信息化工作学习和交流沟通平台，探索出了一套教育信息化核心队伍建设的有效模式。深圳市的教育信息化领军人才培养对象和专家培养对象受邀在各种培训、大会上进行经验分享，起到了很好的辐射带动作用。

## 五、思考与展望

总结深圳在利用互联网开展教育治理方面的思路和做法，我们有以下两点思考：

一是如何利用教育大数据推动教育治理和服务模式转变。在大数据背景下，教育治理能力现代化仍面临诸多困境，如信息孤岛的阻碍、人才短缺的牵制以及制度设计的缺失等。因此，强化数据治理思维、加强教育治理数据库建设、探索大数据人才培养机制以及突出大数据法律与制度建设，可以视为大数据背景下教育治理能力现代化的路径选择。

二是如何加强教育信息化队伍建设。推动"互联网＋教育治理"工作离不开教育信息化人才队伍的建设，当前深圳中小学信息技术教师普遍配备不足，职业发展空间狭窄，极大地制约了教育信息化人才队伍的发展，仅从培训层面推动队伍建设成效还不显著，需要从岗位设置、职称评聘等方面研究推动教育信息化队伍建设。

未来，深圳将加强教育云和学校信息化平台建设，探索移动互联网、大数据、云计算、物联网等新技术环境下教育管理、课堂教学、教育评价、教育服务的新理念、新模式、新方法，初步构建起"互联网＋"时代的新型教育教学模式，利用信息技术助力推动教育治理的现代化。

09
—
培养学生核心素养

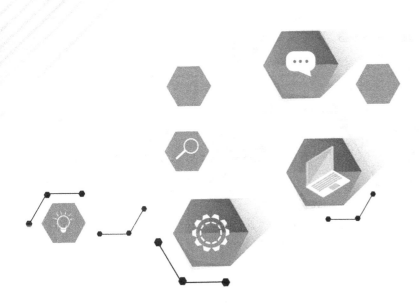

# 媒体素养教育融入学校教育的路径及实施策略

华南师范大学教育信息技术学院　　张学波

**摘　要：** 在信息社会，培养青少年具备媒体文本识读能力，成为批判自主性的媒体公民，是社会发展和青少年自身发展的需要。学校是开展媒体素养教育的主阵地，课程是主要载体，本研究从课程发展的角度提出开设媒体素养教育校本课程融入学校教育、媒体素养与学科课程整合融入学校教育和通过社会组织活动（活动课程）融入学校教育，以解决当前媒体素养教育如何融入学校教育的路径问题，并从课程政策应用、教师专业化培训、教学方式灵活应用等方面提出实施策略。

**关键词：** 媒体素养教育　校本课程　课程融合　实施策略

青少年媒体素养教育的目的在于：培养青少年明智理性地辨识大众媒体，使其能分析、评价各种媒体信息，产制文本，运用媒体进行交流与表达，从而促进青少年的思想道德建设与批判性思维的养成。而学校开展媒体素养教育是达成该目的的最好途径。从我国现实情况来看，国家、家长、青少年有开展媒体素养教育的需求，中小学校有开展媒体素养教育的空间及条件，学校是青少年集中的地方，也是教育资源集中的地方，相对容易实施媒体素养教育，我们认为开展媒体素养教育的突破口在学校。从国际上成功开展青少年媒体素养教育国家的经验来看，媒体素养教育从由下而上的"草根"运动到成功地攻进了学校，成为 K12 正规课程的一部分，也印证了学校是开展媒体素养教育的主阵地。

---

本文系全国教育科学"十一五"规划 2008 年度教育部青年专项课题"媒体素养教育融入学校教育的策略研究"（批准号：ECA080290）后续研究成果。

# 一、学校开展媒体素养教育的意义

## （一）提高学生的媒体辨识能力

在各种媒体陪伴下成长的青少年，他们是媒体世界的"土著"，媒体对他们的负面影响也很大：媒体所建构的"真实"容易让人身临其境，使青少年的思想、感情沉浸于传媒内容之中，迷失自我，产生游戏化心理，自身缺乏深刻的内涵和底蕴；一些渗透在媒体作品中的消极价值观念和庸俗化的意识形态，严重侵蚀着青少年脆弱的精神家园，受媒体的说教而缺乏理性思辨；媒体中的广告、暴力、色情等信息诱导青少年另类行为的变化，如盲目消费行为、暴力模仿行为、过早性行为等。因此学生需要相应的传媒价值观教育、理性消费教育、反暴力教育、性和性别教育来获得"批判的自主性"，在心智上能够穿透媒体所建构的迷障，提高对媒体负面效应的免疫力。①

## （二）培养学生近用传播媒体来表达与交流

随着媒体产品应用的普及，青少年手中拥有越来越多产制媒体和传播信息的工具，如何理性运用传播媒体是年轻一代急需掌握的基本知识和能力。UNESCO 提出媒体教育是全世界每个国家每个公民用来自由表达意思和交流信息的基本权利，是建立和保持民主的武器（工具）。② 通过接受媒体素养教育，青少年才能更好地了解媒体语言、媒体信息技术，懂得媒体再现现实的特性，反思媒体文本的含义，分析媒体组织和传播影响及效果，自主地去分析与选择媒传内容，进而通过理性思维与对话去影响、督促媒体改善其传播内容，更好地运用传媒来表达与交流沟通，从而提高整个社会的文化品位。③

## （三）促进学生思想道德建设

国家自 2004 年发布《中共中央国务院关于进一步加强和改进未成年人思想道德建设的若干意见》以来高度关注媒体传播淫秽、色情、凶杀、暴力、封建迷信、伪科学的腐朽落后文化和有害信息对未成年人思想道德建设的消极影响，提出积极营造有利于未成年人思想道德建设的环境和氛围。党的十七大以来高度关注网络不良文化以及西方意识形态和价值观对青少年的影响。从学校开展媒体素养教育的角度解决不良媒体信息和不良文化对未成年人思想道德建设的消极影响具有现实意义。

---

①③ 张学波，铁海玉. 媒体素养教育目的之解读［J］. 华南师范大学学报（社会科学版），2009（1）：114－117.

② UNESCO. Outlooks on Children and Media［M］. Goteborg：Unesco & Nordicom，2001：152.

## 二、通过开设媒体素养教育校本课程融入学校教育

我国国家课程体系中虽然还没有媒体素养教育课程，但可以充分运用三级课程体系（国家级、地区级和学校级）的机制，通过校本课程来实施媒体素养教育。校本课程也称为"学校本位课程"或者"学校自编课程"。根据地方学校的办学理念、师生和资源的实际情况，利用现有的条件开发适合于本学校师生共同发展的媒体素养课程。在媒体素养校本课程开发过程中，要考察清楚媒体素养的理念、教育的目的、内容框架以及实施和评价，结合斯基尔贝克的校本课程开发模式，通过长期实践，我们提出一套媒体素养校本课程开发流程（如图1所示）。

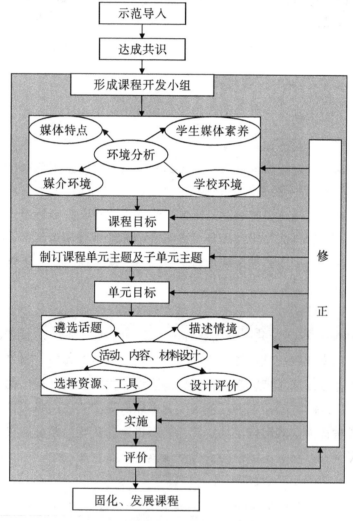

**图1 媒体素养校本课程开发流程图**

根据媒体素养教育校本课程开发的基本流程，在国内我们于 2004—2006 年率先在广东省珠海市第三中学开发了"网络与生活"媒体素养教育的校本课程，包含网络与商业广告、网络与新闻、网络与交流和网络与游戏、动漫四个单元。课程采用了单元课程的形式，适宜教师根据需要自主遴选教学单元。课程围绕主题设计活动，适宜对特定问题展开细致而深入的讨论。在课程中注重培养学生探究的能力，在教学中应用 WebQuest 的形式促进学生对问题的探究与解决能力。课程注重学生成果的多方面展现，既有学生作业纸，又有角色扮演游戏、汇报演讲、表演等多种方式。

2011—2012 年研究团队在东莞中学松山湖学校设计开发了基于媒体素养教育的"电视节目编导与制作"校本课程，课程中包含文字稿本的欣赏与创作、摄像与录像技能、非线性编辑制作、作品赏析四个专题，并通过标准实验研究验证了媒体素养校本专题课程开发的可行性。"电视节目编导与制作"校本课程的开发及其实施，促进了学生媒体素养的发展，提高了中学生使用、分析、评估和交流媒体信息的能力，培养了学生对媒体文本的识读和编写能力、使用习惯、分析技巧和评估能力。让学生能够了解电视媒体是运用特定的技巧架构，同时能够合理地使用电视媒体、辨析媒体信息的意义和价值，形成自己的"媒介观"，并有效地利用大众传媒来发展自我。

## 三、媒体素养与学科课程整合融入学校教育

除了单独开设课程外，国外还有些地区的学校是将媒体素养教育融合于各个学科教学之中来开展的。以美国为例，20 世纪 90 年代美国媒体素养教育重新兴起的时候，美国已经完成课程改革，大批新出现的课程已经占据了课程表，所以美国的媒体素养教育只能整合到其他课程中，整合课程居多。1991 年 Donna Lloyd - Kolkin 和 Kathleen Tyner 开发的新课程"媒体和你：小学媒体素养课程"融合于英语和西班牙语的课程计划与教学活动中，供 K - 5 年级使用。[①] 1992 年，David Considine 和 Gail Haley 出版了一本综合教科书《视觉讯息：图像整合于教学》，该书提倡跨学科的方法将媒体素养概念整合到现有课程中，用宽泛的目标如负责任的公民与合作学习、多元文化教育和批判思维技能相联系。[②] 1995—1996 年 Renee Hobbs 和 Frost Richard 在 Massachusetts school district 做了一个测评研究，结论是：最有效的媒体素养项目是将技能整合到所有学科中，包括分析

① LLOYD - KOLKIN D, TYNER K. Media and you: An elementary Media Literacy Curriculum [M]. Englewood Cliffs, NJ: Educational Technology Publications, 1991.

② CONSIDINE D M, HALEY G E, Visual Messages: Integrating Imagery Into Instruction [M]. Englewood, CO: Libraries Unlimited, 1992.

和制作活动。① 2000 年马里兰州是全美第一个在全州公立学校将媒体素养课程全面整合到多门课程（语言艺术、社会研究、数学和健康课程）中的州，虽然还不是官方的要求。

在国内，媒体素养教育研究者在尝试将媒体素养与学科课程整合融入学校教育的实践探索，如上海、南京、北京等地的研究者在中小学都开展过相关探索，总结出一些有价值的经验，值得进一步推广和总结。媒体素养与学科课程整合有很多方面值得去探索和发掘，如语文课可增加新闻理念、新闻体裁和新闻事件内容，并可亲自采写新闻，张贴于班级报栏、投稿到校广播站或报社，亲历体验媒介的运作程序；信息技术课可学习电视新闻、专题拍摄，了解网络新闻运作流程及信息传播工具等，初步掌握电子媒介的表达和沟通技能；品德与社会课可把电影、电视中的国家和城市形象与现实的状况比较，用媒介再现历史的人和事物，发现对某些国家和地区报道中存在的刻板印象。

2009—2010 年研究团队在广州市越秀区清水濠小学六年级开展了媒体素养教育融入小学英语的"浸入式"教学的行动研究，旨在学生在自然的英语环境中通过媒体素养教育活动习得语言，主要环节如下（如图 2 所示）：①利用专题学习网站导入媒体素养教育的目的，用英语提出小组所需完成的任务和完成任务所需要的方法，教师给予例子，

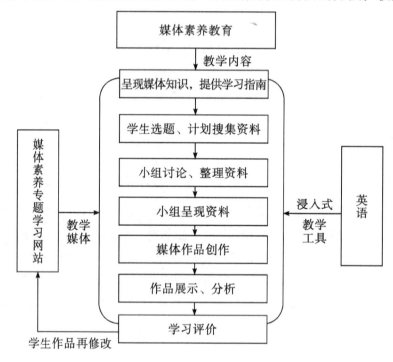

图 2　媒体素养教育融入小学英语的"浸入式"教学模式

---

① HOBBS R，FROST R. Instructional practices in media literacy and their impact on student's learning [J]. New jersey journal of communication, 1999, 6 (2)：123 – 148.

引导学生组织活动，如学生分组查阅不同节日的习俗，确立各自要推销的广告活动。②学生以小组为单位用英语介绍各自的小组任务，搜集广告制作所需的资料，把搜集和整理资料的过程与别组同学一起分享。③教师用英语指导学生如何创作广告词和制作广告，在这过程中学生的写作能力训练得到了锻炼，媒体制作能力也得到了培养。④学生展示和阐述自己的作品，其他组学生参与评价，教师也进行评价、点拨并帮助学生纠正语法上的错误，最终评选出大家心目中最精彩的广告作品。整个过程中自然而然地增加了学生英语语言的输入和输出量，同时也提高了学生的媒体素养。

2008—2010年和2010—2012年，研究团队分别在广州市第四中学和东莞中学进行信息技术课程中融入媒体素养教育的行动研究，总结出了媒体素养教育融入信息技术课程的教学模式，主要包括以下几个步骤（如图3所示）：教师呈现媒体知识，提供学习指南和知识概括。然后要求学生分组进行选题，并在课堂的进行过程中和课后收集相关资料。教师为每个小组收集的资料进行指导性评价，摈弃不符合媒体素养教育目标的资料，并合理引导学生进行批判性地接收媒体资料。学生小组协作进行相应的媒体作品创作，如DV作品、宣传视频、广告等。教师负责收集作品并通过多种手段进行展示，如通过学校电视台、专题学习网站、校外公共网络平台等。教师为每个小组作品提供多种评价模式，如学生互评、教师点评、网络评论等。最

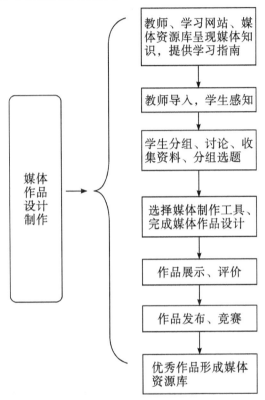

图3　媒体素养教育融入信息技术课程的教学过程

终选择优秀作品上传至专题学习网站，并适时组织相应的竞赛和活动，强化媒体素养教育教学成果。学期末收录优秀作品到媒体素养教育资源库，为后续媒体素养教育提供支持。

## 四、通过社会组织活动（活动课程）融入学校教育

成功的媒体素养教育活动是一个多方面共同努力的结果，社会组织开展的媒体素养教育活动想要长久发展，渗透到学校则是不可或缺的一部分，也只有这样才能拥有更加广泛的影响群体，达到更好的效果。社会组织活动输入学校，可以活跃学校活动课程的

开展，而活动课程是学校开展媒体素养教育最为灵活的方式，如主题班会、少先队活动、板报、比赛等。本研究以广州市少年宫开展的媒体素养活动为案例，探讨通过社会组织活动融入学校教育的媒体素养教育活动模式。

广州市少年宫是广州市少先队总部所在地。按照"党带团、团带队"的组织体系，在少先队工作委员会的指导下，少年宫承接了部分少先队建设工作，从而通过少先队体系与学校紧密联系了起来。广州市少年宫利用该职能属性将媒体素养教育融入学校教育中，使少年宫媒体素养活动与校内活动相结合（如图4所示）。

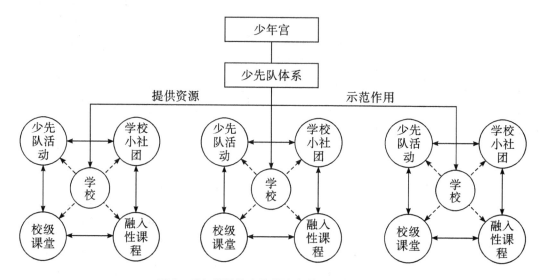

**图4　融入学校教育的媒体素养教育活动模式**

在融入学校教育中，少先队体系起关键作用，即少年宫牵头，少先队体系作为活动渠道，以区、校大队辅导员为主要组织者来开展。广州市少年宫的活动对校级的活动具有示范作用，同时也为学校提供师资、课程等资源，以及进行培训、讲座等。学校在少年宫的指导下，有选择地进行与媒体素养有关的活动，如少先队活动、学校小社团（红领巾小记者站）、校际课堂、融入性课程。

## 五、媒体素养教育融入学校教育的实施策略

### （一）充分利用课程政策，培养本校特色课程

现在我国急需制定一些权威的政策性文件对媒体素养教育做出规范并为媒体素养教育应用提供保障和指导。《基础教育课程改革纲要（试行）》（教基〔2001〕17号）中明确提出"改变课程管理过于集中的状况，实行国家、地方、学校三级课程管理，增强课程对地方、学校及学生的适应性"。课程管理模式的转变，课程权力的部分下放，理论上来

说为开展媒体素养课程提供了广阔的空间。将媒体素养教育与学科课程、研究性学习结合起来，形成校本研究性课程，这是对学校学科课程的延伸，对校本课程和研究性课程的重要补充，也是一个创新尝试。学校期过媒体素养校本课程体系的建设，使其形成本校的特色课程，成为学校的品牌课程。

（二）开展教师的专业化培训，建立实施队伍

媒体素养教育的师资短缺是全球面临的共同问题，Renee Hobbs（2010）指出，美国的教育投资85%放在技术和设备上，师资培训上的资金投入微乎其微，在"人脑软件"上的投入为零。[①] 如若没有训练良好的专业人员来实施，目的再明确的文件与框架都没有用。媒体素养教育培训中的要素应当被纳入新手与在职教育的培训程序中，并作为现行教师专业发展中的一部分。媒体素养师资培训是采用正规或非正规途径则取决于可资利用的专家类型，比如，像英国、澳大利亚、意大利、加拿大和美国这些国家，培训教师的教育者对媒体素养教师提供咨询、工作室、指导、合作、研讨班和暑期班。UNESCO 自发布格伦沃德声明（Grünwald Declaration，1982）之后就在全球推动媒体素养教师培养活动并开发一系列教育工具包，最新的工作如 2008 年着手开发《媒介与信息素养课程计划（教师用）》相关工作包含了：一个指导课程预备战略的国际专家组会；全球 MIL 培训资源图的绘制；委任四个专家组起草课程方案；第二次国际专家组会的组织，会上评估草稿并通过培训工作室和咨询人员在非洲南部、拉丁美洲、加勒比海和南亚进行田野测试；最后形成7个能力指标和9个内容模块。[②]

（三）采用灵活多样的教学方式

要把媒体素养教育引入教室还需要做更多的工作，需要根据实际情况采用灵活多样的教学方式。加拿大学校开展媒体素养教育教学活动的几种常见方式有：专题式学习，螺旋式课程，教师作为帮助者和学习伙伴，课程整合方式。这些活动方式在我们国内其他课程中也有应用，在此不再详述。

---

① Hobbs R. Digital and Media Literacy：A Plan of Action. The Aspen Institute ［EB/OL］.（2010 – 11 – 11）［2014 – 09 – 09］. November. http：//www. knightcomm. org/digital – and – media – literacy – a – plan – of – action/.

② WILSON C，GRIZZLE A. Media and information literacy curriculum for teachers ［J］. UNESCO，2011.

# 计算思维：从小学至高中《信息技术》教育的新目标

华南师范大学教育信息技术学院　徐晓东　乔世伟

**摘　要：**我国的《信息技术》教育产生至今经历了从重视专业化的计算机教育，到重视大众化的计算机素养再到信息素养教育三个阶段，在其发展过程中，受国外影响深刻。与此同时，在教育实践中，也受本国文化和传统教育观念影响保持了自己的特色，即重视专业化教育。从 2006 年起，世界各国 K－12 教育中开始重视计算思维素养培养，其目的是培养学生 21 世纪生存技能。为了适应社会发展对教育的需要，我国也应该增设计算思维教育内容，并保持特色，从小学至高中，既强调作为素养的计算思维教育，还应该在高中设置选择模块加强专业化计算思维内涵教育。这样，信息技术教育课程才能担负起全体国民有效地运用信息技术解决问题和增强国家核心竞争力培养专才的重任。

**关键词：**计算思维　素养　信息技术教育　专业化教育

## 一、我国信息技术教育的历史进程与时代特质

在我国，从小学到高中的《信息技术》教育担负着培养全体国民运用信息和信息技术有效地解决生活和工作中所遇问题能力的重任。这一课程开始于 20 世纪 80 年代中期，初期的《信息技术》教育称为《计算机》教育，是一种专业化教育，它以计算机教育为目标，重视计算机硬件结构、工作原理、程序设计、计算机语言及文件处理等内容的教育，以应对快速发展的计算机技术对社会各行业的冲击和影响。到了 20 世纪 90 年代，伴随着个人微机的普及和操作简单化的视窗系统诞生与应用，《信息技术》教育理念发生了变化，由专业教育转变为大众化教育，课程重视文字处理、表计算、数据库、绘图、计算机通信等方面内容，以培养按照自己的目的收集信息、判断信息、加工信息、传递信息这种综合能力为核心的公民计算机素养。到 20 世纪末和 21 世纪初，包括我国在内，世界各国为了适应高度社会信息化发展的需求，各国学校的信息技术教育课程发生了质的变化，出计算机素养转变为今天的信息素养教育。信息素养是信息读写、媒体素养、视觉素养、计算机

素养、网络素养、数字化素养的总称。开展这一素养教育，其宗旨是培养国民把信息科技看成是解决问题、制订计划、进行表达等的手段，并重视灵活地应用这一手段从事分析、综合、创作、展示等活动的能力。

然而，时隔 6 年，信息技术教育的内容又发生了一些变化，计算思维概念的提出为信息素养增添了新的内涵。2006 年 3 月，曾担任美国卡内基梅隆大学（CMU）计算机科学系主任、现任微软全球资深副总裁的周以真（Jeannette M. Wing）教授，在美国计算机权威刊物 *Communications of the ACM* 上发表论文第一次提出了"计算思维"的概念，她认为计算思维不仅仅属于计算机学家，也应该是我们每个人都应具备的基本技能。

## 二、计算思维定义与相关概念的区别

根据周以真教授的界定，计算思维是运用计算机科学的基础概念进行问题求解、系统设计，以及人类行为理解等涵盖计算机科学之广度的一系列思维活动。[①]

为了让人更容易理解，周以真对这一定义进行了进一步解释。她指出，计算思维是通过约简、嵌入、转化和仿真等方法，把一个看似困难的问题重新阐释成一个我们知道问题怎样解决的方法；是一种递归思维，是一种并行处理，是一种把代码译成数据又能把数据译成代码，是一种多维分析推广的类型检查方法；是一种采用抽象和分解来控制庞杂的任务或进行巨大复杂系统设计的方法，是基于关注点分离的方法（Separation of Concerns，SOC）；是一种选择合适的方式去陈述一个问题，或对一个问题的相关方面建模使其易于处理的思维方法；是按照预防、保护及通过冗余、容错、纠错的方式，并从最坏情况进行系统恢复的一种思维方法；是利用启发式推理寻求解答，即在不确定情况下的规划、学习和调度的思维方法；是利用海量数据来加快计算，在时间和空间之间，在处理能力和存储容量之间进行折中的思维方法。[②]

周以真还在演讲中举过一个更为通俗的例子：在他看来，计算性思维实际上是一个思维的过程。计算性思维能够将一个问题清晰、抽象地描述出来，并将问题的解决方案表示为一个信息处理的流程。它是一种解决问题切入的角度。现实中针对某一问题你会发现有很多解决方案的切入角度，而他所提倡的角度就是计算性思维角度。计算性思维，笔者认为它包含了数学性思维和工程性思维，而其最重要的思维模式就是抽象话语模式。就拿做饭来做例子吧，假如你有 4 个灶头，锅碗瓢盆的数量是一样的。你又要做肉菜，又要做一个素菜，还要做一个甜点。很多人都会做饭，但并不是所有人都是好的

① 周以真. 计算思维 [J]. 徐韵文，王飞跃，译. 中国计算机学会通讯，2007，3（11）：83－85.
② 范红. 计算思维的培养国际研究综述 [J]. 中国信息技术教育，2013（6）：12－14.

厨师，因为很多人都是凭自己的直觉去做饭的。对于一个有计算性思维的人，他既要考虑到效果，又要考虑到正确性。在保证做出好吃的饭的同时，还考虑到诸如做荤菜的时候饭不要凉了，同时要做好搭配的素菜。其实从计算性思维角度来说，这就是给定有限的资源，而如何去设定几个并行的流程的问题，实际上说白了就是一个任务统筹设计。

周以真关于计算思维的定义第一次很好地解释了什么是计算思维，但对于如何开展计算思维的培养没有给出确切的说明，这导致了计算思维、计算、计算机编程等概念的混淆。

为此，国际教育技术协会（International Society of Technology in Education，ISTE）与计算机科学技术教师协会（Computer Science Teachers Association，CSTA），联合高等教育、工业、中小学（K－12）教育中的领导者共同协作，开发出了一个关于计算思维的操作性定义。这个操作性定义提供了一些关于计算思维的框架和概念，为中小学教育工作者开展计算思维培养提供了重要的指导意义。

计算思维是一个问题解决过程，包括（但不局限于）以下特点：①以某种方式阐述问题，并且使我们能够利用计算机和其他工具解决这些问题。②合理地组织和分析数据。③通过一些抽象方法（如模型、模拟）来呈现数据。④通过算法思想（一系列有序的步骤），制定出自动化的解决方案。⑤识别、分析、实施可能的解决方案，旨在达到步骤与资源的最有效的整合。⑥将这种问题解决过程推广迁移到各式各样的问题。

这些技能的提高，需要一些性格和态度的支持。这些性格和态度对培养计算思维是必不可少的，它们包括：①解决复杂问题的信心。②面对困难时的坚持。③对于歧义（模棱两可）的容忍。④解决开放式问题的能力。⑤为了达到共同的目标或解决方案，与他人沟通协作的能力。

正如上面定义所揭示的一样，尽管计算思维包括计算和计算机编程的基础概念，但它是一个广义词，还包括一个问题解决框架，这个框架可以合并问题表征、预测和抽象（Kafai & Burke，2014）①。事实上，在周以真具有开创性的论文中，计算思维是一种理解问题并应用"抽象"等过程来解决问题的思维过程。计算思维涉及学习一些从事计算机编程所需要的技能。在这类技能的教学中，学生通过基于积木块的计算软件（如Scratch，Etoys，Alice等）或者编程语言（如C＋＋，Java等）来学习计算思维。卡珀顿（Caperton，2010）将学习编程与学习基本素养（如读、写等）进行了比较，他表示从事技术工作就类似于"读"，从事编程和计算就类似于"学习如何写"②。然而，对于

---

① KAFAI Y B，BURKE Q. Connected code：Whychildren need to learn programming ［M］. Massachusetts：The MIT Press，2014.

② CAPERTON I H. Toward a theory of game-medialiteracy：playing and building as reading and writing ［J］. International journal of gaming and computer mediated simulations，2010，2（1），1－16.

计算思维与编程之间的关系的激烈讨论仍然在进行（National Research Council, 2010）①。

对上述诸概念进行概括和简化，用通俗的语言来概括计算思维就是：学生使用计算机对自己的观点进行建模、开发能够完善这些模型的项目程序。

## 三、世界各国计算思维教育课程与教学

根据日本学者香山瑞惠的论文《21世纪生存能力：21世纪技能和信息技术学科》的内容和提示的线索，著者详细查阅了相关文献和资料，在此基础上对世界一些国家信息技术课程发展状况进行了归纳，内容如下。

2008年，经合组织（Organization for Economic Co-operation and Development，OECD）发布了"新世纪的学习者（New Millennium Learners）"报告，引发了世界各国新的一轮教育课程改革。担任改革和教育的研究者和工作者认为，承载着知识和信息的高度社会化重任的21世纪学生，需要掌握适应这一社会的三种关键能力：灵活运用ICT的技能、为学习而掌握ICT技能、21世纪技能。

2007年，美国ISTE推出了"教育技术国际标准"，国际技术和工程教育协会（International Technology and Engineering Educators Association，ITEEA）也推出了"技术素养标准"，并且，2014年，北美的教育部主管的国家教育统计中心（The National Center for Education Statistics，NCES）也在原2010年提出的"技术素养框架/评价"（Technological Literacy Framework/Assessment）基础上发表了改订版的"技术与工程素养框架"（Technology and Engineering Literacy Framework）。2011年，UNESCO也提出了"教师能力框架"（Competency Framework for Teachers），作为教育者ICT活用资质能力的世界标准，得到广泛的采纳和普及。② 这些ICT教育应用和ICT教育标准基准和框架模型，使得我们强烈感受到21世纪技能的育成必要性和紧迫感。

但作为21世纪技能的教授方法，由于世界各国教育制度和文化不同也呈现出了多样化。有些国家是从初中教育阶段的综合课程开展教育和教学的，有些国家则是在高中作为独立学科而开设了相关课程。

首先关注欧洲各国的动向。关于如何在基础教育中开展21世纪技能和信息素养培养，欧盟从2005年至2014年连续召开了7次关于"中学信息学演变与前景"的国际会

---

① National Research Council. Report of a workshop on the scope and nature of computational thinking [M]. Washington，DC：The NationalAcademies Press，2010.

② UNESCO. UNESCO ICT Competency Framework for Teachers [EB/OL]. (2015－03－30) [2018－06－30] http://unesdoc. unesco. org/images/0021/002134/213475e. pdf.

议，讨论在高中阶段教授的信息学（Informatics）如何发展。① 会议上讨论的焦点之一是有关信息学与21世纪技能关系的内容。欧洲的学校广泛开设的信息学课程涉及的内容是"计算机和算法程序专业领域，包括有关计算机工作原理和算法构成的规则，硬件、软件、应用软件、信息与信息技术对社会的影响等"②。所教授的教学内容包括：计算机构造、信息系统、网络、数字化表示和信息可视化、数据结构（数据库和搜索）、建模和仿真、计算思维和编程、抽象和自动化、信息技术局限、信息技术对社会的影响等。

为了能够实施这些内容的教学，近年来欧洲各国逐渐建立起了信息学的独立学科。比如，在北美，从2016年秋季入学期开始，在高中设置了可以取得未来升入大学学习后的学分认证的计算机科学原理预修课程（Advanced Placement Computer Science Principles）。同时，配合考核或评价，不仅仅有与其他学科一样的纸笔测验，还有一些学习中的作品和实操内容。纸笔测验中测量内容包括：创造性思维，抽象思维，分析数据和信息、算法、编程、网络、信息技术对世界的影响；实操评价内容包括：关系计算（connecting computing）、创建计算组件（creating computation alartifacts）、分析问题和组件（analyzing problems and artifacts）、交互（communicating）、协作（collaborating）。但此前的"计算机科学课程"内容只有Java编程。学校设置了计算科学原理预修课后，从过去的编程教学改变成了为21世纪技能和计算思维培养的教学，并作为一个独立学科开设。③

在英国，2014年在义务教育阶段（小学和初中）设置了计算学科（Computing）。并且，与这一学科相对应的，在相当于义务教育毕业考试的普通中等教育认证（General Certificate of Secondary Education，GCSE）中引进了计算机科学。在计算学科教学中，包括：算法（Algorithms），编程和开发（Programming and Development），数据、数据表示硬件、数据处理（Data，Data Representation Hardware and Processing），通信与网络（Communication and Networks），信息技术（Information Technology）等。学习这些内容之际，抽象、分解、算法思维、评价、形式化这些与计算思维有关的技能是教授重点。

在加拿大安大略省的高中，从2008年设置了独立的"计算机研究"学科，提供5个领域的内容：计算机研究课程介绍（Introduction to Computer Studies）、计算机科学概论（Introduction to Computer Science）、计算机编程概述（Introduction to Computer Programming）、计算机科学（Computer Science）和计算机编程（Computer Programming）。

---

① MITTERMEIR R T. From Computer Literacy to Informatics Fundamentals［M］. Berlin：springer，2005.

② DAGIENE V. Informatics Education for New MillenniumLearners［J］. International conference on informatics in schools，2011（7013）：9 – 20.

③ Advanced Placement Computer Science CurriculumFramework［EB/OL］.（2015 – 03 – 30）［2018 – 06 – 30］. http：//secure – media. collegeboard. org/digitalServices/pdf/ap/ap – computer – science – principles.

并从 2009 年开始，在初中和高中开设了通信技术（Communications Technology）、计算机技术（Computer Technology）、工艺设计（Technological Design）等科目①。

在南非，从 2005 年开始，在高中开设了独立学科计算机应用技术和信息技术。在 2011 年的计算机应用技术课程中重点教授用户使用应用软件，在信息技术中，重点教授算法和培养问题解决、应用问题开发、软件工程基础有关能力。

在以色列，从 1970 年开始在高中教授计算机编程，从 1995 年开始，有意识地将"信息学"设置成独立的"计算机科学"学科，并设定了 6 个领域。以色列的"计算机科学"课程的特色是，面向普通学习者的课程中有 3 个学科可以选择，对想要升入大学后从事计算机科学学习的人，可以从 5 个学科中选择专业课程。对选择了专业课程的学生，在高中阶段，要学习两种不同范式的编程内容。在范式 1 中，作为基本的计算机科学思想方法的内容是：问题解决，算法思维、采用算法计算出问题的解等。在范式 2 中，主要内容是：递归和矩阵计算等，与计算机科学有关的应用内容是重点。"应用软件"是普通课程中学生选学的内容，比如，计算机图形和信息系统管理等内容。第二个范式是专业选择科目。这些科目内容包括：逻辑程序、汇编语言、计算机结构、信息系统、图形学内容；在软件设计中，学习内容包括：抽象数据类型和数据结构。在理论上，要学习计算可能模型和数值解析等领域内容②。

在亚洲的韩国，信息技术教育的发展具有与中国相似的历程。1997 年韩国教育部在改定的第七次教育课程中，为了适应计算机向社会各领域的渗透，将计算机技能作为信息社会必要的素养设定为学校教育目标之一，其特征是重视对生活和工作有作用的应用软件的应用，重视实际操作教育。到了 2007 年，随着计算机的全面普及和在学校内外的普遍应用，作为学科的计算机技能教育的意义变得稀薄了，于是，在 2005 年发布的初高中 ICT 教育指导方针中显示，信息科学的概念和原理的学习占据了信息技术教育的中心位置，并反映在 2007 年改定的选择学科的教育课程当中，在这一改订大纲中，应用软件的学习内容消失了，转而采用信息科学的专业领域和问题解决为基础内容。

上述 1997 年的改订中取消了的计算机编程内容再次出现在"问题解决和程序"这一领域。在中学采用教育用程序语言（Educational Programming Language，EPL）开展计算机编程教育和学习。在初中，教科书中也出现了 Scratch、Visual Basic、Python 等相关内容。在高中教科书中出现了结构化编程、面向对象的程序设计语言等内容。作为信息

---

① Ontario Ministry of Education: The Ontario Curriculum: Secondary [EB/OL]. (2015 - 03 - 30) [2018 - 06 - 30]. Http://www. edu. gov. on. ca/eng/curriculm/secondary/subjects. html/.

② HAZZAN O, GAL - EZER J, BLUM L. A model for high schoolcomputer science education: the four key elements that make it! [J]. Sigcse bulletin, 2008, 40 (1): 281 - 285.

科学的学习方法，利用卡片等工具开展游戏化学习，如通过"不插电的计算机科学（Computer Science Unplugged）"的思想方法，或开发自主地学习信息科学的方法来学习计算机科学。

2011 年以后，课程改定的目标是增加了"计算思维"课程，并重视信息的伦理道德。受美国基础教育课程中开始重视计算思维的影响，韩国教育部门逐渐认识到"计算思维是每个人的基本技能，不仅仅属于计算机科学家"的重要性，于是，从初中至高中开设了该课程。作为该课程的学习方法，还是着重在学生日常生活和学习中选择学习素材，让学生增加切身感受和该课程对实际生活有用的意识。如在初中的信息科学的教科书"计算机编程基础"中，就有探索自动贩卖机中程序运行的问题。

## 四、我国信息技术课程中计算思维教育与教学及发展

综上所述，世界各国都将基础教育中的信息技术学科（或信息学科）的目标和内容指向了信息素养教育。这使得我们在理解信息素养和计算思维关系上出现了问题。如计算思维是属于信息素养的一部分？还是独立于信息素养自成体系？

笔者认为，计算思维既有大众化的素养层面内容需要教育，又有专才化的专业层面内容需要教育。为了回答这个问题，为中小学开展计算思维教育提供指引和实践落脚点，我们首先从素养定义来进行分析。

素养（Literacy），原意指"读写能力"，也包括识字能力，是与接受教育有关的状态，而这种对文字掌握能力的尺度也依历史和文化而不同。如在 19 世纪的美国，能够读与写一个人的名字标志着该人具有素养（读写能力）；但作为最基本的生存能力，除了读写能力外，显然"听和说"也是最基本的基础生存能力。因此，Literacy 还指"听、说、读、写"的能力（*Webster's Third New International Dictionary*）。但在将 Literacy 这一标尺用来衡量高度信息化时代、数字时代的基本素养时，利用这把标尺把"读写能力"译成中文的"素养"后，使其较之原意宽泛了许多，而这是造成"信息素养"概念难以理解的主要原因。因为与读写能力相比，素养包含很多，除了基本的"听、说、读、写"之外，还有"算"，这也是生存所必须具备的一种基本能力，于是，"听、说、读、写、算"就构成了衡量现代各种基本能力层面的尺子。

因此，根据这一标尺来衡量高度信息化时代、数字时代的基本素养时，利用这把标尺把"读写能力"这一概念映射到信息和信息技术，就有了大众需要掌握的信息、媒体等的解读及制作能力。于是，便产生信息素养的概念与内涵及框架。在这一框架下，信息（及信息技术）的"读写算"意味着："①理解信息手段的构造和特征；②科学理解信息处理、信息技术、人类对于信息认识的基础理论和方法；③信息的道德观、发送信

息的责任感。"这些是信息技术教育中的科学地理解信息和信息技术手段部分，是必须在学校教授的，不教的话，学生就很难掌握的内容。因此，学校的作用就是提供这些内容的教授标准和方法，认真、仔细地教；而利用这把标尺，将"听和说"的能力映射到信息和信息技术，就有了"④信息的表现和交流；⑤在解决课题中积极主动地利用信息；⑥正确地利用信息手段"这些信息技术教育内容。将上述①～⑥内容详细展开，便构成了目前我国（及其他国）"信息素养"和"信息技术教育的目标"。这一点，大家可以参照我国的《普通高中信息技术课程标准（2003）》。

但正如研究素养的大多数历史学家所主张的那样，素养是历史和情境的产物。早期对文本的"听说读写算"的素养，现代已经扩展至对科学与技术的"听说读写算"，今天又扩展至周以真教授提出的计算思维能力上。在周以真教授的启发下，近年来，研究者、科学家及史学家正在形成这样一种共识：对科学与技术特别是对计算机科学和信息科学的"听说读写算"，要学会像计算机科学家或软件工程师一样地思考——计算思维。于是，素养的这把尺子又得到延伸扩展为：读、写、算、听、说、思维。其中，对应于"思维"的，在"高度信息化时代"还需要具备高效的解决问题的思考方法，也是人类在这一时代最基本的生存技能。作为生存于 21 世纪的人，计算思维也应该掌握并得到发展，计算思维是作为素养，人人都应该具备的。于是，就有了上述的 ISTE 与 CSTA 联合高校和企业开发的、作为素养层面的计算思维养成内容。

关于信息素养和计算思维如何教授和学习，笔者认为，与"读、写、算、思维"对应的信息与信息技术教育内容："①理解信息手段的构造和特征；②科学理解信息处理、信息技术、人类对于信息认识的基础理论和方法；③信息的道德观、发送信息的责任感。"以及新近发展的计算思维作为信息素养内容的一部分，如"计算思维定义与相关概念的区别的①～⑥"是学校应该采用直接教学来教授的内容。因此，作为教学方法应该着实地教授。可以采用一系列教学方法，如启发式、直接教学式、归纳式、演绎式、抛锚式、随机进入教学式、同伴合作式、讨论式等。而与"听、说"对应的信息和信息技术教育内容"④信息的表现和交流；⑤在解决课题中积极主动地利用信息；⑥正确地利用信息手段"，根据儿童来到学校之前就已经掌握了听和说能力这一基本事实，笔者认为，这部分内容的教学方法是，学校提供同伴交往或交流的环境，促进这些已有能力的进一步发展就可以达成养成的目标。因此，学校需要引进相关硬件、开展 ICT 基础设施建设，以提供利用计算机和网络等开展交流的学习环境。但上述信息技术教育内容①～⑥及"计算思维定义与相关概念的区别"中的计算思维特点和性格及态度都可以通过活动方式开展教育。

另外，再来分析一下，计算思维教育中应该作为专业基础采用独立学科教授的专业知识部分。

　　根据世界各国不同教育阶段信息技术教育课程类型设置的特征，以及我国教育和文化的特点，笔者认为，在我国，从小学至高中应该增设计算思维教育内容。其中，在小学至高中阶段以计算思维素养教育为目标，结合信息素养，开展综合性教育。所采用的课程类型是以"信息技术"和"综合实践课程"为载体教授计算思维。现在一些学校和教师已经开展的计算思维教育内容和方法与上述策略相同。例如，小学采用积木式程序设计工具开展教学，利用 Scratch，拉动各种图标组成程序的流程图，给学生关于三种结构的直观的体验；初中采用比较标准的高级语言进行教学，如 VB 等，通过指令、语句等实现程序设计，实现三种结构及简单的综合应用，是关于程序设计的方法的教学。同时，在各个学科中，如语文、数学、外语、品德与生活、品德与社会、科学、音乐、体育、美术、物理、化学、历史、地理、生物课中，通过游戏和活动等"不插电的计算机科学"形式开展教育，以培养公民的信息和计算思维素养。

　　笔者建议，在我国的高中，以模块化形式开设独立的专业化计算思维教育课程，如"应用计算机科学原理"或"计算机科学原理基础"供学生选择，而且选择的权利应该在学生一边而不是教师，一旦有学生选择该课，教师必须开设相关课程。这就需要对现任信息技术教育教师进行系统化的在职培训，使他们能够胜任这一教学工作。教授的内容包括：与应用计算机科学原理基础和计算思维相关的基础科学内容。如算法和程序设计、建模和仿真、抽象和自动化。同时还要加强过去从课标中被删除的一些重要内容，如数据库和数据结构相关内容的教育和学习，增加信息技术的功能和局限、信息技术发展对社会带来的影响、信息科学一些基本内容的教育和学习。

　　其教学方法可以采用基于真实问题情境的项目学习方法，这是国外各国高中通常采用的教学方法，在我国一些改革先行者也通常采用这些方法。像算法，只有融入真实的问题情境并用来解决真实问题才表现出它解决问题的价值和实践意义。这些活动如国外所开展的项目："可扩展的游戏设计项目"、GUTS（Growing Up Thinking Scientifically）项目、利用 Scratch 软件进行音乐编辑项目、Photoshop 软件的自动化"批量处理"项目、实体化界面（Embodied Interface）项目等。

　　在我国，很多教师通常都是利用学校里的问题或虚拟情境，通过直接教学来教授计算思维的一些基础知识的。例如：直接教授算法导论；探讨程序设计可以解决哪几类问题；教授数学计算类问题求解，如方程求解、矩阵计算等问题，其中可以涵盖解析法、迭代法、分治法等常见方法；教授搜索类问题求解，如寻找从起始状态到目标状态的解决方案，或根据起始状态寻找符合条件的目标状态，这之中可以涵盖排序、穷举、递归等常见方法的学习，也可以把人工智能的知识树、推理机等知识融入其中；教授规划类问题，如根据实际情况，给出用水规划、购买规划、计算最佳值等，这之中可以涵盖贪心、递推等常见方法。

但笔者强调，教师应该学习国外上述"项目学习"的教学方法，在将上述直接教学和项目学习结合后，才能使我国的师生学得快乐、教得轻松。

杜威曾说过：我们可以在没有思考的情况下接受事实，但不能在没有事实的情况下思考，我们还经常听说：知识是思维之砖。专业的思考需要专业知识作为支撑，专业化教育需要一些专业化知识做基础。上述这些内容是我国教育的特色，我国基础教育历来强调专业性，学习内容艰深、专业性强是我们的特色，这一点也是国外向我们学习的特色之处。因此，在高中增加上述专业化"应用计算机科学原理"或"计算机科学基本原理基础"模块供有专业兴趣学生选学，为他们将来从事该专业进一步学习和工作提供必要前提和基础，为了培养专才，增加在国际竞争中的核心竞争力，这些做法和内容是我们高中教育义不容辞的责任。

总之，随着近年来计算机科学发展和计算在各行各业中广泛应用，世界各国都在基础教育课程中进行着信息技术教育的课程改革，以迎接社会和计算机科学技术发展给学校教育带来的挑战，这些国家从培养 21 世纪人才的角度探讨着信息技术教育学科能为这一挑战解决哪些问题，这一点非常值得我们信息技术教育研究者和教育工作者的思考和行动。

# 面向信息化的学生核心素养研究：全球纵览与比较

华南师范大学教育信息技术学院　胡小勇　张华阳

**摘　要：** 信息时代，K－12 学习者普遍具备了数字土著的特点。近年来，世界各国立足信息化的时代背景，针对学生提出了适应信息社会的核心素养培养标准。本研究以信息技术为切入点，通过对各国核心素养进行综述分析，找出信息化视野下全球学生核心素养关注的新走向，为培养新时期的学生提供参考。

**关键词：** 信息时代　学生　核心素养　全球纵览　比较

## 一、引言

教育部《教育信息化"十三五"规划》指出，"基础教育要推进教学内容和模式的变革，促进学生全面发展"[①]。教育部《教育信息化十年发展规划（2011—2020 年)》指出"制订信息化环境下的学生学习能力标准，开发信息化环境下的学生学习能力培养相关课程"。信息时代，存在着海量信息难以甄别、信息加工困难等诸多问题。究其主要原因，在于学生仍然没有有效形成面向信息化的学习素养能力。本研究将以信息化为观察视角，围绕"学生核心素养"这一关键词展开研讨，介绍各国有关核心素养的发展情况，以期为中国学生核心素养的发展提供理论参考。

## 二、全球"学生核心素养"发展概况

自 20 世纪 90 年代以来，世界范围内都展开了有关学生核心素养的框架制定，包括

---

本文系 2013 年度国家社会科学基金教育学青年课题"智慧学习环境下创造性人才培养模式的研究"（CCA130131）基金项目。

① 教育部. 教育部关于印发《教育信息化"十三五"规划》的通知［EB/OL］.（2016－06－24）［2017－04－24］. http://www.moe.govxn/srcsite/ A16/s3342/201606/t20160622_269367.html.

UNESCO、经合组织、欧盟、美国、日本、新加坡等国际组织或国家地区，核心素养成为各国普遍关注的重点教育话题。在这一进程中，各国对"素养"都有着各自的界定，也使用了不同的关键词。"素养"一词所对应的英文词主要有"competence""literacy""skills""ability""capability""accomplishment""attainment"等。① 各国际组织或国家关于培养学生核心素养使用的关键词具体如表 1 所示。

表 1　各国际组织或国家对"素养"的表达

| 国家/组织 | "素养"一词对应的表达形式 |
|---|---|
| 美国 | 21st century skills；key competencies；core skills；key skills |
| 英格兰 | key skills；core skills |
| 德国 | key skills；core skills；basic skills |
| 澳大利亚 | key competences |
| 新西兰 | key competence；essential skills |
| 韩国 | key competencies；critical competencies |
| 联合国教科文组织 | key competencies |
| 经合组织 | key competencies；core competencies；key skills；core skills |

通过对国内外关于核心素养的内涵进行分析，可以发现核心素养是关键能力、知识或关于理想人格的描述。以林崇德教授为首的专家团队认为，学生发展核心素养是指学生应该具备的、能够适应终身发展和社会发展需要的必备品格和关键能力。②

## 三、经合组织的"核心素养"概述

经合组织是由多个市场经济国家组成的政府间国际经济组织。1987 年，经合组织启动了 INES 项目，该项目用于研究各国教育体系中若干要素的发展水平。③ 1997 年，经合组织启动了著名的 DeSeCo 项目。2003 年出版的报告 *Key Competencies for a Successful Life and a Well - Functioning Society*（《核心素养促进成功的生活和健全的社会》）中出现了"核心素养"一词，这也是该词的源头。2005 年，经合组织再度发布 *The Definition and Selection of Key Competencies：Executive Summary*（《核心素养的界定与遴选：行动纲

---

① 林崇德. 21 世纪学生发展核心素养研究［M］. 北京：北京师范大学出版社，2016：57.
② 崔允漷. 追问"核心素养"［J］. 全球教育展望，2016，45（5）：3 - 10.
③ 王燕. 经合组织教育指标研制：理论、过程与方法［J］. 比较教育研究，2012（2）：80 - 84.

要》），进一步从行动上加快了核心素养标准的界定与发展①。经合组织所指定的核心素养从个人成功和社会成功两个方面回答了个体和社会需要什么样的素养②③。

经合组织将核心素养概念界定为三个主要的维度：①能互动地使用工具，主要对应使用语言、符号及文本的能力，使用知识与信息的能力，使用科技的能力，在使用能力的过程中主要强调了使用工具的互动性；②能在异质社会团体中互动，主要对应与人建立关系的能力，合作的能力，控制与解决冲突的能力，主要强调了人在复杂社会关系中通过合作与竞争能够实现目的的能力；③能自主地行动，主要强调具备此核心素养的人能够在复杂环境中行动，能够设计人生规划，能够维护权利与利益。经合组织的核心素养框架对 PISA 测试有着决定性的影响，受 PISA 项目辐射影响，各国的核心素养框架都受到了不同程度的影响。从信息化的视野看待互动地使用工具，可以发现利用学习工具可以产生良好的师生互动。学习与绩效技术中心网站（C4LPT）是全球著名的学习工具软件分析统计网站，该网站每年都会评选出年度顶尖的 100 个学习工具，并为学习者进行推荐。通过学习工具，可以完成④⑤：①知识的传达，学习者可以通过信息技术手段收集语言、符号、文本等知识内容；②学习的延伸，信息时代学习者可以使用信息与知识，并通过技术手段实现创新，完成知识的创新与共享；③知识的外显，学习者可以使用科技手段将内在知识转换为外在的表现形式，完成可视化的作品；④知识的演变，学习者通过协作共享完成知识的交流与传递，完成社会团体中的互动。随着物联网、互联网、云计算、大数据、学习分析等一系列技术的兴起，信息时代要求学习者具备更高的信息素养。

## 四、欧盟的"核心素养"概述

欧盟在 2001 年成立团队，并展开了对"核心素养"的相关研究，2005 年正式发布了 *Key Competences for Lifelong Learning：A European Reference Framework*（《终身学习核心

---

① 崔允漷. 追问"核心素养"[J]. 全球教育展望，2016，45（5）：3 – 10.

② OECD. The definition and selection of key competencies：Executive summary. [EB/OL]. (2005 – 05 – 27)[2017 – 04 – 24]. http://www. oecd. org/pisa/35070367. Pdf.

③ OECD. OECD skills outlook 2013：First results from the survey of adult skills. [EB/OL]. (2013 – 10 – 08)[2017 – 04 – 24]. http:// dx. doi. org/10. 1787/9789264204256 – en.

④ Social media are moving organisations from a "Hierarchical" into a "Wirearchical" approach [EB/OL]. (2011 – 12 – 01)[2017 – 04 – 24]. http://faciliteronline. nl/2011 /12/social – media – are – moving – organisations – from – a – hierarchical – into – a – wirearchical – approach/.

⑤ 钱冬明，郭玮，管珏琪. 从学习工具的发展及应用看 e – Learning 的发展基于 Top100 学习工具近五年的排名数据 [J]. 中国电化教育，2012（5）：135 – 139.

素养：欧洲参考框架》），其中将核心素养的标准分为了八个方面：母语交流的能力、使用外语交流的能力、数学素养与科技素养、数字化素养、学会学习、社会和公民素养、主动与创新意识、文化意识与表达。①

在欧盟通过对核心素养做出界定后，欧盟的成员国也分别展开了对核心素养的界定。法国在 2006 年发布了《共同基础法令》，以教育法的形式将核心素养融入了课程目标。② 法国将核心素养主要分为了数学与科学、语文、外语、社交与公民道德、信息通讯、自主性、人文艺术七个方面。前欧盟成员国英国将核心素养称为"core skills"或"the new basic skills"③，其核心素养标准也是基于欧盟核心素养框架体系，其八大核心素养分别是：母语交际、外语交际、数学素养和基础科技素养、数字素养、学会学习、社会与公民素养、首创精神和创业意识、文化意识和表达。

从信息化的视野看待欧盟核心素养框架及其成员国核心素养框架，可以发现数字素养是信息时代无法忽视的一项核心素养。追溯数字素养的发展，可知其最早由 Paul Gilster 于 1997 年正式提出，数字素养强调信息评价与批判性思考，会使用不同的技术及使用技术的能力两个因素共同造成的差距形成了数字鸿沟。具备数字素养的学习者能够理解视觉图形，实现多媒体整合，使用超媒体信息，具备批判性思维，利用数字化思维进行情感交流。④

## 五、UNESCO 的"核心素养"概述

UNESCO 是联合国的下属组织。UNESCO 于 1972 发布了《学会生存》报告。随后，其下的国际 21 世纪教育委员会于 1996 年发布了《教育：财富蕴藏其中》，提出了面向 21 世纪教育的四大支柱：①学会学习（learning to know）；②学会做事（learning to do）；③学会合作（learning to together）；④学会生存（learning to be）。⑤ UNESCO 教育研究所于 2003 年发布了《学会改变》，将其视为终身学习的第五支柱。2013 年 2 月，UNESCO 和美国著名智库机构布鲁金斯学会联合发布了"学习指标专项任务"（LMTF）的 1 号研究报告，该报告指出学生核心素养包括身体健康、社会情绪、文化艺术、文字沟通、学

---

① European Commission/EACEA/Eurydice. Developing Key Competences at School in Europe：Challenges and Opportunities for Policy ［R］. Luxembourg：Publications Office of the European Union，2012.

② 辛涛，姜宇. 全球视域下学生核心素养模型的构建 ［J］. 人民教育，2015（9）：54－58.

③ HALASZ G，MICHEL A. Key Competences in Europe：interpretation，policy formulation and implementation ［J］. European journal of education，2011.

④ 叶兰. 欧美数字素养实践进展与启示 ［J］. 图书馆建设，2014（7）：17－22.

⑤ 联合国教科文组织. 教育：财富蕴藏其中 ［M］. 北京：教育科学出版社，2001.

习方法与认知、数字与数学、科学与技术这七个维度①，建构了基础教育阶段学生应该达成的学习目标体系。

从信息化的视野出发，可以发现学习方法与认知的重要性，通常学习者会采用的学习方法主要包括：①数字化学习，利用数字化工具进行学习，常见的数字化工具包括电视媒体、电脑、录音带、录像带、光盘等；②探究式学习，设计实际或虚拟的问题，进一步选择和确定主题，在学习情境中完成探究学习；③教练式学习，学习者在教练的带领下，完成一系列挑战，在挑战中完成学习；④混合式学习，传统面对面学习与在线学习相结合的学习模式；⑤协作式学习，通过小组或团队组织进行学习；⑥碎片化学习，利用零碎的时间完成学习，具有时间短、节奏快、内容碎的鲜明特点；⑦任务式学习，学习者通过完成设定的任务，以探索问题的结果为最终目标完成学习；⑧游戏化学习，学习者通过互动游戏的方式，或通过积分、徽章、排行榜等奖励机制驱动学习者完成学习内容；⑨案例式学习，学习者通过案例聚焦学习内容，完成知识的学习。学习者认知风格与学习方法相结合，共同影响学习者学习过程。不同的标准下，学习者认知风格具备不同的分类②。①感知通道的偏爱，分为视觉、听觉和动觉等；②场特征，分为场独立性和场依存性；③加工内容，分为具体经验和抽象概括；④学习顺序，分为整体性策略和序列性策略；⑤记忆，分为趋同和趋异；⑥解决问题，分为沉思型和冲动型。

## 六、各国面向"21世纪技能"的概况

21世纪技能与核心素养的概念相近并相通，成为评价学生的另一基础模型。美国、新加坡、日本为首的国家提出的21世纪技能模型受到了广泛的关注。

美国目前最新发布的《21世纪技能框架》是经过不断更新迭代而生成的一个学生核心素养培养框架。最新《21世纪技能框架》③ 中主要指出了三种重要的技能："学习与创新技能""生活与职业技能""信息、媒体与技术技能"，并认为学习环境、教师专业发展、课程与教学、评价与标准共同构成了支撑21世纪技能的基础环境，以支持培养学生核心素养。从信息化的视野出发，可以发现美国提出的21世纪"项目学习自行车"模式能够提供学习脚手架，以供信息时代的学习者完成学习任务。在学习自行车转

---

① LMTF. Toward universal learning：what every child should learn［R］. Montreal and Washington, D. C：UNESCO Institute for Statistics and Center for Universal Education at the Brookings Institution，2013.

② 高鹏凤，周青. 认知风格与教学设计的多样化［J］. 甘肃联合大学学报（自然科学版），2006（6）：106－108.

③ Education for 21st Century［EB/OL］.（2017－01－13）［2017－04－24］. https：// en. unesco. org/ themes/education—21st－century.

动的过程中，教师通过学习把手与工具，设计疑问，提出问题，引导学生进行学习，最终进行学习评估。

新加坡与日本的 21 世纪技能模型受美国影响较大，都是以 21 世纪为核心词发布的相关核心素养培养文件。新加坡教育部于 2010 年发布了"21 世纪素养"，其基本框架为：核心层——品格与道德培养；第二层——社交和情感技能；最外层——面向全球化的关键能力。新加坡所制定的核心素养最终体现在最外层，信息技能提供更多交流、合作的机会，培养公民素养，培养全球意识，使学习者能够适应全球信息化的时代（如图 1 所示）。

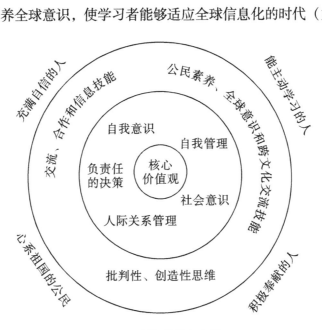

**图 1 新加坡核心素养**

日本国立教育政策研究所于 2013 年发布《培养适应社会变化的素质与能力的教育课程编制的基本原理》报告，提出国民应该具备"能在 21 世纪生存下去的能力"①，主要能力包括基础能力、思维能力、实践能力，三种能力呈现为支持与包含的关系。基础能力支持思维能力，思维能力支撑实践能力。信息技能在日本核心素养框架中与语言技能、数量关系技能共同构成基础能力，凸显出重要的地位。信息技能主要包括理解、获取、利用信息的能力。在信息时代下，Web 2.0、Web 3.0、虚拟现实技术、增强现实技术等一系列新兴技术的涌现，使学习者具备更多获取信息的方法。信息治理成为重要的一环，语言技能、数量关系技能则为信息技能提供理解的基础。

---

① 左璜. 基础教育课程改革的国际趋势：走向核心素养为本［J］. 课程·教材·教法，2016（2）：39－46.

## 七、《中国学生发展核心素养》概述与比较分析

　　《中国学生发展核心素养》是在各地区组织所提出的核心素养上参考建立的，具备世界发展趋势的热点，同时也注重中国传统文化应该赋予中国人的素质与素养。中国学生发展核心素养研究成果于 2016 年 9 月 13 日在北京师范大学发布，公布了有关《中国学生发展核心素养》的总体框架及基本内涵。《中国学生发展核心素养》以科学、时代、民族为基本原则，提出了文化基础、自主发展、社会参与三个大的方面，综合表现为人文底蕴、科学精神、学会学习、健康生活、责任担当、实践创新六大素养。在此基础框架下，又细分至 18 个子素养。在信息化环境下，"信息意识"核心素养与"技术运用"核心素养备受关注。"信息意识"核心素养提出了信息的获取、评估、鉴别、使用与筛选，并强调了此过程的自觉性和有效性，获得信息的学生可以通过数字化学习工具进行信息加工，能够适应"互联网＋"时代，并进一步提出具备良好的网络伦理道德与信息安全意识。"技术运用"核心素养在一定程度上反映了信息时代学生应该具备的全球性素养，具备工程思维，能够生成创意物品的素养。STEAM 课程是美国政府所提倡的一种教育理念，通过科学、技术、工程、数学、艺术的综合学习，培养孩子的综合素养，提升全球竞争力。本研究从各国际组织或国家地区核心素养的发表时间、核心理念、框架特点、信息时代的关注点几方面进行比较，如表 2 所示。

表 2　各国际组织或国家地区核心素养的比较

| 国际组织/国家地区 | 核心理念 | 框架特点 | 信息时代的关注点 |
| --- | --- | --- | --- |
| 中国（2016） | 培养全面发展的人 | 提出"人文底蕴"核心素养，凸显传统文化 | 提出"信息意识""技术运用"核心素养，强调培养学习掌握技术的兴趣和意思 |
| 美国（2007） | 培养具备"学习与创新、生活与职业、信息、媒体与技术技能"的人 | 学习与创新技能处于 21 世纪学习技能金字塔的顶端，包含了 4C 能力，即创造和创新能力、批判性思维和问题解决能力、交流能力、合作能力 | 提出"信息、媒体与技术技能"，学习者需要具备"信息素养""媒体素养""信息交流和科技素养" |
| 日本（2013） | 能在 21 世纪生存下去的能力 | 使基础能力支持思维能力发展，思维能力支持实践能力发展 | 将信息技能作为最底层能力之一，对其他高阶思维或高级技能的形成起到支撑作用 |

**续上表**

| 国际组织/国家地区 | 核心理念 | 框架特点 | 信息时代的关注点 |
|---|---|---|---|
| 新加坡（2010） | 培养具备 21 世纪素养的人 | 把学习者培养成充满自信的人、能主动学习的人 | 提出"交流、合作和信息技能"，指出学习者应该能够开放、负责的使用信息 |
| 经合组织（2005） | 培养具备"能互动地使用工具、能在异质社会团体中互动、能自主地行动"能力的人 | 经合组织的核心素养框架影响 PISA 测试的标准，直接影响着世界各国的核心素养标准 | 提出"能互动地使用工具"，具备使用知识与信息的能力 |
| 欧盟（2005） | 制定终身学习核心素养框架 | 欧盟核心素养框架成为其成员国核心素养框架的标准，具有辐射作用 | 提出"数字化素养"，受到其核心素养框架影响的前欧盟成员英国和成员国法国分别提出了"数字素养""信息通讯" |
| 联合国教科文组织（2013） | 建构了学习者应该达成的学习目标体系 | 联合国教科文组织的核心素养框架针对基础教育学习者 | 提出"学习方法与认知""数字与数学""科学与技术"，体现了信息时代学习者不仅需要掌握科技技术，还需要掌握学习和认知方法 |

信息时代，"互联网＋"成为社会育人方式变革的催化剂。一方面，技术手段的进步让信息技术在教育中的应用成为常态；另一方面，数字土著逐渐成长为新一代学习者，他们必须具有数字化的生存能力。本研究从信息化视野来梳理全球核心素养的相关内容，以期适应信息化挑战，促进培养新时期全面发展的合格人才。

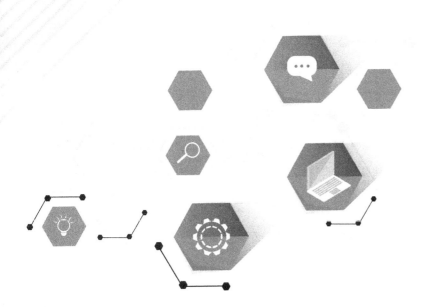

10—教育信息技术研究进程

# 国际信息技术教育研究演进路径、
# 热点与前沿可视化分析

安阳师范学院传媒学院　马明山　孙艳超

**摘　要：**研究以 WOS 数据库为文献来源，对过去 31 年国际信息技术教育领域的研究采用科学知识图谱可视化方法，借助 HistCite 和 CiteSpace 软件进行了分析。首先，厘清了 1983—2013 年国际信息技术教育研究文献的时间分布和高影响文献；然后，在分析引文编年图基础上，给出了国际信息技术教育的研究演进路径；最后，概述了该领域的研究热点与前沿，并预测了其发展趋势。

**关键词：**信息技术教育　演进路径　可视化分析　引文编年图　研究热点　研究前沿

## 一、背景

信息技术特指与计算机、网络和通信相关的技术。信息技术教育不是单纯技术教育，也不是以信息技术研究和开发为目标的教育，信息技术教育的内涵由信息技术课程和信息技术与其他学科的整合两大部分组成。信息技术教育是素质教育的重要组成部分，要培养学生的创新精神和实践能力，促进人的发展。近年来，随着信息技术的快速发展和新课改对信息技术与学科整合的迫切需求，有关信息技术教育的研究已成为相关研究者关注的热点和焦点。

## 二、数据与方法

### （一）数据来源

以 WOS 数据库中三个子库 SCI – E、SSCI 和 A & HCI 为文献来源，检索策略为：主题 =（"Information Technology"）AND 主题 =（Education），时间跨度：1982—2013 年，共检索到符合条件的文献记录 1 927 篇（检索日期为 2014 年 1 月 5 日），设置输出"保存为其他文件格式", 在 "发送至文件" 对话框中, 设置记录内容为 "全记录与引用的参考文献", 文件格式为 "纯文本", 每 500 条记录保存为一个文件, 共四个纯文本文件。

(二) 研究方法

本研究采用引文图谱可视化分析方法, 借助 HistCite、CiteSpace 软件实现。HistCite 软件由美国著名情报学家和科学计量学家 Eugene Garfield 开发, 它能够用图示方式展示某一领域不同文献之间的关系, 可以快速帮助研究者绘制出一个领域的发展历史, 定位出该领域的重要文献, 以及最新的重要文献。[①] CiteSpace 是一款信息可视化软件, 由美国德雷塞尔大学陈超美博士开发, 该软件有两大主要功能, 一是学科知识领域演进的可视化, 直观地呈现出学科前沿的演进路径及学科领域的经典基础文献; 二是辨识和探测学科知识领域研究热点, 预测知识领域发展的前沿趋势[②③]。

## 三、结果与分析

(一) 年度时间分布

将 WOS 中生成的纯文本格式数据导入相应软件, 按年产量 (yearly output) 统计信息技术教育研究文献的时间分布情况, 结果如图 1 所示。可以看出, 国际信息技术教育学术研究的文献最早始于 1983 年, 在过去的 31 年间, 发文量总体呈现逐年递增的趋势。1997 年以前, 以信息技术教育为主题的研究文献每年发文量都在 50 篇以内, 1997—2007 年维持在百篇以内, 2007 年后, 每年的文献量都超过百篇, 甚至接近 200 篇。研究文献年产量的增长在一定程度上说明大家对此研究领域的关注度越来越高。

---

① GARFIELD E. Historiographic mapping of knowledge domains literature [J]. Journal of information science, 2004, 30 (2): 119 – 145.

② CHEN C. CiteSpace II: Detecting and visualizing emerging trends and transient patterns in scientific literature [J]. Journal of the american society for information science and technology, 2006, 57 (3), 359 – 377.

③ CHEN C. Searching for intellectual turning points: Progressive Knowledge Domain Visualization [J]. Proceedings of the national academy of sciences, 2004, 101 (Suppl. 1): 5303 – 5310.

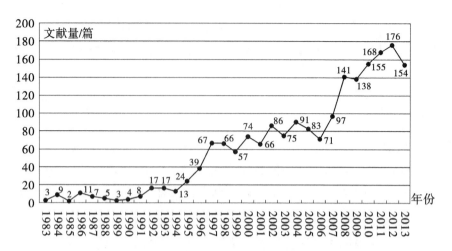

图 1　国际信息技术教育研究文献年度时间分布

## （二）高影响力文献

LCS（Local Citation Score）是某篇文献在当前数据集中被引用次数，它反映了某文献在某领域的受认可度，通过 LCS 可以快速定位一个领域的经典文献。在 HistCite 软件中将文献依据 LCS 排序，剔除非学术性文献，选取 LCS 值（LCS Count）前十位的文献，结果见表 1。在将 WOS 中生成的纯文本数据导入 HistCite 时，软件会依据文献发表时间先后顺序自动赋予每篇研究文献一个唯一的编号，见表 1 的文献编号列，这个在下面引文编年图分析部分会用到。

表 1　信息技术教育领域高影响力文献列表

| 文献编号 | 篇名 | 作者 | 刊名（年/期或卷） | LCS |
|---|---|---|---|---|
| 118 | The use of information technology to enhance management school education：a theoretical view/基于理论视角看如何利用信息技术提升学校教育管理水平 | Leidner D E，Jarvenpaa S L | Mis quarterly 1995 Sep；19（3）：265－291 | 50 |
| 491 | Web－based virtual learning environments：A research framework and a preliminary assessment of efectiveness in basic IT skillstraining/基于网络的虚拟学习环境：研究框架与基本信息技术技能训练有效性初步评估 | Piccoli G，Ahmad R，Ives B | Mis quarterly 2001 Dec；25（4）：401－426 | 29 |

续上表

| 文献编号 | 篇名 | 作者 | 刊名（年/期或卷） | LCS |
|---|---|---|---|---|
| 224 | Using information technology to add value to management education/使用信息技术增加管理教育价值 | Alavi M, Yoo Y, Vogel D R | Academy of management journal 1997 Dec；40（6）：1310 - 1333 | 26 |
| 927 | Empirical examination of the adoption of WebCT using TAM/使用技术接受模型实证检验网络计算机技术可采纳性 | Ngai E W T, Poon J K L, CHAN Y H C | Computers & education 2007 Feb；48（2）：250 - 267 | 24 |
| 453 | Research commentary：technology - mediated learning - a call for greater depth and breadth of research/研究评论：需加大以技术为中介学习研究的深度和广度 | Alavi M, Leidner D E | Information systems research 2001 Mar, 12（1）：1 - 10 | 21 |
| 881 | The influence of system characteristics on e - learning use/系统特性对数字化学习使用的影响 | Pituch K A, Lee Y K | Computers & education 2006 Sep；47（2）：222 - 244 | 20 |
| 377 | Why don't men ever stop to ask for directions？ Gender, social influence, and their role in technology acceptance and usage behavior/性别、社会影响、技术接受角色与使用行为 | Venkatesh V, Morris M G | Mis quarterly 2000 Mar；24（1）：115 - 139 | 19 |
| 456 | Communication and information technology in medical education/医学教育领域内的通信与信息技术 | Ward J P T, Gordon J, Field M J, et al | Lancet 2001 Mar 10；357（9258）：792 - 796 | 16 |
| 446 | Gender equity and information technology in education：The second decade/男女平等与信息技术教育二十年 | Volman M, Van Eck E | Review of educationalresearch 2001 Win；71（4）：613 - 634 | 14 |
| 1175 | Modelling technology acceptance in education：a study of pre - service teachers/建构教育的技术接受模型：一项对职前教师的研究 | Teo T | Computers & education 2009 Feb；52（2）：302 - 312 | 14 |

（三）引文编年图分析

利用 HistCite 的图形绘制功能，以 LCS 值为条件，设定节点数（limit）为 30，绘制信息技术教育研究文献的引文编年图，以期找出该领域研究的演进路径，结果见图 2。图 2 显示了信息技术教育研究领域影响力最高的 30 篇文献的发表时间、发展过程和互引关系。引文编年图左侧显示了文献的发表年份，与年份平行的带数字圆圈代表了当年发表的文献，圆圈中的数字为文献编号（见表 1 文献编号列），圆圈大小与文献的 LCS 值成正比。例如，编号为 118 的文献发表于 1995 年，其 LCS 值最大，因此它外面圆圈也最大，圆圈周围出来的箭头显示了该文献被后续文献的引用情况。按照时间顺序梳理文献间互引关系，很容易找出信息技术教育研究的演进路径。

在图 2 中，出现最早的一个节点为 118，它代表了 118 号文献，该文献由 Leidner D E 和 Jarvenpaa S L 共同撰写，名为"基于理论视角看如何利用信息技术提升学校教育管理水平（The use of information technology to enhance management school education：atheoretical view）"。作者在文中指出，有这么一条教育学的假设：为教育目的设计开发的信息技术有助于改善学习过程。为此，他们回顾分析了电子化教学技术的发展及与之相应的不同学习模式。结果表明信息技术最早应用于教育管理时的初衷是使课堂上的信息传递自动化，而不是用来改变学与教的过程，信息技术只是加速了无效的教学过程和教学方式，不仅没有有效地促进学与教，反而影响了教学效果。因此，只有利用信息技术从根本上

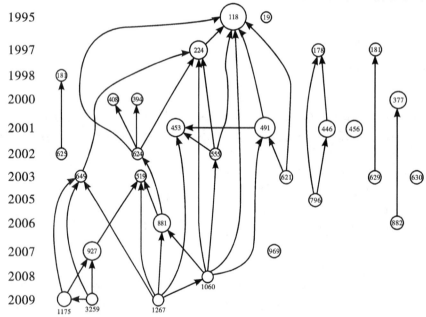

图 2　国际信息技术教育研究文献引文编年图

改变教育环境与过程，才能真正改进学习过程，从而提升学校教育管理水平与质量。①

按照时间顺序梳理上述引文编年图不难发现，从 118 号文献引出多个分支，分别为 491、555 和 1060，而离其最近 1997 年出现的 224 节点也是其中的一个分支，它在引用 118 号文献部分成果的基础上，扩展了其研究范围。224 号文献由 Alavi M、Yoo Y 和 Vogel D R 合著，题为"使用信息技术增加管理教育价值（Using information technology to add value to management education）"。文章借由一个案例描述了同一门研究生层次管理学课程在两所异地大学通过高级信息技术的设计与传送过程。在这门课上，信息技术支持横跨不同大陆的学生与教师一起上课，使得融合了外部专家意见的合作学习成为可能。同时，这种合作在丰富学生学习的同时也有利于教师的专业发展。文章指出，信息技术让教育可以引导高等院校在降低运营成本的同时增加其教育价值。②

同样，其后 2003 年出现的 649 号文献又参考了 224 号文献的研究结论。文献名为"考察学校教师的技术接受度：一项纵向研究（Examining technology acceptance by school teachers：a longitudinal study）"。文章指出，信息技术对教育的作用正日益凸显，然而世界范围内公立学校对信息技术采取抵制态度的教师数量依然很多。基于此，作者通过梳理已有相关研究的主要发现和有针对性用户接受现象的显著特点，借助一个研究模型考查了公立学校教师的技术接受决策。该研究模型让超过 130 名的教师参加一个为期一个月的 PowerPoint 制作技术培训，参与的教师能亲身感受到合理使用技术提高学与教的效果。当然，整个过程中，研究者分阶段考查了参与教师对使用信息技术的反应。研究结果表明，工作相关性和感知有用性与易用性是影响教师使用信息技术态度的主要因素，只有让教师真正意识到信息技术对学与教的促进作用，才能从根本上改变他们对信息技术的接受度。③

按照文献的引用关系梳理，可以看出，距今最近，从 649 号文献引出，LCS 值又较高的节点为 1 175，该节点文献由 Teo T 独著，名为"建构教育的技术接受模型：一项对职前教师的研究（Modelling technology acceptance in education：a study of pre – service teachers）"。该文旨在构建一个模型来预测新加坡教师培训机构中职前教师对技术的接受度。文章考查了影响技术接受度相关因素间的关系，采用调查问卷形式从 475 名被试中获取研究数据。应用结构方程建模的研究方法，建立了一个假设模型并测试其拟合指

---

① LEIDNER D E, JARVENPAA S L. The use of information technology to enhance management school education – a theoretical view [J]. Mis quarterly, 1995, 19 (3)：265 – 291.

② ALAVI M, YOO Y, VOGEL D R. Using information technology to add value to management education [J]. Academy of management journal, 1997, 40 (6)：1310 – 1333.

③ HU P J H, CLARK T H K, MA W W. Examining technology acceptance by school teachers：a longitudinal study [J]. Information & management, 2003, 41 (2)：227 – 241.

数。得出的最终模型有良好的拟合指数。结果发现，感知有用性、对待计算机应用的态度及计算机自我效能感对职前教师技术接受度有直接影响。而感知易用性、技术复杂性和辅助条件对其有间接影响，感知有用性对于行为倾向起最主要的决定作用。[①]

可以看出，上述4篇文献的研究内容越来越深入，基本厘清了信息技术教育中技术接受度影响因素研究的演进过程，形成了⑱→㉔→⑭→⑰这条研究分支。当然还有其他研究分支，如⑪→㊾→⑯→⑫、⑱→㉔→㊳→⑱、⑱→⑤→⑩→⑱ 等。正是这些研究分支构成了信息技术教育研究的演进路径。

### （四）研究热点分析

关键词，意在表达文献的主题。通过高频关键词，可以确定某一学科领域的研究热点。本研究使用 CiteSpace 3.6. R1，以关键词为节点，时间分区为3年，阈值为 Top 30 per slice，采用最小生成树（MinimumSpanning Tree）算法，绘制高频关键词共现网络，即国际信息技术教育领域研究热点知识图谱，共得到节点112个，连线173条，结果见图3和表2。

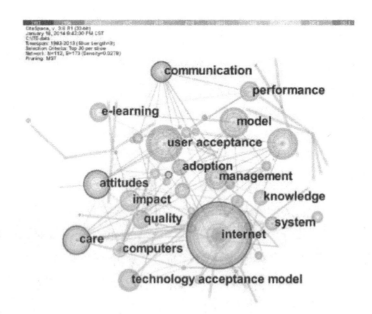

图3　国际信息技术教育领域研究热点知识图谱

表2　信息技术教育领域高频关键词及频次

---

① TEO T. Modelling technology acceptance in education: a study of pre – service teachers ［J］. Computers&education, 2009, 52（2）: 302 – 312.

| 序号 | Keyword/关键词 | 频次 | 序号 | Keyword/关键词 | 频次 |
|---|---|---|---|---|---|
| 1 | internet/互联网 | 48 | 9 | technology acceptance model/技术采纳模型 | 60 |
| 2 | user acceptance/用户接受度 | 34 | 10 | e – learning/数字化学习 | 55 |
| 3 | model/模型 | 34 | 11 | quality/质量 | 54 |
| 4 | students/学生 | 30 | 12 | information/信息 | 53 |
| 5 | care/喜爱、关心 | 27 | 13 | communication/交流、通信 | 53 |
| 6 | attitudes/态度 | 27 | 14 | adoption/接受、采纳 | 52 |
| 7 | management/管理 | 19 | 15 | system/系统 | 51 |
| 8 | computers/计算机、电脑 | 19 | 16 | knowledge/知识 | 47 |

图谱中年环的大小表示频次，内部不同灰度的年轮表示相应年份。由图 3 中关键节点分布可知，过去 30 多年国际信息技术教育领域的研究热点可以确定为：态度（attitudes）、因特网（internet）、用户接受度（user acceptance）、模型（model）等。

（五）研究前沿分析

研究前沿最早由 Price D J（1965）引入，用来描述一个研究领域过渡本质的概念。[①] 陈超美博士认为，使用突现主题术语要比使用出现频次最高的主题词更适合探测学科发展的新兴趋势和突然变化。[②] 利用 CiteSpace 软件中提供的膨胀词探测（Detect Bursts）技术和算法，通过考察词频时间分布，可将其中频次变化率高的词从大量的主题词中探测出来。依靠主题词的词频及其变动趋势，揭示国际信息技术教育研究的前沿领域。经过运算，共探测出 16 个突现词，将其按时间排序，见表 3。

表 3　国际信息技术教育领域 16 个突现词

| 年份 | Burst term/突现词 | Burst | 年份 | Burst term/突现词 | Burst |
|---|---|---|---|---|---|
| 1983 | new information technology/新信息技术 | 10.54 | 1998 | training/培训、训练 | 4.3 |
| 1988 | distance education/远程教育 | 5.02 | 1998 | user acceptance/用户接受 | 5.95 |

---

① PRICE D J. Networks of scientiifc papers [J]. Science, 1965, 149 (3683)：510 – 515.

② 陈超美. CiteSpace II：科学文献中新趋势与新动态的识别与可视化 [J]. 陈悦，侯剑华，梁永霞，译. 情报学报，2009，28 (3)：401 – 421.

续上表

| 年份 | Burst term/突现词 | Burst | 年份 | Burst term/突现词 | Burst |
|---|---|---|---|---|---|
| 1995 | computers/计算机 | 5.05 | 2001 | case study/案例研究 | 4.73 |
| 1995 | medical education/医学教育 | 4.93 | 2004 | attitudes/态度 | 4.26 |
| 1995 | medical informatics/医学信息学 | 8.73 | 2004 | technology acceptance model/技术接受模型 | 6.23 |
| 1995 | teacher education/教师教育 | 3.79 | 2010 | electronic health record/电子健康档案 | 4.07 |
| 1995 | wide web/万维网 | 6.78 | 2010 | health information technology/健康信息技术 | 12.72 |
| 1998 | health informatics/卫生信息学 | 3.86 | 2013 | unified theory/统一理论 | 4.25 |

由表 3 可知，1983—2013 年国际信息技术教育研究领域突现词分布于 8 个年份。其中，突现词最早出现在 1983 年，来自英国莱斯特大学的 David Hawkridge 教授在其当年出版的 *New Information Technology in Education*（《教育领域内新信息技术》）一书中，提到了新信息技术（new information technology）一词，主要指微型计算机、影碟和可视图文等在教育中的应用，称为新信息技术是因为它们在之前的教育中很少被用到。也正是在这一年，我国召开第一次全国中学计算机教育工作会议，制定并公布了《中学计算机选修课教学大纲》。随后，信息技术在教育领域应用的不断成熟和深入，并逐渐扩展到医学、计算机、教师专业发展、信息学等领域，突现词也就多了起来，1995 年是突现词出现最多的年份，有 5 个，分别为计算机（computers）、医学教育（medical education）、医学信息学（medical informatics）、教师教育（teacher education）和万维网（world wide web）。2013 年是距今最近的年份，有一个突现词，为整合理论（unified theory），该词全称：整合性技术接受与使用理论（Unified Theory of Acceptance and Use of Technology，UTAUT），是 Venkatesh 和 Morris 等 2003 年基于理性行为理论、计划行为理论、社会认知理论和技术接受模型提出的。该理论模型包含四个影响行为意图的维度，即绩效预期、易用预期、社会影响、帮助条件，这四个维度又分别受到性别、年龄、经验及自愿性四个干扰变量影响。此外，案例研究（case study）、技术接受模型（technology acceptance model）、电子健康档案（electronic health record）、用户接受（user acceptance）和健康信息技术（health information technology）等也是这几年信息技术教育的研究前沿。

## 四、总结

从上述分析中可以看出，以信息技术教育为主题的研究虽然出现时间不久，但其相关研究发展较快，已形成了专业的研究学者群，众多学者关注基本理论体系建设，具有丰富的研究对象和范畴，并且出现了较为经典的综述性文章。与信息技术教育相关的众多学科如信息学、计算机科学、医学等已进入研究者的视野，并形成了该领域学术研究前沿。可以预见，用户认可度、技术接受模型和数字化学习以及与之相应的个案研究或典型实践或许会成为未来的研究趋势和热点，本研究在为后继深入研究提供了资料整理、思路理清的基础上，对我国信息技术教育也有借鉴意义与参考价值。

# 技术哲学视野下教育信息化的本质及其相关问题研究

沈阳师范大学教育技术学院　　颜士刚

**摘　要：**关于教育信息化，学界多从"科学"层面给予解释，对实践过程中出现的问题，容易陷入"就事论事"的"窠臼"，无法自拔。从哲学视野考察教育信息化，能够给出更高抽象程度的认识，或有助于相关问题的认识和解决。本研究对比教育信息化的实践过程与技术价值实现的关系后认为，从技术哲学的视野看，教育信息化是现代信息技术的价值实现在教育领域中的全面展示。这种认识又可以进一步从文化变迁的角度理解，教育信息化是信息文化与教育相互建构与适应的结果。基于此，本研究对教育信息化实践过程中出现的"基础设施建设的投入产出比""教师对现代信息技术的认可度""人们对教育信息化的理念和意识问题"进行了有针对性的分析，并给予解释。以期能够促进教育信息化工作的顺利开展。

**关键词：**教育信息化　技术哲学　文化哲学　现代信息技术　技术价值

教育信息化，在我国的建设和发展，已有十余年的历史，毫不夸张地说，取得了举世瞩目的辉煌成就。不管在理论上还是实践上，均取得了丰硕的成果，同时，也出现了这样或那样的在发展过程中不可避免的问题。比如，基础设施建设的投入和产出问题、信息化资源的应用效率问题、教师等行为主体的习惯和意识的转变问题等。本研究拟从技术哲学和文化变迁的层面，汲取哲学研究的成果，关注这些问题，期望能够给出解释问题的另一视角，进而促进问题的解决。

## 一、我国"教育信息化"建设过程中出现的主要问题分析

从 1999 年 6 月，"教育信息化"的概念在中共中央、国务院下发的《关于深化教育改革全面推进素质教育的决定》中第一次以官方文本的形式出现，到 2006 年教育部专门成立"教育部教育信息化工作办公室"，再到 2010 年 5 月国务院下发的《国家中长期教育改革和发展规划纲要（2010—2020 年)》将教育信息化发展提到了历史从未有过的高度。十余年来，我国的教育信息化建设经历了一轮又一轮的浪潮，取得了举世瞩目的

辉煌成就。不仅在理论上，对教育信息化的本质、内涵、任务、发展阶段、影响因素、趋势走向等等方面开展了深入的研究工作，取得了丰硕的成果；而且在实践上，从软硬件建设标准、信息化教学模式、教师培训课程规划、教学设计模式等方面进行了深入的讨论和实践探索，促进了全国教育信息化建设开展。

虽然如此，教育信息化过程并非一帆风顺，不可避免地出现许多需要直面的问题。南国农教授提出了两个需要关注的实践问题[①]，一是基础设施建设的投入产出比很低，软硬件建设投入比例不协调；二是信息技术教育应用效率不高。陈琳也进行了深入的研究工作，认为我国的教育信息化建设应该力求避免唯"美"、唯"新"、唯"商"、唯"硬"、唯"量"等倾向。[②] 归纳起来，我们认为问题主要集中在以下三个方面。

其一，基础设施建设过程中的投入和产出问题。基础设施建设，主要包括硬件设备和软件资源，在教育信息化建设的初期，需要大量的资金投入。这笔投入，一般需要多方筹措资金，比如，政府、企业、捐赠等多种渠道来共同支持，才能够满足需要。因而，关注投入产出比，是显然的，也是必须面对的。从我国的实践情况来看，投入产出比很低，挫伤了教育信息化发展的积极性。而且，硬件和软件的投入比倒挂，硬件设备的投入超过了软件资源建设，这在基础设施建设过程中是不合理的，不利于应用实践，直接影响投入产出。

其二，信息技术应用效率不高。即便在信息化程度比较高的地区，学校信息技术的使用效率也不理想。表现在两个方面：一是信息技术的认可度不高，虽然学校已经配备了先进的多媒体计算机等相关软硬件资源，但是仍然有许多一线教师不愿意使用，固守原来的教学理念和教学模式，对新媒体新技术视而不见，或者持抵制态度；二是信息技术的使用效果不理想，现代信息技术仅仅成为原有教学内容和形式的另一种展示方式，不能充分发挥现代信息技术对学生学习的优势和便利。

其三，理念和意识的转变比较困难。资金筹措、效率提高，均与人们对教育信息化的理念和意识有关。这里的人，既包括政府主管部门的领导和工作人员，也包括工作在教学一线的教师，对教育信息化工作认识不足，已经直接影响了教育信息化建设工作的开展。

关于上述问题，固然可以直接从教育学、心理学、社会学等学科出发，探讨可能的原因和出路，事实上，学界已经有了许多这样的研究。这里另辟蹊径，从技术哲学和文化变迁的视野给出解释，一是尝试一下全新的视角，二是从另一抽象层面探讨原因，或有助于问题的解释、解决。

---

① 南国农. 我国教育信息化发展的新阶段、新使命 [J]. 电化教育研究，2011（12）：10 - 12.
② 陈琳. 中国教育信息化必须防止的倾向性问题 [J]. 电化教育研究，2007（4）：18 - 21.

## 二、从技术哲学的角度来看，教育信息化是信息技术的价值实现在教育领域中的全面展示

信息技术古已有之。烽火驿站关涉信息传递，结绳记事则是信息表示，造纸术、印刷术则是信息存储。可见，信息技术的历史非常久远，且在人类历史的进程中一直发挥着巨大的作用。但直到 20 世纪四五十年代计算机等相关现代信息技术产生以后，信息技术才引起世界范围内的广泛关注。计算机、网络通信、卫星遥感等技术对社会生产、生活中的影响愈发广泛和深入，逐步改变了人们的生活方式、生产方式，这是现代信息技术被关注被认知的直接原因。由于信息技术的深入影响，社会生产中的信息活动正在发挥愈来愈大的作用，物质能量型的实践活动如此，信息型实践更是如此。信息型实践在人类生产实践的历史上，一直被忽视，直到现代信息技术产生并且直接催生了信息产业，信息型实践才逐步被人们认知。作为典型信息型实践的教育实践，从此掀起了快速变革的新篇章。

与社会变革同步，由于现代信息技术的逐步介入，教育活动也在发生翻天覆地的变化。首先表现在教育手段和工具的变化，先有幻灯、投影、电影、录音、电视等单媒体，后有计算机、互联网等交互式媒体作为信息存储、表示、传递的工具介入到教育活动中。然后随着工具的革新，对人的技能和知识产生了新要求，相应的教育模式、内容也随之发生了变化。最后表现在对整个教育实践的环境、认识、理念的全面重构。

将现代信息技术介入教育领域并引发教育变革的过程，与教育信息化的概念相比对，可以发现，教育信息化就是现代信息技术介入教育领域并引发教育变革的过程。不管是将教育信息化界定为"在教育领域全面深入地运用现代信息技术来促进教育改革和教育发展的过程，其结果必然是形成一种全新教育形态——信息化教育"[1]，还是将其界定为"在教育中普遍运用现代信息技术，开发教育资源，优化教育过程，以培养和提高学生的信息素养，促进教育现代化的过程"[2]，均体现了教育信息化的过程性，而这个过程正是现代信息技术介入教育领域的过程。

我们再将教育信息化的概念与哲学领域中的技术价值实现的概念相比对。所谓价值实现，是指客体作用于主体，对主体产生的实际效应，即对主体生存、发展、完善产生一定的实际效应。考察现代信息技术对教育的价值实现，实际上就是考察现代信息技术

---

[1] 祝智庭. 现代教育技术：走进信息化教育 [M]. 北京：高等教育出版社，2001：83 – 86.

[2] 南国农. 教育信息化建设的几个理论和实际问题（上）[J]. 电化教育研究，2002（11）：3 – 6.

对教育中的人产生的实际影响①，进而审视其对教育实践及其未来发展的贡献。由此，我们可以看出，技术的价值实现强调技术对人的影响，并且关注其所产生的价值"向善"的取向。当然，这种影响的产生，需要经过长期的技术实践，否则这种价值展现不会稳定，不能长久保留下来。教育信息化的过程与现代信息技术在教育领域中的价值实现，在实践层面，有相同之处。首先，均强调实践过程中现代信息技术的使用；其次，强调这种使用的长期性；最后，关注应用的效果，不管是"信息化教育"还是"教育现代化"的描述，均反映了教育在未来发展上的"向善"趋势。这样，我们可以看到，不管从手段、途径，还是目的上，均可以将教育信息化与现代信息技术在教育领域中的价值实现相统一。因此，我们认为，从技术哲学的视野来看，教育信息化的本质是现代信息技术的价值实现在教育领域中的全面展示。这种认识，可以对前述问题给出另一层面的解读。

首先，基础设施建设过程中所关注的投入产出比的问题，不能够像经济领域那样"急功近利"。其一，这是由技术价值实现需要经过长期的实践过程才能够稳定下来这种客观事实所决定的；其二，教育活动本来就是"产出"滞后的社会活动，往往需要十年、二十年，甚至更长的时间才会看到效果。因而，教育信息化应该是发达地区先行（实际上也确实如此），并且需要保持长期稳定的投入，使现代化的媒体设备能够保持持续更新、可用。② 这是教育信息化顺利开展的前提和基础，也是现代信息技术价值实现的保障。至于产出问题，需要用平常心对待，长期坚持，自会有效果。

其次，教育信息化的关键是人，而不是物。基础设施建设是教育信息化的前提和基础，但不是关键。关键是人的知识、技能以及更为重要的素养、习惯养成，我们在实践中发现，设备有了，场所有了，但是教师不接受、不使用，自然没有效果。从价值实现的视角来看，技术的行为主体是人，只有人接受和认可某种技术，他才会在实践活动中使用它，进而产生相互作用和影响。因此，人是教育信息化的行为主体，是实践活动的关键因素。在教育信息化的过程中，这一点是被忽视的，一直以来，"物"始终超越人，成为教育信息化的"首要因素"。不管是教育信息化的实施过程，还是后续的评价活动，均以"物"为先。这种认识不管原因为何，来自哪里，其对教育信息化的危害是巨大的。这里需要强调说明的是，这里强调人，并非不关注物，物是基础是前提，但关键是人，人是灵魂。实践中以设备设施的多少或者先进程度作为教育信息化推进工作评判的标准是不合理的。

---

① 颜士刚. 技术的教育价值论 [M]. 北京：教育科学出版社，2010：79.
② 颜士刚，冯友梅. 新技术怎样才能带来好的教学效果：来自技术价值论的解答 [J]. 中国电化教育，2011（5）：15－18.

最后，教育信息化的效果评价，应该关注全局，不应囿于一时一地的"高效率"和"好效果"。教育信息化，不管将其最终的目的定位在"信息化教育"还是"教育现代化"，关注的都是教育的全局，这与现代信息技术的价值展现的最终目的是一致的，它关注的是教育活动的持续发展和完善，是使整个教育活动"向善"的方向努力，以更好地为人类社会发展服务。因而，教育信息化应当强调全局意识。现代信息技术给教育带来的是全方位的变革，最终的结果必然导致信息时代的教育重构。因而，必然需要依赖国家统筹规划教育的未来架构，教育的理论和实践工作者也应当有这种全局意识，在现代信息技术所营造的教育环境中，重新建构与之相适应的教育活动。不能够仅仅关注一个地区、一个学校，甚至一堂课的信息化程度、教学效果的好坏。这是本文下一部分关注的主题。

## 三、从文化变迁的角度来看，教育信息化是信息文化与教育相互建构与适应的结果

美国社会学家玛格丽特·米德在《文化与承诺》一书中，将人类的文化形态划分为三种类型：前喻文化、并喻文化（同喻文化）、后喻文化。进而认为，农业文化是典型的前喻文化，工业文化是同喻文化，而未来的信息文化则是典型的后喻文化。文化变迁理论认为："文化总是在'变迁'（变化发展）的；文化是随着社会的发展而变迁的；文化变迁主要是由技术革命所推动。"[①] 人类当下的文化形态正在从工业文化向信息文化转变，我们正处在人类文化变迁的历史进程中。显然，这种转变是现代信息技术的迅猛发展和普及应用带来的必然结果。

技术革命之所以能够促进文化变迁，原因在于"技术文化起着文化导向的作用，新的技术文化一旦形成，其他文化因素将在此基础上形成新的结构形式和功能机制，高新技术的发展破坏了传统文化的内部格局，使传统文化的载体、构成、功能、区态、手段都发生了变化，高新技术产生的文化变迁实质上是传统文化的现代化"[②]。

我们知道，教育与社会文化有着千丝万缕的"血肉"联系，教育首先植根于社会文化，进而才能够引领社会文化的发展。当整个社会文化的形态发生变革的时候，教育不可避免地也要随之发生转变。教育信息化，从其直接原因来看，来源于现代信息技术在教育领域的普及应用，实质上是社会文化变迁在教育领域的直接反应。高新技术的发展能够改变传统文化的内部格局，使其载体、构成、功能、手段等方面发生变化。反观教

① 郭洁敏. 信息文化人类文化发展的新走势 [J]. 毛泽东邓小平理论研究, 2000 (3): 84-90.
② 吴晓敏. 高新技术发展与社会文化变迁 [J]. 江西社会科学, 1994 (5): 62-64, 61.

育信息化实践中，现代信息技术的教育应用，不正在使传统的教育形态发生这种转变吗？

因此，我们可以说，从文化哲学的角度看，教育信息化是人类文化在向信息文化变迁的过程中，教育与信息文化相互建构与适应的结果。

由此，我们再来看教育信息化过程中出现的问题，将会有新的发现。

首先，基础设施建设过程中对投入产出比的关注，是工业文明时代思维惯性的结果。关注教育信息化，是为了解决当前教育中存在的许多问题，这是原初的价值判断，因而，才会有动力高投入，也当然企盼"解决问题"这样的高产出。我们不能否认这种价值判断有其合理性，但它只能是教育信息化初期的认识，当信息文化成为主流的社会文化，教育就是那样存在着，现代信息技术的应用就是一种常态，那时，这种价值判断显然就会失去意义。从这个意义上，这个问题依赖偶发的企业赞助和捐赠显然是不能解决的，即便有政府财政投入，如果数额一直比较大，也难以持续。只有随着技术产品性价比的进一步提高，学校层面可以将这部分投入作为黑板、粉笔这样的"必需品"来处理，这个问题才能够最终解决。那个时代，也是信息文化已经得到全面发展和普及的时代。

其次，一线教师对现代信息技术的使用态度问题，从根本上讲是文化变迁过程中，人的能力、素养以及理念能否顺利转变的问题。现在的一线教师，大多数都是数字时代的"移民"，他们成长于同喻文化盛行的工业时代，已有的理念、教学经验和行为习惯，是与那个时代的教育相适应的。我们知道，人的观念一旦形成，尤其是行为习惯和工作方式一旦养成，就会很难改变。因此，在教育信息化实践中，有些教师经历了专门的培训，学校也配备了现代化的媒体设备，但是教学过程中，就是不能恰当地使用，原因就在此。这个问题在不远的将来，也许早就不是问题了，我们可以想象一下，20年以后，当在城市中成长起来的"00后"有幸成为教师，这些"数字土著"，会不接受现代化的媒体设备吗？或许对他们来说，黑板、粉笔这样的传统教育形式，才是他们无法理解和接受的。从这个意义上，我们认为，关于教育信息化的理念以及认识上的转变，必须将其放到文化变迁的视野中去考察，才能够给出恰当的解释，也能够相应地给出可能的解决方案。

最后，教育信息化对教育的变革程度问题。从文化变迁对人类社会的变革程度来看，显然，教育信息化最终的结果，必然是信息文化视野下教育的全面重构。这里不仅仅涉及基础设施建设，教育媒体、工具和手段的变化，教育体制、理念、规律、原则，甚至教育目标都会发生相应的变化。现代信息技术对媒体工具的改变，仅仅是教育信息化过程中的初始阶段，随着应用的深入，文化变迁过程的深入发展，教育的全面重构工作将会随之发生。笔者曾经撰文讨论过"信息文化视野下信息技术与课程整合的实质问题"①，全面分析了信息文化对课程的变革作用，其过程与信息文化对教育的变革作用相似。这里仅以"教育目标"的变化为例再来考察信息文化的作用。我们知道，农业文明是典型的前喻文化，知识和经验的更新非常缓慢，长辈的知识和经验能够很好地指导晚辈的生产、生活。因此，教育只需要将长辈的知识传授给下一代就可以了，也正是因为如此，记忆、背诵成为那个时代的教育的标签。工业文明到来以后，人类的知识经验得到快速增长，往往出现长辈和晚辈同时面对知识学习的情景，这是典型的同喻文化的特征，长辈和晚辈要相互学习，教育的目的开始发生转变：在倡导知识学习的同时，学习方法的学习开始引起关注，终身学习也开始纳入人们的视野。信息文化是典型的后喻文化，信息文化成为主流社会文化以后，由于知识更新的速度太快，长辈已经无法"应对"那些新知识，以及由此产生的那些新鲜事物，因而，不可避免地出现了长辈需要向晚辈学习的现象。这个时候，教育出现了前所未有的尴尬局面。一方面，教育需要由长辈来设计、规划和实施，长辈既需要确定明确的教育目标，又是施教者；另一方面，在教育的过程中，长辈还需要不断向晚辈学习。这个时代的教育目的，仅仅传授已有的知识，显然不合时宜，因为，今天在课堂上讲授的知识，明天可能就过时了。由此，信息文化的教育目的，自然而然地转变为：在传授基本知识基本技能的同时，也要教会学生学会学习，掌握学习方法，并且要培养终身学习的能力和理念。因此，在信息文化背景下，探索精神、科学精神、创新精神成为人才评价的依据和标准。第八次基础教育课程改革特别关注"过程与方法"维度课程目标的实现，就是信息文化在基础教育领域变革教育目标的反映，遗憾的是，多数一线教师对此维度课程目标，认识上有很大的偏差。

## 四、结束语

将教育信息化放在技术变革和文化变革的广阔视野中考察，能够从更高的抽象程度看到其内在规定性，有利于对其内在本质的理解，更有利于对教育信息化实践过程中所出现问题的解释。从哲学层面解释实践中的问题，能够看到问题的实质，有助于使人们的认识脱离"就事论事"的"窠臼"，从而更有针对性地制定解决问题的方案。

---

① 颜士刚，李艺."整合"还是"变革"?：信息技术影响课程的阶段性考察 [J]. 电化教育研究，2007（1）：46－49.